新 수학의 바이블

BOB

KB275301

新 수학의 바이블 BOB만의 탁월한 **구성**과 **특징**

01

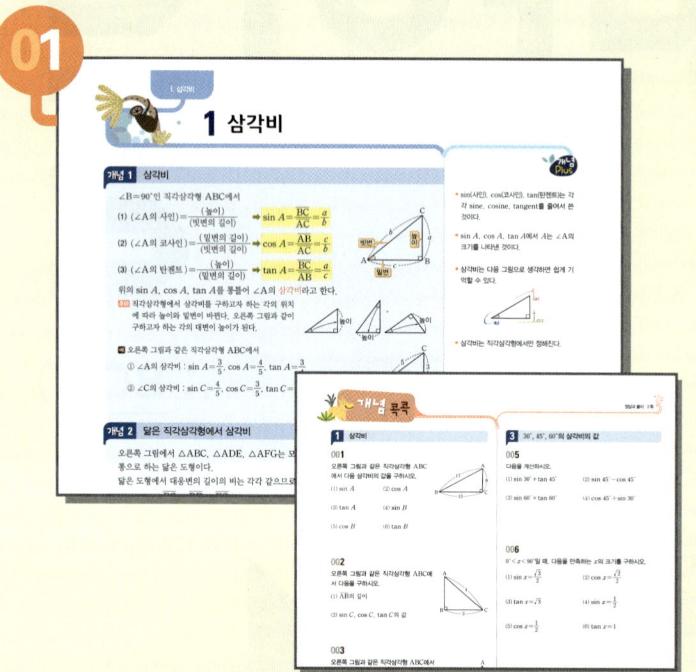

- 꼭 알아야 하는 핵심 개념만을 모아 한눈에 알아볼 수 있도록 정리하였습니다.
- **개념 Plus** : 개념에서 부족한 설명을 좀 더 자세하게 보충하였습니다.
- 개념을 익힐 수 있는 간단하고 쉬운 문제를 수록하였습니다.
- 간단한 계산력 문제 또는 개념 익힘 문제로 구성되어 있어 개념을 좀 더 쉽게 이해할 수 있도록 하였습니다.

02

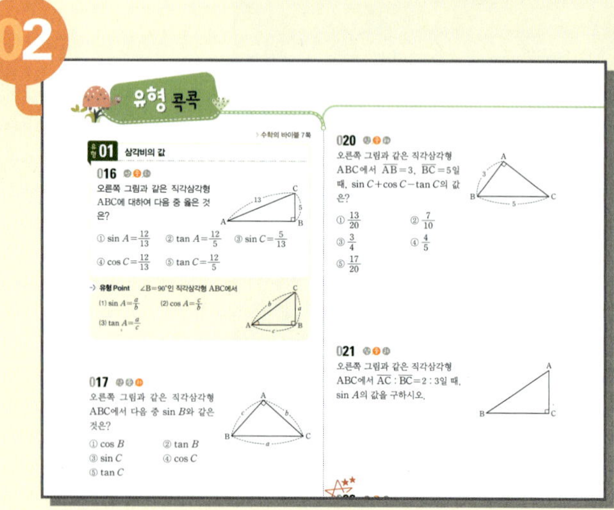

- 시험에 나오는 유형을 분석하여 문제 해결에 필요한 개념 및 해결 방법에 따라 유형을 세분화하였습니다.
- 대표 유형에 대한 핵심 개념인 → **유형 Point** 를 제시하여 문제 적용력을 스스로 향상시킬 수 있도록 하였습니다.
- 난이도를 **상 중 하** 3단계로 표시하여 각 문항의 난이도를 한눈에 알 수 있도록 하였습니다.
- 중요한 유형에 대해서는 ☆ 표시를 하여 학습에 좀 더 집중할 수 있도록 하였습니다.
- 서술형 문제에는 **서술형** 표시를 하여 학교 시험의 서술형 문제에 대비할 수 있도록 하였습니다.
- 교과서에 나오는 문제 중 문제 해결력, 의사소통 능력, 추론 능력의 향상을 위한 문제에 **사고력 쑥쑥**을 표시하여 사고력을 강화할 수 있도록 하였습니다.

新 수학의 바이블

BOB

핵심을 쉽게! **유형**을 빠르게! 실력을 우월하게!

STAFF

발행인 정선욱

퍼블리싱 총괄 남형주

개발 김태원 김한길 이유미 이수현

기획·디자인·마케팅 조비호 김정인 리트머스

유통·제작 서준성 신성철

저자

강해기 권영기 김보현 김숙영 노 솔 박성복 신지영 이서진 임상현 장이지 정 란 천태선 / 이투스 중학 수학 연구회

검토에 도움을 주신 분들

서울
고주형 압구정 파인만 고등관
구난영 셀프스터디수학 학원
권정현 다산 LMPS 학원
김경희 명인학원
김국환 매쓰플러스수학학원
김명석 강서고등학교
김명후 김명후수학학원
김민수 개념폴리아학원
김바른 대치수신 위례캠퍼스
김병호 국선수학학원
김성재 맑음수학밝음국어학원
김영진 이지수능
김윤호 TK수학전문학원
김은선 목동su학원
김정문 반포 해남학원
김진영 수와식학원
김창련 압구정 파인만 고등관
김태후 수학의힘 고덕
김현아 개인지도
김형진 두잉매쓰학원
김효건 대치 파인만학원 고등부
남솔잎 솔잎샘수학영어학원
문재웅 성북메가스터디
박보석 매쓰멘토스학원
박상보 박상보 수학전문학원
박지현 하노이 서울학원(베트남 하노이 소재)
박진희 박선생수학전문학원
박효은 시대인재학원강사
배재형 배재형수학교습소
백운경 서울 일신학원
서근환 서울 선덕고등학교
서민국 대치파인만학원
서중은 블루플렉스학원
서충현 명인학원
선 철 서울 일신학원
성성아 베이스캠프
성재훈 혜화여자고등학교
신기호 성북 메가스터디학원
신승규 한국삼육고등학교
안대호 말글국어 더함수학 학원
양병호 상문고등학교
양원규 서울 일신학원
양철웅 목동 거산학원
엄지희 엄지희수학연구소(개인공부방)

오주영 하이스트
왕한비 왕쌤수학학원
원준희 대치 CMS 영재관
유승우 중계탑클래스학원
유재현 서울 일신학원
윤정욱 대치에스학원
윤홍원 개인강사
이민경 채원수학공부방
이민호 강동 메가스터디
이성융 다움수학교실
이성일 온스터디/캠프제이
이슬비 뉴이스트 수학 전문학원
이용우 올림피아드
이은주 이해와지혜수학
이용민 중동고등학교
이재웅 성북하이스트
이정빈 성북메가스터디
이준엽 메티스학원
이 진 개념&동급수학
이현표 수력학원
정귀명 목동 거산학원
정소담 서울 일신학원
정소라 탑플러스 영어수학 전문학원
정요한 깊은생각
정진아 정선생수학
정현광 서울광성고등학교
조별인 목동 하이씨앤씨
조현탁 전문가집단
차민영 엠원학원
차용우 서울외국어고등학교
최고미 에듀탑
최귀종 대치수신 위례캠퍼스
최선옥 개인과외
최영준 문일고등학교
김승현 Math4U(대치)/Hi-Math(대치)
한동용 수학에 미친 사람들 학원
한헌주 PMG학원
허다민 더큰학원
홍슬기 슬기 수학
황유미 목동 거산학원
부산
김유상 이투스247 해운대점
김효상 사직동 코스터디 학원
나기열 프로매스수학학원
모 란 명문학원

송상근 연세수학학원
이연희 휘펠수학
조준혁 동천고등학교
한재철 부산장안고등학교
황성필 미래탐구
대구
구현태 나인쌤 수학전문학원
김동영 통쾌한수학
김영배 빅뱅수학
김영진 김진수학
문윤정 능인고등학교
박원철 토르 수학
변태준 능인고등학교
이승훈 훈수학
장세완 장선생수학
장현정 남산고등학교
정민호 도도수학학원
최상호 능인고등학교
하태호 월성이투스수학학원
황영호 능인고등학교
황지현 위드제스트수학학원
인천
기미나 기쌤수학
김승수 케이엠수학교습소
김재웅 송도 감성수학
김 준 쭌에듀학원
김태윤 고 수학 송도캠퍼스 학원
박순만 절대학원
박종필 정석수학학원
박효성 지코스 수학학원
송대익 청라 수학사랑학원
이수동 부천 E&T 수학학원
이혜경 이혜경고등수학학원
장효근 유레카수학학원
정민욱 수베이직수학교습소
조민관 대신학원
조현하 미래영재
지청호 F(x)수학전문학원
차성민 두드림학원
최수빈 성균관수학
최유락 유빅학원
최 훈 Hoon15#math
대전
강유식 수학의자유
고지훈 임창우논술

박진수 양영수학학원
배지후 와이즈만 CNI
윤석주 윤석주수학전문학원
전호동 이담학원
울산
김경문 지캠프영수학원
김봉조 퍼스트 클래스 수학전문학원
나순현 PASS입시단과학원
박국진 강한수학전문학원
최규종 울산 뉴토모수학전문학원
현주희 울산 뉴토모수학전문학원
광주
강승완 광주첨단시매쓰학원
고예지 매쓰멘토 수학학원
김경진 경진수학학원
김국진 광주인성고등학교 / 엠베스트SE 김국진짜학원
김은경 혜인여자고등학교
박우혁 밥보다 수학학원
배진문 수학의달인 광주양산학원
양귀제 양선생수학학원
임태관 매쓰멘토수학
최지웅 매쓰피아
세종
이현아 현수학
강원
김성영 빨리강해지는 수학·과학 학원
노명훈 노명훈쌤의알수학학원
윤성현 수소통수학학원
전대윤 Kwon Class
경기
김남진 산본 파스칼학원
김덕락 락수학
김석현 최고탑수학
김수민 더클레버수학학원
김재빈 더클레버수학학원
김정철 김정철수학교실
김정환 필립스 아카데미 – MATH센터
김종남 제너스 학원
김지윤 김지윤 수학(개인과외교습)
김태중 우성고등학교
김현욱 와이투엠수학학원
김현정 더클레버수학학원
남재일 세마고등학교 강사
노형근 ss학원

문기수 하늘아이수학전문학원
민동건 민동건수학교실
박영주 쉬운수학
박원용 동탄트리즈나루수학
박종현 하이탑수학
박주이 켄즈
박진규 수학의아침
박하늘 쉬운수학(sky)
박해석 비원오길수학 학원
서지은 JMI수학학원
손석운 TN학원
손승태 와부고등학교
송치호 대치명인학원(미금캠퍼스)
안명근 의정부맨투맨학원
안연수 포스텍 수학학원
유현진 HR수학
윤상완 죽전 강의하는아이들
윤혜태 소담수학학원
윤주원 비상아이비츠
이경은 오름수학
이동석 정성하이클래스 수학학원
이명환 다산 더원 수학학원
이 산 수학대가
이영주 잉선생수학교실
이장훈 북부세일학원
이철호 파스칼학원
이충안 수이학원
이현욱 덕소쎈수학
이현주 분당 미금 솔루션수학학원
인경연 수학사랑학원
임규철 인재와고수
임은정 경기 마테마티카 수학학원
임지민 마테마티카 수학전문학원
정장선 생각하는 황소 수학 동탄점
정진욱 수원메가스터디학원
정해도 목동혜윰수학
정황우 정석수학학원
조성민 고양 삼송 유클리드 수학학원
조성화 SH수학학원
조재욱 지니학원
차새화 운암고등학교(오산)
최연진 한민고등학교
최영성 에이블 수학학원
최유미 분당파인만학원
최인규 열혈 수학

한규욱 수리학당
허유미 특작수학
홍의찬 마테마타수학학원
황삼철 멘토수학
황석진 분당 낙생고등학교
경상
김민채 김해자유자재학원
김옥경 반디수학과학학원
김재인 무학고등학교
남준기 거제고등학교
박수재 성민여자고등학교
박진성 세명고등학교
성은미 형곡고등학교
엄성문 에이블수학전문학원
염성군 무학고등학교
이상현 인투학원
이승원 성주 으뜸원 수학학원
전라
김성혁 에스수학전문학원
나호진 한일고등학교
박지은 오성식영어클럽유일학원
박진성 해남 한가람학원
성준우 수학걱정없는세상만들기
송시영 블루오션 수학학원
안형진 혁신 청람수학전문학원
양형준 대들보 수학
유현수 수학당학원
유혜정 덕소쎈수학
이혜대 에스수학전문학원
최대호 매쓰어필
한지선 개인과외
제주
이승환 서귀포예일분석수학
충청
권영택 충북과학고등학교
권오운 천안 페르마 수학학원
권용운 권용운수학학원
김은배 올림피아드유투엠
김종현 고등관 3%수학학원
박대권 dkp종합학원
윤도경 천안 페르마 수학학원
윤성길 몬스터메스
장정수 천안 페르마 수학학원
전성호 탑씨크리트학원
한호선 두드림영어수학학원

新 수학의 바이블 BOB 유형 중학 수학 3-2 | 201912 제4판 1쇄 202403 제4판 6쇄

펴낸곳 이투스에듀㈜ 서울시 서초구 남부순환로 2547

고객센터 1599-3225 **등록번호** 제2007-000035호 **ISBN** 979-11-6442-507-5 [53410]

03

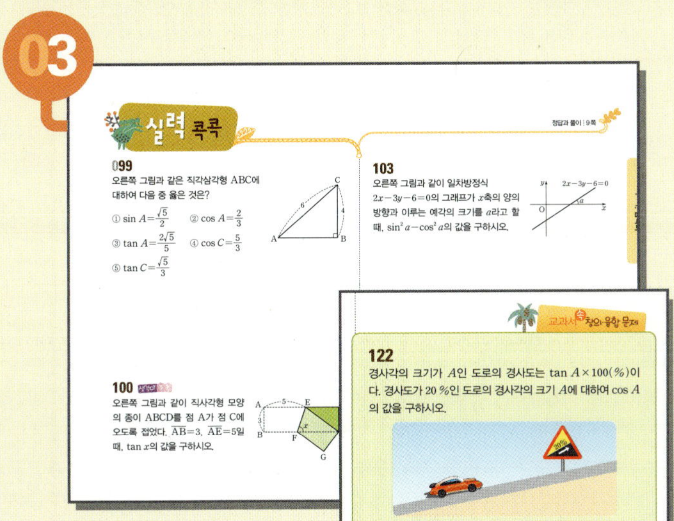

실력 콕콕

- 앞에서 학습한 개념과 유형을 토대로 실력을 다질 수 있도록 중단원 종합 문제를 수록하였습니다.
- 중요한 유형에 대해서는 ☆ 표시를 하여 학습에 좀 더 집중할 수 있도록 하였습니다.
- 교과서에 나오는 문제 중 문제 해결력, 의사소통 능력, 추론 능력의 향상을 위한 문제에 사고력 쑥쑥을 표시하여 사고력을 강화할 수 있도록 하였습니다.
- 여러 가지 개념을 활용하여 해결해야 하는 심화 문제에 생각이 쑥쑥을 표시하여 융합 사고력을 강화할 수 있도록 하였습니다.
- 교과서에 있는 스토리텔링 문제인 교과서 창의·융합 문제를 수록하여 창의 사고력을 강화할 수 있도록 하였습니다.

04

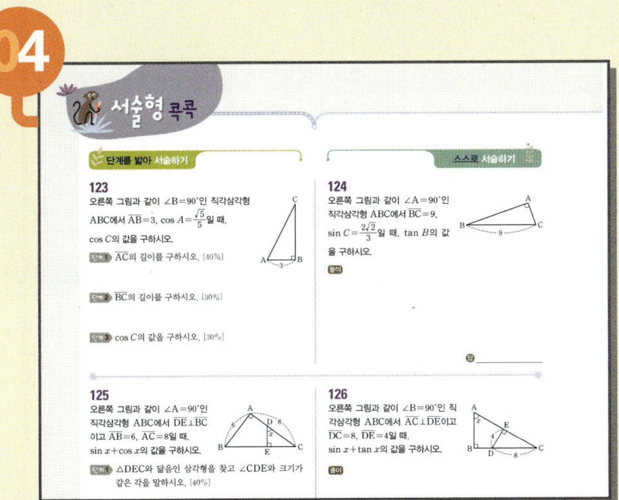

서술형 콕콕

- 학교 시험에 자주 나오는 서술형 문제를 수록하여 학교 시험을 완벽하게 대비할 수 있도록 하였습니다.
- 한 문제에 대하여 해결 방법을 단계별로 제시하여 쓰기 연습을 한 후 유사 문제를 스스로 서술해 보는 훈련을 통하여 서술력을 강화할 수 있도록 하였습니다.

05

스스로 점검하기

단원의 내용을 학습한 후 마인드맵의 빈칸 채우기를 통하여 개념을 정리할 수 있도록 하였습니다.

이 책의 차례

I. 삼각비

이해가 부족한 유형은 □ 안에 ✓를 표시하고 다시 풀어 봅시다.

1 삼각비

개념 1 삼각비

$\angle B = 90°$인 직각삼각형 ABC에서

(1) ($\angle A$의 사인) $= \dfrac{(높이)}{(빗변의 길이)}$ ➡ $\sin A = \dfrac{\overline{BC}}{\overline{AC}} = \dfrac{a}{b}$

(2) ($\angle A$의 코사인) $= \dfrac{(밑변의 길이)}{(빗변의 길이)}$ ➡ $\cos A = \dfrac{\overline{AB}}{\overline{AC}} = \dfrac{c}{b}$

(3) ($\angle A$의 탄젠트) $= \dfrac{(높이)}{(밑변의 길이)}$ ➡ $\tan A = \dfrac{\overline{BC}}{\overline{AB}} = \dfrac{a}{c}$

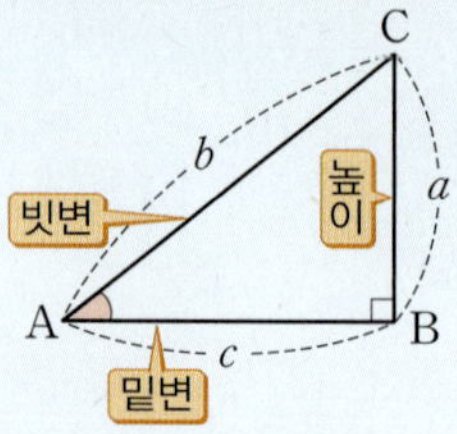

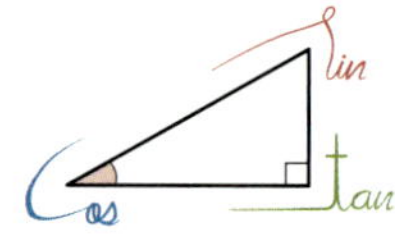

위의 $\sin A$, $\cos A$, $\tan A$를 통틀어 $\angle A$의 삼각비라고 한다.

주의 직각삼각형에서 삼각비를 구하고자 하는 각의 위치에 따라 높이와 밑변이 바뀐다. 오른쪽 그림과 같이 구하고자 하는 각의 대변이 높이가 된다.

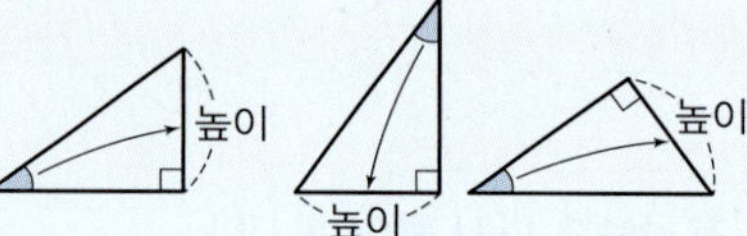

예 오른쪽 그림과 같은 직각삼각형 ABC에서

① $\angle A$의 삼각비 : $\sin A = \dfrac{3}{5}$, $\cos A = \dfrac{4}{5}$, $\tan A = \dfrac{3}{4}$

② $\angle C$의 삼각비 : $\sin C = \dfrac{4}{5}$, $\cos C = \dfrac{3}{5}$, $\tan C = \dfrac{4}{3}$

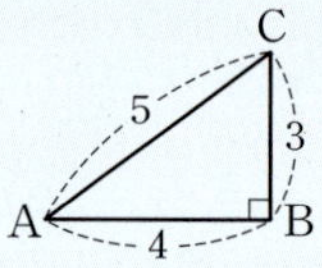

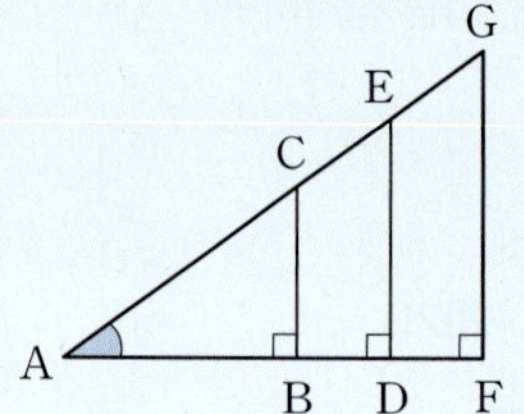

개념 Plus

- $\sin$(사인), $\cos$(코사인), $\tan$(탄젠트)는 각각 sine, cosine, tangent를 줄여서 쓴 것이다.

- $\sin A$, $\cos A$, $\tan A$에서 A는 $\angle A$의 크기를 나타낸 것이다.

- 삼각비는 다음 그림으로 생각하면 쉽게 기억할 수 있다.

- 삼각비는 직각삼각형에서만 정해진다.

개념 2 닮은 직각삼각형에서 삼각비

오른쪽 그림에서 $\triangle ABC$, $\triangle ADE$, $\triangle AFG$는 모두 $\angle A$를 공통으로 하는 닮은 도형이다.

닮은 도형에서 대응변의 길이의 비는 각각 같으므로

(1) $\sin A = \dfrac{\overline{BC}}{\overline{AC}} = \dfrac{\overline{DE}}{\overline{AE}} = \dfrac{\overline{FG}}{\overline{AG}}$

(2) $\cos A = \dfrac{\overline{AB}}{\overline{AC}} = \dfrac{\overline{AD}}{\overline{AE}} = \dfrac{\overline{AF}}{\overline{AG}}$

(3) $\tan A = \dfrac{\overline{BC}}{\overline{AB}} = \dfrac{\overline{DE}}{\overline{AD}} = \dfrac{\overline{FG}}{\overline{AF}}$

➡ $\angle A$의 크기가 정해지면 직각삼각형의 크기에 관계없이 삼각비의 값은 일정하다.

- 두 쌍의 대응각의 크기가 각각 같을 때, 두 삼각형은 닮은 도형이다.

개념 3 30°, 45°, 60°의 삼각비의 값

삼각비 \ A	30°	45°	60°
$\sin A$	$\dfrac{1}{2}$	$\dfrac{\sqrt{2}}{2}$	$\dfrac{\sqrt{3}}{2}$
$\cos A$	$\dfrac{\sqrt{3}}{2}$	$\dfrac{\sqrt{2}}{2}$	$\dfrac{1}{2}$
$\tan A$	$\dfrac{\sqrt{3}}{3}$	1	$\sqrt{3}$

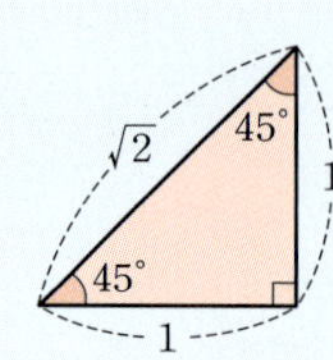

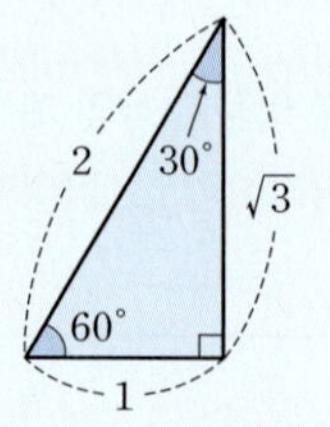

참고 직각삼각형의 한 예각의 크기가 30° 또는 45° 또는 60°일 때, 한 변의 길이가 주어지면 위의 삼각비의 값을 이용하여 나머지 두 변의 길이를 구할 수 있다.

- $\sin 30° = \cos 60°$
  $\sin 45° = \cos 45°$
  $\sin 60° = \cos 30°$

- $\sin^2 x \neq \sin x^2$
  $\sin^2 x = (\sin x)^2$
  $\quad\quad = \sin x \times \sin x$

개념 콕콕

1 삼각비

001

오른쪽 그림과 같은 직각삼각형 ABC
에서 다음 삼각비의 값을 구하시오.

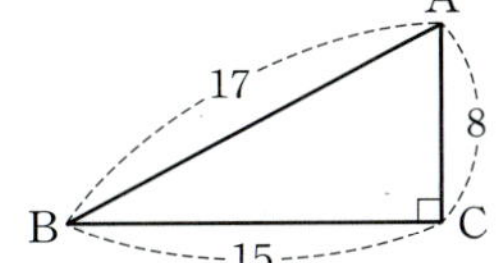

(1) $\sin A$ (2) $\cos A$

(3) $\tan A$ (4) $\sin B$

(5) $\cos B$ (6) $\tan B$

002

오른쪽 그림과 같은 직각삼각형 ABC에
서 다음을 구하시오.

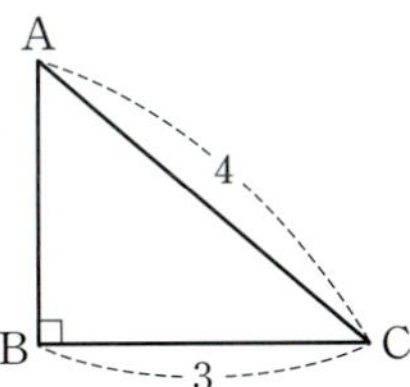

(1) $\overline{AB}$의 길이

(2) $\sin C$, $\cos C$, $\tan C$의 값

003

오른쪽 그림과 같은 직각삼각형 ABC에서
$\overline{BC}=6$, $\sin A=\dfrac{3}{5}$일 때, 다음을 구하시오.

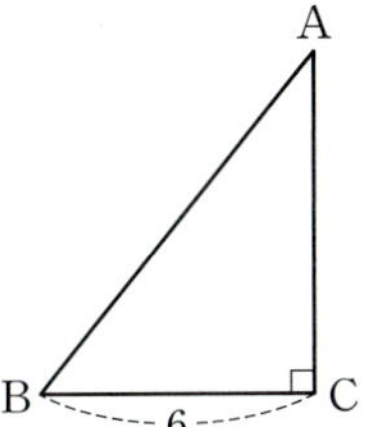

(1) $\overline{AB}$의 길이

(2) $\overline{AC}$의 길이

2 닮은 직각삼각형에서 삼각비

004

오른쪽 그림을 보고 다음 □ 안에 알맞
은 것을 써넣으시오.

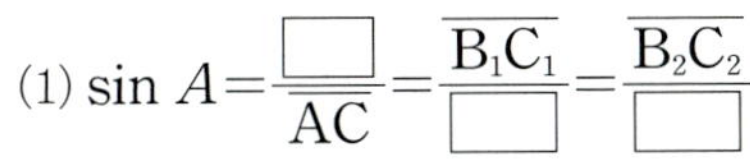

(1) $\sin A=\dfrac{\square}{\overline{AC}}=\dfrac{\overline{B_1C_1}}{\square}=\dfrac{\overline{B_2C_2}}{\square}$

(2) $\cos A=\dfrac{\overline{AB}}{\square}=\dfrac{\overline{AB_1}}{\square}=\dfrac{\square}{\overline{AC_2}}$

(3) $\tan A=\dfrac{\square}{\overline{AB}}=\dfrac{\overline{B_1C_1}}{\square}=\dfrac{\square}{\overline{AB_2}}$

3 30°, 45°, 60°의 삼각비의 값

005

다음을 계산하시오.

(1) $\sin 30°+\tan 45°$ (2) $\sin 45°-\cos 45°$

(3) $\sin 60°\times\tan 60°$ (4) $\cos 45°\div\sin 30°$

006

$0°<x<90°$일 때, 다음을 만족하는 x의 크기를 구하시오.

(1) $\sin x=\dfrac{\sqrt{3}}{2}$ (2) $\cos x=\dfrac{\sqrt{2}}{2}$

(3) $\tan x=\sqrt{3}$ (4) $\sin x=\dfrac{1}{2}$

(5) $\cos x=\dfrac{1}{2}$ (6) $\tan x=1$

007

다음 그림과 같은 직각삼각형 ABC에서 x의 값을 구하시오.

(1) 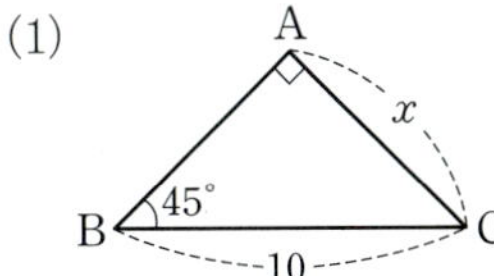

(2) 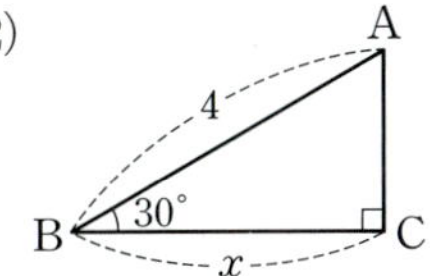

(3) 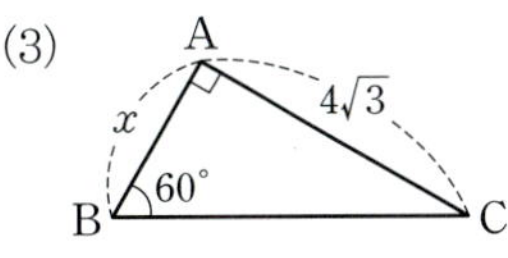

(4) 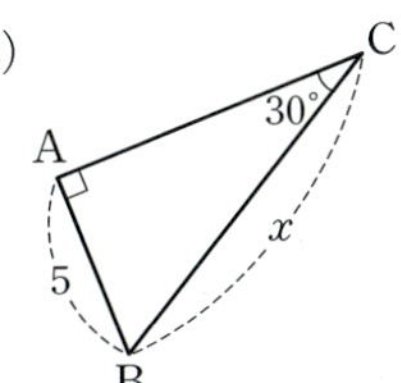

(5) 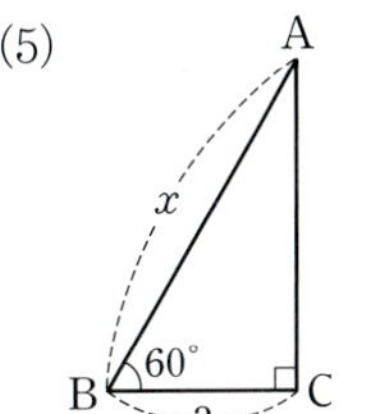

(6) 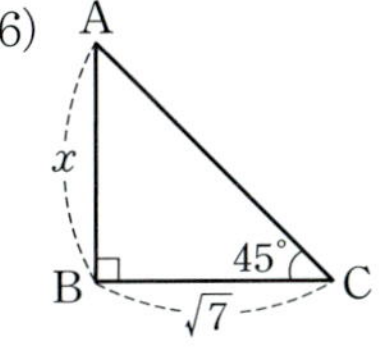

1 삼각비

개념 4 예각의 삼각비의 값

반지름의 길이가 1인 사분원에서 예각 x에 대하여

(1) $\sin x = \dfrac{\overline{AB}}{\overline{OA}} = \dfrac{\overline{AB}}{1} = \overline{AB}$ ← 직각삼각형 AOB에서 생각한다.

(2) $\cos x = \dfrac{\overline{OB}}{\overline{OA}} = \dfrac{\overline{OB}}{1} = \overline{OB}$ ← 직각삼각형 AOB에서 생각한다.

(3) $\tan x = \dfrac{\overline{CD}}{\overline{OD}} = \dfrac{\overline{CD}}{1} = \overline{CD}$ ← 직각삼각형 COD에서 생각한다.

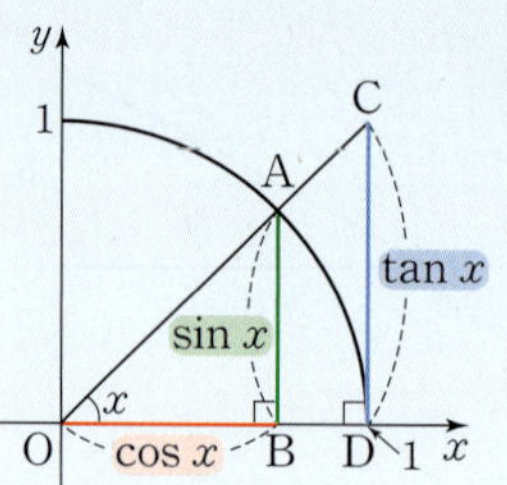

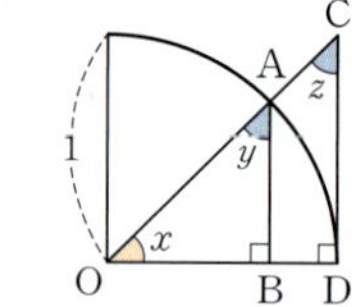

$\overline{AB} /\!/ \overline{CD}$이므로 $y=z$ (동위각)

① $\sin z = \sin y = \dfrac{\overline{OB}}{\overline{OA}} = \dfrac{\overline{OB}}{1} = \overline{OB}$

② $\cos z = \cos y = \dfrac{\overline{AB}}{\overline{OA}} = \dfrac{\overline{AB}}{1} = \overline{AB}$

개념 5 0°, 90°의 삼각비의 값

오른쪽 그림에서 $\sin x = \overline{AB}$, $\cos x = \overline{OB}$, $\tan x = \overline{CD}$

(1) x의 크기가 0°에 가까워지면

　① $\overline{AB}$의 길이는 0에 가까워진다. ➡ $\sin 0° = 0$

　② $\overline{OB}$의 길이는 1에 가까워진다. ➡ $\cos 0° = 1$

　③ $\overline{CD}$의 길이는 0에 가까워진다. ➡ $\tan 0° = 0$

(2) x의 크기가 90°에 가까워지면

　① $\overline{AB}$의 길이는 1에 가까워진다. ➡ $\sin 90° = 1$

　② $\overline{OB}$의 길이는 0에 가까워진다. ➡ $\cos 90° = 0$

　③ $\overline{CD}$의 길이는 한없이 길어진다. ➡ $\tan 90°$의 값은 정할 수 없다.

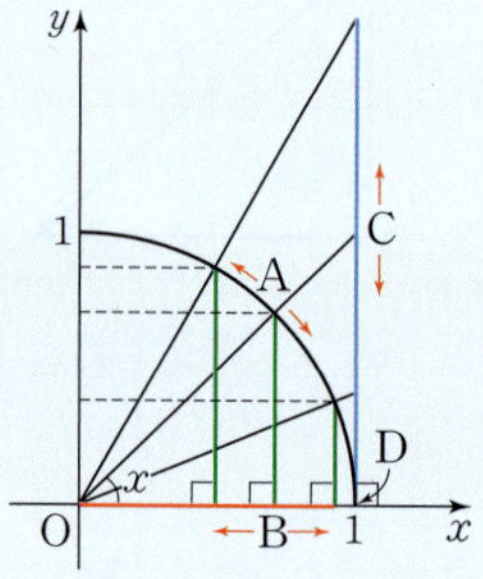

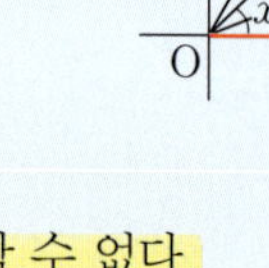

참고 $0° \leq x \leq 90°$인 범위에서 x의 크기가 커지면

　① $\sin x$의 값은 0에서 1로 증가한다.

　② $\cos x$의 값은 1에서 0으로 감소한다.

　③ $\tan x$의 값은 0에서 무한히 증가한다. (단, $x \neq 90°$)

- $\sin x$, $\cos x$, $\tan x$의 대소 관계
　① $0° \leq x < 45°$일 때
　　$\sin x < \cos x$
　② $x = 45°$일 때
　　$\sin x = \cos x < \tan x$
　③ $45° < x < 90°$일 때
　　$\cos x < \sin x < \tan x$

개념 6 삼각비의 표

(1) **삼각비의 표** : 0°에서 90°까지의 각을 1° 간격으로 나누어 삼각비의 값을 반올림하여 소수점 아래 넷째 자리까지 구하여 정리한 표

(2) **삼각비의 표 보는 방법** : 삼각비의 표에서 각도의 가로줄과 삼각비의 세로줄이 만나는 곳에 있는 수가 그 삼각비의 값이다.

각도	sin	cos	tan
⋮	⋮	⋮	⋮
33°	0.5446	0.8387	0.6494
34°	0.5592	0.8290	0.6745
35°	0.5736	0.8192	0.7002
⋮	⋮	⋮	⋮

➡ $\sin 34° = 0.5592$
　$\cos 34° = 0.8290$
　$\tan 34° = 0.6745$

- 삼각비의 표에 있는 삼각비의 값은 반올림한 값이지만 등호 =를 사용하여 나타낸다.

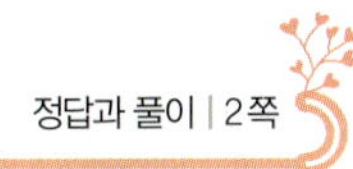

4 예각의 삼각비의 값

008

오른쪽 그림과 같이 반지름의 길이가 1인 사분원에서 다음 삼각비의 값과 그 길이가 같은 선분을 구하시오.

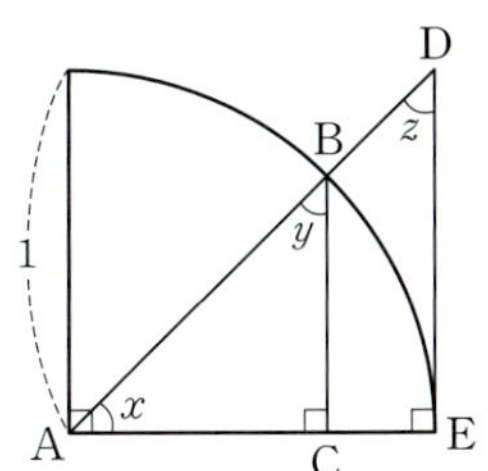

(1) $\sin x$ (2) $\cos x$

(3) $\tan x$ (4) $\sin y$

(5) $\cos y$ (6) $\cos z$

009

오른쪽 그림은 반지름의 길이가 1인 사분원을 좌표평면 위에 나타낸 것이다. 다음 삼각비의 값을 구하시오.

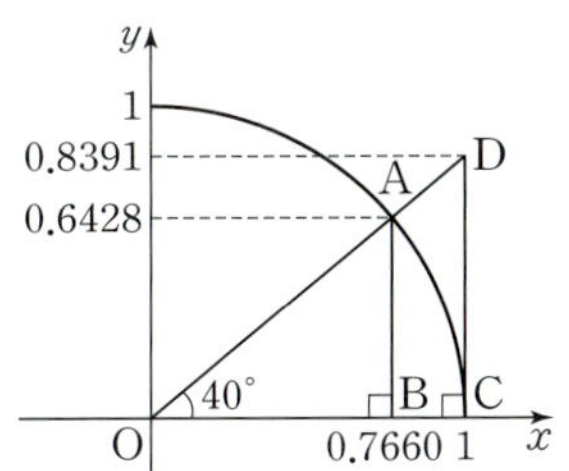

(1) $\sin 40°$

(2) $\cos 40°$

(3) $\tan 40°$

5 0°, 90°의 삼각비의 값

010

다음을 계산하시오.

(1) $\cos 0° + \tan 0°$ (2) $\sin 0° \times \cos 90°$

(3) $2\cos 0° - 4\sin 30°$ (4) $3\sin 90° \div \tan 45°$

011

다음 □ 안에 >, =, < 중 알맞은 것을 써넣으시오.

(1) $\cos 0°$ □ $\cos 90°$ (2) $\sin 0°$ □ $\tan 0°$

(3) $\sin 0°$ □ $\sin 90°$ (4) $\tan 45°$ □ $\cos 0°$

012

다음 □ 안에 >, < 중 알맞은 것을 써넣으시오.

(1) $\sin 35°$ □ $\sin 55°$

(2) $\cos 30°$ □ $\cos 40°$

(3) $\tan 50°$ □ $\tan 70°$

013

다음 □ 안에 >, < 중 알맞은 것을 써넣으시오.

(1) $\sin 25°$ □ $\cos 25°$

(2) $\sin 70°$ □ $\cos 70°$

(3) $\sin 51°$ □ $\tan 51°$

6 삼각비의 표

014

오른쪽 삼각비의 표를 이용하여 다음 삼각비의 값을 구하시오.

(1) $\sin 17°$

(2) $\cos 15°$

(3) $\tan 16°$

각도	sin	cos	tan
14°	0.2419	0.9703	0.2493
15°	0.2588	0.9659	0.2679
16°	0.2756	0.9613	0.2867
17°	0.2924	0.9563	0.3057
18°	0.3090	0.9511	0.3249

015

오른쪽 삼각비의 표를 이용하여 다음을 만족하는 x의 크기를 구하시오.

(1) $\sin x = 0.9135$

(2) $\cos x = 0.4540$

(3) $\tan x = 2.1445$

각도	sin	cos	tan
63°	0.8910	0.4540	1.9626
64°	0.8988	0.4384	2.0503
65°	0.9063	0.4226	2.1445
66°	0.9135	0.4067	2.2460
67°	0.9205	0.3907	2.3559

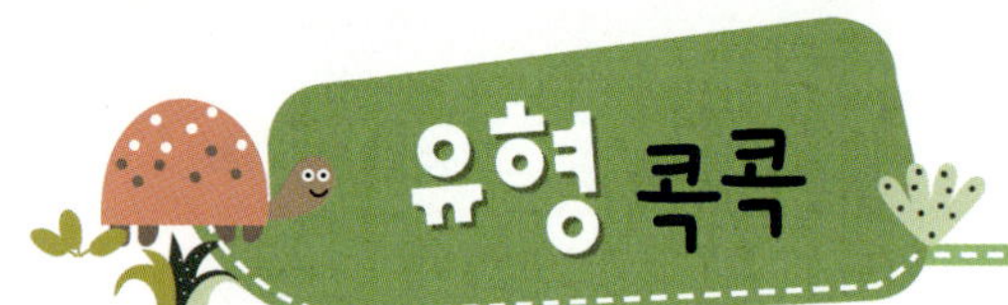 유형 콕콕

유형 01 삼각비의 값

016 상중하
오른쪽 그림과 같은 직각삼각형 ABC에 대하여 다음 중 옳은 것은?

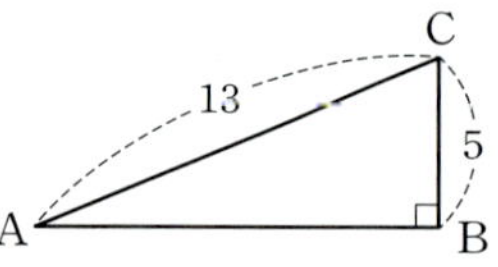

① $\sin A=\dfrac{12}{13}$　② $\tan A=\dfrac{12}{5}$　③ $\sin C=\dfrac{5}{13}$

④ $\cos C=\dfrac{12}{13}$　⑤ $\tan C=\dfrac{12}{5}$

→ 유형 Point　∠B=90°인 직각삼각형 ABC에서

(1) $\sin A=\dfrac{a}{b}$　(2) $\cos A=\dfrac{c}{b}$

(3) $\tan A=\dfrac{a}{c}$

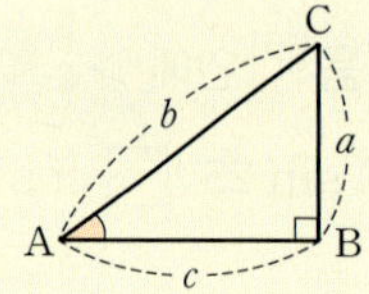

017 상중하
오른쪽 그림과 같은 직각삼각형 ABC에서 다음 중 $\sin B$와 같은 것은?

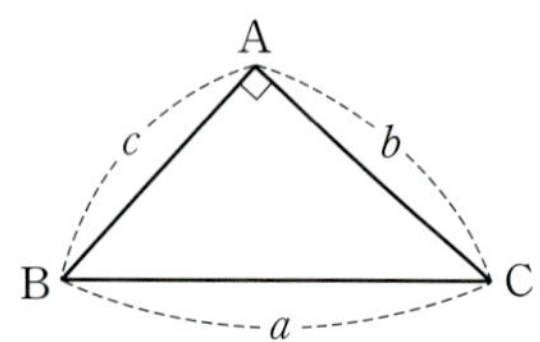

① $\cos B$　　② $\tan B$
③ $\sin C$　　④ $\cos C$
⑤ $\tan C$

018 상중하
오른쪽 그림과 같은 직사각형 ABCD에서 ∠ABD=x라고 할 때, $\tan x$의 값을 구하시오.

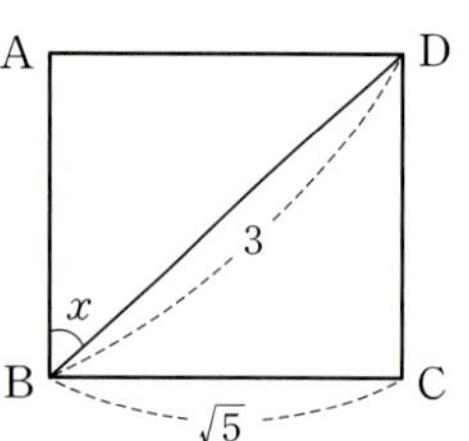

019 상중하 서술형
오른쪽 그림과 같은 직각삼각형 ABC에서 $\sin A \times \cos A$의 값을 구하시오.

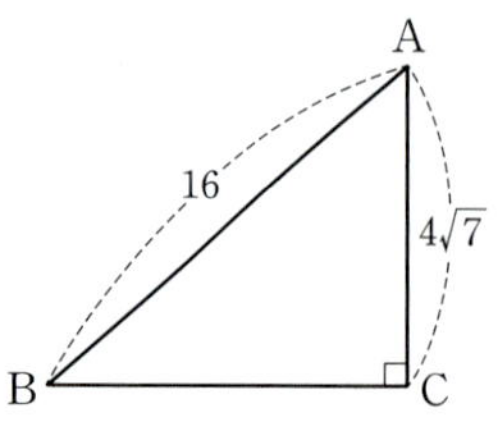

020 상중하
오른쪽 그림과 같은 직각삼각형 ABC에서 $\overline{AB}=3$, $\overline{BC}=5$일 때, $\sin C+\cos C-\tan C$의 값은?

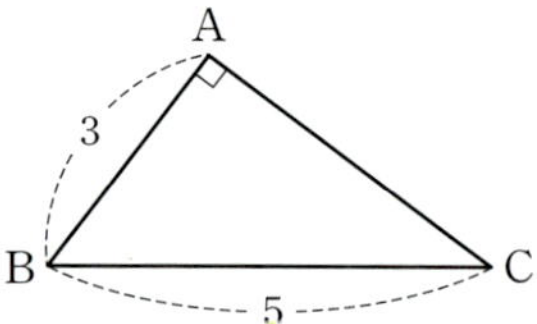

① $\dfrac{13}{20}$　　　② $\dfrac{7}{10}$

③ $\dfrac{3}{4}$　　　④ $\dfrac{4}{5}$

⑤ $\dfrac{17}{20}$

021 상중하
오른쪽 그림과 같은 직각삼각형 ABC에서 $\overline{AC}:\overline{BC}=2:3$일 때, $\sin A$의 값을 구하시오.

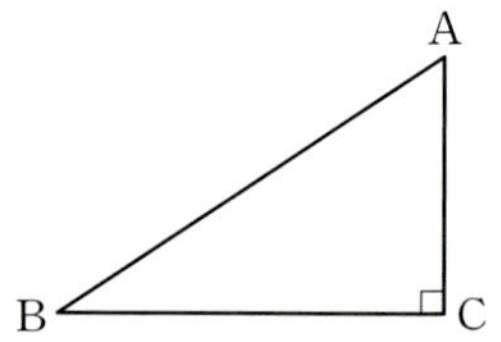

022 상중하
오른쪽 그림과 같은 직각삼각형 ABC에서 $\overline{AB}=17$, $\overline{AD}=10$, $\overline{CD}=6$일 때, $\tan B$의 값을 구하시오.

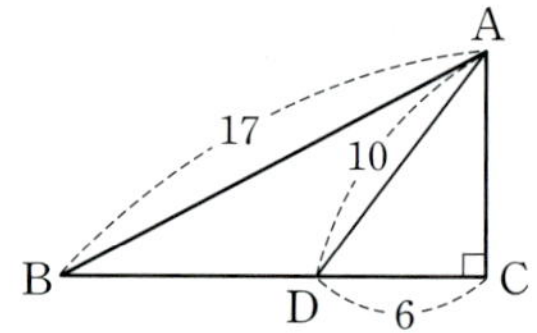

023 상중하
오른쪽 그림의 직각삼각형 ABC에서 $\overline{BC}$의 중점을 D라고 할 때, $\cos x$의 값을 구하시오.

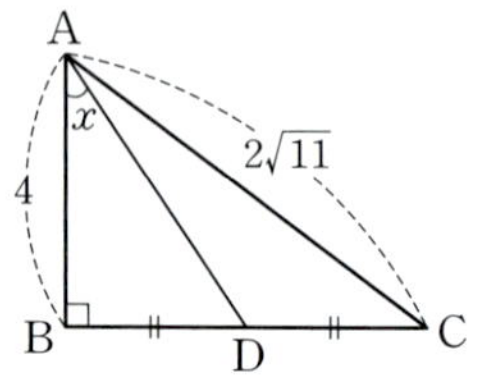

수학의 바이블 7쪽

유형 02 삼각비를 이용하여 삼각형의 변의 길이 구하기

024 상 중 하

오른쪽 그림과 같은 직각삼각형 ABC에서 $\overline{AC}=15$, $\sin A=\dfrac{4}{5}$일 때, $\overline{AB}$의 길이를 구하시오.

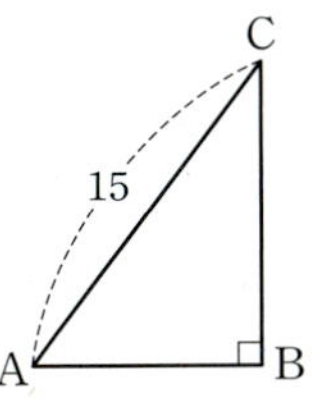

유형 Point　❶ 주어진 삼각비의 값을 이용하여 변의 길이를 구한다.
❷ 피타고라스 정리를 이용하여 나머지 한 변의 길이를 구한다.

025 상 중 하

오른쪽 그림과 같은 직각삼각형 ABC에서 $\overline{AC}=12$, $\tan B=\dfrac{3}{5}$일 때, $\overline{BC}$의 길이를 구하시오.

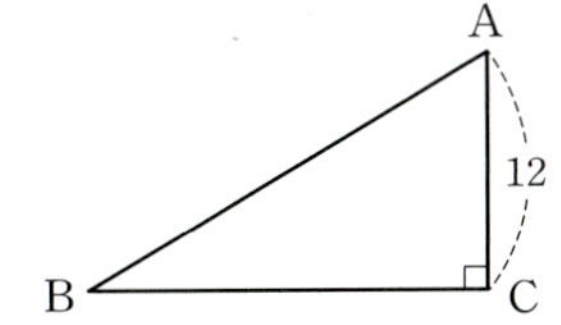

026 상 중 하

오른쪽 그림과 같은 직각삼각형 ABC에서 $\overline{BC}=4$, $\cos C=\dfrac{1}{2}$일 때, xy의 값을 구하시오.

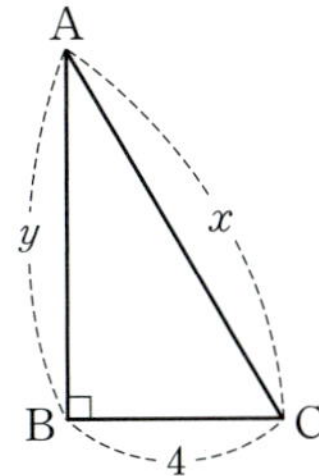

027 상 중 하　서술형

오른쪽 그림과 같은 직각삼각형 ABC에서 $\overline{BC}=6$, $\cos B=\dfrac{3}{4}$일 때, $\cos A$의 값을 구하시오.

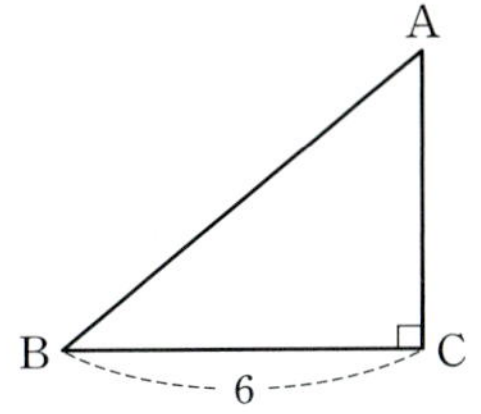

028 상 중 하

오른쪽 그림과 같은 직각삼각형 ABC에서 $\overline{AC}=3\sqrt{5}$ cm, $\cos A=\dfrac{\sqrt{5}}{3}$일 때, $\triangle ABC$의 넓이는?

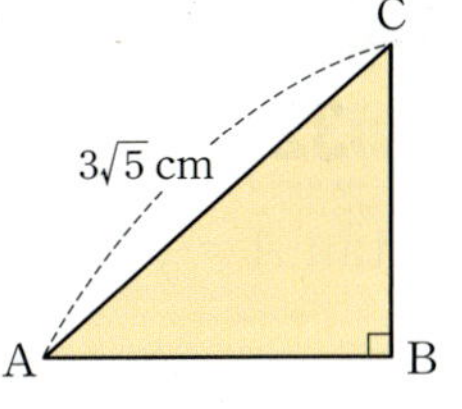

① 6 cm² 　② $3\sqrt{5}$ cm²
③ 9 cm² 　④ $5\sqrt{5}$ cm²
⑤ $9\sqrt{2}$ cm²

029 상 중 하

오른쪽 그림과 같은 직각삼각형 ABC에서 $\overline{AC}=9$, $\sin B=\dfrac{\sqrt{3}}{2}$일 때, $\sin C\times\tan C$의 값은?

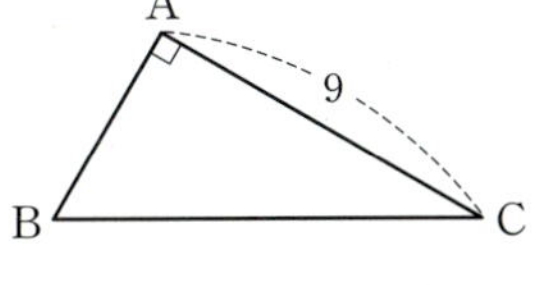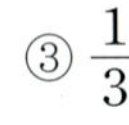

① $\dfrac{1}{6}$ 　② $\dfrac{\sqrt{3}}{6}$ 　③ $\dfrac{1}{3}$
④ $\dfrac{1}{2}$ 　⑤ $\dfrac{\sqrt{3}}{3}$

030 상 중 하

오른쪽 그림과 같은 $\triangle ABC$에서 $\overline{AH}\perp\overline{BC}$, $\overline{AB}=16$, $\overline{AC}=14$, $\cos B=\dfrac{\sqrt{7}}{4}$일 때, $\sin C$의 값을 구하시오.

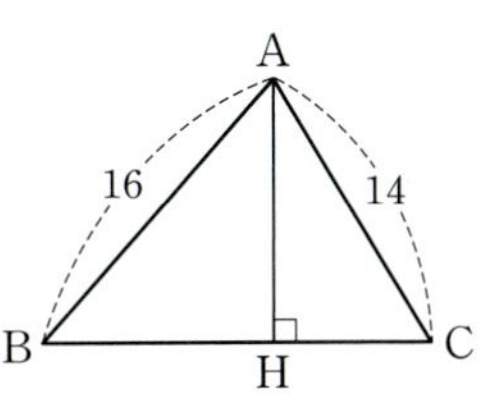

031 상 중 하

오른쪽 그림과 같은 직각삼각형 ABC에서 점 D는 $\overline{AB}$의 중점이다. $\overline{BC}=18$, $\tan A=\dfrac{3}{2}$일 때, $\sin x$의 값을 구하시오.

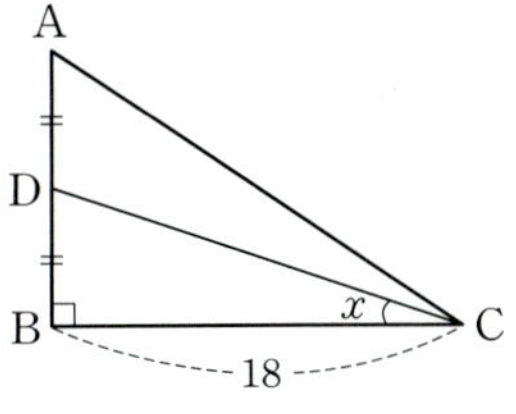

> 수학의 바이블 8쪽

유형 03 한 삼각비의 값이 주어질 때, 다른 삼각비의 값 구하기

032 상 중 하

$\tan A = \dfrac{1}{2}$일 때, $\sin A + \cos A$의 값을 구하시오.

(단, $0° < A < 90°$)

> **유형 Point** sin, cos, tan 중 하나의 값이 주어질 때
> ❶ 주어진 삼각비의 값을 갖는 가장 간단한 직각삼각형을 그린다.
> ❷ 피타고라스 정리를 이용하여 나머지 한 변의 길이를 구한다.
> ❸ 다른 삼각비의 값을 구한다.

033 상 중 하

$\angle B = 90°$인 직각삼각형 ABC에서 $\sin A = \dfrac{2}{3}$일 때,
$6 \cos A \times \tan A$의 값을 구하시오.

034 상 중 하 서술형

$5 \cos A - 3 = 0$일 때, $\tan A - \sin A$의 값을 구하시오.

(단, $0° < A < 90°$)

035 상 중 하

$\sin (90° - A) = \dfrac{5}{13}$일 때, $\tan A$의 값을 구하시오.

(단, $0° < A < 90°$)

유형 04 직선의 방정식과 삼각비

036 상 중 하

오른쪽 그림과 같이 일차방정식 $3x - 4y + 12 = 0$의 그래프가 x축과 이루는 예각의 크기를 a라고 할 때, $\cos a - \sin a$의 값을 구하시오.

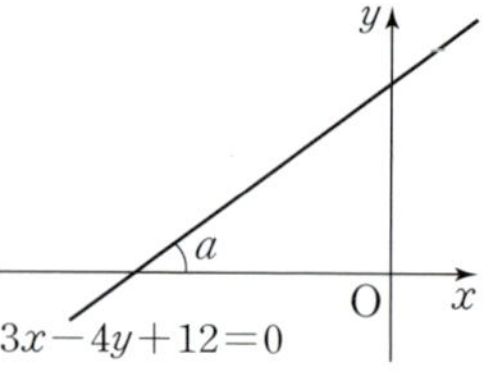

> **유형 Point** 직선 l이 x축과 이루는 예각의 크기를 a라고 할 때
> ❶ 직선 l과 x축, y축의 교점 A, B의 좌표를 각각 구한다.
> ❷ 직각삼각형 AOB에서 삼각비의 값을 구한다.
> $\Rightarrow \sin a = \dfrac{\overline{BO}}{\overline{AB}}$, $\cos a = \dfrac{\overline{AO}}{\overline{AB}}$, $\tan a = \dfrac{\overline{BO}}{\overline{AO}}$

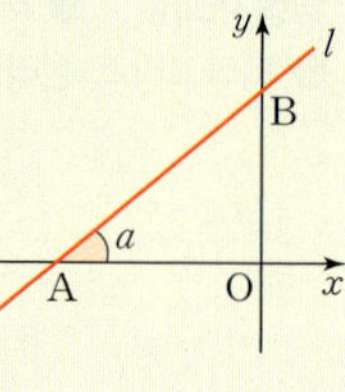

037 상 중 하

오른쪽 그림과 같이 일차함수 $y = \dfrac{3}{2}x + 2$의 그래프가 x축과 이루는 예각의 크기를 a라고 할 때, $\tan a$의 값을 구하시오.

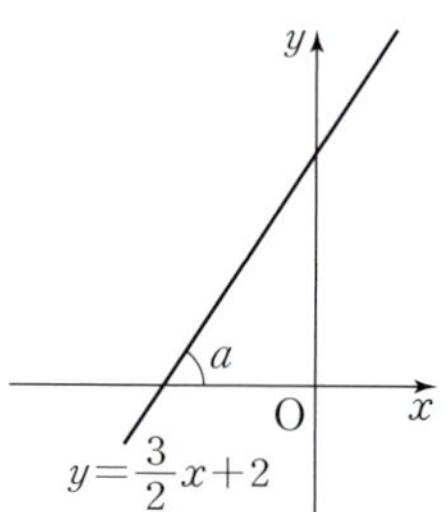

038 상 중 하

오른쪽 그림과 같이 직선 $4x - 7y + 28 = 0$이 y축과 이루는 예각의 크기를 a라고 할 때, $\tan a$의 값을 구하시오.

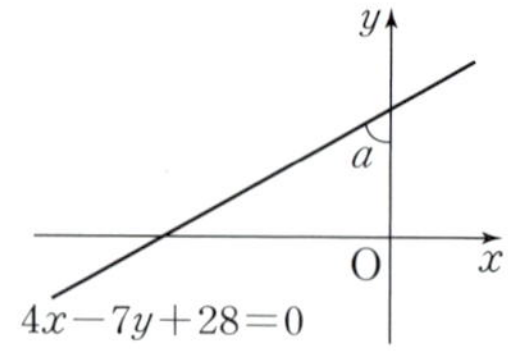

039 상 중 하

일차방정식 $x - 2y + 4 = 0$의 그래프가 x축과 이루는 예각의 크기를 a라고 할 때, $\sin a + \cos a$의 값을 구하시오.

> 수학의 바이블 8쪽

유형 05 직각삼각형의 닮음과 삼각비

040 상 중 하

오른쪽 그림과 같이 $\angle A=90°$
인 직각삼각형 ABC에서
$\overline{AD}\perp\overline{BC}$이고 $\angle BAD=x$,
$\angle CAD=y$일 때,
$\sin x+\sin y$의 값을 구하시오.

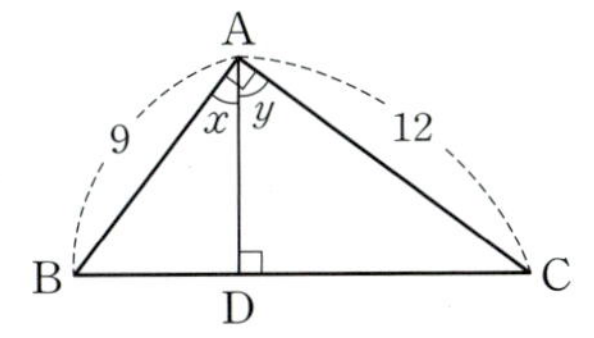

→ **유형 Point** 직각삼각형의 닮음을 이용하여 삼각비의 값을 구할 때에는
다음과 같은 순서로 구한다.

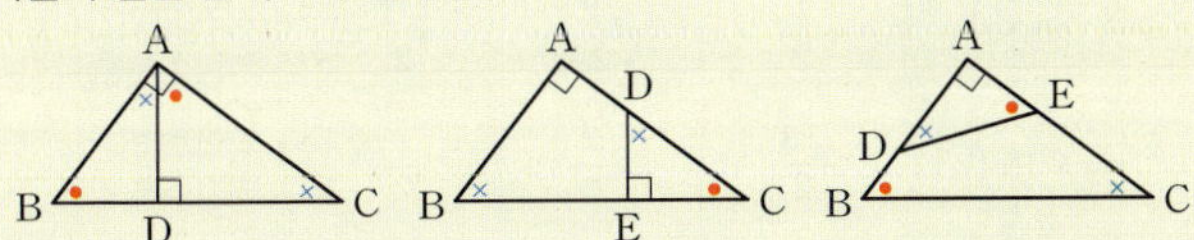

❶ 닮음인 두 직각삼각형을 찾는다.
❷ 크기가 같은 대응각을 찾는다.
❸ 삼각비의 값을 구한다.
  ➡ 닮은 직각삼각형에서 대응각에 대한 삼각비의 값은 일정함을 이용
   한다.

041 상 중 하

오른쪽 그림과 같이 $\angle A=90°$인
직각삼각형 ABC에서 $\overline{AH}\perp\overline{BC}$
이고 $\angle CAH=x$일 때, $\tan x$의
값을 구하시오.

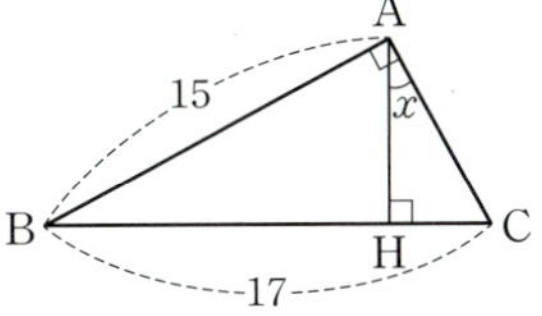

042 상 중 하

오른쪽 그림과 같이 $\angle A=90°$인
직각삼각형 ABC에서 $\overline{AD}\perp\overline{BC}$
일 때, 다음 중 옳지 <u>않은</u> 것은?

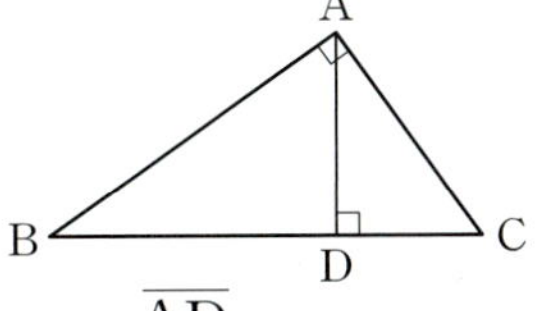

① $\sin B=\dfrac{\overline{CD}}{\overline{AC}}$ 　② $\cos B=\dfrac{\overline{AD}}{\overline{AC}}$

③ $\tan B=\dfrac{\overline{CD}}{\overline{AD}}$ 　④ $\cos C=\dfrac{\overline{BD}}{\overline{AB}}$

⑤ $\tan C=\dfrac{\overline{BD}}{\overline{AD}}$

★★ 043 상 중 하

오른쪽 그림과 같이 $\angle A=90°$인
직각삼각형 ABC에서 $\overline{DE}\perp\overline{BC}$
이고 $\angle BDE=x$일 때, $\cos x$의
값을 구하시오.

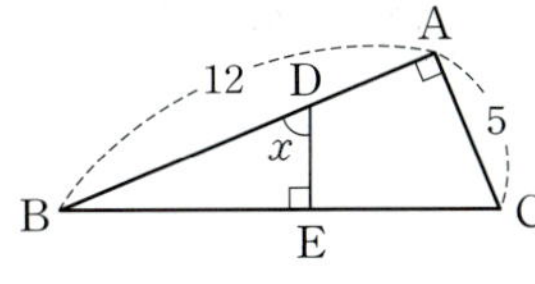

044 상 중 하

오른쪽 그림과 같이 $\angle B=90°$인
직각삼각형 ABC에서 $\overline{DE}\perp\overline{AC}$이
고 $\angle ACB=x$일 때, $\sin x$의 값을
구하시오.

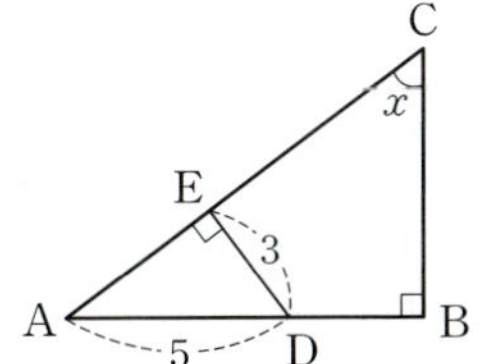

045 상 중 하

오른쪽 그림과 같이 직사각형
ABCD의 꼭짓점 A에서 대각선 BD
에 내린 수선의 발을 H라 하고
$\angle DAH=x$라고 할 때,
$\sin x-\cos x$의 값을 구하시오.

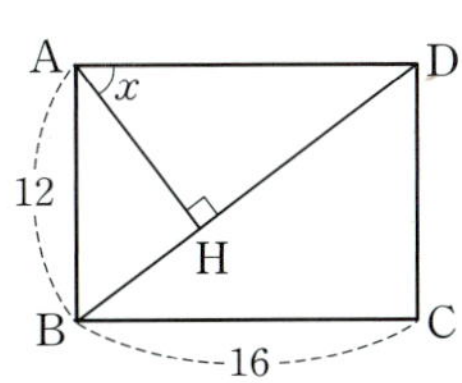

046 상 중 하 서술형

오른쪽 그림과 같이 $\angle A=90°$인
직각삼각형 ABC에서
$\angle ADE=\angle ACB$일 때,
$\sin B\times\sin C$의 값을 구하시오.

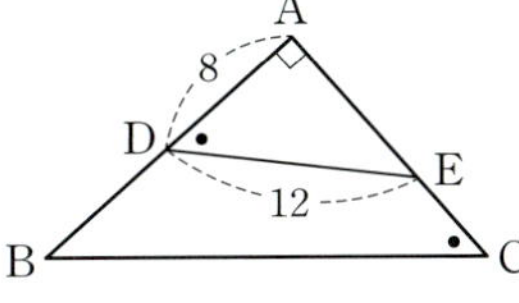

유형 06 입체도형에서 삼각비의 값 구하기

047 상 중 하

오른쪽 그림과 같이 한 모서리의 길이가 5인 정육면체에서 $\angle BHF = x$일 때, $\cos x$의 값을 구하시오.

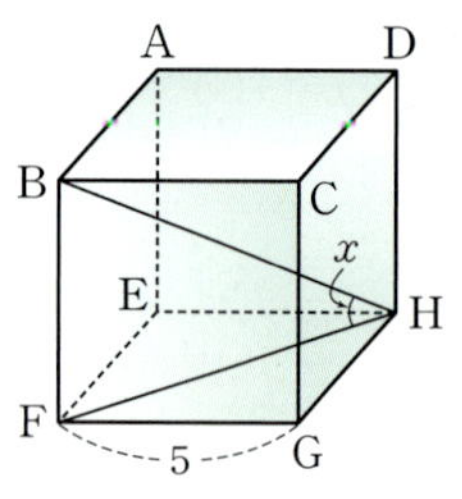

➤ 유형 Point　❶ 입체도형에서 직각삼각형을 찾는다.
❷ 피타고라스 정리를 이용하여 변의 길이를 구한다.
❸ 삼각비의 값을 구한다.

048 상 중 하

오른쪽 그림과 같이 한 모서리의 길이가 3인 정육면체에서 $\angle AGE = x$일 때, $\sin x \times \cos x$의 값을 구하시오.

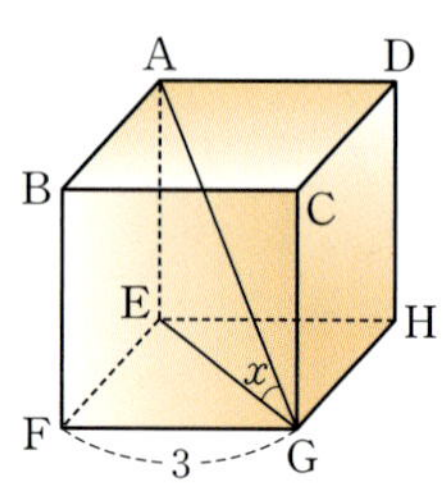

049 상 중 하 　사고력 쑥쑥

오른쪽 그림과 같이 밑면은 한 변의 길이가 8인 정사각형이고, 옆면의 모서리의 길이는 모두 9인 정사각뿔이 있다. $\angle VCO = x$라고 할 때, $\sin x$의 값을 구하시오.

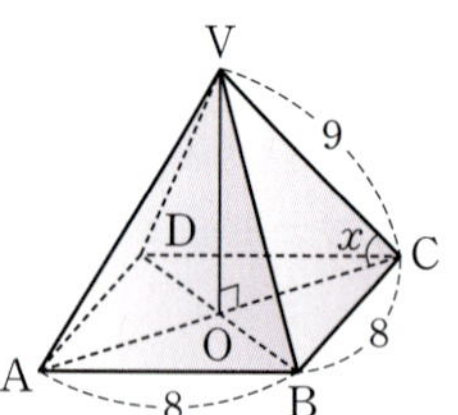

050 상 중 하 　서술형

오른쪽 그림과 같은 직육면체에서 $\angle CEG = x$일 때, $\sin x \times \cos x + \tan x$의 값을 구하시오.

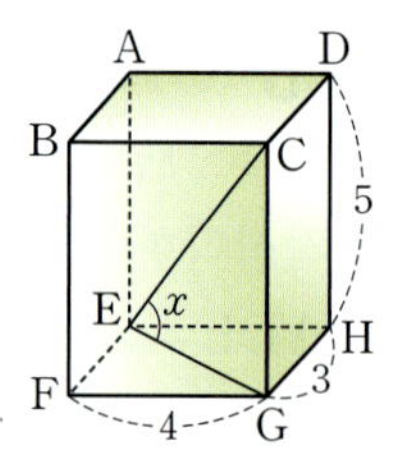

유형 07 $30°$, $45°$, $60°$의 삼각비의 값

051 상 중 하

다음을 계산하시오.

$$\sin 30° \times \tan 60° - \cos 30° \times \tan 45°$$

➤ 유형 Point

삼각비 ＼ A	$30°$	$45°$	$60°$	
$\sin A$	$\dfrac{1}{2}$	$\dfrac{\sqrt{2}}{2}$	$\dfrac{\sqrt{3}}{2}$	→ 각의 크기가 커질수록 증가
$\cos A$	$\dfrac{\sqrt{3}}{2}$	$\dfrac{\sqrt{2}}{2}$	$\dfrac{1}{2}$	→ 각의 크기가 커질수록 감소
$\tan A$	$\dfrac{\sqrt{3}}{3}$	1	$\sqrt{3}$	→ 각의 크기가 커질수록 증가

052 상 중 하

다음 중 옳지 <u>않은</u> 것은?

① $\cos 45° + \sin 45° = \sqrt{2}$

② $\tan 45° - 3 \cos 60° = \dfrac{1}{2}$

③ $\dfrac{\cos 60°}{\sin 30°} = \tan 45°$

④ $1 + \cos 60° = \sqrt{3} \cos 30°$

⑤ $\tan 60° \times \tan 45° = 2 \sin 60°$

053 상 중 하

$(\cos 60° + \sin 60°) \times (\sin 30° - \cos 30°)$의 값은?

① -1　　　② $-\dfrac{1}{2}$　　　③ 0

④ $\dfrac{1}{2}$　　　⑤ 1

054 상 중 하

$4\cos 60^\circ + \dfrac{2\sin 30^\circ + \tan 45^\circ}{\sqrt{3}\tan 30^\circ}$ 의 값을 구하시오.

055 상 중 하 　서술형

이차방정식 $2x^2 - ax + 3 = 0$의 한 근이 $\sin 30^\circ$일 때, 상수 a의 값을 구하시오.

056 상 중 하

삼각형의 세 내각의 크기의 비가 $1 : 2 : 3$이다. 세 내각 중 가장 작은 각의 크기를 A라고 할 때, $\cos A \times \tan A$의 값을 구하시오.

057 상 중 하

$\angle A = 60^\circ$일 때, $\dfrac{1}{\sin A - \cos A} - \dfrac{1}{\sin A + \cos A}$의 값을 구하시오.

유형 **08**　30°, 45°, 60°의 삼각비를 이용하여 각의 크기 구하기

058 상 중 하

$\sin(2x - 15^\circ) = \dfrac{\sqrt{2}}{2}$ 를 만족하는 x의 크기를 구하시오.

(단, $10^\circ < x < 50^\circ$)

→ **유형 Point**　$0^\circ < x < 90^\circ$일 때

(1) $\sin x = \dfrac{\sqrt{3}}{2}$ ➡ $\sin x = \sin 60^\circ$이므로 $x = 60^\circ$

(2) $\cos x = \dfrac{\sqrt{2}}{2}$ ➡ $\cos x = \cos 45^\circ$이므로 $x = 45^\circ$

(3) $\tan x = \dfrac{\sqrt{3}}{3}$ ➡ $\tan x = \tan 30^\circ$이므로 $x = 30^\circ$

059 상 중 하

오른쪽 그림과 같이 $\angle C = 90^\circ$인 직각삼각형 ABC에서 $\overline{AB} = 18$, $\overline{BC} = 9\sqrt{3}$일 때, $\angle B$의 크기를 구하시오.

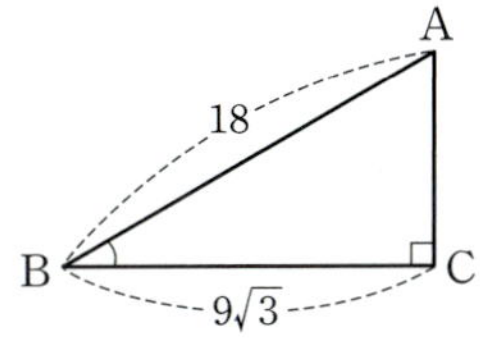

060 상 중 하

이차방정식 $4x^2 - 4x + 1 = 0$의 한 근을 $\sin a$라고 할 때, a의 크기는? (단, $0^\circ < a < 90^\circ$)

① 15°　　　② 30°　　　③ 45°

④ 60°　　　⑤ 75°

061 상 중 하

$\tan(x + 15^\circ) = 1$일 때, $\sin 2x - \cos x$의 값을 구하시오.

(단, $0^\circ < x < 75^\circ$)

수학의 바이블 10쪽

유형 09 30°, 45°, 60°의 삼각비를 이용하여 변의 길이 구하기

062 상 중 하

오른쪽 그림과 같은 $\triangle ABC$에서 $\overline{AH} \perp \overline{BC}$이고 $\angle B = 45°$, $\angle C = 60°$, $\overline{AB} = 3\sqrt{2}$일 때, $\overline{AC}$의 길이를 구하시오.

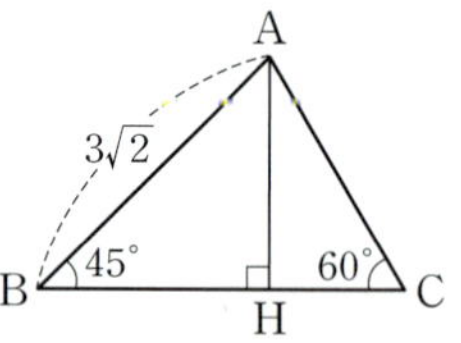

→ **유형 Point** 한 예각의 크기가 30°, 45°, 60°인 직각삼각형에서
❶ 주어진 각에 대하여 두 변의 길이의 관계가 sin, cos, tan 중 어떤 것인지 알아본다.
❷ 30°, 45°, 60°의 삼각비의 값을 이용하여 다른 변의 길이를 구한다.

063 상 중 하

오른쪽 그림에서 $\angle BAC = \angle ADC = 90°$, $\angle ABC = 60°$, $\angle ACD = 30°$이고 $\overline{AB} = 2\sqrt{3}$일 때, $\overline{AD}$의 길이를 구하시오.

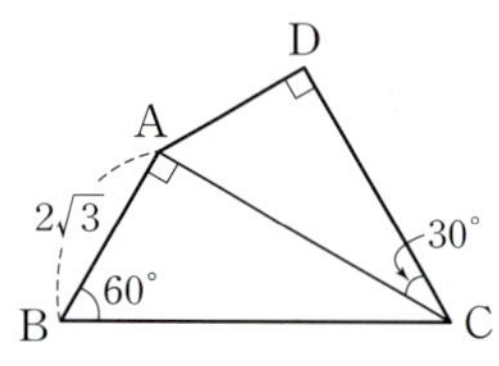

064 상 중 하

오른쪽 그림에서 $\angle CAB = \angle ABD = 90°$, $\angle C = 60°$, $\angle D = 45°$이고 $\overline{AC} = \sqrt{2}$일 때, $\overline{AD}$의 길이를 구하시오.

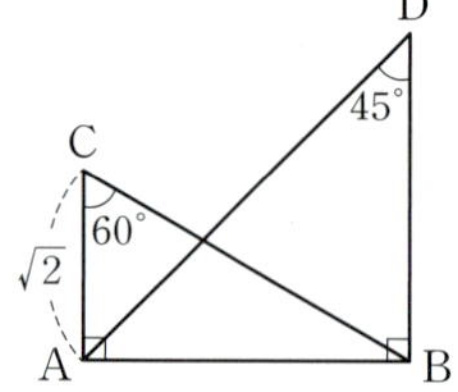

065 상 중 하

오른쪽 그림에서 $\triangle ABC$와 $\triangle DBC$는 각각 $\angle BAC = 90°$, $\angle BCD = 90°$인 직각삼각형이다. $\angle DBC = 30°$, $\angle ACB = 45°$, $\overline{CD} = 12$일 때, $\overline{AC}$의 길이를 구하시오.

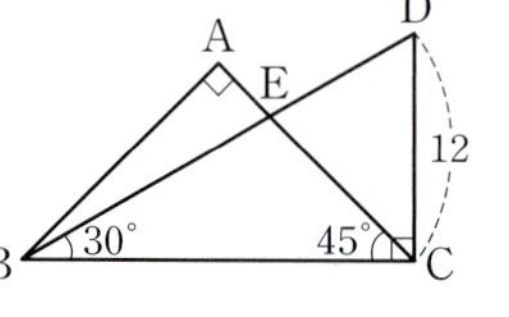

066 상 중 하 서술형

오른쪽 그림과 같이 $\angle B = 90°$인 직각삼각형 ABC에서 $\overline{BD} = \overline{CD}$이고 $\overline{AC} = 16$, $\angle C = 30°$일 때, $\overline{AD}$의 길이를 구하시오.

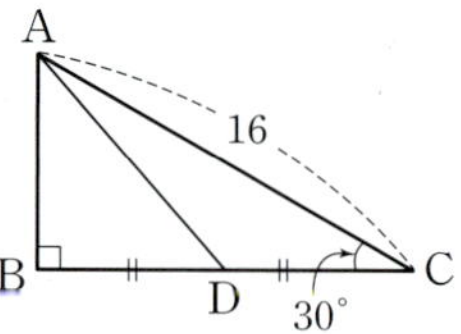

067 상 중 하

오른쪽 그림과 같이 $\angle C = 90°$인 직각삼각형 ABC에서 $\angle ABC = 30°$, $\angle ADC = 45°$, $\overline{AC} = 6$일 때, $\overline{BD}$의 길이는?

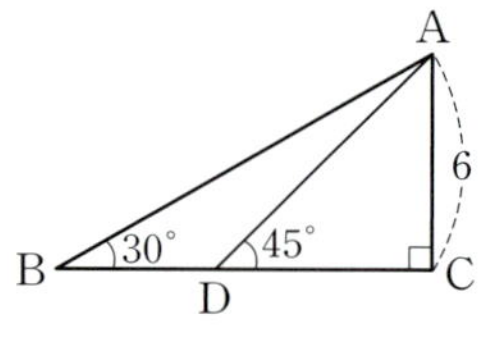

① $6\sqrt{3} - 1$ ② $6\sqrt{3}$ ③ $6(\sqrt{3} - 1)$
④ $6(\sqrt{3} + 1)$ ⑤ $6(\sqrt{3} + 2)$

068 상 중 하

오른쪽 그림과 같이 $\angle C = 90°$인 직각삼각형 ABC에서 $\angle ABC = 30°$, $\angle ADC = 60°$, $\overline{BD} = 4$ cm일 때, $\triangle ABC$의 넓이를 구하시오.

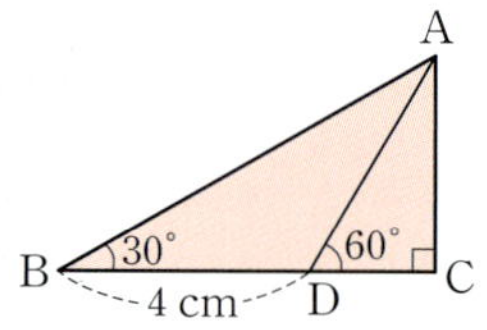

069 상 중 하

오른쪽 그림과 같이 $\angle ACB = 90°$인 직각삼각형 ABC에서 $\angle ABC = 30°$, $\overline{AB} = 12$이고 $\overline{AB} \perp \overline{CD}$, $\overline{BC} \perp \overline{DE}$일 때, $\overline{DE}$의 길이를 구하시오.

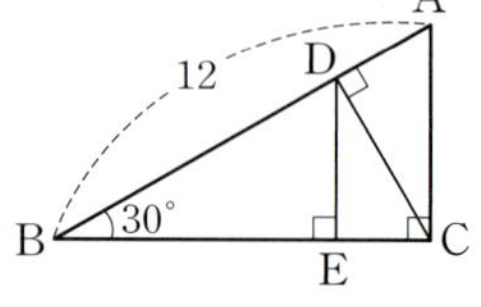

유형 10 30°, 45°, 60°의 삼각비를 이용하여 다른 삼각비의 값 구하기

070 상 중 하

다음 그림에서 $\overline{AC}=2$일 때, $\tan 15°$의 값은?

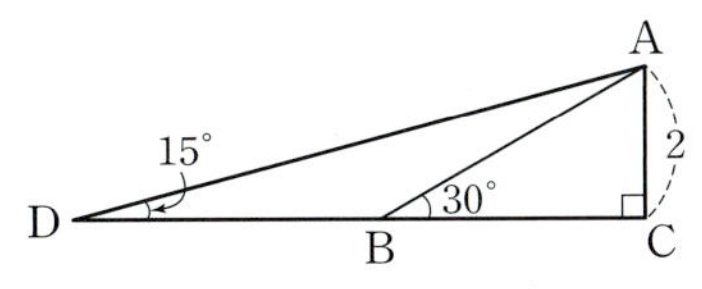

① $4-2\sqrt{3}$ ② $4-\sqrt{3}$ ③ $2-\sqrt{3}$

④ $2+\sqrt{3}$ ⑤ $4+2\sqrt{3}$

→ 유형 Point 30°, 45°, 60°의 삼각비를 이용하여 변의 길이를 구한 후 다른 삼각비의 값을 구한다.

071 상 중 하 서술형

오른쪽 그림과 같은 반원 O에서 $\overline{OC}=3$, $\angle AOC=45°$, $\angle ACB=90°$일 때, $\tan x$의 값을 구하시오.

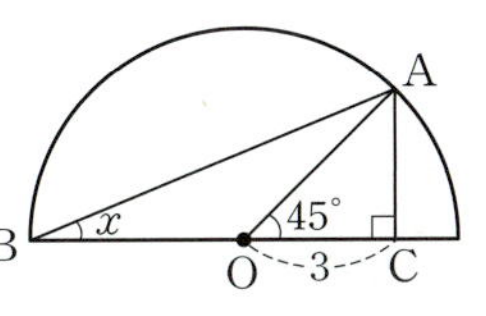

072 상 중 하

오른쪽 그림과 같이 $\angle B=90°$인 직각삼각형 ABC에서 $\overline{AD}=\overline{CD}$이고 $\angle DAB=60°$, $\overline{AB}=4$일 때, $\tan 75°$의 값은?

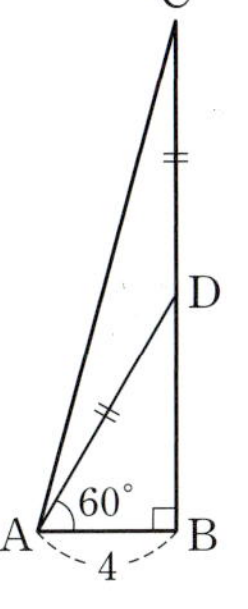

① $2+\sqrt{3}$ ② $\dfrac{4+\sqrt{3}}{2}$

③ $\dfrac{6+\sqrt{2}}{4}$ ④ $\dfrac{4-\sqrt{3}}{2}$

⑤ $2-\sqrt{3}$

유형 11 직선의 기울기와 삼각비의 값

073 상 중 하

오른쪽 그림과 같이 x절편이 -3이고 x축의 양의 방향과 이루는 각의 크기가 30°인 직선의 방정식을 구하시오.

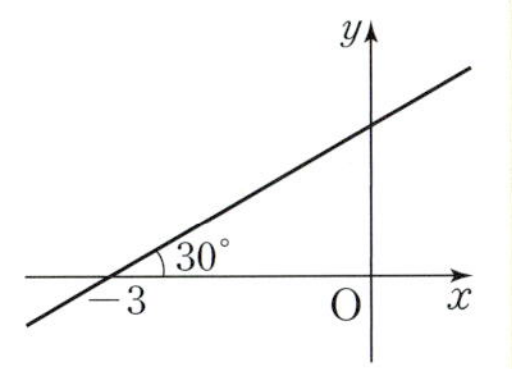

→ 유형 Point 직선 $y=mx+n$이 x축의 양의 방향과 이루는 예각의 크기를 a라고 할 때
(직선의 기울기)$=a$
$$=\frac{(y의\ 값의\ 증가량)}{(x의\ 값의\ 증가량)}$$
$$=\frac{\overline{BO}}{\overline{AO}}=\tan a$$

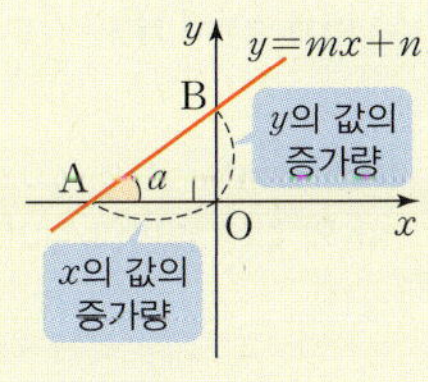

★★ 074 상 중 하

점 $(2, -5)$를 지나고 x축의 양의 방향과 이루는 각의 크기가 45°인 직선의 방정식을 구하시오.

075 상 중 하

일차방정식 $\sqrt{3}x-y+6=0$의 그래프가 x축의 양의 방향과 이루는 예각의 크기를 구하시오.

076 상 중 하

x절편이 4인 직선 $y=ax+b$가 x축의 양의 방향과 이루는 각의 크기가 45°일 때, ab의 값은? (단, a, b는 상수)

① -4 ② $-\sqrt{3}$ ③ -1

④ $\sqrt{3}$ ⑤ 4

수학의 바이블 13쪽

유형 12 사분원을 이용하여 삼각비의 값 구하기

077 상 중 하

오른쪽 그림과 같이 반지름의 길이가 1인 사분원에서 다음 중 옳지 <u>않은</u> 것을 모두 고르면? (정답 2개)

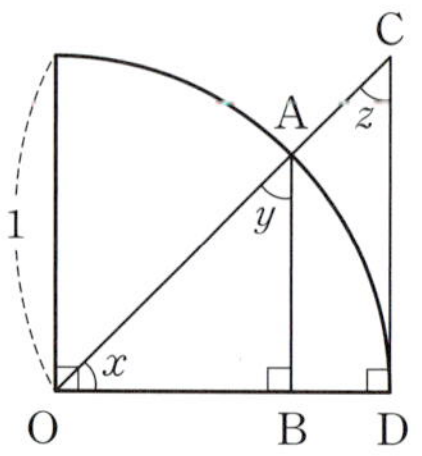

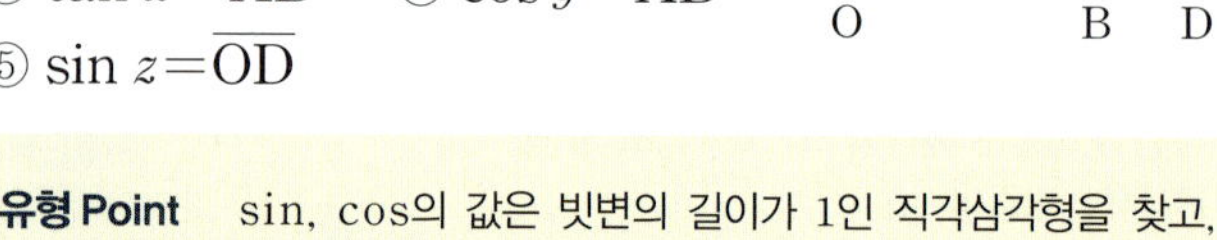

① $\sin x = \overline{AB}$　② $\cos x = \overline{OB}$
③ $\tan x = \overline{AB}$　④ $\cos y = \overline{AB}$
⑤ $\sin z = \overline{OD}$

→ **유형 Point**　sin, cos의 값은 빗변의 길이가 1인 직각삼각형을 찾고, tan의 값은 밑변의 길이가 1인 직각삼각형을 찾아서 구한다.

078 상 중 하

오른쪽 그림과 같이 반지름의 길이가 1인 사분원에서 다음 중 $\sin 55°$를 나타내는 선분은?

① $\overline{OB}$　② $\overline{OC}$
③ $\overline{AB}$　④ $\overline{BD}$
⑤ $\overline{CD}$

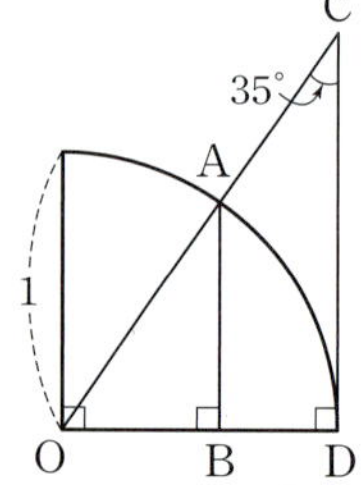

079 상 중 하

오른쪽 그림과 같이 반지름의 길이가 1이고 중심각의 크기가 48°인 부채꼴 AOB에서 $\overline{AD} \perp \overline{OB}$일 때, $\overline{BD}$의 길이는?

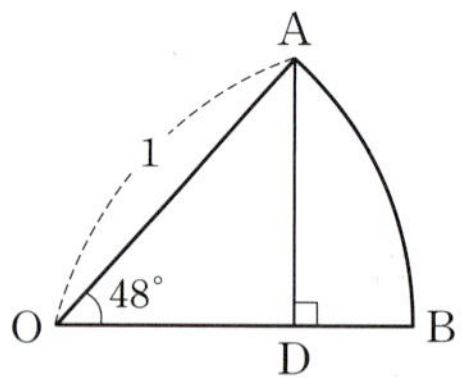

① $\sin 42°$　② $\cos 42°$
③ $1 - \sin 48°$　④ $1 - \cos 48°$
⑤ $1 - \tan 48°$

080 상 중 하

오른쪽 그림과 같이 좌표평면 위의 원점 O를 중심으로 하고 반지름의 길이가 1인 사분원에서
$\sin 43° + \tan 47°$의 값을 구하시오.

수학의 바이블 12쪽

유형 13 0°, 90°의 삼각비의 값

081 상 중 하

다음 중 옳지 <u>않은</u> 것은?

① $\sin 90° + \tan 45° = 2$
② $\cos 90° - \sin 0° = 0$
③ $\sin 30° + \cos 60° \times \sin 90° = 1$
④ $\tan 30° \times \sin 60° + \tan 0° = \dfrac{3}{2}$
⑤ $(\sin 0° - \cos 45°) \times (\cos 90° + \sin 45°) = -\dfrac{1}{2}$

→ **유형 Point**

A　삼각비	$\sin A$	$\cos A$	$\tan A$
0°	0	1	0
90°	1	0	정할 수 없다.

082 상 중 하

다음 중 옳은 것은?

① $\sin 90° = \cos 90° = \tan 90°$
② $\sin 0° = \cos 0° = \tan 0°$
③ $\sin 90° = \cos 0° = \tan 45°$
④ $\sin 45° = \cos 45° = \tan 45°$
⑤ $\sin 0° = \cos 90° = \tan 90°$

083 상 중 하

$\sin 90° \times \tan 45° - \sin 45° \times \tan 0° + \cos 0°$의 값을 구하시오.

084 상 중 하 서술형

일차방정식 $\sqrt{3}x - 3y + 6 = 0$의 그래프가 x축의 양의 방향과 이루는 예각의 크기를 a라고 할 때, $\cos 2a + \sin 3a + \cos 3a$의 값을 구하시오.

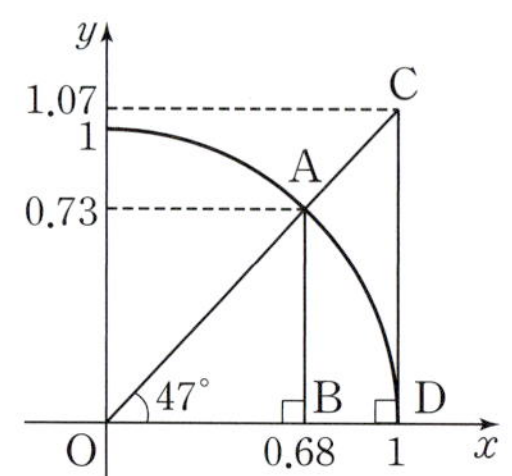

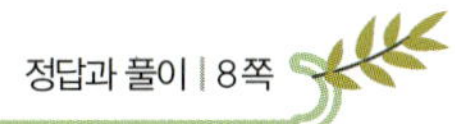

> **수학의 바이블 14쪽**

유형 14 삼각비의 값의 대소 관계

085 (상 중 하)

다음 중 옳지 <u>않은</u> 것은?

① $\sin 20° < \sin 30°$　　② $\cos 15° > \cos 35°$

③ $\tan 30° < \tan 42°$　　④ $\cos 60° > \tan 30°$

⑤ $\sin 45° = \cos 45°$

> **유형 Point**　(1) $0° \leq x \leq 90°$인 범위에서 x의 크기가 커지면
> ① $\sin x$의 값은 0에서 1로 증가　→ $0 \leq \sin x \leq 1$
> ② $\cos x$의 값은 1에서 0으로 감소　→ $0 \leq \cos x \leq 1$
> ③ $\tan x$의 값은 0에서 무한히 증가 ($x \neq 90°$)
> (2) $\sin x$, $\cos x$, $\tan x$의 대소 관계
> ① $0° \leq x < 45°$일 때, $\sin x < \cos x$
> ② $x = 45°$일 때, $\sin x = \cos x < \tan x$
> ③ $45° < x < 90°$일 때, $\cos x < \sin x < \tan x$

086 (상 중 하)

$A = 68°$일 때, $\sin A$, $\cos A$, $\tan A$의 대소 관계를 바르게 나타낸 것은?

① $\sin A < \cos A < \tan A$

② $\sin A < \tan A < \cos A$

③ $\cos A < \sin A < \tan A$

④ $\cos A < \tan A < \sin A$

⑤ $\tan A < \cos A < \sin A$

087 (상 중 하)

다음 중 삼각비의 값이 가장 큰 것은?

① $\cos 0°$　　② $\sin 15°$　　③ $\tan 50°$

④ $\sin 55°$　　⑤ $\sin 80°$

★★ 088 (상 중 하)

다음 보기의 삼각비의 값을 크기가 작은 것부터 차례대로 나열하시오.

> **보기**
> ㄱ. $\sin 90°$　　ㄴ. $\cos 90°$　　ㄷ. $\sin 45°$
> ㄹ. $\tan 55°$　　ㅁ. $\tan 65°$

유형 15 삼각비의 값의 대소 관계를 이용한 식의 계산

089 (상 중 하)

$0° < x < 90°$일 때, $\sqrt{(\sin x - 1)^2} + \sqrt{(1 + \sin x)^2}$을 간단히 하면?

① $2\sin x - 1$　　② $2\sin x$　　③ $2\sin x + 1$

④ 0　　⑤ 2

> **유형 Point**　삼각비의 값의 대소를 비교한 후 제곱근의 성질을 이용하여 주어진 식을 정리한다.
> → $\sqrt{a^2} = \begin{cases} a & (a \geq 0) \\ -a & (a < 0) \end{cases}$

090 (상 중 하)

$0° < x < 45°$일 때, $\sqrt{(\tan x - 1)^2} - \sqrt{(\tan x + 1)^2}$을 간단히 하면?

① $-2\tan x$　　② -2　　③ 0

④ 2　　⑤ $2\tan x$

091 (상 중 하)

$0° < x < 45°$일 때, 다음 식을 간단히 하시오.

$$\sqrt{(\sin x - \cos x)^2} - \sqrt{(\cos x - \sin x)^2}$$

092 (상 중 하) 서술형

$45° < x < 90°$일 때, $\sqrt{(\cos x - \sin x)^2} + \sqrt{\cos^2 x} = \dfrac{\sqrt{3}}{2}$을 만족하는 x의 크기를 구하시오.

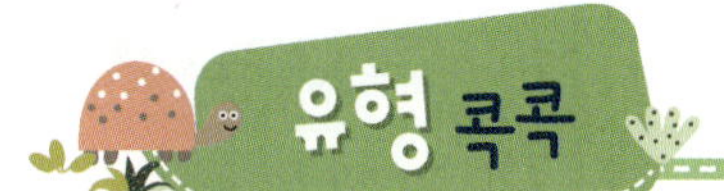

> 수학의 바이블 16쪽

유형 16 삼각비의 표를 이용하여 삼각비의 값, 각의 크기, 변의 길이 구하기

093 상 중 하

$\sin x=0.3907$, $\tan y=0.3839$일 때, 다음 삼각비의 표를 이용하여 $x+y$의 크기를 구하면?

각도	sin	cos	tan
21°	0.3584	0.9336	0.3839
22°	0.3746	0.9272	0.4040
23°	0.3907	0.9205	0.4245
24°	0.4067	0.9135	0.4452

① 43° ② 44° ③ 45°
④ 46° ⑤ 47°

→ **유형 Point** 삼각비의 표에서 각도의 가로줄과 삼각비의 세로줄이 만나는 곳의 수가 삼각비의 값이다.

예 오른쪽 표에서
   $\cos 12°=0.9781$

각도	sin	cos	tan
11°	0.1908	0.9816	0.1944
12°	0.2079	0.9781	0.2126
13°	0.2250	0.9744	0.2309

094 상 중 하

다음 삼각비의 표를 이용하여 $\sin 46°-\cos 49°+\tan 47°$의 값을 구하시오.

각도	sin	cos	tan
46°	0.7193	0.6947	1.0355
47°	0.7314	0.6820	1.0724
48°	0.7431	0.6691	1.1106
49°	0.7547	0.6561	1.1504

095 상 중 하

다음 삼각비의 표를 이용하여 $\sin x=0.8988$, $\cos y=0.4067$을 만족하는 x, y에 대하여 $\tan x+\sin y$의 값을 구하시오.

각도	sin	cos	tan
63°	0.8910	0.4540	1.9626
64°	0.8988	0.4384	2.0503
65°	0.9063	0.4226	2.1445
66°	0.9135	0.4067	2.2460

096 상 중 하

다음 삼각비의 표에 대한 설명 중 옳지 <u>않은</u> 것은?

각도	sin	cos	tan
35°	0.5736	0.8192	0.7002
36°	0.5878	0.8090	0.7265
37°	0.6018	0.7986	0.7536
38°	0.6157	0.7880	0.7813

① $\sin 36°=0.5878$
② $\cos 37°=0.7986$
③ $\tan x=0.7002$이면 $x=35°$이다.
④ $\sin 37°+\cos 35°=1.421$
⑤ $\sin 38°$와 $\tan 36°$의 값의 차는 0.1238이다.

097 상 중 하

오른쪽 그림의 직각삼각형 ABC에서 $\overline{AB}=10$, $\angle A=37°$일 때, 다음 삼각비의 표를 이용하여 $\overline{AC}$의 길이를 구하면?

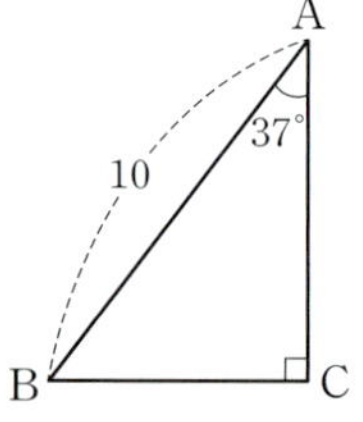

각도	sin	cos	tan
52°	0.7880	0.6157	1.2799
53°	0.7986	0.6018	1.3270
54°	0.8090	0.5878	1.3764
55°	0.8192	0.5736	1.4281

① 5.878 ② 6.018 ③ 7.986
④ 8.192 ⑤ 1.327

098 상 중 하 서술형

오른쪽 그림과 같이 좌표평면 위의 원점 O를 중심으로 하고 반지름의 길이가 1인 사분원에서 다음 삼각비의 표를 이용하여 $\overline{AB}+\overline{CD}$의 길이를 구하시오.

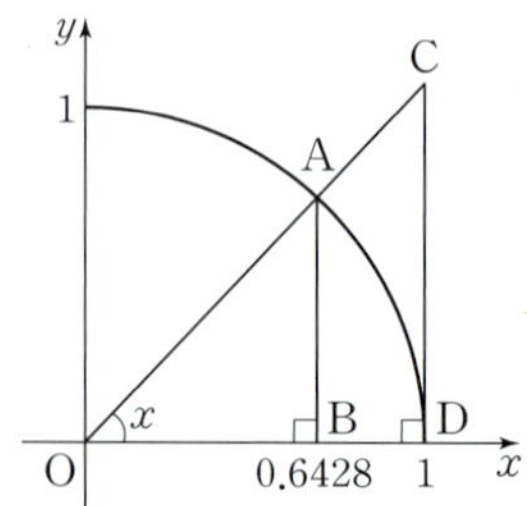

각도	sin	cos	tan
49°	0.7547	0.6561	1.1504
50°	0.7660	0.6428	1.1918
51°	0.7771	0.6293	1.2349

 ## 실력 콕콕

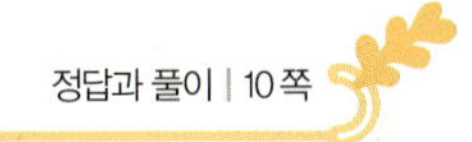

099

오른쪽 그림과 같은 직각삼각형 ABC에 대하여 다음 중 옳은 것은?

① $\sin A = \dfrac{\sqrt{5}}{2}$　② $\cos A = \dfrac{2}{3}$

③ $\tan A = \dfrac{2\sqrt{5}}{5}$　④ $\cos C = \dfrac{5}{3}$

⑤ $\tan C = \dfrac{\sqrt{5}}{3}$

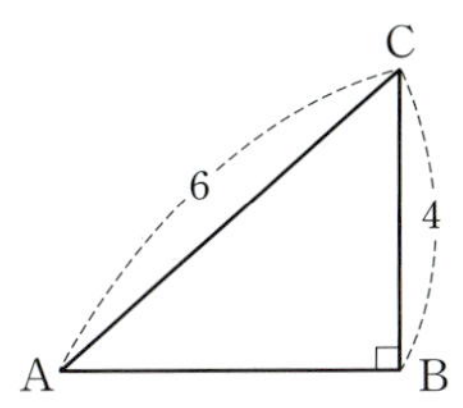

100 사고력 쑥쑥

오른쪽 그림과 같이 직사각형 모양의 종이 ABCD를 점 A가 점 C에 오도록 접었다. $\overline{AB}=3$, $\overline{AE}=5$일 때, $\tan x$의 값을 구하시오.

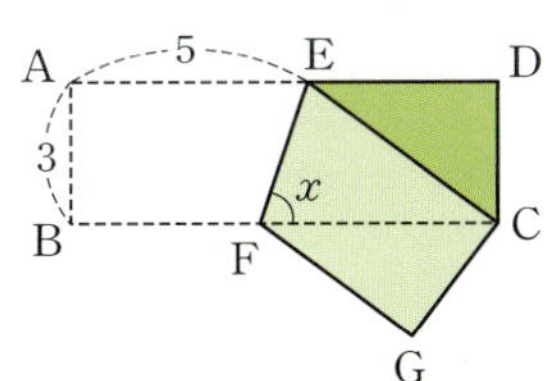

101

오른쪽 그림과 같은 △ABC에서 $\overline{AB}=9$, $\overline{AC}=10$, $\cos B = \dfrac{\sqrt{5}}{3}$일 때, $\sin C$의 값을 구하시오.

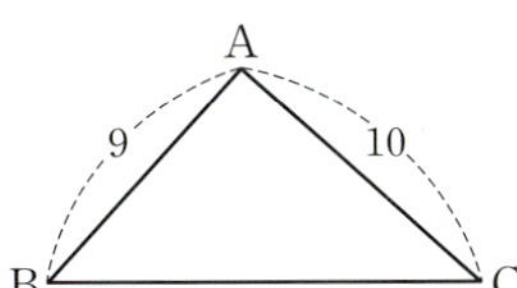

102

$\tan A = \sqrt{2}$일 때, $\sin^2 A + \cos^2 A$의 값을 구하시오.

(단, $0° < A < 90°$)

103

오른쪽 그림과 같이 일차방정식 $2x-3y-6=0$의 그래프가 x축의 양의 방향과 이루는 예각의 크기를 a라고 할 때, $\sin^2 a - \cos^2 a$의 값을 구하시오.

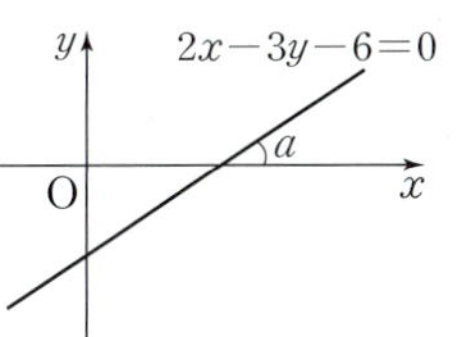

★★ 104

오른쪽 그림과 같이 $\angle ACB=90°$인 직각 삼각형 ABC에서 $\overline{AB}\perp\overline{CD}$이고 $\overline{AC}=4$, $\angle BCD=x$, $\tan x = \dfrac{\sqrt{5}}{2}$일 때, $\overline{AB}$의 길이를 구하시오.

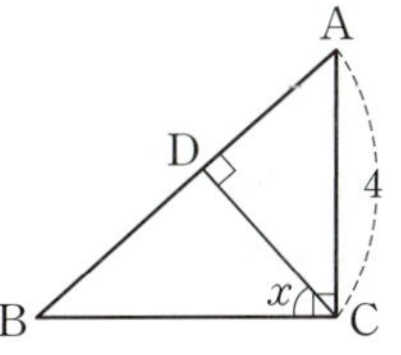

105

오른쪽 그림과 같이 $\angle A=90°$인 직각삼각형 ABC에서 $\overline{DE}\perp\overline{BC}$이고 $\overline{AB}=4\sqrt{2}$, $\overline{AC}=7$이다. $\angle CDE=x$일 때, $\dfrac{\sin x}{\tan x}$의 값을 구하시오.

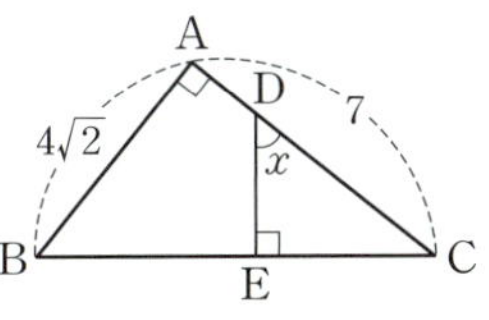

106

오른쪽 그림에서 $\angle B = \angle D = 90°$, $\overline{BE}=\overline{EC}=6$이고 $\sin x = \dfrac{2}{3}$일 때, $\tan y$의 값을 구하시오.

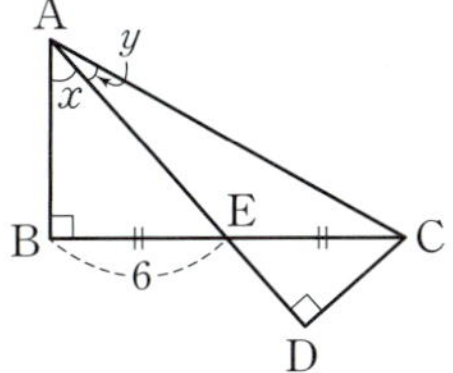

107

오른쪽 그림과 같이 한 모서리의 길이가 6인 정사면체에서 $\overline{BC}$의 중점을 E라 하고 $\angle AED = x$라고 할 때, $\cos x$의 값을 구하시오.

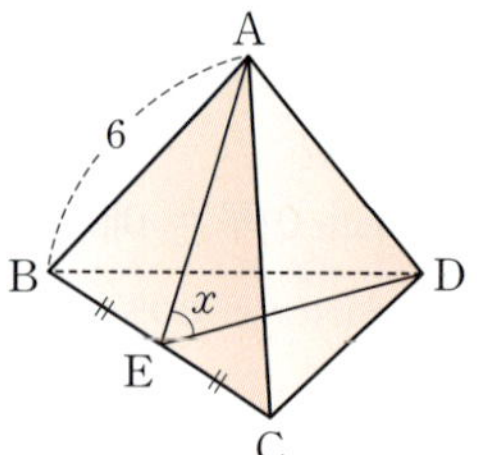

108

$A = \sin 60° + \cos 30°$, $B = \sin 45° + \tan 45°$일 때, $A^2 + B^2$의 값은?

① $\dfrac{7}{2} - \sqrt{2}$　　② $\dfrac{9}{2} - \sqrt{2}$　　③ $\dfrac{7}{2} + \sqrt{2}$

④ $\dfrac{9}{2} + \sqrt{2}$　　⑤ $\dfrac{11}{2} + \sqrt{2}$

109

$\sin A = \dfrac{\sqrt{3}}{2}$일 때, $2\tan^2 A - \sqrt{3}\tan A + 5$의 값을 구하시오.

(단, $0° < A < 90°$)

110

이차방정식 $2x^2 - 3x + 1 = 0$의 두 근이 $\cos A$, $\sin B$이고 $\cos A < \sin B$일 때, $\tan(B - A)$의 값을 구하시오.

(단, $0° < A \leq 90°$, $0° < B \leq 90°$)

111

오른쪽 그림과 같이 $\angle B = 90°$인 직각삼각형 ABC에서 $\angle BAD = \angle DAC$, $\angle C = 30°$이고 $\overline{AC} = 12$일 때, $y - x$의 값을 구하시오.

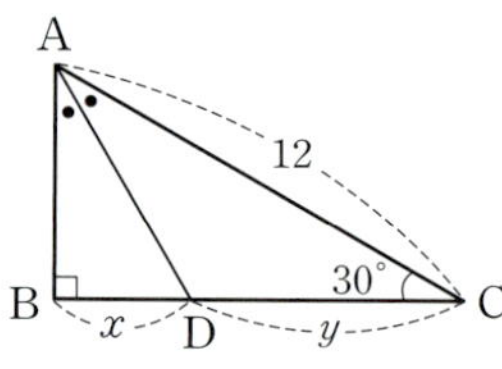

112 생각이 쑥쑥

오른쪽 그림과 같이 $\angle A = 90°$인 직각삼각형 ABC에서 $\overline{AD} \perp \overline{BC}$, $\overline{AC} \perp \overline{DE}$이고 $\angle B = 30°$, $\overline{AC} = 8$일 때, $\overline{DE}$의 길이를 구하시오.

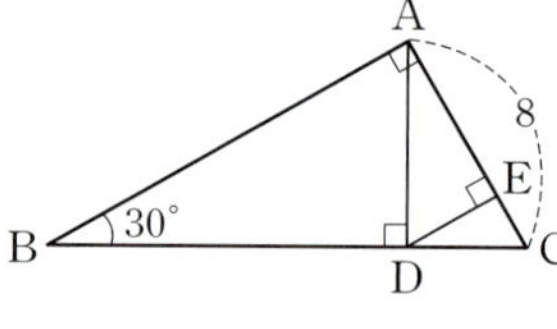

113

오른쪽 그림과 같이 $\overline{AD} /\!/ \overline{BC}$인 등변사다리꼴 ABCD에서 $\angle B = 60°$이고 $\overline{AB} = 4$ cm, $\overline{BC} = 8$ cm일 때, □ABCD의 넓이를 구하시오.

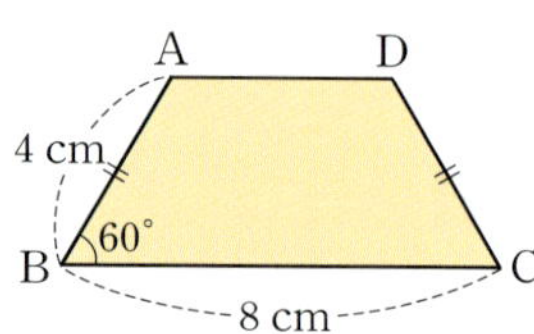

114

오른쪽 그림과 같이 y절편이 5이고 x축의 양의 방향과 이루는 예각의 크기가 a인 직선이 있다. $\sin a = \dfrac{\sqrt{3}}{2}$일 때, 이 직선의 방정식을 구하시오.

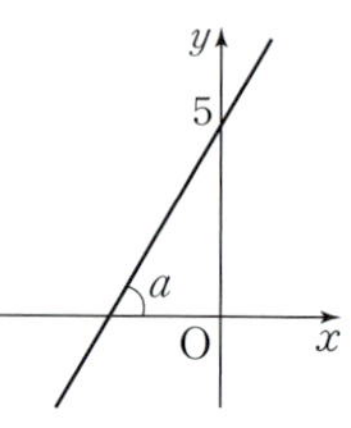

115 생각이 쑥쑥

오른쪽 그림과 같이 반지름의 길이가 1인 사분원을 좌표평면 위에 나타낼 때, 다음 중 점 A의 좌표를 나타내는 것은?

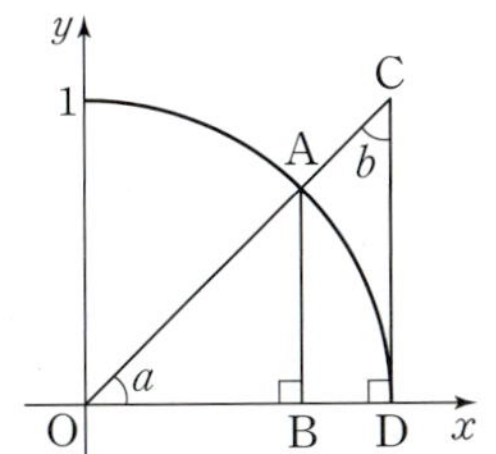

① $(\sin a, \sin b)$

② $(\cos a, \sin b)$

③ $(\sin b, \cos b)$

④ $(\cos b, \sin b)$

⑤ $(\cos a, \tan a)$

116

오른쪽 그림과 같이 반지름의 길이가 1인 사분원에서 색칠한 부분의 넓이를 구하시오.

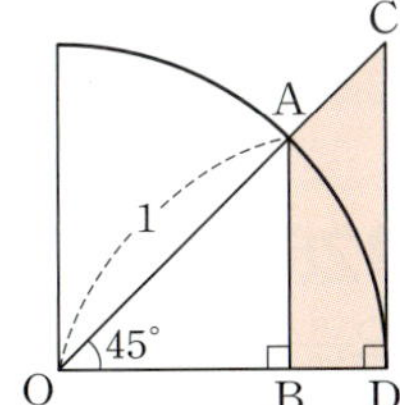

117

$\cos 0° - \tan 30° \times \sin 0° + \dfrac{\sin 30° + \cos 60°}{\sin 90°}$ 의 값은?

① -2 ② -1 ③ 0

④ 1 ⑤ 2

118

다음 중 옳지 <u>않은</u> 것은? (단, $0° \leq A \leq 90°$)

① A의 크기가 커지면 $\sin A$의 값도 커진다.

② A의 크기가 커지면 $\cos A$의 값은 작아진다.

③ $\sin A$의 값 중 가장 작은 값은 0이고 가장 큰 값은 1이다.

④ $\cos A$의 값 중 가장 작은 값은 0이고 가장 큰 값은 1이다.

⑤ $\tan A$의 값 중 가장 작은 값은 0이고 가장 큰 값은 1이다.

119

다음 삼각비의 값 중 두 번째로 큰 것은?

① $\sin 0°$ ② $\cos 20°$ ③ $\cos 45°$

④ $\sin 35°$ ⑤ $\tan 45°$

120

$45° < x < 90°$일 때,

$\sqrt{(1-\tan x)^2} - \sqrt{\tan^2 x} + \sqrt{(1-\sin x)^2}$을 간단히 하면?

① $-\sin x$ ② $-\tan x$ ③ $\sin x$

④ $\tan x$ ⑤ $2 - \sin x$

121

오른쪽 그림의 $\triangle ABC$에서 $\overline{AD} \perp \overline{BC}$이고 $\angle BAC = 80°$, $\angle B = 55°$, $\overline{AB} = 20$일 때, 다음 삼각비의 표를 이용하여 $\overline{BC}$의 길이를 구하시오.

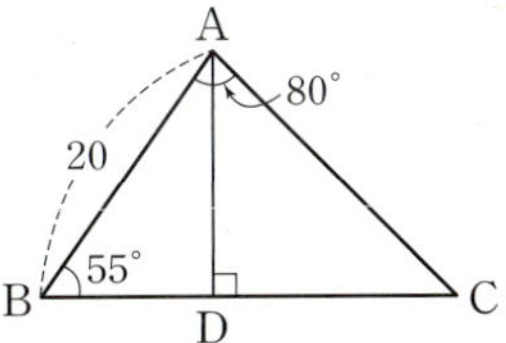

각도	sin	cos	tan
35°	0.57	0.82	0.70
55°	0.82	0.57	1.43
80°	0.98	0.17	5.67

122

경사각의 크기가 A인 도로의 경사도는 $\tan A \times 100(\%)$이다. 경사도가 20 %인 도로의 경사각의 크기 A에 대하여 $\cos A$의 값을 구하시오.

123

오른쪽 그림과 같이 $\angle B=90°$인 직각삼각형 ABC에서 $\overline{AB}=3$, $\cos A=\dfrac{\sqrt{5}}{5}$일 때, $\cos C$의 값을 구하시오.

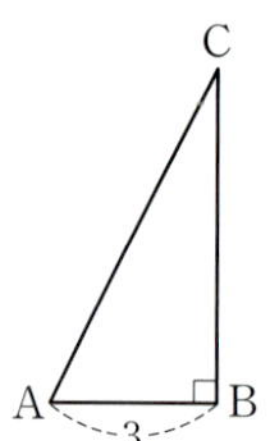

단계 1 $\overline{AC}$의 길이를 구하시오. [40%]

단계 2 $\overline{BC}$의 길이를 구하시오. [30%]

단계 3 $\cos C$의 값을 구하시오. [30%]

124

오른쪽 그림과 같이 $\angle A=90°$인 직각삼각형 ABC에서 $\overline{BC}=9$, $\sin C=\dfrac{2\sqrt{2}}{3}$일 때, $\tan B$의 값을 구하시오.

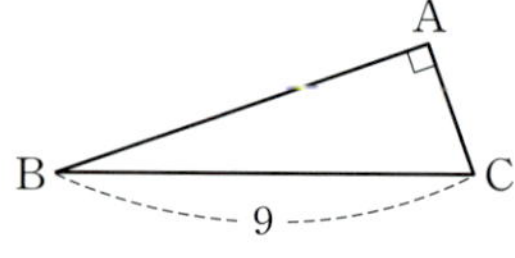

풀이

답 ____________

125

오른쪽 그림과 같이 $\angle A=90°$인 직각삼각형 ABC에서 $\overline{DE}\perp\overline{BC}$이고 $\overline{AB}=6$, $\overline{AC}=8$일 때, $\sin x+\cos x$의 값을 구하시오.

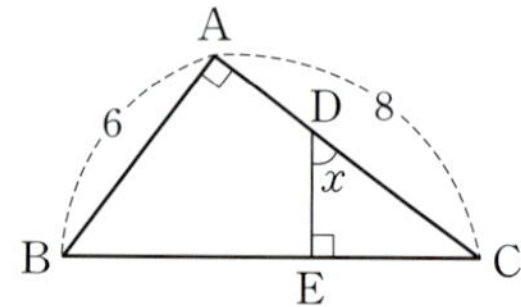

단계 1 △DEC와 닮음인 삼각형을 찾고 $\angle CDE$와 크기가 같은 각을 말하시오. [40%]

단계 2 $\overline{BC}$의 길이를 구하시오. [20%]

단계 3 $\sin x+\cos x$의 값을 구하시오. [40%]

126

오른쪽 그림과 같이 $\angle B=90°$인 직각삼각형 ABC에서 $\overline{AC}\perp\overline{DE}$이고 $\overline{DC}=8$, $\overline{DE}=4$일 때, $\sin x+\tan x$의 값을 구하시오.

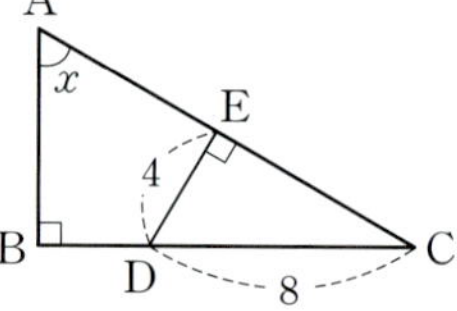

풀이

답 ____________

127

오른쪽 그림에서 $\angle ABC=\angle BCD=90°$, $\angle A=60°$, $\angle D=45°$이고 $\overline{BD}=6\sqrt{2}$일 때, $\overline{AC}$의 길이를 구하시오.

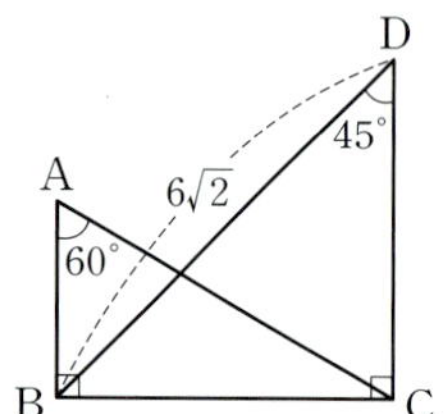

단계 1 $\overline{BC}$의 길이를 구하시오. [50%]

단계 2 $\overline{AC}$의 길이를 구하시오. [50%]

128

오른쪽 그림에서 $\angle ABC=\angle BCD=90°$, $\angle ACB=30°$, $\angle D=45°$이고 $\overline{AB}=4$일 때, $\overline{BD}$의 길이를 구하시오.

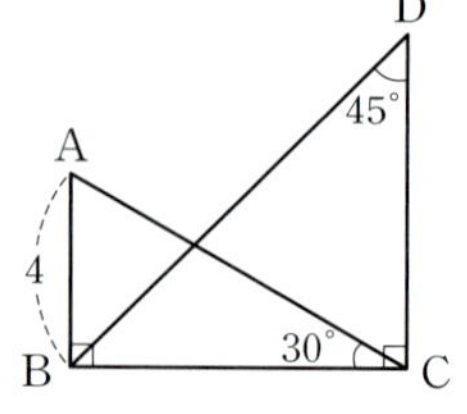

풀이

답 ____________

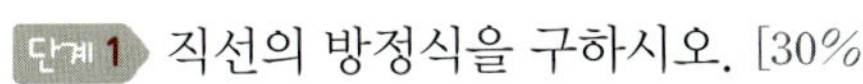
단계를 밟아 **서술하기**

스스로 서술하기

129

오른쪽 그림과 같이 기울기가 3이고
점 $(-1, 3)$을 지나는 직선이 x축, y축과
만나는 점을 각각 A, B라고 하자.
$\angle \mathrm{BAO} = a$라고 할 때,
$\sin a \times \cos a \times \tan a$의 값을 구하시오.

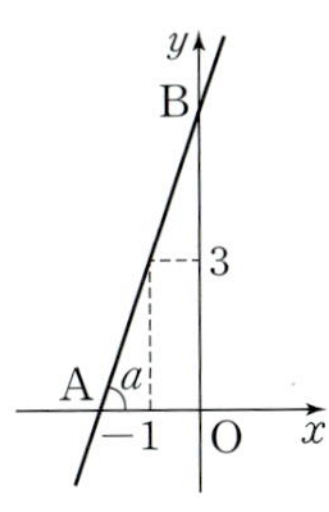

단계 1 직선의 방정식을 구하시오. [30%]

단계 2 $\overline{\mathrm{AO}}$, $\overline{\mathrm{BO}}$, $\overline{\mathrm{AB}}$의 길이를 각각 구하시오. [30%]

단계 3 $\sin a \times \cos a \times \tan a$의 값을 구하시오. [40%]

130

오른쪽 그림과 같이 기울기가 -2이고
점 $(2, 2)$를 지나는 직선이 x축, y축과
만나는 점을 각각 A, B라고 하자.
$\angle \mathrm{BAO} = a$라고 할 때,
$5(\sin a - \cos a) \times \tan a$의 값을 구하시오.

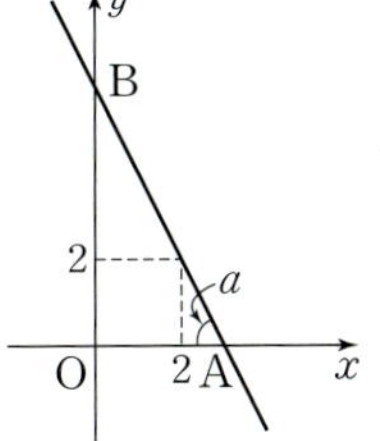

풀이

답 _______________

131

$2 \sin (2x + 10°) = \tan 60°$일 때, $\cos (x + 20°)$의 값을 구하시오. (단, $0° < 2x + 10° < 90°$)

단계 1 $\sin (2x + 10°)$의 값을 구하시오. [35%]

단계 2 x의 크기를 구하시오. [35%]

단계 3 $\cos (x + 20°)$의 값을 구하시오. [30%]

132

$\sqrt{2} \cos (3x - 15°) = \tan 45°$일 때, $\sin (x + 40°)$의 값을 구하시오. (단, $0° < 3x - 15° < 90°$)

풀이

답 _______________

133

$\sqrt{(\cos x + 1)^2} - \sqrt{(\cos x - \sin x)^2} = \dfrac{3}{2}$일 때, $\tan x$의 값을 구하시오. (단, $0° < x < 45°$)

단계 1 주어진 식의 좌변을 간단히 하시오. [50%]

단계 2 $\tan x$의 값을 구하시오. [50%]

134

$\sqrt{(\sin x + \cos x)^2} + \sqrt{(\cos x - \sin x)^2} = \sqrt{3}$일 때, $\tan x$의 값을 구하시오. (단, $45° < x < 90°$)

풀이

답 _______________

2 삼각비의 활용

개념 1 직각삼각형의 변의 길이

$\angle B = 90°$인 직각삼각형 ABC에서

(1) $\angle A$의 크기와 빗변의 길이 b를 알 때
$$a = b \sin A, \quad c = b \cos A$$

(2) $\angle A$의 크기와 밑변의 길이 c를 알 때
$$a = c \tan A, \quad b = \frac{c}{\cos A}$$

(3) $\angle A$의 크기와 높이 a를 알 때
$$b = \frac{a}{\sin A}, \quad c = \frac{a}{\tan A}$$

참고 $\sin A = \dfrac{a}{b}$에서 $a = b \sin A$, $b = \dfrac{a}{\sin A}$

$\cos A = \dfrac{c}{b}$에서 $b = \dfrac{c}{\cos A}$, $c = b \cos A$

$\tan A = \dfrac{a}{c}$에서 $a = c \tan A$, $c = \dfrac{a}{\tan A}$

- 직각삼각형에서 한 변의 길이와 한 예각의 크기를 알면 삼각비를 이용하여 나머지 두 변의 길이를 구할 수 있다.

개념 2 일반 삼각형의 변의 길이(1) – 두 변의 길이와 그 끼인각의 크기를 알 때

$\triangle ABC$의 꼭짓점 A에서 $\overline{BC}$에 내린 수선의 발을 H라고 하자.

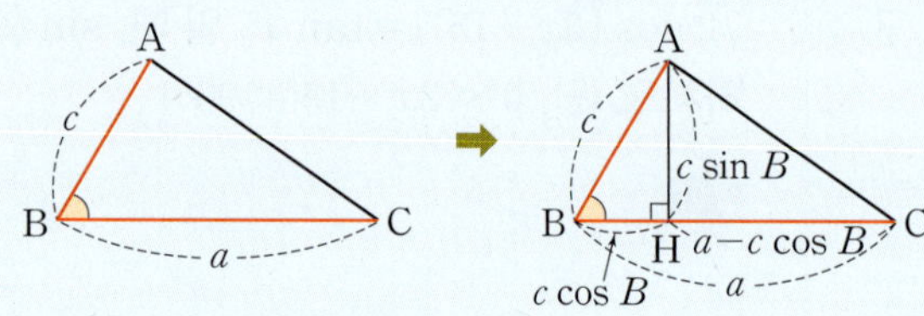

$\triangle ABH$에서 $\overline{AH} = c \sin B$, $\overline{BH} = c \cos B$이므로
$\overline{CH} = a - c \cos B$
$\triangle AHC$에서 $\overline{AC} = \sqrt{\overline{AH}^2 + \overline{CH}^2} = \sqrt{(c \sin B)^2 + (a - c \cos B)^2}$

- 일반 삼각형의 변의 길이를 구할 때에는 $30°$, $45°$, $60°$의 삼각비를 이용할 수 있도록 한 꼭짓점에서 그 대변에 수선을 그어 두 직각삼각형을 만든다.

- 공식을 외우기보다는 구하는 과정을 이해하도록 한다.

개념 3 일반 삼각형의 변의 길이(2) – 한 변의 길이와 그 양 끝 각의 크기를 알 때

$\triangle ABC$의 두 꼭짓점 B, C에서 대변에 내린 수선의 발을 각각 H, H′이라고 하자.

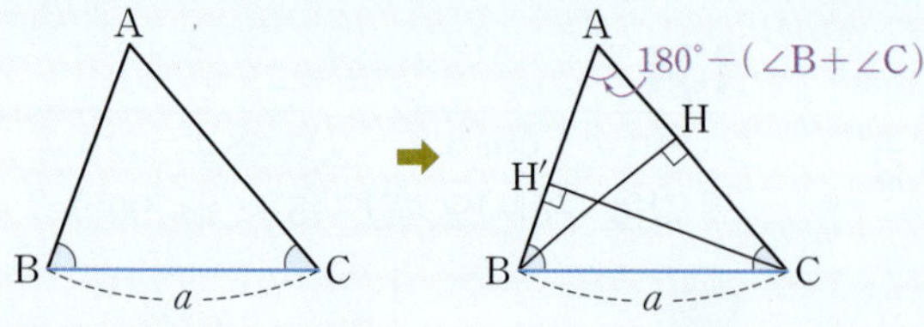

$\triangle BCH'$에서 $\overline{CH'} = a \sin B$, $\triangle AH'C$에서 $\overline{CH'} = \overline{AC} \sin A$이므로
$$\overline{AC} = \frac{a \sin B}{\sin A}$$

$\triangle BCH$에서 $\overline{BH} = a \sin C$, $\triangle ABH$에서 $\overline{BH} = \overline{AB} \sin A$이므로
$$\overline{AB} = \frac{a \sin C}{\sin A}$$

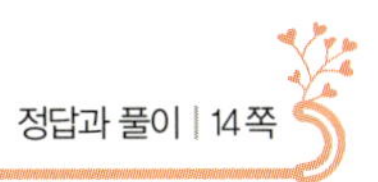

1 직각삼각형의 변의 길이

135

오른쪽 그림과 같이 $\angle A = 90°$인 직각삼각형 ABC에 대하여 다음 □ 안에 알맞은 것을 써넣으시오.

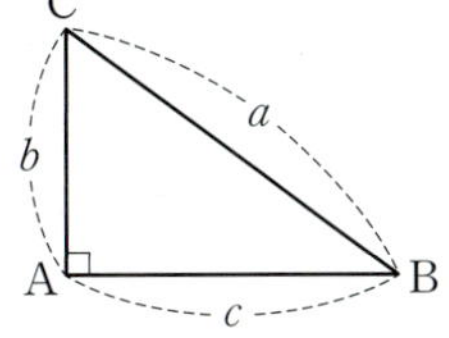

(1) $\sin B = \dfrac{b}{a}$이므로 $b = \boxed{}$

(2) $\cos B = \boxed{}$이므로 $c = \boxed{}$

(3) $\tan B = \boxed{}$이므로 $b = \boxed{}$

(4) $\sin C = \dfrac{c}{a}$이므로 $c = \boxed{}$

(5) $\cos C = \boxed{}$이므로 $a = \boxed{}$

(6) $\tan C = \boxed{}$이므로 $b = \boxed{}$

136

다음은 직각삼각형 ABC에서 삼각비를 이용하여 x의 값을 구하는 과정이다. □ 안에 알맞은 수를 써넣으시오.

(1)

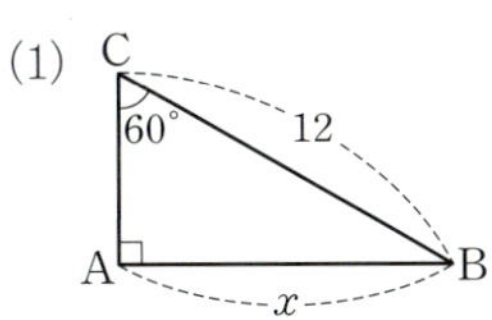

$\sin 60° = \dfrac{x}{12}$이므로 $x = \boxed{} \times \sin 60° = \boxed{}$

(2)

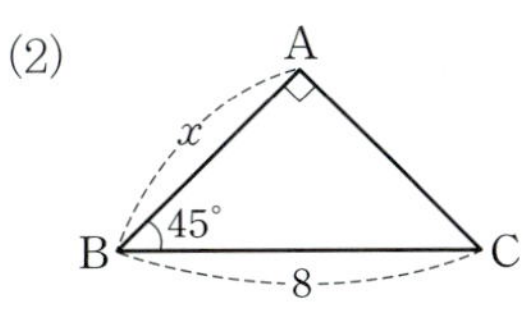

$\cos 45° = \dfrac{x}{8}$이므로 $x = \boxed{} \times \cos 45° = \boxed{}$

(3)

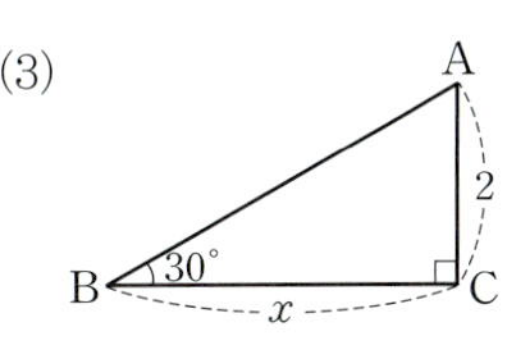

$\tan 30° = \dfrac{2}{x}$이므로 $x = \dfrac{\boxed{}}{\tan 30°} = \boxed{}$

137

다음 그림의 직각삼각형 ABC에서 x, y의 값을 각각 구하시오. (단, $\sin 42° = 0.67$, $\cos 42° = 0.74$, $\sin 57° = 0.84$, $\cos 57° = 0.54$로 계산한다.)

(1)
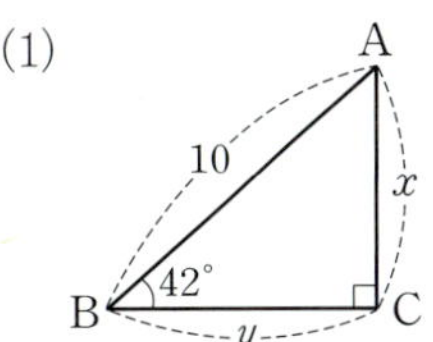

(2)
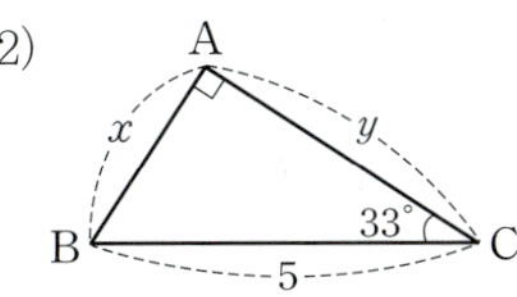

2 일반 삼각형의 변의 길이 ⑴ – 두 변의 길이와 그 끼인각의 크기를 알 때

138

아래 그림과 같이 $\angle B = 60°$, $\overline{AB} = 10$ cm, $\overline{BC} = 20$ cm인 $\triangle ABC$에서 $\overline{AC}$의 길이를 구하기 위하여 꼭짓점 A에서 $\overline{BC}$에 수선 AH를 그었다. 다음 물음에 답하시오.

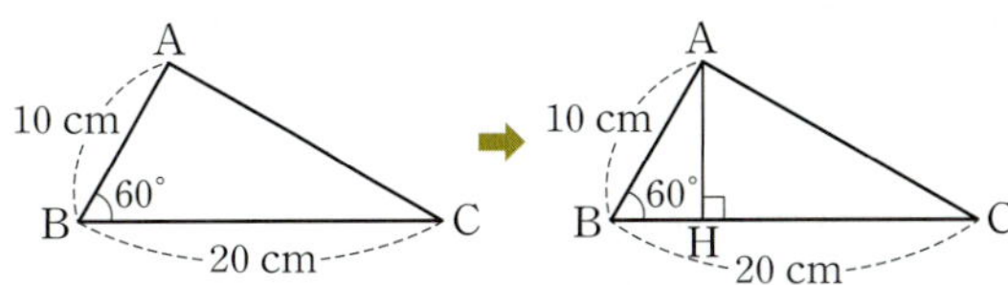

(1) $\overline{AH}$의 길이를 구하시오.

(2) $\overline{BH}$의 길이를 구하시오.

(3) $\overline{AC}$의 길이를 구하시오.

3 일반 삼각형의 변의 길이 ⑵ – 한 변의 길이와 그 양 끝 각의 크기를 알 때

139

아래 그림과 같이 $\angle A = 105°$, $\angle B = 30°$, $\overline{AB} = 6$ cm인 $\triangle ABC$에서 $\overline{AC}$의 길이를 구하기 위하여 꼭짓점 A에서 $\overline{BC}$에 수선 AH를 그었다. 다음 물음에 답하시오.

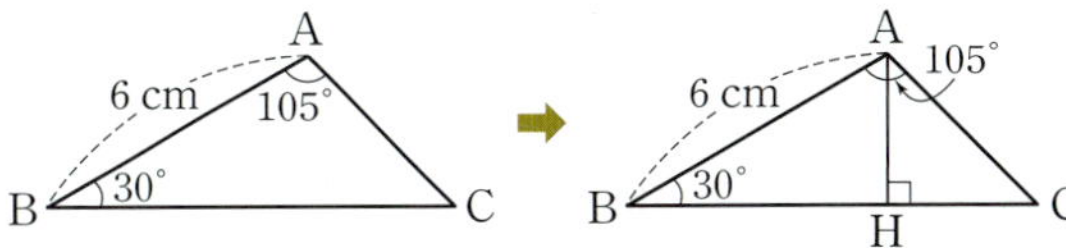

(1) $\angle C$의 크기를 구하시오.

(2) $\overline{AH}$의 길이를 구하시오.

(3) $\overline{AC}$의 길이를 구하시오.

개념 4 · 삼각형의 높이

삼각형에서 한 변의 길이 a와 그 양 끝 각 $\angle B$, $\angle C$의 크기를 알면 높이 h를 구할 수 있다.

(1) 양 끝 각이 모두 예각인 경우

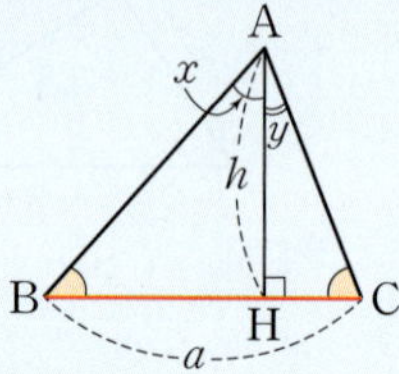

$\triangle ABH$에서 $\overline{BH} = h \tan x$

$\triangle ACH$에서 $\overline{CH} = h \tan y$

$\overline{BC} = \overline{BH} + \overline{CH}$이므로

$a = h \tan x + h \tan y$

$\therefore h = \dfrac{a}{\tan x + \tan y}$

(2) 양 끝 각 중 한 각이 둔각인 경우

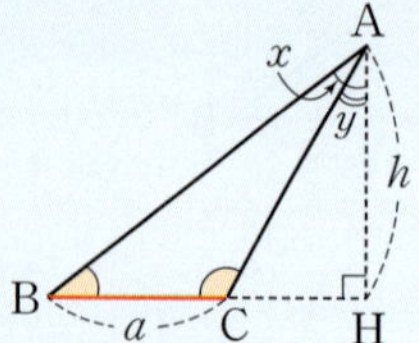

$\triangle ABH$에서 $\overline{BH} = h \tan x$

$\triangle ACH$에서 $\overline{CH} = h \tan y$

$\overline{BC} = \overline{BH} - \overline{CH}$이므로

$a = h \tan x - h \tan y$

$\therefore h = \dfrac{a}{\tan x - \tan y}$

- (1)에서
  $x = 90° - \angle B$
  $y = 90° - \angle C$
  (2)에서
  $x = 90° - \angle B$
  $y = \angle BCA - 90°$
  $\quad = 90° - \angle ACH$

- 공식을 외우기보다는 구하는 과정을 이해하도록 한다.

개념 5 · 삼각형의 넓이

삼각형의 두 변의 길이 a, c와 그 끼인각 $\angle B$의 크기를 알면 넓이를 구할 수 있다.

(1) $\angle B$가 예각인 경우

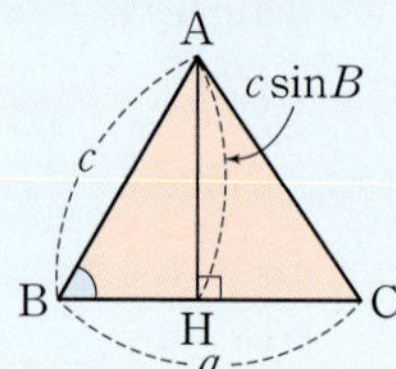

➡ $\triangle ABC = \dfrac{1}{2} ac \sin B$

(2) $\angle B$가 둔각인 경우

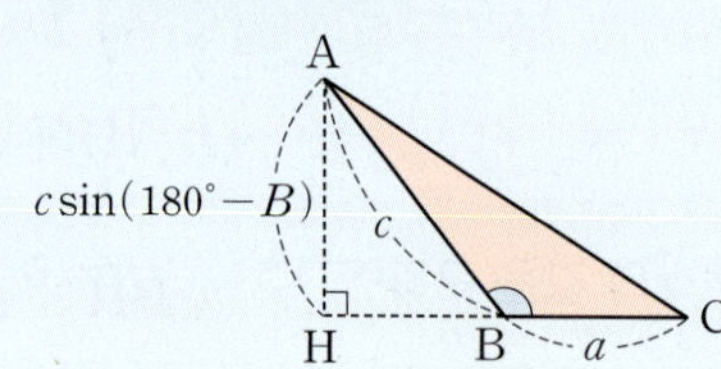

➡ $\triangle ABC = \dfrac{1}{2} ac \sin(180° - B)$

- $\triangle ABC$에서 $\angle B = 90°$이면
  $\sin 90° = 1$이므로
  $\triangle ABC = \dfrac{1}{2} ac \sin 90° = \dfrac{1}{2} ac$

- $0° < \angle B < 90°$일 때,
  $\sin B = \sin(180° - B)$

개념 6 · 사각형의 넓이

(1) 평행사변형의 넓이 : 평행사변형의 이웃하는 두 변의 길이와 그 끼인각의 크기를 알 때

① $\angle x$가 예각인 경우

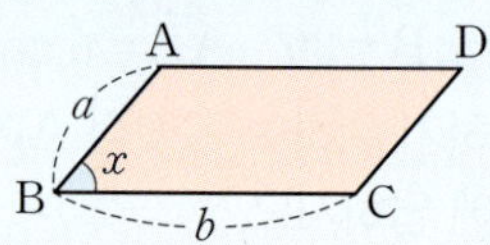

➡ $\square ABCD = ab \sin x$

② $\angle x$가 둔각인 경우

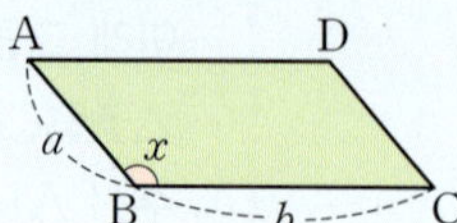

➡ $\square ABCD = ab \sin(180° - x)$

(2) 사각형의 넓이 : 사각형의 두 대각선의 길이와 두 대각선이 이루는 각의 크기를 알 때

① $\angle x$가 예각인 경우

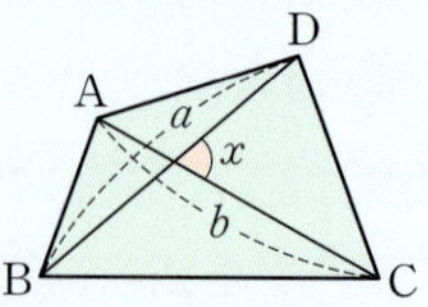

➡ $\square ABCD = \dfrac{1}{2} ab \sin x$

② $\angle x$가 둔각인 경우

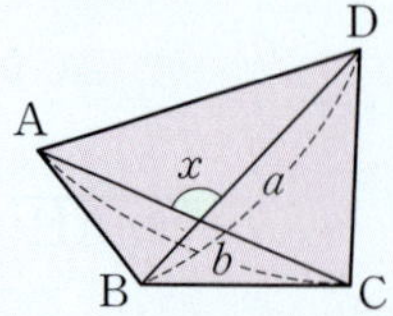

➡ $\square ABCD = \dfrac{1}{2} ab \sin(180° - x)$

- 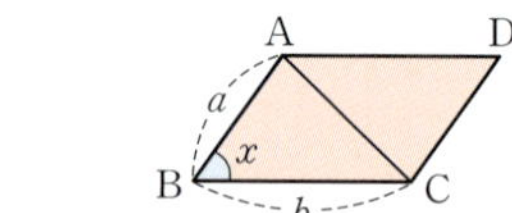
  평행사변형 ABCD에서 대각선 AC를 그
  으면 $\triangle ABC = \triangle ACD$이므로
  $\square ABCD = 2\triangle ABC = 2 \times \dfrac{1}{2} ab \sin x$
  $\qquad\qquad = ab \sin x$

- 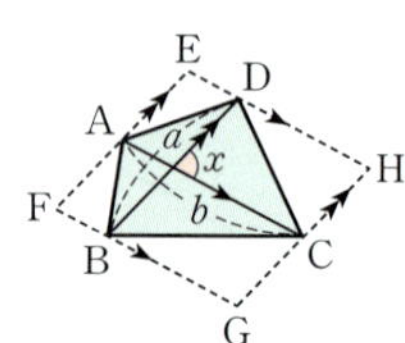
  $\square EFGH$는 평행사변형이므로
  $\square ABCD = \dfrac{1}{2}\square EFGH = \dfrac{1}{2} ab \sin x$

4 삼각형의 높이

140

오른쪽 그림과 같은 △ABC에서
$\overline{BC}=8$, $\angle B=60°$, $\angle C=45°$일 때,
△ABC의 높이 h를 구하려고 한다.
다음 물음에 답하시오.

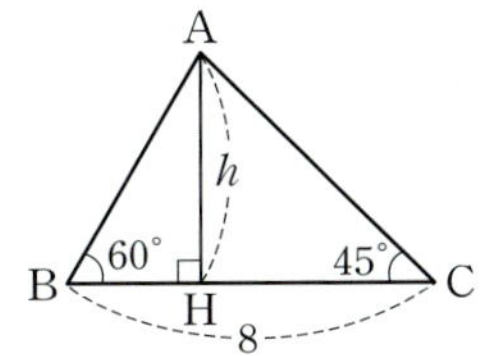

(1) $\overline{BH}$의 길이를 h에 대한 식으로 나타내시오.

(2) $\overline{CH}$의 길이를 h에 대한 식으로 나타내시오.

(3) $\overline{BC}=\overline{BH}+\overline{CH}$임을 이용하여 h의 값을 구하시오.

141

오른쪽 그림과 같은 △ABC에서
$\overline{BC}=10$, $\angle B=30°$, $\angle C=135°$일
때, △ABC의 높이 h를 구하려고 한
다. 다음 물음에 답하시오.

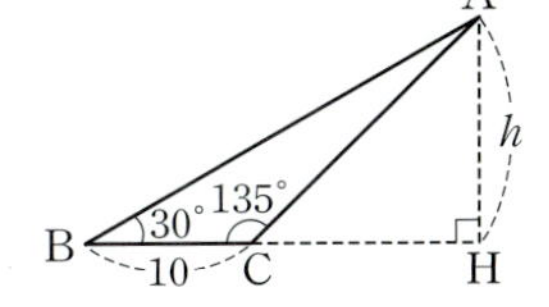

(1) $\overline{BH}$의 길이를 h에 대한 식으로 나타내시오.

(2) $\overline{CH}$의 길이를 h에 대한 식으로 나타내시오.

(3) $\overline{BC}=\overline{BH}-\overline{CH}$임을 이용하여 h의 값을 구하시오.

5 삼각형의 넓이

142

다음 삼각형의 넓이를 구하시오.

(1) 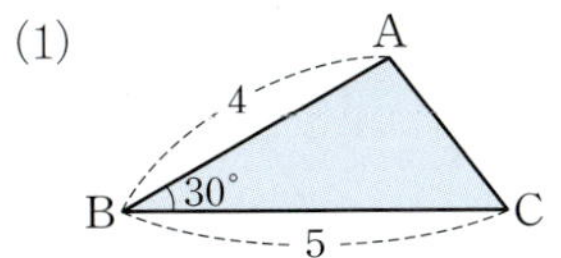

(2) 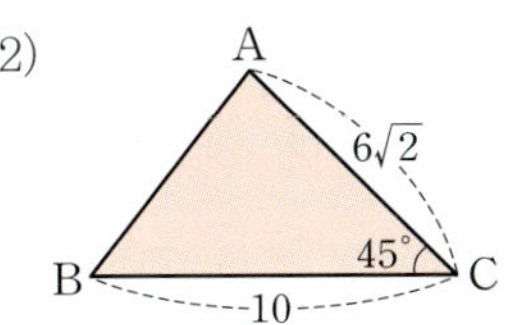

143

다음 삼각형의 넓이를 구하시오.

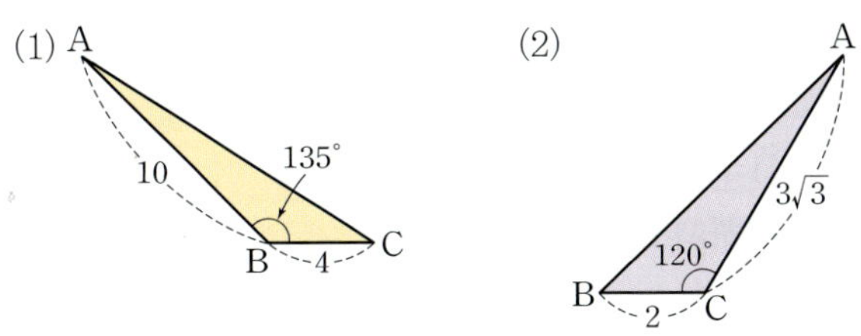

6 사각형의 넓이

144

다음 평행사변형의 넓이를 구하시오.

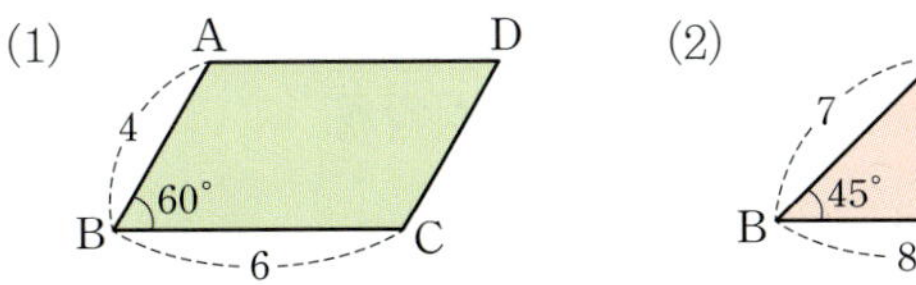

145

다음 평행사변형의 넓이를 구하시오.

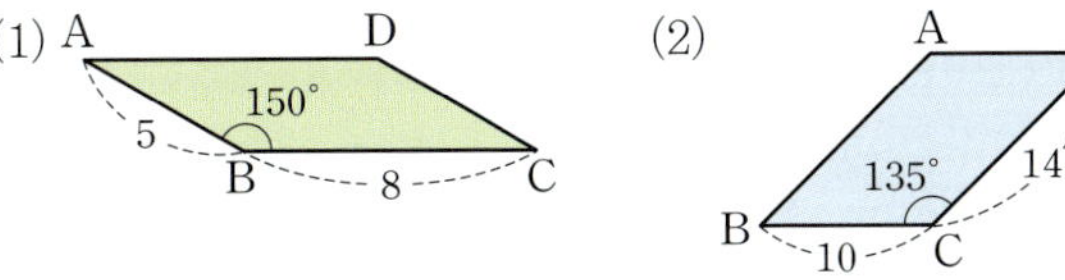

146

다음 사각형의 넓이를 구하시오.

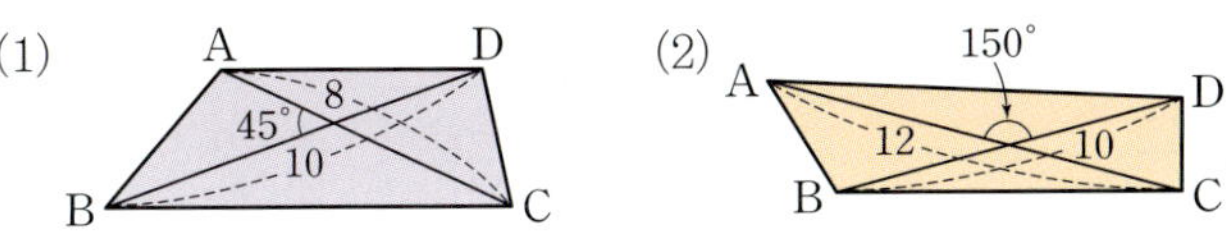

▶ 수학의 바이블 23쪽

유형 01 직각삼각형의 변의 길이

147 (상·중·하)

오른쪽 그림과 같은 직각삼각형
ABC에서 $\overline{AB}=4$, $\angle B=40°$일 때,
$x+y$의 값을 구하시오.
(단, $\sin 40°=0.64$, $\cos 40°=0.77$로
계산한다.)

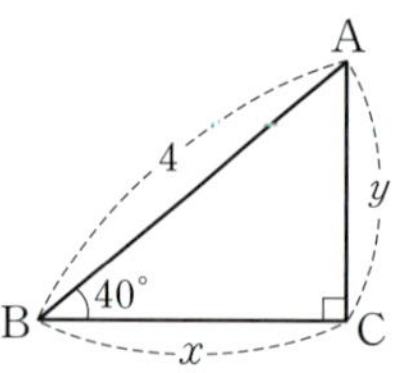

→ 유형 Point   직각삼각형에서 한 변의 길이와 한 예각의 크기를 알 때,
삼각비를 이용하여 나머지 두 변의 길이를 구할 수 있다.

(1) $\sin A=\dfrac{a}{b}$ ➡ $a=b\sin A$, $b=\dfrac{a}{\sin A}$

(2) $\cos A=\dfrac{c}{b}$ ➡ $b=\dfrac{c}{\cos A}$, $c=b\cos A$

(3) $\tan A=\dfrac{a}{c}$ ➡ $a=c\tan A$, $c=\dfrac{a}{\tan A}$

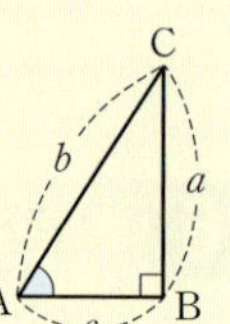

148 (상·중·하)

오른쪽 그림과 같이 $\angle C=90°$인 직각삼각형
ABC에서 $\overline{AC}$의 길이를 구하시오.
(단, $\sin 64°=0.90$, $\cos 64°=0.44$,
$\tan 64°=2.05$로 계산한다.)

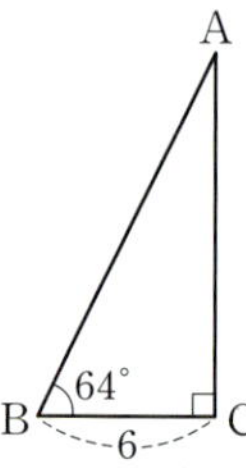

149 (상·중·하)

오른쪽 그림과 같은 직각삼각형 ABC
에서 $\angle A=62°$, $\overline{AC}=5$일 때, 다음
중 $\overline{AB}$의 길이를 나타내는 것은?

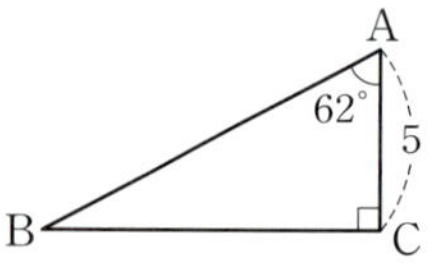

① $5\sin 28°$ ② $\dfrac{5}{\sin 28°}$ ③ $5\cos 28°$

④ $\dfrac{5}{\cos 28°}$ ⑤ $5\tan 28°$

150 (상·중·하)

오른쪽 그림과 같은 직각삼각형 ABC에서
$\overline{AC}=12$, $\angle C=58°$일 때, 다음 중 x의 값
을 나타내는 것을 모두 고르면? (정답 2개)

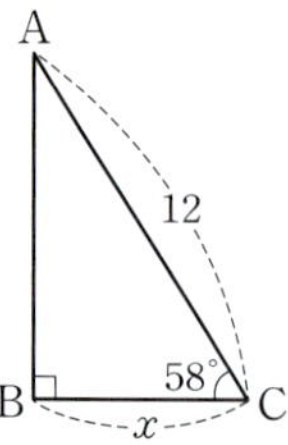

① $12\sin 58°$ ② $12\cos 58°$

③ $12\sin 32°$ ④ $12\cos 32°$

⑤ $\dfrac{12}{\tan 58°}$

유형 02 입체도형에서 직각삼각형의 변의 길이의 활용

151 (상·중·하)

오른쪽 그림과 같은 직육면체에서
$\overline{AB}=6\ cm$, $\overline{CF}=8\ cm$,
$\angle CFG=30°$일 때, 이 직육면체의
부피는?

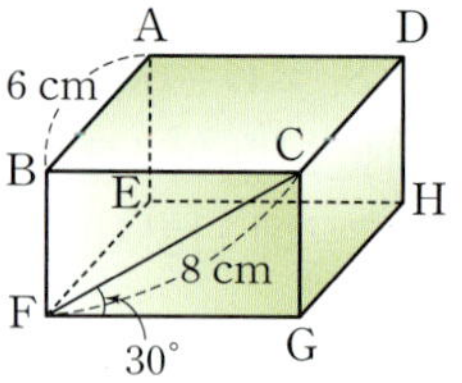

① $92\ cm^3$ ② $94\sqrt{2}\ cm^3$

③ $94\sqrt{3}\ cm^3$ ④ $96\sqrt{2}\ cm^3$

⑤ $96\sqrt{3}\ cm^3$

→ 유형 Point   입체도형에서 각의 크기가 주어지면 그 각을 포함하는 직각
삼각형을 찾아 삼각비를 이용하여 모서리의 길이를 구한다.

152 (상·중·하)

오른쪽 그림과 같이
$\angle BAC=90°$, $\angle ABC=45°$,
$\overline{BC}=5\sqrt{2}\ cm$, $\overline{BE}=6\ cm$인
삼각기둥의 겉넓이는?

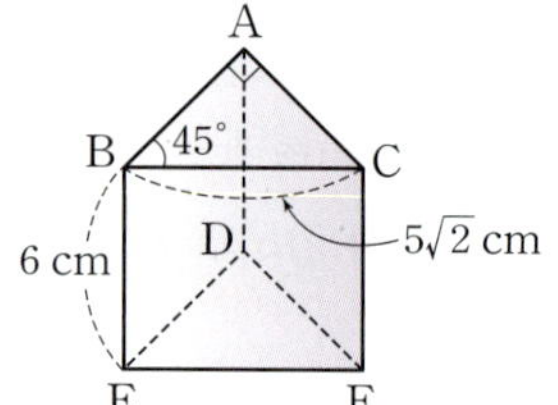

① $(83+30\sqrt{2})\ cm^2$

② $(85+30\sqrt{2})\ cm^2$

③ $(87+30\sqrt{2})\ cm^2$

④ $(89+30\sqrt{2})\ cm^2$

⑤ $(92+30\sqrt{2})\ cm^2$

153 (상·중·하) (서술형)

오른쪽 그림과 같이 모선의 길이가 4 cm
인 원뿔의 밑면의 중심을 O라고 할 때,
직각삼각형 ABO에서 $\angle ABO=60°$이
다. 이 원뿔의 부피를 구하시오.

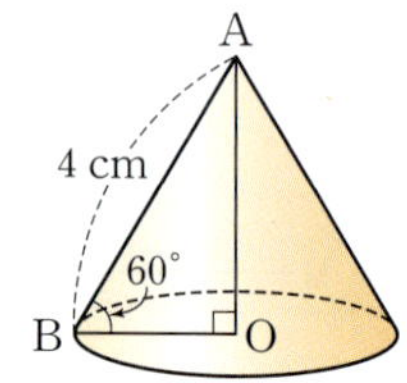

> 수학의 바이블 23쪽

유형 03 실생활에서 직각삼각형의 변의 길이의 활용

154 상 중 하

오른쪽 그림과 같이 서준이가 열기구를 올려다본 각의 크기가 42°이고 서준이의 눈에서 열기구까지의 거리는 15 m이다. 지면에서 서준이의 눈까지의 높이가 1.5 m일 때, 지면에서 열기구까지의 높이 $\overline{AD}$의 길이를 구하시오. (단, sin 42°=0.67로 계산한다.)

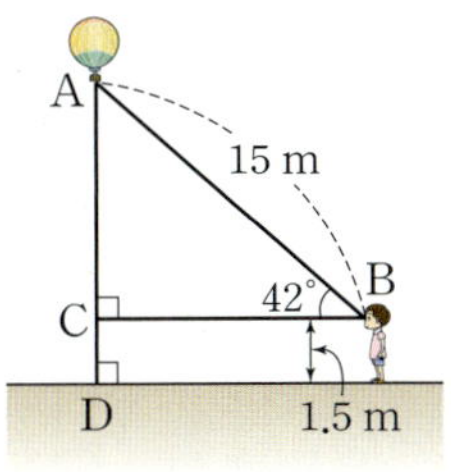

→ **유형 Point** ❶ 주어진 그림에서 직각삼각형을 찾는다.
❷ 삼각비를 이용하여 변의 길이를 구한다.

155 상 중 하

오른쪽 그림과 같이 사다리차의 사다리가 지면과 이루는 각의 크기는 50°이고, 사다리가 지면에 닿은 지점으로부터 아파트 벽면까지의 거리는 4 m일 때, 지면에서 지점 C까지의 높이를 구하시오.

(단, tan 50°=1.19로 계산한다.)

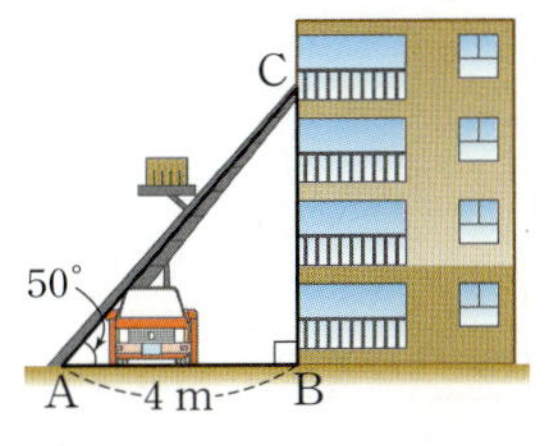

156 상 중 하

오른쪽 그림은 기둥에 설치되어 있는 직사각형 모양의 광고판의 세로의 길이를 알아보기 위하여 측량한 결과를 나타낸 것이다. 광고판의 세로 $\overline{AD}$의 길이는?

① $6(\sqrt{2}-1)$ m   ② $6(\sqrt{3}-1)$ m
③ $6\sqrt{3}$ m   ④ $6(2-\sqrt{2})$ m
⑤ $6(3-\sqrt{3})$ m

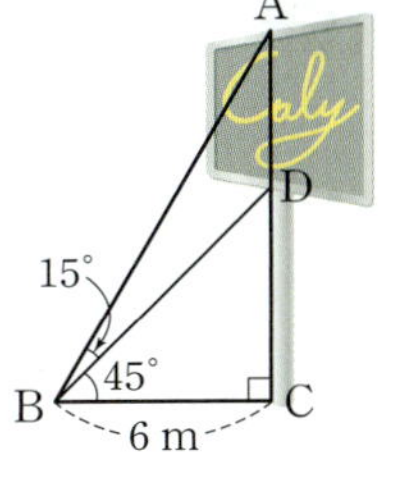

157 상 중 하

오른쪽 그림과 같이 30 m 떨어진 두 건물 A, B가 있다. A 건물 옥상에서 B 건물을 올려다본 각의 크기가 30°이고 내려다본 각의 크기가 45°일 때, B 건물의 높이를 구하시오.

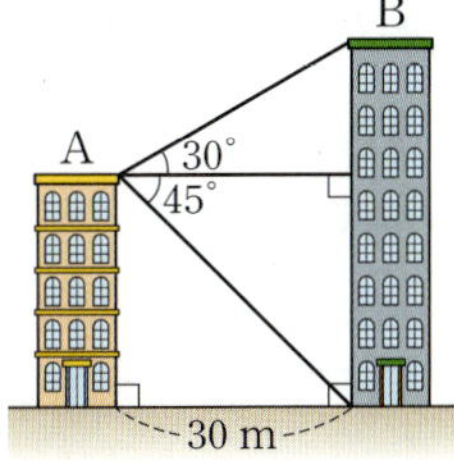

158 상 중 하

오른쪽 그림과 같이 자동차가 지면과 27°로 기울어진 비탈길을 A 지점에서 출발하여 분속 180 m로 50초 동안 달린 후 정지했다. 이때 지면으로부터 자동차의 위치까지의 높이를 구하시오.

(단, sin 27°=0.45로 계산한다.)

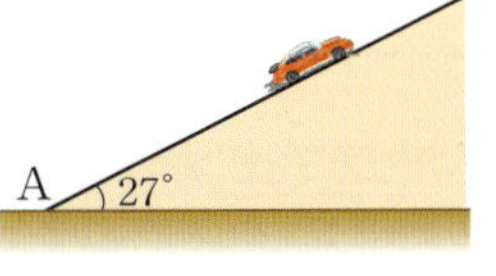

159 상 중 하 서술형

오른쪽 그림과 같이 지면에 수직으로 서 있던 나무가 부러져 지면과 37°의 각을 이루게 되었다. 부러지기 전의 나무의 높이를 구하시오. (단, cos 37°=0.8, tan 37°=0.75로 계산한다.)

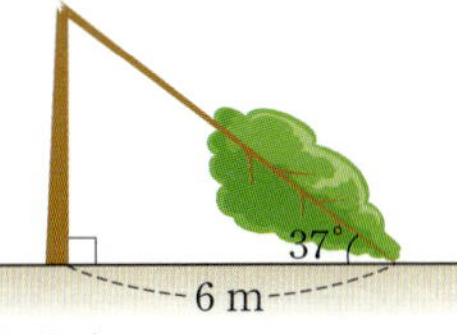

160 상 중 하 사고력 쑥쑥

오른쪽 그림과 같이 지면으로부터 840 m의 상공에서 날고 있는 경비행기가 수평면과 12°를 유지하면서 초속 160 m로 날아 착륙하려고 한다. 이때 착륙하는 데 걸리는 시간은 몇 초인지 구하시오.

(단, sin 12°=0.21로 계산한다.)

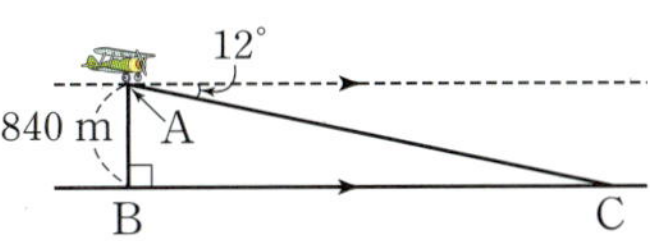

수학의 바이블 25쪽

유형 04 일반 삼각형의 변의 길이 (1)

161 상 중 하

오른쪽 그림의 △ABC에서
$\overline{AB}=6$, $\overline{BC}=5\sqrt{3}$, ∠B=30°
일 때, $\overline{AC}$의 길이를 구하시오.

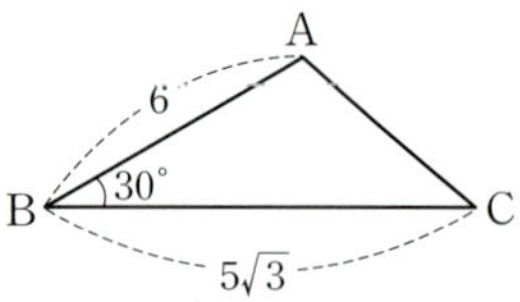

> **유형 Point** 삼각형의 두 변의 길이와 그 끼인
> 각의 크기를 알 때
> $$\Rightarrow \overline{AC}=\sqrt{\overline{AH}^2+\overline{CH}^2}$$
> $$=\sqrt{(c\sin B)^2+(a-c\cos B)^2}$$

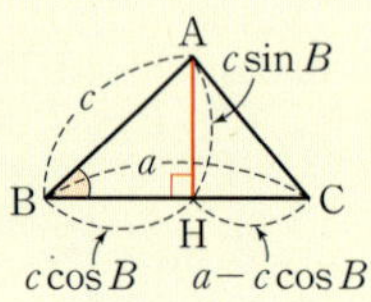

162 상 중 하

호수의 가장자리의 두 지점 A, C 사이의 거리를 구하기 위하여 필요한 부분을 측량하였더니 오른쪽 그림과 같았다. 이때 두 지점 A, C 사이의 거리를 구하시오.

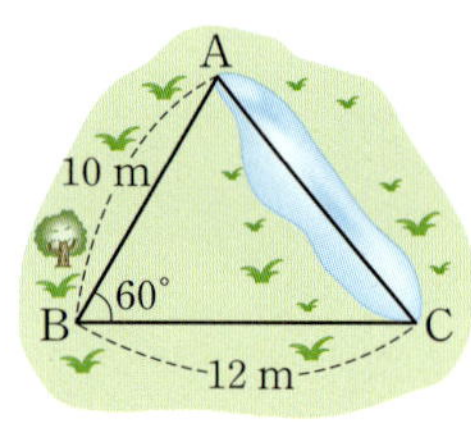

163 상 중 하

오른쪽 그림의 △ABC에서 $\overline{AC}=15$, $\overline{BC}=14$이고 $\cos C=\dfrac{3}{5}$일 때, $\overline{AB}$의 길이를 구하시오.

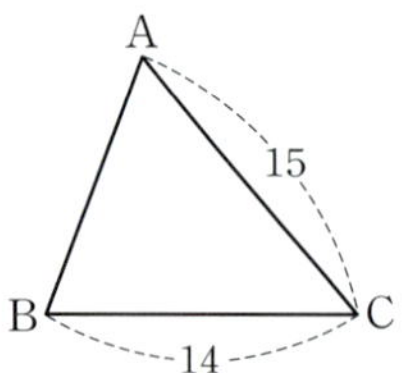

164 상 중 하 서술형

오른쪽 그림의 △ABC에서
$\overline{AB}=4$, $\overline{BC}=3$, ∠B=120°일 때, $\overline{AC}$의 길이를 구하시오.

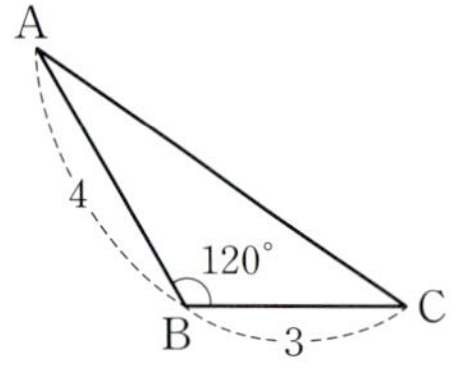

수학의 바이블 25쪽

유형 05 일반 삼각형의 변의 길이 (2)

165 상 중 하

오른쪽 그림의 △ABC에서
BC=18, ∠A=45°, ∠C=75°일 때,
$\overline{AC}$의 길이를 구하시오.

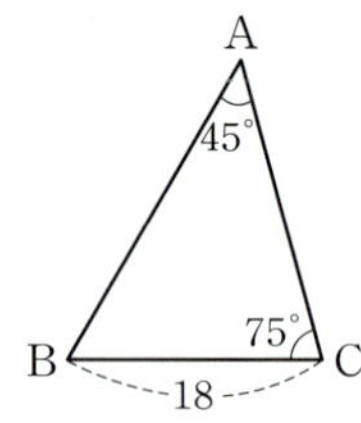

> **유형 Point** 삼각형의 한 변의 길이와 그 양 끝
> 각의 크기를 알 때
> $$\Rightarrow \overline{AC}=\dfrac{\overline{CH}}{\sin A}=\dfrac{a\sin B}{\sin A}$$

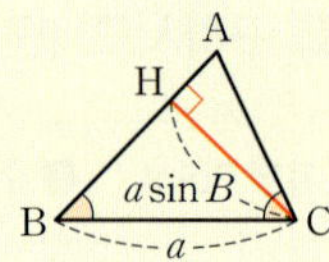

166 상 중 하

오른쪽 그림의 △ABC에서
$\overline{BC}=6$, ∠B=75°, ∠C=45°일 때,
$\overline{AB}$의 길이를 구하시오.

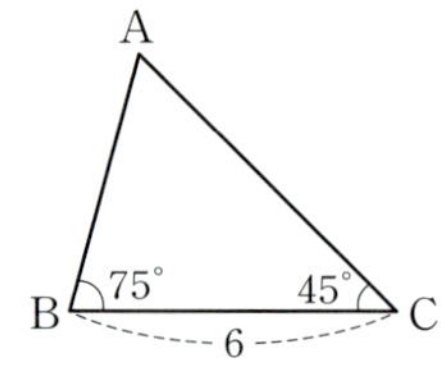

★★ 167 상 중 하

오른쪽 그림의 △ABC에서 $\overline{AB}=20$,
∠B=105°, ∠C=30°일 때, $\overline{BC}$의 길이를 구하시오.

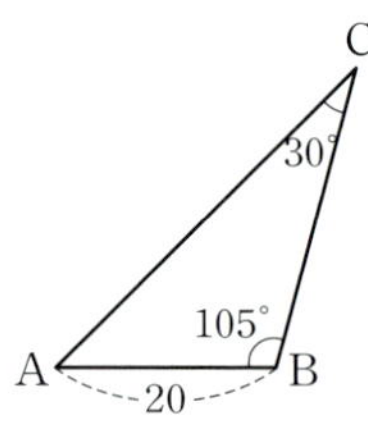

168 상 중 하

오른쪽 그림과 같이 강을 사이에 두고 양쪽에 위치한 두 지점 A, B 사이의 거리를 구하기 위하여 C 지점에서 필요한 부분을 측량하였더니 $\overline{AC}=40$ m, ∠A=45°, ∠C=105°이었다. 이때 두 지점 A, B 사이의 거리를 구하시오.

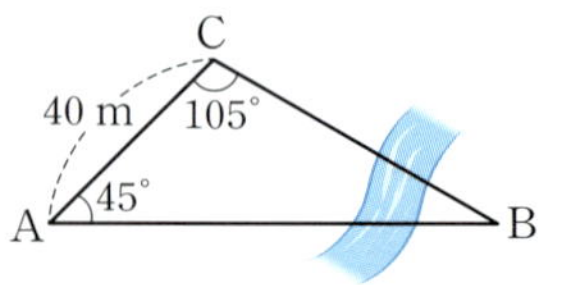

수학의 바이블 27쪽

유형 06 삼각형의 높이(1)

169 상중하

오른쪽 그림과 같은 △ABC에서
$\overline{AH} \perp \overline{BC}$이고 $\overline{BC}=10$ cm,
∠B=45°, ∠C=60°일 때, $\overline{AH}$의
길이를 구하시오.

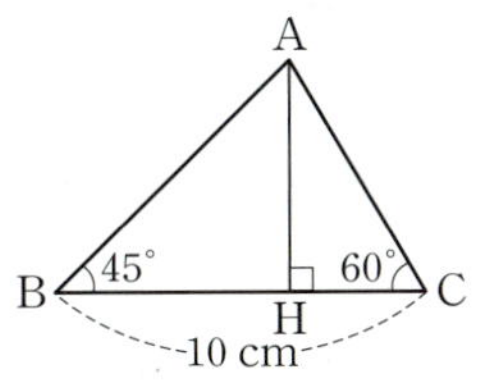

→ **유형 Point** △ABC에서 양 끝 각이 모두 예각인 경우

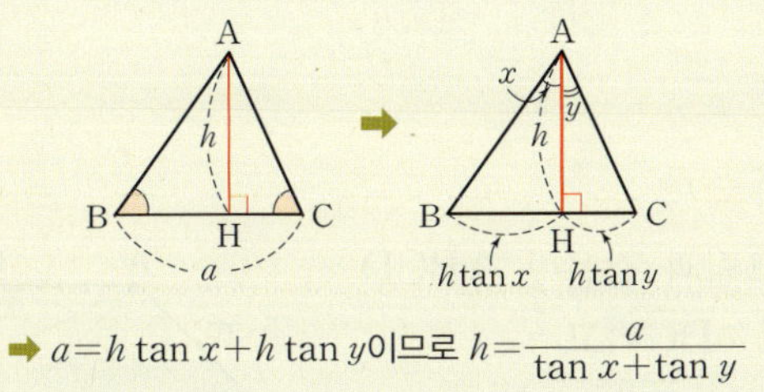

➡ $a = h \tan x + h \tan y$이므로 $h = \dfrac{a}{\tan x + \tan y}$

170 상중하 서술형

오른쪽 그림과 같이 20 m 떨어진 두
지점 A, B에서 전봇대의 꼭대기를
올려다본 각의 크기가 각각 30°, 45°
일 때, 전봇대의 높이를 구하시오.

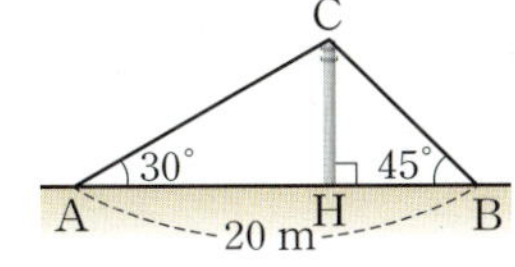

171 상중하

오른쪽 그림과 같은 △ABC에서
$\overline{BC}=8$, ∠B=25°, ∠C=70°일
때, $\overline{AH}$의 길이를 구하시오.
(단, $\tan 20°=0.36$, $\tan 65°=2.14$
로 계산한다.)

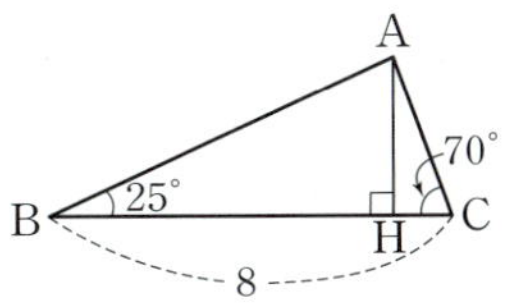

★ 172 상중하

오른쪽 그림과 같은 △ABC에서
$\overline{AC}=12$ cm, ∠A=45°, ∠C=60°일
때, △ABC의 넓이를 구하시오.

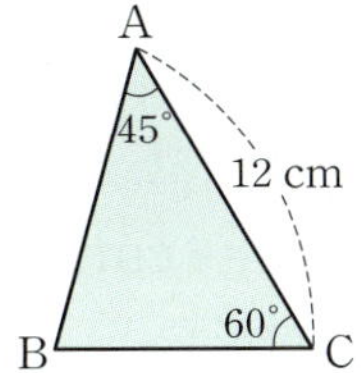

수학의 바이블 27쪽

유형 07 삼각형의 높이(2)

173 상중하

오른쪽 그림과 같은 △ABC에서
$\overline{BC}=6$, ∠B=30°, ∠ACB=120°
일 때, $\overline{AH}$의 길이를 구하시오.

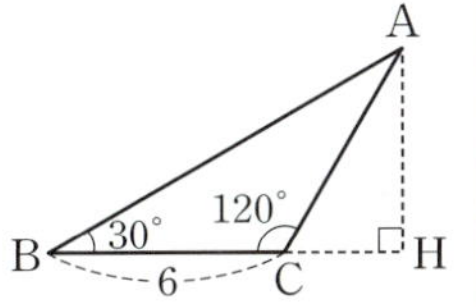

→ **유형 Point** △ABC에서 양 끝 각 중 한 각이 둔각인 경우

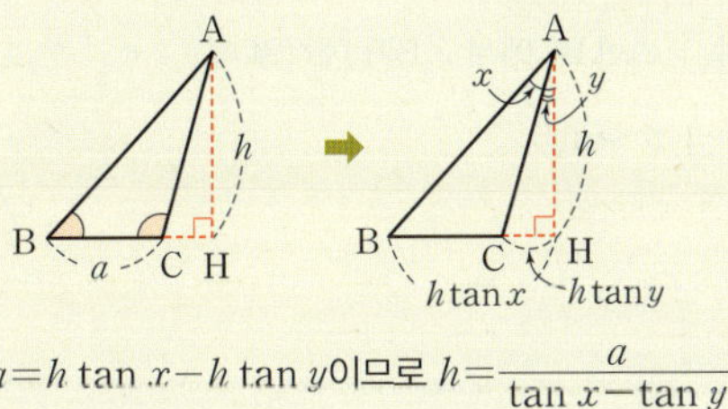

➡ $a = h \tan x - h \tan y$이므로 $h = \dfrac{a}{\tan x - \tan y}$

174 상중하

오른쪽 그림과 같이 90 m 떨어진
두 지점 A, B에서 굴뚝의 꼭대기
를 올려다본 각의 크기가 각각 25°,
42°일 때, 다음 중 h를 구하는 식으
로 알맞은 것은?

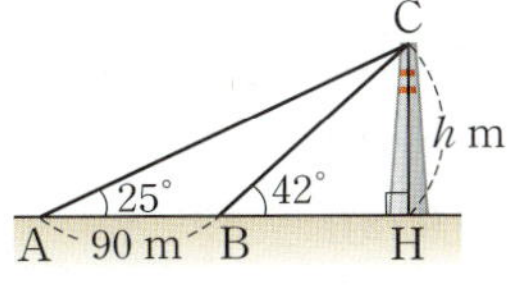

① $\dfrac{90}{\tan 65° - \tan 48°}$ ② $\dfrac{90}{\tan 65° + \tan 48°}$

③ $\dfrac{90}{\tan 42° - \tan 25°}$ ④ $\dfrac{90}{\tan 42° + \tan 25°}$

⑤ $90(\tan 65° - \tan 48°)$

175 상중하

오른쪽 그림과 같이 2 km 떨어진 두
지점 B, C에서 산의 꼭대기를 올려다
본 각의 크기가 각각 45°, 60°일 때,
이 산의 높이를 구하시오.

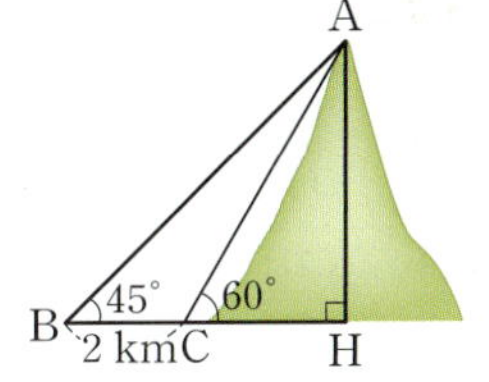

수학의 바이블 30쪽

유형 08 삼각형의 넓이(1)

176 상 중 하
오른쪽 그림과 같이 $\overline{AB}=\overline{AC}=4\sqrt{2}$ cm
이고 ∠B=75°인 이등변삼각형 ABC의
넓이를 구하시오.

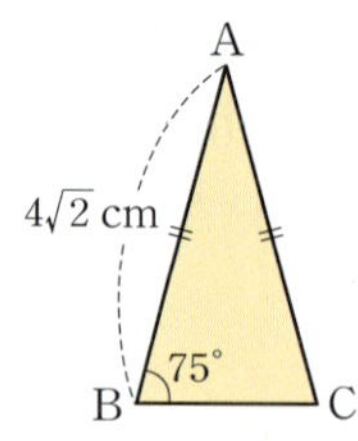

→ **유형 Point** △ABC에서 ∠B가 예각일 때
$$\triangle ABC=\frac{1}{2}ac\sin B$$

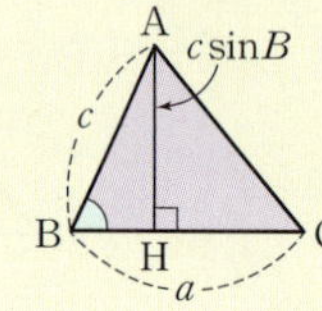

177 상 중 하
오른쪽 그림과 같이 $\overline{AB}=6$ cm,
∠B=60°인 △ABC의 넓이가
$12\sqrt{3}$ cm²일 때, $\overline{BC}$의 길이는?

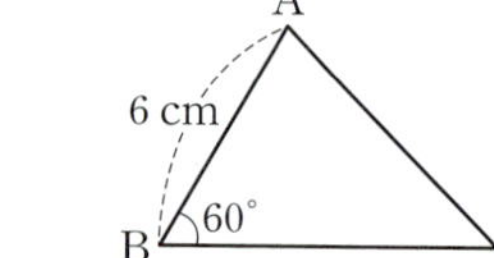

① 6 cm 　　② $6\sqrt{2}$ cm
③ 8 cm 　　④ $8\sqrt{3}$ cm
⑤ 9 cm

178 상 중 하
오른쪽 그림과 같은 △ABC에서
$\overline{AB}=6$ cm, $\overline{AC}=10$ cm이고
$\tan A=\sqrt{3}$일 때, △ABC의 넓이를
구하시오. (단, 0°<∠A<90°)

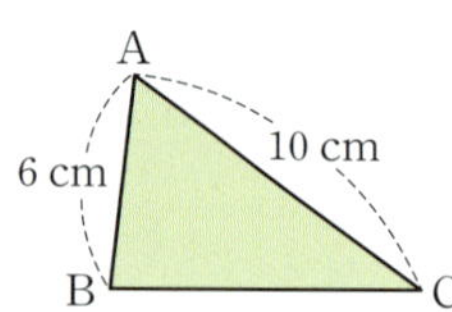

179 상 중 하
오른쪽 그림과 같이 $\overline{AB}=8$ cm,
$\overline{BC}=12$ cm인 △ABC의 넓이가
$24\sqrt{2}$ cm²일 때, ∠B의 크기를 구
하시오. (단, 0°<∠B<90°)

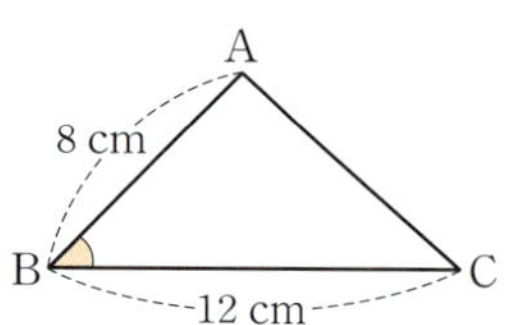

180 상 중 하 서술형
오른쪽 그림과 같은 △ABC에서
$\overline{AB}=12$ cm, $\overline{AC}=18$ cm,
∠A=60°이고 점 G가 △ABC의
무게중심일 때, △GBC의 넓이를
구하시오.

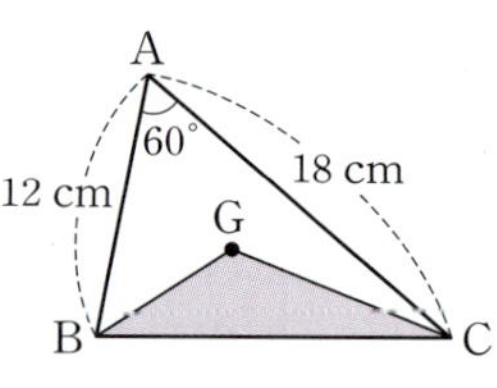

181 상 중 하
오른쪽 그림과 같은 □ABCD
에서 $\overline{AE}\ /\!/\ \overline{DC}$이고
$\overline{AB}=5$ cm, $\overline{BC}=8\sqrt{2}$ cm,
∠B=45°일 때, □ABED의
넓이를 구하시오.

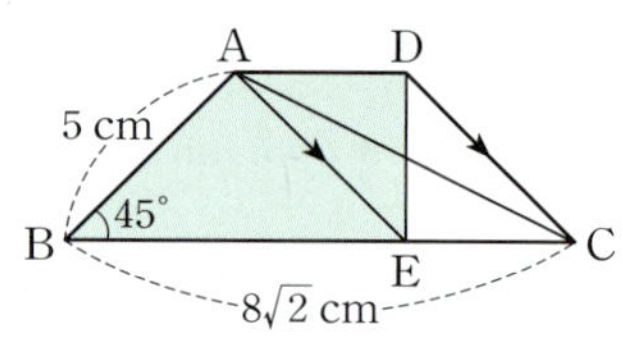

182 상 중 하
오른쪽 그림과 같이 한 변의 길이가
10 cm인 정삼각형 ABC에서
△DEF의 넓이를 구하시오.

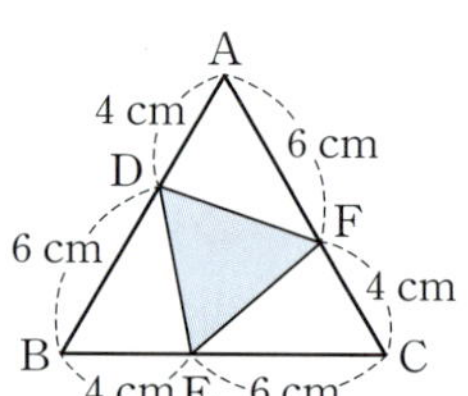

183 상 중 하
오른쪽 그림의 △ABC에서
∠A의 이등분선과 $\overline{BC}$의 교점을
D라 하고 ∠A=90°, $\overline{AB}=4$ cm,
$\overline{AC}=6$ cm일 때, $\overline{AD}$의 길이를
구하시오.

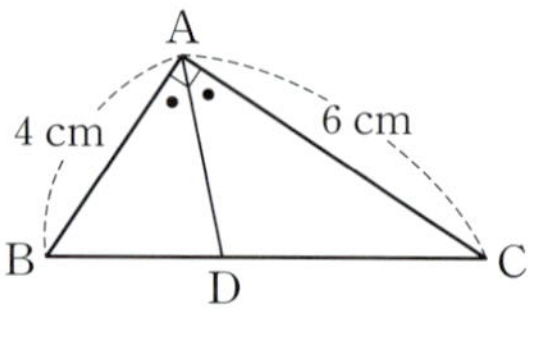

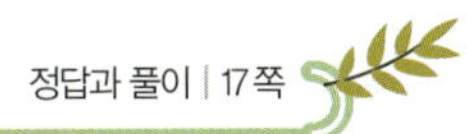

> 수학의 바이블 30쪽

유형 09 삼각형의 넓이(2)

184 상중하

오른쪽 그림과 같은 △ABC에서 $\overline{AB}=12$ cm, $\overline{AC}=7$ cm, ∠B=25°, ∠C=35°일 때, △ABC의 넓이를 구하시오.

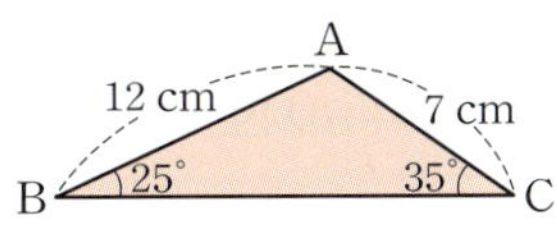

→ **유형 Point** △ABC에서 ∠B가 둔각일 때

$$\triangle ABC = \frac{1}{2}ac\sin(180°-B)$$

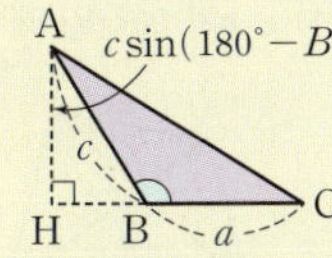

185 상중하

오른쪽 그림과 같이 $\overline{BC}=8$ cm, ∠C=135°인 △ABC의 넓이가 $10\sqrt{6}$ cm²일 때, $\overline{AC}$의 길이는?

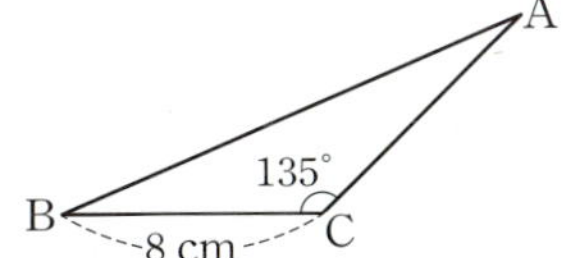

① 6 cm
② $4\sqrt{3}$ cm
③ $5\sqrt{3}$ cm
④ $6\sqrt{3}$ cm
⑤ 12 cm

186 상중하

오른쪽 그림과 같이 $\overline{AB}=6\sqrt{3}$, $\overline{BC}=12$인 △ABC의 넓이가 $18\sqrt{3}$일 때, ∠B의 크기를 구하시오. (단, ∠B>90°)

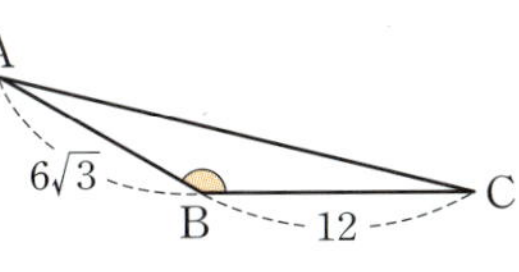

187 상중하 서술형

오른쪽 그림과 같이 반지름의 길이가 $4\sqrt{3}$인 원 O에서 ∠CAO=30°일 때, 색칠한 부분의 넓이를 구하시오.

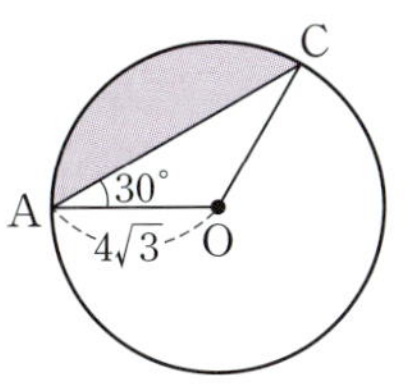

유형 10 다각형의 넓이

188 상중하

오른쪽 그림과 같은 □ABCD의 넓이를 구하시오.

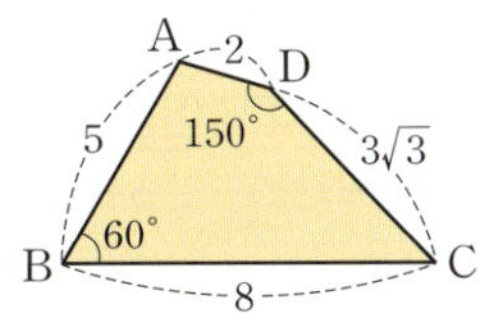

→ **유형 Point** 다각형의 넓이는 보조선을 그어 여러 개의 삼각형으로 나눈 후 삼각형의 넓이의 합을 구한다.

$$\square ABCD = \triangle ABC + \triangle ACD$$
$$= \frac{1}{2}ab\sin B + \frac{1}{2}cd\sin D$$

(단, ∠B와 ∠D는 예각)

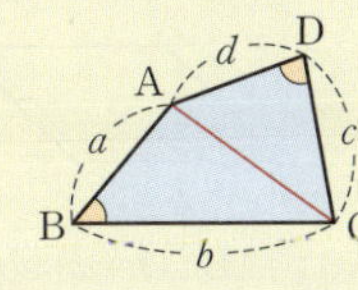

189 상중하

오른쪽 그림과 같은 □ABCD의 넓이를 구하시오.

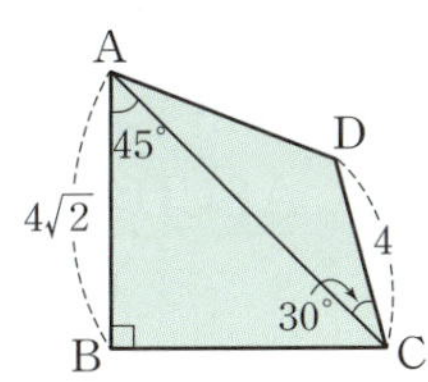

190 ★★ 상중하

오른쪽 그림과 같이 한 변의 길이가 2인 정육각형의 넓이를 구하시오.

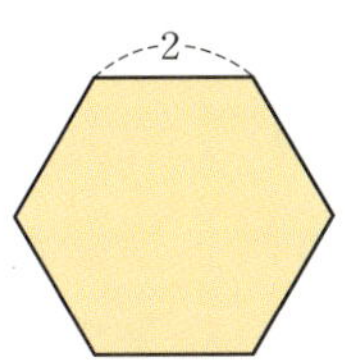

191 상중하

오른쪽 그림과 같은 등변사다리꼴 ABCD의 넓이를 구하시오.

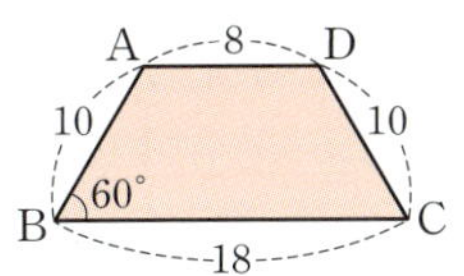

→ 수학의 바이블 32쪽

유형 11 평행사변형의 넓이

192 상 중 하

오른쪽 그림과 같은 평행사변형 ABCD의 넓이를 구하시오.

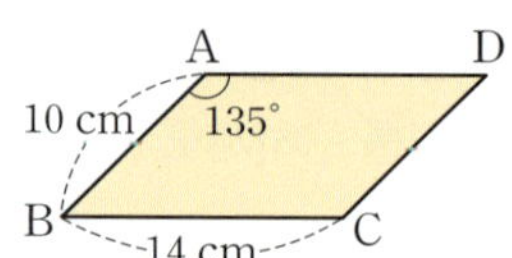

→ **유형 Point** 평행사변형 ABCD에서 두 변의 길이와 그 끼인각의 크기를 알 때

(1) $\angle x$가 예각일 때

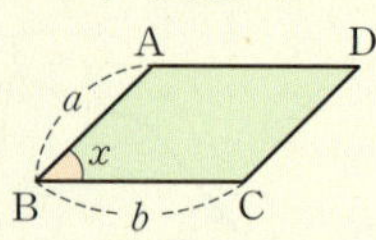

$$\square ABCD = ab \sin x$$

(2) $\angle x$가 둔각일 때

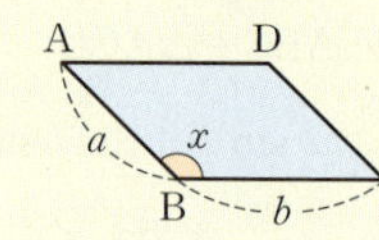

$$\square ABCD = ab \sin(180° - x)$$

★★
193 상 중 하

오른쪽 그림과 같이 한 변의 길이가 6 cm이고 $\angle B = 30°$인 마름모 ABCD의 넓이를 구하시오.

---

194 상 중 하

오른쪽 그림과 같은 평행사변형 ABCD의 넓이가 $20\sqrt{3}$ cm²일 때, $\angle B$의 크기를 구하시오.
(단, $0° < \angle B < 90°$)

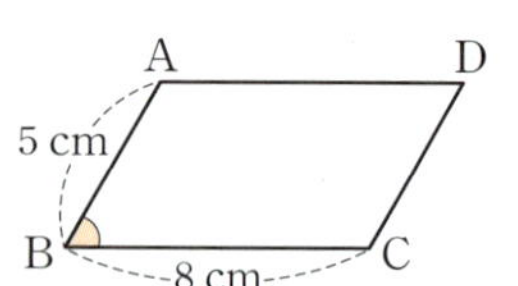

---

195 상 중 하

오른쪽 그림과 같은 평행사변형 ABCD에서 두 대각선의 교점을 P라고 하자. $\overline{AB} = 4$ cm, $\overline{AD} = 6$ cm이고 $\angle BCD = 60°$일 때, $\triangle APD$의 넓이를 구하시오.

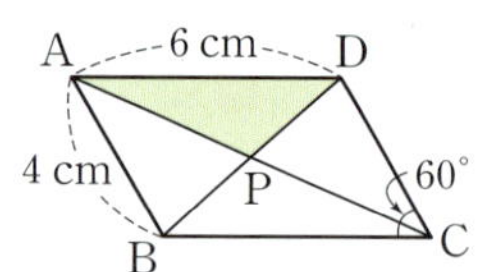

유형 12 사각형의 넓이

196 상 중 하

오른쪽 그림과 같은 $\square ABCD$의 넓이를 구하시오.

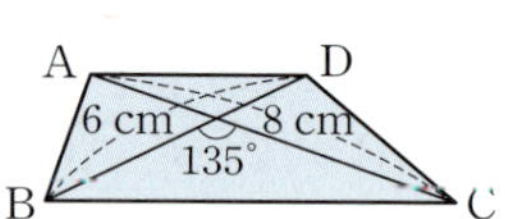

→ **유형 Point** $\square ABCD$에서 두 대각선의 길이와 두 대각선이 이루는 각의 크기를 알 때

(1) $\angle x$가 예각일 때

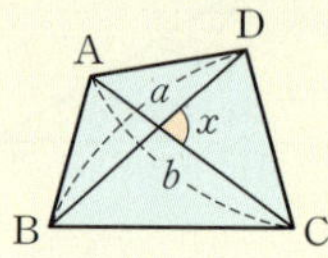

$$\square ABCD = \frac{1}{2} ab \sin x$$

(2) $\angle x$가 둔각일 때

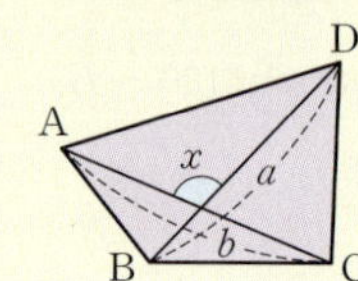

$$\square ABCD = \frac{1}{2} ab \sin(180° - x)$$

---

197 상 중 하

오른쪽 그림과 같은 $\square ABCD$의 넓이는?

① $5\sqrt{2}$ cm² ② $5\sqrt{3}$ cm²
③ 8 cm² ④ $8\sqrt{2}$ cm²
⑤ $8\sqrt{3}$ cm²

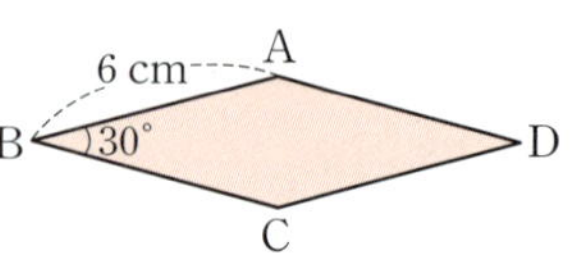

---

198 상 중 하

오른쪽 그림과 같은 $\square ABCD$의 넓이가 $27\sqrt{2}$ cm²일 때, $\angle x$의 크기를 구하시오. (단, $\angle x$는 예각)

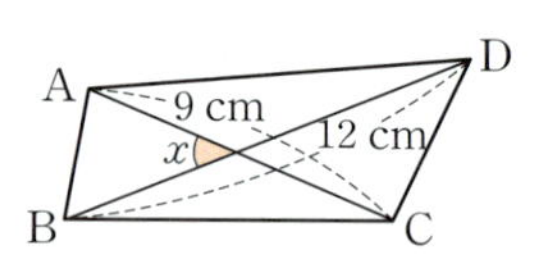

---

199 상 중 하 서술형

오른쪽 그림과 같이 $\overline{AD} \parallel \overline{BC}$이고 두 대각선이 이루는 각의 크기가 120°인 등변사다리꼴 ABCD의 넓이가 $8\sqrt{3}$ cm²일 때, $\overline{AC}$의 길이를 구하시오.

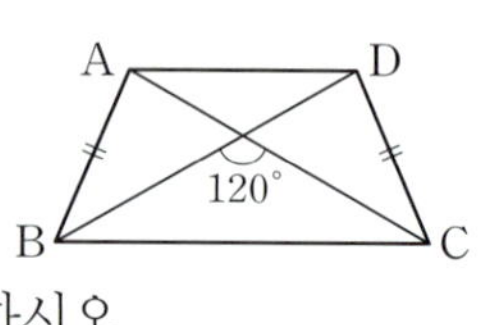

200

오른쪽 그림과 같은 직각삼각형 ABC에서 $\overline{AB}=2$, $\angle A=43°$일 때, 다음 중 $\overline{BC}$의 길이를 나타내는 것은?

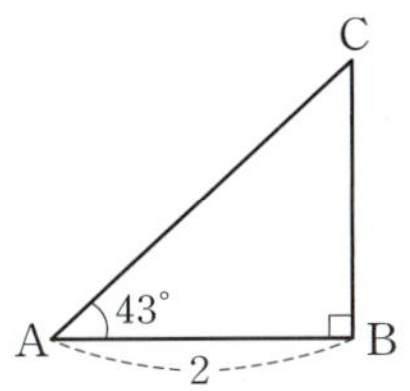

① $2 \sin 43°$ ② $2 \cos 43°$

③ $\dfrac{2}{\tan 43°}$ ④ $\dfrac{2}{\cos 47°}$

⑤ $\dfrac{2}{\tan 47°}$

201

오른쪽 그림의 삼각뿔에서 $\overline{OA}$, $\overline{OB}$, $\overline{OC}$가 서로 직교하고 $\angle ABO=30°$, $\angle OCB=45°$, $\overline{OB}=4\sqrt{3}$ cm일 때, 이 삼각뿔의 부피는?

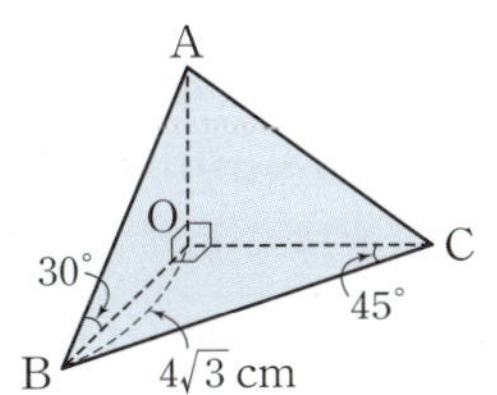

① 28 cm³ ② 30 cm³

③ 32 cm³ ④ $32\sqrt{3}$ cm³

⑤ $36\sqrt{3}$ cm³

202

오른쪽 그림은 산의 높이를 구하기 위하여 수평면 위에 100 m 떨어진 두 지점 A, B 를 잡고 필요한 부분을 측량한 결과를 나타낸 것이다. 이 산의 높이 $\overline{CH}$의 길이를 다음 삼각비의 표를 이용하여 구하시오.

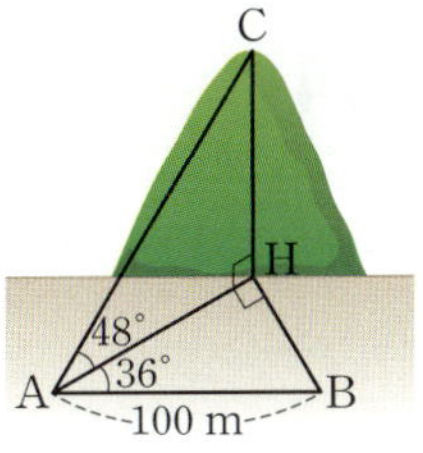

각도	sin	cos	tan
36°	0.59	0.81	0.73
48°	0.74	0.67	1.11

203 생각이 쑥쑥

오른쪽 그림과 같이 지면에 수직으로 서 있는 나무의 높이 $\overline{CD}$의 길이를 구하시오.

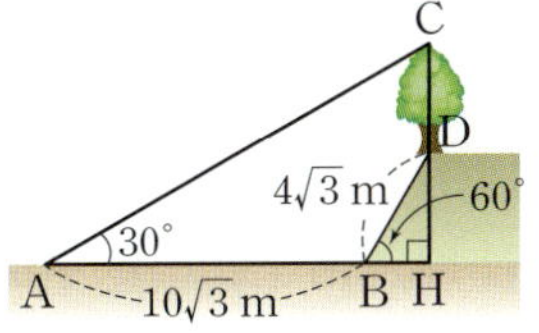

204

오른쪽 그림과 같은 평행사변형 ABCD에서 대각선 AC의 길이를 구하시오.

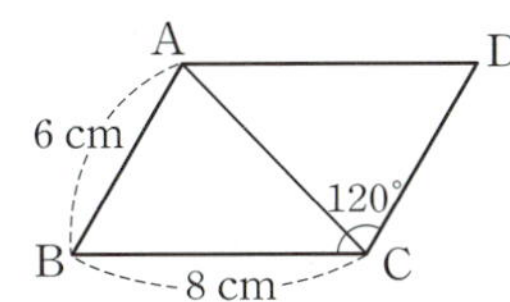

205

오른쪽 그림과 같은 △ABC에서 $\angle B=63°$, $\angle C=67°$, $\overline{BC}=4$일 때, $\overline{AC}$의 길이는?

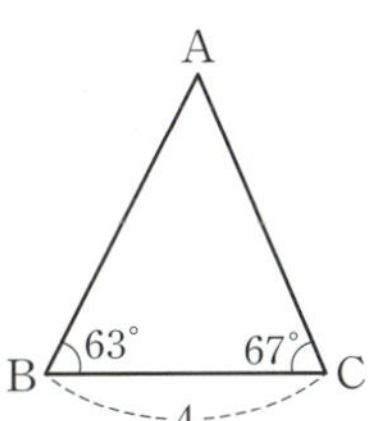

① $4 \sin 50°$ ② $4 \sin 63°$

③ $4 \sin 67°$ ④ $\dfrac{4 \sin 63°}{\sin 50°}$

⑤ $\dfrac{4 \sin 63°}{\cos 50°}$

206

오른쪽 그림과 같이 2 km 떨어진 지면의 두 지점 A, B에서 비행기가 있는 C 지점을 올려다본 각의 크기가 각각 45°, 60°이다. 이때 지면에서 비행기까지의 높이를 구하시오.

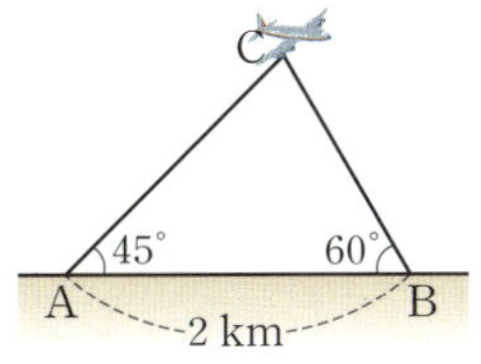

207

오른쪽 그림과 같이 겹쳐진 두 직각삼각형 ABC, DBC에서 $\angle BAC=60°$, $\angle DBC=45°$, $\overline{DC}=3\sqrt{2}$일 때, △EBC의 넓이를 구하시오.

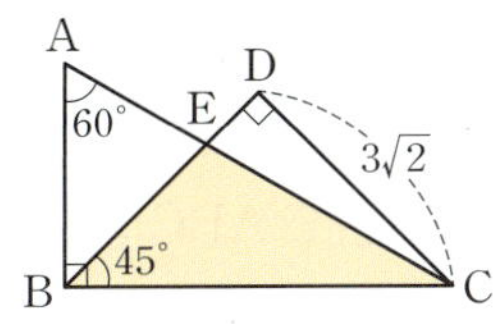

208

오른쪽 그림과 같이 △ABC에서
∠B=30°, ∠ACH=45°, $\overline{BC}$=4 cm
일 때, △ABC의 넓이를 구하시오.

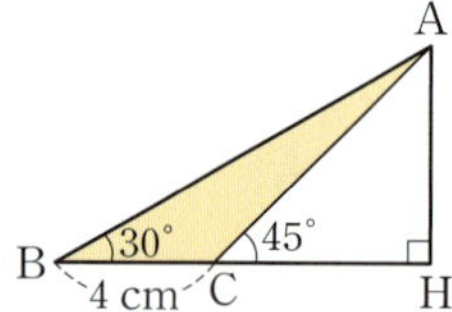

209

오른쪽 그림과 같이 $\overline{AB}$=6, $\overline{BC}$=10
인 예각삼각형 ABC의 넓이가 $10\sqrt{3}$일
때, $\tan x$의 값을 구하시오.

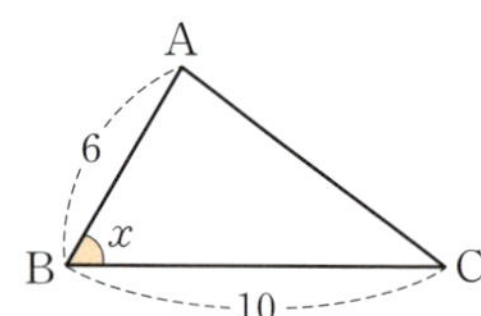

210 생각이 쑥쑥

오른쪽 그림과 같은 □ABCD는 한
변의 길이가 12 cm인 정사각형이다.
∠C의 삼등분선과 $\overline{AB}$, $\overline{AD}$가 만나는
점을 각각 E, F라고 할 때, △ECF의
넓이를 구하시오.

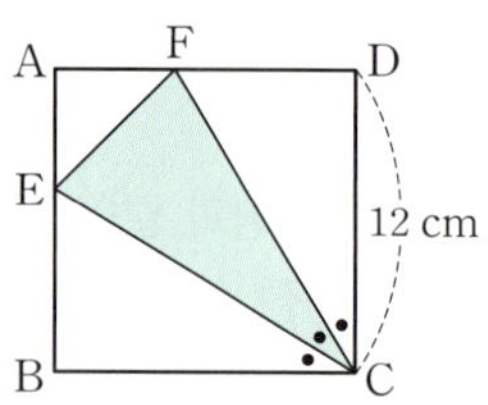

211

오른쪽 그림의 △ABC와
△ADE에 대하여 $\overline{AC}=2\overline{AE}$,
$\overline{AB}=\dfrac{1}{3}\overline{AD}$일 때, △ADE의
넓이는 △ABC의 넓이의 몇 배
인지 구하시오.

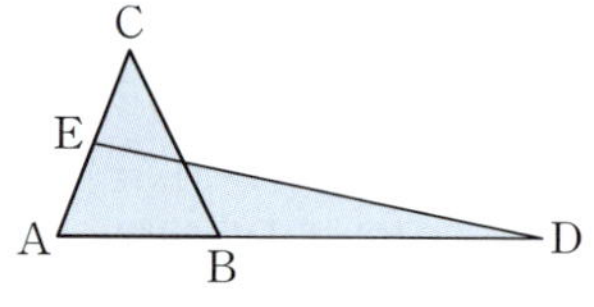

212

오른쪽 그림과 같이 ∠A=23°,
∠B=37°, $\overline{AC}$=6 cm인 △ABC의
넓이가 $6\sqrt{3}$ cm²일 때, $\overline{BC}$의 길이를 구
하시오.

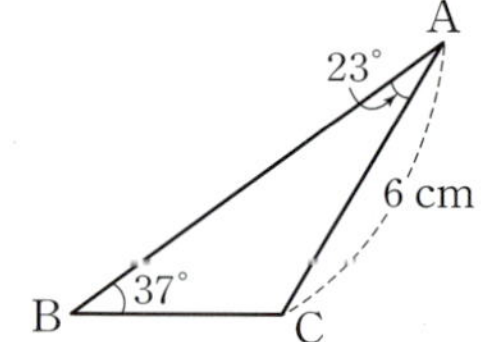

213

오른쪽 그림에서 □ABCD는 한 변의 길
이가 4 cm인 정사각형이고 △ADE는
∠AED=90°, ∠EAD=60°인 직각삼
각형일 때, △ECD의 넓이를 구하시오.

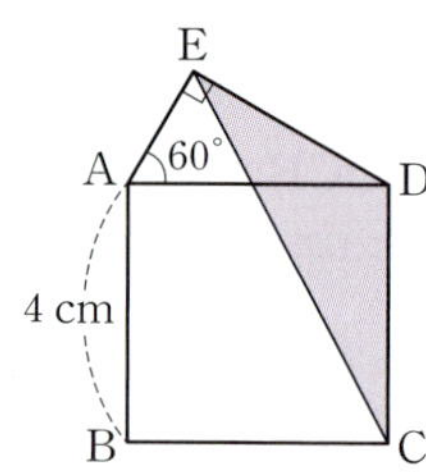

★★ **214**

오른쪽 그림과 같이 반지름의 길이가 5 cm
인 원 O에 내접하는 정팔각형의 넓이를 구
하시오.

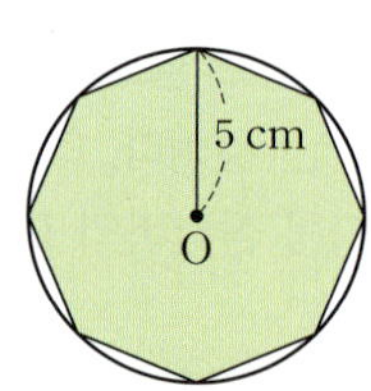

215

오른쪽 그림과 같이 한 변의 길이가 2인 정
사각형 ABCD에서 두 점 M, N이 각각
$\overline{BC}$, $\overline{CD}$의 중점이다. ∠MAN=x라고
할 때, $\sin x$의 값을 구하시오.

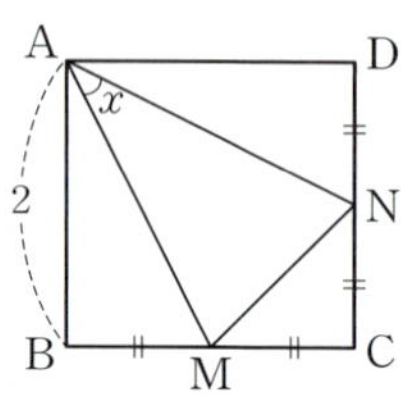

216

오른쪽 그림과 같이 한 변의 길이가 $8\sqrt{3}$ 인 정사각형 ABCD를 점 A를 중심으로 시계 반대 방향으로 30°만큼 회전시켜 정사각형 AB′C′D′을 만들었다. 이때 두 정사각형이 겹쳐지는 부분의 넓이를 구하시오.

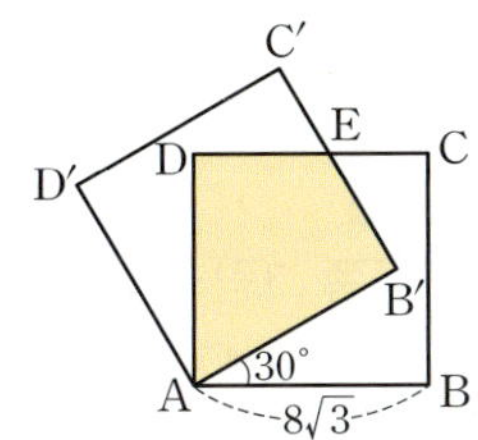

217

오른쪽 그림과 같은 □ABCD의 넓이를 구하시오.

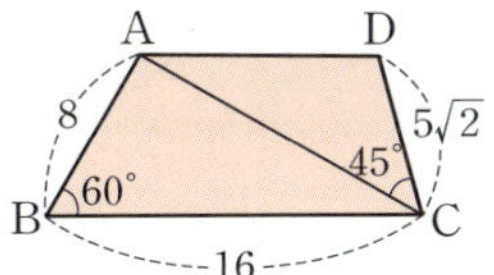

218

오른쪽 그림과 같은 평행사변형 ABCD에서 $\overline{BC}$의 중점을 M이라고 하자. $\overline{AB}=12$ cm, $\overline{AD}=20$ cm, $\angle D=60°$일 때, $\triangle AMC$의 넓이를 구하시오.

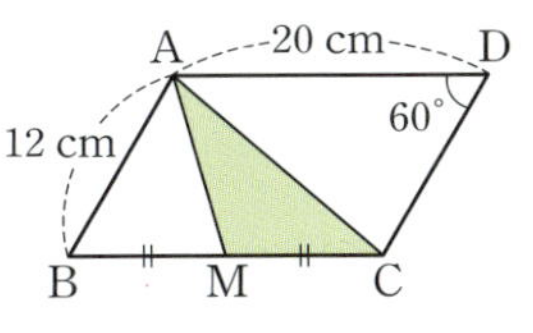

219

오른쪽 그림과 같은 마름모 ABCD의 넓이가 $8\sqrt{3}$ cm²일 때, □ABCD의 둘레의 길이를 구하시오.

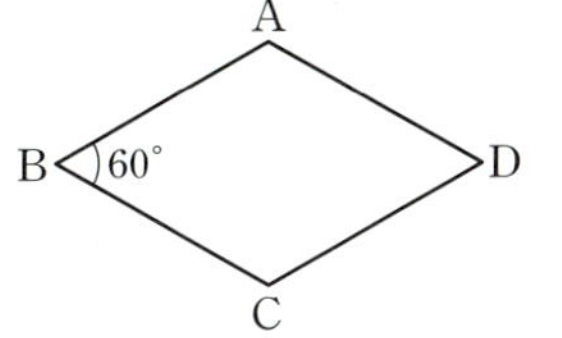

220 사고력 쑥쑥

오른쪽 그림과 같이 폭이 각각 6 cm, 5 cm로 일정한 두 종이 테이프를 겹쳐 놓았을 때, 겹쳐진 부분의 넓이를 구하시오.

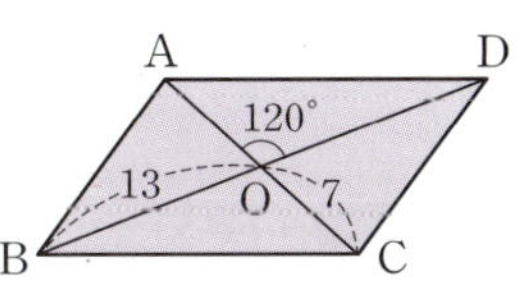

221

오른쪽 그림과 같은 평행사변형 ABCD에서 두 대각선 AC와 BD의 교점을 O라고 하자. $\angle AOD=120°$, $\overline{OB}=13$, $\overline{OC}=7$일 때, □ABCD의 넓이를 구하시오.

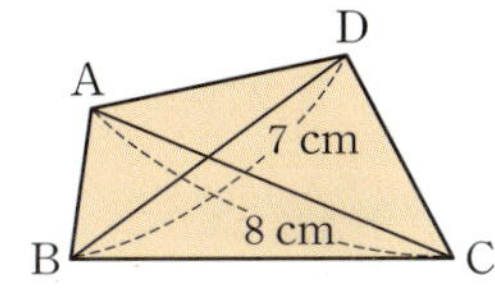

222

오른쪽 그림과 같이 두 대각선의 길이가 각각 7 cm, 8 cm인 □ABCD의 넓이 중 가장 큰 값을 구하시오.

교과서 속 창의·융합 문제

223

다음 그림과 같이 지연이가 줄의 길이가 2 m인 그네를 타고 있다. 그네가 지점 A에서 60°만큼 회전한 지점 B에 도달할 때, 지연이는 지점 A를 기준으로 몇 m 위에 위치하는지 구하시오.

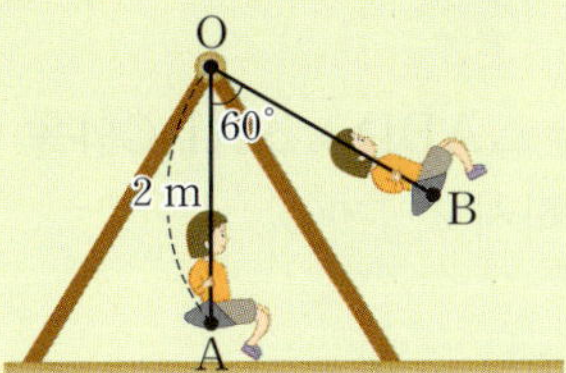

사고력 쑥쑥

224

오른쪽 그림과 같이 눈높이가 1.5 m 인 민재가 나무로부터 10 m 떨어진 곳에 서 있다. 민재가 나무의 꼭대기를 올려다본 각의 크기가 33°일 때, 나무의 높이를 구하시오.

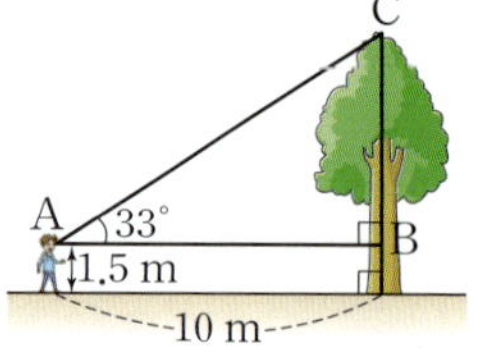

(단, $\sin 33° = 0.54$, $\cos 33° = 0.84$, $\tan 33° = 0.65$로 계산한다.)

단계 1 $\overline{BC}$의 길이를 구하시오. [70%]

단계 2 나무의 높이를 구하시오. [30%]

225

오른쪽 그림과 같이 눈높이가 1.6 m인 예지가 가로등의 끝을 올려다본 각의 크기는 27°이고 예지의 눈과 가로등의 끝 사이의 거리는 20 m이다. 이때 가로등의 높이를 구하시오. (단, $\sin 27° = 0.45$, $\cos 27° = 0.89$, $\tan 27° = 0.51$로 계산한다.)

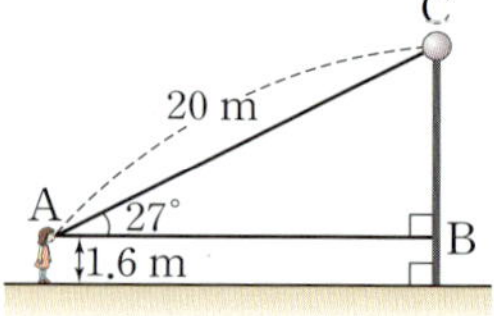

풀이

답 ______________

226

오른쪽 그림과 같은 △ABC에서 $\overline{AB} = 8$ cm, $\angle A = 75°$, $\angle B = 60°$일 때, $\overline{AC}$의 길이를 구하시오.

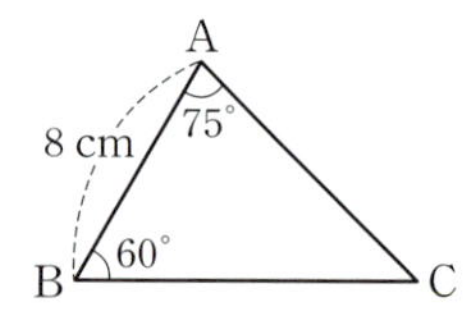

단계 1 꼭짓점 A에서 $\overline{BC}$에서 내린 수선의 발을 H라 하고 $\overline{AH}$의 길이를 구하시오. [50%]

단계 2 $\overline{AC}$의 길이를 구하시오. [50%]

227

오른쪽 그림과 같은 △ABC에서 $\overline{AB} = 5\sqrt{2}$ cm, $\angle B = 105°$, $\angle C = 30°$일 때, $\overline{BC}$의 길이를 구하시오.

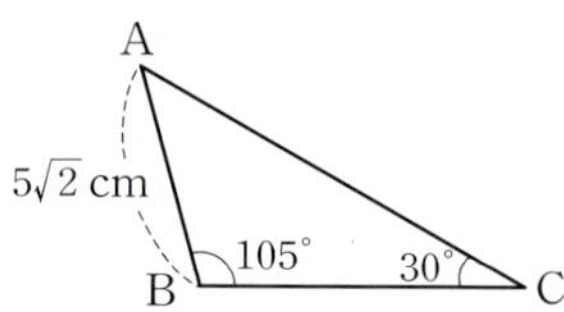

풀이

답 ______________

228

오른쪽 그림과 같은 △ABC에서 $\overline{AB} = 10$, $\overline{AC} = 6$, $\angle BAC = 60°$이고 $\angle A$의 이등분선과 $\overline{BC}$의 교점을 D라고 할 때, $\overline{AD}$의 길이를 구하시오.

단계 1 △ABC의 넓이를 구하시오. [30%]

단계 2 △ABC=△ABD+△ADC임을 이용하여 $\overline{AD}$의 길이를 구하시오. [70%]

229

오른쪽 그림과 같은 △ABC에서 $\overline{AB} = 12$, $\overline{AC} = 8$, $\angle BAC = 120°$이고 $\angle A$의 이등분선과 $\overline{BC}$의 교점을 D라고 할 때, $\overline{AD}$의 길이를 구하시오.

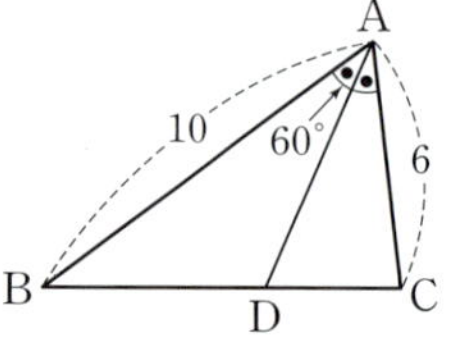

풀이

답 ______________

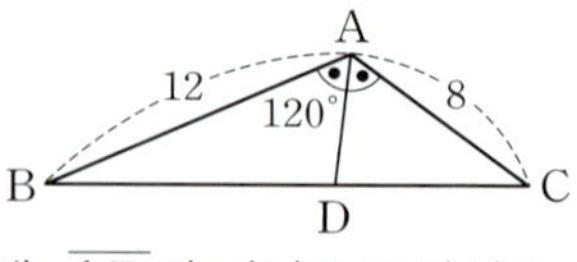

단계를 밟아 서술하기

230

오른쪽 그림과 같이 ∠B=30°,
$\overline{BC}=5\sqrt{3}$ cm인 △ABC의 넓이가
$10\sqrt{3}$ cm²일 때, $\overline{AC}$의 길이를 구하시오.

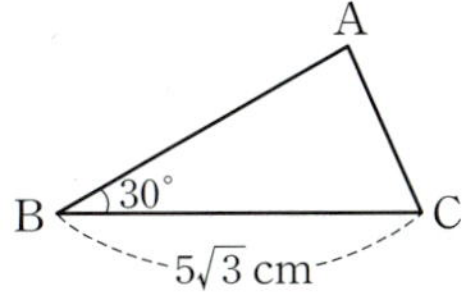

단계 1 $\overline{AB}$의 길이를 구하시오. [30%]

단계 2 꼭짓점 A에서 $\overline{BC}$에 내린 수선의 발을 H라고 할 때, $\overline{AH}$, $\overline{BH}$의 길이를 각각 구하시오. [40%]

단계 3 $\overline{AC}$의 길이를 구하시오. [30%]

231

오른쪽 그림과 같이 ∠B=60°,
$\overline{BC}=6$ cm인 △ABC의 넓이가
$12\sqrt{3}$ cm²일 때, $\overline{AC}$의 길이를 구하시오.

풀이

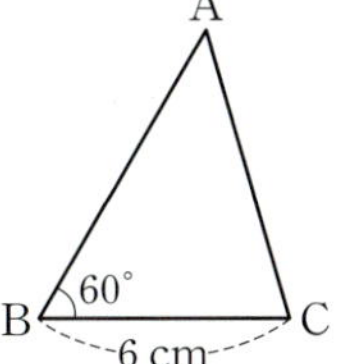

답 ___________

232

오른쪽 그림과 같은 □ABCD의 넓이를
구하시오.

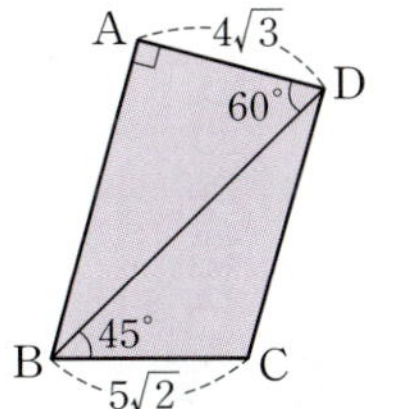

단계 1 $\overline{BD}$의 길이를 구하시오. [40%]

단계 2 □ABCD의 넓이를 구하시오. [60%]

233

오른쪽 그림과 같은 □ABCD의 넓이를 구하시오.

풀이

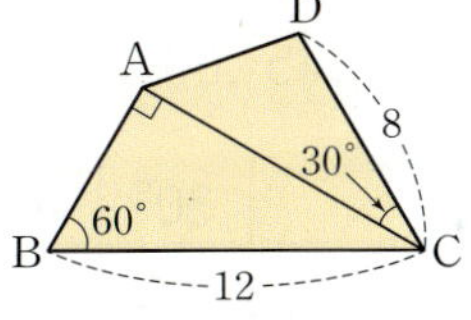

답 ___________

234

오른쪽 그림과 같은 평행사변형
ABCD에서 $\overline{BC}=5$, $\overline{CD}=4$,
∠BAD : ∠ADC=3 : 1일 때,
△OCD의 넓이를 구하시오.

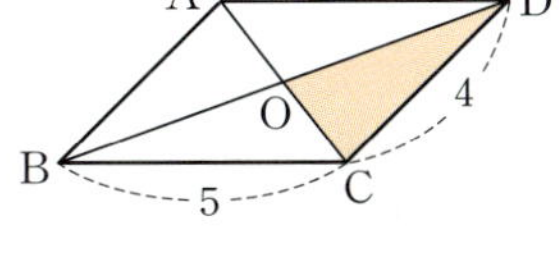

(단, 점 O는 두 대각선의 교점이다.)

단계 1 ∠ADC의 크기를 구하시오. [30%]

단계 2 □ABCD의 넓이를 구하시오. [35%]

단계 3 △OCD의 넓이를 구하시오. [35%]

235

오른쪽 그림과 같은 평행사변
형 ABCD에서
$\overline{AB}=4\sqrt{2}$, $\overline{BC}=6$,
∠ABC : ∠BCD=5 : 1일 때,
△OBC의 넓이를 구하시오.

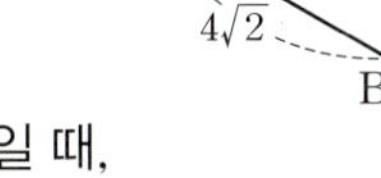

(단, 점 O는 두 대각선의 교점이다.)

풀이

답 ___________

 아래의 마인드맵에서 빈칸을 채우면서 학습한 내용을 확인해 봅시다.

I. 삼각비

I. 삼각비

삼각비의 값

빗변의 길이, b, a 높이, c 밑변의 길이

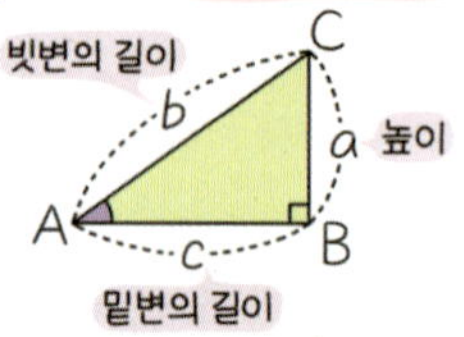

(1) $\sin A = \boxed{\text{㉠}}$

(2) $\cos A = \boxed{\text{㉡}}$

(3) $\tan A = \boxed{\text{㉢}}$

$30°, 45°, 60°$의 삼각비의 값

	30°	45°	60°
sin	$\dfrac{1}{2}$	$\dfrac{\sqrt{2}}{2}$	$\dfrac{\sqrt{3}}{2}$
cos	$\dfrac{\sqrt{3}}{2}$	$\dfrac{\sqrt{2}}{2}$	$\boxed{\text{㉣}}$
tan	$\dfrac{\sqrt{3}}{3}$	1	$\sqrt{3}$

$0°, 90°$의 삼각비의 값

$\sin 0° = 0$, $\cos 0° = 1$,

$\tan 0° = \boxed{\text{㉤}}$

$\sin 90° = 1$, $\cos 90° = 0$

사분원에서 삼각비의 값

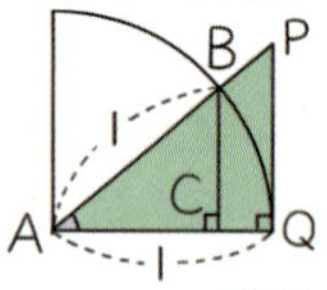

$\sin A = \overline{BC}$

$\cos A = \boxed{\text{㉥}}$

$\tan A = \overline{PQ}$

2. 삼각비의 활용

변의 길이 구하기

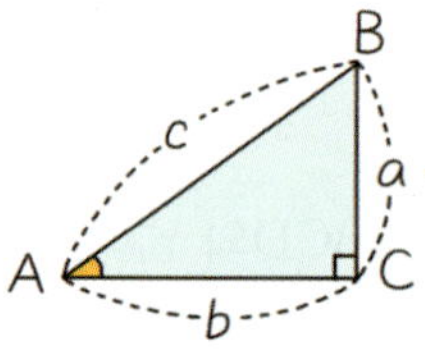

$a = c \sin A$

$b = c \cos A$

$b = \dfrac{a}{\tan A}$

$c = \dfrac{a}{\sin A}$

넓이 구하기

∠A가 예각

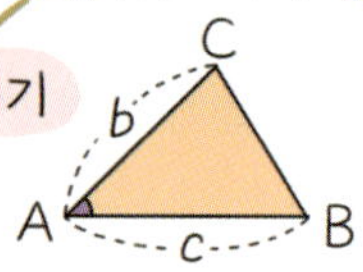

$\triangle ABC = \boxed{\text{㉦}}$

∠A가 둔각

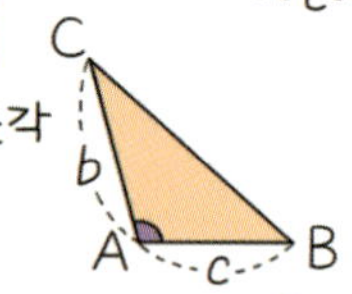

$\triangle ABC = \dfrac{1}{2}bc \sin(180° - A)$

㉠ ($\angle A$의 사인)$= \dfrac{(높이)}{(빗변의 길이)}$

㉡ ($\angle A$의 코사인)$= \dfrac{(밑변의 길이)}{(빗변의 길이)}$

㉢ ($\angle A$의 탄젠트)$= \dfrac{(높이)}{(밑변의 길이)}$

㉣ $\cos 60°$의 값

㉤ $\tan 0°$의 값

㉥ 직각삼각형 ABC에서 $\cos A$의 값을 나타내는 변

㉦ $\angle A$가 예각일 때, $\triangle ABC$의 넓이를 $\sin A$를 이용하여 구하는 식

답 | ㉠ $\dfrac{a}{b}$ ㉡ $\dfrac{c}{b}$ ㉢ $\dfrac{a}{c}$ ㉣ $\dfrac{1}{2}$ ㉤ 0 ㉥ $\overline{AC}$ ㉦ $\dfrac{1}{2}bc \sin A$

Ⅱ. 원의 성질

🐝 이해가 부족한 유형은 ☐ 안에 ✔를 표시하고 다시 풀어 봅시다.

1 원과 직선

개념 1 원의 중심과 현의 수직이등분선

(1) 원의 중심에서 현에 내린 수선은 그 현을 이등분한다.

➡ $\overline{AB}\perp\overline{OM}$이면 $\overline{AM}=\overline{BM}$

(2) 원에서 현의 수직이등분선은 그 원의 중심을 지난다.

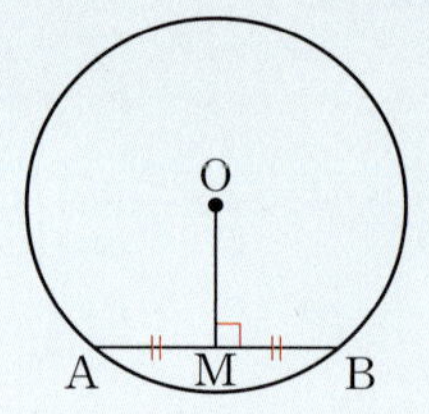

참고 (1) 오른쪽 그림의 $\triangle OAM$과 $\triangle OBM$에서
$\angle OMA=\angle OMB=90°$, $\overline{OA}=\overline{OB}$ (반지름),
$\overline{OM}$은 공통이므로 $\triangle OAM\equiv\triangle OBM$ (RHS 합동)
$\therefore \overline{AM}=\overline{BM}$

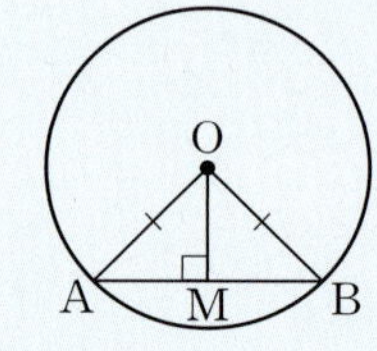

(2) 오른쪽 그림의 원 O에서 현 AB의 수직이등분선을 l이라고 하면 두 점
A, B로부터 같은 거리에 있는 점들은 모두 직선 l 위에 있다.
이때 원의 중심도 두 점 A, B로부터 같은 거리에 있으므로 직선 l 위에
있다.
따라서 현 AB의 수직이등분선은 원 O의 중심을 지난다.

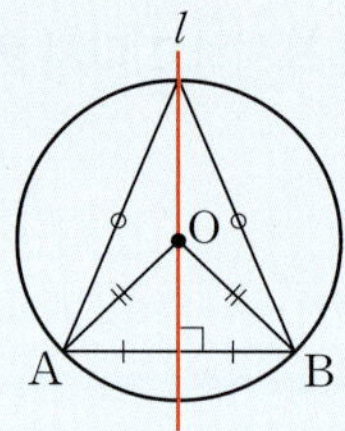

개념 2 현의 길이

(1) 한 원에서 중심으로부터 같은 거리에 있는 두 현의 길이는 같다.

➡ $\overline{OM}=\overline{ON}$이면 $\overline{AB}=\overline{CD}$

(2) 한 원에서 길이가 같은 두 현은 원의 중심으로부터 같은 거리에
있다.

➡ $\overline{AB}=\overline{CD}$이면 $\overline{OM}=\overline{ON}$

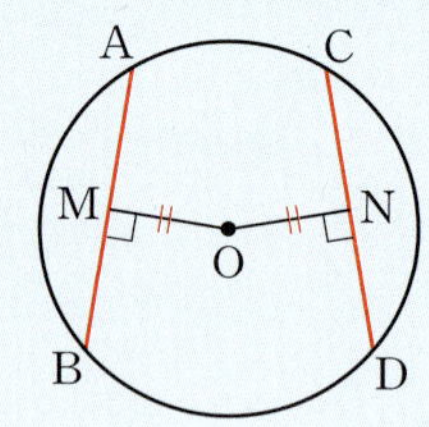

참고 (1) 오른쪽 그림의 $\triangle OAM$과 $\triangle OCN$에서
$\angle OMA=\angle ONC=90°$, $\overline{OA}=\overline{OC}$ (반지름),
$\overline{OM}=\overline{ON}$이므로 $\triangle OAM\equiv\triangle OCN$ (RHS 합동)
$\therefore \overline{AM}=\overline{CN}$
이때 $\overline{AB}=2\overline{AM}$, $\overline{CD}=2\overline{CN}$이므로 $\overline{AB}=\overline{CD}$

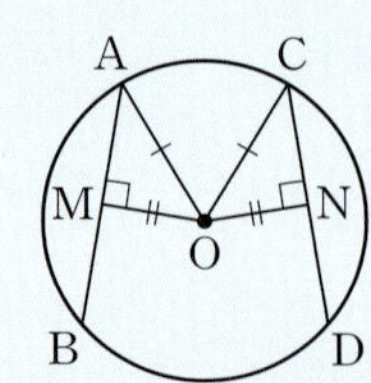

(2) 오른쪽 그림에서 $\overline{AB}\perp\overline{OM}$, $\overline{CD}\perp\overline{ON}$이므로
$\overline{AM}=\overline{BM}$, $\overline{CN}=\overline{DN}$
이때 $\overline{AB}=\overline{CD}$이므로 $\overline{AM}=\overline{CN}$
$\triangle OAM$과 $\triangle OCN$에서
$\overline{AM}=\overline{CN}$, $\overline{OA}=\overline{OC}$ (반지름), $\angle OMA=\angle ONC=90°$
이므로 $\triangle OAM\equiv\triangle OCN$ (RHS 합동)
$\therefore \overline{OM}=\overline{ON}$

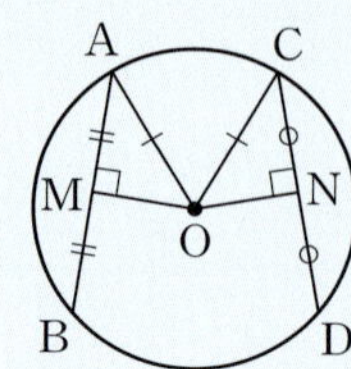

개념 Plus

• **현** : 원 위의 두 점을 이은 선분을 현이라고
한다.

• **직각삼각형의 합동 조건**
① 빗변의 길이와 한 예각의 크기가 각각
같은 두 직각삼각형은 합동이다.
(RHA 합동)
② 빗변의 길이와 다른 한 변의 길이가 각
각 같은 두 직각삼각형은 합동이다.
(RHS 합동)

• 원에 내접하는 $\triangle ABC$에서 $\overline{OM}=\overline{ON}$이
면 $\overline{AB}=\overline{AC}$이므로 $\triangle ABC$는 이등변삼
각형이다.

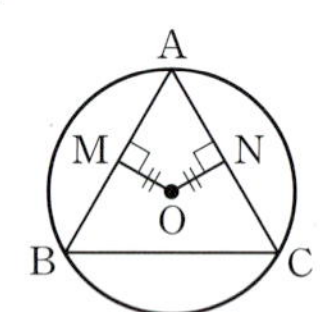

1 원의 중심과 현의 수직이등분선

236

다음은 원의 중심에서 현에 내린 수선은 그 현을 이등분함을 설명하는 과정이다. □ 안에 알맞은 것을 써넣으시오.

원 O의 중심에서 현 AB에 내린 수선
의 발을 M이라 하면
△OAM과 △OBM에서
∠OMA = □ = 90°,
$\overline{OA}$ = □ (반지름),
□ 은 공통이므로
△OAM ≡ △OBM (RHS 합동)
∴ $\overline{AM}$ = □

237

다음 그림에서 x의 값을 구하시오.

(1)
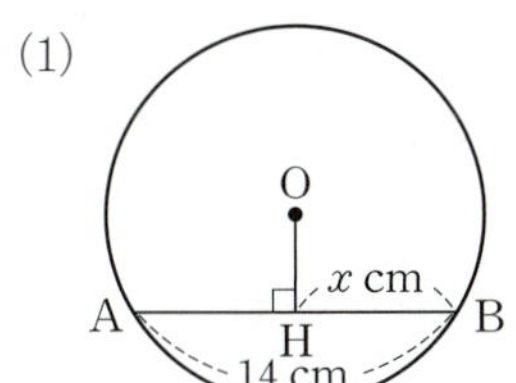

(2)
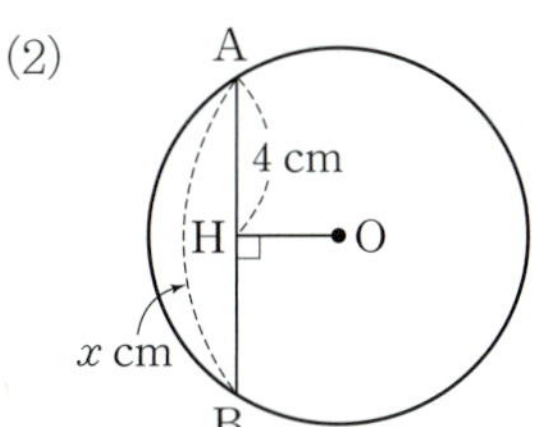

238

다음 그림에서 x의 값을 구하시오.

(1)
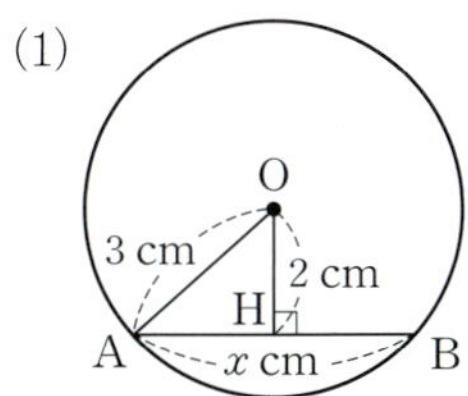

(2)
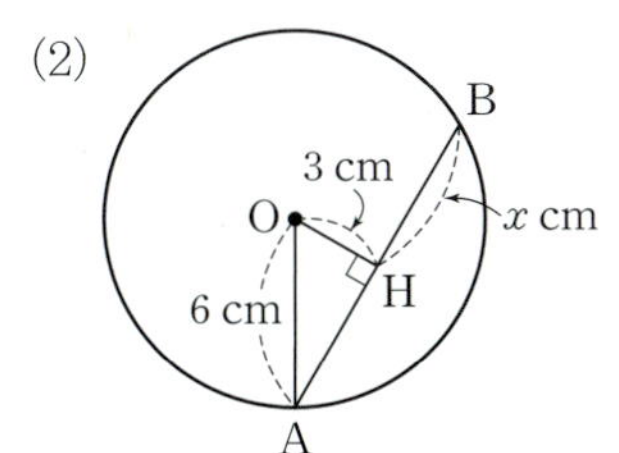

(3)
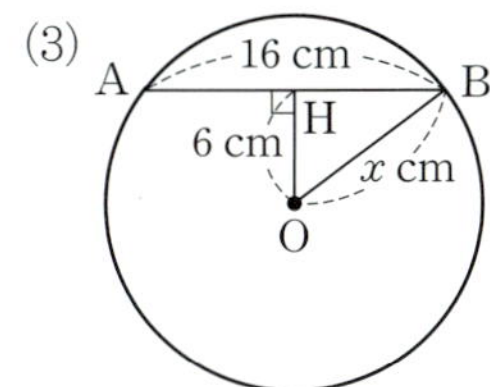

(4)
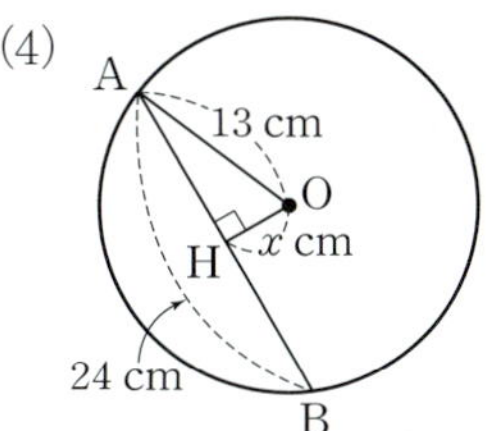

239

다음 그림에서 원의 반지름의 길이를 구하시오.

(1)
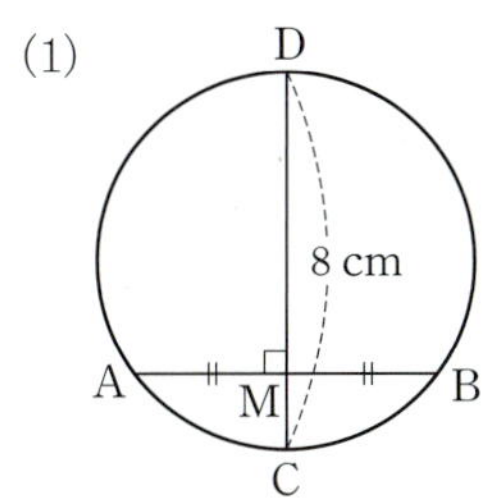

(2)
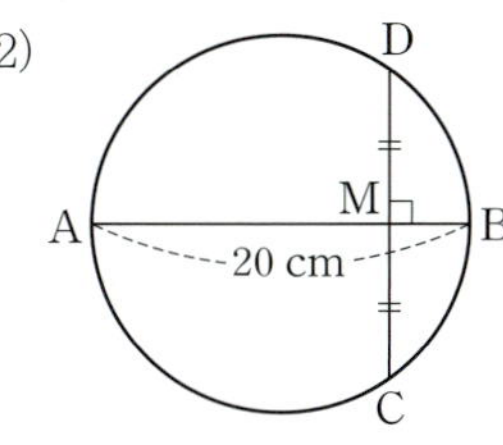

2 현의 길이

240

다음 그림에서 x의 값을 구하시오.

(1)
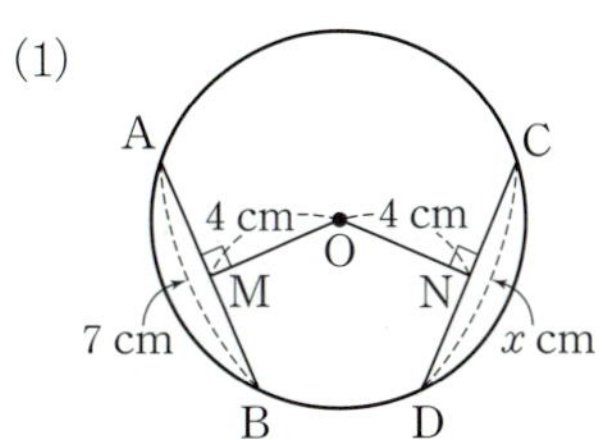

(2)
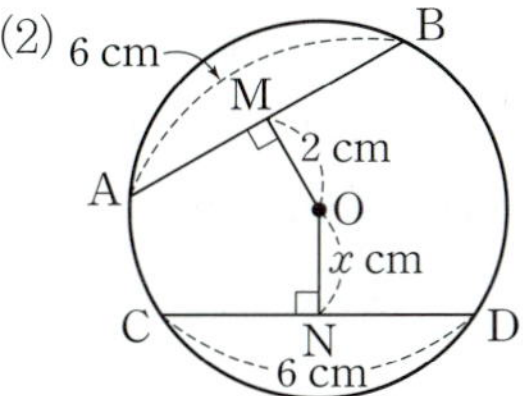

241

다음 그림에서 x의 값을 구하시오.

(1)
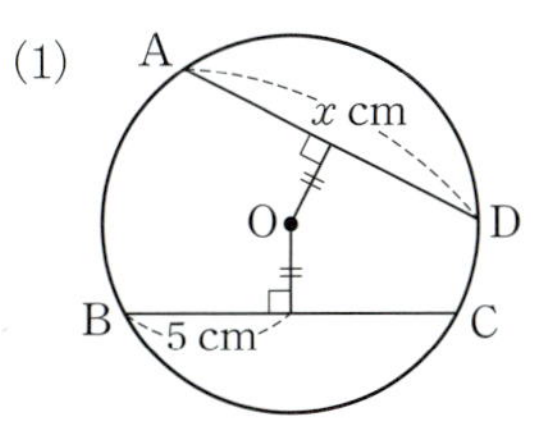

(2)
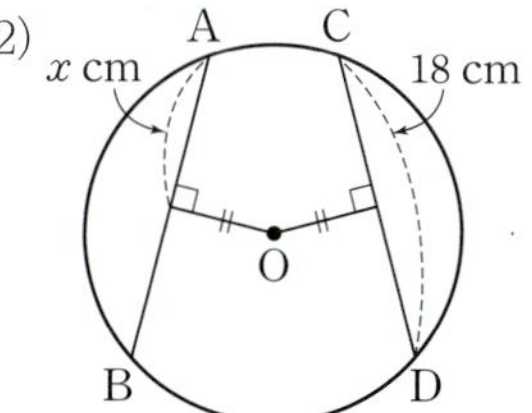

(3)
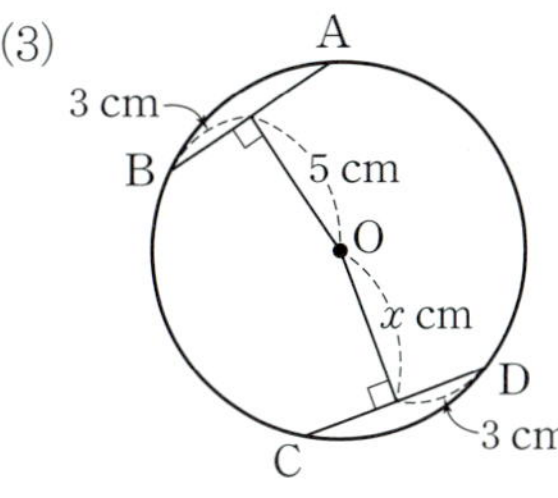

(4)
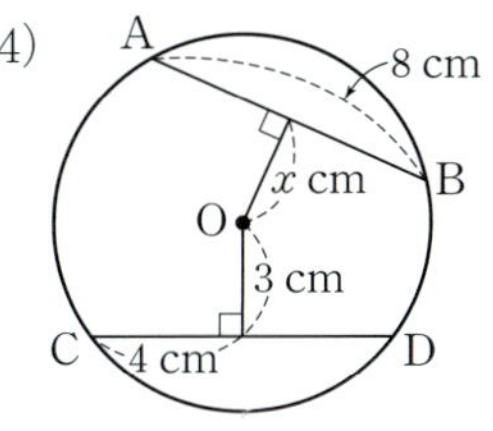

개념 3 원의 접선의 성질

(1) 원의 접선의 길이

원 O 밖의 한 점 P에서 이 원에 그을 수 있는 접선은 2개이고, 점 P에서 두 접점 A, B까지의 거리를 각각 점 P에서 원 O에 그은 접선의 길이라고 한다.

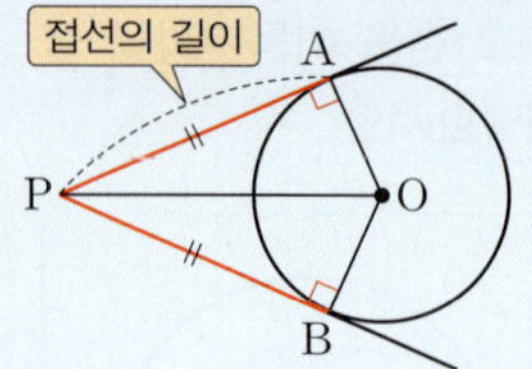

(2) 원의 접선의 성질

원 밖의 한 점에서 그 원에 그은 두 접선의 길이는 같다. ➡ $\overline{PA}=\overline{PB}$

참고 오른쪽 그림의 △PAO와 △PBO에서
∠PAO=∠PBO=90°, $\overline{OA}=\overline{OB}$ (반지름), $\overline{OP}$는 공통이므로
△PAO≡△PBO (RHS 합동)
∴ $\overline{PA}=\overline{PB}$

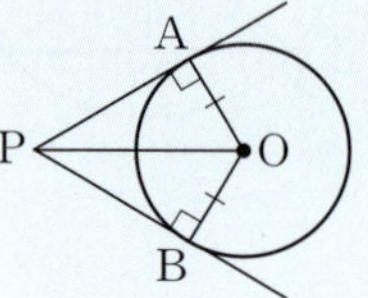

● **원의 접선과 반지름**
원의 접선은 그 접점을 지나는 원의 반지름에 수직이다. ➡ $\overline{OT}\perp l$

개념 4 삼각형의 내접원

반지름의 길이가 r인 원 O가 △ABC의 내접원이고 세 점 D, E, F가 접점일 때

(1) $\overline{AF}=\overline{AD}=x$, $\overline{BD}=\overline{BE}=y$, $\overline{CE}=\overline{CF}=z$이므로
$\overline{AB}=x+y$, $\overline{BC}=y+z$, $\overline{CA}=z+x$

(2) (△ABC의 둘레의 길이)$=a+b+c=2(x+y+z)$

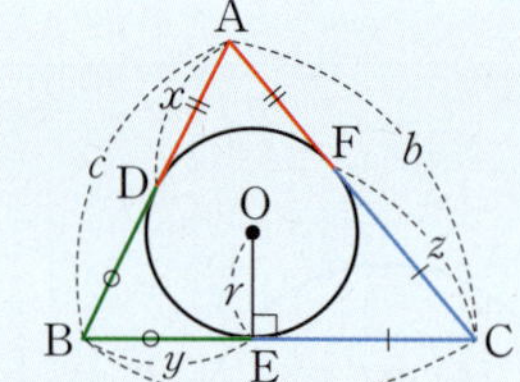

참고 직각삼각형의 내접원
∠C=90°인 직각삼각형 ABC의 내접원 O의 반지름의 길이가 r일 때
① □OECF는 한 변의 길이가 r인 정사각형이다.
② $\triangle ABC=\dfrac{1}{2}r(a+b+c)=\dfrac{1}{2}ab$

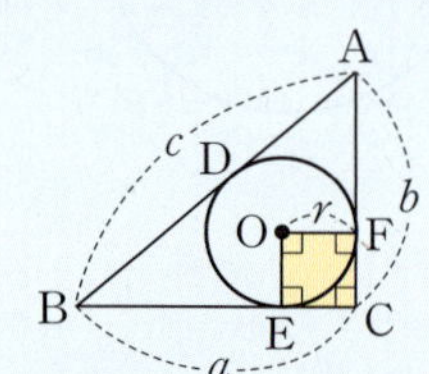

● **내접원** : 한 다각형의 모든 변이 원에 접할 때, 이 원을 그 다각형의 내접원이라고 한다.

●
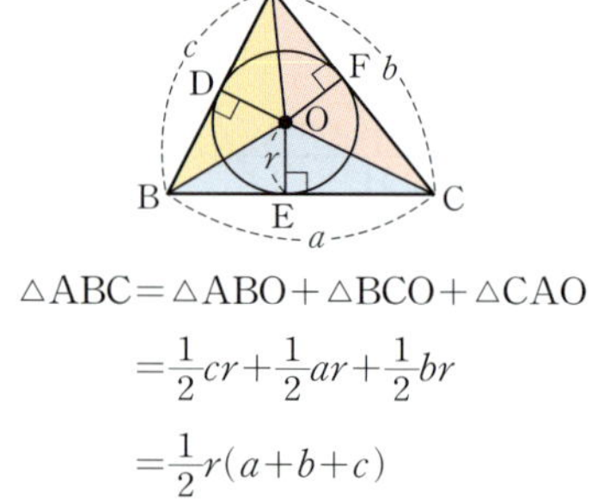

$\triangle ABC=\triangle ABO+\triangle BCO+\triangle CAO$
$=\dfrac{1}{2}cr+\dfrac{1}{2}ar+\dfrac{1}{2}br$
$=\dfrac{1}{2}r(a+b+c)$

개념 5 원에 외접하는 사각형의 성질

(1) 원에 외접하는 사각형에서 두 쌍의 대변의 길이의 합은 같다.
➡ $\overline{AB}+\overline{CD}=\overline{AD}+\overline{BC}$

(2) 두 쌍의 대변의 길이의 합이 같은 사각형은 원에 외접한다.

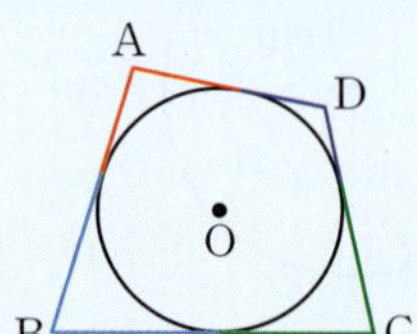

● **대변** : 다각형에서 한 변이나 한 각과 마주 보는 변

참고 오른쪽 그림과 같이 원과 이 원에 외접하는 사각형의 네 접점을 각각 P, Q, R, S라고 하면
$\overline{AB}+\overline{CD}=(\overline{AP}+\overline{BP})+(\overline{DR}+\overline{CR})$
$=(\overline{AS}+\overline{BQ})+(\overline{DS}+\overline{CQ})$
$=(\overline{AS}+\overline{DS})+(\overline{BQ}+\overline{CQ})$
$=\overline{AD}+\overline{BC}$

$\overline{AP}=\overline{AS}$, $\overline{BP}=\overline{BQ}$, $\overline{CR}=\overline{CQ}$, $\overline{DR}=\overline{DS}$

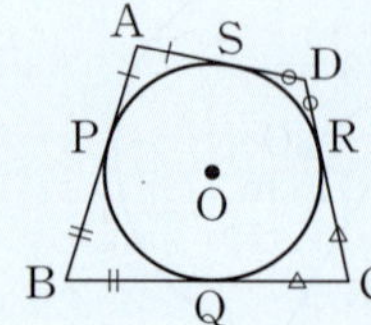

3 원의 접선의 성질

242

다음 그림에서 $\overrightarrow{PA}$, $\overrightarrow{PB}$가 원 O의 접선이고 두 점 A, B가 접점일 때, $\angle x$의 크기를 구하시오.

(1) 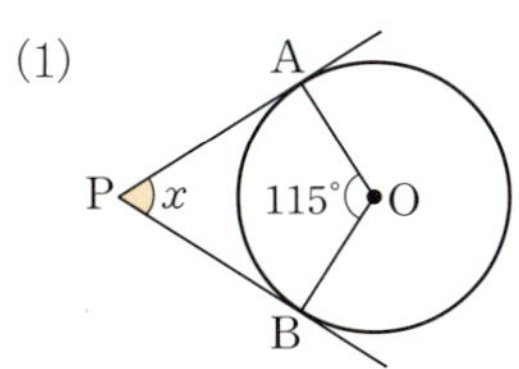

(2) 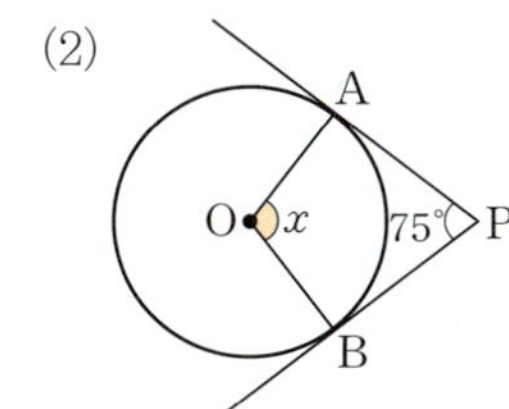

243

다음 그림에서 $\overrightarrow{PA}$가 원 O의 접선이고 점 A가 접점일 때, x의 값을 구하시오.

(1) 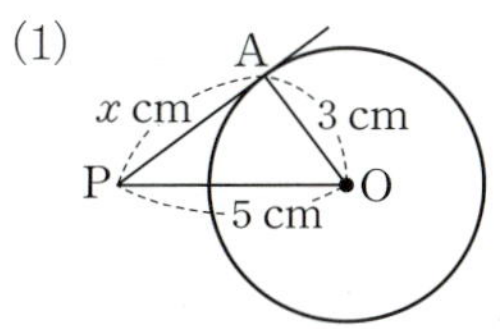

(2) 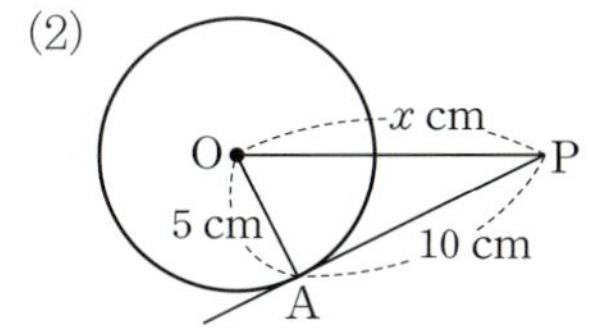

244

오른쪽 그림에서 $\overrightarrow{PA}$, $\overrightarrow{PB}$가 원 O의 접선이고 두 점 A, B가 접점일 때, 다음을 구하시오.

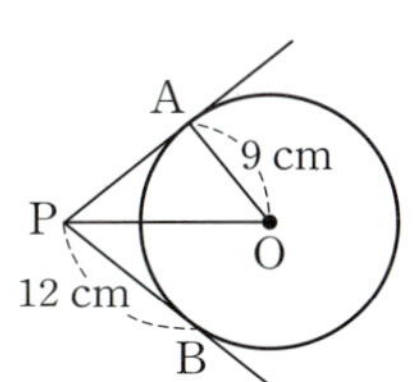

(1) $\overline{PA}$의 길이

(2) $\overline{PO}$의 길이

245

다음 그림에서 $\overrightarrow{PA}$, $\overrightarrow{PB}$가 원 O의 접선이고 두 점 A, B가 접점일 때, $\angle x$의 크기를 구하시오.

(1) 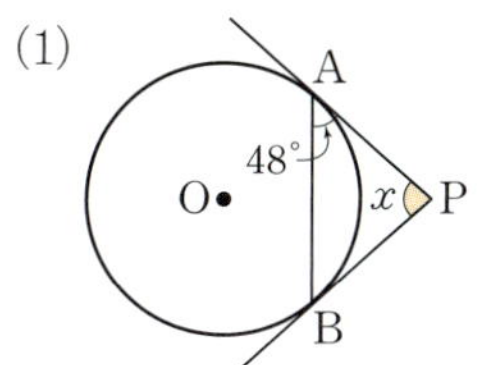

(2) 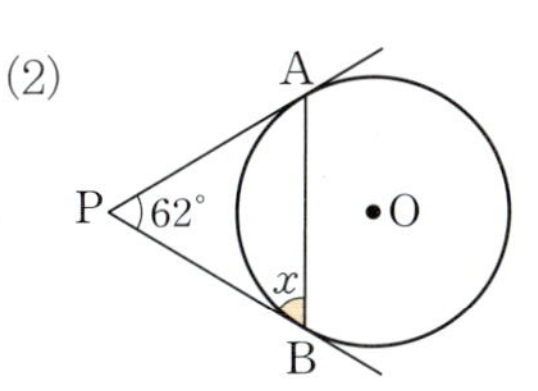

4 삼각형의 내접원

246

오른쪽 그림에서 원 O는 △ABC의 내접원이고 세 점 D, E, F는 접점일 때, 다음을 구하시오.

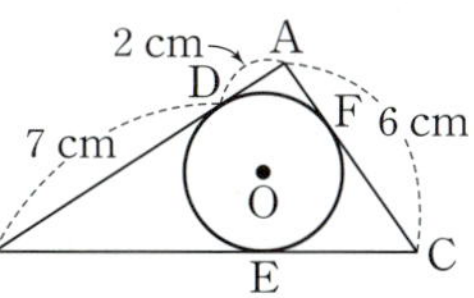

(1) $\overline{AF}$의 길이

(2) $\overline{BE}$의 길이

(3) $\overline{CE}$의 길이

(4) $\overline{BC}$의 길이

247

오른쪽 그림에서 원 O는 직각삼각형 ABC의 내접원이고 세 점 D, E, F는 접점이다. 원 O의 반지름의 길이를 r라고 할 때, 다음 ☐ 안에 알맞은 것을 써넣으시오.

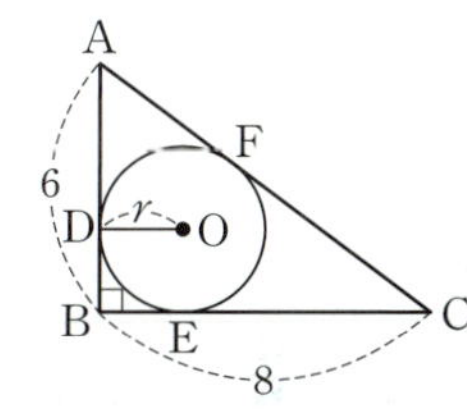

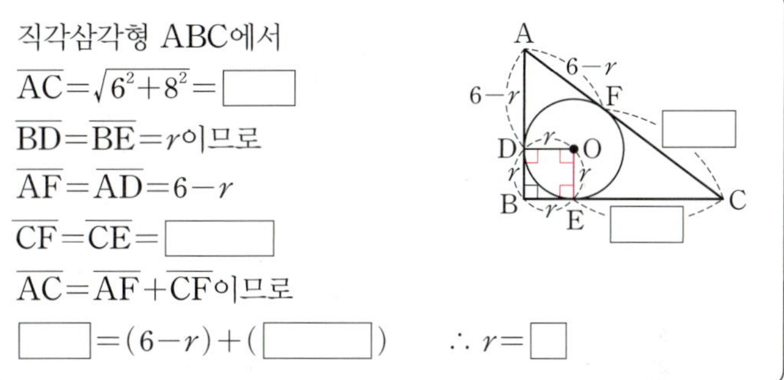

직각삼각형 ABC에서

$\overline{AC} = \sqrt{6^2 + 8^2} = \boxed{}$

$\overline{BD} = \overline{BE} = r$이므로

$\overline{AF} = \overline{AD} = 6 - r$

$\overline{CF} = \overline{CE} = \boxed{}$

$\overline{AC} = \overline{AF} + \overline{CF}$이므로

$\boxed{} = (6 - r) + (\boxed{})$ $\therefore r = \boxed{}$

5 원에 외접하는 사각형의 성질

248

다음 그림에서 ☐ABCD가 원 O에 외접할 때, x의 값을 구하시오.

(1) 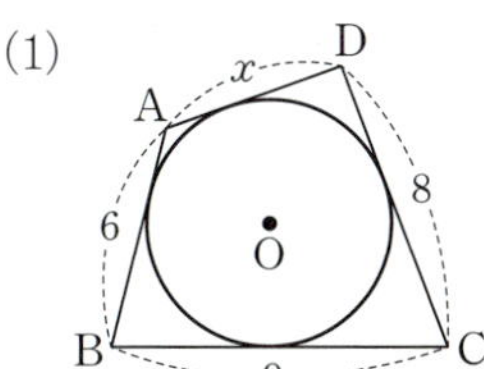

(2) 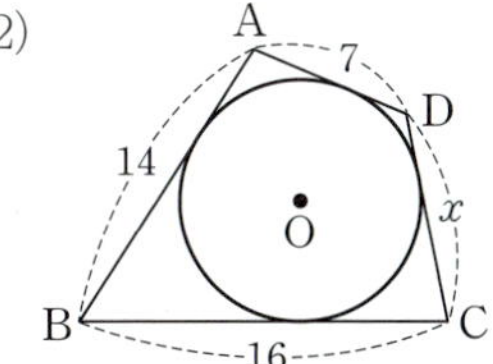

(3) 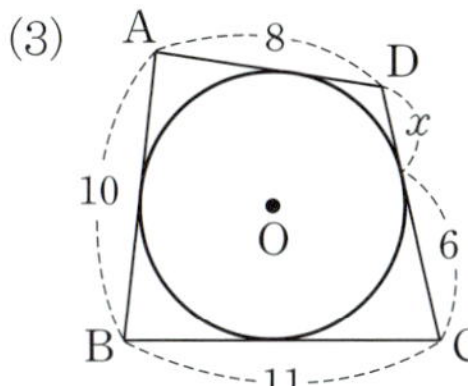

(4) 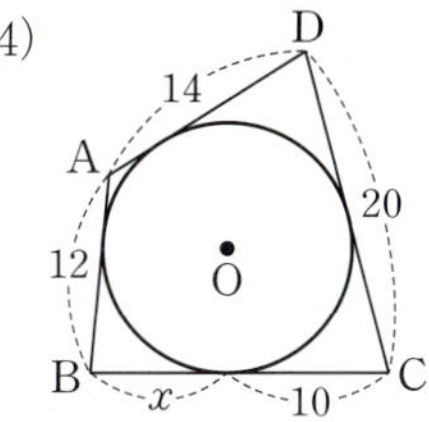

▶수학의 바이블 39쪽

유형 01 원의 중심과 현의 수직이등분선(1)

249 상 **중** 하

오른쪽 그림과 같이 반지름의 길이가 6 cm인 원 O의 중심과 현 AB 사이의 거리가 4 cm일 때, 현 AB의 길이를 구하시오.

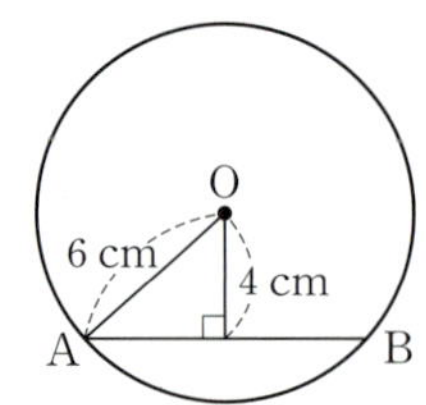

→ **유형 Point** (1) 원의 중심에서 현에 내린 수선은 그 현을 이등분한다.
  ➡ $\overline{AB} \perp \overline{OM}$이면 $\overline{AM} = \overline{BM}$
  (2) △OAM에서 $\overline{OA}^2 = \overline{AM}^2 + \overline{OM}^2$

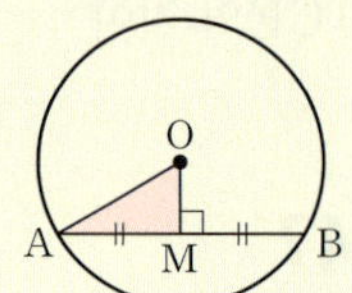

250 상 **중** 하

오른쪽 그림의 원 O에서 $\overline{AB} \perp \overline{OH}$이고 $\overline{AB} = 10$ cm, $\overline{OH} = 12$ cm일 때, 원 O의 둘레의 길이를 구하시오.

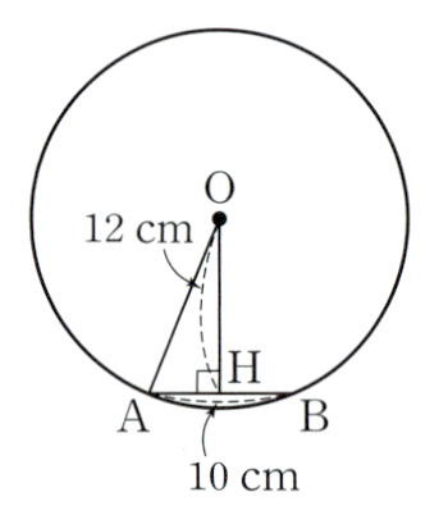

251 상 **중** 하

반지름의 길이가 8 cm인 원의 중심으로부터 4 cm 떨어져 있는 현의 길이는?

① 6 cm   ② $4\sqrt{3}$ cm   ③ $4\sqrt{6}$ cm
④ $5\sqrt{6}$ cm   ⑤ $8\sqrt{3}$ cm

252 상 **중** 하 서술형

오른쪽 그림에서 $\overline{AB}$는 원 O의 지름이다. $\overline{AB} = 10$ cm, $\overline{CD} = 6$ cm일 때, △COD의 넓이를 구하시오.

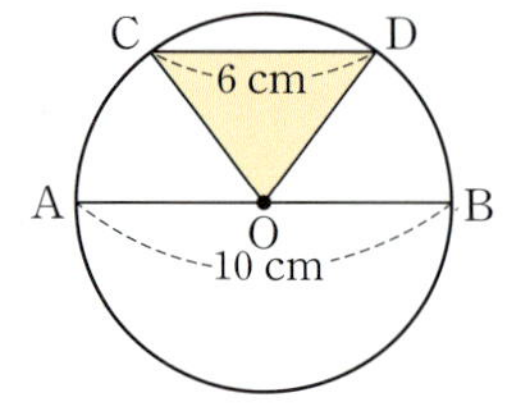

▶수학의 바이블 39쪽

유형 02 원의 중심과 현의 수직이등분선(2)

253 상 **중** 하

오른쪽 그림의 원 O에서 $\overline{AB} \perp \overline{OC}$이고 $\overline{AM} = 6$ cm, $\overline{MC} = 4$ cm일 때, 원 O의 지름의 길이를 구하시오.

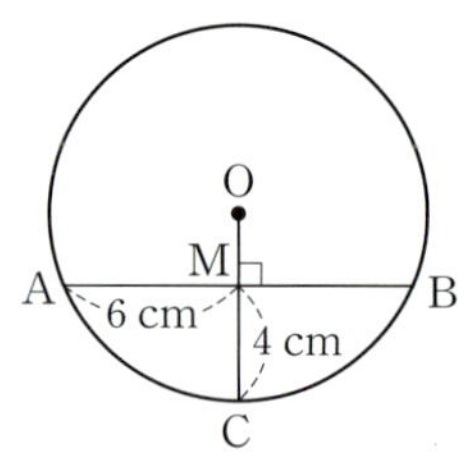

→ **유형 Point** 원 O의 반지름의 길이를 r라고 하면
  (1) $\overline{OA} = \overline{OB} = \overline{OC} = r$이므로 $\overline{OM} = r - a$
  (2) $\overline{AB} \perp \overline{OM}$이면 $\overline{AM} = \overline{BM}$
  (3) △OAM에서 $\overline{OA}^2 = \overline{AM}^2 + \overline{OM}^2$

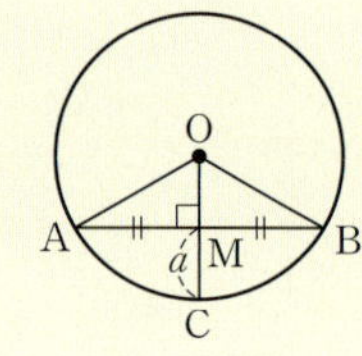

254 상 **중** 하

오른쪽 그림과 같이 반지름의 길이가 10 cm인 원 O에서 $\overline{AB} \perp \overline{OC}$, $\overline{OM} = \overline{CM}$일 때, $\overline{AB}$의 길이를 구하시오.

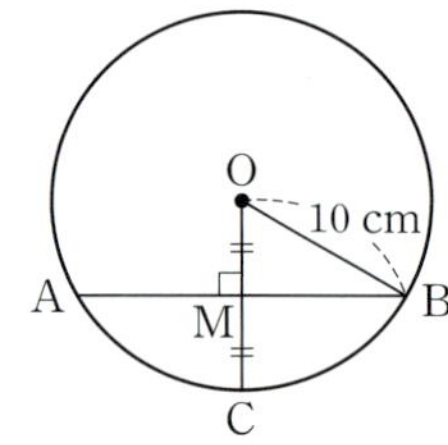

255 상 **중** 하

오른쪽 그림의 원 O에서 $\overline{AB} \perp \overline{OC}$이고 $\overline{BC} = 10$ cm, $\overline{CM} = 6$ cm일 때, x의 값을 구하시오.

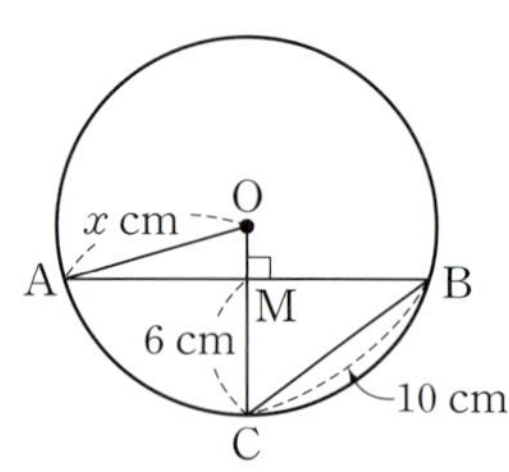

★★
256 상 **중** 하

오른쪽 그림과 같이 지름의 길이가 18 cm인 원 O에서 $\overline{AB} \perp \overline{CD}$, $\overline{CM} = 3$ cm일 때, 현 AB의 길이는?

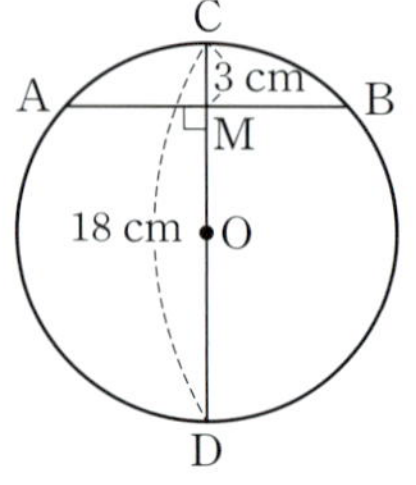

① $4\sqrt{2}$ cm   ② $4\sqrt{3}$ cm
③ $5\sqrt{3}$ cm   ④ $6\sqrt{2}$ cm
⑤ $6\sqrt{5}$ cm

▶수학의 바이블 40쪽

유형 03 원의 중심과 현의 수직이등분선(3)

257 상중하

오른쪽 그림에서 $\overarc{AB}$는 원의 일부분이다. $\overline{AB}\perp\overline{CD}$, $\overline{AD}=\overline{BD}$이고 $\overline{AD}=8$, $\overline{CD}=4$일 때, 이 원의 반지름의 길이를 구하시오.

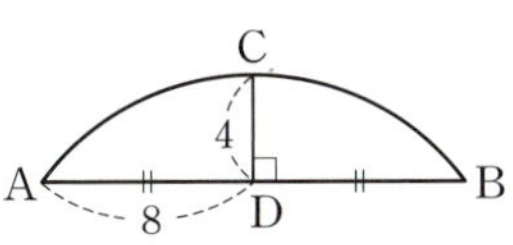

→ 유형 Point 원의 일부분이 주어졌을 때, 원의 반지름의 길이는 다음과 같은 순서로 구한다.

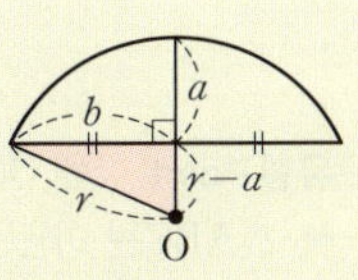

❶ 현의 수직이등분선은 그 원의 중심을 지남을 이용하여 원의 중심을 찾는다.

❷ 원의 반지름의 길이를 r로 놓고 피타고라스 정리를 이용한다.
➡ $r^2=(r-a)^2+b^2$

258 상중하

오른쪽 그림에서 $\overarc{AB}$는 반지름의 길이가 5 cm인 원의 일부분이다. $\overline{AB}\perp\overline{CD}$, $\overline{AD}=\overline{BD}$이고, $\overline{CD}=1$ cm일 때, $\overline{AB}$의 길이를 구하시오.

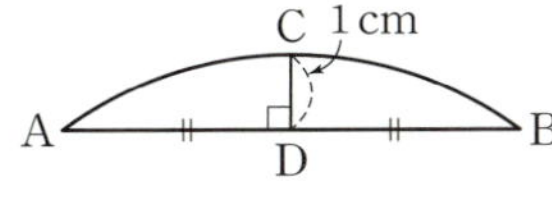

259 상중하 서술형

오른쪽 그림에서 $\overarc{AB}$는 반지름의 길이가 15 cm인 원의 일부분이다. $\overline{AB}\perp\overline{CM}$이고 $\overline{AB}=24$ cm일 때, $\overline{CM}$의 길이를 구하시오.

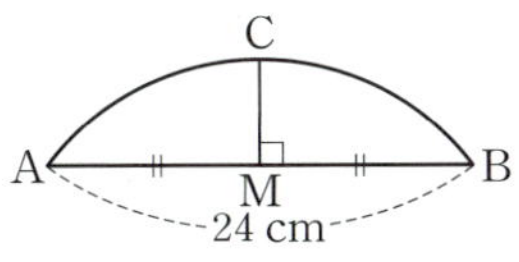

260 상중하

오른쪽 그림에서 $\overarc{AB}$는 반지름의 길이가 11 cm인 원의 일부분이다. $\overline{AM}=\overline{BM}$, $\overline{AB}\perp\overline{CM}$이고 $\overline{CM}=6$ cm일 때, $\triangle ABC$의 넓이를 구하시오.

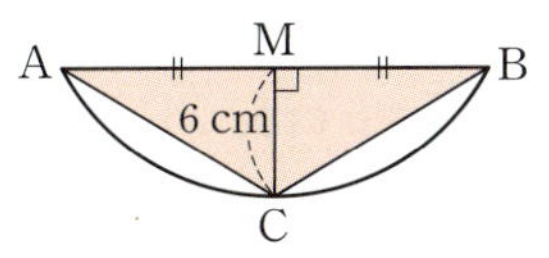

유형 04 원의 중심과 현의 수직이등분선(4)

261 상중하

오른쪽 그림과 같이 반지름의 길이가 6 cm인 원 위의 한 점이 원의 중심 O에 겹쳐지도록 $\overline{AB}$를 접는 선으로 하여 접었을 때, $\overline{AB}$의 길이는?

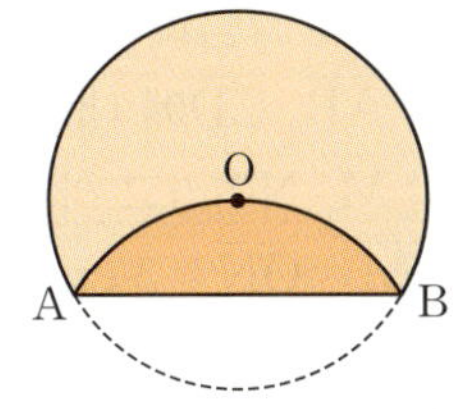

① $6\sqrt{2}$ cm 　② $6\sqrt{3}$ cm

③ 8 cm 　④ $8\sqrt{2}$ cm

⑤ $8\sqrt{3}$ cm

→ 유형 Point 원 위의 한 점이 원의 중심에 오도록 접었을 때

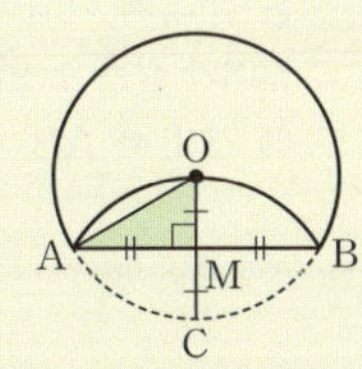

(1) $\overline{AM}=\overline{BM}$

(2) $\overline{OM}=\overline{CM}=\dfrac{1}{2}\overline{OC}=\dfrac{1}{2}\overline{OA}$

(3) $\triangle OAM$에서 $\overline{OA}^2=\overline{AM}^2+\overline{OM}^2$

262 상중하

오른쪽 그림과 같이 원 모양의 종이를 $\overline{AB}$가 원의 중심 O를 지나도록 $\overline{AB}$를 접는 선으로 하여 접었을 때, 현 AB의 길이가 $8\sqrt{3}$ cm이었다. 이때 원 O의 반지름의 길이를 구하시오.

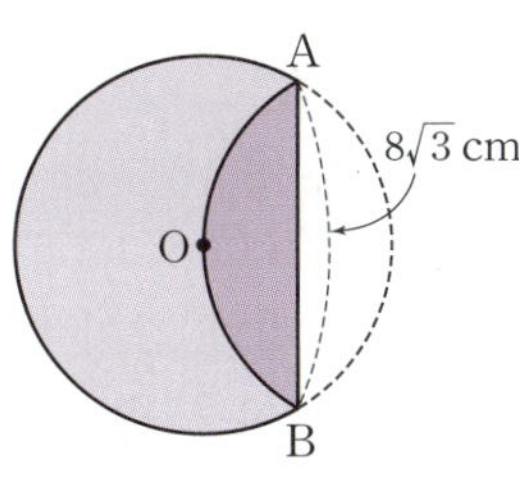

263 상중하

오른쪽 그림과 같이 반지름의 길이가 4인 원 위의 한 점이 원의 중심 O에 겹쳐지도록 $\overline{AB}$를 접는 선으로 하여 접었을 때, $\angle AOB$의 크기를 구하시오.

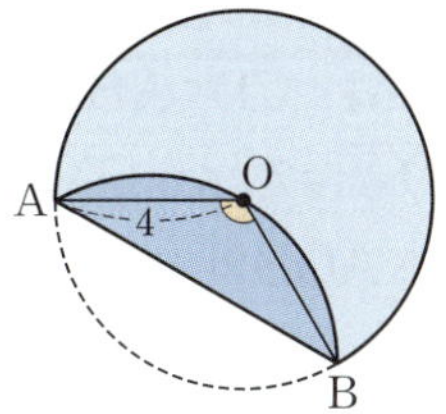

▶ 수학의 바이블 42쪽

유형 05 현의 길이(1)

264 상 **중** 하

오른쪽 그림과 같이 원의 중심 O에서 $\overline{AB}$, $\overline{CD}$에 내린 수선의 발을 각각 M, N이라고 하자. $\overline{OM}=\overline{ON}=3\,cm$, $\overline{OC}=5\,cm$일 때, $\overline{AB}$의 길이를 구하시오.

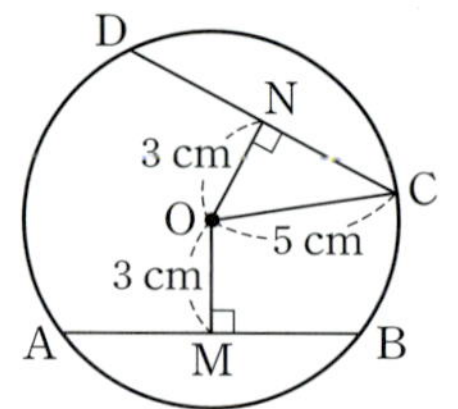

➡ **유형 Point** 원 O에서
(1) 원의 중심으로부터 같은 거리에 있는 두 현의 길이는 같다. ➡ $\overline{OM}=\overline{ON}$이면 $\overline{AB}=\overline{CD}$
(2) 길이가 같은 두 현은 원의 중심으로부터 같은 거리에 있다. ➡ $\overline{AB}=\overline{CD}$이면 $\overline{OM}=\overline{ON}$

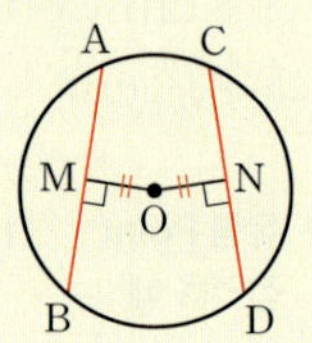

265 상 중 **하**

오른쪽 그림의 원 O에서 $\overline{AB}\perp\overline{OM}$, $\overline{CD}\perp\overline{ON}$이고 $\overline{OM}=\overline{ON}$이다. $\overline{AM}=6\,cm$일 때, $x+y$의 값을 구하시오.

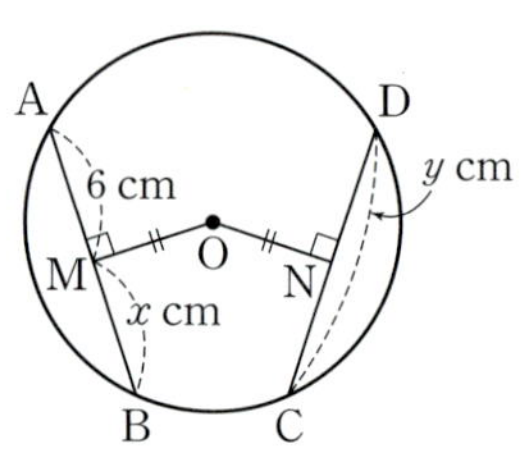

266 상 **중** 하

오른쪽 그림과 같이 반지름의 길이가 8 cm인 원 O에서 $\overline{AB}\perp\overline{OM}$, $\overline{CD}\perp\overline{ON}$이고 $\overline{BM}=7\,cm$, $\overline{CD}=14\,cm$일 때, $\overline{ON}$의 길이를 구하시오.

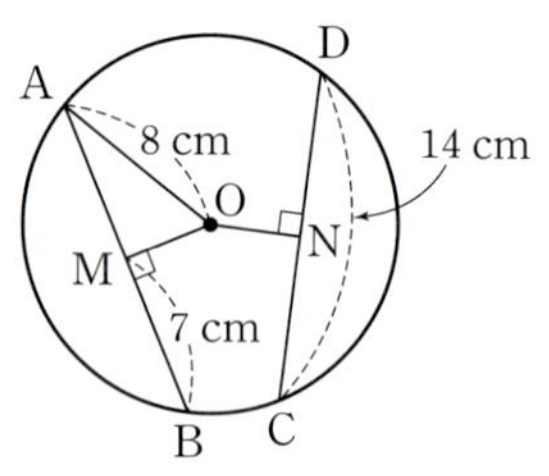

267 상 **중** 하 서술형

오른쪽 그림과 같은 원 O에서 $\overline{OM}\perp\overline{CD}$, $\overline{AB}=\overline{CD}$이고 $\overline{OA}=7\,cm$, $\overline{OM}=5\,cm$일 때, $\triangle AOB$의 넓이를 구하시오.

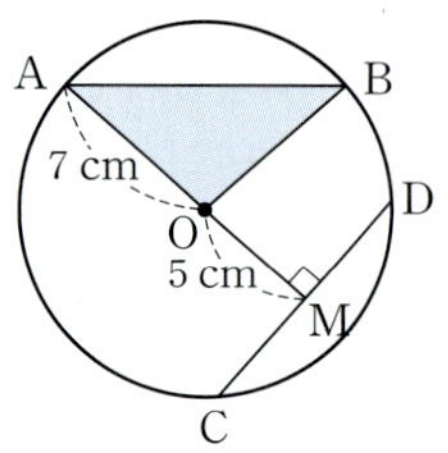

유형 06 현의 길이(2)

268 상 **중** 하

오른쪽 그림의 원 O에서 $\overline{OM}\perp\overline{AB}$, $\overline{ON}\perp\overline{AC}$, $\overline{OM}=\overline{ON}$이고 $\angle BAC=52°$일 때, $\angle ABC$의 크기를 구하시오.

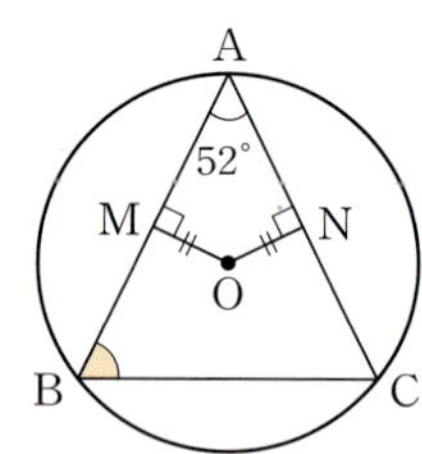

➡ **유형 Point** 원 O에서 $\overline{OM}=\overline{ON}$이면 $\overline{AB}=\overline{AC}$
➡ $\triangle ABC$는 이등변삼각형
➡ $\angle ABC=\angle ACB$

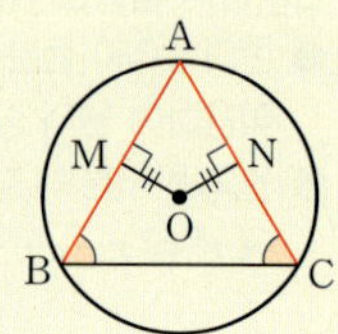

269 상 **중** 하

오른쪽 그림의 원 O에서 $\overline{OM}\perp\overline{AB}$, $\overline{ON}\perp\overline{AC}$이고 $\overline{OM}=\overline{ON}$이다. $\overline{AM}=4$, $\angle MON=120°$일 때, $\overline{BC}$의 길이를 구하시오.

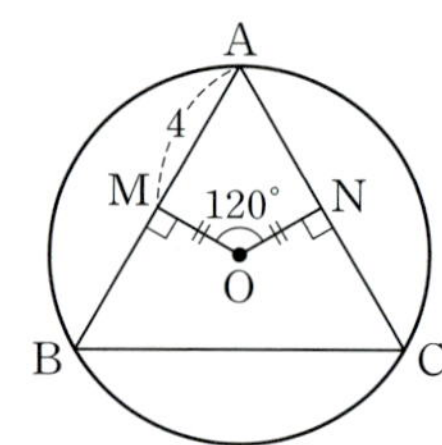

270 상 **중** 하

오른쪽 그림의 원 O에서 $\overline{OM}\perp\overline{AB}$, $\overline{ON}\perp\overline{BC}$이고 $\overline{OM}=\overline{ON}$이다. $\angle ACB=55°$일 때, $\angle MON$의 크기를 구하시오.

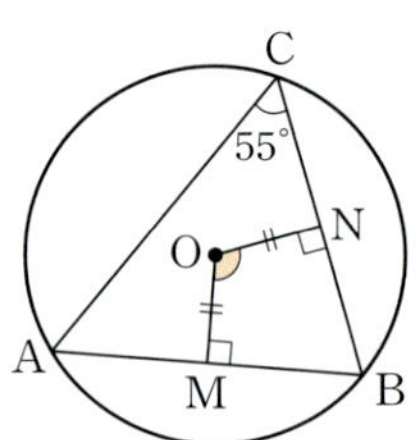

271 상 **중** 하

오른쪽 그림의 원 O에서 $\overline{AB}\perp\overline{OM}$, $\overline{AC}\perp\overline{ON}$이고 $\overline{OM}=\overline{ON}$이다. $\overline{AM}=6\,cm$, $\overline{MN}=7\,cm$일 때, $\triangle ABC$의 둘레의 길이를 구하시오.

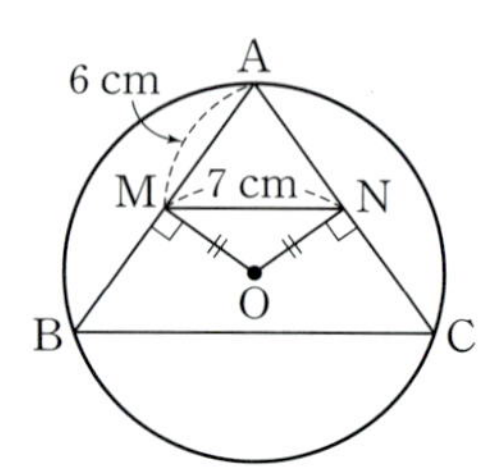

수학의 바이블 45쪽

유형 07 원의 접선과 반지름

272 상 중 하

오른쪽 그림에서 $\overline{PT}$는 원 O의 접선이고 점 T는 접점이다.
$\overline{PA}=4$ cm, $\overline{PT}=8$ cm일 때, 원 O의 반지름의 길이를 구하시오.

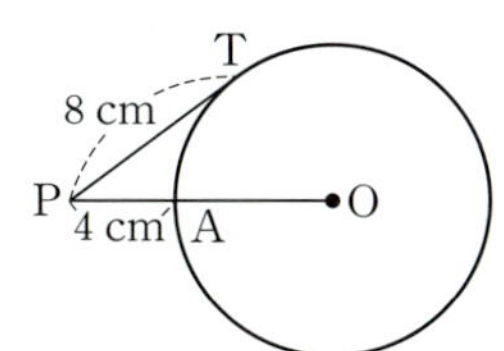

> **유형 Point** 원 밖의 점 P에서 원 O에 그은 접선의 접점을 A라고 할 때
> (1) $\overline{OA}\perp\overline{PA}$
> (2) $\overline{PO}^2=\overline{PA}^2+\overline{OA}^2$

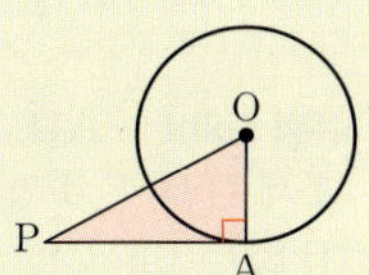

273 상 중 하

오른쪽 그림에서 $\overline{PT}$는 원 O의 접선이고 점 T는 접점이다. $\overline{OA}=5$ cm, $\overline{PA}=2$ cm일 때, $\overline{PT}$의 길이를 구하시오.

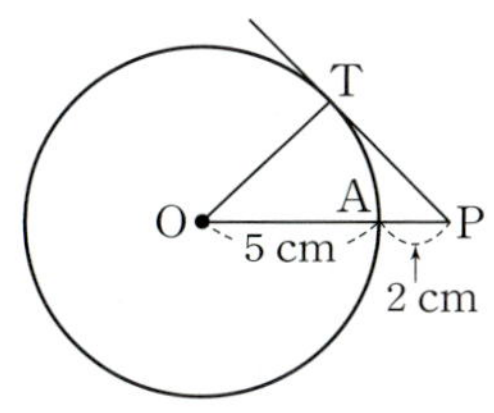

274 상 중 하 서술형

오른쪽 그림에서 $\overrightarrow{PT}$는 원 O의 접선이고 점 T는 접점이다.
$\overline{PT}=12$ cm, $\overline{PA}=8$ cm일 때, △POT의 넓이를 구하시오.

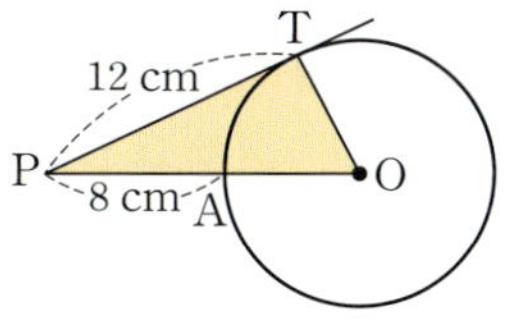

275 상 중 하

오른쪽 그림에서 $\overline{PT}$는 원 O의 접선이고 점 T는 접점이다.
∠TPO=30°, $\overline{PA}=3$ cm일 때, $\overline{PT}$의 길이는?

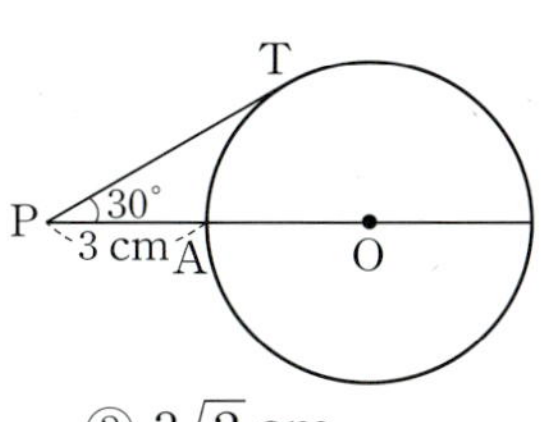

① 3 cm ② $2\sqrt{3}$ cm ③ $3\sqrt{2}$ cm
④ $3\sqrt{3}$ cm ⑤ $4\sqrt{2}$ cm

수학의 바이블 45쪽

유형 08 원의 접선의 성질(1)

276 상 중 하

오른쪽 그림에서 $\overrightarrow{PA}$, $\overrightarrow{PB}$는 원 O의 접선이고 두 점 A, B는 접점이다. $\overline{AC}$는 원 O의 지름이고 ∠BAC=26°일 때, ∠APB의 크기를 구하시오.

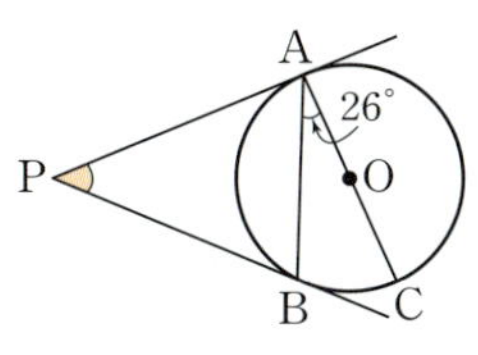

> **유형 Point** 원 밖의 점 P에서 원 O에 그은 두 접선의 접점을 A, B라고 할 때
> (1) 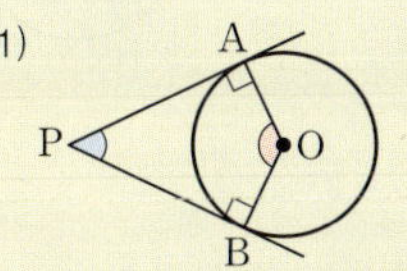 ➡ ∠APB + ∠AOB=180°
> (2) 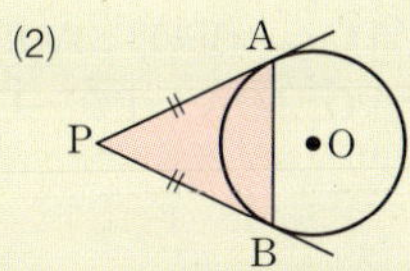 ➡ $\overline{PA}=\overline{PB}$이므로 △PBA는 이등변삼각형

277 상 중 하

오른쪽 그림에서 $\overline{PA}$, $\overline{PB}$는 원 O의 접선이고 두 점 A, B는 접점이다. $\overline{OA}=5$ cm, ∠APB=48°일 때, $\overparen{AB}$의 길이를 구하시오.

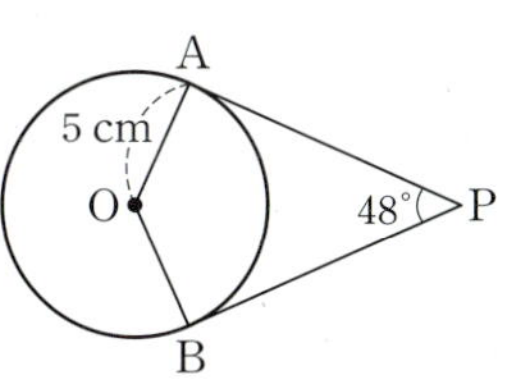

278 상 중 하

오른쪽 그림에서 $\overrightarrow{PA}$, $\overrightarrow{PB}$는 원 O의 접선이고 두 점 A, B는 접점이다. ∠APB=40°일 때, ∠ABO의 크기를 구하시오.

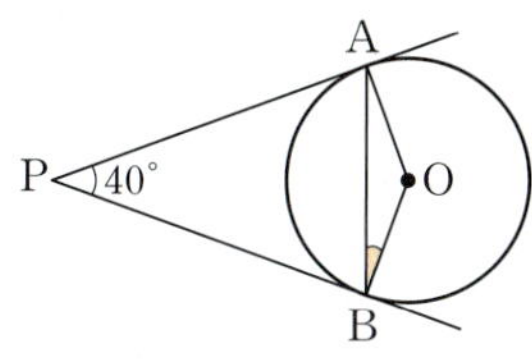

279 상 중 하 ★★

오른쪽 그림에서 $\overrightarrow{PA}$, $\overrightarrow{PB}$는 원 O의 접선이고 두 점 A, B는 접점이다. $\overline{OA}=6$ cm, ∠APB=50°일 때, 색칠한 부분의 넓이를 구하시오.

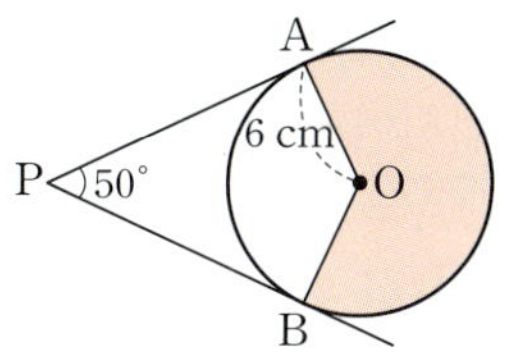

유형 09 원의 접선의 성질(2)

280 상 중 하

오른쪽 그림에서 $\overline{PA}$, $\overline{PB}$는 원 O의 접선이고 두 점 A, B는 접점이다. $\overline{PC}=6$ cm, $\overline{OB}=4$ cm 일 때, $\overline{PA}$의 길이를 구하시오.

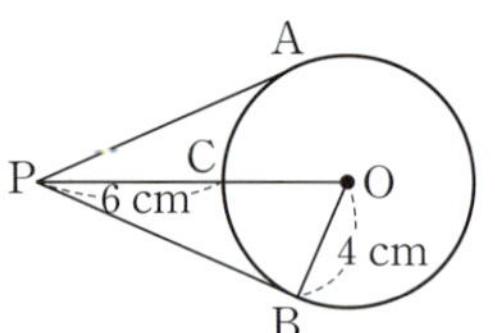

→ **유형 Point** 원 밖의 점 P에서 원 O에 그은 두 접선의 접점을 A, B라고 할 때

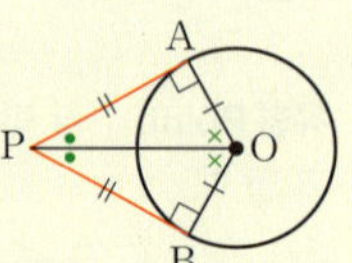

(1) △PAO ≡ △PBO (RHS 합동)
　➡ ∠APO=∠BPO, ∠AOP=∠BOP
(2) $\overline{PA}^2=\overline{PO}^2-\overline{OA}^2=\overline{PO}^2-\overline{OB}^2=\overline{PB}^2$

281 상 중 하

오른쪽 그림에서 $\overline{PA}$, $\overline{PB}$는 원 O의 접선이고 두 점 A, B는 접점이다. $\overline{AP}=6\sqrt{3}$ cm, ∠APB=60° 일 때, 색칠한 부분의 넓이를 구하시오.

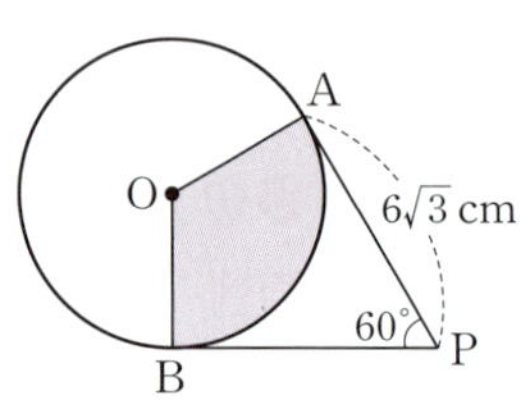

282 상 중 하 서술형

오른쪽 그림에서 $\overline{PA}$, $\overline{PB}$는 원 O의 접선이고 두 점 A, B는 접점이다. $\overline{OA}=8$ cm, $\overline{PC}=9$ cm일 때, □APBO의 넓이를 구하시오.

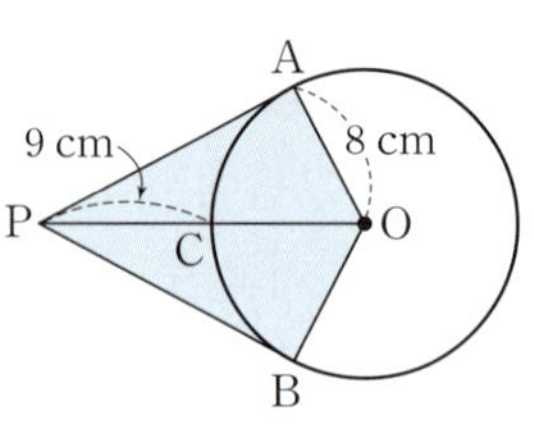

283 상 중 하

오른쪽 그림에서 $\overline{PA}$, $\overline{PB}$는 원 O의 접선이고 두 점 A, B는 접점이다. $\overline{OA}=5$ cm, ∠AOB=120°일 때, $\overline{AB}$의 길이를 구하시오.

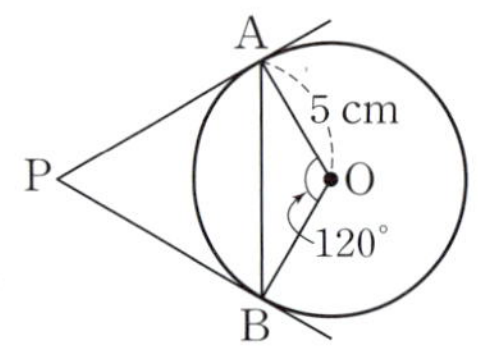

유형 10 원의 접선의 성질의 응용

284 상 중 하

오른쪽 그림에서 $\overrightarrow{AD}$, $\overrightarrow{AE}$, $\overrightarrow{BC}$는 원 O의 접선이고 세 점 D, E, F는 접점이다. $\overline{AB}=10$ cm, $\overline{AC}=9$ cm, $\overline{BC}=7$ cm일 때, $\overline{BD}$의 길이를 구하시오.

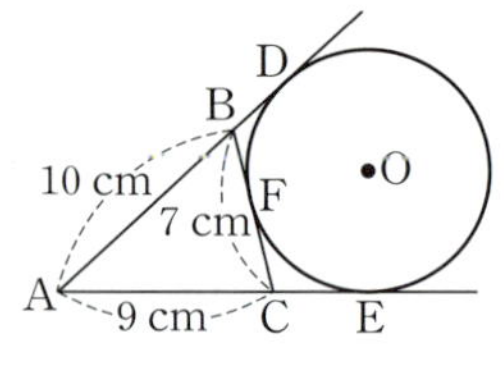

→ **유형 Point** $\overrightarrow{AD}$, $\overrightarrow{AE}$, $\overrightarrow{BC}$가 원 O의 접선이고 세 점 D, E, F가 접점일 때

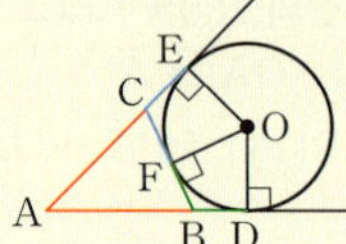

(1) $\overline{BD}=\overline{BF}$, $\overline{CE}=\overline{CF}$
(2) (△ABC의 둘레의 길이)
　$=\overline{AB}+\overline{BF}+\overline{CF}+\overline{AC}$
　$=(\overline{AB}+\overline{BD})+(\overline{CE}+\overline{AC})$
　$=\overline{AD}+\overline{AE}=2\overline{AD}$　（$\overline{AE}=\overline{AD}$）

285 상 중 하

오른쪽 그림에서 $\overrightarrow{AE}$, $\overrightarrow{AF}$, $\overrightarrow{BC}$는 원 O의 접선이고 세 점 D, E, F는 접점일 때, 다음 중 옳지 않은 것은?

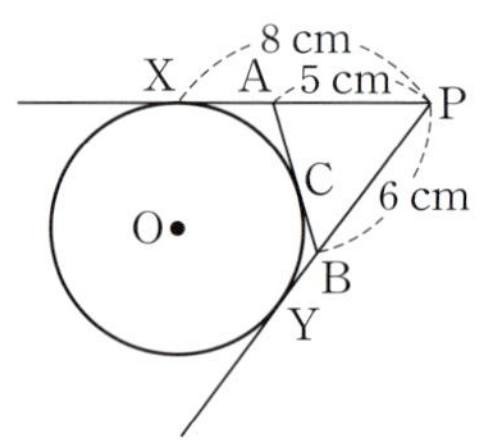

① $\overline{AE}=\overline{AF}$　　② $\overline{BD}=\overline{BF}$
③ $\overline{OD}=\overline{OF}$　　④ ∠OCD=∠OCE
⑤ △OCD≡△OBD

286 ★★ 상 중 하

오른쪽 그림에서 $\overrightarrow{PX}$, $\overrightarrow{PY}$, $\overrightarrow{AB}$는 원 O의 접선이고 세 점 X, Y, C는 접점이다. $\overline{PX}=8$ cm, $\overline{PA}=5$ cm, $\overline{PB}=6$ cm일 때, $\overline{AB}$의 길이를 구하시오.

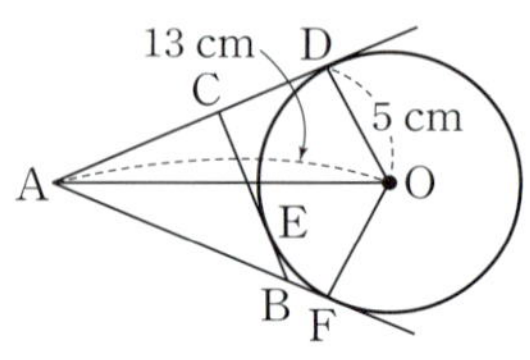

287 상 중 하

오른쪽 그림에서 $\overrightarrow{AD}$, $\overrightarrow{AF}$, $\overrightarrow{BC}$는 원 O의 접선이고 세 점 D, E, F는 접점이다. $\overline{AO}=13$ cm, $\overline{DO}=5$ cm일 때, △ABC의 둘레의 길이를 구하시오.

↘ 수학의 바이블 46쪽

유형 11 반원에서의 접선

288 상 중 하

오른쪽 그림에서 $\overline{AB}$는 반원 O의 지름이고 $\overline{AD}$, $\overline{BC}$, $\overline{CD}$는 접선이다. $\overline{AD}=2$ cm, $\overline{BC}=5$ cm일 때, $\overline{AB}$의 길이를 구하시오.

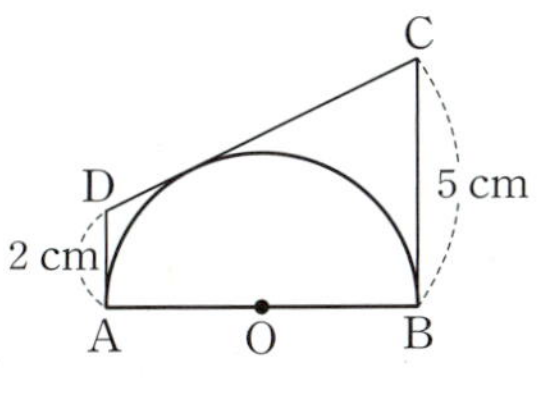

→ 유형 Point　$\overline{AB}$, $\overline{AD}$, $\overline{DC}$가 반원 O의 접선일 때

(1)
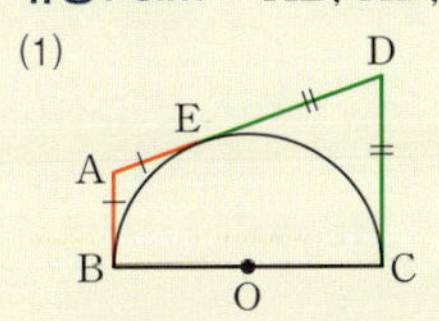

(2)
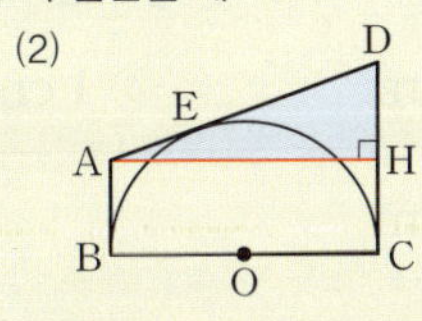

➡ $\overline{AB}=\overline{AE}$, $\overline{DC}=\overline{DE}$이므로
　$\overline{AD}=\overline{AB}+\overline{DC}$

➡ 직각삼각형 AHD에서
　$\overline{BC}=\overline{AH}=\sqrt{\overline{AD}^2-\overline{DH}^2}$

289 상 중 하

오른쪽 그림에서 $\overline{AD}$, $\overline{BC}$, $\overline{CD}$는 반지름의 길이가 3 cm인 반원 O에 접하고 $\overline{AB}$는 반원 O의 지름이다. $\overline{CD}=9$ cm일 때, □ABCD의 둘레의 길이를 구하시오.

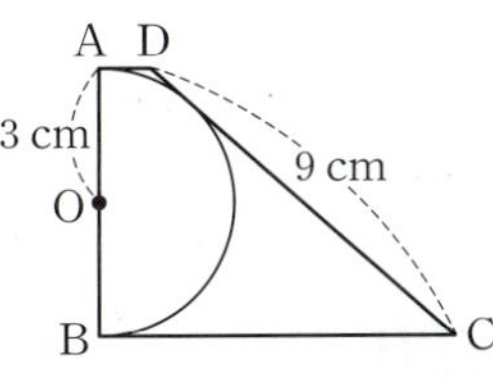

290 상 중 하

오른쪽 그림과 같이 원 O의 지름 $\overline{AB}$의 양 끝점 A, B에서 그은 두 접선과 원 위의 점 C에서 그은 접선이 만나는 점을 각각 P, Q라고 할 때, x의 값을 구하시오.

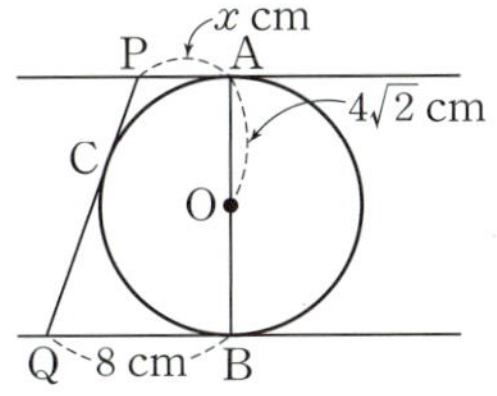

291 상 중 하 서술형

오른쪽 그림에서 $\overline{AB}$는 반원 O의 지름이고 $\overline{AD}$, $\overline{BC}$, $\overline{CD}$는 접선이다. 점 P는 반원 O와 $\overline{CD}$의 접점이고 $\overline{AD}=9$ cm, $\overline{BC}=4$ cm일 때, □ABCD의 넓이를 구하시오.

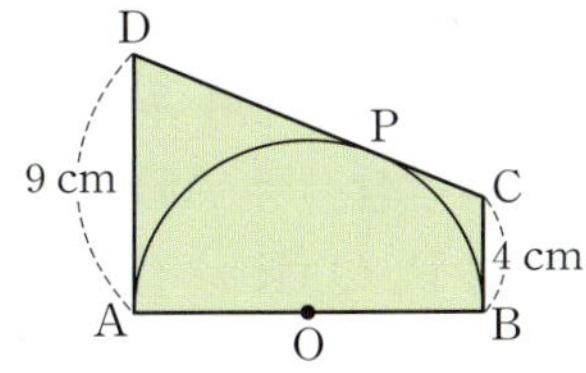
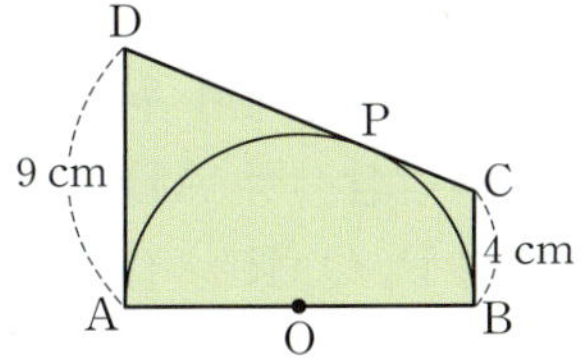

유형 12 중심이 같은 두 원의 접선의 성질

292 상 중 하

오른쪽 그림과 같이 점 O를 중심으로 하고 반지름의 길이가 각각 2 cm, 3 cm인 두 원이 있다. 큰 원의 현 AB가 작은 원에 접할 때, $\overline{AB}$의 길이는?

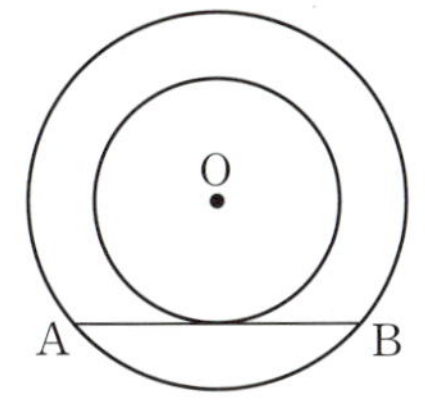

① $\sqrt{6}$ cm　　② $2\sqrt{2}$ cm

③ $2\sqrt{3}$ cm　　④ 4 cm

⑤ $2\sqrt{5}$ cm

→ 유형 Point　중심이 O로 같고 반지름의 길이가 다른 두 원에서 큰 원의 현 AB가 작은 원의 접선이고 점 H가 접점일 때

(1) $\overline{OH}\perp\overline{AB}$

(2) $\overline{AH}=\overline{BH}$

(3) △OAH에서 $\overline{OA}^2=\overline{AH}^2+\overline{OH}^2$

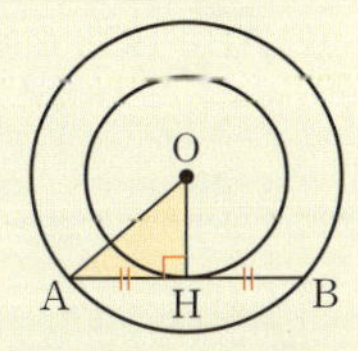

293 상 중 하

오른쪽 그림과 같이 중심이 O로 같은 두 원에서 큰 원의 현 AB는 작은 원의 접선이고 점 D는 접점이다. $\overline{OC}\perp\overline{AB}$이고 $\overline{CD}=4$ cm, $\overline{OD}=6$ cm일 때, $\overline{AB}$의 길이는?

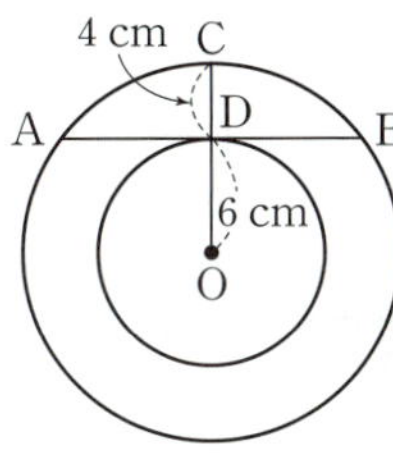
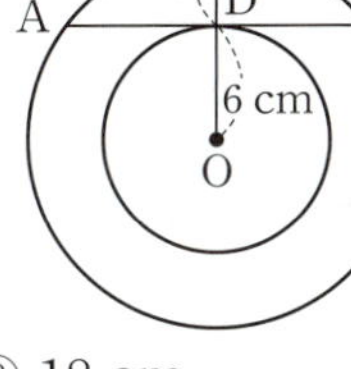

① 14 cm　　② 16 cm　　③ 18 cm

④ 20 cm　　⑤ 22 cm

★★★ 294 상 중 하

오른쪽 그림과 같이 점 O를 중심으로 하는 두 원에서 큰 원의 현 AB가 작은 원의 접선이고 $\overline{AB}=6$ cm일 때, 색칠한 부분의 넓이는?

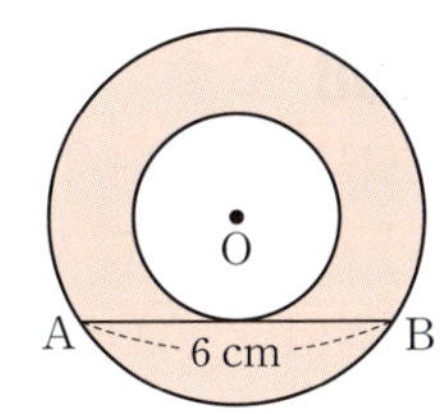

① 7π cm² 　　② 8π cm²

③ 9π cm² 　　④ 10π cm²

⑤ 11π cm²

유형 콕콕

수학의 바이블 48쪽

유형 13 삼각형의 내접원

295 상 중 하

오른쪽 그림에서 원 O는 △ABC의 내접원이고 세 점 D, E, F는 접점이다.
$\overline{AB}=10$ cm, $\overline{BC}=12$ cm, $\overline{CA}=6$ cm일 때, $\overline{CE}$의 길이를 구하시오.

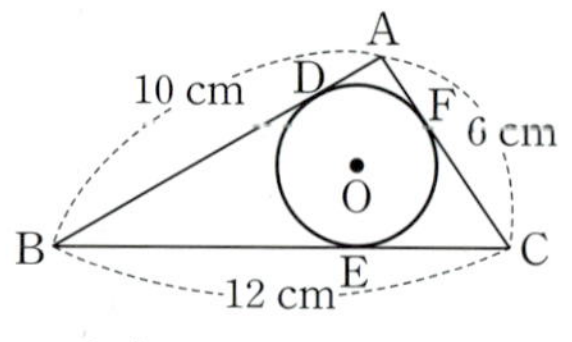

→ **유형 Point** 원 O가 △ABC의 내접원이고 세 점 D, E, F가 접점일 때
(1) $\overline{AD}=\overline{AF}$, $\overline{BD}=\overline{BE}$, $\overline{CE}=\overline{CF}$
(2) $\overline{AB}+\overline{BC}+\overline{CA}=2(\overline{AD}+\overline{BE}+\overline{CF})$

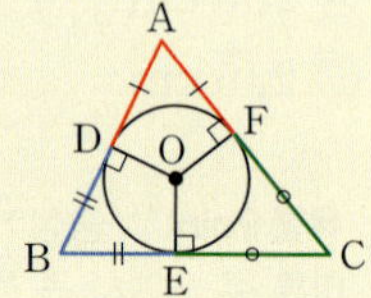

296 상 중 하

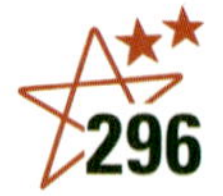

오른쪽 그림에서 원 O는 △ABC의 내접원이고 세 점 D, E, F는 접점이다. $\overline{AB}=11$ cm, $\overline{AD}=3$ cm, $\overline{AC}=9$ cm일 때, $\overline{BC}$의 길이를 구하시오.

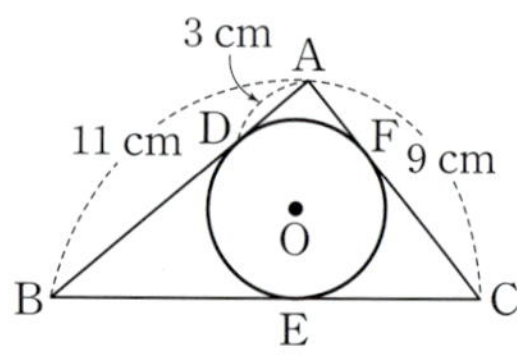

297 상 중 하

오른쪽 그림에서 원 O는 △ABC의 내접원이고 세 점 D, E, F는 접점이다. $\overline{AD}=6$ cm, $\overline{BC}=16$ cm일 때, △ABC의 둘레의 길이를 구하시오.

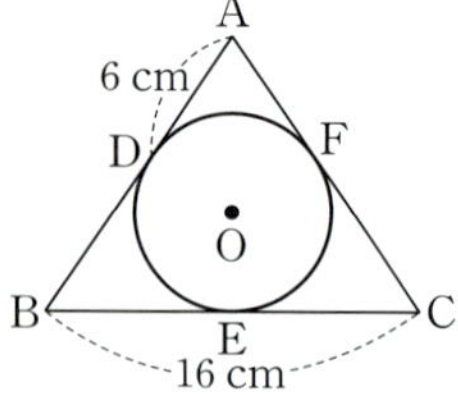

298 상 중 하 서술형

오른쪽 그림에서 원 O는 △ABC의 내접원이고 세 점 D, E, F는 접점이다. $\overline{AD}=2$ cm, $\overline{CE}=3$ cm이고 △ABC의 둘레의 길이가 18 cm일 때, $\overline{AB}$의 길이를 구하시오.

수학의 바이블 48쪽

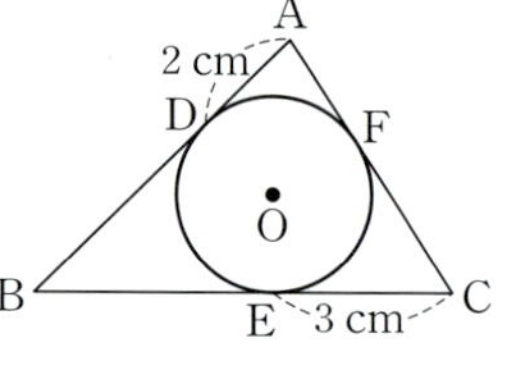

유형 14 직각삼각형의 내접원

299 상 중 하

오른쪽 그림에서 원 O는 ∠C=90°인 직각삼각형 ABC의 내접원이고 세 점 D, E, F는 접점이다.
$\overline{AB}=5$ cm, $\overline{AC}=4$ cm일 때, 원 O의 반지름의 길이는?

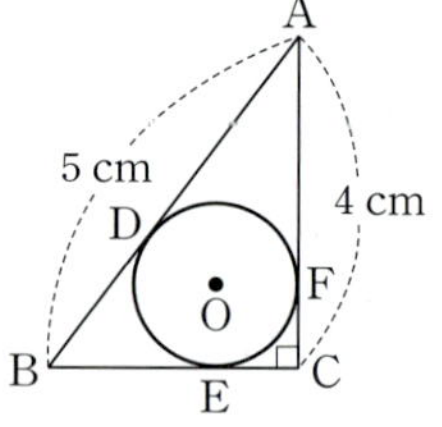

① $\frac{1}{3}$ cm ② $\frac{1}{2}$ cm
③ $\frac{2}{3}$ cm ④ 1 cm
⑤ $\frac{3}{2}$ cm

→ **유형 Point** 원 O가 직각삼각형 ABC의 내접원이고 세 점 D, E, F가 접점일 때
➡ □OECF는 정사각형이다.
└ 한 변의 길이가 원 O의 반지름의 길이와 같다.

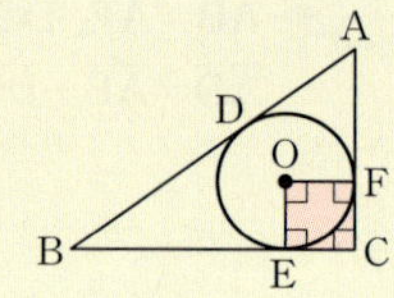

300 상 중 하

오른쪽 그림에서 원 O는 ∠C=90°인 직각삼각형 ABC의 내접원이고 세 점 D, E, F는 접점이다. $\overline{AF}=10$ cm, $\overline{CF}=2$ cm일 때, $\overline{AB}$의 길이는?

① 11 cm ② 12 cm
③ 13 cm ④ 14 cm
⑤ 15 cm

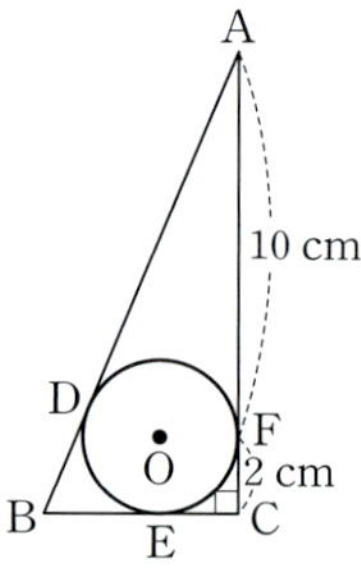

301 상 중 하

오른쪽 그림에서 원 O는 ∠C=90°인 직각삼각형 ABC의 내접원이고 세 점 P, Q, R는 접점이다.
$\overline{AP}=4$ cm, $\overline{BP}=6$ cm일 때, 원 O의 넓이를 구하시오.

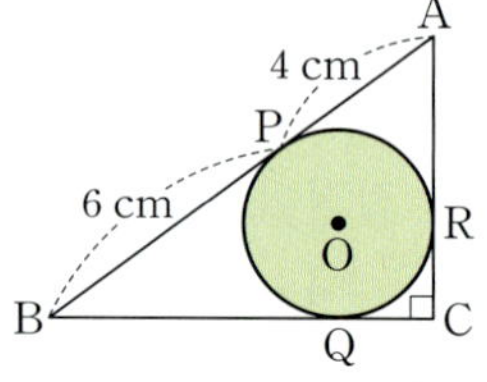

수학의 바이블 50쪽

유형 15 원에 외접하는 사각형의 성질(1)

302 상 중 하

오른쪽 그림과 같이 □ABCD가 원 O에 외접하고 네 점 P, Q, R, S가 접점일 때, $\overline{DR}$의 길이를 구하시오.

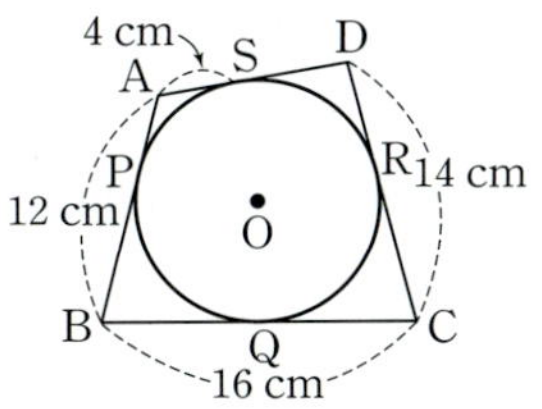

→ **유형 Point** 원에 외접하는 사각형의 두 쌍의 대변의 길이의 합은 같다.
➡ $\overline{AB}+\overline{CD}=\overline{AD}+\overline{BC}$

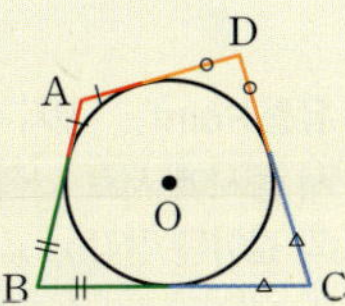

303 상 중 하

오른쪽 그림과 같이 □ABCD가 원 O에 외접할 때, x의 값은?

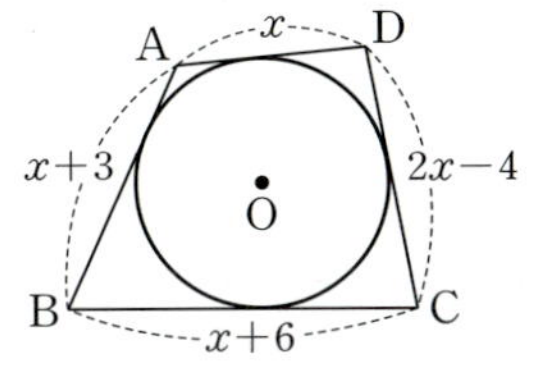

① 5 ② 6
③ 7 ④ 8
⑤ 9

304 상 중 하 서술형

오른쪽 그림과 같이 □ABCD는 원 O에 외접한다. $\overline{AB}=17$ cm, $\overline{CD}=13$ cm, $\overline{AD}:\overline{BC}=2:3$일 때, $\overline{BC}$의 길이를 구하시오.

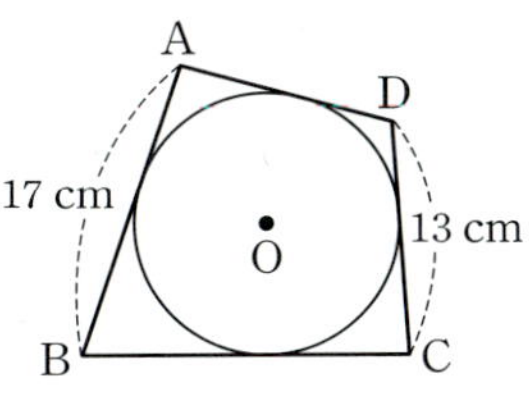

305 상 중 하

오른쪽 그림과 같이 □ABCD는 원 O에 외접하고 네 점 E, F, G, H는 접점이다. $\overline{AB}=10$ cm, $\overline{CG}=4$ cm, $\overline{DH}=3$ cm일 때, □ABCD의 둘레의 길이를 구하시오.

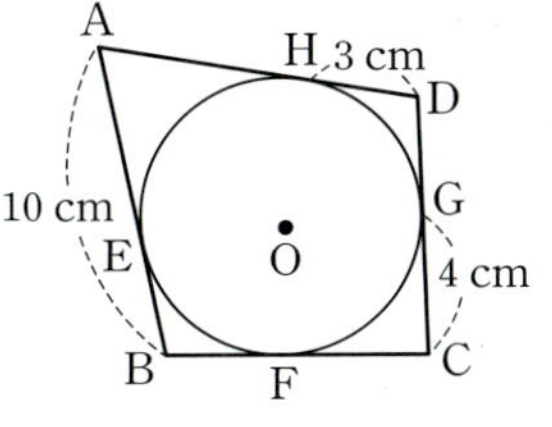

수학의 바이블 50쪽

유형 16 원에 외접하는 사각형의 성질(2)

306 상 중 하

오른쪽 그림과 같이 □ABCD는 반지름의 길이가 5 cm인 원 O에 외접하고 점 E는 접점이다. ∠C=90°일 때, $\overline{AE}$의 길이를 구하시오.

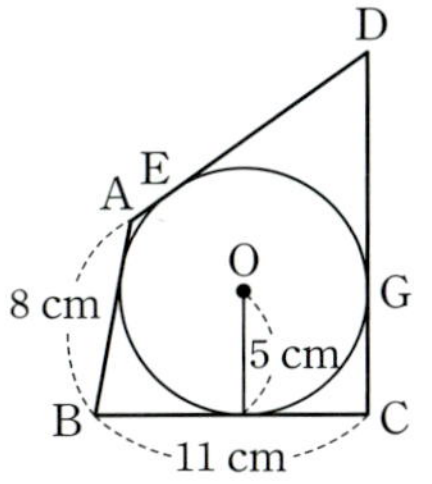

→ **유형 Point** 원 O에 외접하는 사각형 ABCD에서 ∠C=90°일 때, □OFCG는 정사각형이다.
➡ $\overline{CF}=\overline{CG}=\overline{OF}$
└→ 내접원의 반지름의 길이

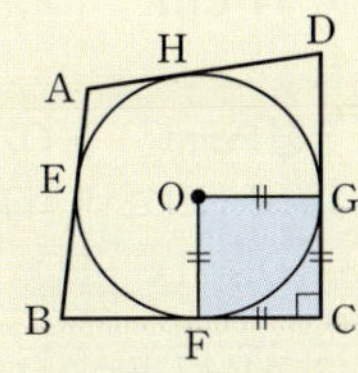

★★★ 307 상 중 하

오른쪽 그림과 같이 ∠C=∠D=90°인 사다리꼴 ABCD가 반지름의 길이가 4 cm인 원 O에 외접한다. $\overline{AB}=11$ cm일 때, □ABCD의 넓이는?

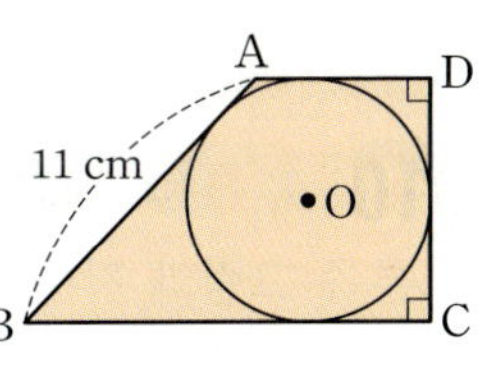

① 72 cm^2 ② 74 cm^2 ③ 76 cm^2
④ 78 cm^2 ⑤ 80 cm^2

308 상 중 하

오른쪽 그림과 같이 원 O에 외접하는 □ABCD에서 $\overline{BC}$와 원 O의 접점을 E라고 하자. ∠B=90°이고 $\overline{AB}=7$ cm, $\overline{AD}=6$ cm, $\overline{CD}=10$ cm, $\overline{CE}=7$ cm일 때, 원 O의 반지름의 길이는?

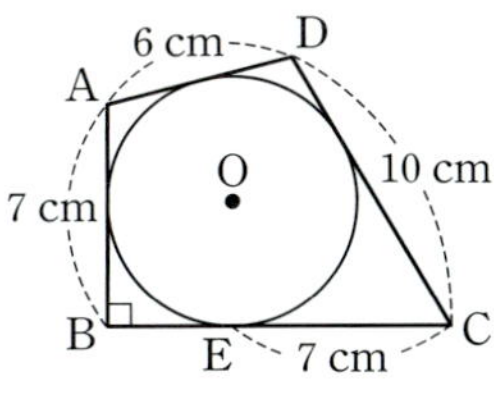

① 2 cm ② $\dfrac{5}{2}$ cm ③ 3 cm
④ $\dfrac{7}{2}$ cm ⑤ 4 cm

→ **수학의 바이블** 50쪽

유형 17 원에 외접하는 사각형의 성질(3)

309 상 **중** 하

오른쪽 그림과 같이 원 O는 직사각형 ABCD의 세 변과 접하고 $\overline{AE}$는 원 O의 접선이다. $\overline{AB}=12$ cm, $\overline{AE}=13$ cm일 때, $\overline{AD}$의 길이는?

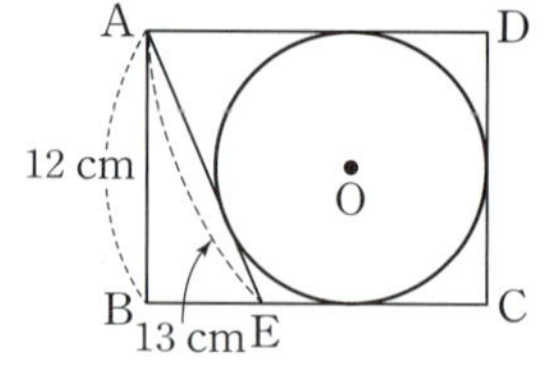

① 14 cm ② 15 cm ③ 16 cm

④ 17 cm ⑤ 18 cm

→ **유형 Point** 원 O가 직사각형 ABCD의 세 변과 $\overline{DE}$에 접하고 네 점 P, Q, R, S가 접점일 때

(1) $\overline{DE}=\overline{DS}+\overline{EQ}$ ⟶ $\overline{DS}=\overline{DR}$, $\overline{EQ}=\overline{ER}$

(2) $\overline{AB}+\overline{DE}=\overline{AD}+\overline{BE}$ ⟶ □ABED는 원 O에 외접하는 사각형

(3) △DEC에서
$\overline{DE}^2=\overline{CE}^2+\overline{CD}^2$

유형 18 접하는 원에서의 응용

312 상 **중** 하

오른쪽 그림과 같이 $\overline{AB}=8$ cm, $\overline{AD}=14$ cm인 직사각형 ABCD의 변에 접하는 두 원 O, O′이 서로 외접할 때, 원 O′의 반지름의 길이를 구하시오.

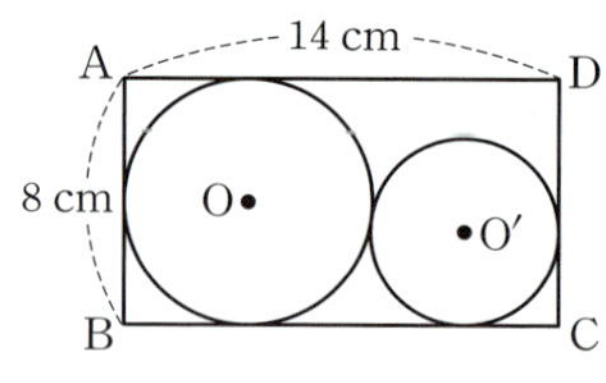

→ **유형 Point** 직사각형 ABCD의 변에 접하면서 동시에 서로 외접하는 두 원 O, O′의 반지름의 길이를 각각 r, $r'(r>r')$이라고 하면

(1) $\overline{OO'}=r+r'$, $\overline{OH}=r-r'$
$\overline{HO'}=\overline{EF}=\overline{BC}-(r+r')$

(2) △OHO′에서 $\overline{OO'}^2=\overline{HO'}^2+\overline{OH}^2$

310 상 **중** 하 서술형

오른쪽 그림과 같이 원 O는 직사각형 ABCD의 세 변과 접하고 $\overline{AE}$는 원 O의 접선이다. $\overline{BE}=6$ cm, $\overline{CD}=8$ cm일 때, $\overline{CE}$의 길이를 구하시오.

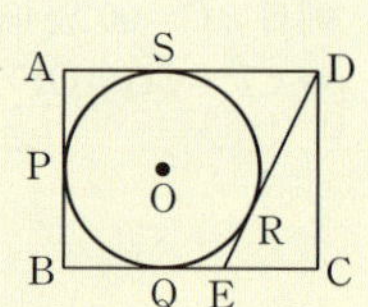

313 상 **중** 하

오른쪽 그림과 같이 반원 O에 내접하는 원 P와 반원 Q가 서로 외접하고 있다. 원 P의 지름의 길이가 12 cm일 때, 반원 Q의 반지름의 길이는?

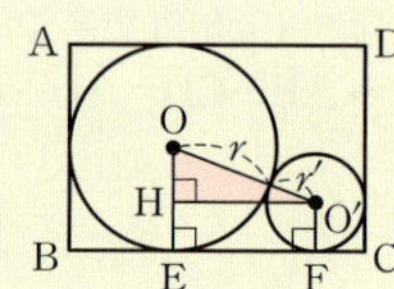

① 2 cm ② 3 cm ③ 4 cm

④ 5 cm ⑤ 6 cm

311 상 **중** 하

오른쪽 그림과 같이 원 O는 직사각형 ABCD의 세 변과 접하고 $\overline{BE}$는 원 O의 접선이다. $\overline{AB}=4$ cm, $\overline{BC}=6$ cm일 때, $\overline{BE}$의 길이는?

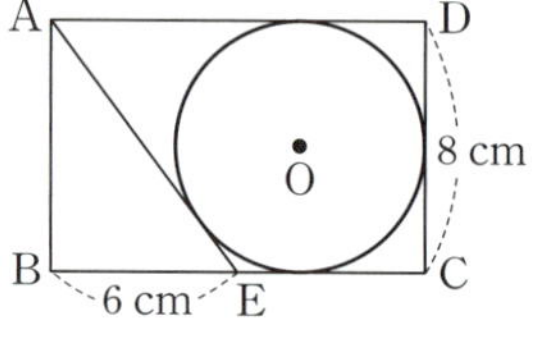

① 4 cm ② $\dfrac{9}{2}$ cm ③ 5 cm

④ $\dfrac{11}{2}$ cm ⑤ 6 cm

314 상 **중** 하

오른쪽 그림과 같이 반지름의 길이가 6 cm, 중심각의 크기가 90°인 부채꼴 AOB에 원 O′이 내접할 때, 원 O′의 둘레의 길이를 구하시오.

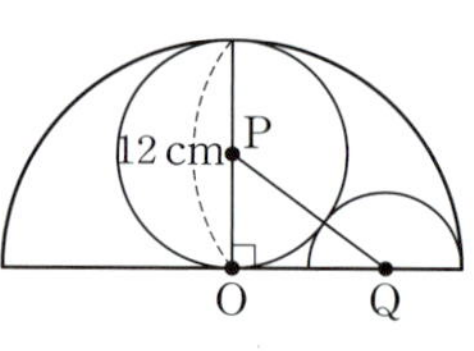

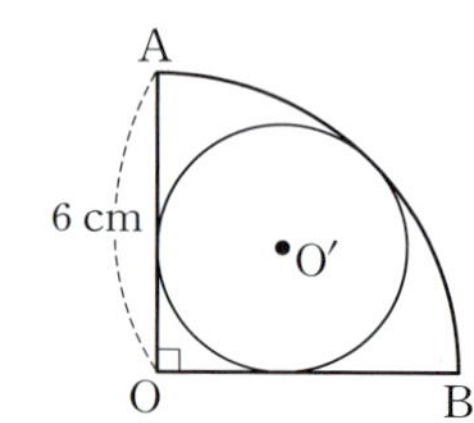

실력 쏙쏙

315

오른쪽 그림에서 $\overline{CM}$은 원 O의 중심을 지나고 $\overline{AB}\perp\overline{CM}$이다. $\angle AOC=150°$, $\overline{AB}=8$ cm일 때, 원 O의 둘레의 길이를 구하시오.

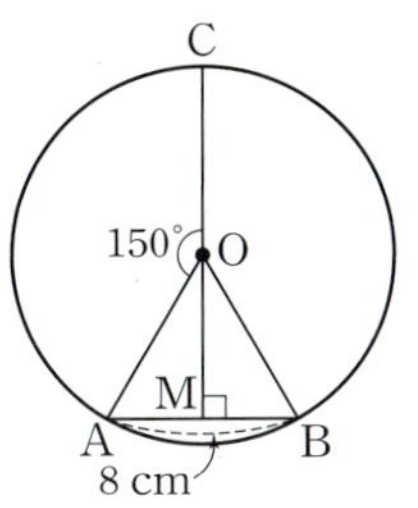

316

오른쪽 그림과 같이 중심이 같은 두 원에서 $\overline{AB}=18$ cm, $\overline{CD}=12$ cm일 때, $\overline{AC}$의 길이는?

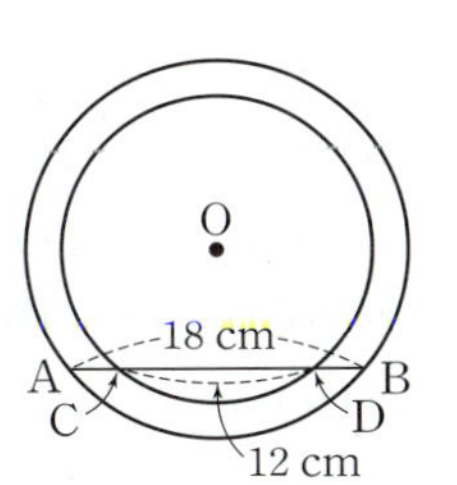

① 2 cm
② $\dfrac{5}{2}$ cm
③ 3 cm
④ $\dfrac{7}{2}$ cm
⑤ 4 cm

317

오른쪽 그림의 원 O에서 $\overline{AB}\perp\overline{OM}$, $\overline{CD}\perp\overline{ON}$이고 $\overline{OM}=4$, $\overline{ON}=3$, $\overline{CD}=10$일 때, 현 AB의 길이를 구하시오.

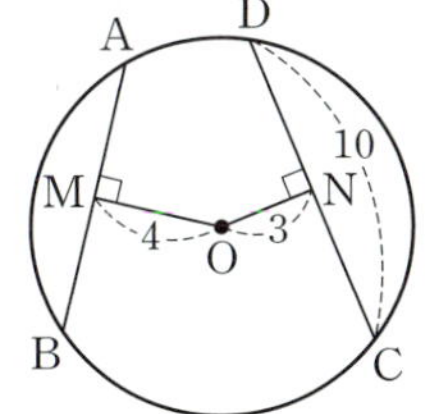

318

오른쪽 그림과 같이 반지름의 길이가 5 cm인 원 O에서 현 AB의 길이가 8 cm이다. 원 O 위의 한 점 P에 대하여 △ABP의 넓이가 최대일 때, △ABP의 넓이를 구하시오.

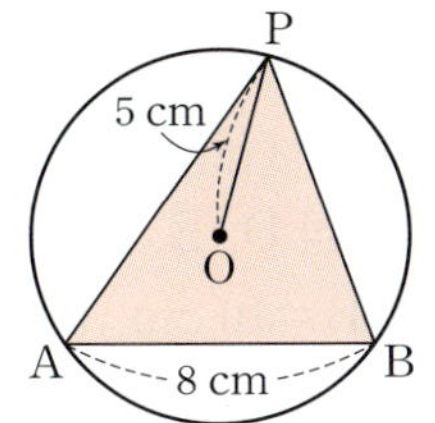

319

오른쪽 그림과 같이 반지름의 길이가 10 cm인 원 O에서 $\overline{AB}\perp\overline{OC}$이고 $\overline{OH}=4$ cm일 때, $\overline{BC}$의 길이를 구하시오.

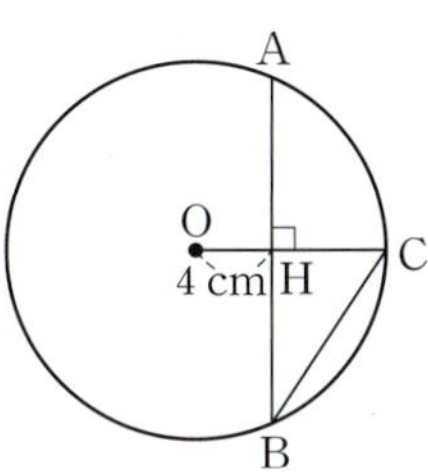

320

오른쪽 그림과 같이 반지름의 길이가 10 cm인 원 위의 한 점이 원의 중심 O에 겹쳐지도록 $\overline{AB}$를 접는 선으로 하여 접었을 때, △OAB의 넓이를 구하시오.

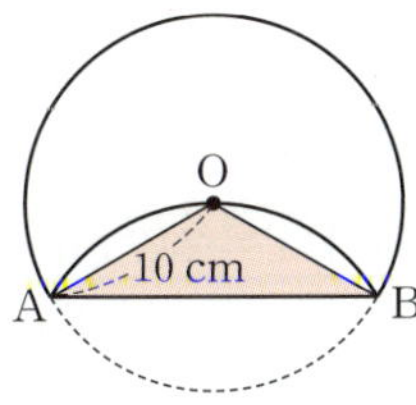

321

오른쪽 그림의 원 O에서 $\overline{OM}\perp\overline{AB}$, $\overline{ON}\perp\overline{CD}$, $\overline{OM}=\overline{ON}$이고 $\overline{CD}=12$ cm, $\angle OAM=30°$일 때, 원 O의 반지름의 길이는?

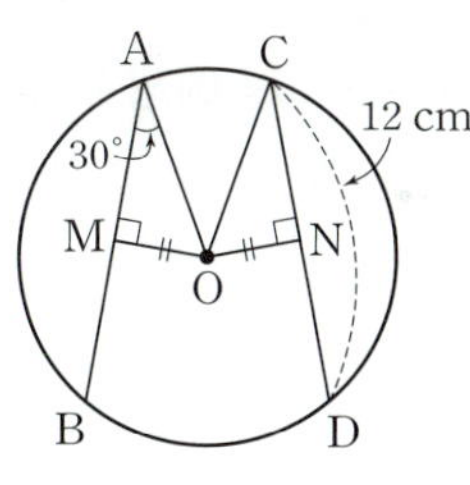

① $\sqrt{3}$ cm
② $2\sqrt{3}$ cm
③ $3\sqrt{3}$ cm
④ $4\sqrt{3}$ cm
⑤ $5\sqrt{3}$ cm

322

오른쪽 그림과 같이 지름의 길이가 30 cm인 원 O에서 $\overline{AB}\,/\!/\,\overline{CD}$이고 $\overline{AB}=\overline{CD}=18$ cm일 때, 두 현 AB와 CD 사이의 거리를 구하시오.

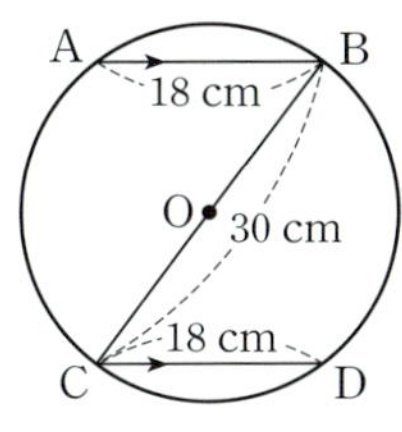

323

오른쪽 그림의 원 O에서 $\overline{AB}\perp\overline{OL}$, $\overline{BC}\perp\overline{OM}$, $\overline{AC}\perp\overline{ON}$, $\overline{OL}=\overline{OM}=\overline{ON}$이고 $\overline{BM}=6$ cm일 때, $\triangle ABC$의 넓이를 구하시오.

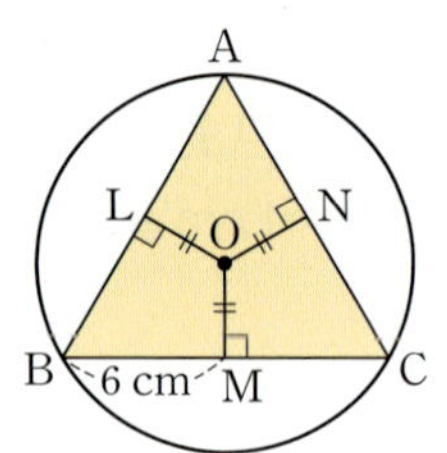

324

오른쪽 그림과 같이 원 밖의 점 P에서 원 O에 그은 접선의 접점을 T라고 하자. $\overline{PT}=2\sqrt{7}$ cm이고 $\triangle OPT$의 넓이가 $6\sqrt{7}$ cm²일 때, 원 O의 넓이를 구하시오.

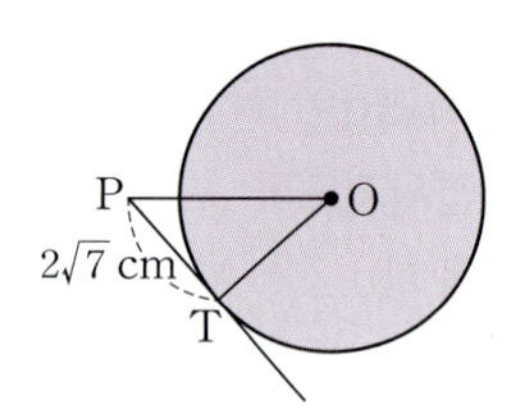

325

오른쪽 그림에서 두 점 A, B는 원 밖의 점 P에서 원 O에 그은 두 접선의 접점이다. 원 위의 한 점 C에 대하여 $\overline{AC}=\overline{BC}$이고 $\angle PAC=32°$, $\angle ACB=115°$일 때, $\angle APB$의 크기를 구하시오.

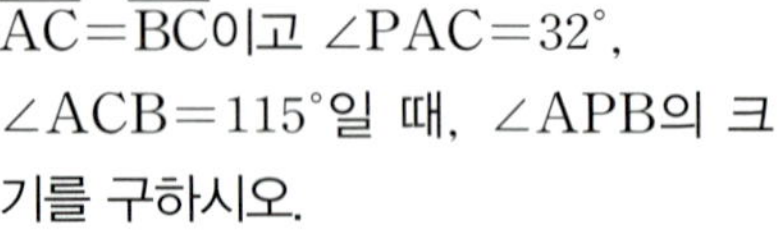

326

오른쪽 그림에서 $\overrightarrow{PA}$, $\overrightarrow{PB}$는 반지름의 길이가 2 cm인 원 O의 접선이고 두 점 A, B는 접점이다. $\overline{PA}=6$ cm일 때, $\overline{AB}$의 길이를 구하시오.

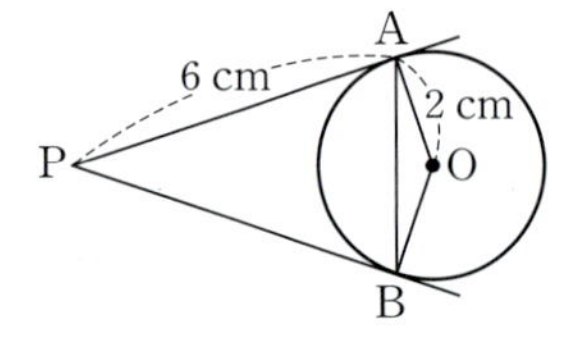

327

오른쪽 그림에서 $\overrightarrow{PA}$, $\overrightarrow{PB}$, $\overline{CD}$는 원 O의 접선이고 두 점 A, B는 접점이다. $\angle AOB=120°$, $\overline{AO}=10$ cm일 때, $\triangle CPD$의 둘레의 길이를 구하시오.

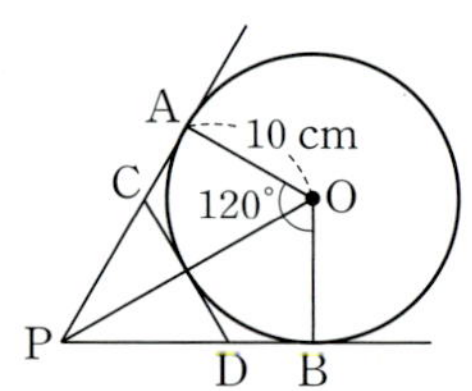

★★ 328

오른쪽 그림에서 $\overline{AB}$는 반원 O의 지름이고 $\overline{AC}$, $\overline{BD}$, $\overline{CD}$는 접선이다. 점 P는 반원 O와 $\overline{CD}$의 접점이고 $\overline{AC}=9$ cm, $\overline{BD}=5$ cm일 때, $\triangle COD$의 넓이를 구하시오.

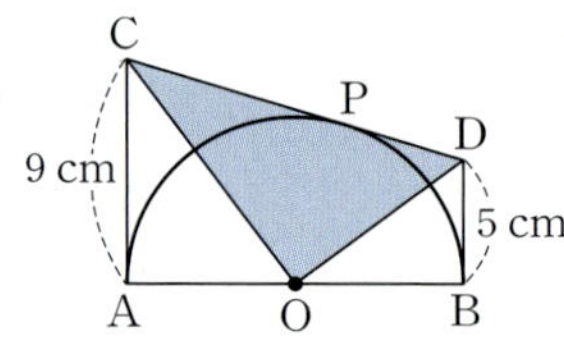

329

오른쪽 그림과 같이 $\triangle ABC$의 내접원 O가 $\triangle DEF$의 외접원이고 $\angle A=54°$, $\angle B=66°$일 때, $\angle x$의 크기를 구하시오.

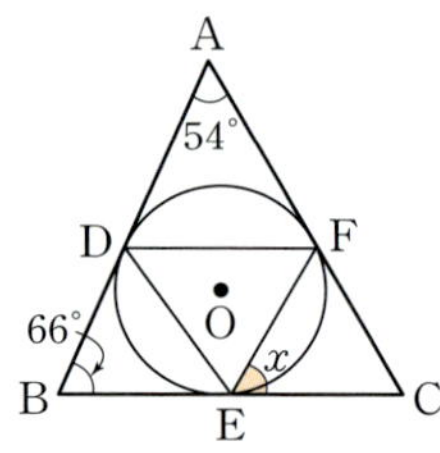

330

오른쪽 그림에서 원 O는 반지름의 길이가 3 cm인 $\triangle ABC$의 내접원이고 세 점 D, E, F는 접점이다. $\overline{AB}=10$ cm, $\overline{BE}=6$ cm일 때, $\overline{AG}$의 길이를 구하시오.

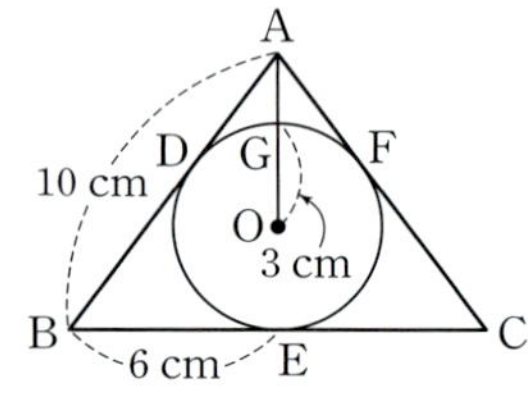

331

오른쪽 그림에서 △ABC는 원 O에 외접하고 $\overline{DE}$는 원 O의 접선이다. 세 점 F, G, H는 접점이고 $\overline{AB}=16$ cm, $\overline{BC}=14$ cm, $\overline{CA}=18$ cm일 때, △DBE의 둘레의 길이를 구하시오.

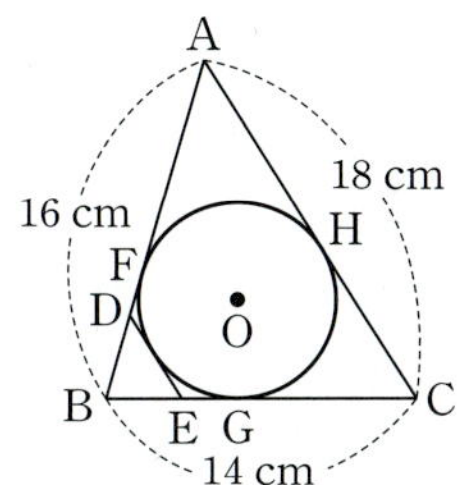

332

오른쪽 그림에서 원 O는 ∠C=90°인 직각삼각형 ABC의 내접원이고 세 점 D, E, F는 접점이다. $\overline{AB}=10$ cm, $\overline{OE}=2$ cm일 때, $\overline{AC}$의 길이는? (단, $\overline{AC}>\overline{BC}$)

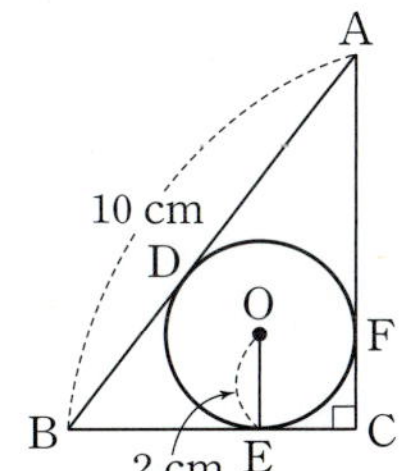

① 4 cm ② 5 cm
③ 6 cm ④ 7 cm
⑤ 8 cm

★★ 333

오른쪽 그림에서 □ABCD는 반지름의 길이가 3.5 cm인 원 O에 외접한다. $\overline{AB}=8$ cm, $\overline{BC}=12$ cm, $\overline{CD}=10$ cm일 때, □ABCD의 넓이를 구하시오.

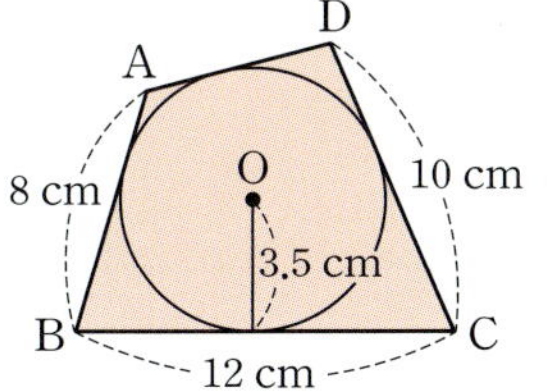

334

오른쪽 그림과 같이 원 O에 외접하고 $\overline{AB}=\overline{CD}$인 등변사다리꼴 ABCD에서 $\overline{AD}=6$ cm, $\overline{BC}=12$ cm일 때, 원 O의 반지름의 길이를 구하시오.

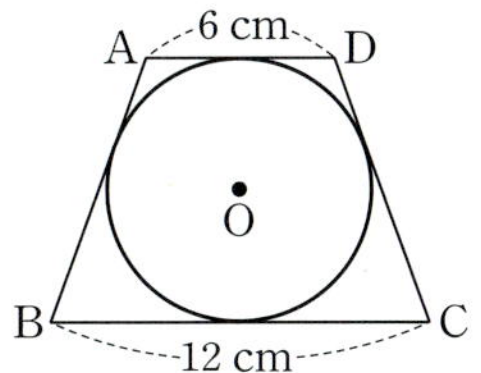

335

오른쪽 그림의 □ABCD는 한 변의 길이가 8 cm인 정사각형이다. $\overline{AE}$는 반원 O의 접선이고 점 F는 접점일 때, $\overline{AE}$의 길이를 구하시오.

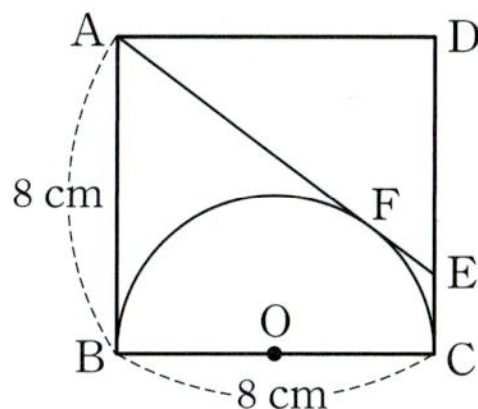

336

오른쪽 그림과 같이 가로, 세로의 길이가 각각 5, 4인 직사각형 ABCD에서 꼭짓점 C를 중심으로 하고 꼭짓점 D를 지나는 사분원을 그리고 꼭짓점 B에서 이 원에 접선을 그어 원과 만나는 점을 E, $\overline{BE}$의 연장선이 $\overline{AD}$와 만나는 점을 F라고 할 때, $\overline{DF}$의 길이를 구하시오.

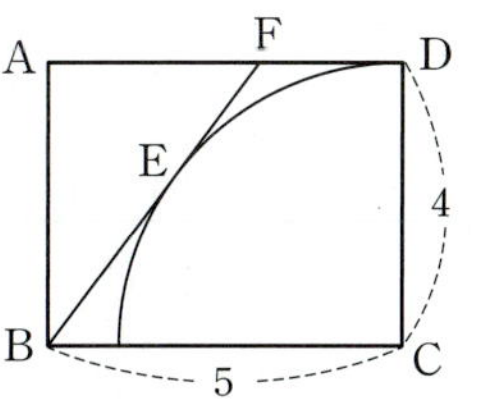

337

오른쪽 그림과 같이 두 원 O, O′이 $\overline{AC}$ 위의 한 점 G에서 접하고 △ABC와 △ACD에 각각 내접한다. $\overline{BC}=14$, $\overline{CD}=12$, $\overline{AD}=16$일 때, $\overline{AB}$의 길이를 구하시오. (단, 점 E, F, G, H, I는 접점이다.)

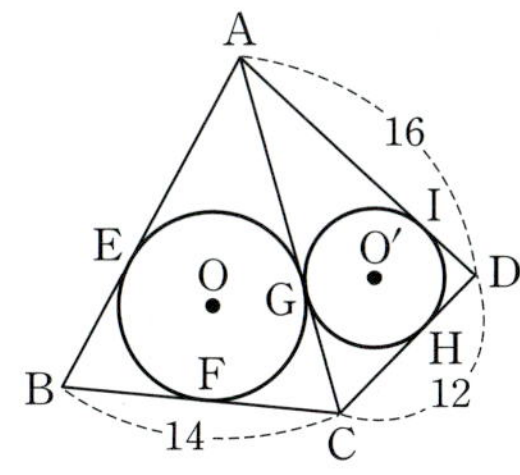

338

오른쪽 그림은 원 모양의 수레바퀴의 일부를 나타낸 것이다. 이 수레바퀴의 지름의 길이를 구하시오.

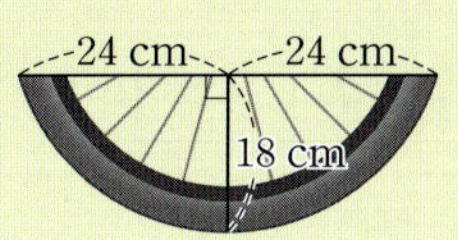

339

오른쪽 그림과 같은 원 O에서 $\overline{AB} \perp \overline{OC}$이고 $\overline{AB}=12$ cm, $\overline{MC}=3$ cm일 때, 원 O의 둘레의 길이를 구하시오.

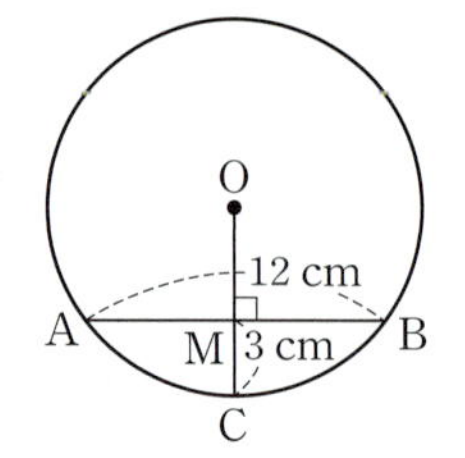

단계 1 $\overline{AM}$의 길이를 구하시오. [20%]

단계 2 원 O의 반지름의 길이를 구하시오. [50%]

단계 3 원 O의 둘레의 길이를 구하시오. [30%]

340

오른쪽 그림과 같은 원 O에서 $\overline{AB} \perp \overline{OC}$이고 $\overline{AB}=16$ cm, $\overline{CM}=4$ cm일 때, 원 O의 넓이를 구하시오.

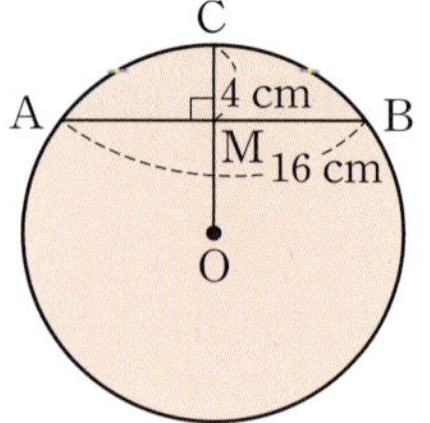

풀이

답 ______________

341

오른쪽 그림에서 $\overline{PA}$, $\overline{PB}$는 원 O의 접선이고 두 점 A, B는 접점이다. $\angle APO=35°$, $\overline{OA}=6$ cm일 때, 색칠한 부분의 넓이를 구하시오.

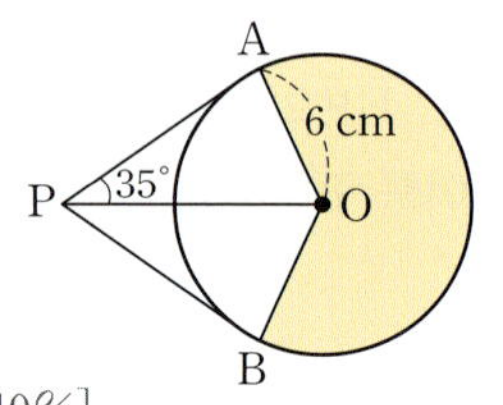

단계 1 $\angle APB$의 크기를 구하시오. [40%]

단계 2 $\angle AOB$의 크기를 구하시오. [30%]

단계 3 색칠한 부분의 넓이를 구하시오. [30%]

342

오른쪽 그림에서 $\overline{PA}$, $\overline{PB}$는 원 O의 접선이고 두 점 A, B는 접점이다. $\angle APO=50°$, $\overline{OA}=3$ cm일 때, 색칠한 부분의 넓이를 구하시오.

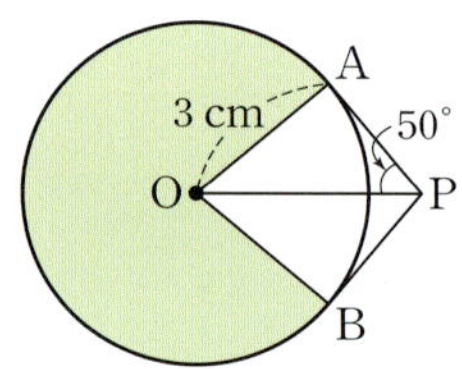

풀이

답 ______________

343

오른쪽 그림에서 원 O는 △ABC의 내접원이고 세 점 D, E, F는 접점이다. $\overline{AD}=5$ cm, $\overline{AC}=12$ cm이고 △ABC의 둘레의 길이가 30 cm일 때, $\overline{BD}$의 길이를 구하시오.

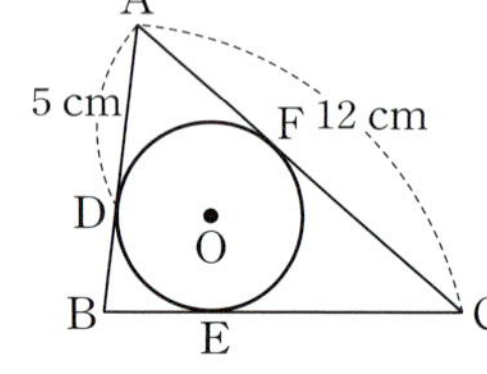

단계 1 $\overline{AF}$의 길이를 구하시오. [20%]

단계 2 $\overline{CE}$의 길이를 구하시오. [20%]

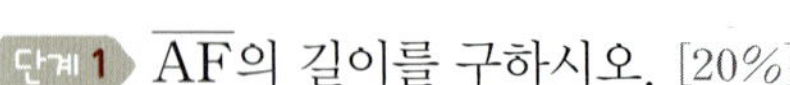

단계 3 $\overline{BD}$의 길이를 구하시오. [60%]

344

오른쪽 그림에서 원 O는 △ABC의 내접원이고 세 점 D, E, F는 접점이다. $\overline{AB}=10$ cm, $\overline{AF}=4$ cm이고 △ABC의 둘레의 길이가 28 cm일 때, $\overline{CF}$의 길이를 구하시오.

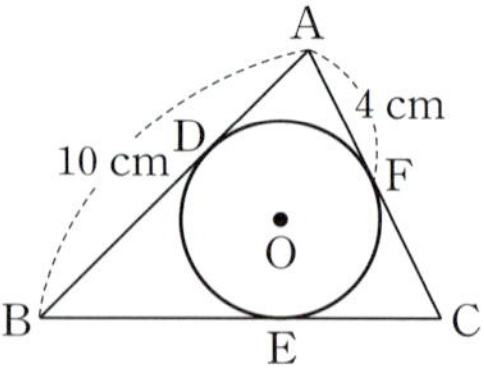

풀이

답 ______________

345

오른쪽 그림에서 원 O는 $\angle A = 90°$인 직각삼각형 ABC의 내접원이고 세 점 D, E, F는 접점이다. $\overline{AD} = 3$ cm, $\overline{BD} = 5$ cm일 때, $\triangle ABC$의 둘레의 길이를 구하시오.

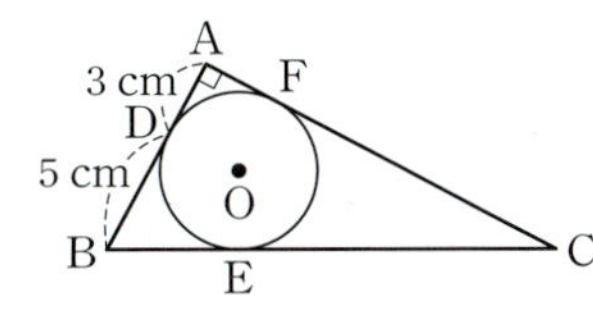

단계 1 $\overline{CE} = x$ cm라고 할 때, $\overline{AC}$, $\overline{BC}$의 길이를 x에 대한 식으로 각각 나타내시오. [30%]

단계 2 x의 값을 구하시오. [40%]

단계 3 $\triangle ABC$의 둘레의 길이를 구하시오. [30%]

346

오른쪽 그림에서 원 O는 $\angle B = 90°$인 직각삼각형 ABC의 내접원이고 세 점 D, E, F는 접점이다. $\overline{BE} = 2$ cm, $\overline{CE} = 3$ cm일 때, $\triangle ABC$의 둘레의 길이를 구하시오.

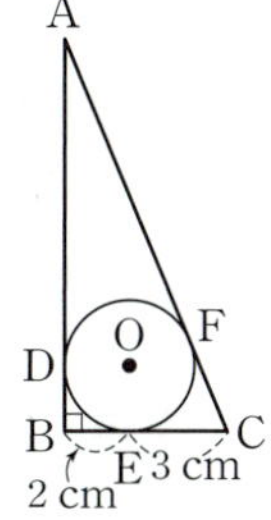

풀이

답 ____________

347

오른쪽 그림과 같이 $\square ABCD$는 원 O에 외접하고 네 점 P, Q, R, S는 접점이다. $\overline{AD} = 13$ cm이고 $\square ABCD$의 둘레의 길이가 56 cm일 때, $\overline{BP} + \overline{CR}$의 길이를 구하시오.

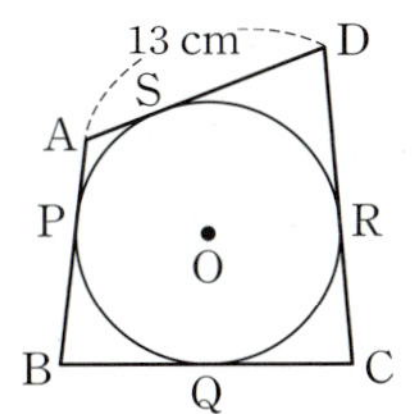

단계 1 $\overline{AD} + \overline{BC}$의 길이를 구하시오. [50%]

단계 2 $\overline{BP} + \overline{CR}$의 길이를 구하시오. [50%]

348

오른쪽 그림과 같이 $\square ABCD$는 원 O에 외접하고 네 점 P, Q, R, S는 접점이다. $\overline{AB} = 17$ cm이고 $\square ABCD$의 둘레의 길이가 72 cm일 때, $\overline{CQ} + \overline{DS}$의 길이를 구하시오.

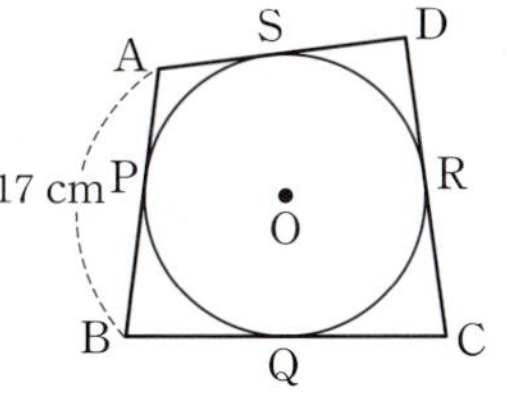

풀이

답 ____________

349

오른쪽 그림과 같이 원 O는 직사각형 ABCD의 세 변과 접하고 $\overline{DE}$는 원 O의 접선이다. $\overline{AB} = 4$, $\overline{AD} = 8$일 때, x의 값을 구하시오.

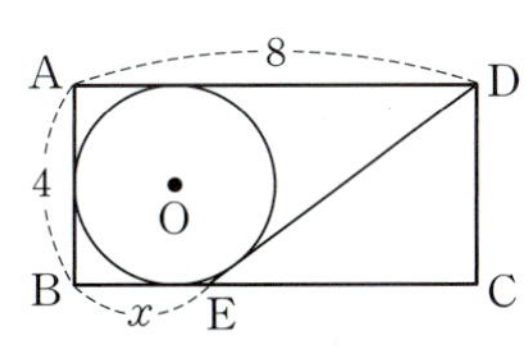

단계 1 $\overline{CE}$의 길이를 x에 대한 식으로 나타내시오. [10%]

단계 2 $\overline{DE}$의 길이를 x에 대한 식으로 나타내시오. [40%]

단계 3 x의 값을 구하시오. [50%]

350

오른쪽 그림과 같이 원 O는 직사각형 ABCD의 세 변과 접하고 $\overline{BE}$는 원 O의 접선이다. $\overline{AB} = 12$, $\overline{BC} = 15$일 때, x의 값을 구하시오.

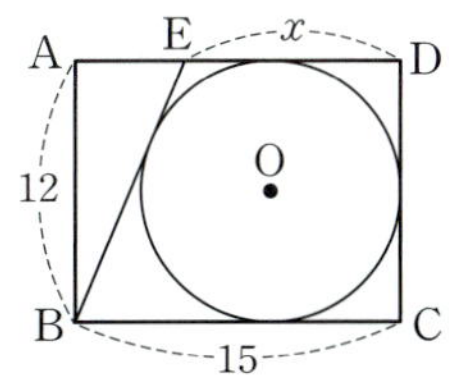

풀이

답 ____________

2 원주각

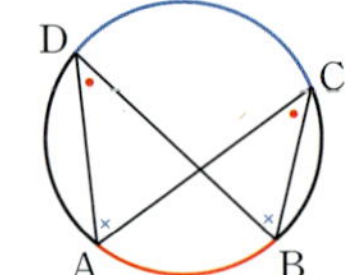

개념 1 원주각과 중심각의 크기

(1) 원주각

원 O에서 호 AB 위에 있지 않은 원 위의 점 P에 대하여
각 APB를 호 AB에 대한 원주각이라고 한다. 또 호 AB를
원주각 APB에 대한 호라고 한다.

참고 한 호에 대하여 중심각은 하나이지만 그 원주각은 무수히 많다.

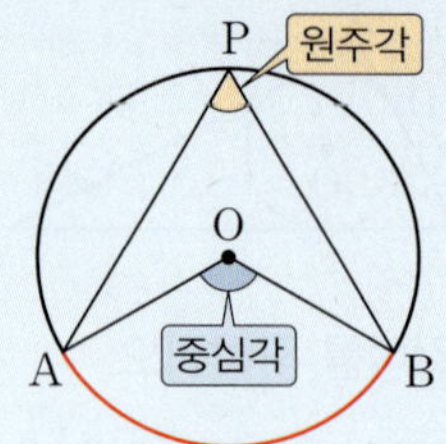

(2) 원주각과 중심각의 크기

원에서 한 호에 대한 원주각의 크기는 그 호에 대한 중심각의
크기의 $\dfrac{1}{2}$이다. ➡ $\underset{\text{원주각}}{\angle APB} = \dfrac{1}{2} \underset{\text{중심각}}{\angle AOB}$

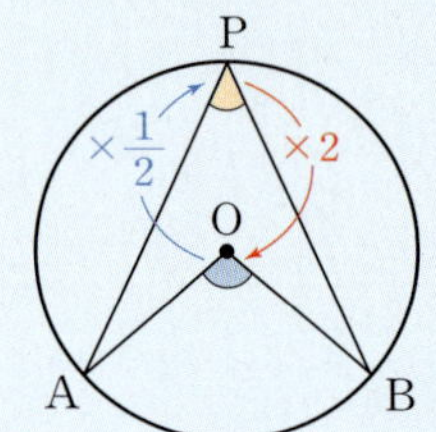

- 한 호에 대한 원주각의 크기는 모두 같다.

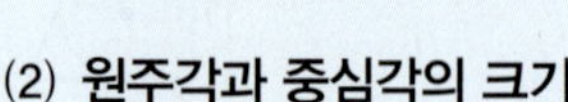

$(\stackrel{\frown}{AB}$에 대한 원주각$) = \angle ADB$
$\phantom{(\stackrel{\frown}{AB}에 대한 원주각) } = \angle ACB$
$(\stackrel{\frown}{CD}$에 대한 원주각$) = \angle DAC$
$\phantom{(\stackrel{\frown}{CD}에 대한 원주각) } = \angle DBC$

개념 2 원주각의 성질

(1) 원에서 한 호에 대한 원주각의 크기
는 모두 같다.

(2) 반원에 대한 원주각의 크기는 90°이다.

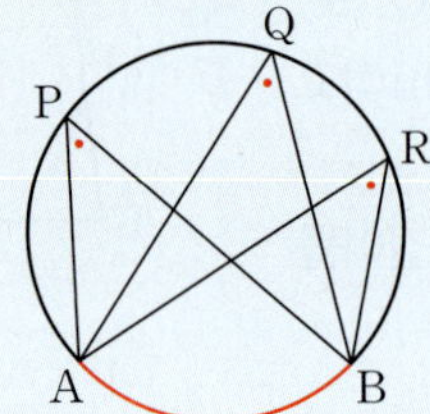

➡ $\angle APB = \angle AQB = \angle ARB$

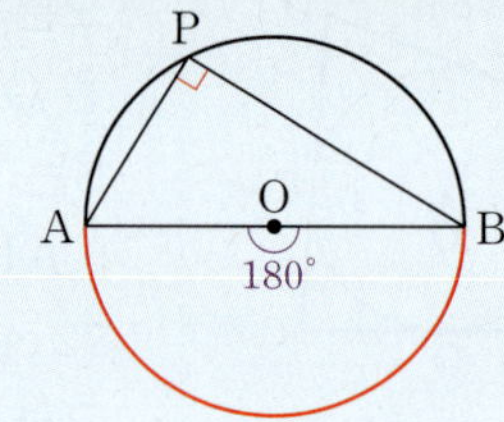

➡ $\overline{AB}$가 원 O의 지름이면
$$\angle APB = \dfrac{1}{2} \times 180° = 90°$$
↳ 반원에 대한 중심각의 크기

참고 $\angle APB$, $\angle AQB$, $\angle ARB$는 모두 $\stackrel{\frown}{AB}$에 대한 원주각이고
원주각의 크기는 중심각의 크기의 $\dfrac{1}{2}$이므로
$$\angle APB = \angle AQB = \angle ARB = \dfrac{1}{2}\angle AOB$$

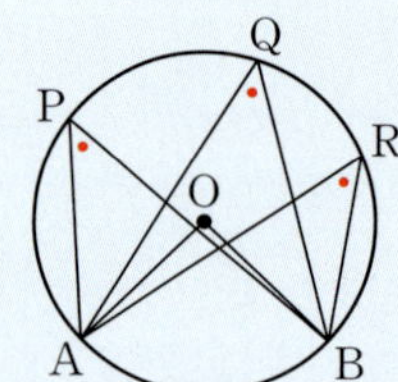

- 한 원에서 모든 호에 대한 원주각의 크기
의 합은 180°이다.

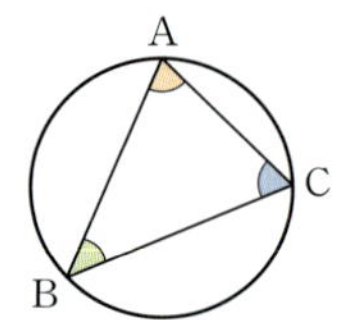

➡ $\angle ABC + \angle BCA + \angle CAB = 180°$

개념 3 원주각의 크기와 호의 길이

한 원에서

(1) 길이가 같은 호에 대한 원주각의 크기는 같다.
  ➡ $\stackrel{\frown}{AB} = \stackrel{\frown}{CD}$이면 $\angle APB = \angle CQD$

(2) 크기가 같은 원주각에 대한 호의 길이는 같다.
  ➡ $\angle APB = \angle CQD$이면 $\stackrel{\frown}{AB} = \stackrel{\frown}{CD}$

(3) 호의 길이는 그 호에 대한 원주각의 크기에 정비례한다.

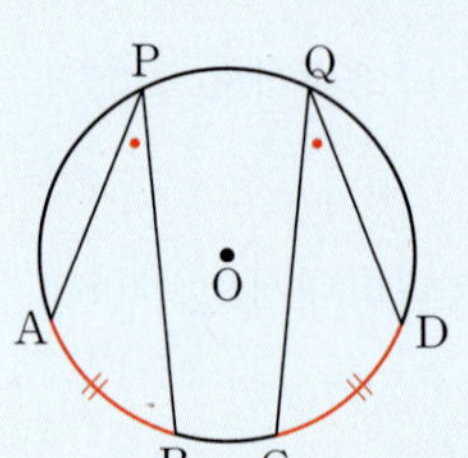

- 원주각의 크기와 호의 길이 사이의 관계는
합동인 두 원에 대해서도 성립한다.

- 한 원에서
① 크기가 같은 중심각에 대한 호의 길이
  는 같다.
② 호의 길이는 그 호에 대한 중심각의 크
  기에 정비례한다.

1 원주각과 중심각의 크기

351
다음 그림에서 $\angle x$의 크기를 구하시오.

(1) 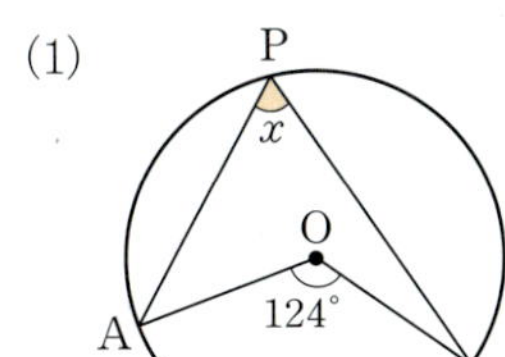

(2) 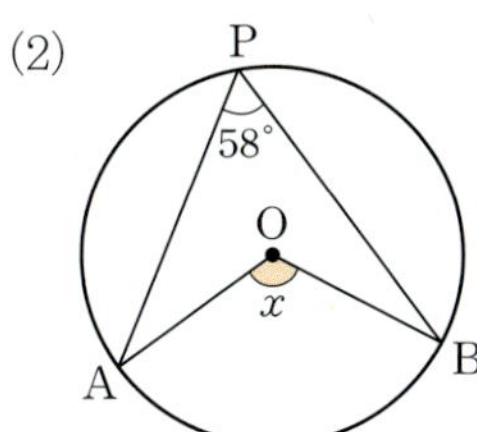

(3) 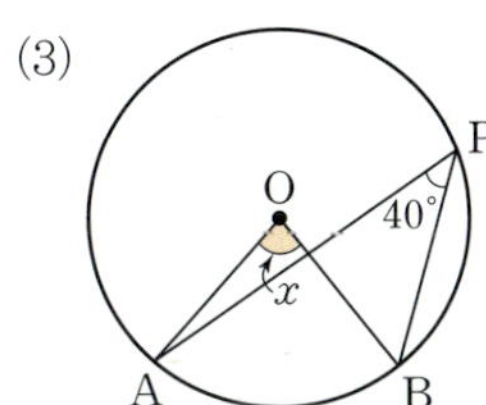

(4) 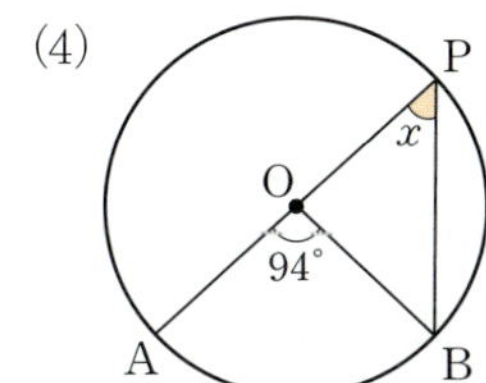

2 원주각의 성질

352
다음 그림에서 $\angle x$의 크기를 구하시오.

(1) 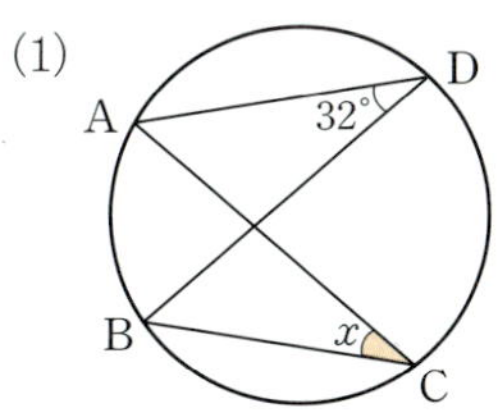

(2) 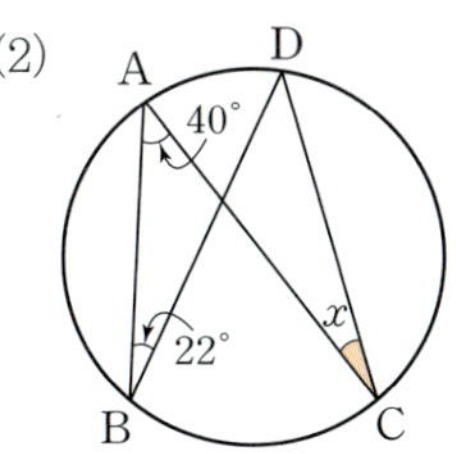

353
다음 그림에서 $\overline{AB}$가 원 O의 지름일 때, $\angle x$의 크기를 구하시오.

(1) 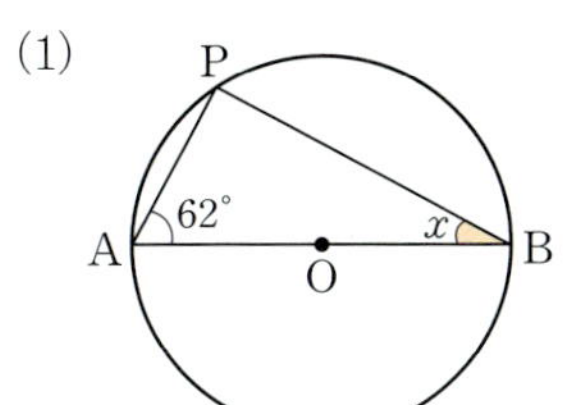

(2) 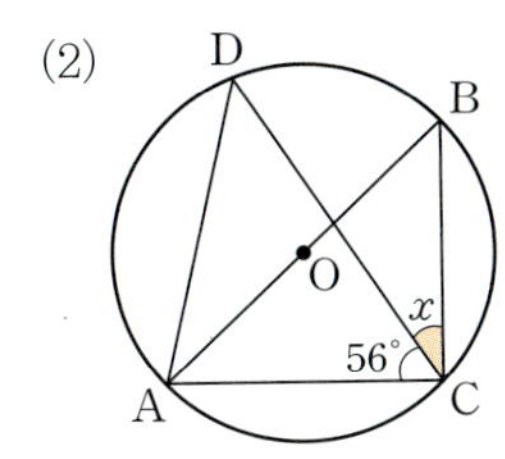

3 원주각의 크기와 호의 길이

354
다음 그림에서 x의 값을 구하시오.

(1) 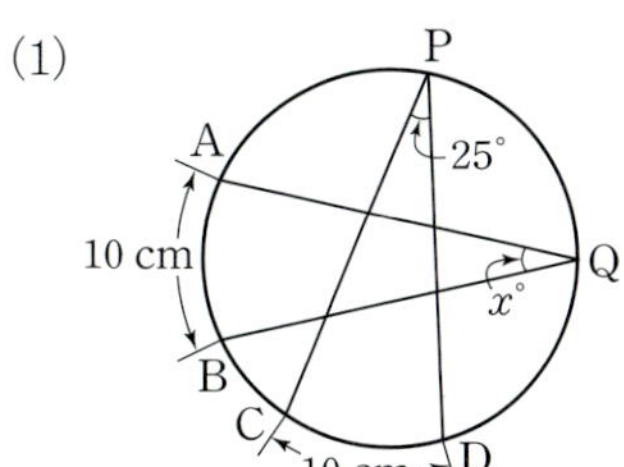

(2) 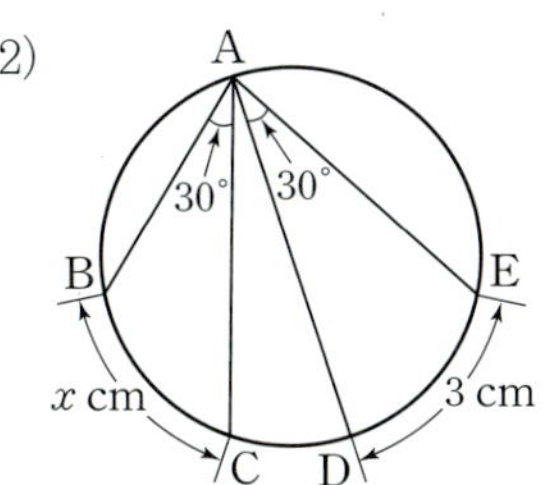

355
다음 그림에서 x의 값을 구하시오.

(1) 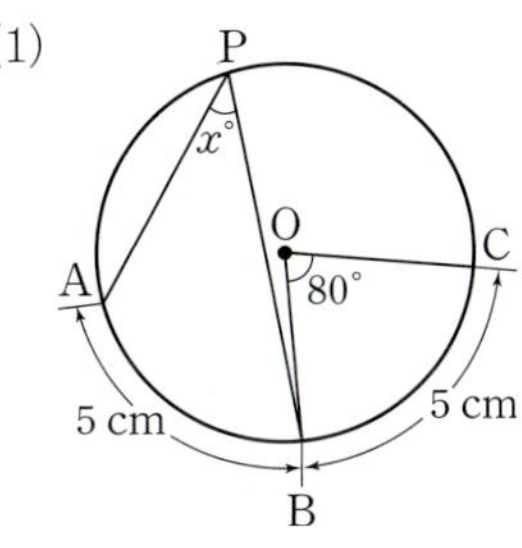

(2) 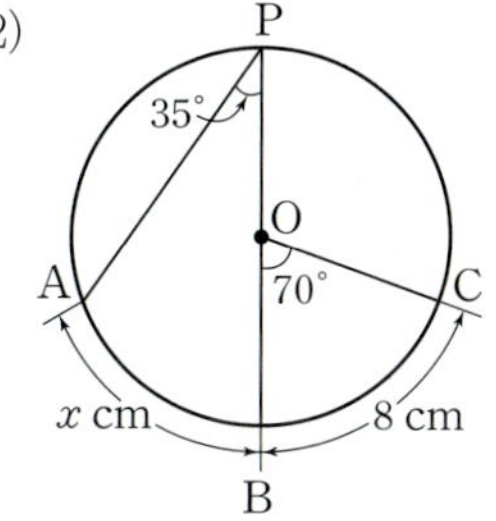

356
다음 그림에서 x의 값을 구하시오.

(1) 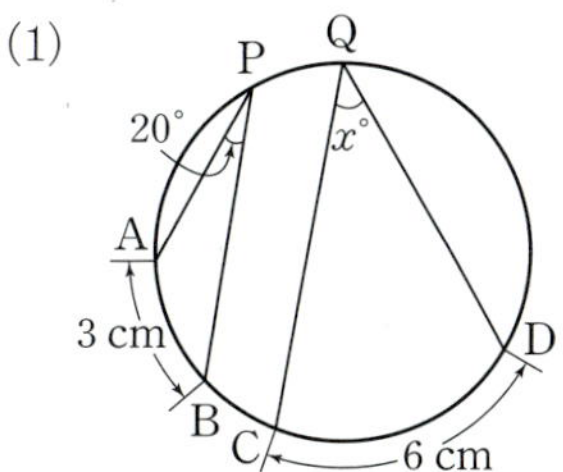

(2) 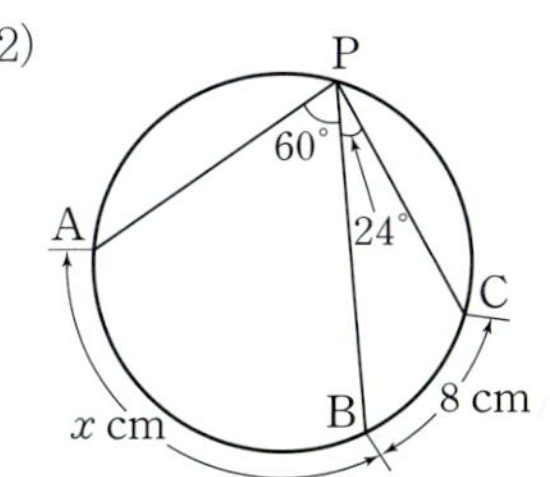

(3) 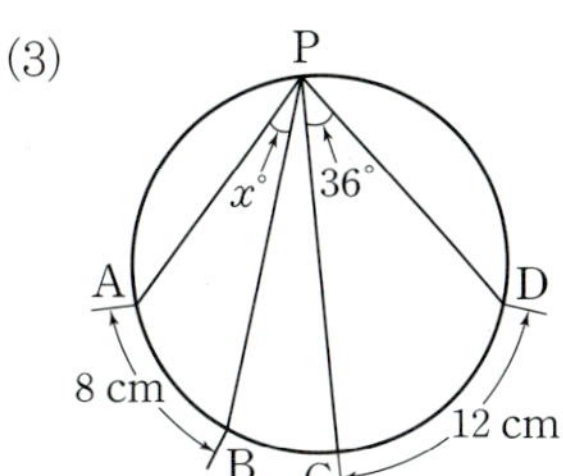

(4) 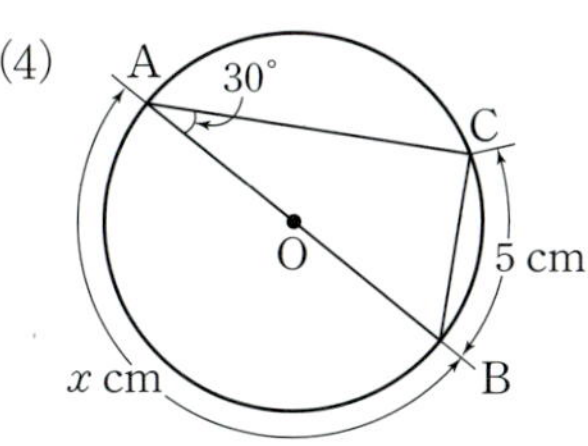

II − 2. 원주각

유형 콕콕

유형 01 원주각과 중심각의 크기(1)

357 상 중 하

오른쪽 그림에서 $\angle ACE=24°$, $\angle AOB=120°$일 때, $\angle x$의 크기를 구하시오.

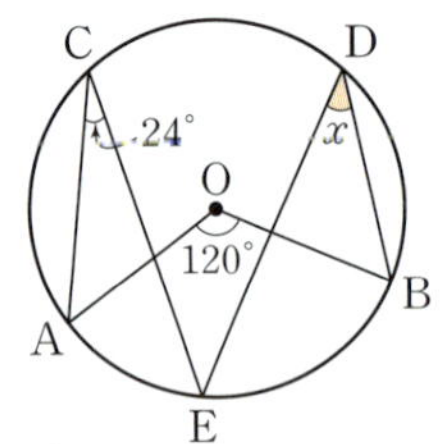

→ 유형 Point (1) (원주각의 크기)$=\dfrac{1}{2}\times$(중심각의 크기)

➡ $\angle BAC=\dfrac{1}{2}\angle BOC$

(2) (중심각의 크기)$=2\times$(원주각의 크기)

➡ $\angle BOC=2\angle BAC$

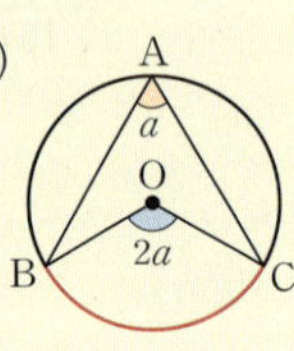

358 상 중 하

오른쪽 그림에서 $\overline{AP}$는 원 O의 지름이고 $\angle AOB=78°$일 때, $\angle x$의 크기를 구하시오.

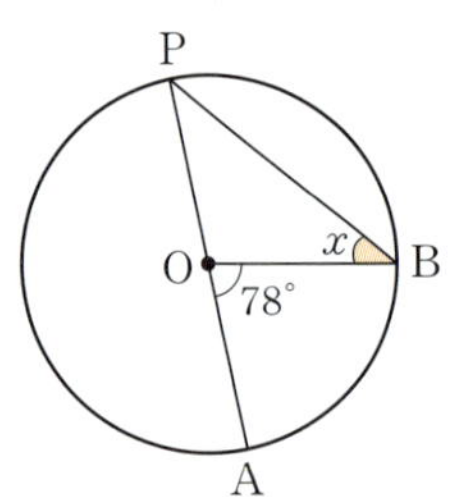

359 상 중 하

오른쪽 그림에서 $\overline{BD}$는 원 O의 지름이고 $\angle ABD=42°$, $\angle BAC=22°$일 때, $\angle BDC$의 크기는?

① $28°$ ② $30°$
③ $32°$ ④ $34°$
⑤ $36°$

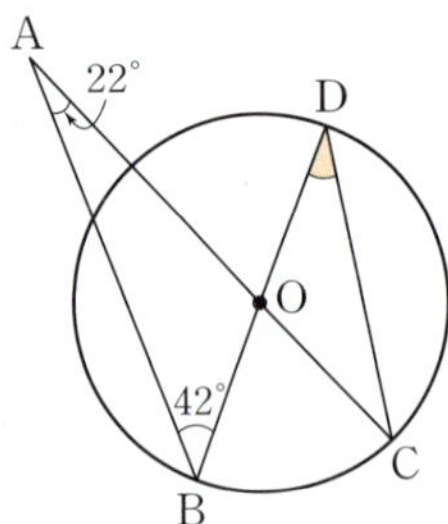

360 상 중 하

오른쪽 그림에서 $\angle APB=46°$일 때, $\angle OBA$의 크기를 구하시오.

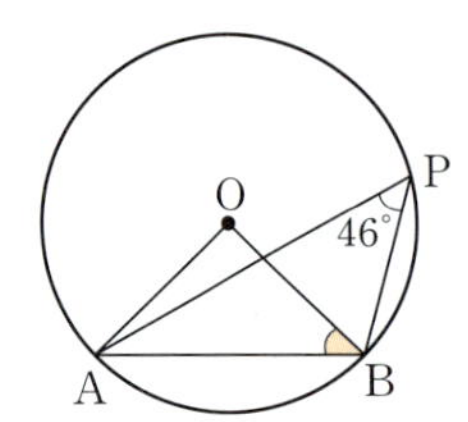

361 상 중 하

오른쪽 그림과 같이 반지름의 길이가 3 cm인 원 O에서 $\angle BAC=60°$일 때, 색칠한 부분의 넓이를 구하시오.

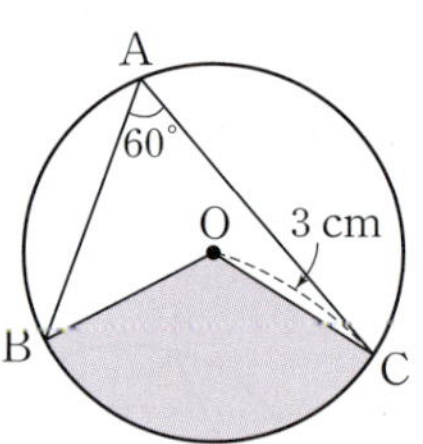

362 상 중 하

오른쪽 그림과 같이 반지름의 길이가 9 cm인 원 O에서 $\overset{\frown}{BC}=4\pi$ cm일 때, $\angle BAC$의 크기는?

① $40°$ ② $42°$
③ $44°$ ④ $46°$
⑤ $48°$

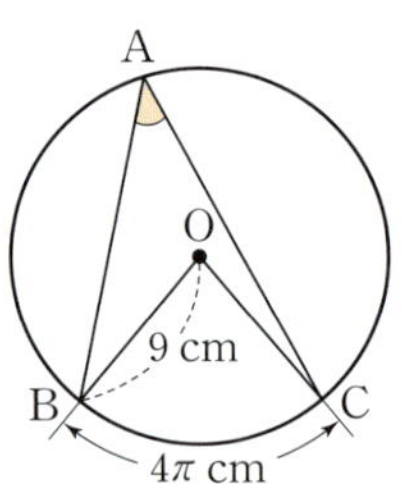

363 상 중 하

오른쪽 그림과 같이 반지름의 길이가 7 cm인 원에서 $\overset{\frown}{AB}$에 대한 원주각의 크기가 30°일 때, $\overset{\frown}{AB}$의 길이를 구하시오.

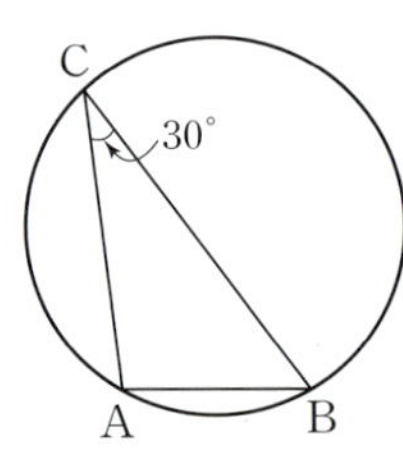

364 상 중 하 서술형

오른쪽 그림과 같은 원 O에서 두 현 AB와 CD의 연장선이 만나는 점을 P라고 하자. $\angle AOC=76°$, $\angle BOD=28°$일 때, $\angle BPD$의 크기를 구하시오.

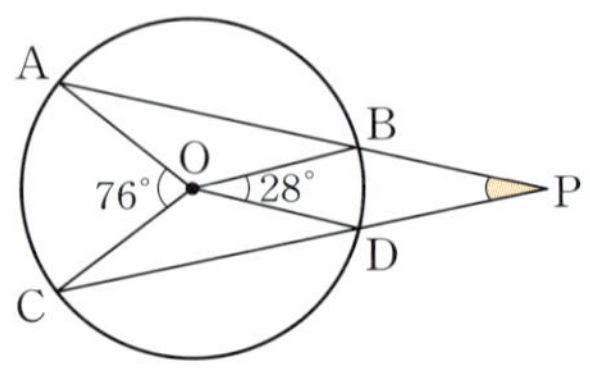

수학의 바이블 57쪽

유형 02 원주각과 중심각의 크기 (2)

365 상 중 하
오른쪽 그림과 같은 원 O에서 $\angle x$의 크기는?

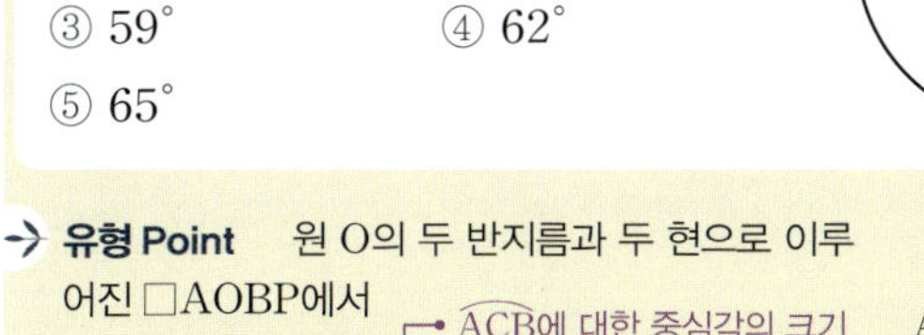

① 53° ② 56°
③ 59° ④ 62°
⑤ 65°

유형 Point 원 O의 두 반지름과 두 현으로 이루어진 □AOBP에서

$\angle APB = \dfrac{1}{2} \times (360° - \angle AOB)$

$= 180° - \dfrac{1}{2}\angle AOB$

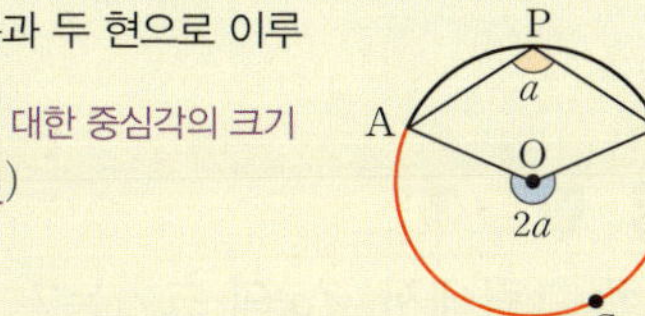

366 상 중 하
오른쪽 그림과 같은 원 O에서 $\angle BOC = 130°$, $\angle OCA = 45°$일 때, $\angle x$의 크기는?

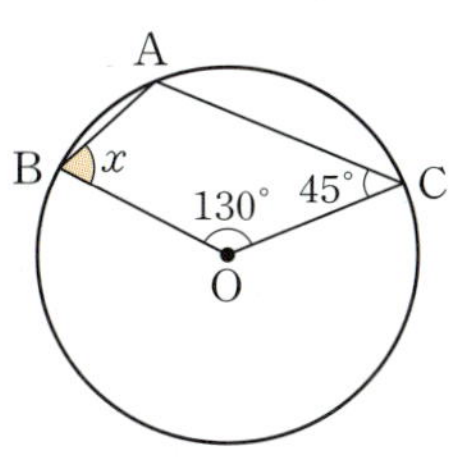

① 65° ② 70°
③ 75° ④ 80°
⑤ 85°

367 상 중 하
오른쪽 그림과 같은 원 O에서 $\angle ABC = 66°$일 때, $\angle x + \angle y$의 크기를 구하시오.

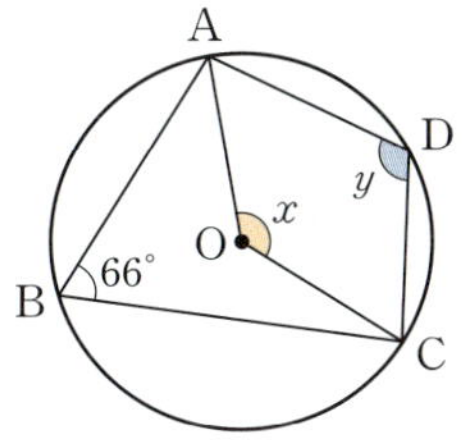

368 상 중 하
오른쪽 그림과 같이 $\overline{AB} = \overline{AC}$인 이등변삼각형 ABC가 원 O에 내접하고 $\angle ABC = 32°$일 때, $\angle x$의 크기를 구하시오.

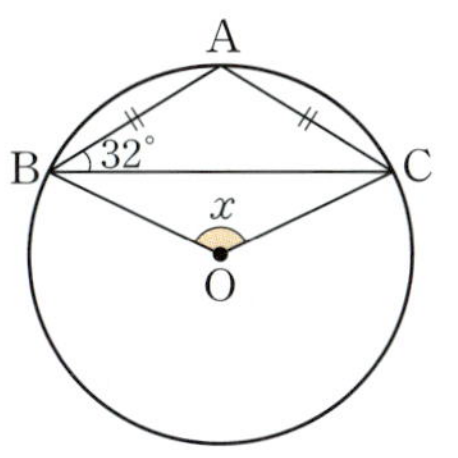

유형 03 원주각과 중심각의 크기 (3)

369 상 중 하
오른쪽 그림에서 $\overrightarrow{PA}$, $\overrightarrow{PB}$는 원 O의 접선이고 두 점 A, B는 접점이다. $\angle APB = 44°$일 때, $\angle ACB$의 크기를 구하시오.

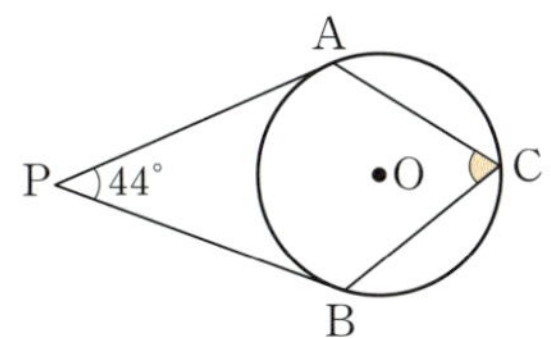

유형 Point 두 점 A, B가 점 P에서 원 O에 그은 두 접선의 접점일 때
(1) $\angle PAO = \angle PBO = 90°$
→ $\angle P + \angle AOB = 180°$
(2) $\angle ACB = \dfrac{1}{2}\angle AOB$

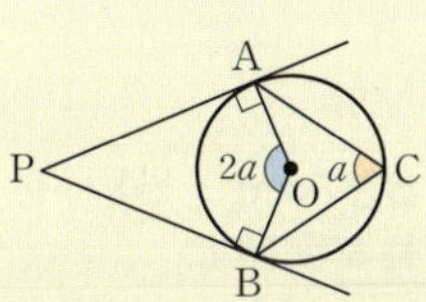

370 상 중 하
오른쪽 그림에서 $\overrightarrow{PA}$, $\overrightarrow{PB}$는 원 O의 접선이고 두 점 A, B는 접점이다. $\angle ACB = 62°$일 때, $\angle APB$의 크기를 구하시오.

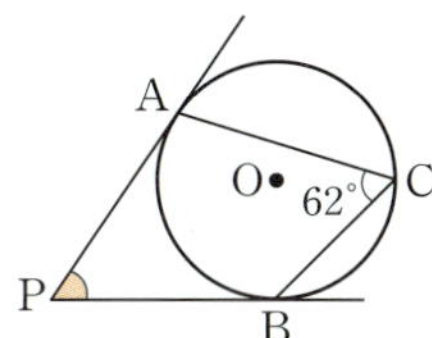

371 상 중 하
오른쪽 그림에서 $\overrightarrow{PA}$, $\overrightarrow{PB}$는 원 O의 접선이고 두 점 A, B는 접점이다. $\angle APB = 58°$일 때, $\angle x$의 크기를 구하시오.

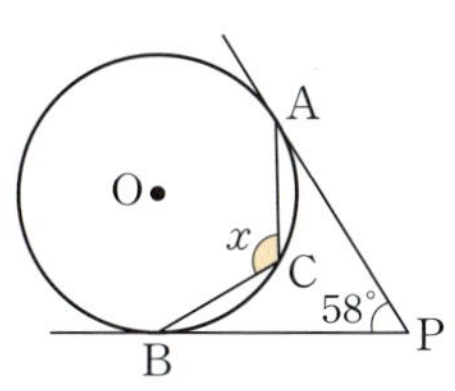

372 상 중 하 서술형
오른쪽 그림에서 $\overrightarrow{PA}$, $\overrightarrow{PB}$는 원 O의 접선이고 두 점 A, B는 접점이다. $\angle OAB = 20°$일 때, $\angle ACB + \angle APB$의 크기를 구하시오.

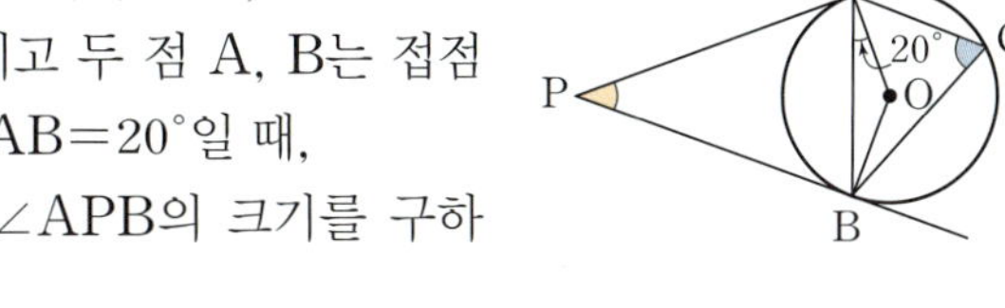

▶ 수학의 바이블 59쪽

유형 04 원주각의 성질(1)

373 상 중 하

오른쪽 그림과 같은 원에서
$\angle BDE=42°$, $\angle EFC=36°$일
때, $\angle BAC$의 크기를 구하시오.

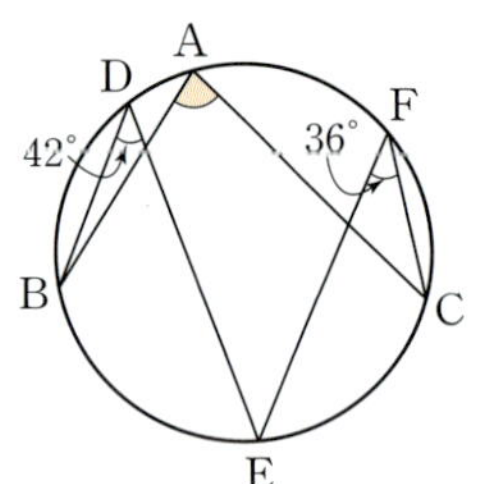

> **유형 Point** 원에서 한 호에 대한 원주각의 크기
> 는 모두 같다.
> ➡ $\angle APB=\angle AQB=\angle ARB$

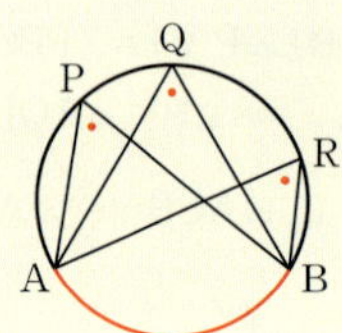

374 상 중 하

오른쪽 그림과 같은 원에서
$\angle BAC=36°$, $\angle ACD=24°$일 때,
$\angle x$의 크기를 구하시오.

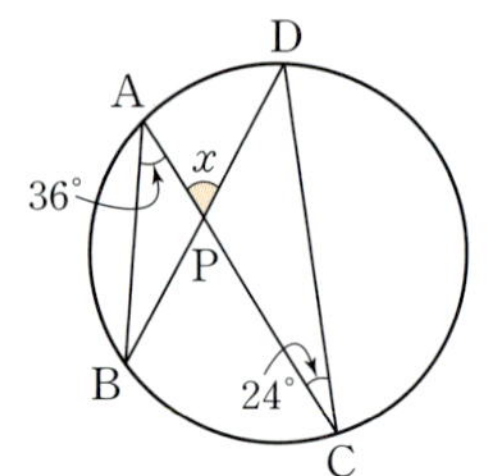

375 상 중 하

오른쪽 그림에서 $\angle x+\angle y$의 크기는?

① 96° ② 98°
③ 110° ④ 112°
⑤ 114°

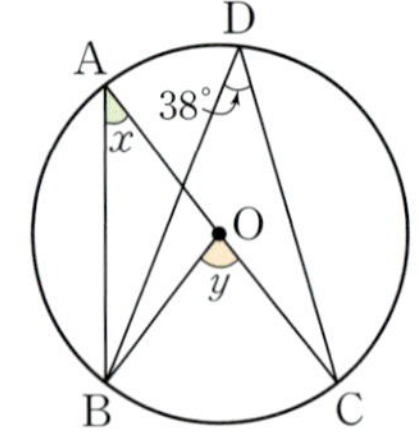

376 상 중 하

오른쪽 그림에서 $\angle x$의 크기는?

① 98° ② 100°
③ 102° ④ 104°
⑤ 106°

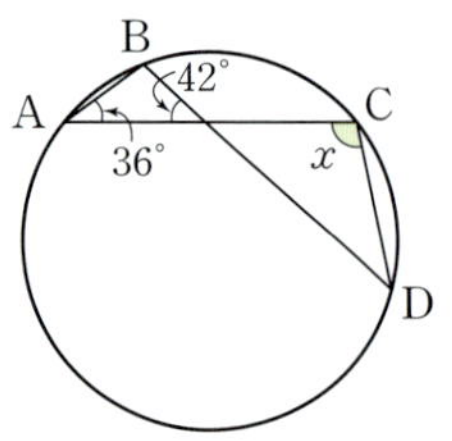

377 상 중 하

오른쪽 그림과 같이 두 현 AD,
BC의 연장선의 교점을 P라고
하자. $\angle APB=27°$,
$\angle ACB=52°$일 때, $\angle DBC$의
크기를 구하시오.

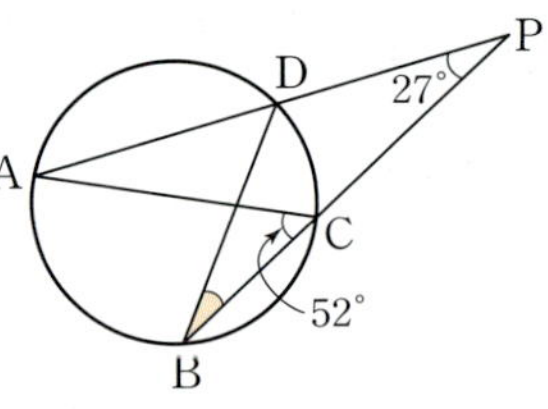

378 상 중 하

오른쪽 그림에서 $\angle x$의 크기는?

① 45° ② 46°
③ 47° ④ 48°
⑤ 49°

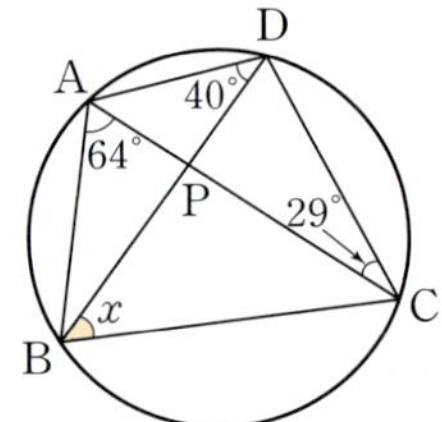

379 상 중 하

오른쪽 그림과 같은 원 O에서
$\angle AOB=70°$, $\angle CQB=60°$일 때,
$\angle x$의 크기를 구하시오.

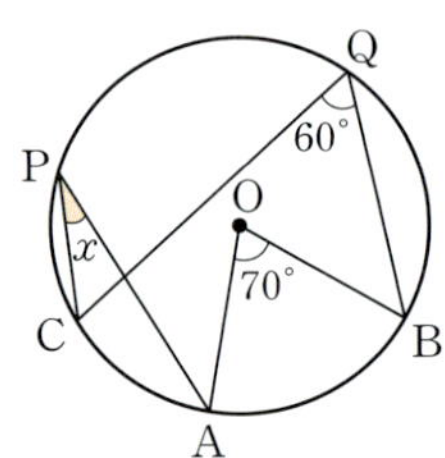

380 상 중 하 서술형

오른쪽 그림과 같이 두 현 AB, CD
의 연장선의 교점을 P, $\overline{AC}$와 $\overline{BD}$의
교점을 Q라고 하자. $\angle APD=30°$,
$\angle AQD=70°$일 때, $\angle x$의 크기를
구하시오.

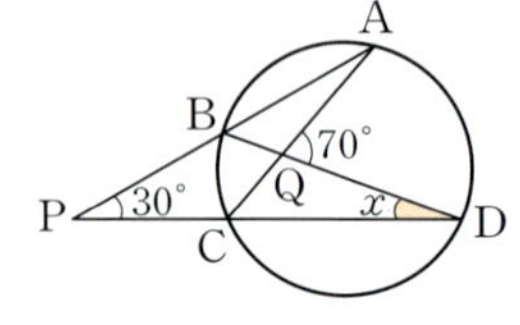

▶ 수학의 바이블 59쪽

유형 05 원주각의 성질 (2)

381 상 중 하

오른쪽 그림에서 $\overline{BD}$는 원 O의 지름이고 $\angle BAC=54°$일 때, $\angle x$의 크기는?

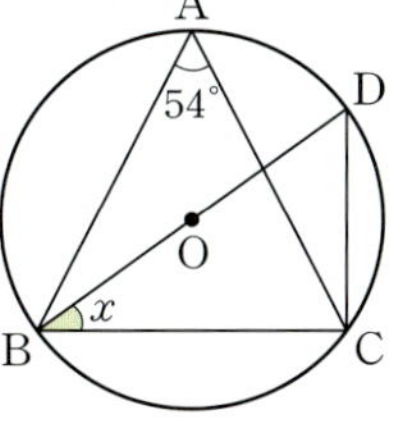

① 28° ② 30°
③ 32° ④ 34°
⑤ 36°

➜ 유형 Point 반원에 대한 원주각의 크기는 90°이다.

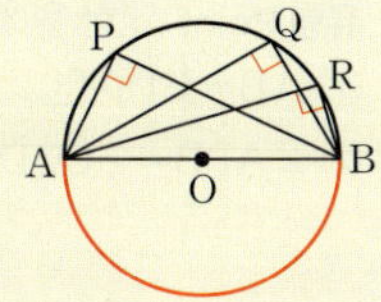

┌ $\overline{AB}$가 원의 중심 O를 지나면
➡ $\overline{AB}$가 원 O의 지름이면
$\angle APB=\angle AQB=\angle ARB$
$=\dfrac{1}{2}\angle AOB=90°$

382 상 중 하

오른쪽 그림에서 $\overline{AB}$가 원 O의 지름이고 $\angle ACD=62°$일 때, $\angle BAD$의 크기를 구하시오.

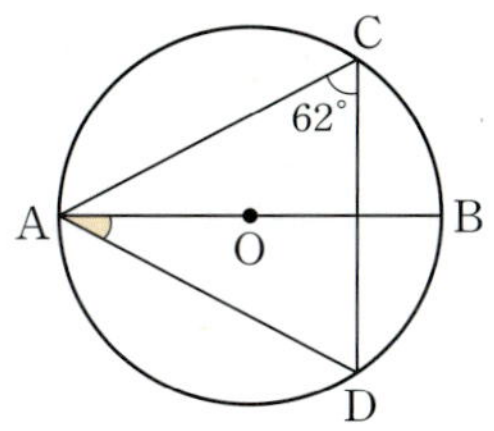

383 상 중 하

오른쪽 그림에서 $\overline{AC}$는 원 O의 지름이고 $\angle BEC=33°$일 때, $\angle ADB$의 크기를 구하시오.

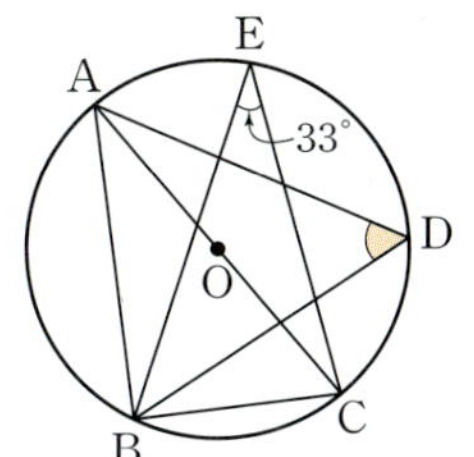

384 상 중 하

오른쪽 그림에서 $\overline{AE}$는 원 O의 지름이고 $\overline{AE} /\!/ \overline{BD}$이다. $\angle DPE=42°$일 때, $\angle CAE$의 크기를 구하시오.

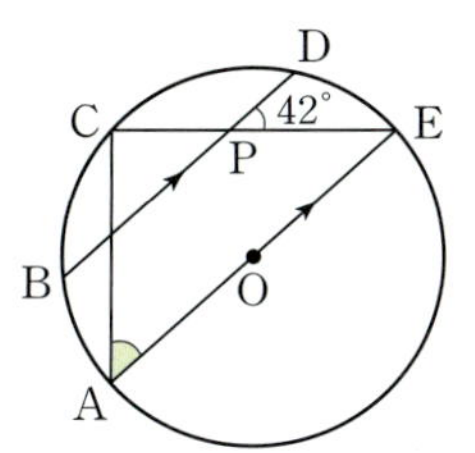

385 상 중 하

오른쪽 그림에서 $\overline{AB}$는 원 O의 지름이고 $\overline{AB}$와 $\overline{CD}$의 교점을 P라고 하자. $\angle DCB=25°$, $\angle CDB=40°$일 때, $\angle CPB$의 크기를 구하시오.

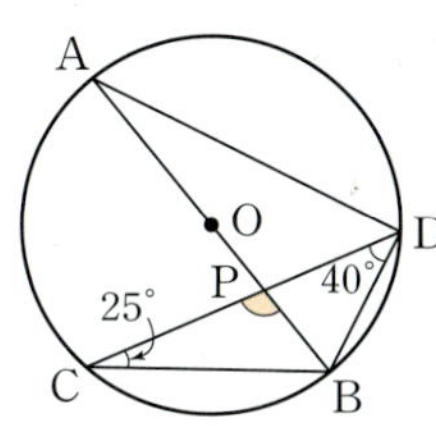

★ 386 상 중 하

오른쪽 그림에서 $\overline{AB}$, $\overline{QR}$는 원 O의 지름이고 $\angle BQR=58°$일 때, $\angle APR$의 크기는?

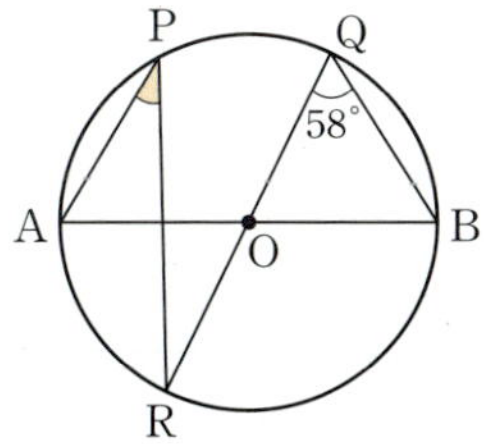

① 26° ② 28°
③ 30° ④ 32°
⑤ 34°

387 상 중 하

오른쪽 그림에서 $\overline{AD}$가 원 O의 지름이고 $\angle CAD=22°$, $\angle ADB=28°$일 때, $\overparen{BC}$에 대한 중심각의 크기를 구하시오.

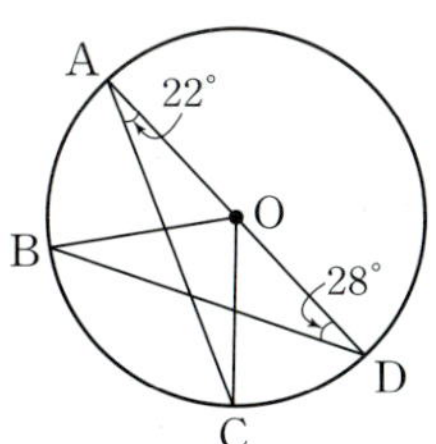

388 상 중 하 서술형

오른쪽 그림에서 $\overline{AB}$는 반원 O의 지름이고 점 P는 $\overline{AC}$와 $\overline{BD}$의 연장선의 교점이다. $\angle COD=40°$일 때, $\angle x$의 크기를 구하시오.

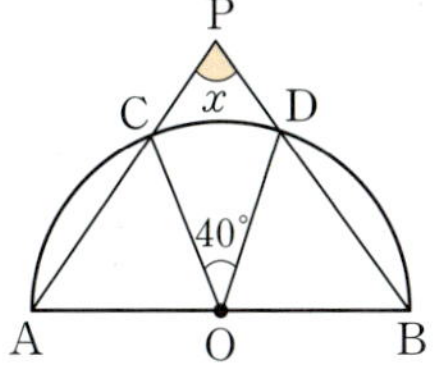

유형 06 원주각과 삼각비의 값

389 상 중 하

오른쪽 그림과 같이 반지름의 길이가 6인 원 O에 내접하는 $\triangle ABC$에서 $\overline{BC}=8$일 때, $\tan A$의 값을 구하시오.

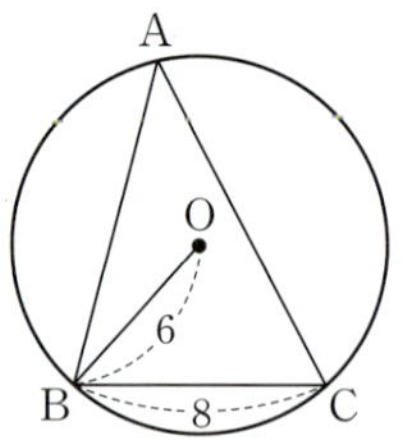

유형 Point $\triangle ABC$가 원 O에 내접할 때, $\angle BAC=\angle BA'C$이고 $\triangle A'BC$는 직각삼각형이므로

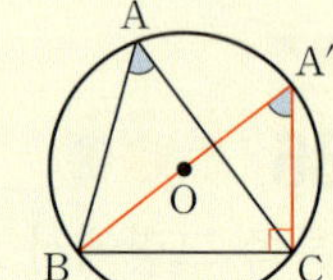

(1) $\sin A=\sin A'=\dfrac{\overline{BC}}{\overline{A'B}}$

(2) $\cos A=\cos A'=\dfrac{\overline{A'C}}{\overline{A'B}}$

(3) $\tan A=\tan A'=\dfrac{\overline{BC}}{\overline{A'C}}$

390 상 중 하

오른쪽 그림과 같이 반지름의 길이가 5인 원 O에 내접하는 $\triangle ABC$에서 $\overline{BC}=6$일 때, $\sin A+\cos A$의 값을 구하시오.

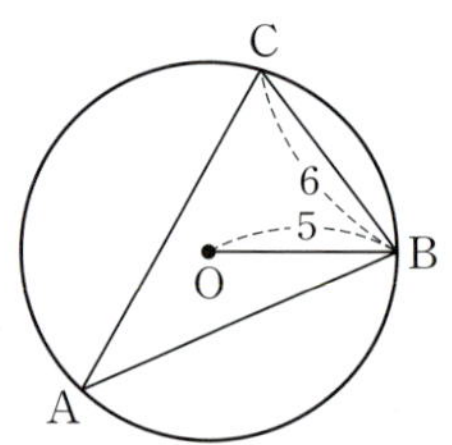

391 상 중 하

오른쪽 그림과 같이 원 O에 내접하는 $\triangle ABC$에서 $\tan A=3$, $\overline{BC}=6\sqrt{2}$일 때, 원 O의 지름의 길이를 구하시오.

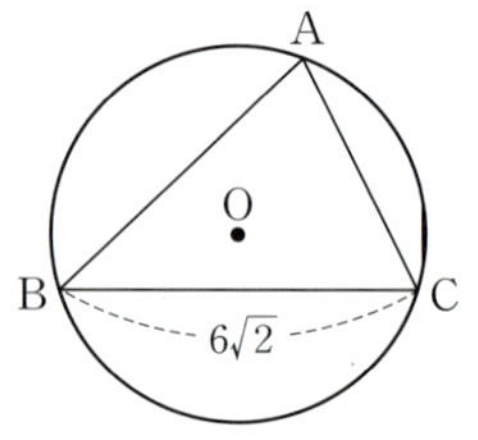

392 상 중 하 서술형

오른쪽 그림과 같이 원 O에 $\triangle ABC$가 내접하고 $\angle BAC=60°$, $\overline{BC}=4\sqrt{3}$일 때, 원 O의 둘레의 길이를 구하시오.

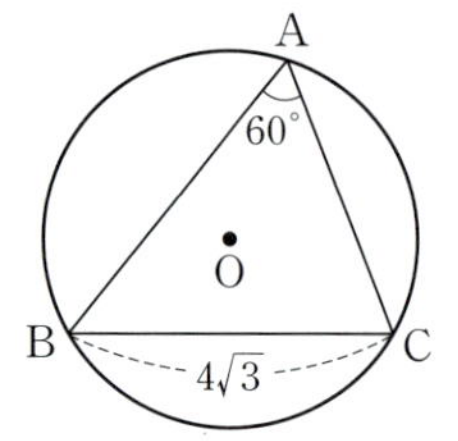

유형 07 원주각의 크기와 호의 길이 (1)

393 상 중 하

오른쪽 그림에서 $\overset{\frown}{AC}=\overset{\frown}{BD}$이고 $\angle ABC=32°$일 때, $\angle x$의 크기는?

① 62°   ② 64°

③ 66°   ④ 68°

⑤ 70°

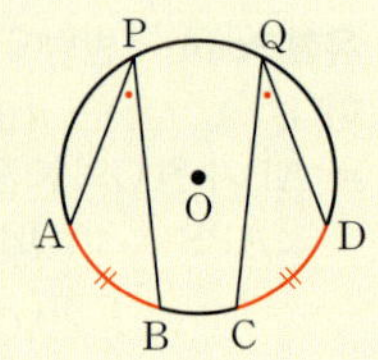

유형 Point   한 원에서

(1) $\overset{\frown}{AB}=\overset{\frown}{CD}$이면 $\angle APB=\angle CQD$

(2) $\angle APB=\angle CQD$이면 $\overset{\frown}{AB}=\overset{\frown}{CD}$

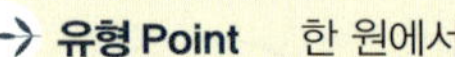

394 상 중 하

오른쪽 그림에서 $\overline{AB}$는 원 O의 지름이고 $\overset{\frown}{AC}=\overset{\frown}{CD}=\overset{\frown}{DB}$일 때, $\angle CPD$의 크기를 구하시오.

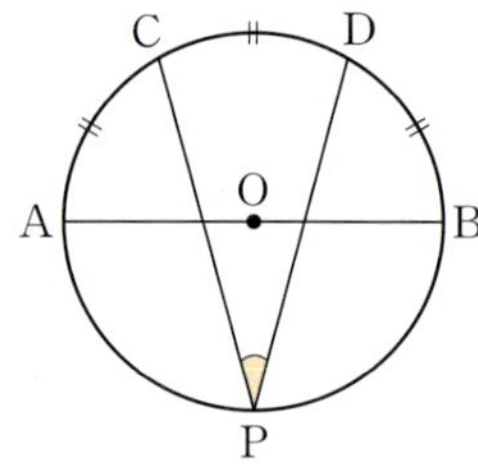

395 상 중 하

오른쪽 그림에서 $\overset{\frown}{BC}=\overset{\frown}{CD}$일 때, $\angle x+\angle y$의 크기를 구하시오.

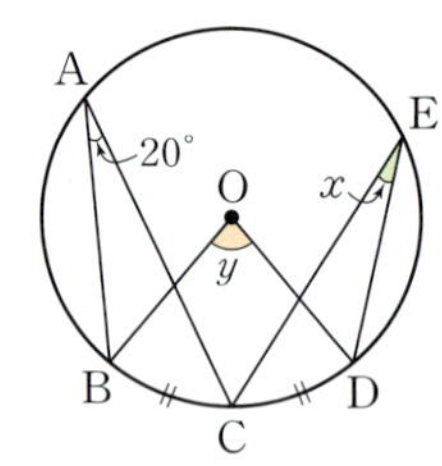

396 상 중 하

오른쪽 그림과 같이 $\overline{AB}$를 지름으로 하는 반원 O에서 $\overset{\frown}{AD}=\overset{\frown}{CD}$이고 점 P는 $\overline{AC}$와 $\overline{BD}$의 교점이다. $\angle DBA=25°$일 때, $\angle CPB$의 크기를 구하시오.

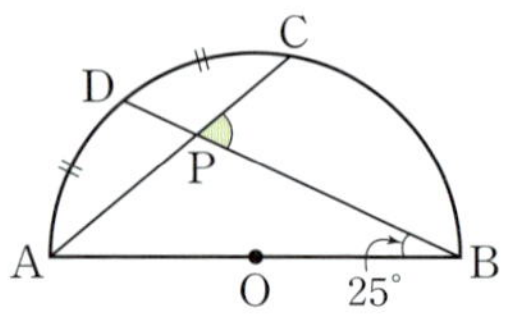

수학의 바이블 61쪽

유형 08 원주각의 크기와 호의 길이(2)

397 상**중**하

오른쪽 그림에서 점 P는 두 현 AC, BD의 교점이고 $\overarc{BC}=2$ cm, ∠BDC=30°, ∠BPC=75°일 때, $\overarc{AD}$의 길이를 구하시오.

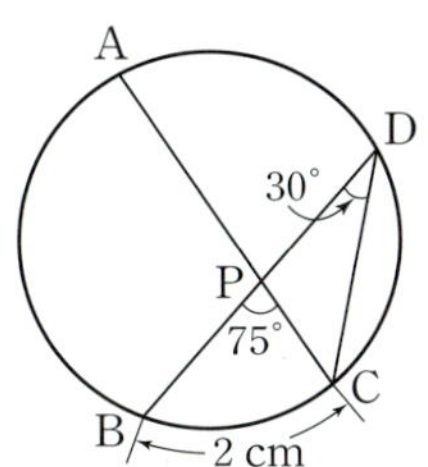

→ **유형 Point** 한 원에서 호의 길이는 그 호에 대한 원주각의 크기에 정비례한다.
➡ $\overarc{AB} : \overarc{BC} = ∠x : ∠y$

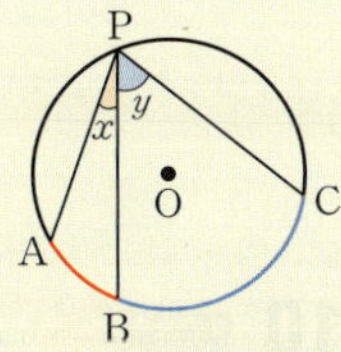

398 상**중**하

오른쪽 그림과 같은 원 O에서 $\overarc{AB}=10$ cm, $\overarc{CD}=5$ cm이고 ∠DQC=26°일 때, ∠AOB의 크기를 구하시오.

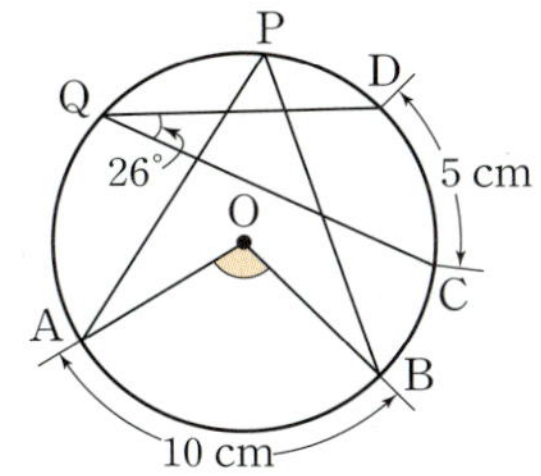

399 **상**중하

오른쪽 그림에서 점 P는 $\overline{AD}$와 $\overline{BC}$의 연장선의 교점이고 $\overarc{AB} : \overarc{CD} = 4 : 1$이다. ∠APB=30°일 때, ∠$x$의 크기를 구하시오.

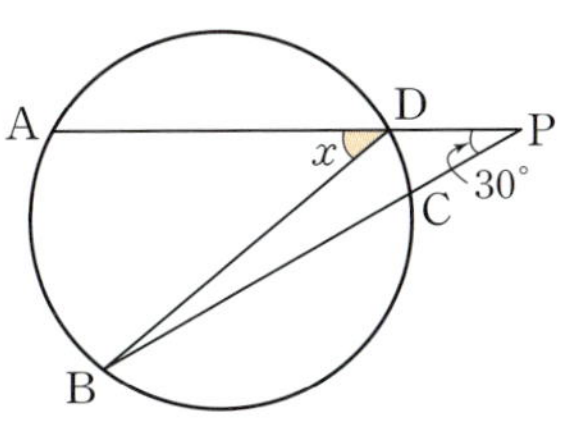

400 **상**중하

오른쪽 그림에서 $\overline{AB}$는 원 O의 지름이고 $\overarc{BC}=15$, ∠BAC=25°일 때, $\overarc{AC}$의 길이를 구하시오.

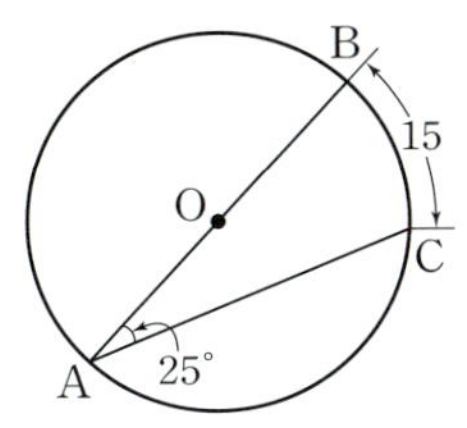

수학의 바이블 61쪽

유형 09 원주각의 크기와 호의 길이(3)

401 상**중**하

오른쪽 그림에서 $\overarc{AC}$, $\overarc{BD}$의 길이가 각각 원주의 $\dfrac{1}{5}$, $\dfrac{1}{9}$일 때, ∠x의 크기를 구하시오.

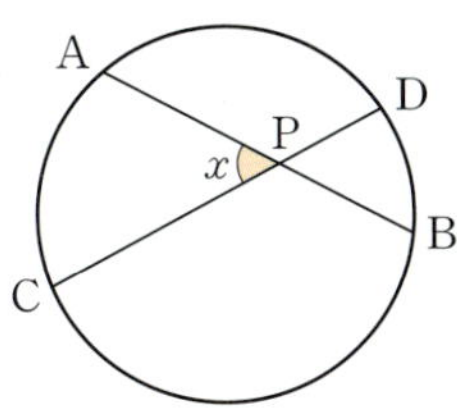

→ **유형 Point** 한 원에서 모든 호에 대한 원주각의 크기의 합은 180°이므로

(1) $\overarc{AB}$의 길이가 원주의 $\dfrac{1}{k}$이면

➡ $∠ACB = \dfrac{1}{k} \times 180°$

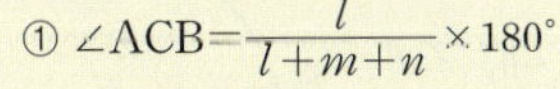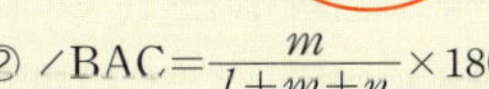

(2) $\overarc{AB} : \overarc{BC} : \overarc{CA} = l : m : n$이면

① $∠ACB = \dfrac{l}{l+m+n} \times 180°$ ② $∠BAC = \dfrac{m}{l+m+n} \times 180°$

③ $∠ABC = \dfrac{n}{l+m+n} \times 180°$

402 상**중**하

오른쪽 그림에서 △ABC는 원 O에 내접하고 $\overarc{AB} : \overarc{BC} : \overarc{CA} = 5 : 3 : 4$일 때, ∠ABC의 크기를 구하시오.

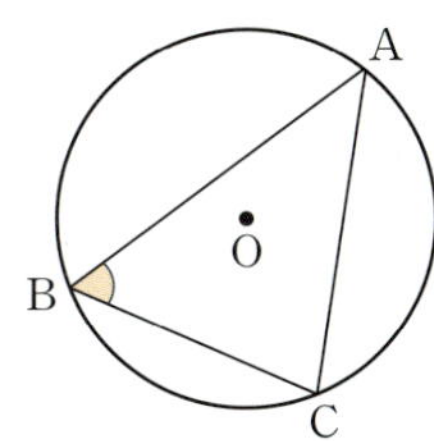

403 상**중**하

다음 그림에서 $\overarc{AC}$, $\overarc{BD}$의 길이가 각각 원주의 $\dfrac{1}{4}$, $\dfrac{1}{6}$일 때, ∠BPD의 크기를 구하시오.

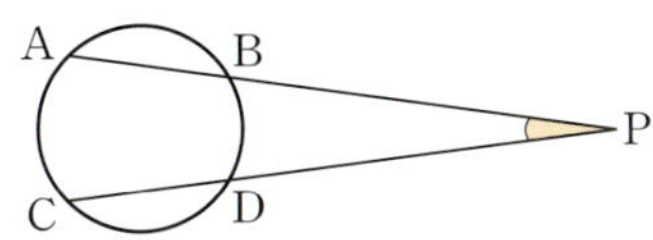

404 상**중**하 **서술형**

오른쪽 그림과 같이 두 현 AB, CD가 점 P에서 만나고 ∠ACD=25°, ∠CPB=85°, $\overarc{BC}=6π$ cm일 때, 원 O의 둘레의 길이를 구하시오.

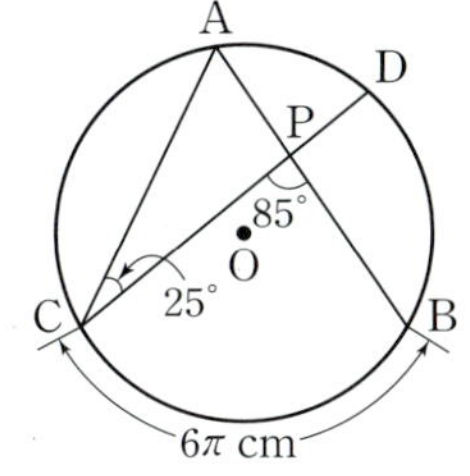

405

오른쪽 그림과 같이 반지름의 길이가
10 cm인 원 O에 △ABC가 내접한다.
∠BAC=75°일 때, △OBC의 넓이를
구하시오.

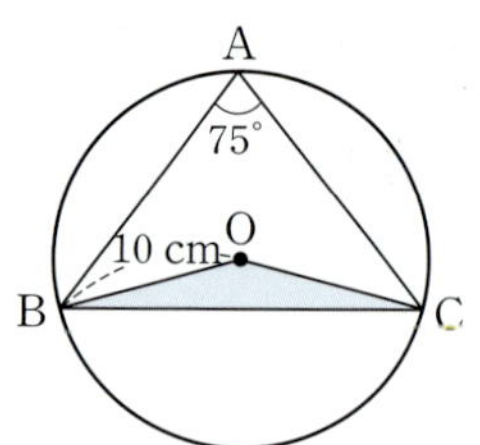

406

오른쪽 그림과 같은 원 O에서
∠ABO=45°, ∠ACO=20°일 때, ∠x
의 크기는?

① 21° ② 23°
③ 25° ④ 27°
⑤ 29°

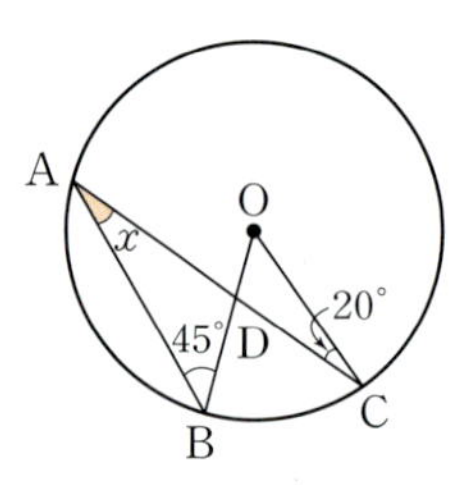

407

오른쪽 그림과 같이 원 O의 두 현 AB,
CD의 교점을 E라고 하자. $\widehat{AC}$, $\widehat{BD}$에
대한 중심각의 크기가 각각 68°, 54°일
때, ∠x의 크기를 구하시오.

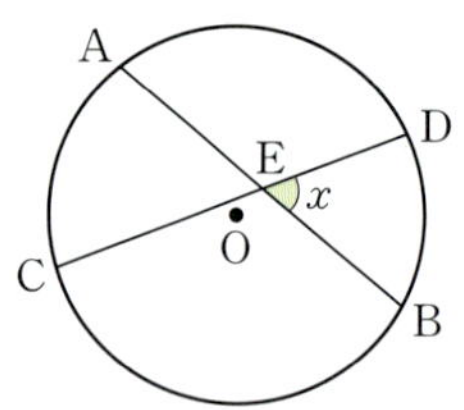

408

오른쪽 그림과 같이 반지름의 길이가
6 cm인 원 O에서 ∠ABC=150°일 때,
색칠한 부분의 넓이를 구하시오.

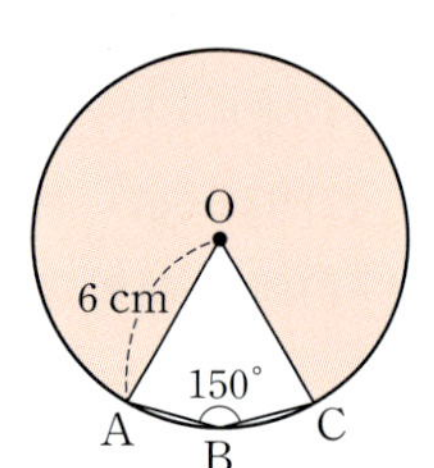

409

오른쪽 그림과 같이 △ABC가 원 O에
내접하고 $\overline{PA}$, $\overline{PB}$는 원 O의 접선이
다. ∠APB=62일 때, 다음 중 옳지
않은 것은?

(단, 두 점 A, B는 접점이다.)

① ∠PAO=90° ② ∠AOB=118°
③ ∠ACB=62° ④ ∠ABO=31°
⑤ ∠PAB=59°

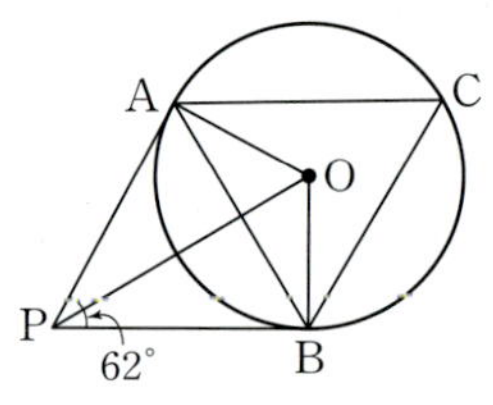

410 생각이 쑥쑥

오른쪽 그림에서 ∠x+∠y의 크기를
구하시오.

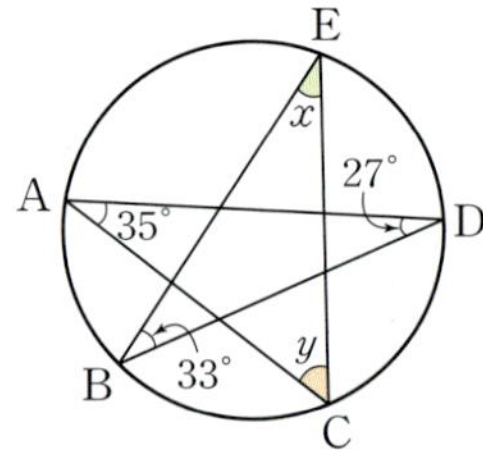

411

오른쪽 그림에서 $\overline{AB}$, $\overline{CD}$는 원 O의
지름이고 $\overline{CE}$는 ∠ACB의 이등분선이
다. ∠AOD=56°일 때, ∠x의 크기를
구하시오.

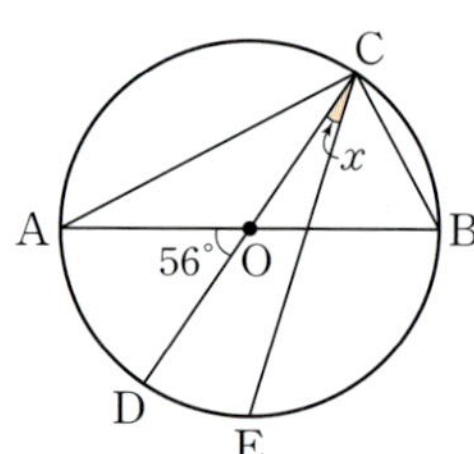

412

오른쪽 그림에서 $\overline{AC}$는 원 O의 지름이
고 ∠DBC=30°, ∠BDC=20°일 때,
∠y−∠x의 크기를 구하시오.

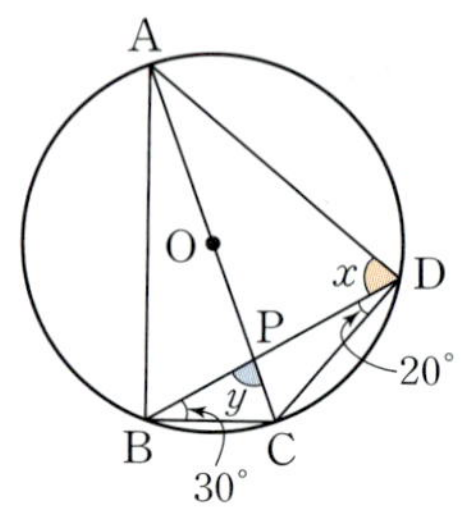

413 생각이 쑥쑥

오른쪽 그림과 같이 $\overline{AB}$를 지름으로 하는 반원 O 위의 점 C에서 $\overline{AB}$에 내린 수선의 발을 D라고 하자. $\overline{AB}=12$, $\overline{BC}=8$, $\angle ACD=x$일 때, $\sin x \times \cos x$의 값을 구하시오.

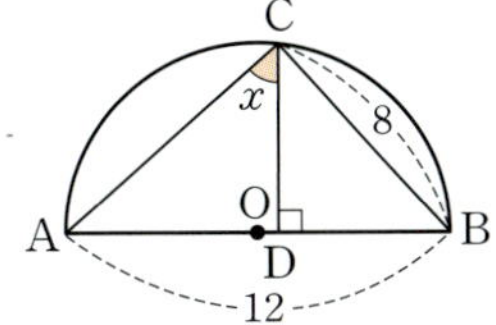

414

오른쪽 그림과 같이 반지름의 길이가 8 cm인 반원 O 위의 점 C에서 지름 AB에 내린 수선의 발을 D라고 하자. $\angle CAB=60°$일 때, $\overline{CD}$의 길이를 구하시오.

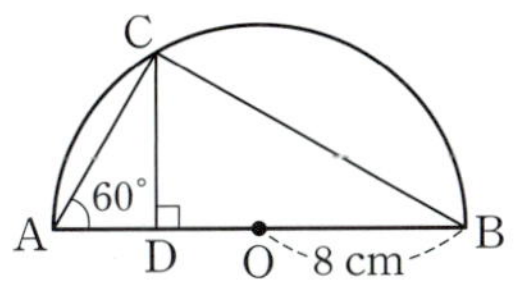

★★ 415

오른쪽 그림과 같이 원 O에 내접하는 정오각형에서 $\angle CAD$의 크기를 구하시오.

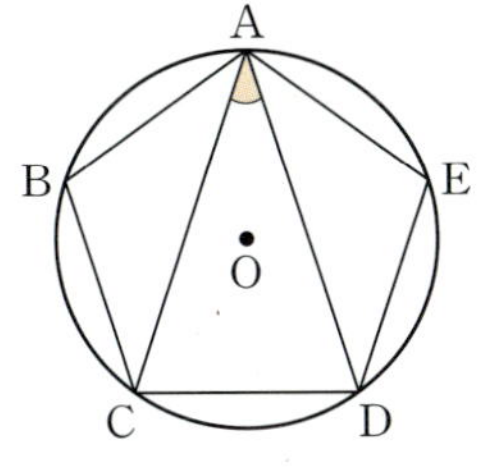

416

오른쪽 그림에서 $\overset{\frown}{PB}=\dfrac{1}{2}\overset{\frown}{PA}$일 때, $\angle PAB$의 크기를 구하시오.

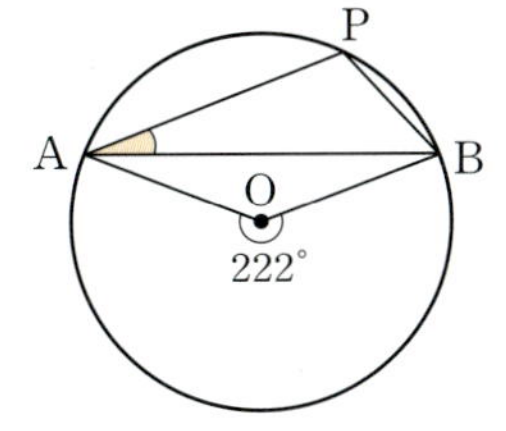

417

오른쪽 그림과 같은 원의 반지름의 길이가 6 cm일 때, $\overset{\frown}{PA}+\overset{\frown}{PD}$의 길이를 구하시오.

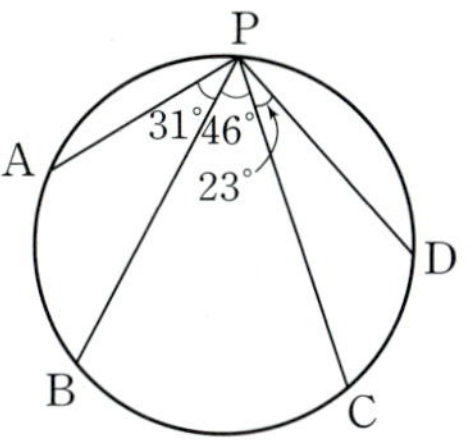

418

오른쪽 그림에서 $\overline{AB}$는 원 O의 지름이고 $\overset{\frown}{AC}:\overset{\frown}{CB}=3:2$이다. $\overset{\frown}{AD}=\overset{\frown}{DE}=\overset{\frown}{EB}$일 때, $\angle x$의 크기를 구하시오.

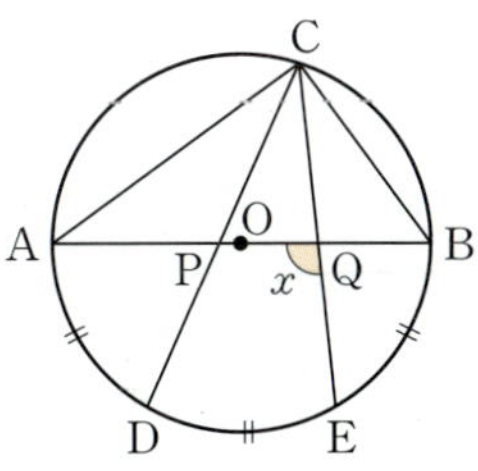

419

오른쪽 그림의 원에서 두 현 AB, CD의 교점을 P라고 하자. $\angle DPB=80°$일 때, $\overset{\frown}{AC}+\overset{\frown}{BD}$의 길이는 이 원의 둘레의 길이의 몇 배인지 구하시오.

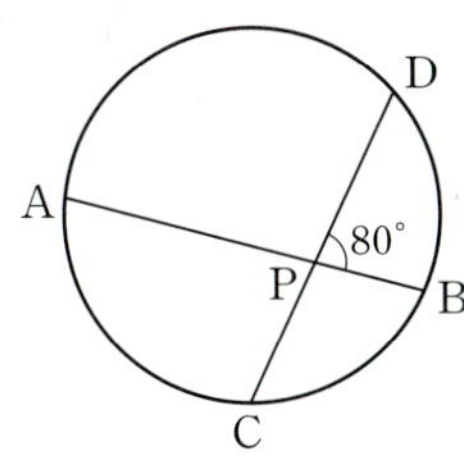

교과서 속 창의·융합 문제

420

오른쪽 그림과 같이 원 모양의 공연장의 한쪽에 무대가 설치되어 있다. 무대의 길이가 20 m이고, 공연장의 경계의 한 지점 P에서 무대의 양 끝 A, B를 바라본 각의 크기가 45°일 때, 무대를 제외한 공연장의 넓이를 구하시오.

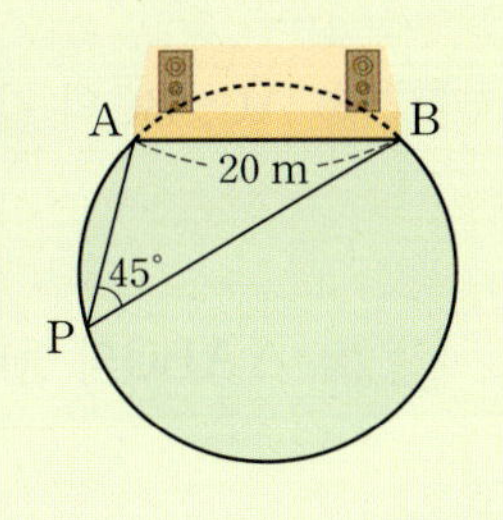

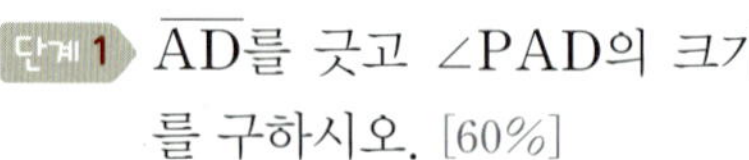

421

오른쪽 그림에서 $\overline{AB}$는 반원 O의 지름이고 점 P는 $\overline{AC}$와 $\overline{BD}$의 연장선의 교점이다. $\angle APB=64°$일 때, $\angle x$의 크기를 구하시오.

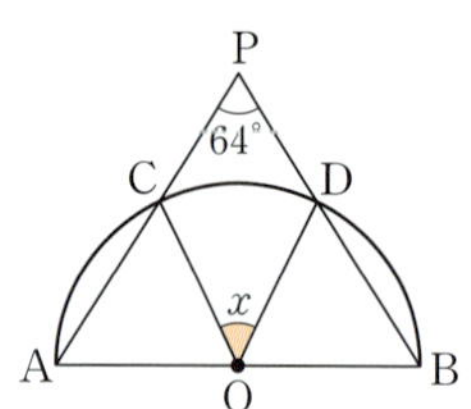

단계 1 $\overline{AD}$를 긋고 $\angle PAD$의 크기를 구하시오. [60%]

단계 2 $\angle x$의 크기를 구하시오. [40%]

422

오른쪽 그림에서 $\overline{AB}$는 반원 O의 지름이고 점 P는 $\overline{AC}$와 $\overline{BD}$의 연장선의 교점이다. $\angle APB=46°$일 때, $\angle x$의 크기를 구하시오.

풀이

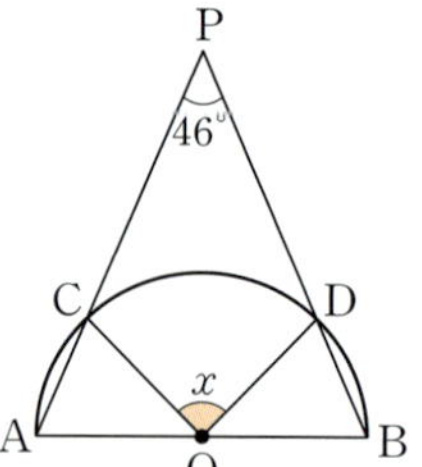

답 ____________

423

오른쪽 그림의 원에서 $\overline{AB}$와 $\overline{CD}$의 연장선의 교점을 P, $\overline{AC}$와 $\overline{BD}$의 교점을 Q라고 하자. $\angle BPC=25°$, $\angle BQC=65°$일 때, $\angle x$의 크기를 구하시오.

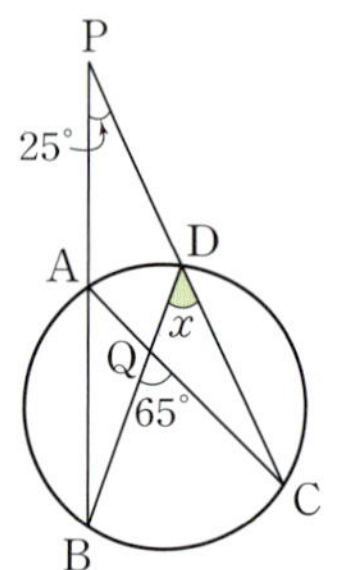

단계 1 $\angle BAC$와 $\angle PBD$의 크기를 $\angle x$에 대한 식으로 나타내시오. [50%]

단계 2 $\angle x$의 크기를 구하시오. [50%]

424

오른쪽 그림의 원에서 $\overline{AB}$와 $\overline{CD}$의 연장선의 교점을 P, $\overline{AC}$와 $\overline{BD}$의 교점을 Q라고 하자. $\angle APD=30°$, $\angle AQD=70°$일 때, $\angle x$의 크기를 구하시오.

풀이

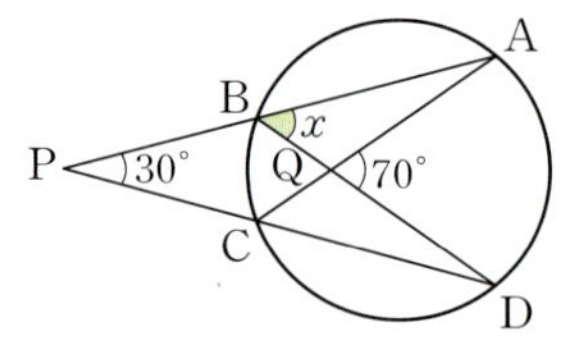

답 ____________

425

오른쪽 그림과 같이 반지름의 길이가 6인 반원에 내접하는 $\triangle ABC$에서 $\angle ABC=30°$일 때, $\triangle ABC$의 둘레의 길이를 구하시오.

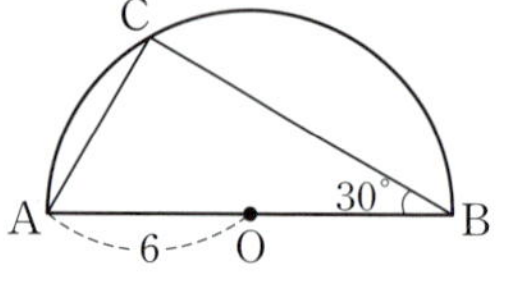

단계 1 $\angle ACB$의 크기를 구하시오. [20%]

단계 2 $\overline{AC}$, $\overline{BC}$의 길이를 각각 구하시오. [60%]

단계 3 $\triangle ABC$의 둘레의 길이를 구하시오. [20%]

426

오른쪽 그림과 같이 반지름의 길이가 4인 반원에 내접하는 $\triangle ABC$에서 $\angle ABC=60°$일 때, $\triangle ABC$의 둘레의 길이를 구하시오.

풀이

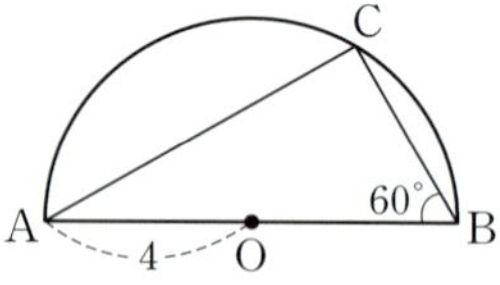

답 ____________

427

오른쪽 그림과 같이 $\overline{AB}$는 원 O의 지름
이고 점 D는 $\overset{\frown}{BC}$를 이등분한다.
$\angle BAD=25°$일 때, $\angle ADC$의 크기를
구하시오.

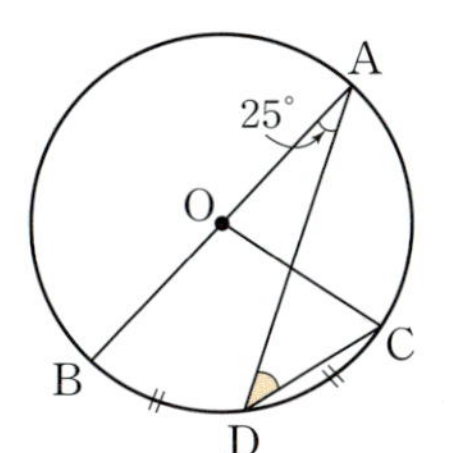

단계 1 $\overline{AC}$를 긋고 $\angle CAD$의 크기를
구하시오. [35%]

단계 2 $\angle AOC$의 크기를 구하시오. [30%]

단계 3 $\angle ADC$의 크기를 구하시오. [35%]

428

오른쪽 그림과 같이 $\overline{AD}$는 원 O의 지
름이고 점 C는 $\overset{\frown}{BD}$를 이등분한다.
$\angle CAD=32°$일 때, $\angle ACB$의 크기
를 구하시오.

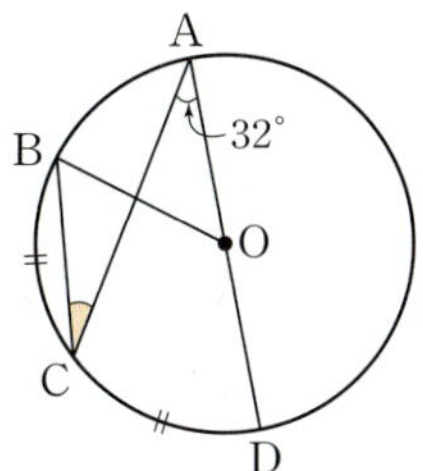

풀이

답 ______________

429

오른쪽 그림의 원 O에서 $\overline{AB}\perp\overline{OM}$,
$\overline{AC}\perp\overline{ON}$이고 $\overline{OM}=\overline{ON}$이다.
$\angle ABC=70°$, $\overset{\frown}{AC}=21\pi$일 때,
$\overset{\frown}{BC}$의 길이를 구하시오.

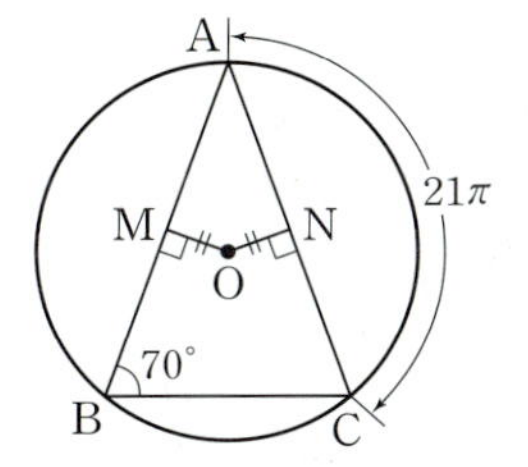

단계 1 $\angle BAC$의 크기를 구하시오.
[50%]

단계 2 $\overset{\frown}{BC}$의 길이를 구하시오. [50%]

430

오른쪽 그림의 원 O에서 $\overline{AB}\perp\overline{OM}$,
$\overline{AC}\perp\overline{ON}$이고 $\overline{OM}=\overline{ON}$이다.
$\angle ACB=65°$, $\overset{\frown}{AB}=26\pi$일 때,
$\overset{\frown}{BC}$의 길이를 구하시오.

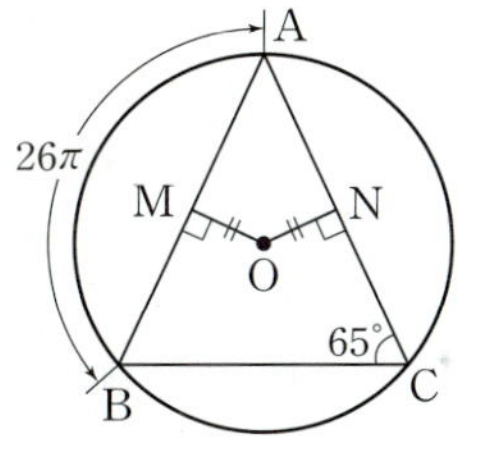

풀이

답 ______________

431

오른쪽 그림과 같이 12등분된 원에
서 $\angle x$의 크기를 구하시오.

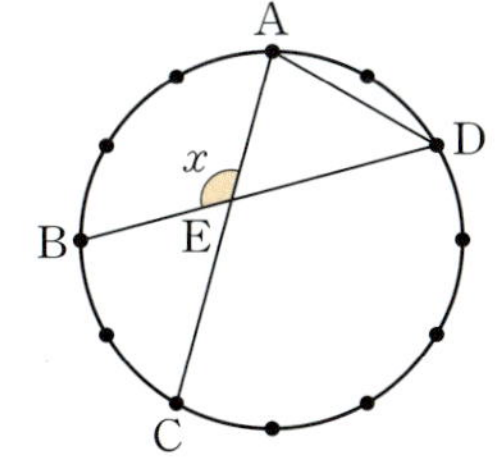

단계 1 $\angle ADB$의 크기를 구하시오.
[40%]

단계 2 $\angle CAD$의 크기를 구하시오. [40%]

단계 3 $\angle x$의 크기를 구하시오. [20%]

432

오른쪽 그림과 같이 9등분된 원에서
$\angle x$의 크기를 구하시오.

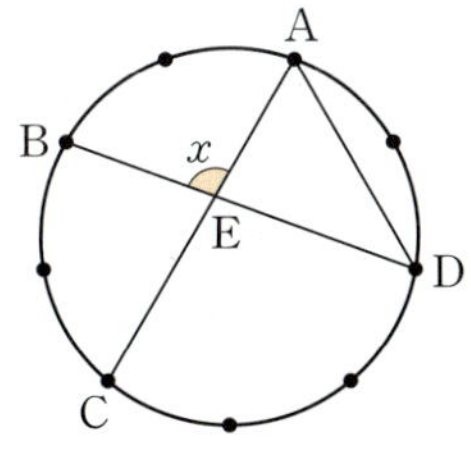

풀이

답 ______________

3 원주각의 활용

개념 1 네 점이 한 원 위에 있을 조건

두 점 C, D가 직선 AB에 대하여 같은 쪽에 있을 때

$$\angle ACB = \angle ADB$$

이면 네 점 A, B, C, D는 한 원 위에 있다.

> 참고 (1) 네 점 A, B, C, D가 한 원 위에 있으면 $\angle ACB = \angle ADB$이다.
> (2) 네 점 A, B, C, D가 한 원 위에 있다.
> ➡ □ABCD는 원에 내접하는 사각형이다.

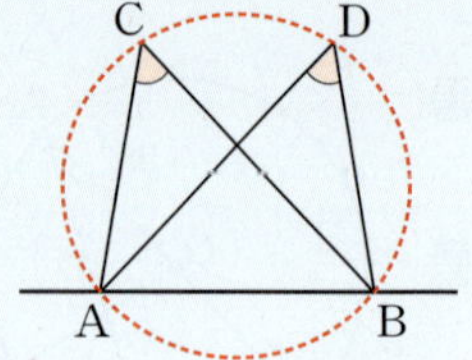

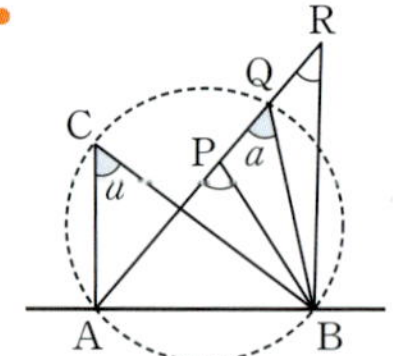

$\angle ACB = \angle a$라고 하면
① $\angle APB > \angle a$
② $\angle AQB = \angle a$
③ $\angle ARB < \angle a$

개념 2 원에 내접하는 사각형의 성질

원에 내접하는 사각형 ABCD에서

(1) 한 쌍의 대각의 크기의 합은 180°이다.

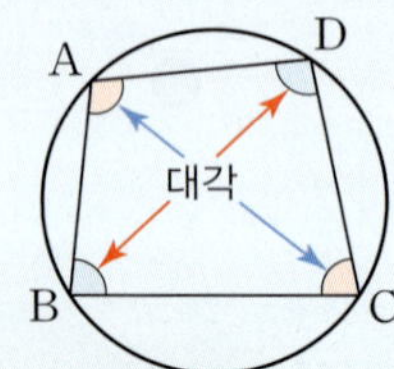

➡ $\angle A + \angle C = 180°$
   $\angle B + \angle D = 180°$

(2) 한 외각의 크기는 그 외각에 이웃한 내각에 대한 대각의 크기와 같다.

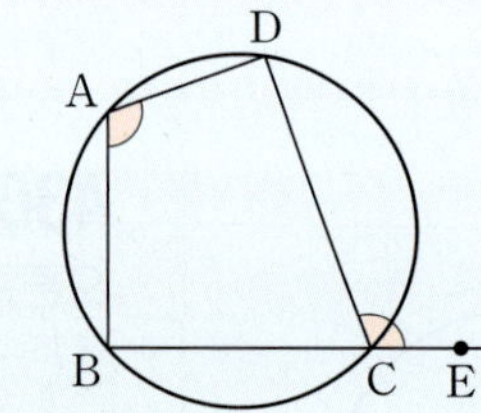

➡ $\angle DCE = \angle A$

> 참고 □ABCD가 원 O에 내접할 때
> (1) $\overarc{BCD}$에 대한 중심각의 크기를 $\angle x$, $\overarc{BAD}$에 대한 중심각의 크기를 $\angle y$라고 하면 $\angle A = \dfrac{1}{2}\angle x$, $\angle DCB = \dfrac{1}{2}\angle y$
>
> $\angle A + \angle DCB = \dfrac{1}{2}(\angle x + \angle y) = \dfrac{1}{2} \times 360° = 180°$
>
> 마찬가지 방법으로 $\angle B + \angle D = 180°$
> (2) (1)에 의하여 $\angle A + \angle DCB = 180°$
> 이때 $\angle DCE + \angle DCB = 180°$이므로 $\angle DCE = \angle A$

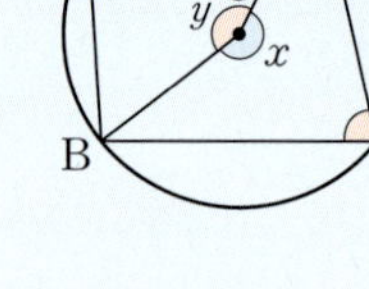

• 외접사각형과 내접사각형의 비교
① 외접사각형

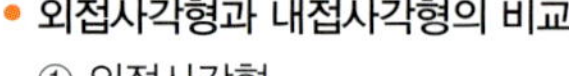

➡ $\overline{AB} + \overline{CD} = \overline{AD} + \overline{BC}$

② 내접사각형

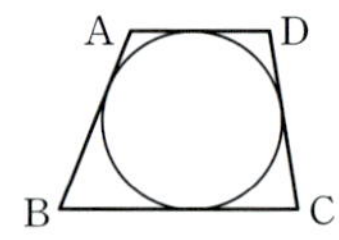

➡ $\angle A + \angle C = \angle B + \angle D = 180°$

• 삼각형은 항상 한 원에 내접하지만 사각형은 한 원에 내접할 수도 있고 그렇지 않을 수도 있다.

• 정사각형, 직사각형, 등변사다리꼴은 한 쌍의 대각의 크기의 합이 180°이므로 항상 원에 내접한다.

개념 3 사각형이 원에 내접하기 위한 조건

(1) 한 쌍의 대각의 크기의 합이 180°인 사각형은 원에 내접한다.

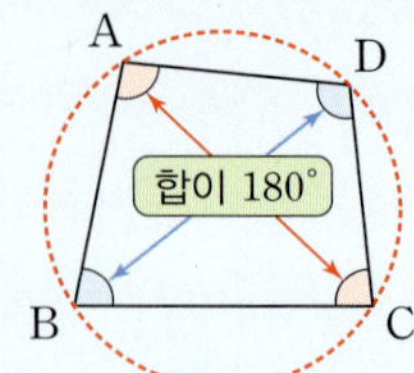

➡ $\angle A + \angle C = 180°$ 또는
   $\angle B + \angle D = 180°$이면 □ABCD는 원에 내접한다.

(2) 한 외각의 크기와 그 외각에 이웃한 내각에 대한 대각의 크기가 같은 사각형은 원에 내접한다.

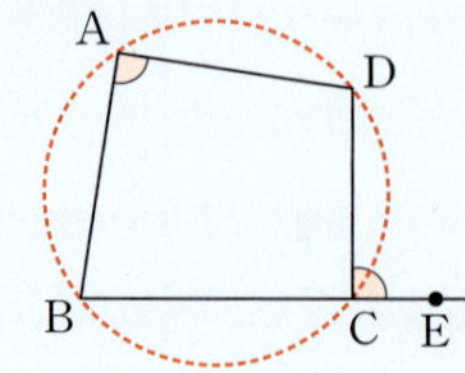

➡ $\angle DCE = \angle A$이면 □ABCD는 원에 내접한다.

• $\angle BAC = \angle BDC$이면 □ABCD는 원에 내접한다.

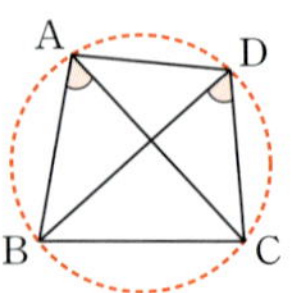

1 네 점이 한 원 위에 있을 조건

433

다음 보기 중 네 점 A, B, C, D가 한 원 위에 있는 것을 모두 고르시오.

보기

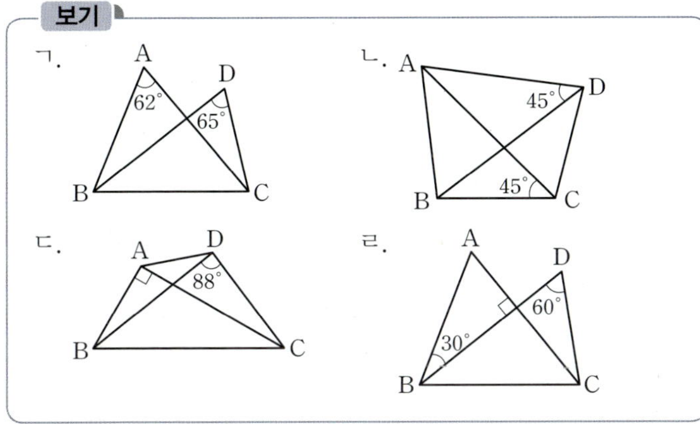

434

다음 그림에서 네 점 A, B, C, D가 한 원 위에 있도록 하는 $\angle x$의 크기를 구하시오.

(1) 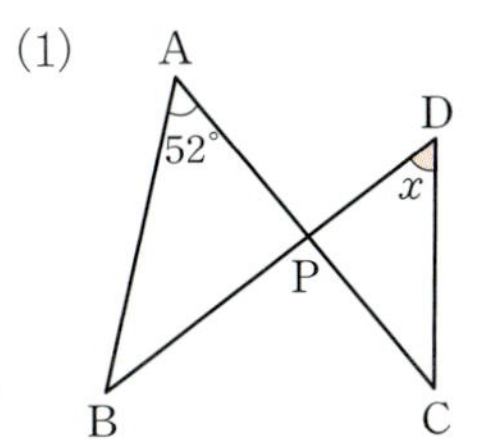

(2) 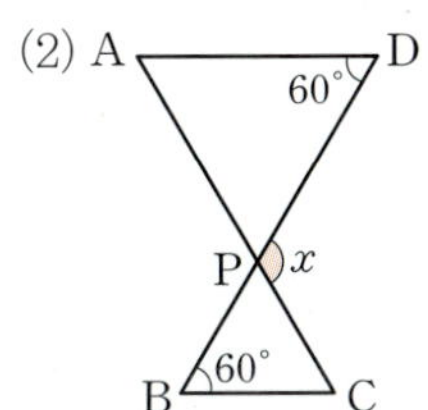

2 원에 내접하는 사각형의 성질

435

다음 그림에서 □ABCD가 원에 내접할 때, $\angle x$의 크기를 구하시오.

(1) 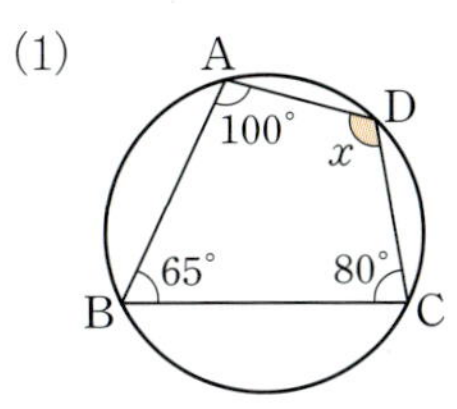

(2) 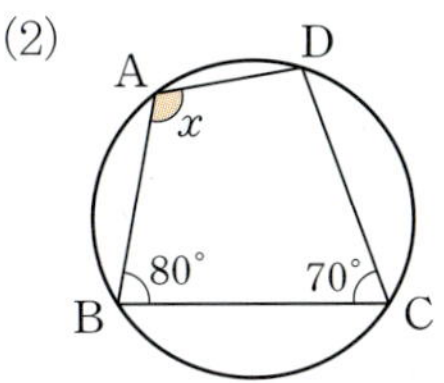

(3) 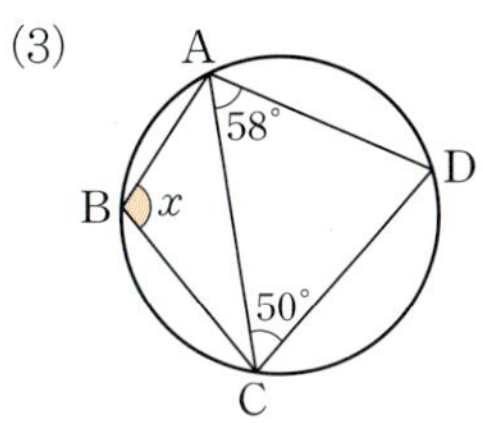

(4) 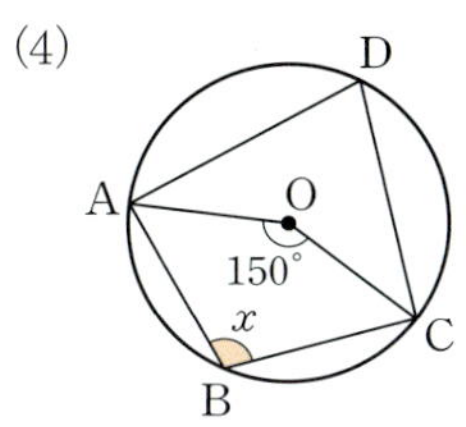

436

다음 그림에서 □ABCD가 원에 내접할 때, $\angle x$의 크기를 구하시오.

(1) 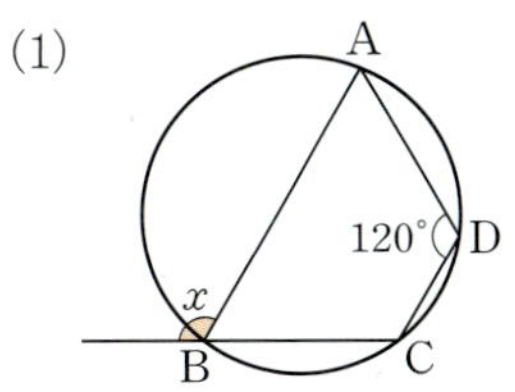

(2) 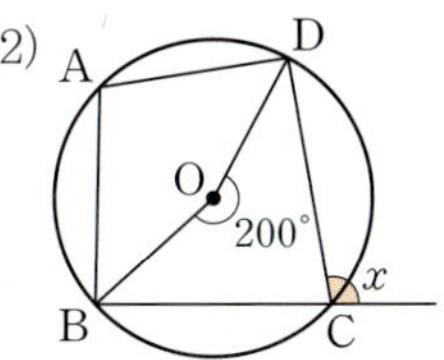

3 사각형이 원에 내접하기 위한 조건

437

다음 보기 중 □ABCD가 원에 내접하지 않는 것을 고르시오.

보기

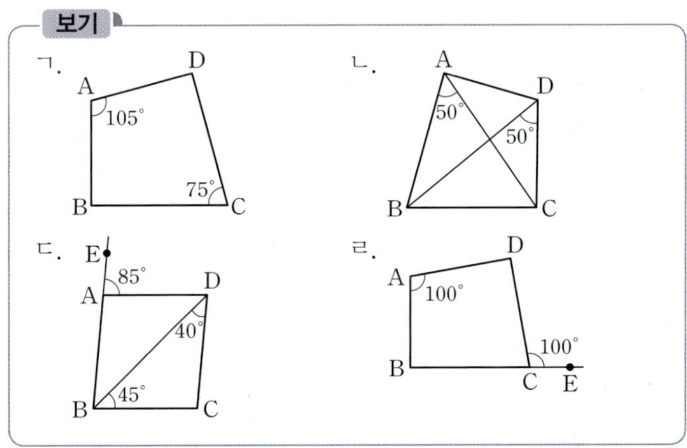

438

다음 그림에서 □ABCD가 원에 내접하도록 하는 $\angle x$의 크기를 구하시오.

(1) 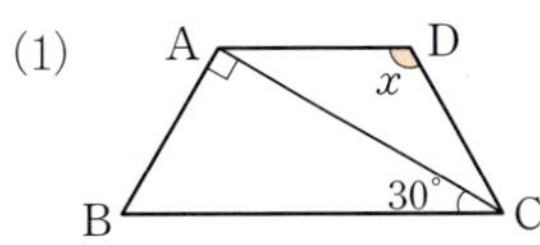

(2) 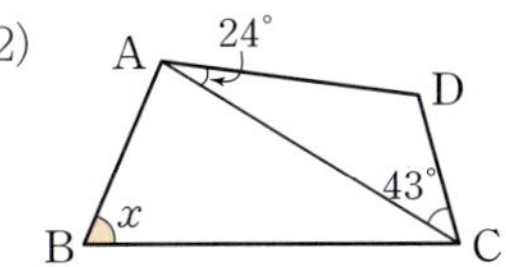

439

다음 그림에서 □ABCD가 원에 내접하도록 하는 $\angle x$와 $\angle y$의 크기를 각각 구하시오.

(1) 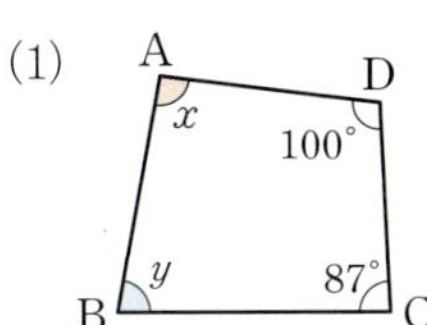

(2) 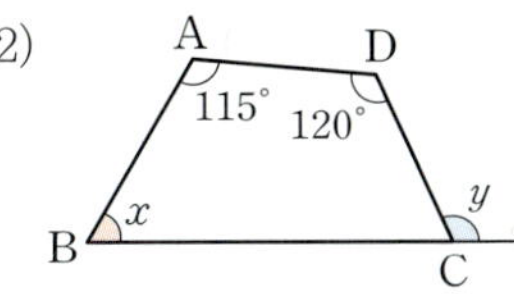

3 원주각의 활용

개념 4 접선과 현이 이루는 각

(1) 원의 접선과 그 접점을 지나는 현이 이루는 각의 크기는 그 각의 내부에 있는 호에 대한 원주각의 크기와 같다.

즉 $\overrightarrow{AT}$가 원 O의 접선이고 점 A가 접점이면

$$\angle BAT = \angle BCA$$

(2) 원 O에서 $\angle BAT = \angle BCA$이면 $\overrightarrow{AT}$은 원 O의 접선이다.

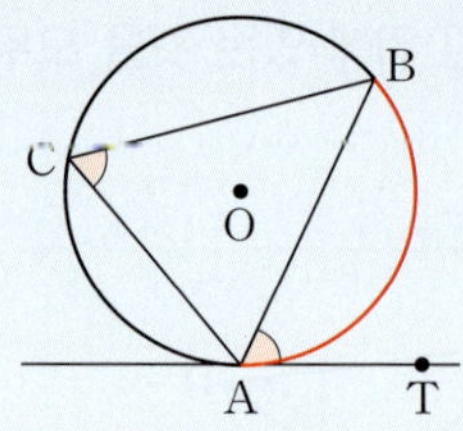

참고 접선과 현이 이루는 각에 대한 설명

① $\angle BAT$가 직각인 경우	② $\angle BAT$가 예각인 경우	③ $\angle BAT$가 둔각인 경우
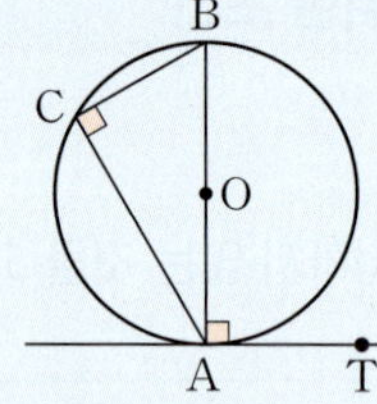	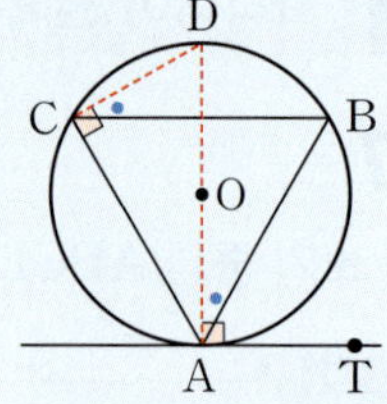	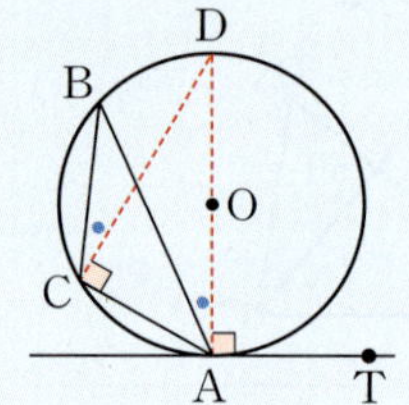
$\angle BAT = 90°$이면 $\overline{AB}$는 원 O의 지름이므로 $\angle BCA = 90°$ $\therefore \angle BAT = \angle BCA$	지름 AD를 그으면 $\angle DAT = \angle DCA = 90°$ $\angle DAB = \angle DCB$ ($\overset{\frown}{DB}$에 대한 원주각) $\therefore \angle BAT$ $= 90° - \angle DAB$ $= 90° - \angle DCB$ $= \angle BCA$	지름 AD를 그으면 $\angle DAT = \angle DCA = 90°$ $\angle BAD = \angle BCD$ ($\overset{\frown}{BD}$에 대한 원주각) $\therefore \angle BAT$ $= 90° + \angle BAD$ $= 90° + \angle BCD$ $= \angle BCA$

개념 5 두 원에서 접선과 현이 이루는 각

$\overleftrightarrow{PQ}$가 두 원 O, O'의 공통인 접선이고 점 T가 접점일 때

(1) 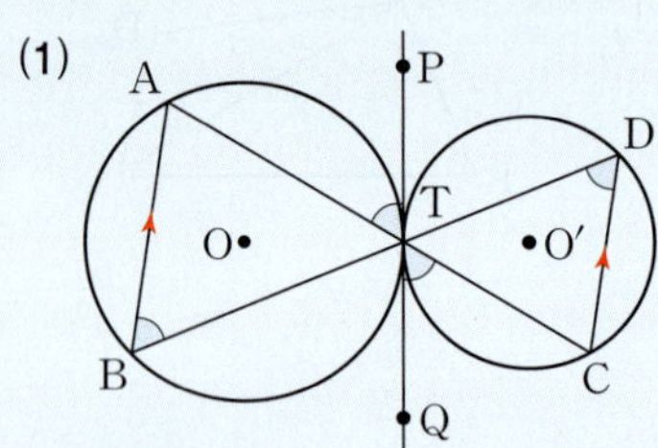

원 O에서 $\angle ABT = \angle ATP$ (접선과 현이 이루는 각)
원 O'에서 $\angle CDT = \angle CTQ$ (접선과 현이 이루는 각)
이때 $\angle ATP = \angle CTQ$ (맞꼭지각)이므로
$\angle ABT = \angle CDT$
따라서 엇각의 크기가 같으므로 $\overline{AB} /\!/ \overline{CD}$

(2) 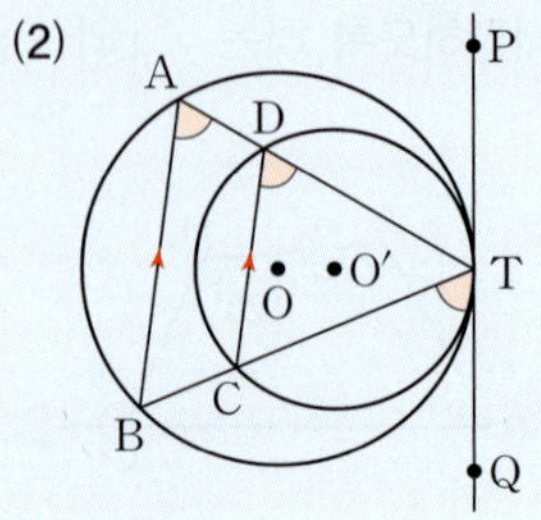

원 O에서 $\angle BAT = \angle BTQ$ (접선과 현이 이루는 각)
원 O'에서 $\angle CDT = \angle BTQ$ (접선과 현이 이루는 각)
이므로 $\angle BAT = \angle CDT$
따라서 동위각의 크기가 같으므로 $\overline{AB} /\!/ \overline{CD}$

개념 Plus

• $\overrightarrow{PA}$, $\overrightarrow{PB}$는 접선이고 두 점 A, B는 접점일 때

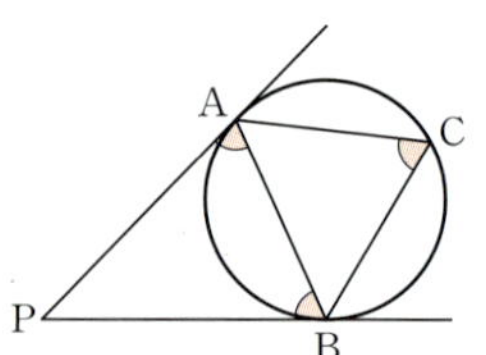

$\overline{PA} = \overline{PB}$이므로
$\angle PAB = \angle PBA = \angle BCA$

• 두 직선이 서로 평행할 조건

서로 다른 두 직선이 한 직선과 만날 때
① 동위각의 크기가 같다.
② 엇각의 크기가 같다.
이면 두 직선은 서로 평행하다.

4 접선과 현이 이루는 각

440

다음 그림에서 $\overrightarrow{\mathrm{AT}}$는 원 O의 접선이고 점 A는 접점일 때, $\angle x$의 크기를 구하시오.

(1) 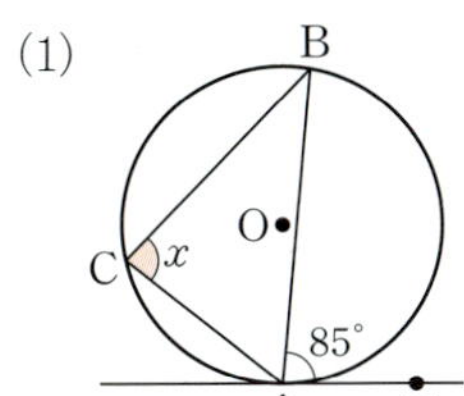

(2) 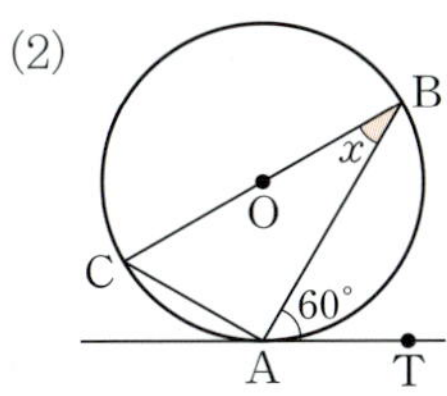

(3) 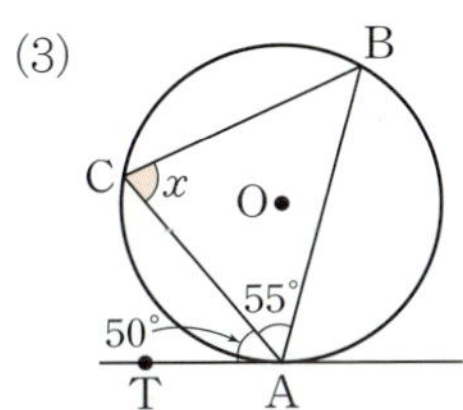

(4) 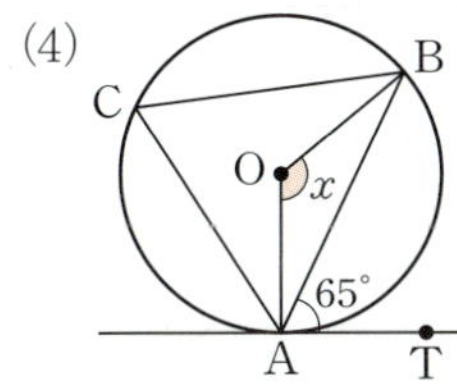

(5) 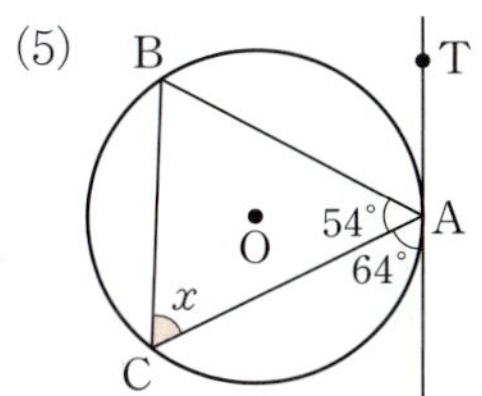

(6) 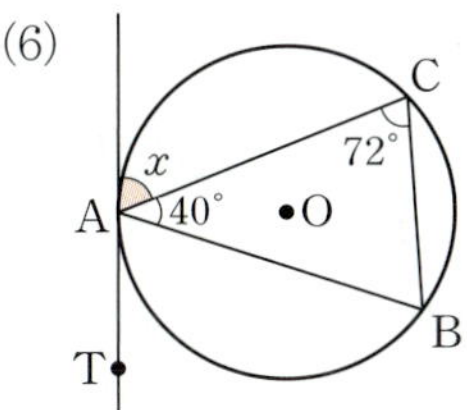

441

다음 그림에서 $\overrightarrow{\mathrm{PT}}$가 원 O의 접선이고 점 P가 접점일 때, $\angle x$와 $\angle y$의 크기를 각각 구하시오.

(1) 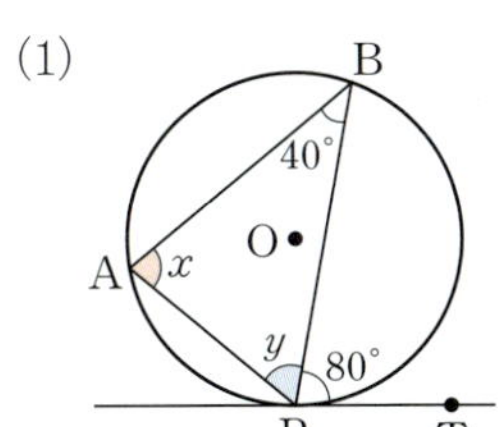

(2) 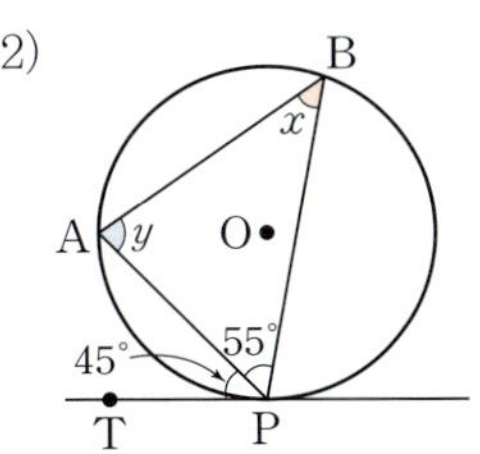

(3) 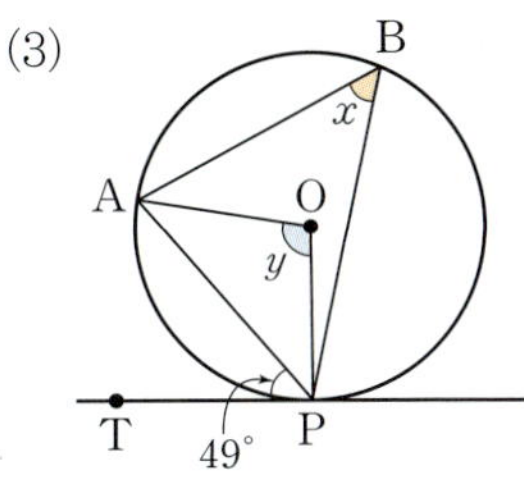

(4) 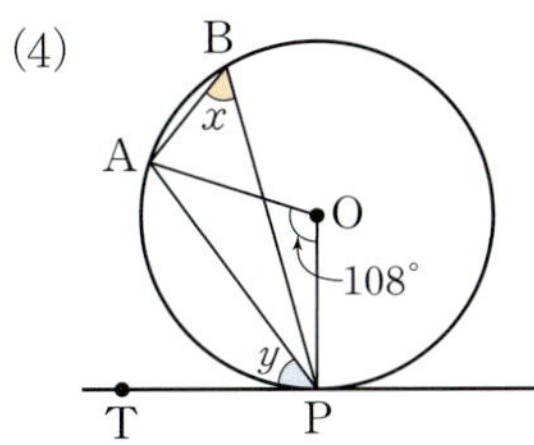

5 두 원에서 접선과 현이 이루는 각

442

다음 그림에서 $\overrightarrow{\mathrm{PQ}}$가 두 원의 공통인 접선이고 점 T는 접점일 때, $\angle x$와 $\angle y$의 크기를 각각 구하시오.

(1) 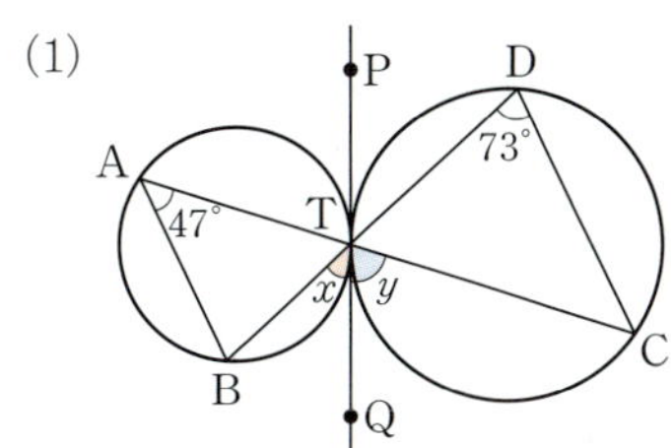

(2) 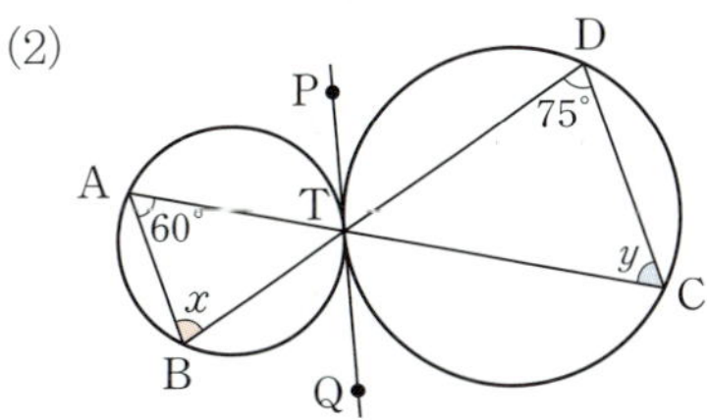

(3) 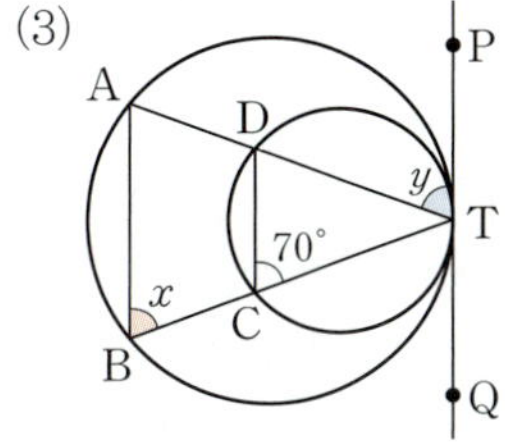

(4) 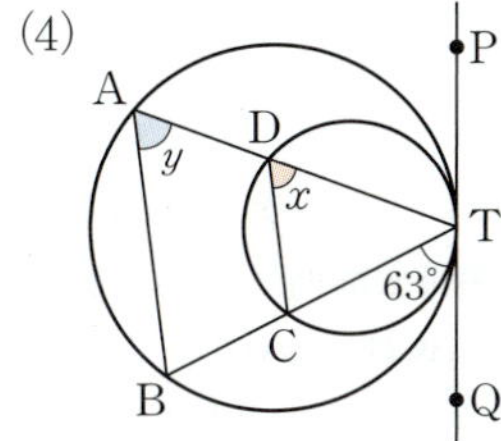

443

다음 그림에서 $\overrightarrow{\mathrm{PQ}}$가 두 원의 공통인 접선이고 점 T는 접점일 때, $\angle x$의 크기를 구하시오.

(1) 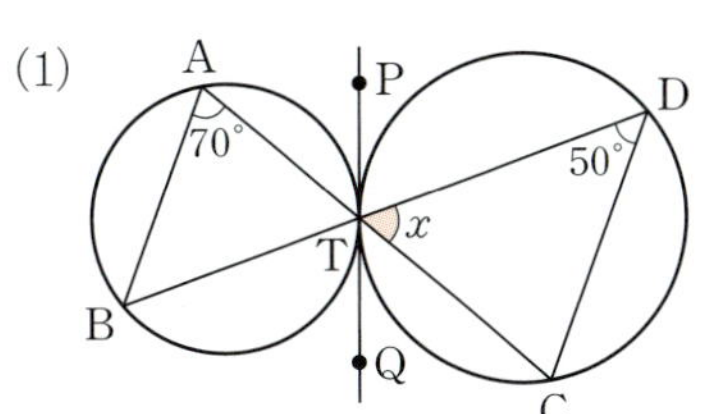

(2) 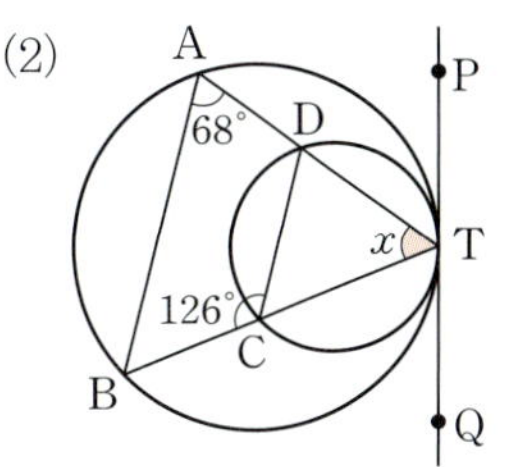

▶ 수학의 바이블 64쪽

유형 01 네 점이 한 원 위에 있을 조건

444 상 중 하

다음 중 네 점 A, B, C, D가 한 원 위에 있는 것은?

① 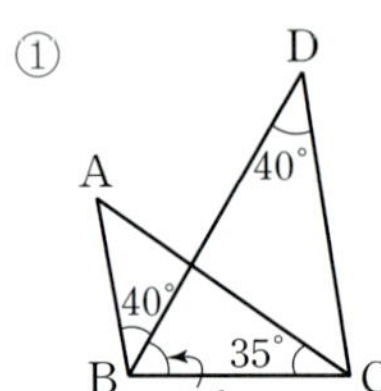
② 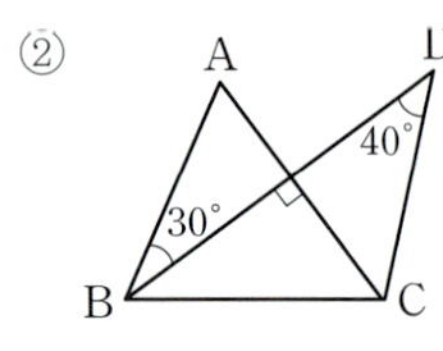
③ 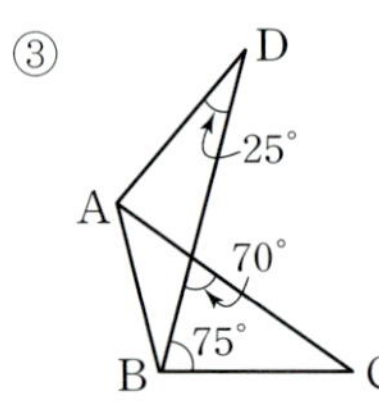
④ 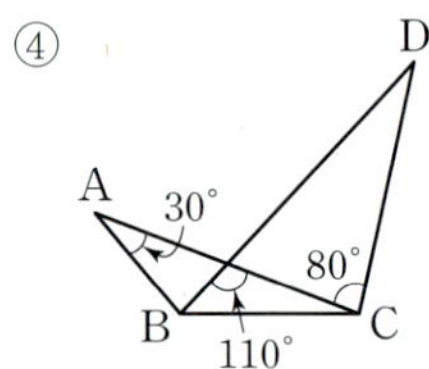
⑤ 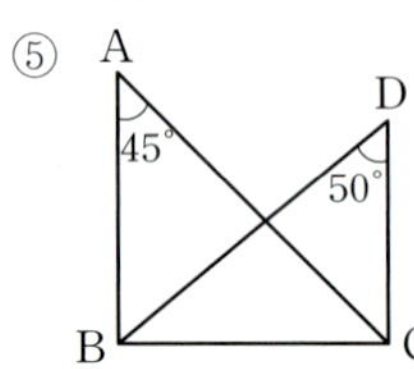

→ **유형 Point** (1) 두 점 C, D가 직선 AB에 대하여 같은 쪽에 있을 때
$$\angle ACB = \angle ADB$$
이면 네 점 A, B, C, D는 한 원 위에 있다.
(2) 네 점 A, B, C, D가 한 원 위에 있으면
$$\angle ACB = \angle ADB$$이다.

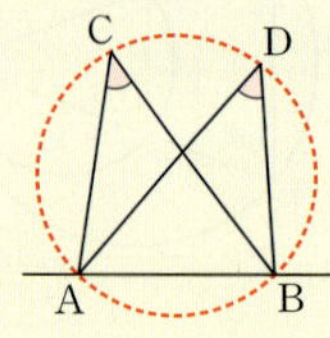

445 상 중 하

오른쪽 그림에서 네 점 A, B, C, D가 한 원 위에 있을 때, $\angle x - \angle y$의 크기는?

① $18°$
② $20°$
③ $22°$
④ $24°$
⑤ $26°$

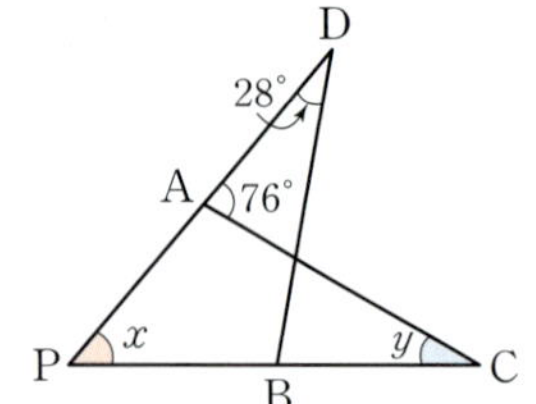

446 상 중 하 서술형

오른쪽 그림에서 네 점 A, B, C, D가 한 원 위에 있을 때, $\angle y - \angle x$의 크기를 구하시오.

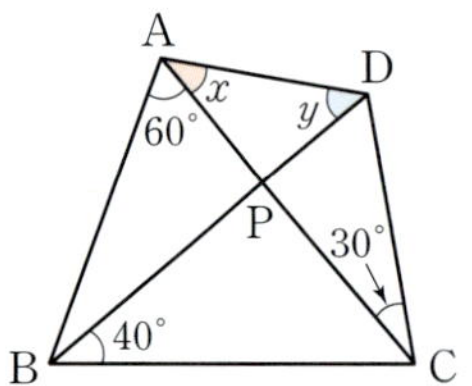

▶ 수학의 바이블 66쪽

유형 02 원에 내접하는 사각형의 성질(1)

447 상 중 하

오른쪽 그림과 같이 □ABCD가 원 O에 내접하고 $\angle ADC = 70°$일 때, $\angle x + \angle y$의 크기는?

① $110°$
② $120°$
③ $130°$
④ $140°$
⑤ $150°$

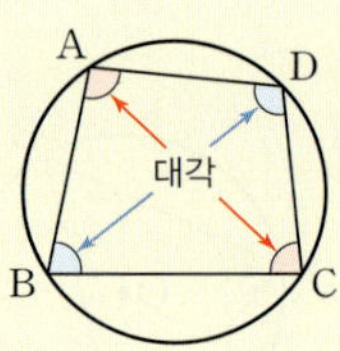

→ **유형 Point** 원에 내접하는 사각형에서 한 쌍의 대각의 크기의 합은 180°이다.
➡ $\angle A + \angle C = 180°$
  $\angle B + \angle D = 180°$

448 상 중 하

오른쪽 그림에서 □ABCD는 원에 내접하고 $\angle ADB = 30°$, $\angle BCD = 100°$일 때, $\angle x$의 크기를 구하시오.

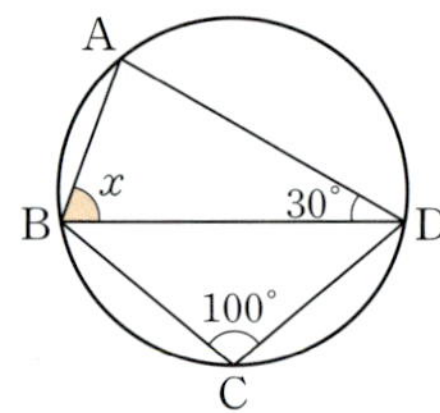

449 상 중 하

오른쪽 그림에서 □ABCE는 원에 내접하고 $\overline{BD} \perp \overline{CE}$, $\angle DBC = 32°$일 때, $\angle x$의 크기는?

① $114°$
② $116°$
③ $118°$
④ $120°$
⑤ $122°$

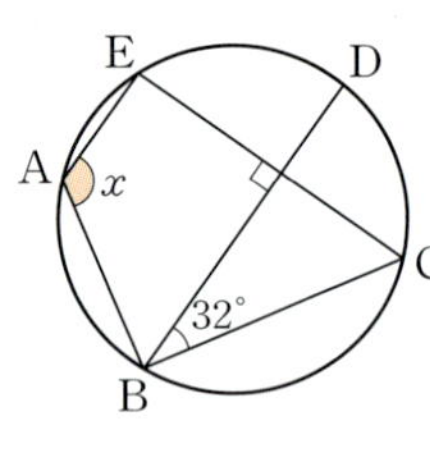

450 상 중 하

오른쪽 그림에서 □ABCD는 원에 내접하고 $\angle B : \angle D = 3 : 1$일 때, $\angle B$의 크기를 구하시오.

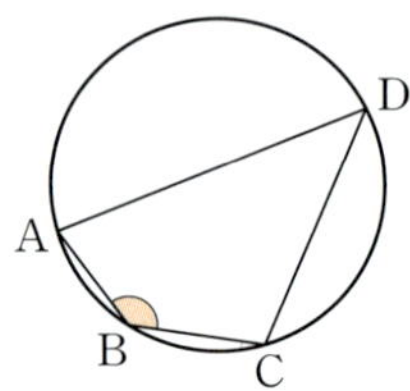

451 상 중 하

오른쪽 그림에서 □ABCD는 원 O에 내접하고 $\overline{BC}$는 원 O의 지름이다. ∠ACB=25°일 때, ∠x의 크기는?

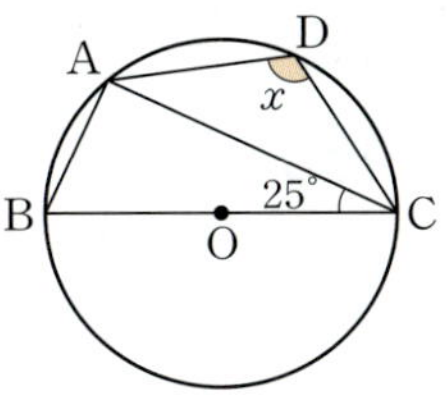

① 100° ② 112°
③ 115° ④ 118°
⑤ 120°

▶ 수학의 바이블 66쪽

유형 03 원에 내접하는 사각형의 성질(2)

455 상 중 하

오른쪽 그림과 같이 □ABCD 가 원에 내접할 때, ∠x＋∠y의 크기를 구하시오.

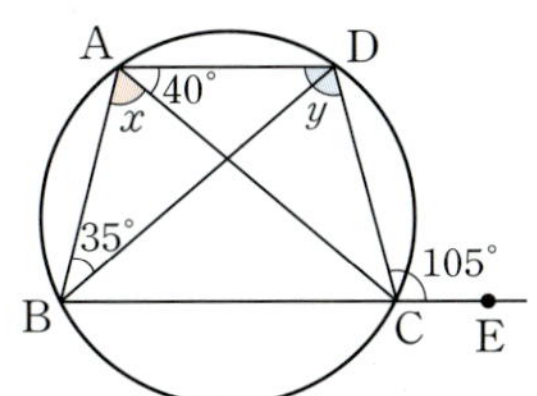

→ **유형 Point** 원에 내접하는 사각형에서 한 외각 의 크기는 그와 이웃한 내각에 대한 대각의 크기 와 같다.
➡ ∠DCE=∠A

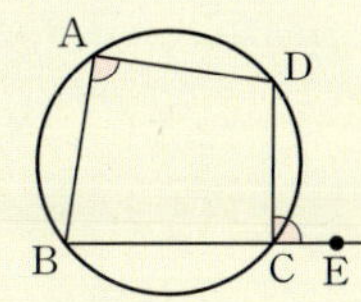

452 상 중 하

오른쪽 그림에서 □ABCD는 원 O에 내접하고 원의 중심 O에서 두 현 AB, AC까지의 거리가 서로 같다. ∠BAC=54°일 때, ∠x의 크기를 구하시오.

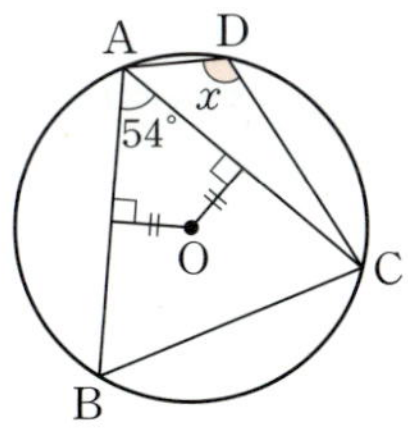

456 상 중 하

오른쪽 그림과 같이 □ABCD가 원 O에 내접할 때, ∠DCE의 크기는?

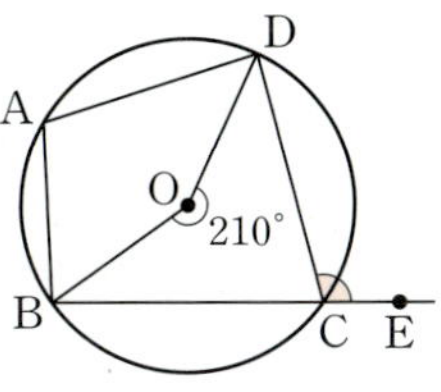

① 100° ② 105°
③ 110° ④ 115°
⑤ 120°

453 상 중 하 서술형

오른쪽 그림에서 $\overline{BC}$는 원 O의 지름이고 $\overparen{AB}=\overparen{AD}$, ∠DBC=34°일 때, ∠ABD의 크기를 구하시오.

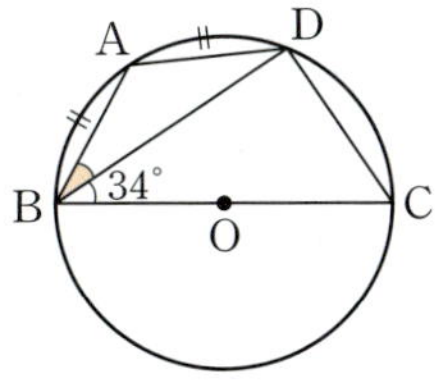

457 상 중 하

오른쪽 그림과 같이 □ABCD는 원 O에 내접하고 ∠DCE=70°일 때, ∠x의 크기를 구하시오.

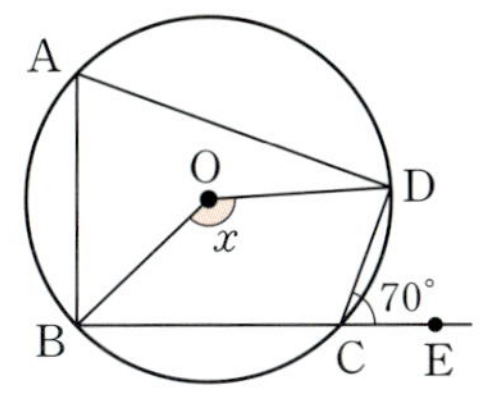

454 상 중 하

오른쪽 그림과 같이 $\overparen{AB}=\overparen{AE}$이고 ∠ADC=80°일 때, ∠APB의 크기는?

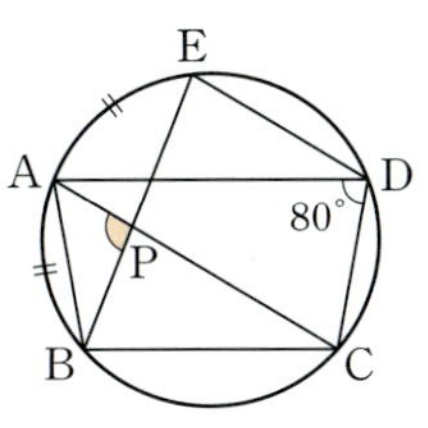

① 95° ② 100°
③ 105° ④ 110°
⑤ 115°

★★ 458 상 중 하

오른쪽 그림과 같이 □ABCD는 원에 내접하고 ∠EDC=80°, ∠ACB=65°일 때, ∠CAB의 크기를 구하시오.

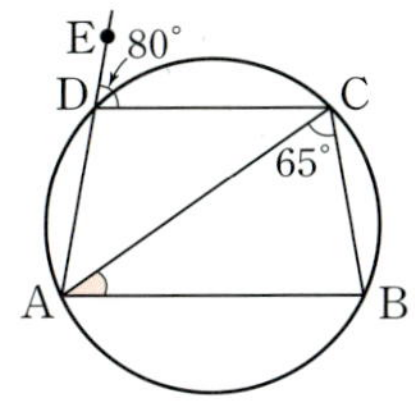

459 

오른쪽 그림과 같이 □ABCD는
원에 내접하고 $\overline{AD}$와 $\overline{BC}$의 연장
선의 교점을 P라고 하자.
∠PDC=68°, ∠DPC=35°일
때, ∠DAB의 크기는?

① 101°　　② 102°　　③ 103°
④ 104°　　⑤ 105°

460  서술형

오른쪽 그림과 같이 □ABCD가
원에 내접하고 ∠BAC=53°,
∠DBC=48°, ∠ABE=100°일 때,
∠x+∠y의 크기를 구하시오.

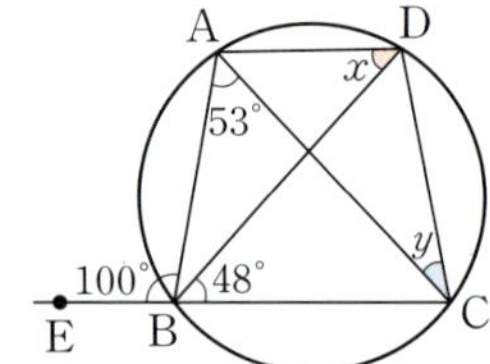

461

오른쪽 그림과 같이 원에 내접하는
□ABCD에서 ∠A : ∠C=3 : 2이
고 ∠D=∠C+20°일 때, ∠ABE의
크기는?

① 90°　　② 92°
③ 94°　　④ 96°
⑤ 100°

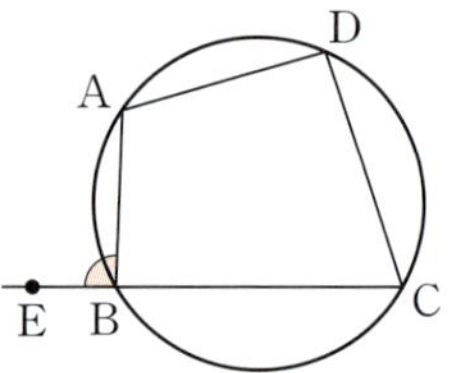

462

오른쪽 그림과 같이 □ABCD는 원에
내접하고 ∠BAC=50°, ∠BDA=60°
일 때, ∠x+∠y+∠z의 크기를 구하
시오.

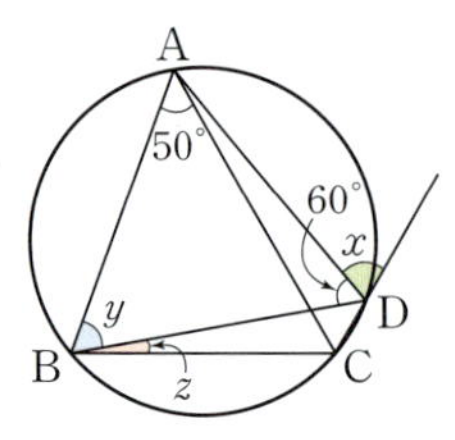

463

오른쪽 그림과 같이 원에 내접하는
□ABCD에서 $\overline{AB}$와 $\overline{CD}$의 연장선
의 교점을 P, $\overline{AD}$와 $\overline{BC}$의 연장선의
교점을 Q라고 하자. ∠BPC=24°,
∠DQC=40°일 때, ∠x의 크기를
구하시오.

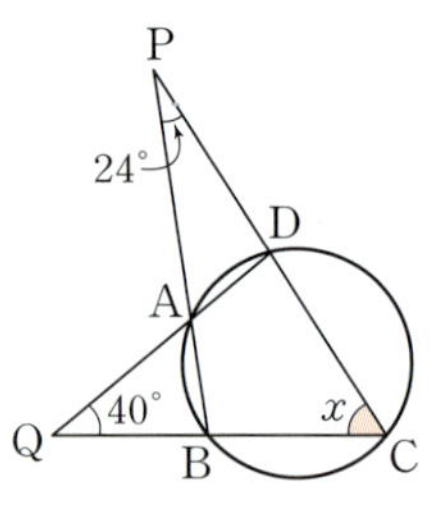

→ **유형 Point**　□ABCD가 원에 내접할 때,
∠x의 크기는 다음과 같은 순서로 구한다.
❶ □ABCD가 원에 내접하므로
　∠CDQ=∠x
❷ △PBC에서 ∠DCQ=∠a+∠x
❸ △DCQ에서
　∠x+(∠a+∠x)+∠b=180°

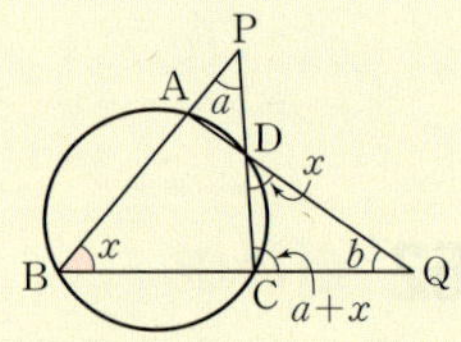

464

오른쪽 그림과 같이 원에 내접하
는 □ABCD에서 $\overline{AB}$와 $\overline{CD}$의
연장선의 교점을 E, $\overline{AD}$와 $\overline{BC}$의
연장선의 교점을 F라고 하자.
∠EBF=50°, ∠AFB=38°일
때, ∠x의 크기는?

① 36°　　② 38°　　③ 40°
④ 42°　　⑤ 44°

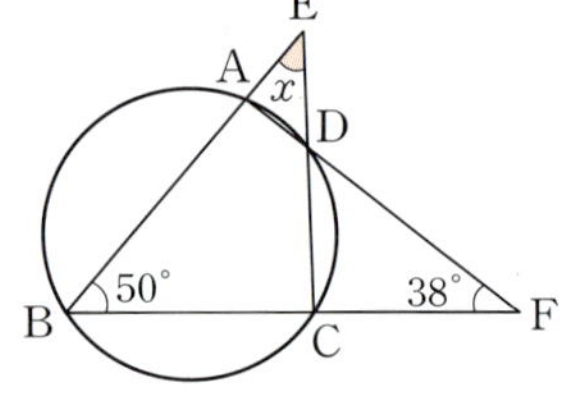

★★ 465

오른쪽 그림과 같이 원에 내접하는
□ABCD에서 $\overline{AB}$와 $\overline{CD}$의 연장선
의 교점을 E, $\overline{AD}$와 $\overline{BC}$의 연장선의
교점을 F라고 하자. ∠AED=55°,
∠AFB=25°일 때, ∠DCB의 크기
를 구하시오.

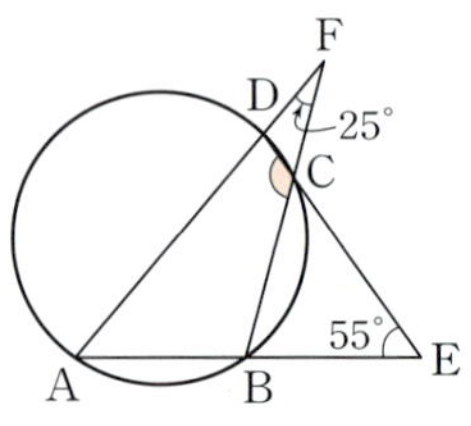

▶ 수학의 바이블 67쪽

유형 **05** 원에 내접하는 다각형

466 상 중 하

오른쪽 그림과 같이 오각형 ABCDE는 원 O에 내접하고 $\angle ABC=125°$, $\angle COD=60°$일 때, $\angle x$의 크기를 구하시오.

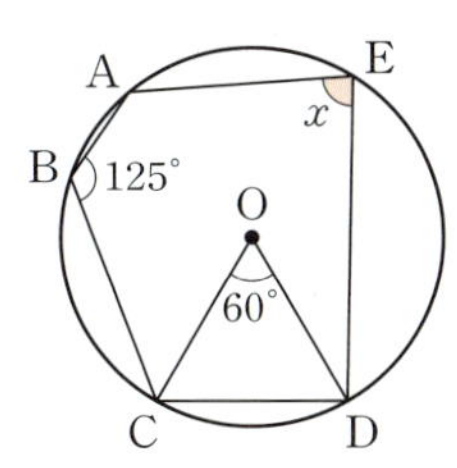

> **유형 Point** 원에 내접하는 다각형에서 각의 크기를 구할 때에는 보조선을 그어 원에 내접하는 사각형을 만든다.
>   ➡ 원 O에 내접하는 오각형 ABCDE에서 $\overline{BD}$를 그으면
>   (1) $\angle ABD+\angle AED=180°$
>   (2) $\angle COD=2\angle CBD$

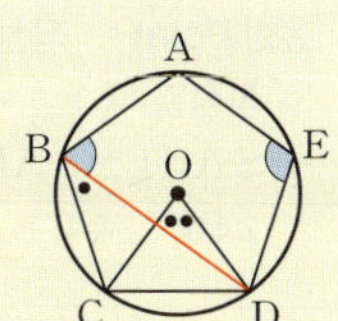

467 상 중 하

오른쪽 그림과 같이 오각형 ABCDE는 원 O에 내접하고 $\angle EAB=88°$, $\angle CDE=127°$일 때, $\angle x$의 크기를 구하시오.

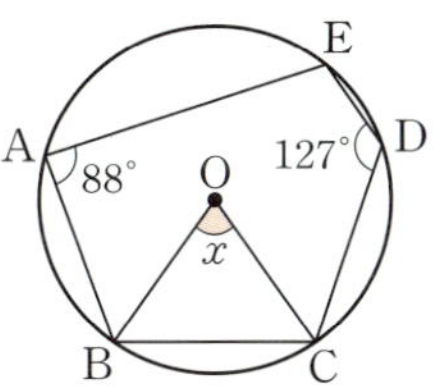

468 상 중 하

오른쪽 그림과 같이 원에 내접하는 오각형 ABCDE에서 $\overline{AD}$와 $\overline{CE}$가 만나는 점을 F라고 하자. $\angle AFC=105°$, $\angle ECD=25°$일 때, $\angle x$의 크기를 구하시오.

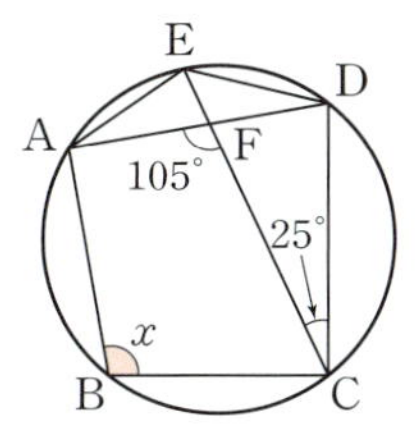

★ 469 상 중 하 서술형

오른쪽 그림과 같이 육각형 ABCDEF는 원에 내접하고 $\angle BCD=120°$, $\angle DEF=130°$일 때, $\angle x$의 크기를 구하시오.

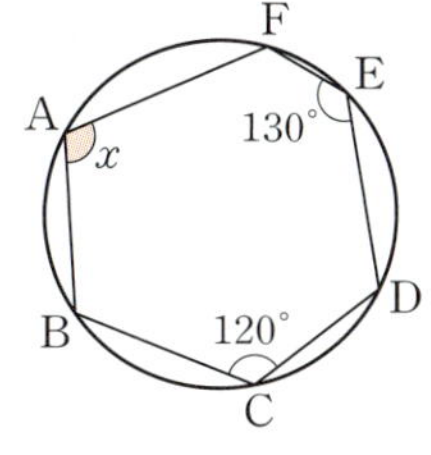

유형 **06** 두 원에서 원에 내접하는 사각형의 성질의 활용

470 상 중 하

오른쪽 그림과 같이 두 원 O, O′이 두 점 P, Q에서 만나고 $\angle PDC=96°$, $\angle QCD=78°$일 때, $\angle x+\angle y$의 크기를 구하시오.

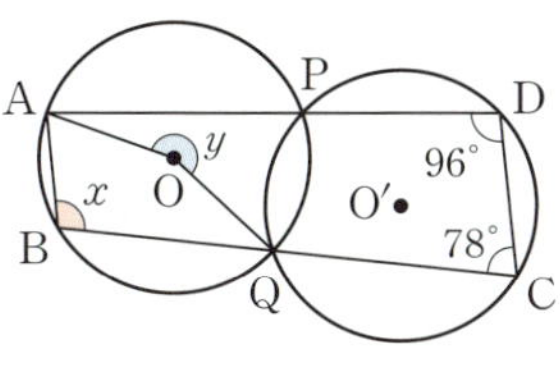

> **유형 Point** □ABCD와 □DCEF가 각각 원에 내접할 때
>   (1) $\angle BAD=\angle DCE=\angle DFH$
> $\angle ABC=\angle CDF=\angle CEG$
>   (2) $\angle BAD+\angle DFE=180°$
> $\angle ABC+\angle CEF=180°$
>   (3) 엇각의 크기가 같으므로 $\overline{AB}/\!/\overline{EF}$

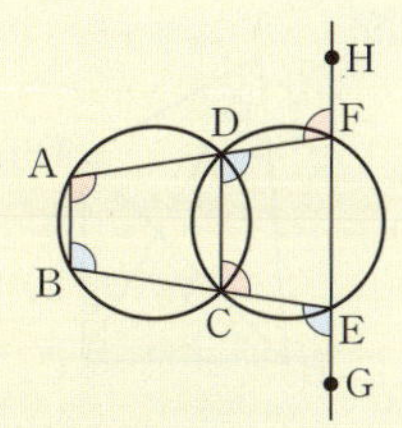

471 상 중 하

오른쪽 그림과 같이 두 원 O, O′이 두 점 P, Q에서 만나고 $\angle PAB=100°$, $\angle ABQ=85°$일 때, $\angle y-\angle x$의 크기를 구하시오.

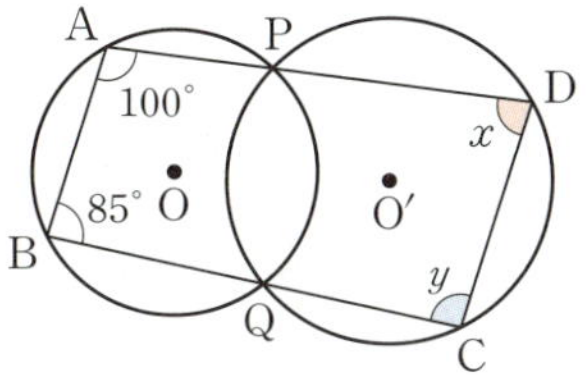

472 상 중 하

오른쪽 그림과 같이 두 원 O, O′이 두 점 P, Q에서 만나고 $\angle PDC=110°$일 때, $\angle x$의 크기를 구하시오.

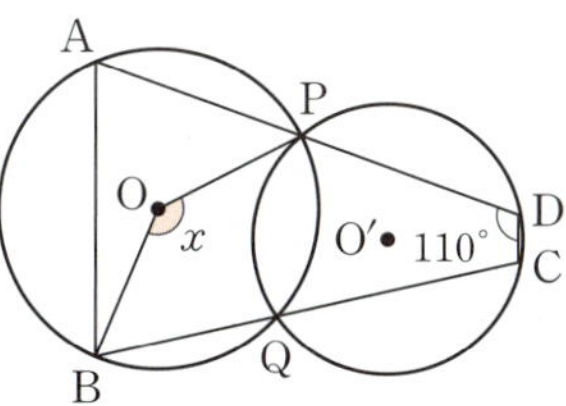

473 상 중 하 사고력 쑥쑥

다음 그림과 같이 세 원이 각각 두 점 E, F, 두 점 G, H에서 만나고 $\angle HCD=74°$, $\angle CDG=80°$일 때, $\angle x$의 크기를 구하시오.

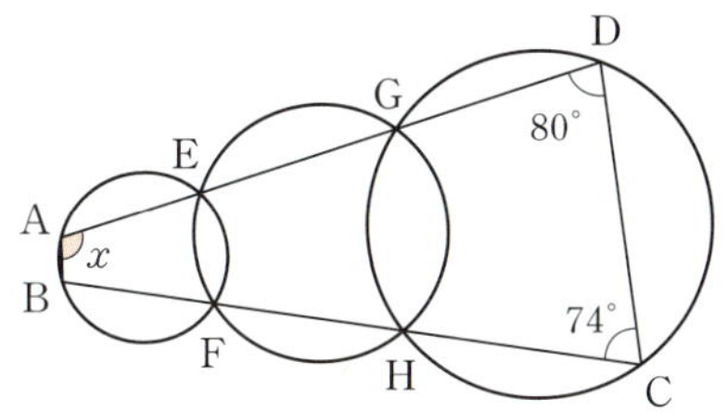

수학의 바이블 67쪽

유형 07 사각형이 원에 내접하기 위한 조건

474 상 **중** 하

다음 중 □ABCD가 원에 내접하지 <u>않는</u> 것은?

① 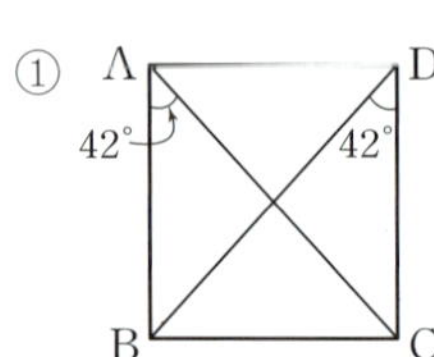

② 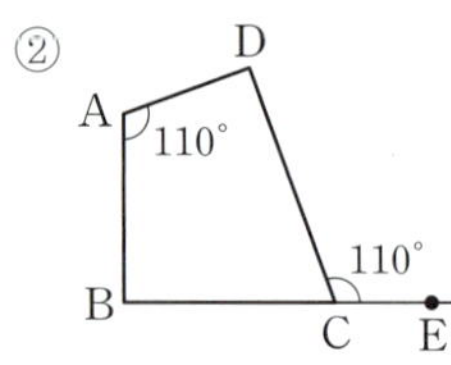

③ 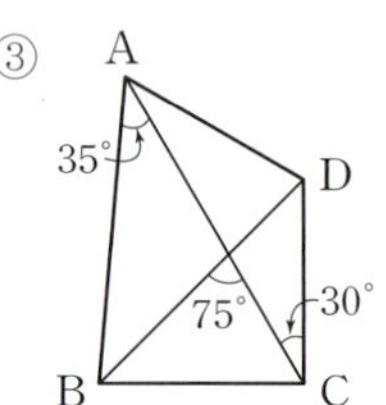

④ 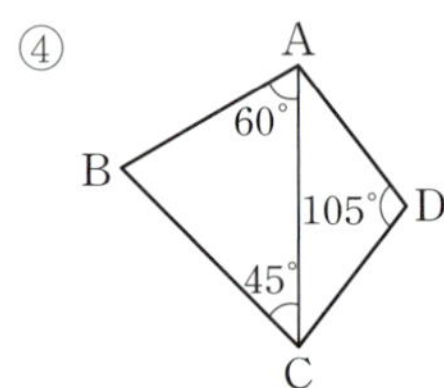

⑤ 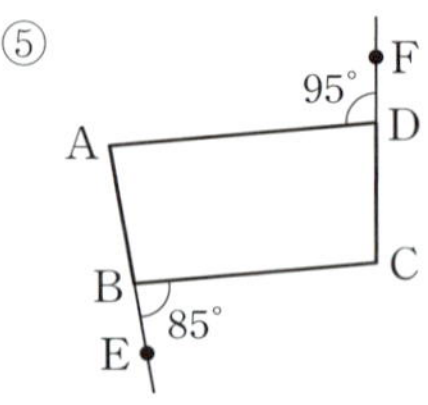

→ **유형 Point** 다음 중 어느 하나를 만족하면 □ABCD는 원에 내접한다.

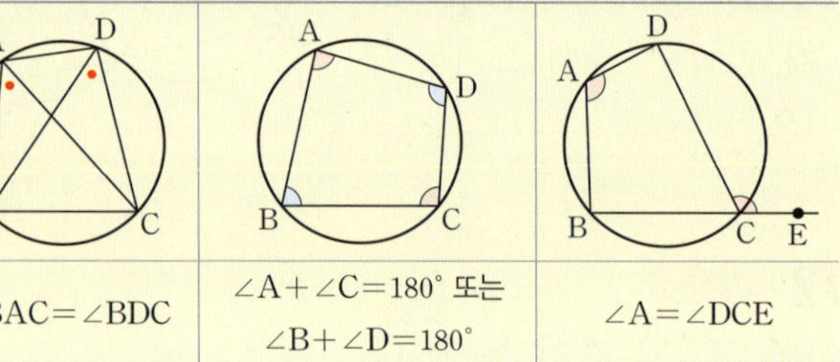

$\angle BAC = \angle BDC$	$\angle A + \angle C = 180°$ 또는 $\angle B + \angle D = 180°$	$\angle A = \angle DCE$

475 상 **중** 하

오른쪽 그림에서 $\angle ABC = 85°$, $\angle ACB = 35°$, $\angle ADE = 85°$일 때, $\angle x$의 크기를 구하시오.

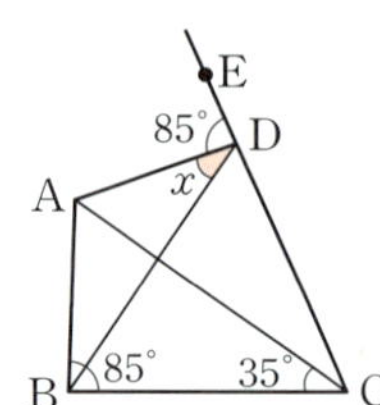

476 상 **중** 하

다음 보기에서 항상 원에 내접하는 사각형을 모두 고르시오.

> **보기**
>
> ㄱ. 사다리꼴　　ㄴ. 평행사변형　　ㄷ. 직사각형
> ㄹ. 마름모　　ㅁ. 정사각형　　ㅂ. 등변사다리꼴

수학의 바이블 69쪽

유형 08 접선과 현이 이루는 각

477 상 **중** 하

오른쪽 그림에서 직선 TB는 원 O의 접선이고 점 B는 접점이다. $\angle ABT = 70°$일 때, $\angle x + \angle y$의 크기를 구하시오.

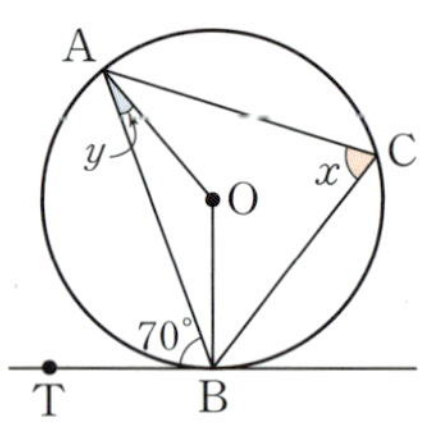

→ **유형 Point** 직선 TT′은 원의 접선이고 점 P는 접점일 때

➡ $\angle APT = \angle ABP$
　 $\angle BPT' = \angle BAP$

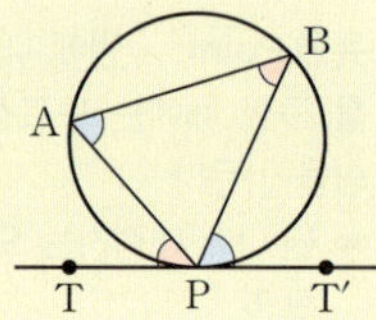

478 상 **중** 하

오른쪽 그림에서 $\overrightarrow{PA}$는 원의 접선이고 점 A는 접점이다. $\angle CPA = 25°$, $\angle BCA = 60°$일 때, $\angle x$의 크기를 구하시오.

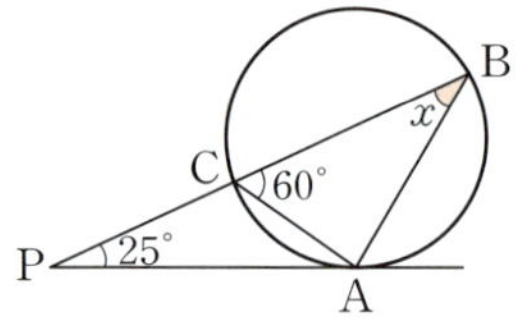

479 상 **중** 하

오른쪽 그림에서 직선 CT는 원의 접선이고 점 C는 접점이다. $\overarc{AB} : \overarc{BC} : \overarc{CA} = 7 : 5 : 3$일 때, $\angle x$의 크기를 구하시오.

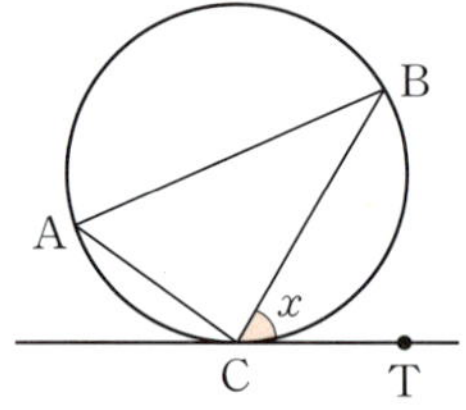

480 상 **중** 하 서술형

오른쪽 그림에서 직선 TC는 원의 접선이고 점 C는 접점이다. $\overarc{AB} = \overarc{BC}$이고 $\angle ABC = 120°$일 때, $\angle x$의 크기를 구하시오.

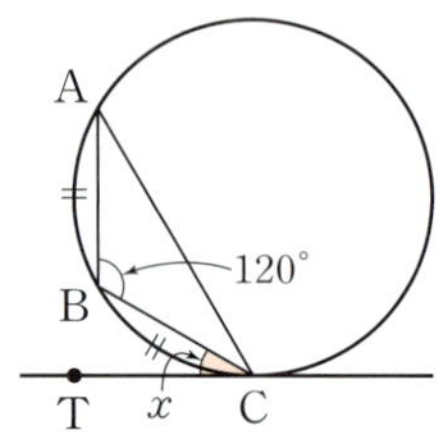

481 상 중 하

오른쪽 그림에서 두 직선 AT, BT′은 원의 접선이고 두 점 A, B는 접점이다. ∠CBT′=72°, ∠TAB=70°일 때, ∠ABC의 크기를 구하시오.

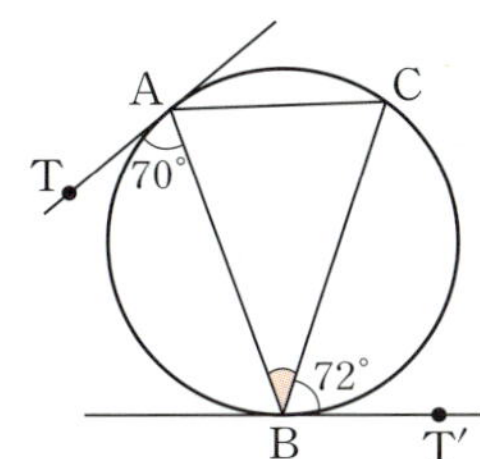

유형 09 접선과 현이 이루는 각의 활용(1)

485 상 중 하

오른쪽 그림에서 □ABCD는 원에 내접하고 직선 TB는 원의 접선이다. ∠ABT=50°, ∠DAC=45°, ∠DCA=30°일 때, ∠y−∠x의 크기를 구하시오.

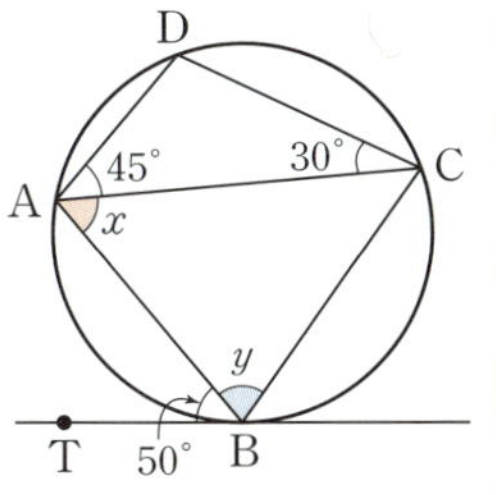

→ **유형 Point** □ABCD는 원에 내접하고 $\overrightarrow{\text{TB}}$가 원의 접선일 때
(1) ∠ABT=∠ACB
(2) ∠DAB+∠DCB=180°
  ∠ADC+∠ABC=180°

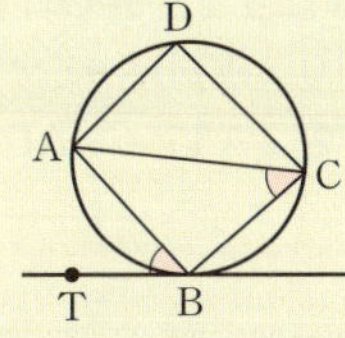

482 상 중 하

오른쪽 그림에서 직선 AT가 원 O의 접선이고 점 A는 접점이다. ∠BAT=60°, $\overline{\text{AB}}$=4 cm이고 $\overparen{\text{AB}}$=$\overparen{\text{BC}}$일 때, △ABC의 넓이를 구하시오.

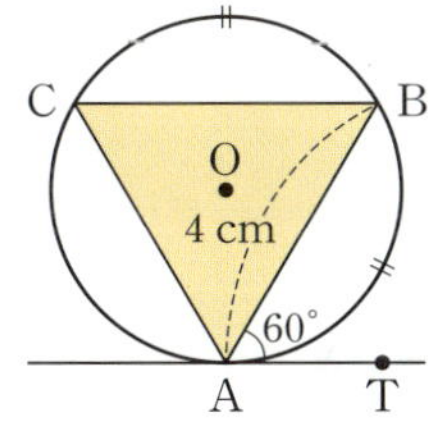

486 상 중 하

오른쪽 그림에서 □ABCD는 원에 내접하고 직선 TC는 원의 접선이다. ∠BCT=40°, ∠DBC=70°일 때, ∠BAD의 크기를 구하시오.

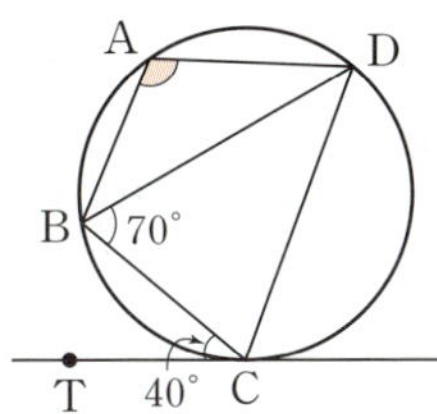

483 상 중 하

오른쪽 그림에서 $\overrightarrow{\text{PA}}$는 원의 접선이고 점 A는 접점이다. $\overparen{\text{AB}}$=$\overparen{\text{BC}}$이고 ∠CPA=35°, ∠CAB=33°일 때, ∠ACP의 크기를 구하시오.

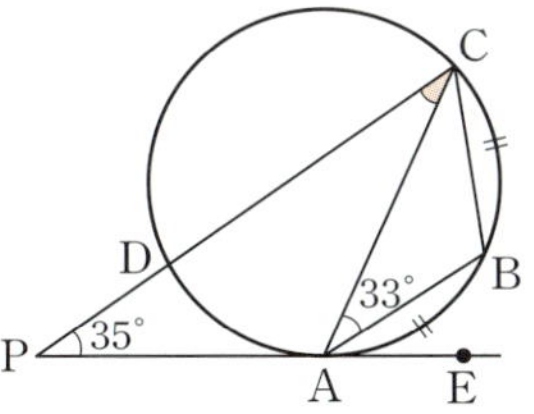

487 상 중 하

오른쪽 그림에서 $\overrightarrow{\text{AT}}$는 원의 접선이고 점 T는 접점이다. ∠BCT=38°, ∠CDT=100°일 때, ∠x의 크기를 구하시오.

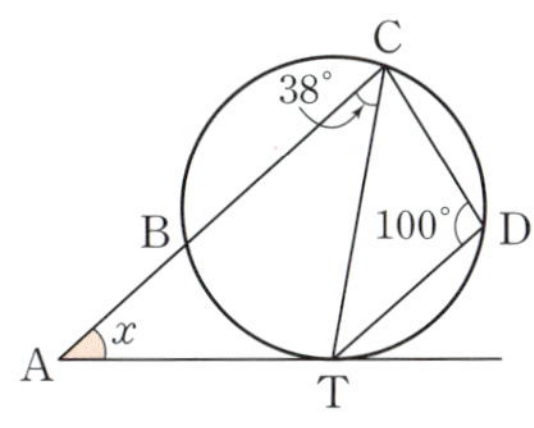

484 상 중 하

오른쪽 그림과 같이 $\overline{\text{AB}}$, $\overline{\text{AO}}$를 각각 지름으로 하는 두 반원이 있다. $\overline{\text{QB}}$는 작은 반원의 접선이고 점 P는 접점이다. ∠APQ=54°일 때, ∠POB−∠PBO의 크기를 구하시오.

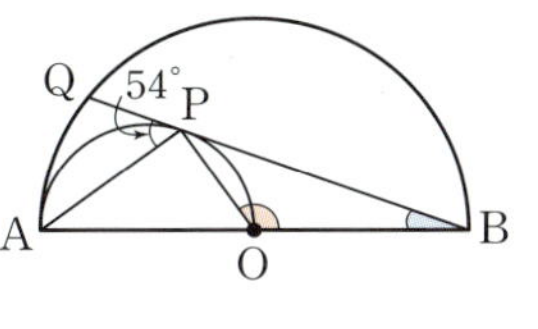

488 상 중 하 서술형

오른쪽 그림에서 □ABCD는 원에 내접하고 직선 TB는 원의 접선이다. $\overparen{\text{AB}}$=$\overparen{\text{AD}}$이고 ∠ABT=48°일 때, ∠DCB의 크기를 구하시오.

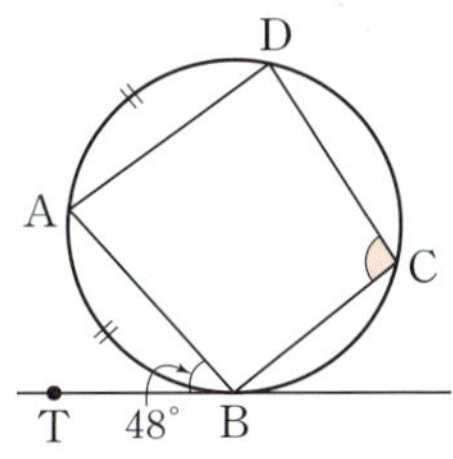

> 수학의 바이블 69쪽

유형 10 접선과 현이 이루는 각의 활용(2)

489 상 중 하
오른쪽 그림에서 $\overline{PT}$는 원 O의 접선이고 점 A는 접점이다. $\overline{BC}$는 원 O의 지름이고 $\angle BAT=58°$일 때, $\angle x$의 크기를 구하시오.

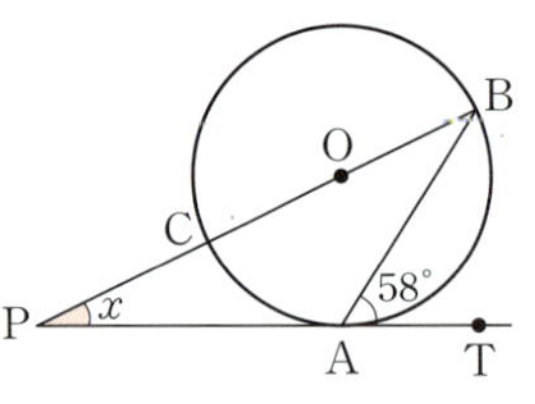

> **유형 Point** 할선 PB가 원 O의 중심을 지나고 $\overline{PT}$는 원 O의 접선일 때
> (1) $\angle ATB=90°$
> (2) $\angle ATP=\angle ABT$

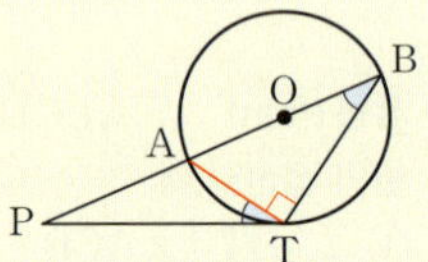

490 상 중 하
오른쪽 그림에서 $\overline{PT}$는 원 O의 접선이고 점 A는 접점이다. $\overline{PB}$는 원 O의 중심을 지나고 $\angle BAT=65°$일 때, $\angle x$의 크기를 구하시오.

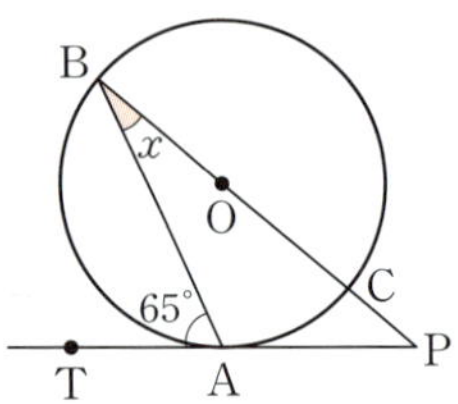

491 상 중 하 서술형
오른쪽 그림과 같이 원 O의 지름 AB의 연장선 위의 점 P에서 원 O에 접선 PT를 긋고 그 접점을 C라고 하자. $\overline{PC}=\overline{BC}$일 때, $\angle x$의 크기를 구하시오.

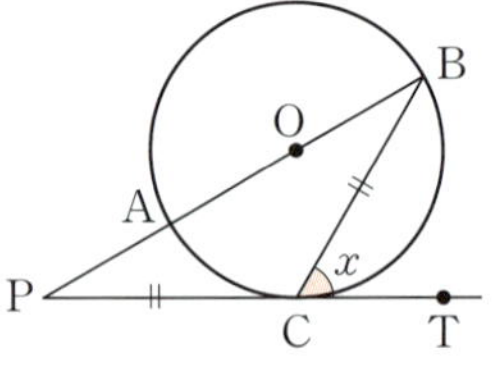

492 상 중 하
오른쪽 그림에서 $\overline{PC}$는 원 O의 접선이고 점 C는 접점이다. 원 O의 반지름의 길이가 5이고 $\angle PBC=30°$일 때, $\overline{PA}$의 길이를 구하시오.

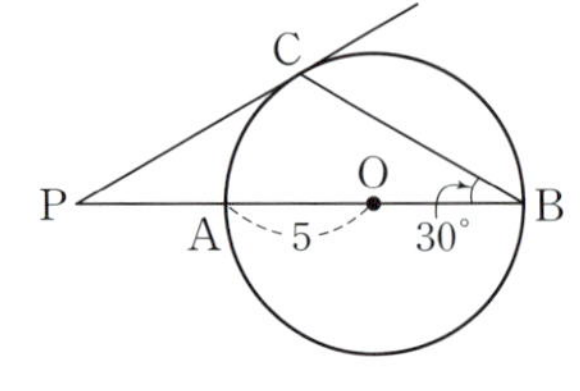

유형 11 접선과 현이 이루는 각의 활용(3)

493 상 중 하
오른쪽 그림에서 원 O는 △ABC의 내접원이고 △DEF의 외접원이다. $\angle FBD=52°$, $\angle EFD=60°$일 때, $\angle x$의 크기를 구하시오.

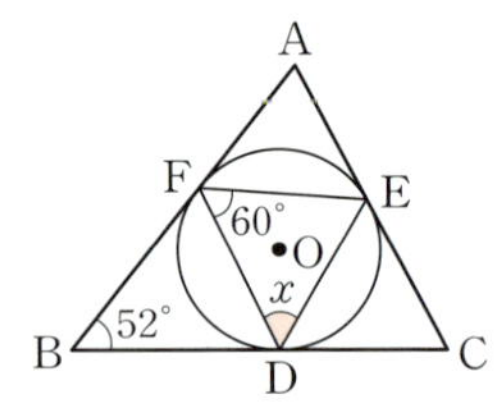

> **유형 Point** $\overrightarrow{PA}$, $\overrightarrow{PB}$는 원의 접선이고 두 점 A, B는 접점일 때
> (1) $\angle PAB=\angle PBA=\angle ACB$
> (2) △APB는 $\overline{PA}=\overline{PB}$인 이등변삼각형이다.

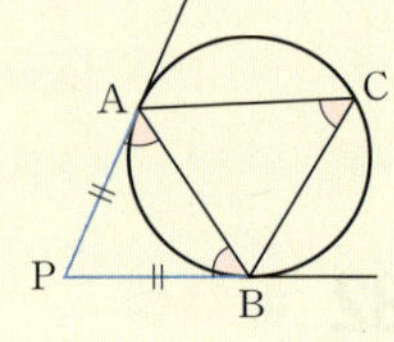

494 상 중 하
오른쪽 그림에서 $\overrightarrow{PA}$, $\overrightarrow{PB}$는 원 O의 접선이고 두 점 A, B는 접점이다. $\angle APB=38°$일 때, $\angle x$의 크기를 구하시오.

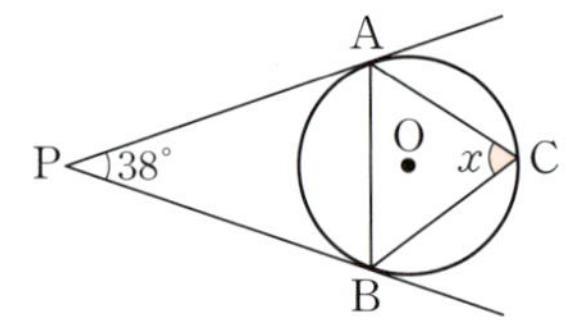

★★ 495 상 중 하
오른쪽 그림에서 $\overrightarrow{PA}$, $\overrightarrow{PB}$는 원 O의 접선이고 두 점 A, B는 접점이다. $\angle APB=40°$, $\overset{\frown}{AQ}=\overset{\frown}{BQ}$일 때, $\angle x$의 크기를 구하시오.

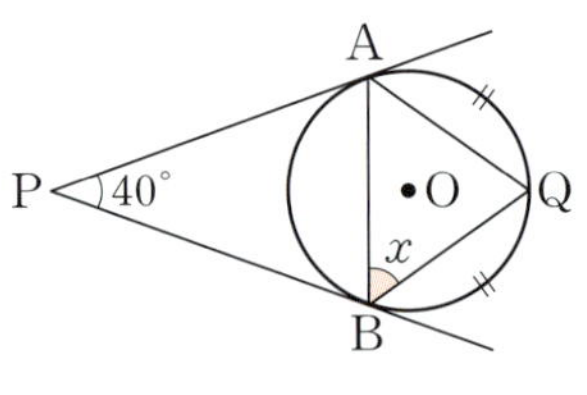

496 상 중 하
오른쪽 그림에서 $\overrightarrow{PA}$, $\overrightarrow{PB}$는 원 O의 접선이고 두 점 A, B는 접점이다. $\overset{\frown}{AQ}:\overset{\frown}{BQ}=2:3$이고 $\angle ABQ=48°$일 때, $\angle x$의 크기를 구하시오.

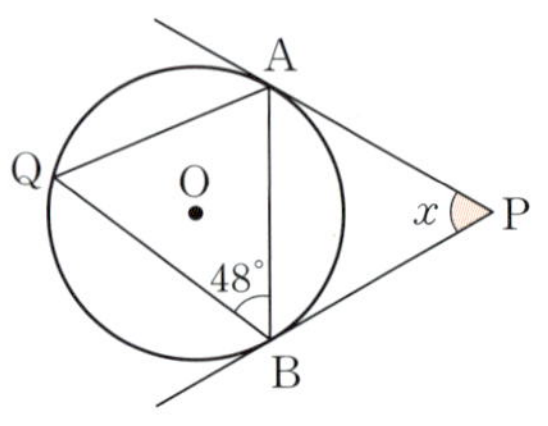

유형 12 두 원에서 접선과 현이 이루는 각 (1)

497 상 중 하

오른쪽 그림에서 $\overrightarrow{PQ}$는 두 원의 공통인 접선이고 점 T는 접점이다. $\angle BAC=73°$, $\angle BDC=58°$일 때, $\angle x$의 크기를 구하시오.

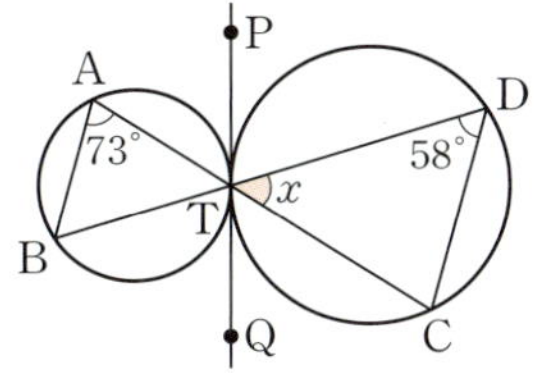

▶ 유형 Point $\overrightarrow{PQ}$는 두 원의 공통인 접선이고 점 T는 접점일 때
$\angle BAT=\angle BTQ$ (접선과 현이 이루는 각)
$\quad\quad\quad=\angle DTP$ (맞꼭지각)
$\quad\quad\quad=\angle DCT$ (접선과 현이 이루는 각)
$\therefore \overline{AB}/\!/\overline{DC}$

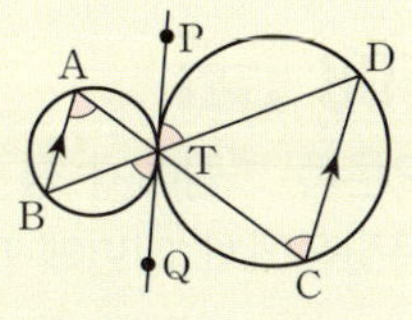

★★★ 498 상 중 하

오른쪽 그림에서 $\overrightarrow{PQ}$는 두 원의 공통인 접선이고 점 T는 접점이다. 다음 중 옳지 않은 것은?

① $\angle BAT=\angle DCT$
② $\angle DCT=\angle CTQ$
③ $\overline{AB}/\!/\overline{CD}$
④ $\triangle ABT \backsim \triangle CDT$
⑤ $\overline{TA}:\overline{TC}=\overline{TB}:\overline{TD}$

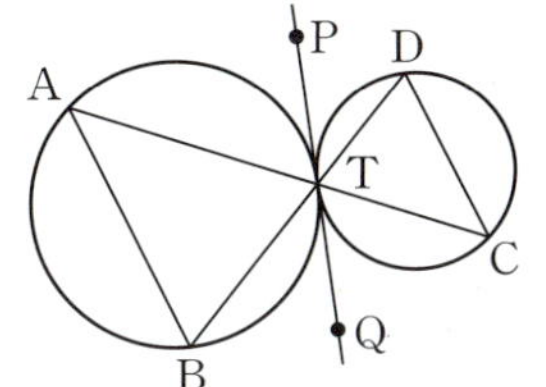

499 상 중 하

오른쪽 그림에서 $\overrightarrow{PQ}$는 두 원 O, O′의 공통인 접선이고 점 T는 접점이다. $\angle ABD=70°$, $\angle BDC=50°$일 때, $\angle AOT$의 크기를 구하시오.

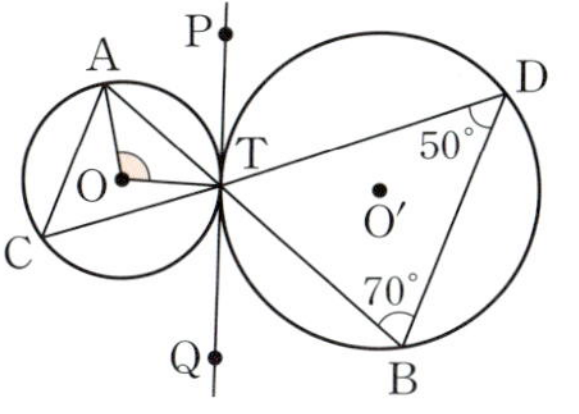

유형 13 두 원에서 접선과 현이 이루는 각 (2)

500 상 중 하

오른쪽 그림에서 $\overrightarrow{PQ}$는 두 원의 공통인 접선이고 점 T는 접점이다. $\angle TAB=80°$, $\angle TDC=52°$일 때, $\angle ATB$의 크기를 구하시오.

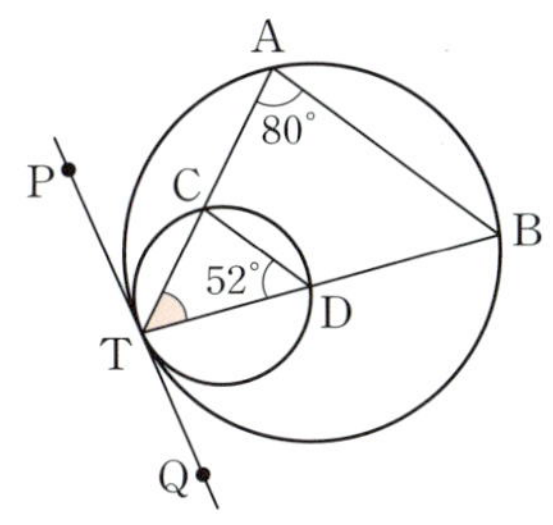

▶ 유형 Point $\overrightarrow{PQ}$는 두 원의 공통인 접선이고 점 T는 접점일 때
$\angle BAT=\angle BTQ=\angle CDT$
$\therefore \overline{AB}/\!/\overline{DC}$

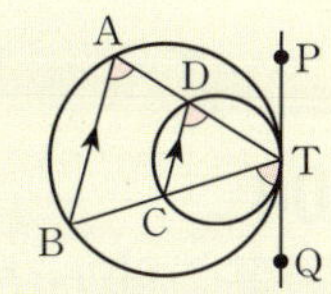

501 상 중 하

오른쪽 그림에서 $\overrightarrow{PQ}$는 두 원의 공통인 접선이고 점 T는 접점이다. 다음 중 옳지 않은 것은?

① $\angle ABT=\angle CDT$
② $\angle BTQ=\angle DCT$
③ $\triangle ATB \backsim \triangle CTD$
④ $\overline{AB}/\!/\overline{CD}$
⑤ $\overline{TA}:\overline{AC}=\overline{AB}:\overline{CD}$

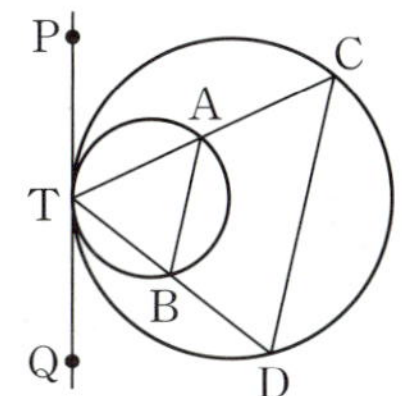

502 상 중 하

오른쪽 그림에서 $\overrightarrow{PQ}$는 두 원의 공통인 접선이고 점 T는 접점이다. $\angle BAT=65°$, $\angle BCD=105°$일 때, $\angle x$의 크기를 구하시오.

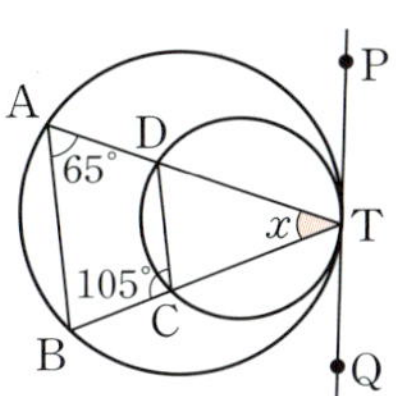

503

오른쪽 그림과 같은 □ABCD에서
∠BAC=∠BDC이고 ∠AEB=89°,
∠DBC=44°일 때, ∠ADB의 크기는?

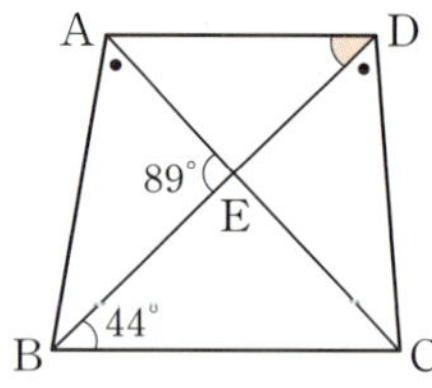

① 42° 　　② 43°

③ 44° 　　④ 45°

⑤ 46°

504

오른쪽 그림과 같이 □ABCD는 원 O에
내접하고 ∠BOD=146°일 때,
∠y−∠x의 크기는?

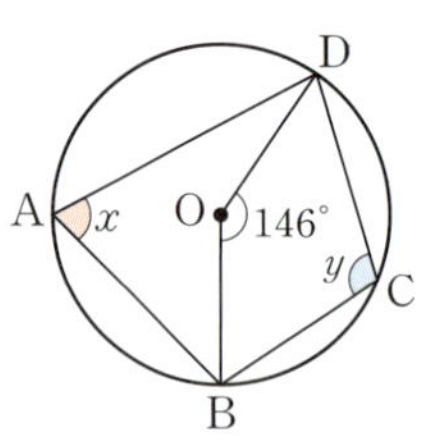

① 26° 　　② 30°

③ 34° 　　④ 38°

⑤ 42°

505

오른쪽 그림과 같이 □ABCD는 원
O에 내접하고 ∠OBC=30°,
∠DAC=50°일 때, ∠x−∠y의 크기
를 구하시오.

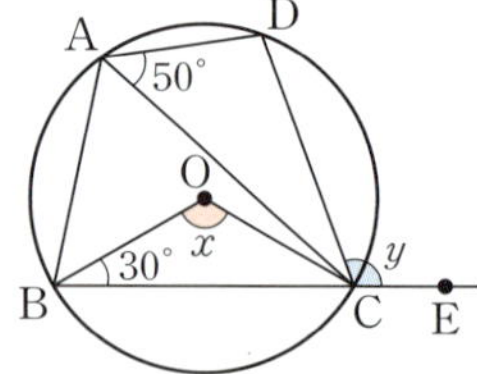

506

오른쪽 그림에서 오각형 ABCDE는
원 O에 내접하고 ∠EAB=85°,
∠EDC=135°일 때, ∠x의 크기는?

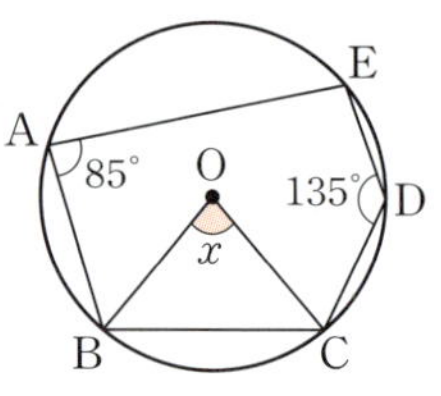

① 74° 　　② 76°

③ 78° 　　④ 80°

⑤ 82°

507

오른쪽 그림과 같이 두 원 O, O′이
두 점 P, Q에서 만나고
∠CDE=70°일 때, ∠x+∠y의
크기를 구하시오.

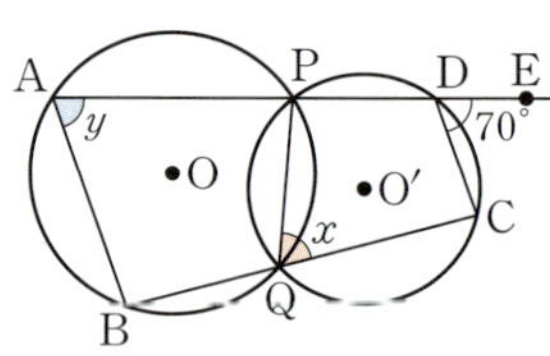

508 

오른쪽 그림에서 점 H는 △ABC의 세
꼭짓점에서 대변에 내린 수선의 교점이
다. 다음 사각형 중 원에 내접하지 <u>않는</u>
것은?

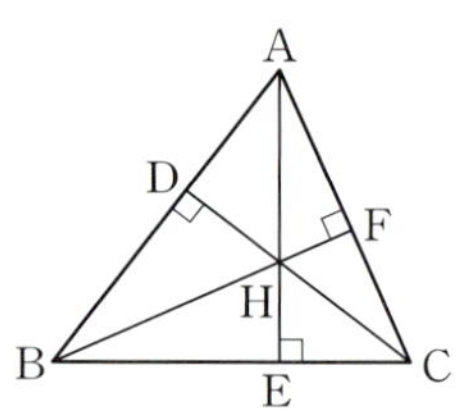

① □ADHF 　　② □DBEH

③ □ADEF 　　④ □ADEC

⑤ □DBCF

509

오른쪽 그림에서 $\overleftrightarrow{TC}$는 원 O의 접선이고
점 C는 접점이다. $\overline{AB}=\overline{AC}$이고
∠BCT=36°일 때, ∠x의 크기는?

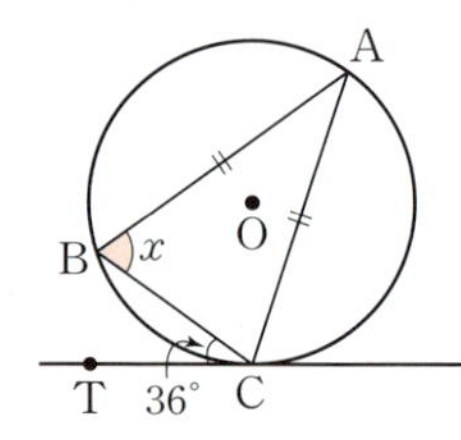

① 64° 　　② 66°

③ 68° 　　④ 70°

⑤ 72°

510

오른쪽 그림에서 □ABCD가 원에 내접
하고 $\overleftrightarrow{AT}$는 원의 접선, 점 A는 접점이
다. ∠DBA=40°, ∠BAT=58°일 때,
∠x+∠y의 크기는?

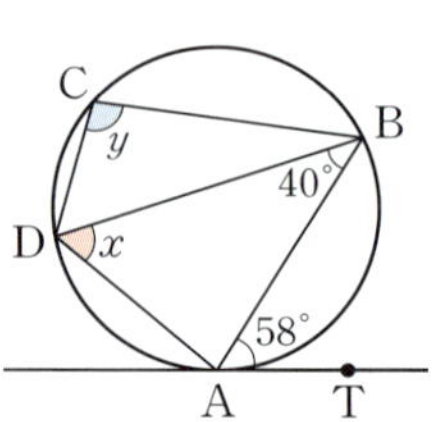

① 140° 　　② 144°

③ 148° 　　④ 152°

⑤ 156°

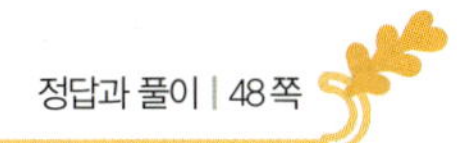

511

오른쪽 그림과 같이 지름의 길이가
16 cm인 원 O에서 $\overrightarrow{PT}$는 접선이고
점 P는 접점이다. ∠BPT=60°일 때,
△APB의 넓이를 구하시오.

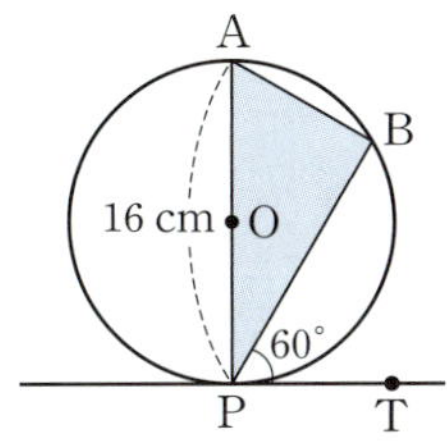

512

오른쪽 그림에서 원 O는 △ABC의
내접원이고 △DEF의 외접원이다.
∠DBE=50°, ∠DEF=60°일 때,
∠FDE의 크기는?

① 50°　　　　② 55°
③ 60°　　　　④ 65°
⑤ 70°

513

다음 그림에서 $\overrightarrow{PT}$는 원 O의 접선이고 점 P는 접점이다.
∠ADC=71°, ∠BCD=69°일 때, ∠x의 크기를 구하시오.

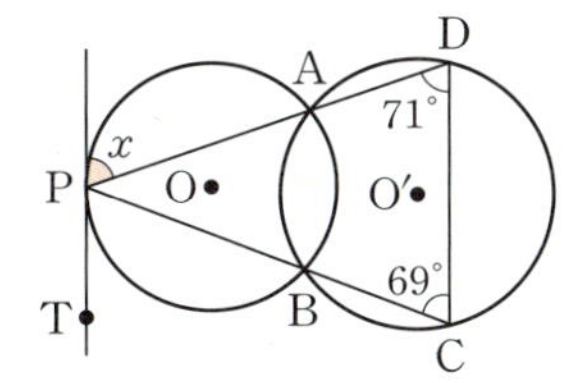

514

오른쪽 그림에서 $\overleftrightarrow{PQ}$는 두 원의 접선이
고 점 T는 접점이다. ∠DTP=48°,
∠DTC=62°일 때, ∠y-∠x의 크기
를 구하시오.

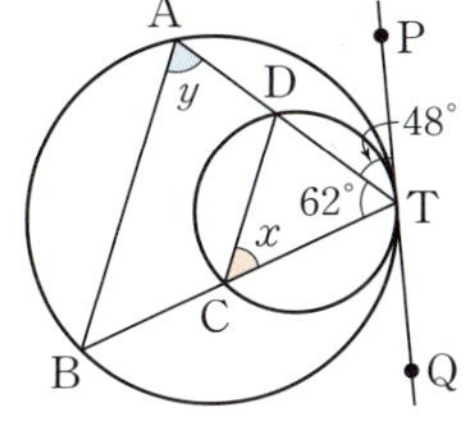

515

오른쪽 그림에서 $\overrightarrow{BT}$는 원 O의 접선이
고 점 B는 접점, $\overline{AC}$는 원의 지름이다.
$\overline{AD}/\!/\overrightarrow{BT}$이고, ∠CBT=25°일 때,
∠APD의 크기를 구하시오.

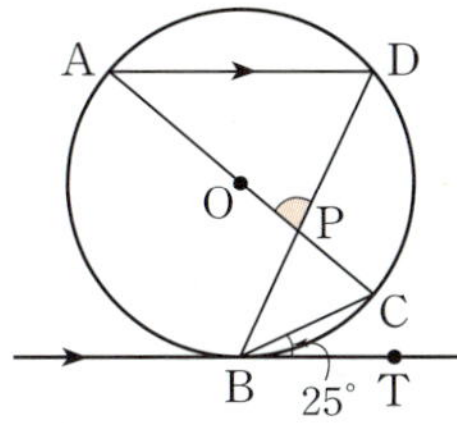

516

오른쪽 그림에서 $\overrightarrow{CT}$는 원 O의 접선이
고 점 A는 접점이다. $\overline{BD}$가 원 O의 지
름이고 ∠BAT=68°일 때, ∠x의 크
기를 구하시오.

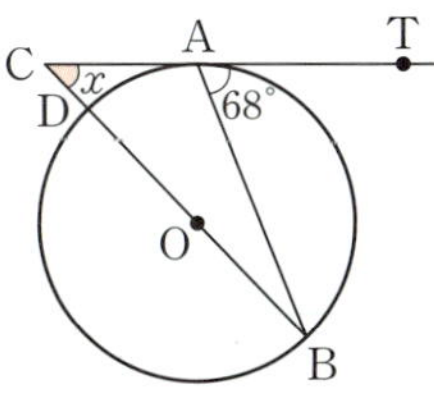

517 사고력 쑥쑥

오른쪽 그림과 같은 △ABC의 외
접원 O에서 현 BC의 연장선과 점
A에서 원 O에 그은 접선이 만나는
점을 D라 하고 ∠ADB의 이등분
선이 변 AB와 만나는 점을 E라고
하자. ∠BAC=50°일 때, ∠AED의 크기를 구하시오.

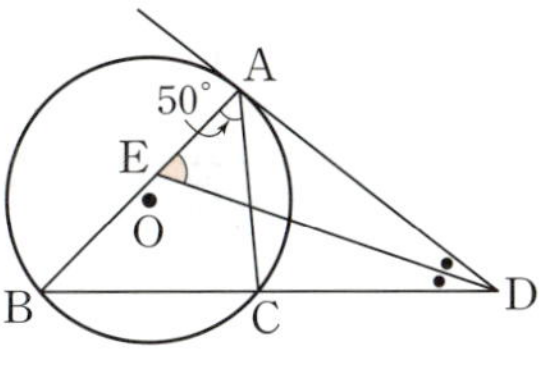

518

다음 그림은 원 모양의 바퀴에 막대기 AB가 걸쳐 있는 모습
이다. 두 점 C, T는 원 O의 접점이고 ∠CDT=68°일 때,
∠BAC의 크기를 구하시오.

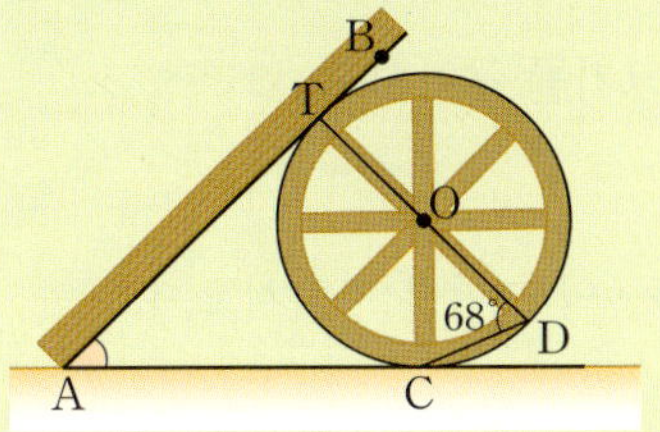

519

오른쪽 그림에서 □ABCD가 원 O에 내접하고 $\overline{AB}=\overline{AC}$, ∠BAC=56°일 때, ∠APB의 크기를 구하시오.

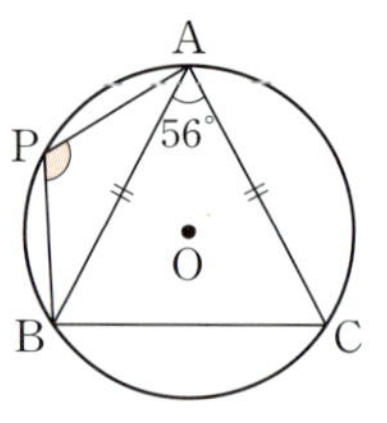

단계1 ∠ABC의 크기를 구하시오.
[50%]

단계2 ∠APB의 크기를 구하시오. [50%]

520

오른쪽 그림에서 □ABCD가 원에 내접하고 $\overline{AB}=\overline{AC}$, ∠BAC=40°일 때, ∠APC의 크기를 구하시오.

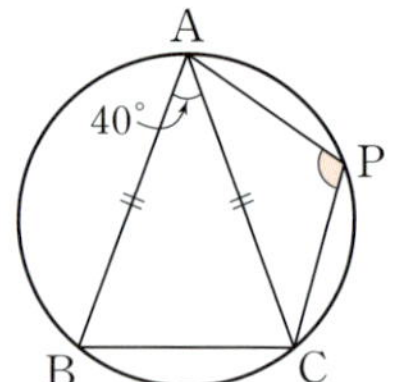

풀이

답 ________________

521

오른쪽 그림과 같이 육각형 ABCDEF가 원에 내접할 때, ∠E의 크기를 구하시오.

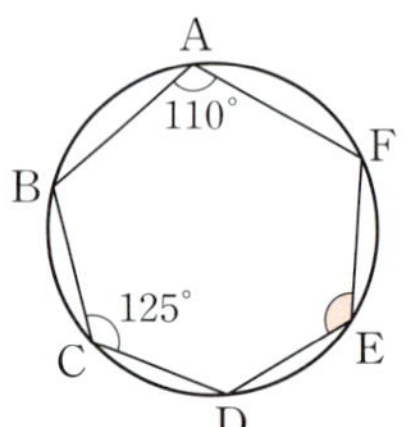

단계1 $\overline{CF}$를 긋고 ∠BCF의 크기를 구하시오. [40%]

단계2 ∠DCF의 크기를 구하시오. [20%]

단계3 ∠E의 크기를 구하시오. [40%]

522

오른쪽 그림과 같이 육각형 ABCDEF가 원에 내접할 때, ∠E의 크기를 구하시오.

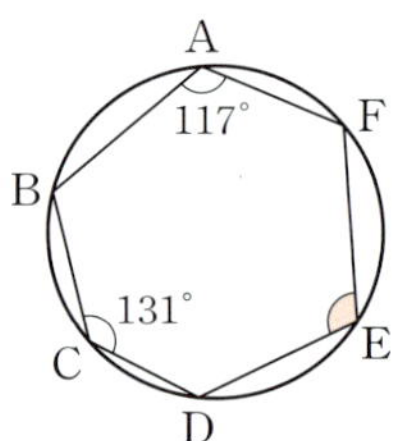

풀이

답 ________________

523

오른쪽 그림과 같이 두 원 O, O′이 만나는 점을 각각 P, Q라고 하자. ∠B=98°일 때, ∠x+∠y의 크기를 구하시오.

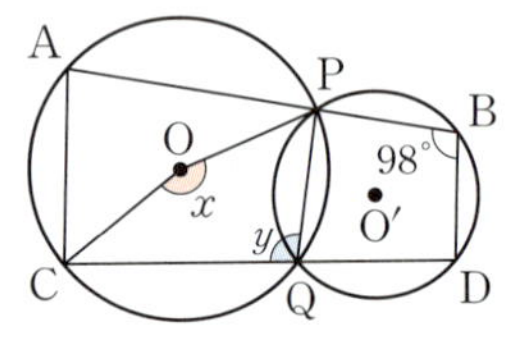

단계1 ∠y의 크기를 구하시오. [25%]

단계2 ∠A의 크기를 구하시오. [30%]

단계3 ∠x의 크기를 구하시오. [25%]

단계4 ∠x+∠y의 크기를 구하시오. [20%]

524

오른쪽 그림과 같이 두 원 O, O′이 만나는 점을 각각 P, Q라고 하자. ∠B=111°일 때, ∠x+∠y의 크기를 구하시오.

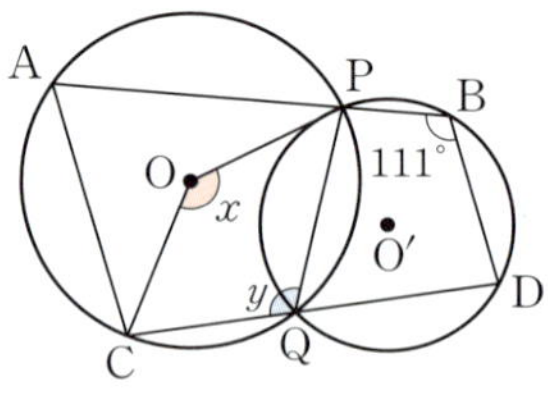

풀이

답 ________________

 단계를 밟아 **서술하기**

525

오른쪽 그림에서 직선 EB는 원 O의 접선이고 점 B는 접점이다. $\overline{AC}$는 원 O의 지름이고 $\angle ABE=37°$일 때, $\angle BDC$의 크기를 구하시오.

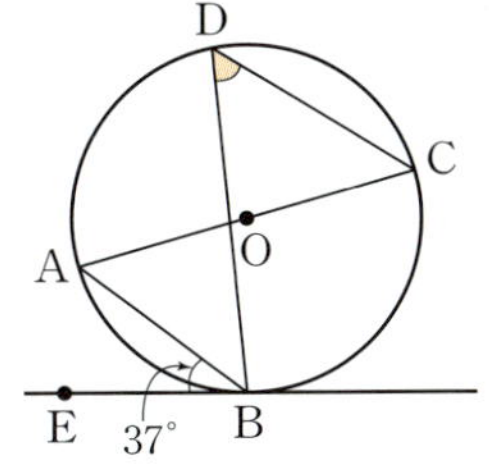

단계 **1** $\overline{BC}$를 긋고 $\angle ACB$의 크기를 구하시오. [30%]

단계 **2** $\angle ABC$와 $\angle BAC$의 크기를 각각 구하시오. [50%]

단계 **3** $\angle BDC$의 크기를 구하시오. [20%]

 <u>스스로 서술하기</u>

526

오른쪽 그림에서 직선 EB는 원 O의 접선이고 점 B는 접점이다. $\overline{AC}$는 원 O의 지름이고 $\angle ABE=28°$일 때, $\angle BDC$의 크기를 구하시오.

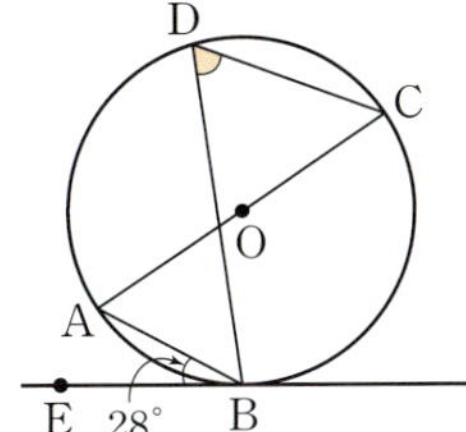

풀이

답 ____________

527

오른쪽 그림에서 두 점 P, Q는 두 원의 교점이다. □DAQP와 □PQBE가 두 원에 각각 내접하고 $\angle ACB=65°$, $\angle EPQ=110°$일 때, $\angle DPE$의 크기를 구하시오.

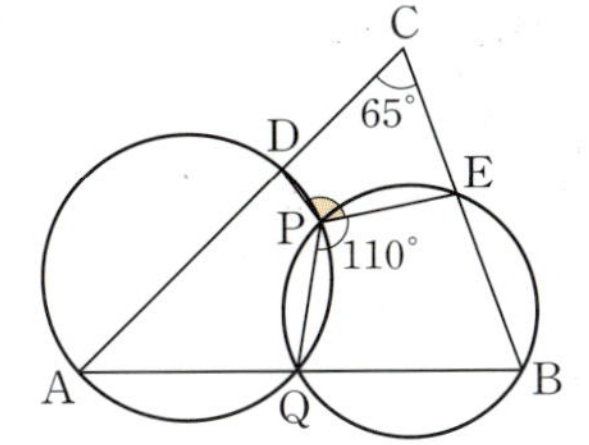

단계 **1** $\angle EBQ$의 크기를 구하시오. [25%]

단계 **2** $\angle CAB$의 크기를 구하시오. [25%]

단계 **3** $\angle DPQ$의 크기를 구하시오. [25%]

단계 **4** $\angle DPE$의 크기를 구하시오. [25%]

528

오른쪽 그림에서 두 점 P, Q는 두 원의 교점이다. □DAQP와 □PQBE가 두 원에 각각 내접하고 $\angle ACB=70°$, $\angle EPQ=102°$일 때, $\angle DPE$의 크기를 구하시오.

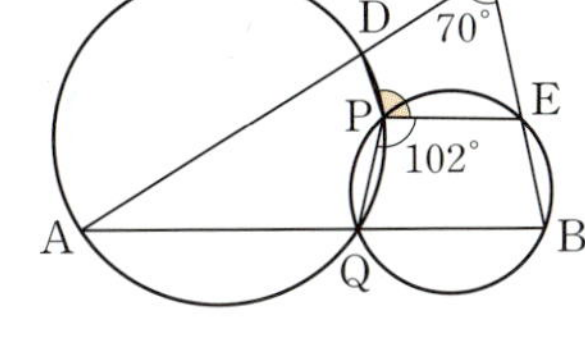

풀이

답 ____________

529

오른쪽 그림과 같이 $\overline{AB}$를 지름으로 하는 반원 O에서 $\angle OCP=\angle ODP=12°$, $\angle AOC=40°$일 때, $\angle DOP$의 크기를 구하시오.

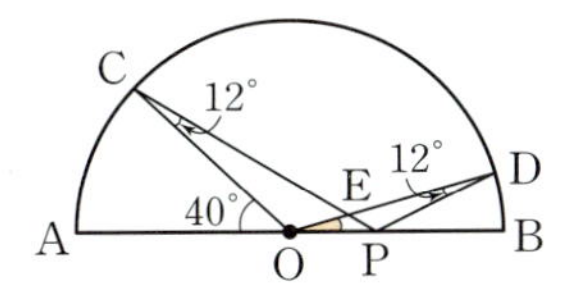

단계 **1** $\angle CPO$의 크기를 구하시오. [40%]

단계 **2** $\angle COD$의 크기를 구하시오. [40%]

단계 **3** $\angle DOP$의 크기를 구하시오. [20%]

530

오른쪽 그림과 같이 $\overline{AB}$를 지름으로 하는 반원 O에서 $\angle OCP=\angle ODP=14°$, $\angle AOC=50°$일 때, $\angle DOP$의 크기를 구하시오.

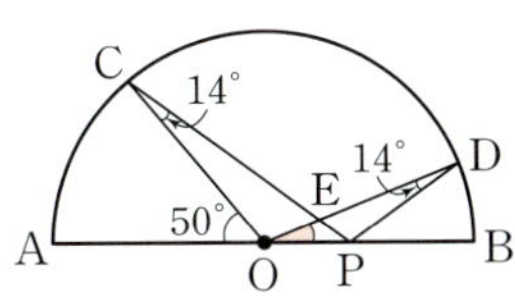

풀이

답 ____________

아래의 마인드맵에서 빈칸을 채우면서 학습한 내용을 확인해 봅시다.

현의 수직이등분선

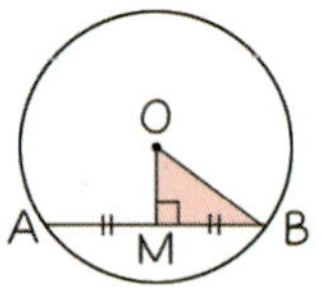

- $\overline{AB} \perp \overline{OM}$이면 $\overline{AM} = \boxed{㉠}$
- 현의 수직이등분선은 그 원의 중심을 지난다.
- $\triangle OMB$에서 $\overline{OB}^2 = \overline{OM}^2 + \boxed{㉡}$

현의 길이

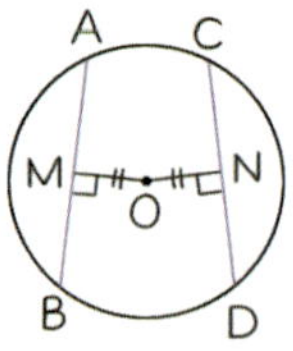

- $\overline{OM} = \overline{ON}$이면 $\overline{AB} = \boxed{㉢}$
- $\overline{AB} = \overline{CD}$이면 $\boxed{㉣} = \overline{ON}$

원과 접선

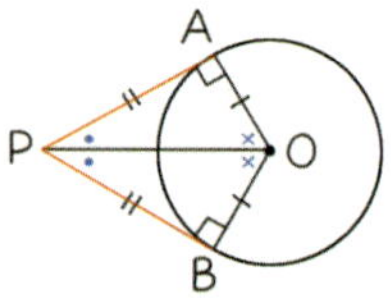

$\overline{PA} = \boxed{㉤}$

1. 원과 직선

Ⅱ. 원의 성질

2. 원주각

원주각

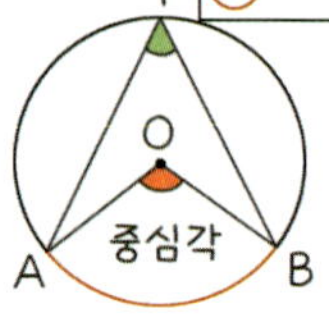

$\boxed{㉥}$

$\angle APB = \dfrac{1}{2} \angle AOB$

반원에 대한 원주각

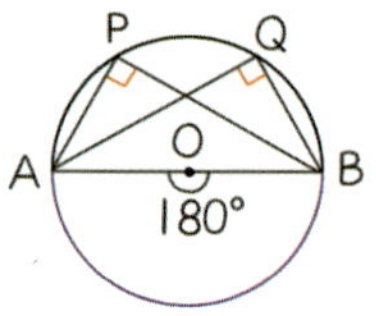

$\angle APB = \angle AQB$

$= \boxed{㉦}$

한 호에 대한 원주각

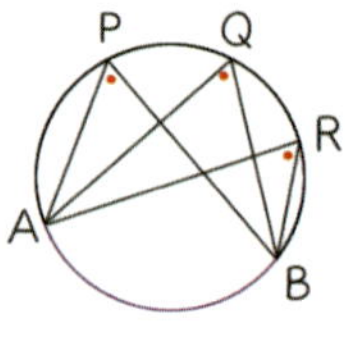

- 한 호에 대한 원주각의 크기는 모두 같다.

  $\angle APB = \angle AQB = \angle ARB$

- 크기가 같은 원주각에 대한 호의 길이는 같다.

3. 원주각의 활용

원에 내접하는 사각형

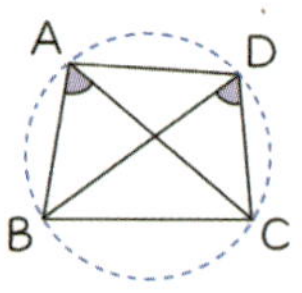

$\angle BAC = \angle BDC$

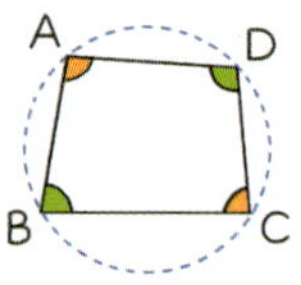

$\angle A + \angle C = 180°$ 또는
$\angle B + \angle D = 180°$

원의 접선과 현이 이루는 각의 크기

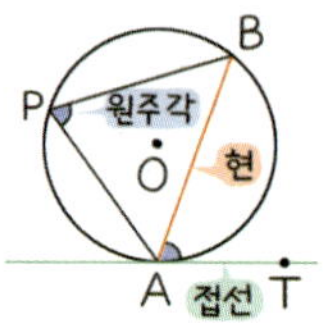

$\overleftrightarrow{AT}$가 원 O의 접선이면
$\angle BAT = \angle BPA$

㉠ 원의 중심에서 현에 내린 수선은 그 현의 길이를 수직이등분한다.

㉡ $\triangle OMB$에서 피타고라스 정리를 이용하여 $\overline{OB}^2$의 값을 구하는 식

㉢ 한 원에서 원의 중심으로부터 같은 거리에 있는 두 현의 길이는 같다.

㉣ 길이가 같은 두 현은 원의 중심으로부터 같은 거리에 있다.

㉤ 원 밖의 한 점에서 그 원에 그은 접선의 길이는 같다.

㉥ 원 O에서 $\overparen{AB}$ 위에 있지 않은 점 P에 대하여 $\angle APB$를 $\overparen{AB}$의 ○○각이라고 한다.

㉦ 반원에 대한 원주각의 크기

답 | ㉠ $\overline{BM}$ ㉡ $\overline{MB}^2$ ㉢ $\overline{CD}$ ㉣ $\overline{OM}$ ㉤ $\overline{PB}$ ㉥ 원주각 ㉦ 90°

Ⅲ. 통계

1 대푯값과 산포도

개념 1 대푯값

(1) **대푯값** : 자료 전체의 중심적인 경향이나 특징을 대표적으로 나타내는 값

  참고 대푯값의 종류에는 평균, 중앙값, 최빈값 등이 있다.

(2) **평균** : 전체 변량의 총합을 변량의 개수로 나눈 값 ➡ $(평균)=\dfrac{(변량의\ 총합)}{(변량의\ 개수)}$

  예 학생 3명의 수학 점수가 72점, 84점, 96점일 때, 평균$=\dfrac{72+84+96}{3}=84$(점)

(3) **중앙값** : 자료의 변량을 작은 값에서부터 크기순으로 나열할 때, 한가운데에 있는 값

  ① 변량의 개수가 홀수이면 한가운데에 있는 값이 중앙값이다.

  ② 변량의 개수가 짝수이면 한가운데에 있는 두 값의 평균이 중앙값이다.

  예 ① 자료 1, 3, 5, 6, 8의 중앙값은 5이다.

    ② 자료 2, 3, 5, 7, 8, 9의 중앙값은 $\dfrac{5+7}{2}=6$이다.

(4) **최빈값** : 자료의 변량 중에서 가장 많이 나타나는 값

  ① 자료의 값 중에서 도수가 가장 큰 값이 한 개 이상 있으면 그 값이 모두 최빈값이다.

  ② 자료의 값이 모두 다르거나 자료의 값의 도수가 모두 같은 경우에는 최빈값은 존재하지 않는다.

  예 ① 자료 2, 2, 3, 3, 4, 5, 6, 6, 6의 최빈값은 6이다.

    ② 자료 감, 귤, 귤, 배, 배, 사과의 최빈값은 귤과 배이다.

    ③ 자료 1, 2, 3, 6, 7, 9, 10의 최빈값은 존재하지 않는다.

개념 2 분산과 표준편차

(1) **산포도** : 자료의 변량들이 흩어져 있는 정도를 하나의 수로 나타낸 값

(2) **편차** : 어떤 자료의 각 변량에서 그 자료의 평균을 뺀 값 → 편차를 구하려면 먼저 평균을 구해야 한다.

  ➡ $(편차)=(변량)-(평균)$

(3) **편차의 성질**

  ① 편차의 총합은 항상 0이다.

  ② 평균보다 큰 변량의 편차는 양수이고, 평균보다 작은 변량의 편차는 음수이다.

  ③ 편차의 절댓값이 클수록 그 변량은 평균에서 멀리 떨어져 있고, 편차의 절댓값이 작을수록 그 변량은 평균에 가까이 있다.

(4) **분산** : 각 편차의 제곱의 평균

  ➡ $(분산)=\dfrac{\{(편차)^2의\ 총합\}}{(변량의\ 개수)}$

(5) **표준편차** : 분산의 음이 아닌 제곱근

  ➡ $(표준편차)=\sqrt{(분산)}$

  참고 자료의 분석

  (1) 표준편차 (분산)가 작다.

    ➡ 변량들이 평균을 중심으로 가까이 모여 있다.

    ➡ 자료의 분포가 고르다.

  (2) 표준편차 (분산)가 크다.

    ➡ 변량들이 평균으로부터 멀리 흩어져 있다.

    ➡ 자료의 분포가 고르지 않다.

개념 Plus

- 변량 : 자료를 수량으로 나타낸 것

- n개의 변량을 작은 값에서부터 크기순으로 나열할 때, 중앙값은

  ① n이 홀수인 경우 : $\dfrac{n+1}{2}$번째 값

  ② n이 짝수인 경우 : $\dfrac{n}{2}$번째와 $\left(\dfrac{n}{2}+1\right)$ 번째 값의 평균

- 평균과 중앙값

  일반적으로 대푯값으로 가장 많이 쓰이는 것은 평균이지만 극단적인 값이 있는 경우에는 중앙값이 자료의 중심 경향을 더 잘 나타낸다.

- 최빈값은 자료에 따라 두 개 이상일 수도 있고 존재하지 않을 수도 있다.

- 산포도는 주로 분산과 표준편차를 많이 사용한다. 이때 표준편차는 자료와 같은 단위를 쓰고, 분산은 단위를 쓰지 않는다.

- 산포도의 성질

  ① 변량들이 대푯값을 중심으로 가까이 모여 있으면 산포도는 작다.

  ② 변량들이 대푯값으로부터 멀리 흩어져 있으면 산포도는 크다.

- 평균, 편차, 표준편차의 단위는 변량의 단위와 같다.

1 대푯값

531

다음 자료의 평균을 구하시오.

(1) 9, 13, 18, 12

(2) 33, 50, 52, 40, 55

(3) 21, 27, 29, 25, 28, 26

532

다음 자료의 중앙값을 구하시오.

(1) 8, 14, 8, 5, 16, 10, 9

(2) 60, 70, 55, 80

(3) 5, 5, 7, 4, 9, 10

533

다음 자료의 최빈값을 구하시오.

(1) 6, 4, 7, 5, 2, 5

(2) 13, 11, 13, 40, 11

(3) 10, 9, 15, 18, 12

534

오른쪽은 수진이네 반 학생들의 오래매달리기 기록을 조사하여 나타낸 줄기와 잎 그림이다. 이 자료의 중앙값과 최빈값을 각각 구하시오.

오래매달리기
(0 | 7은 7초)

줄기	잎
0	7 9
1	0 2 6 7 7 8
2	1 3 5 5 5
3	0 2 4 6

2 분산과 표준편차

535

다음 그림은 민호와 경아가 6회에 걸쳐 한 활쏘기 점수를 조사하여 나타낸 것이다. □ 안에 알맞은 것을 써넣으시오.

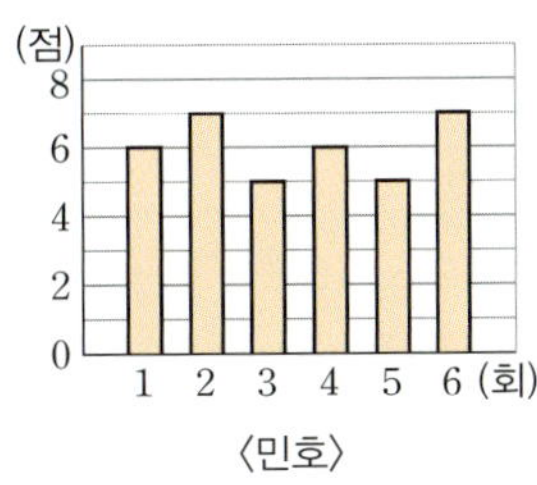

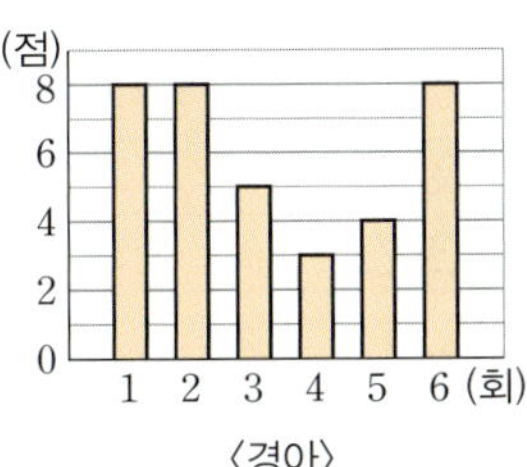

(1) 민호의 활쏘기 점수의 평균은 □점이고, 경아의 활쏘기 점수의 평균은 □점이다.

(2) □의 점수는 □의 점수보다 평균에서 멀리 흩어져 있다.
따라서 민호의 점수가 경아의 점수에 비해 산포도가 □고 말할 수 있다.

536

다음 표를 완성하시오.

(1)

변량	6	5	2	6	1
편차					

(2)

변량	12	13	16	18	20	17
편차						

537

다음 자료에 대하여 물음에 답하시오.

> 19, 15, 23, 17, 26

(1) 평균을 구하시오.

(2) 다음 표를 완성하시오.

변량	19	15	23	17	26	합계
편차						
$(편차)^2$						

(3) 분산을 구하시오.

(4) 표준편차를 구하시오.

수학의 바이블 77쪽

유형 01 평균

538 상중하

다음 표는 효진이가 기말고사에서 받은 5과목의 성적을 조사하여 나타낸 것이다. 5과목의 성적의 평균이 89점일 때, 수학 점수는?

과목	국어	수학	사회	과학	영어
점수(점)	89		92	78	95

① 89점   ② 90점   ③ 91점
④ 92점   ⑤ 93점

→ **유형 Point** $(평균)=\dfrac{(변량의\ 총합)}{(변량의\ 개수)}$

539 상중하

다음 표는 재선이의 5회에 걸친 체육 실기 성적을 조사하여 나타낸 것이다. 체육 실기 성적의 평균은?

회	1	2	3	4	5
성적(점)	14	19	18	13	16

① 14점   ② 15점   ③ 16점
④ 17점   ⑤ 18점

540 상중하

다음 자료의 평균이 16일 때, a의 값을 구하시오.

$$a-3, \qquad a+6, \qquad a+1, \qquad 3a$$

541 상중하

오른쪽 표는 영호네 반 남학생과 여학생의 수와 국어 수행평가 점수의 평균을 나타낸 것이다. 영호네 반 전체의 국어 수행평가 점수의 평균을 구하시오.

	학생 수(명)	평균(점)
남학생	12	15
여학생	8	20

유형 02 평균의 활용

542 상중하

4개의 변량 a, b, c, d의 평균이 4일 때, 변량 a, b, c, d, 14의 평균을 구하시오.

→ **유형 Point**   두 변량 a, b의 평균이 5일 때, 두 변량 $a+2$, $b-4$의 평균 구하기

❶ $\dfrac{a+b}{2}=5$이므로 $a+b=10$

❷ 두 변량 $a+2$, $b-4$의 평균 구하기
$$\dfrac{(a+2)+(b-4)}{2}=\dfrac{a+b-2}{2}=\dfrac{10-2}{2}=4$$

543 상중하

3개의 변량 a, b, c의 평균은 10이고, 2개의 변량 d, e의 평균은 5이다. 이때 5개의 변량 a, b, c, d, e의 평균을 구하시오.

544 상중하 서술형

5개의 변량 a, b, c, d, e의 평균이 5일 때, 다음 5개의 변량의 평균을 구하시오.

$$a+8, \qquad b-2, \qquad c-4, \qquad d+7, \qquad e+1$$

545 상중하

요리반 학생 6명의 몸무게의 평균을 구하는데 그중에서 몸무게가 43 kg인 민지의 몸무게를 잘못 기록하여 평균이 2 kg 낮게 구해졌다. 이때 민지의 몸무게를 몇 kg으로 잘못 기록한 것인지 구하시오.

▶수학의 바이블 78쪽

유형 03 중앙값

546 상중하

다음은 두 동호회 A, B 회원들의 나이를 조사하여 나타낸 것이다. 두 동호회 A, B 중에서 회원들의 나이의 중앙값이 더 큰 동호회를 말하시오.

(단위 : 세)

동호회 A : 22, 28, 23, 28, 29
동호회 B : 22, 33, 24, 25, 40, 29

▶ **유형 Point** 중앙값 : 자료의 변량을 작은 값에서부터 크기순으로 나열할 때, 한가운데에 있는 값
(1) 변량의 개수가 홀수 ➡ 한가운데에 있는 값
(2) 변량의 개수가 짝수 ➡ 한가운데에 있는 두 값의 평균

547 상중하

다음은 재민이네 반 학생 8명의 윗몸일으키기 기록을 조사하여 나타낸 것이다. 윗몸일으키기 기록의 중앙값은?

(단위 : 회)

25, 18, 7, 14, 26, 31, 20, 15

① 16.5회   ② 18회   ③ 19회
④ 20회   ⑤ 22.5회

548 상중하

다음은 미정이네 반 학생 10명이 일주일 동안 SNS에 올린 게시물의 개수를 조사하여 나타낸 것이다. 물음에 답하시오.

(단위 : 개)

14, 23, 9, 30, 11, 24, 12, 68, 10, 29

(1) 평균과 중앙값을 각각 구하시오.

(2) 평균과 중앙값 중 대푯값으로 더 적절한 것을 말하시오.

▶수학의 바이블 78쪽

유형 04 최빈값

549 상중하

오른쪽 표는 시연이네 반 학생 34명이 좋아하는 과일을 조사하여 나타낸 것이다. 이 자료의 최빈값은?

과일	학생 수(명)
배	9
복숭아	5
감	3
귤	10
사과	7

① 배   ② 복숭아
③ 감   ④ 귤
⑤ 사과

▶ **유형 Point** (1) 최빈값 : 자료의 변량 중에서 가장 많이 나타나는 값
(2) 도수가 가장 큰 값이 한 개 이상 있으면 그 값이 모두 최빈값이다.
(3) 자료의 값이 모두 다르거나 자료의 값의 도수가 모두 같으면 최빈값은 존재하지 않는다.

550 상중하

다음은 어느 양궁 선수가 9번 활을 쏘아 얻은 점수를 나타낸 것이다. 점수의 평균, 중앙값, 최빈값을 각각 구하시오.

(단위 : 점)

10, 8, 9, 10, 10, 10, 7, 8, 9

551 상중하 서술형

다음은 지용이네 반 학생 20명의 팔굽혀펴기 기록을 조사하여 나타낸 줄기와 잎 그림이다. 팔굽혀펴기 기록의 중앙값을 a회, 최빈값을 b회라고 할 때, $a+b$의 값을 구하시오.

(1|5는 15회)

줄기	잎
1	5 6 6 7 7 9
2	1 2 2 5 6 7 8 8 8 9
3	3 5 6

유형 05 대푯값이 주어졌을 때 변량 구하기

552 상 **중** 하

다음은 희수네 반 학생 8명이 지난 주말 동안 TV를 시청한 시간을 조사하여 나타낸 것이다. TV를 시청한 시간의 평균이 9시간일 때, 중앙값과 최빈값을 각각 구하시오.

(단위 : 시간)

$$11, \quad 10, \quad 8, \quad 8, \quad 7, \quad 9, \quad x, \quad 11$$

→ **유형 Point** (1) 평균이 주어질 때 (평균)$=\dfrac{(변량의 총합)}{(변량의 개수)}$ 임을 이용한다.

(2) 중앙값이 주어질 때, 먼저 자료를 작은 값에서부터 크기순으로 나열한다.

(3) 최빈값이 주어질 때, 주어진 최빈값이 자료의 값 중 도수가 가장 커야 한다.

553 상 **중** 하

세 수 a, b, c의 중앙값은 6, 평균은 5일 때, $a+c$의 값을 구하시오. (단, $a \leq b \leq c$)

554 상 **중** 하

다음 자료는 6개의 변량을 작은 값에서부터 크기순으로 나열한 것이다. 이 자료의 중앙값이 7일 때, 이 자료의 평균을 구하시오.

$$4, \quad 5, \quad x, \quad 8, \quad 11, \quad 14$$

555 상 **중** 하

다음 자료의 최빈값이 15일 때, 이 자료의 중앙값을 a, 평균을 b라고 하자. 이때 $a+b$의 값을 구하시오.

$$11, \quad 15, \quad 14, \quad 17, \quad x, \quad 12$$

556 상 **중** 하

다음은 형민이네 반 학생 7명이 일주일 동안 공부를 한 시간을 조사하여 나타낸 것이다. 공부를 한 시간의 평균과 최빈값이 같을 때, x의 값을 구하시오.

(단위 : 시간)

$$7, \quad 5, \quad 5, \quad 4, \quad x, \quad 3, \quad 5$$

557 상 **중** 하

다음은 소윤이가 5회에 걸쳐 치른 수학 시험의 성적을 조사하여 나타낸 것이다. 이 자료의 평균과 최빈값이 같을 때, 중앙값은?

(단위 : 점)

$$90, \quad 84, \quad 76, \quad 86, \quad x$$

① 76점   ② 84점   ③ 85점
④ 86점   ⑤ 90점

558 상 **중** 하 서술형

다음 자료의 중앙값이 32일 때, a의 값을 구하시오.

$$a, \quad 45, \quad 18, \quad 47, \quad 19, \quad 27$$

559 상 **중** 하

4개의 변량 4, 7, 9, x의 중앙값이 8이고, 5개의 변량 7, 13, 15, 16, x의 중앙값이 13일 때, 이를 만족시키는 자연수 x의 값의 개수를 구하시오.

▶ 수학의 바이블 81쪽

유형 06 편차

560 상 중 하
다음 표는 수현이의 5회에 걸친 100 m 수영 기록의 편차를 나타낸 것이다. 수현이의 수영 기록의 평균이 80초일 때, 4회의 기록을 구하시오.

회	1	2	3	4	5
편차(초)	-6	2	3		-4

▶ **유형 Point**   (1) 편차의 총합은 항상 0이다.
    (2) (편차)=(변량)−(평균)이므로 (변량)=(평균)+(편차)이다.

561 상 중 하
다음 표는 학생 6명이 1년 동안 관람한 영화의 수의 편차를 나타낸 것이다. 이때 x의 값을 구하시오.

학생	호영	지민	수아	은혁	진규	가윤
편차(편)	-2	5	x	-3	2	1

562 상 중 하
소연이네 반 학생들의 몸무게의 평균은 52 kg이다. 소연이의 몸무게의 편차가 2 kg일 때, 소연이의 몸무게를 구하시오.

563 상 중 하
아래 표는 학생 4명의 영어 듣기평가 성적의 편차를 나타낸 것이다. 다음 중 옳지 <u>않은</u> 것은?

학생	A	B	C	D
편차(점)	3	-2	x	-1

① A의 성적이 가장 좋다.
② B의 성적은 평균보다 낮다.
③ A의 성적은 D의 성적보다 4점 높다.
④ C의 성적은 평균과 같다.
⑤ 성적이 낮은 학생부터 순서대로 나열하면 B, C, D, A이다.

▶ 수학의 바이블 83쪽

유형 07 분산과 표준편차

564 상 중 하
다음 표는 경준이의 5과목 성적의 편차를 나타낸 것이다. 5과목 성적의 표준편차를 구하시오.

과목	국어	수학	영어	과학	사회
편차(점)	0	-3	x	3	-1

▶ **유형 Point**   (1) 분산 : 각 편차의 제곱의 평균
    ➡ (분산)$=\dfrac{\{(편차)^2의\ 총합\}}{(변량의\ 개수)}$
  (2) 표준편차 : 분산의 음이 아닌 제곱근
    ➡ (표준편차)$=\sqrt{(분산)}$

565 상 중 하
다음은 명진이네 반 학생 8명의 턱걸이 횟수의 편차를 나타낸 것이다. 턱걸이 횟수의 분산을 구하시오.

(단위 : 회)

$$-2, \quad 4, \quad 0, \quad 3, \quad -3, \quad 1, \quad -3, \quad 0$$

★★ 566 상 중 하

아래 자료는 학생 5명의 사회 성적을 조사하여 나타낸 것이다. 다음 설명 중 옳지 <u>않은</u> 것은?

(단위 : 점)

$$90, \quad 85, \quad 75, \quad 85, \quad 95$$

① 평균은 86점이다.   ② (편차)^{2}의 총합은 220이다.
③ 분산은 44이다.   ④ 표준편차는 11점이다.
⑤ 편차의 총합은 0점이다.

567 상 중 하   서술형
다음 표는 학생 6명이 다트를 한 번씩 던져서 얻은 점수를 조사하여 나타낸 것이다. 점수의 표준편차를 구하시오.

학생	영석	미연	지아	효준	은애	형준
점수(점)	8	5	6	9	2	6

568 상중하

다음 자료의 분산은?

$$a-3, \quad a+4, \quad a, \quad a-1$$

① 5.8   ② 6   ③ 6.3
④ 6.5   ⑤ 7

569 상중하 서술형

다음은 승우의 6회에 걸친 과학 수행평가 점수를 조사하여 나타낸 것이다. 과학 수행평가 점수의 평균이 10점일 때, 표준편차를 구하시오.

(단위 : 점)

$$12, \quad 7, \quad 9, \quad 10, \quad 12, \quad x$$

570 상중하

세 수 $5-a$, 5, $5+a$의 표준편차가 $\sqrt{6}$일 때, 양수 a의 값은?

① 2   ② 3   ③ 4
④ 5   ⑤ 6

571 상중하

다음 5개의 변량의 평균이 0이고 중앙값이 2일 때, 표준편차를 구하시오. (단, $a<b$)

$$-7, \quad -9, \quad 10, \quad a, \quad b$$

유형 08 평균과 분산을 이용하여 식의 값 구하기

572 상중하

5개의 변량 6, x, 7, y, 9의 평균이 6이고 분산이 4일 때, x^2+y^2의 값은?

① 30   ② 32   ③ 34
④ 36   ⑤ 38

> **유형 Point**   3개의 변량 a, b, c의 평균이 m이고 분산이 s^2이면
>
> (1) $\dfrac{a+b+c}{3}=m \Rightarrow a+b+c=3m$
>
> (2) $\dfrac{(a-m)^2+(b-m)^2+(c-m)^2}{3}=s^2$
>
> $\Rightarrow (a-m)^2+(b-m)^2+(c-m)^2=3s^2$

573 상중하

다음은 어떤 자료의 편차를 나타낸 것이다. 이 자료의 표준편차가 $\sqrt{5}$일 때, x^2+y^2의 값을 구하시오.

$$-2, \quad x, \quad 2, \quad y, \quad 0$$

574 상중하 서술형

3개의 변량 a, b, c의 평균이 2이고 표준편차가 $\sqrt{3}$일 때, a^2, b^2, c^2의 평균을 구하시오.

575 상중하

다음 자료의 평균이 3이고 분산이 3.2일 때, ab의 값을 구하시오.

$$a, \quad b, \quad 2, \quad 4, \quad 6$$

유형 09 변화된 변량의 평균과 표준편차

576 상 중 하

4개의 변량 a, b, c, d의 평균이 8이고 표준편차가 4일 때, 변량 $a+3$, $b+3$, $c+3$, $d+3$의 평균과 표준편차를 각각 구하시오.

→ **유형 Point** n개의 변량 x_1, x_2, x_3, $\cdots$, x_n의 평균이 m이고 표준편차가 s일 때, 일정하게 변화된 변량의 평균과 표준편차는 다음과 같다.

(단, a, b는 상수)

n개의 변량	평균	표준편차
ax_1, ax_2, ax_3, $\cdots$, ax_n	am	$\lvert a \rvert s$
x_1+b, x_2+b, x_3+b, $\cdots$, x_n+b	$m+b$	s
ax_1+b, ax_2+b, ax_3+b, $\cdots$, ax_n+b	$am+b$	$\lvert a \rvert s$

577 상 중 하

3개의 변량 a, b, c의 평균이 10이고 분산이 2일 때, 변량 $2a$, $2b$, $2c$의 평균과 분산을 각각 구하시오.

578 상 중 하

5개의 변량 a, b, c, d, e의 평균이 6이고 표준편차가 3이다. 변량 $3a-1$, $3b-1$, $3c-1$, $3d-1$, $3e-1$의 평균을 m, 표준편차를 n이라고 할 때, $m-n$의 값을 구하시오.

579 상 중 하

평균이 7이고 표준편차가 $2\sqrt{2}$인 5개의 자료에 5, 7, 9의 3개의 자료가 추가되었을 때, 전체 자료의 표준편차는?

① $\sqrt{2}$ ② $\sqrt{3}$ ③ 2
④ $\sqrt{5}$ ⑤ $\sqrt{6}$

유형 10 평균이 같은 두 집단 전체의 표준편차

580 상 중 하

다음 표는 두레 중학교 3학년 1반과 2반의 학생 수와 수학 성적의 평균과 표준편차를 조사하여 나타낸 것이다. 1반과 2반 전체 학생의 수학 성적의 표준편차를 구하시오.

반	학생 수(명)	평균(점)	표준편차(점)
1반	30	80	4
2반	40	80	3

→ **유형 Point** 평균이 같은 두 집단 A, B의 도수와 표준편차가 오른쪽 표와 같을 때, A, B 두 집단 전체의 표준편차

$$\sqrt{\frac{\{(편차)^2의\ 총합\}}{(도수의\ 총합)}} = \sqrt{\frac{ax^2+by^2}{a+b}}$$

집단	A	B
도수	a	b
표준편차	x	y

참고 두 집단 전체의 평균이 각 집단의 평균과 같으므로 두 집단 전체의 편차 역시 각 집단에서 구한 편차와 같다.

581 상 중 하

영어 시험을 본 결과 남학생 4명과 여학생 6명의 점수의 평균은 같았고, 분산은 각각 4, 9이었다. 전체 학생 10명의 영어 성적의 표준편차를 구하시오.

582 상 중 하

다음 표는 남학생, 여학생들의 턱걸이 횟수의 평균과 표준편차를 조사하여 나타낸 것이다. 이때 전체 학생 30명의 턱걸이 횟수의 표준편차를 구하시오.

반	학생 수(명)	평균(회)	표준편차(회)
남학생	20	6	$\sqrt{10}$
여학생	10	6	$\sqrt{7}$

→ 수학의 바이블 83쪽

유형 11 자료의 분석

583 상 중 하

다음 표는 어느 중학교 3학년 5개 반의 국어 성적의 평균과 표준편차를 나타낸 것이다. 국어 성적이 가장 고른 반을 말하시오.

반	1	2	3	4	5
평균(점)	72	73	71	69	70
표준편차(점)	4.5	5.8	4.1	5.3	6.7

→ 유형 Point (1) 분산 또는 표준편차가 작다.
  ➡ 변량들이 평균을 중심으로 가까이 모여 있다.
  ➡ 변량들 간의 격차가 작다.
  ➡ 자료의 분포가 고르다.
  (2) 분산 또는 표준편차가 크다.
  ➡ 변량들이 평균으로부터 멀리 흩어져 있다.
  ➡ 변량들 간의 격차가 크다.
  ➡ 자료의 분포가 고르지 않다.

584 상 중 하

다음 자료 중 표준편차가 가장 작은 것은?

① 1, 7, 1, 7, 1, 7 ② 2, 2, 4, 4, 6, 6
③ 3, 4, 5, 3, 4, 5 ④ 3, 5, 3, 5, 3, 5
⑤ 4, 4, 4, 4, 4, 4

585 상 중 하

오른쪽 표는 A, B 두 반의 과학 성적의 평균과 표준편차를 나타낸 것이다. 다음 중 옳은 것을 모두 고르면? (정답 2개)

반	A	B
평균(점)	72	72
표준편차(점)	4.3	6.5

① A반의 성적이 B반의 성적보다 우수하다.
② A반의 성적이 B반의 성적보다 고르다.
③ A반의 분산이 B반의 분산보다 크다.
④ 두 반 A, B 전체의 평균은 72점이다.
⑤ 두 반 A, B의 성적의 산포도는 비교할 수 없다.

586 상 중 하

오른쪽 그림은 A, B 두 반 학생들의 수학 시험 성적을 조사하여 나타낸 그래프이다. 다음 물음에 답하시오.

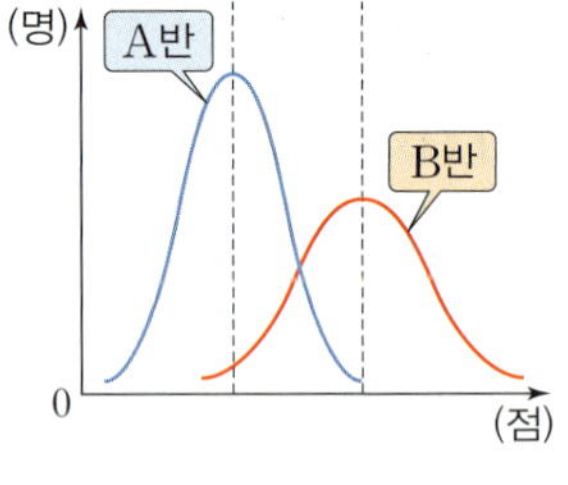

(1) 수학 성적이 더 좋은 반을 말하시오.
(2) 어느 반의 성적이 더 고른지 말하시오.

587 상 중 하

아래 표는 어느 중학교 3학년 5개 반의 사회 성적의 평균과 표준편차를 나타낸 것이다. 다음 중 옳은 것을 모두 고르면? (정답 2개)

반	1	2	3	4	5
평균(점)	73	68	75	77	71
표준편차(점)	4.6	8.3	9.2	5.4	6.7

① 2반의 학생 수가 4반의 학생 수보다 적다.
② 1반의 학생들의 성적이 가장 고르게 분포되어 있다.
③ 성적이 가장 높은 학생은 4반에 있다.
④ 사회 성적이 90점 이상인 학생 수는 3반보다 4반이 더 많다.
⑤ 4반 학생들의 성적이 5반 학생들의 성적보다 대체로 우수하다.

588 상 중 하 사고력 쑥쑥

다음 그래프는 준기와 희아의 양궁 점수를 조사하여 나타낸 것이다. 준기와 희아의 양궁 점수의 분산을 구하고, 누구의 점수가 더 고른지 말하시오.

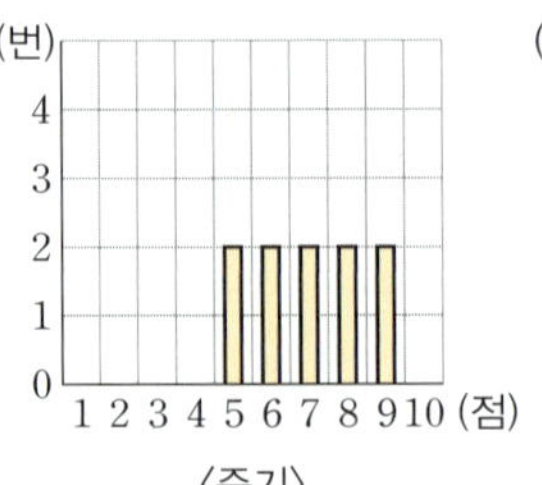

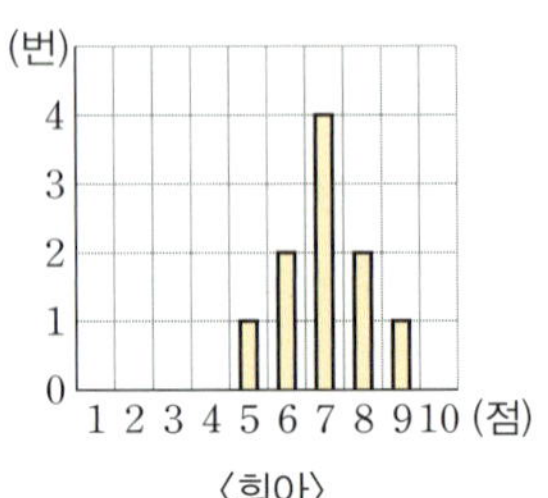

589

다음 설명 중 옳지 <u>않은</u> 것은?

① 대푯값에는 평균, 중앙값, 최빈값 등이 있다.
② 중앙값은 반드시 자료에 있는 값이다.
③ 최빈값은 존재하지 않을 수도 있다.
④ 평균은 극단적인 값에 영향을 받는다.
⑤ 편차는 각 변량에서 평균을 뺀 값이다.

590

5개의 변량 $3a+1$, $3b+1$, $3c+1$, $3d+1$, $3e+1$의 평균이 10일 때, a, b, c, d, e의 평균을 구하시오.

591

다음은 어느 문구점에 진열된 볼펜 8자루의 길이를 조사하여 나타낸 것이다. 볼펜 길이의 평균, 중앙값, 최빈값을 각각 A cm, B cm, C cm라고 할 때, 다음 중 A, B, C의 대소 관계로 옳은 것은?

(단위 : cm)

| 16, | 17, | 16, | 18, | 19, | 17, | 16, | 15 |

① $A=B=C$　　② $B=C<A$　　③ $B<C<A$
④ $C<A=B$　　⑤ $C<B<A$

592

다음은 지은이네 반 학생들의 미술 실기 성적을 조사하여 나타낸 줄기와 잎 그림이다. 미술 실기 성적의 중앙값과 최빈값의 차를 구하시오.

(3|1은 31점)

줄기	잎
3	1　3　5　7
4	6　6　7　8　9
5	4　4　4　8
6	1　2　6

593

다음 표는 현주네 반 학생들의 제기차기 횟수를 조사하여 나타낸 것이다. 제기차기 횟수의 평균이 5.5회일 때, x의 값은?

횟수(회)	2	4	6	8	10
학생 수(명)	3	7	x	2	3

① 1　　　　② 2　　　　③ 3
④ 4　　　　⑤ 5

594

다음 자료는 6개의 변량을 작은 값에서부터 크기순으로 나열한 것이다. 이 자료의 평균과 중앙값이 같을 때, x의 값을 구하시오.

| 14, | 16, | 16, | 18, | 19, | x |

595

컴퓨터 동아리 학생 6명의 키의 평균은 166 cm이었는데 한 학생이 다른 동아리로 옮겨서 5명의 키의 평균이 165 cm가 되었다. 이때 동아리를 옮긴 학생의 키를 구하시오.

596

다음 자료의 평균이 30이고 $a-b=2$일 때, 이 자료의 중앙값을 구하시오.

| 6, | -4, | -1, | a, | 5, | b, | 3 |

597 생각이 쑥쑥

7개의 변량 40, 35, 24, 28, a, 40, 27의 중앙값이 35이고 최빈값이 40일 때, 다음 중 a의 값이 될 수 있는 것은?

① 28 ② 30 ③ 31
④ 35 ⑤ 40

598

다음 표는 학생 5명의 수학 성적의 편차를 나타낸 것이다. 수학 성적의 평균이 70점일 때, 희정이의 수학 성적은?

학생	민국	영주	지원	희정	문규
편차(점)	5	4	-3	x	-3

① 65점 ② 67점 ③ 70점
④ 73점 ⑤ 74점

599

다음 표는 학생 5명의 몸무게와 그 편차를 나타낸 것이다. 이때 $A+B$의 값을 구하시오.

몸무게(kg)	51	56	A	53	52
편차(kg)	-1		-4	B	0

600

아래 표는 학생 5명의 영어 성적의 편차를 나타낸 것이다. 평균이 75점일 때, 다음 설명 중 옳은 것은?

학생	A	B	C	D	E
편차(점)	3	-2	4	x	-3

① x의 값은 2이다.
② 학생 D의 점수는 77점이다.
③ 학생 C의 점수가 가장 낮다.
④ 중앙값은 학생 C의 점수와 같다.
⑤ 최빈값은 학생 B의 점수와 같다.

601

다음은 학생 5명의 윗몸일으키기 횟수를 조사하여 나타낸 것이다. 윗몸일으키기 횟수의 분산은?

(단위 : 회)

> 21,   17,   24,   18,   20

① 3 ② 4 ③ 5
④ 6 ⑤ 7

602

다음 표는 어느 아이스크림 가게에서 평일에 팔린 아이스크림 개수의 편차를 나타낸 것이다. 팔린 아이스크림 개수의 표준편차를 구하시오.

요일	월	화	수	목	금
편차(개)	-2	1		-6	5

603

3개의 변량 $12-a$, 12, $12+a$의 표준편차가 $2\sqrt{6}$일 때, 양수 a의 값을 구하시오.

604 생각이 쑥쑥

다음 표는 소윤이네 모둠과 정호네 모둠의 등교 시간의 평균과 표준편차를 나타낸 것이다. 두 모둠 전체의 등교 시간의 표준편차를 구하시오.

	학생 수(명)	평균(분)	표준편차(분)
소윤이네 모둠	4	10	3
정호네 모둠	6	10	2

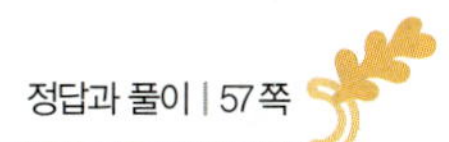

605

다음은 유리네 모둠 학생 4명이 1년 동안 도서관을 이용한 횟수의 편차를 나타낸 것이다. 도서관 이용 횟수의 표준편차가 $\sqrt{7}$회일 때, ab의 값을 구하시오.

(단위 : 회)

$$-4, \quad a, \quad 2, \quad b$$

606

4개의 변량 a, b, c, d의 평균이 12이고 표준편차가 2이다. 변량 $2a+3$, $2b+3$, $2c+3$, $2d+3$의 평균을 m, 표준편차를 n이라고 할 때, $m-n$의 값을 구하시오.

607 사고력 쑥쑥

인호네 반 학생들의 1학기 중간고사 성적의 평균은 70점이고 표준편차는 6점이다. 인호네 반 학생들의 1학기 기말고사 성적이 중간고사 성적보다 모두 2점씩 올랐을 때, 1학기 기말고사 성적의 평균과 표준편차를 차례대로 구하면?

① 72점, $\sqrt{6}$점 ② 72점, 6점 ③ 72점, 8점
④ 74점, 6점 ⑤ 74점, 8점

608

네 수 a, b, c, d의 평균이 10이고 표준편차가 3일 때, $(a-10)^2+(b-10)^2+(c-10)^2+(d-10)^2$의 값을 구하시오.

609

다음 표는 학생 5명의 일주일 동안 운동 시간의 평균과 표준편차를 나타낸 것이다. 운동 시간이 가장 불규칙한 학생을 구하시오.

학생	신영	지현	찬영	미선	하임
평균(시간)	2	2.3	1.8	3	1
표준편차(시간)	1.3	2	1.6	1.9	0.7

610

아래 표는 재인이네 중학교 3학년 5개 반의 영어 성적의 평균과 표준편차를 나타낸 것이다. 다음 설명 중 옳은 것은?

반	A	B	C	D	E
평균(점)	76	76	72	77	69
표준편차(점)	6.5	4.8	7.3	6.4	5.1

① D반의 학생 수가 가장 많다.
② 편차의 총합은 C반이 가장 크다.
③ 최고득점자는 D반에 있다.
④ 영어 성적이 가장 고른 반은 B반이다.
⑤ 성적이 평균적으로 가장 우수한 반은 E반이다.

611

오른쪽 그림과 같이 점수가 표시된 과녁이 있다. A, B, C 세 사람이 각각 화살을 5번씩 쏘아서 얻은 점수를 다음과 같이 표시하였다. 점수가 가장 고른 사람부터 차례대로 나열하시오.

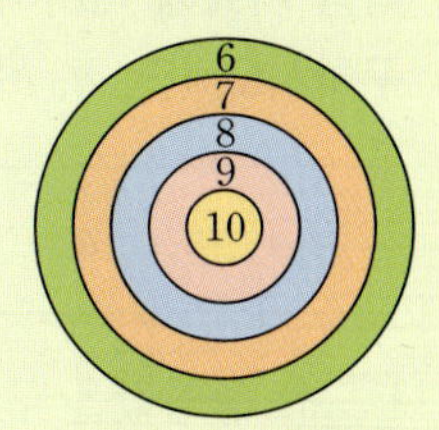

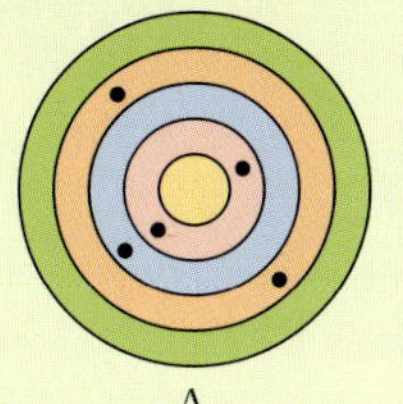
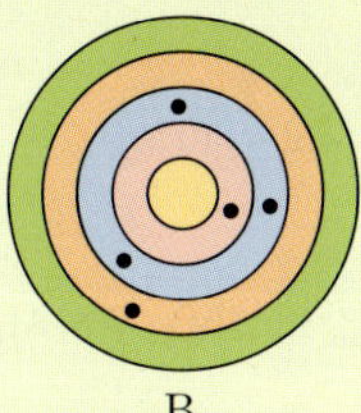
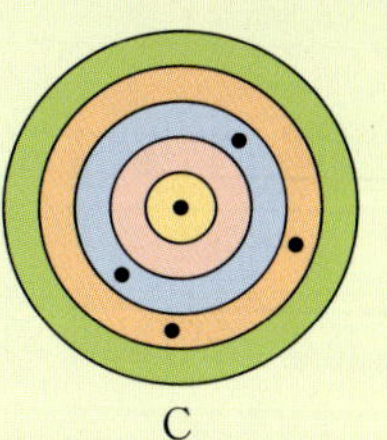

612

다음 자료의 평균, 중앙값, 최빈값을 각각 a, b, c라고 할 때, $a-2b+c$의 값을 구하시오.

> 15,   18,   21,   21,   17,   16,   12,   24

단계 1 a의 값을 구하시오. [30%]

단계 2 b의 값을 구하시오. [30%]

단계 3 c의 값을 구하시오. [30%]

단계 4 $a-2b+c$의 값을 구하시오. [10%]

613

다음 자료의 평균, 중앙값, 최빈값을 각각 a, b, c라고 할 때, $2a-b+c$의 값을 구하시오.

> 9,   8,   6,   2,   7,   8,   2,   8,   3,   7

풀이

답 _______________

614

다음은 어느 학생이 5회에 걸쳐 치른 과학 시험 성적을 조사하여 나타낸 것이다. 이 자료의 평균과 최빈값이 같을 때, 중앙값을 구하시오.

(단위 : 점)

> 82,   88,   92,   90, x

단계 1 x의 값을 구하시오. [60%]

단계 2 중앙값을 구하시오. [40%]

615

다음은 어느 학생이 5회에 걸쳐 치른 국어 시험 성적을 조사하여 나타낸 것이다. 이 자료의 평균과 최빈값이 같을 때, 중앙값을 구하시오.

(단위 : 점)

> 72, x,   98,   81,   73

풀이

답 _______________

616

다음 자료에 대하여 $a<b<6$일 때, 중앙값과 최빈값의 합을 구하시오. (단, a, b는 자연수)

> 2, a,   7,   9, b,   5,   7,   4,   7

단계 1 중앙값을 구하시오. [40%]

단계 2 최빈값을 구하시오. [40%]

단계 3 중앙값과 최빈값의 합을 구하시오. [20%]

617

다음 자료에 대하여 $a<b<5$일 때, 중앙값과 최빈값의 합을 구하시오. (단, a, b는 자연수)

> 4,   6, a,   7,   4, b,   3,   8,   4

풀이

답 _______________

618

다음은 학생 7명이 주말 동안 받은 전자 우편의 개수를 조사하여 나타낸 것이다. 평균이 5개일 때, 표준편차를 구하시오.

(단위 : 개)

$$4, \quad 9, \quad 2, \quad 7, \quad x, \quad 8, \quad 1$$

단계 1 x의 값을 구하시오. [40%]

단계 2 분산을 구하시오. [40%]

단계 3 표준편차를 구하시오. [20%]

619

다음은 학생 6명의 체육 실기 성적을 조사하여 나타낸 것이다. 평균이 14점일 때, 표준편차를 구하시오.

(단위 : 점)

$$10, \quad 18, \quad x, \quad 12, \quad 16, \quad 9$$

풀이

답 ___________

620

5개의 변량 4, 10, x, y, 5의 평균이 6이고 분산이 4.4일 때, x^2+y^2의 값을 구하시오.

단계 1 $x+y$의 값을 구하시오. [30%]

단계 2 x^2+y^2의 값을 구하시오. [70%]

621

5개의 변량 9, x, 7, y, 12의 평균이 9이고 분산이 5.2일 때, x^2+y^2의 값을 구하시오.

풀이

답 ___________

622

5개의 변량 a, b, c, d, e의 평균이 10, 분산이 5일 때, 변량 $2a+4$, $2b+4$, $2c+4$, $2d+4$, $2e+4$의 평균과 분산의 합을 구하시오.

단계 1 평균을 구하시오. [40%]

단계 2 분산을 구하시오. [40%]

단계 3 평균과 분산의 합을 구하시오. [20%]

623

5개의 변량 a, b, c, d, e의 평균이 5, 분산이 4일 때, 변량 $3a+2$, $3b+2$, $3c+2$, $3d+2$, $3e+2$의 평균과 분산의 합을 구하시오.

풀이

답 ___________

2 상관관계

개념 1 산점도

(1) 산점도 : 두 변량 사이의 관계를 알기 위해 두 변량 x, y의 순서쌍 (x, y)를 좌표평면 위에 점으로 나타낸 그림

예 주어진 영어 점수와 수학 점수에 대한 산점도는 다음 그림과 같다.

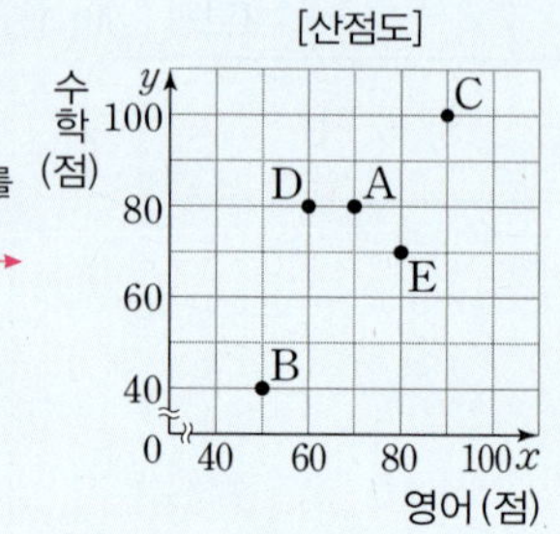

[자료]

학생	영어(점)	수학(점)
A	70	80
B	50	40
C	90	100
D	60	80
E	80	70

두 변량 x, y를 정하여 순서쌍 (x, y)로 나타낸다.
영어 점수 : x점
수학 점수 : y점

(x, y)
$(70, 80)$
$(50, 40)$
$(90, 100)$
$(60, 80)$
$(80, 70)$

점 (x, y)를 좌표평면 위에 나타낸다.

(2) 산점도 해석하기

① '같은', '높은', '낮은'과 같이 두 변량을 비교하는 말이 나오면
➡ 대각선을 긋는다.

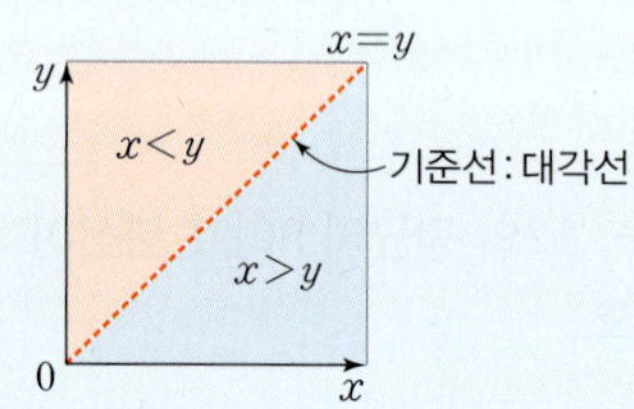

② 이상, 이하의 조건이 주어지면
➡ 가로선, 세로선을 긋는다.

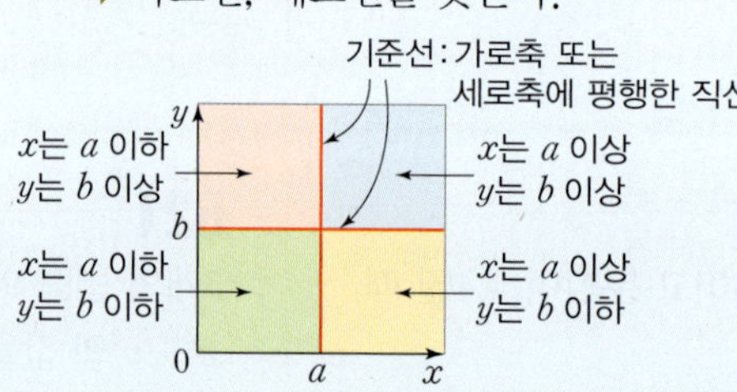

개념 2 상관관계

(1) 상관관계 : 두 변량 x와 y 사이에 어떤 관계가 있을 때, 이 관계를 상관관계라 하고 두 변량 x와 y 사이에 상관관계가 있다고 한다.

(2) 상관관계의 종류 : 두 변량 x, y에 대하여

① **양의 상관관계** : x의 값이 증가함에 따라 y의 값도 대체로 증가하는 관계
예 사람의 키와 몸무게, 도시 인구 수와 교통량

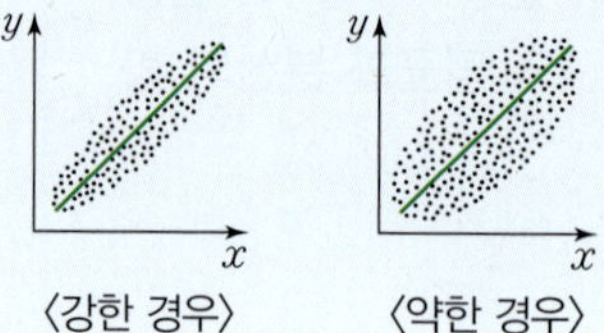
〈강한 경우〉　〈약한 경우〉

② **음의 상관관계** : x의 값이 증가함에 따라 y의 값이 대체로 감소하는 관계
예 운동량과 비만도, 산의 높이와 기온

〈강한 경우〉　〈약한 경우〉

③ **상관관계가 없다.** : x의 값이 증가함에 따라 y의 값이 증가하는지 감소하는지 분명하지 않은 관계
예 눈의 크기와 시력, 영어 성적과 몸무게

개념 Plus

● 산점도를 그려서 두 변량 x, y 사이에 x의 값이 커짐에 따라 y의 값이 커지는지 또는 작아지는지 알아보면 두 변량 사이의 관계를 파악할 수 있다.

● 산점도 해석하기 – 두 변량 비교하기

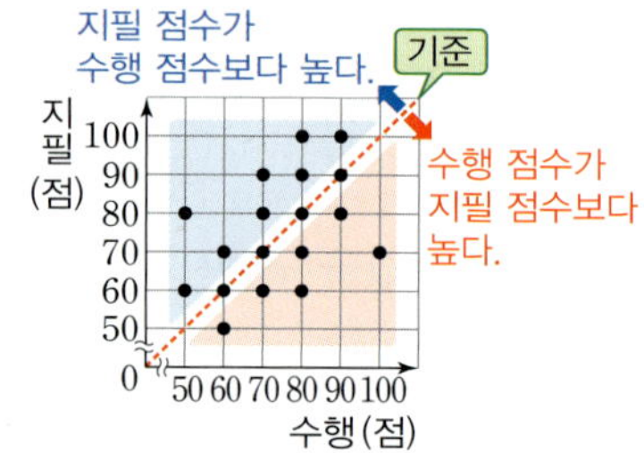

● 산점도 해석하기 – 미만, 초과의 조건이 주어질 때

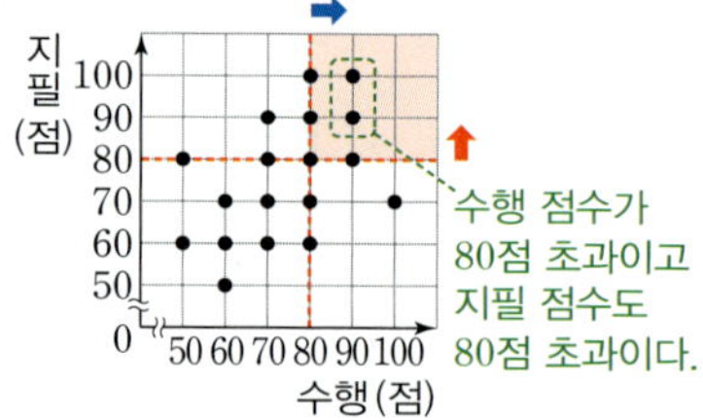

참고 이상, 이하이면 기준선에 속하는 점도 포함되고 초과, 미만이면 기준선에 속하는 점은 포함되지 않는다.

● 양의 상관관계이면 점들이 오른쪽 위로 향하고 음의 상관관계이면 점들이 오른쪽 아래로 향한다.

● 산점도에서 점들이 x축 또는 y축에 평행하지 않는 직선을 중심으로 가까이 몰려 있을수록 상관관계가 강하다고 하고, 흩어져 있을수록 상관관계가 약하다고 한다.

1 산점도

624

아래의 왼쪽 표는 영호네 반 학생 5명의 과학 성적과 국어 성적을 조사하여 나타낸 표이다. 과학 성적과 국어 성적에 대한 산점도를 그리시오.

학생	과학(점)	국어(점)
A	90	80
B	60	70
C	70	80
D	90	100
E	100	100

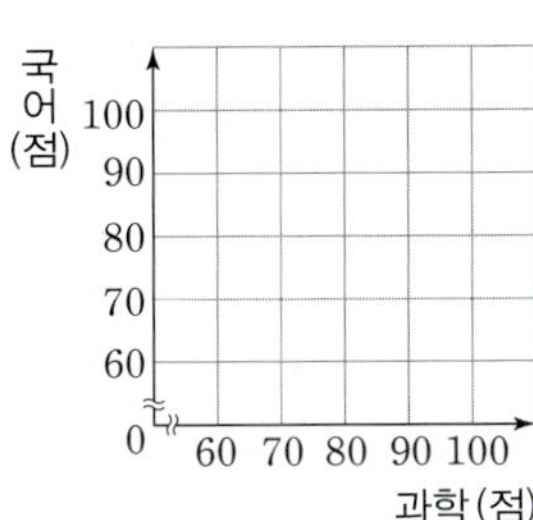

625

아래의 왼쪽 그림은 진주네 반 학생 20명의 수학 성적과 사회 성적에 대한 산점도이다. 다음 물음에 답하시오.

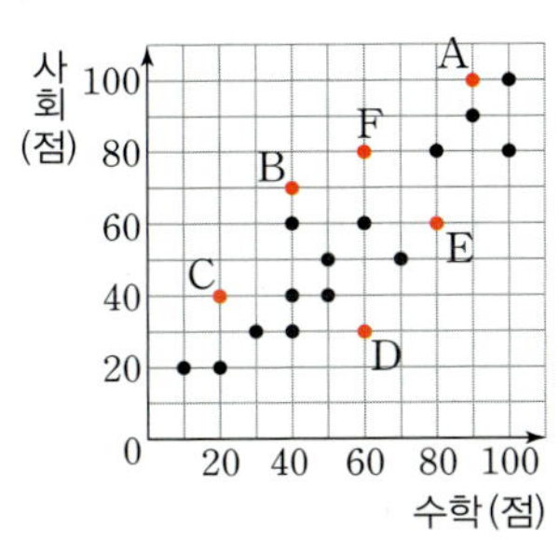

학생	수학(점)	사회(점)
A		
B		
C		
D		
E		

(1) 위의 오른쪽 표를 완성하고 왼쪽 산점도에서 수학 성적과 사회 성적이 같은 학생 수를 구하시오.

(2) 수학 성적이 80점인 학생의 사회 성적을 모두 구하시오.

(3) 학생 F의 수학 성적과 사회 성적의 평균을 구하시오.

626

오른쪽 그림은 학생 7명의 공부 시간과 컴퓨터 사용 시간에 대한 산점도이다. 다음 물음에 답하시오.

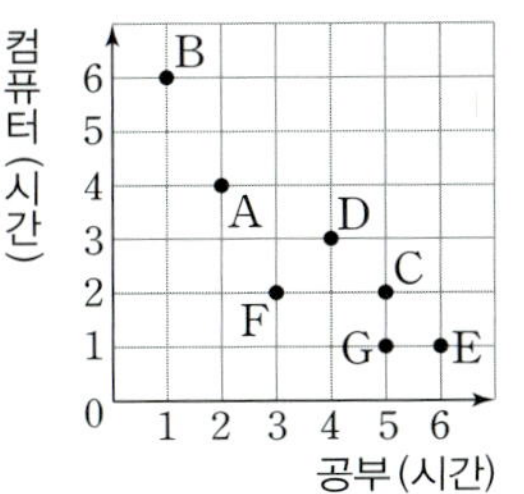

(1) 학생 C의 공부 시간과 컴퓨터 사용 시간의 차를 구하시오.

(2) 컴퓨터 사용 시간이 두 번째로 많은 학생의 공부 시간을 구하시오.

(3) 공부 시간이 4시간 이상인 학생 수를 구하시오.

2 상관관계

627

보기의 산점도에 대하여 다음을 구하시오.

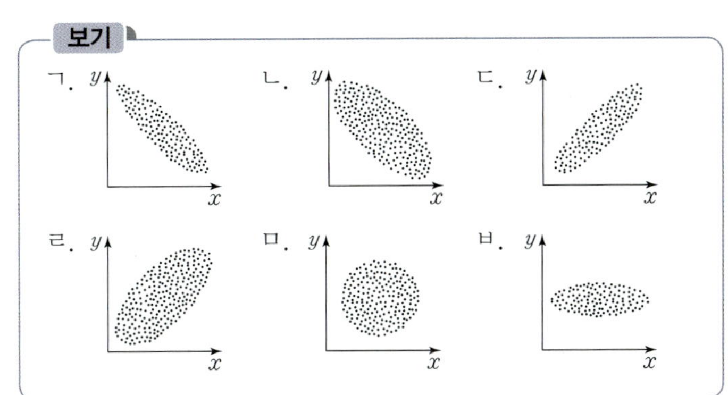

(1) 양의 상관관계를 나타내는 것

(2) 음의 상관관계를 나타내는 것

(3) 상관관계가 없는 것

(4) 가장 강한 양의 상관관계를 나타내는 것

(5) x의 값이 증가함에 따라 y의 값이 대체로 감소하는 경향이 가장 뚜렷한 것

628

다음 두 변량 사이에 양의 상관관계가 있으면 '양', 음의 상관관계가 있으면 '음', 상관관계가 없으면 '없다.'를 (　) 안에 써넣으시오.

(1) 비행기의 운행 거리와 요금　　　　　(　　　　　)

(2) 성인의 나이와 청력　　　　　(　　　　　)

(3) 저축액과 성적　　　　　(　　　　　)

629

오른쪽 그림은 학생 20명의 앉은키와 키에 대한 산점도이다. 다음 물음에 답하시오.

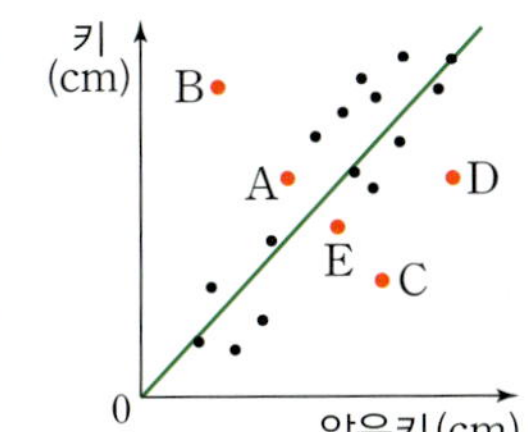

(1) 키와 앉은키 사이의 상관관계를 말하시오.

(2) 학생 A, B, C, D, E 중 앉은키에 비해 키가 가장 큰 학생을 구하시오.

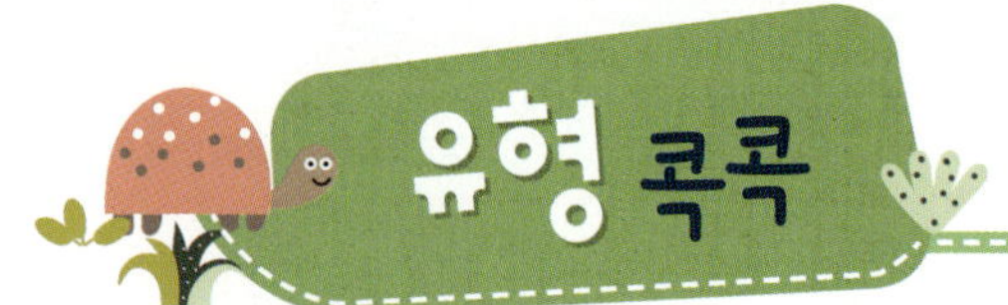

▶수학의 바이블 86쪽

유형 01 산점도 그리기

630 상 **중** 하

아래의 왼쪽 표는 어느 편의점에서 7일 동안 하루 최고 기온과 그날 판매된 탄산음료의 판매량을 조사하여 나타낸 것이다. 하루 최고 기온과 탄산음료의 판매량에 대한 산점도를 오른쪽 좌표평면 위에 그리시오.

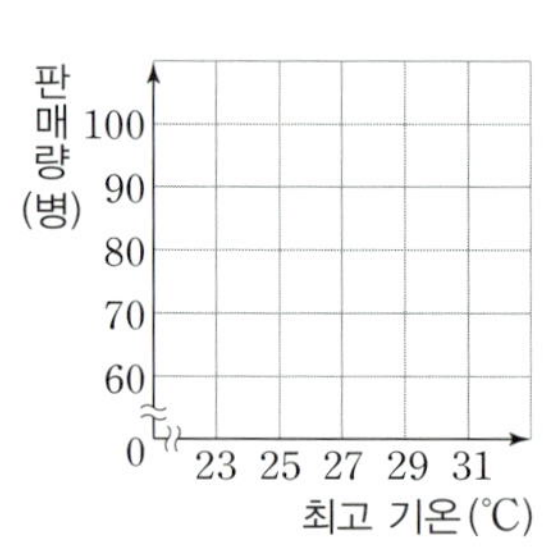

	기온(℃)	판매량(병)
1	25	60
2	27	80
3	31	100
4	29	90
5	27	70
6	25	70
7	23	60

→ 유형 Point 산점도는 다음과 같은 순서에 따라 그린다.

❶ 주어진 변량 중 하나는 x, 다른 하나는 y로 놓는다.

❷ 변량의 범위를 적절히 나누어 좌표축에 각각 표시한다.

❸ 두 변량 x, y를 순서쌍으로 하는 점 (x, y)를 좌표평면 위에 점으로 나타낸다.

631 상 중 **하**

다음 표는 학생 8명이 일주일 동안 읽은 소설책과 만화책의 수를 조사하여 나타낸 것이다. 아래 표와 같은 자료를 나타내는 산점도로 알맞은 것은?

학생	A	B	C	D	E	F	G	H
소설책(권)	2	5	1	3	4	4	2	2
만화책(권)	3	4	2	2	5	3	2	1

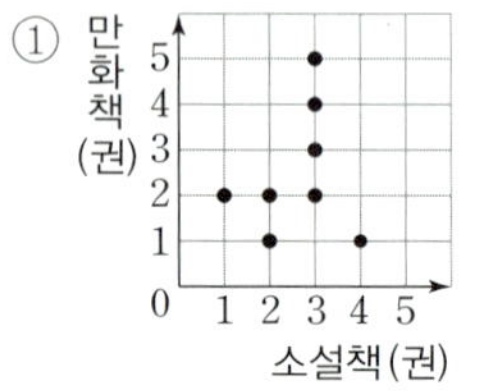
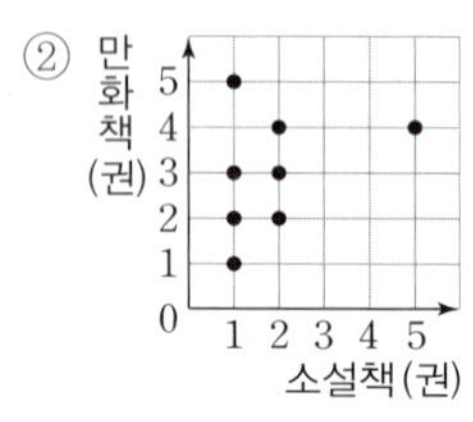
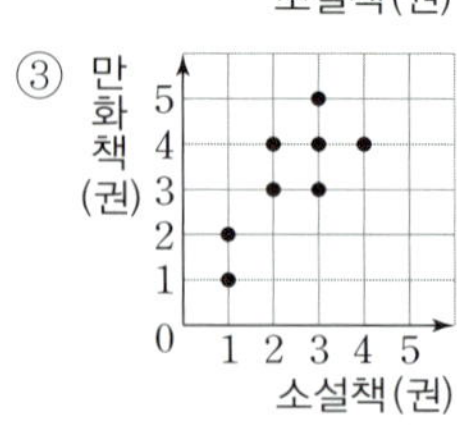
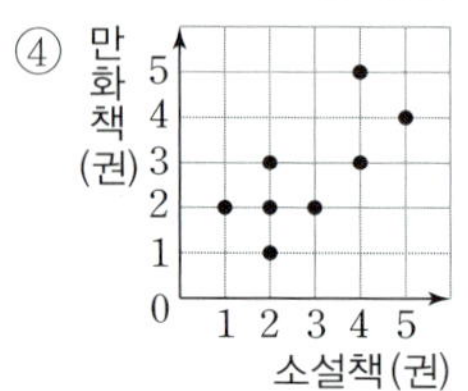
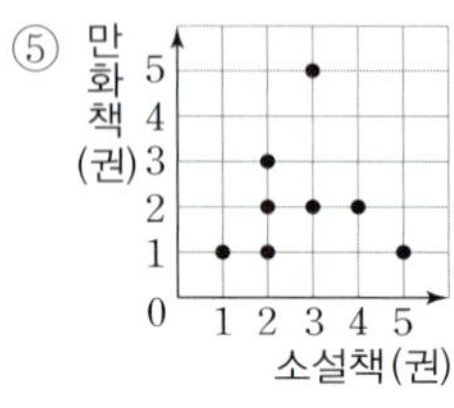

632 상 **중** 하

다음 표는 지영이네 반 학생 20명의 기말고사 과학 점수와 사회 점수를 조사하여 나타낸 것이다. 과학 점수와 사회 점수를 각각 x점, y점이라고 할 때, x, y에 대한 산점도로 알맞은 것은?

과학(점)	60	60	65	65	70	70	70	75	75	75
사회(점)	60	65	65	70	65	80	75	70	75	80

과학(점)	75	80	80	85	85	90	90	95	95	95
사회(점)	85	80	85	80	90	85	90	85	90	95

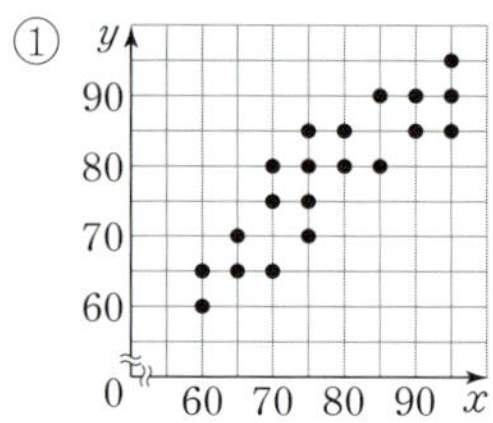
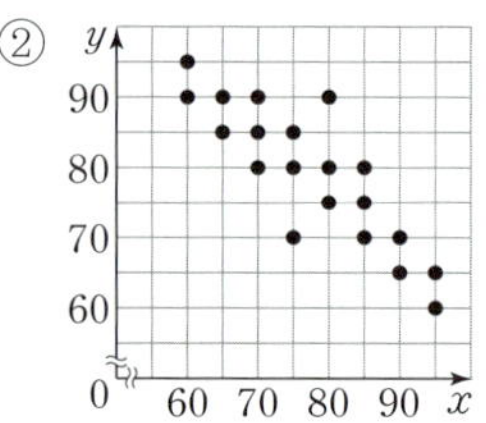
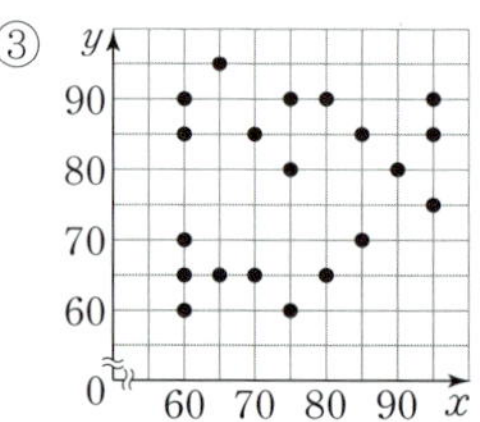
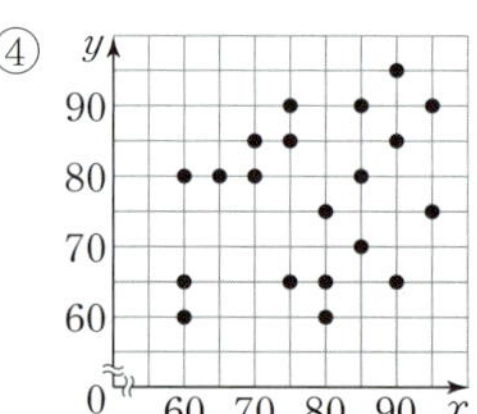
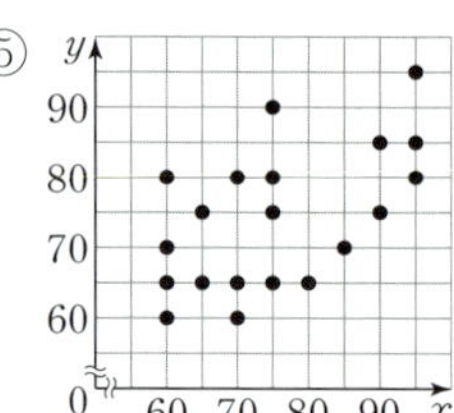

633 상 **중** 하

다음 표는 민지네 반 학생 10명의 왼쪽 눈과 오른쪽 눈의 시력을 조사하여 나타낸 것이다. 왼쪽 눈과 오른쪽 눈의 시력에 대한 산점도를 좌표평면 위에 그리시오.

왼쪽 시력	1.0	1.2	1.2	1.8	1.5	2.0	0.8	0.9	1.0	1.1
오른쪽 시력	1.2	1.0	1.5	1.3	1.4	1.7	1.2	1.1	0.9	1.8

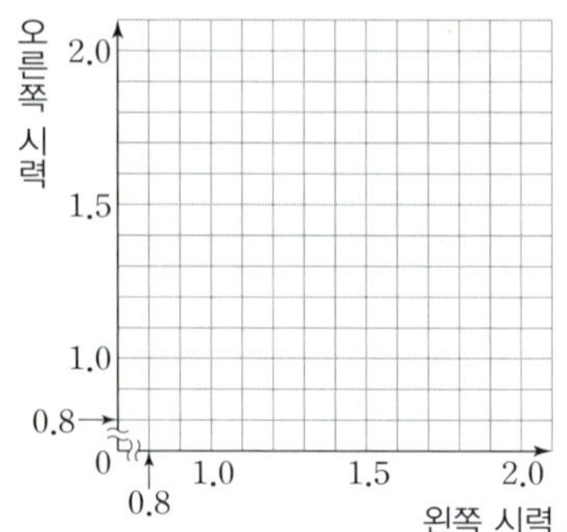

▶수학의 바이블 86쪽

유형 02 산점도 이해하기(1) — 두 변량 비교하기

634 상중하

오른쪽 그림은 비야네 반 학생 15명의 국어 성적과 영어 성적에 대한 산점도이다. 영어 성적이 국어 성적보다 낮은 학생은 전체의 몇 %인가?

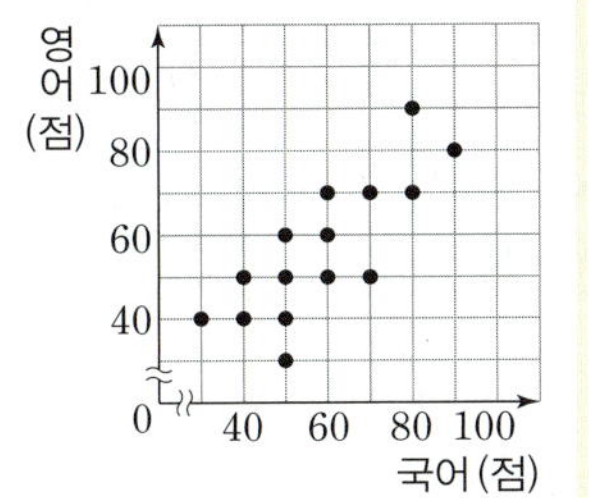

① 30 % ② 35 %
③ 40 % ④ 45 %
⑤ 50 %

➜ 유형 Point 산점도에서 x, y의 값이 같은 점들을 이은 기준선(대각선)에 대하여

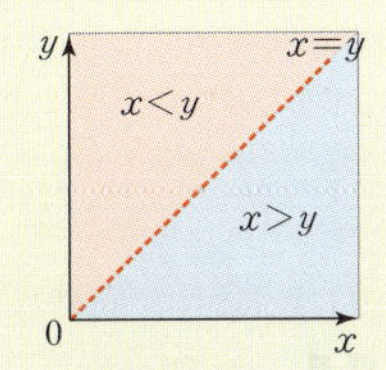

(1) 기준선 위의 점 : $x=y$, 즉 두 변량의 값이 같다.
(2) 기준선보다 위쪽에 있는 점 : $x<y$
(3) 기준선보다 아래쪽에 있는 점 : $x>y$

635 상중하

오른쪽 그림은 경국이네 반 학생 12명의 두 번에 걸친 영어 시험 성적에 대한 산점도이다. 1차 성적과 2차 성적이 같은 학생은 모두 몇 명인지 구하시오.

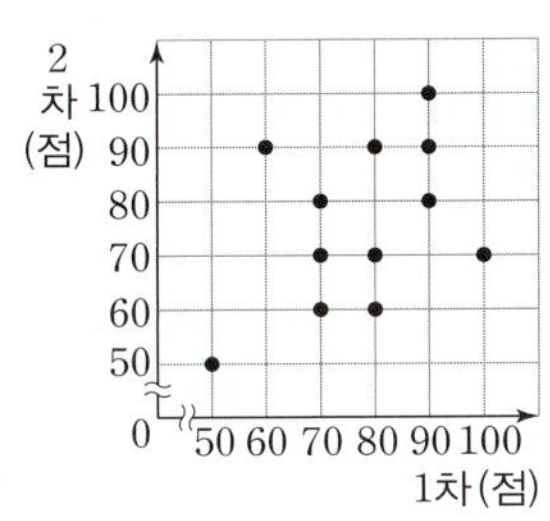

636 상중하

오른쪽 그림은 민지네 반 학생 20명의 음악 수행평가 점수와 체육 수행평가 점수에 대한 산점도이다. 다음 물음에 답하시오.

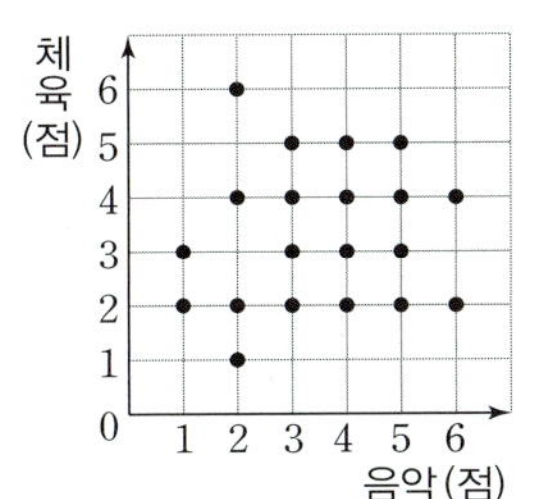

(1) 체육 점수가 음악 점수보다 높은 학생 수를 구하시오.

(2) 음악 점수와 체육 점수가 같은 학생은 전체의 몇 %인지 구하시오.

637 상중하

오른쪽 그림은 소희네 반 학생 16명의 던지기와 달리기 실기 점수에 대한 산점도이다. 다음 물음에 답하시오.

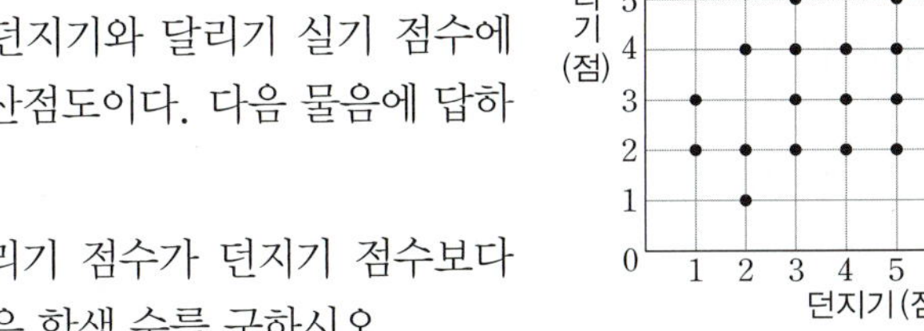

(1) 달리기 점수가 던지기 점수보다 높은 학생 수를 구하시오.

(2) 던지기 점수가 달리기 점수보다 높은 학생 수를 구하시오.

(3) 던지기 점수와 달리기 점수가 같은 학생은 전체의 몇 % 인지 구하시오.

638 상중하 서술형

오른쪽 그림은 용기네 반 학생 10명의 국어 성적과 수학 성적에 대한 산점도이다. 국어 성적보다 수학 성적이 낮은 학생 수는 a명, 국어 성적과 수학 성적이 같은 학생은 전체의 b %일 때, $a+b$의 값을 구하시오.

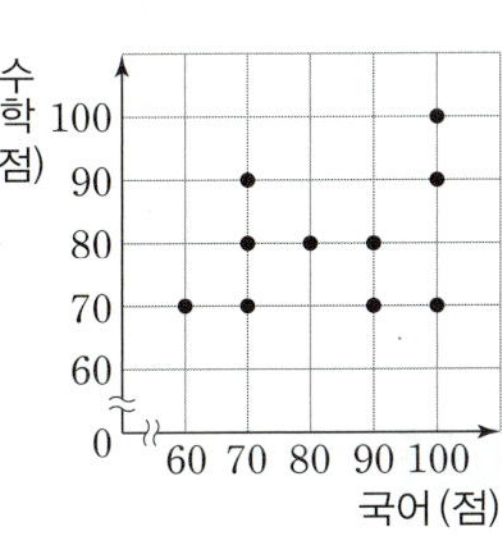

★★ 639 상중하

오른쪽 그림은 학생 15명의 하루 동안 공부 시간과 핸드폰 사용 시간에 대한 산점도이다. 다음 중 옳지 <u>않은</u> 것을 모두 고르면? (정답 2개)

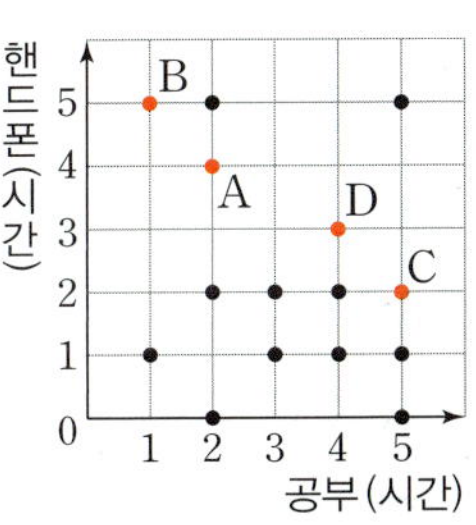

① 공부 시간과 핸드폰 사용 시간이 같은 학생 수는 3명이다.
② 핸드폰 사용 시간과 공부 시간이 모두 가장 긴 학생은 B 이다.
③ 공부 시간보다 핸드폰 사용 시간이 짧은 학생 수는 7명이다.
④ 핸드폰을 사용하지 않은 학생 수는 2명이다.
⑤ 핸드폰 사용 시간이 공부 시간보다 긴 학생은 전체의 20 %이다.

유형 03 산점도 이해하기(2) – 이상, 이하, 미만, 초과의 조건이 주어질 때

640 상중하

오른쪽 그림은 어느 반 학생 14명의 영어 듣기 성적과 말하기 성적에 대한 산점도이다. 말하기 성적이 80점 이하인 학생 수를 a명, 듣기 성적이 80점 이상인 학생 수를 b명이라고 할 때, $a+b$의 값을 구하시오.

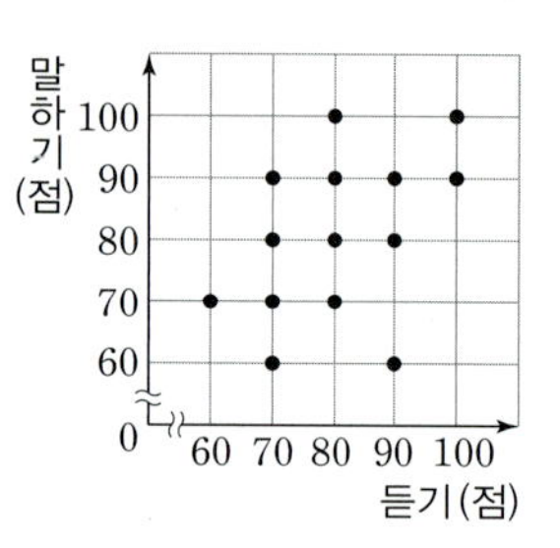

→ **유형 Point** 가로축, 세로축에 평행한 기준선을 그어서 생각한다.

(1) 이상, 이하 : 기준선을 포함한다. (실선으로 표시)

(2) 초과, 미만 : 기준선을 포함하지 않는다. (점선으로 표시)

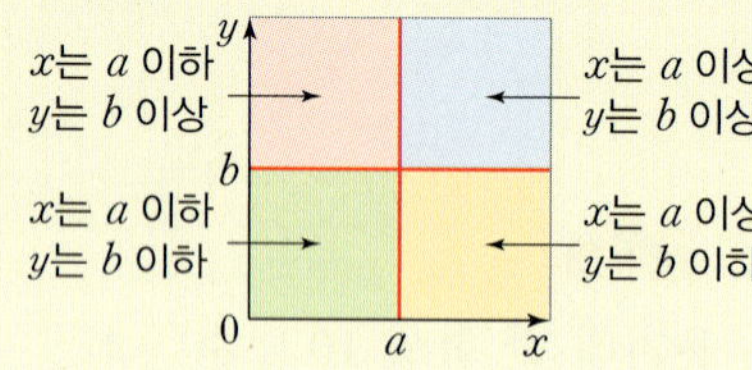

641 상중하

오른쪽 그림은 학생 20명이 1년 동안 먹은 빵과 우유의 개수에 대한 산점도이다. 빵을 70개 미만으로 먹고 우유를 80개 이상으로 마신 학생 수를 구하시오.

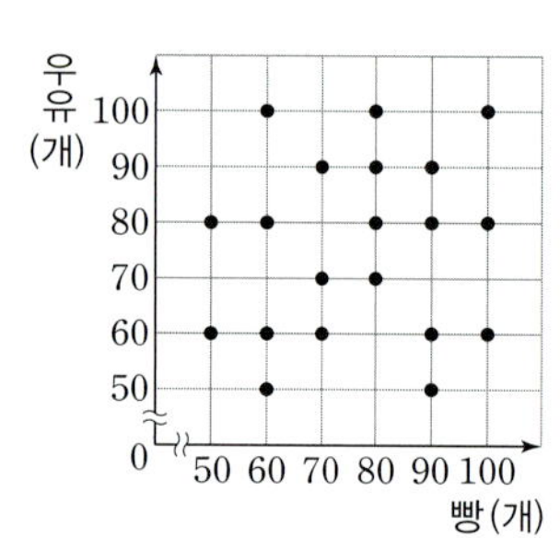

642 상중하

오른쪽 그림은 학생 25명의 키와 앉은키에 대한 산점도이다. 키가 165 cm 이상이고 앉은키가 90 cm 이상인 학생은 전체의 몇 %인가?

① 14 %
② 21 %
③ 24 %
④ 27 %
⑤ 28 %

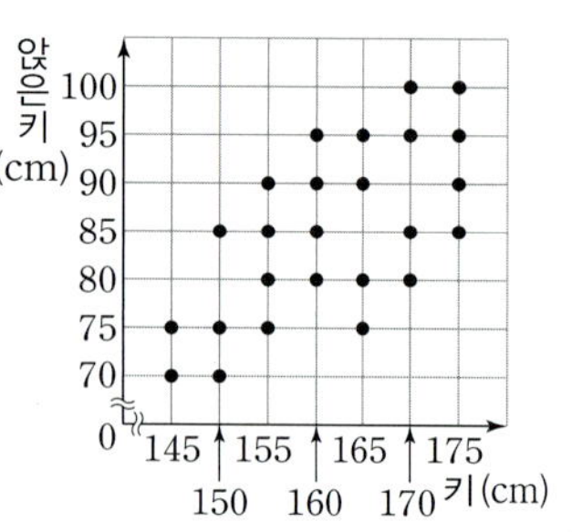

643 상중하

오른쪽 그림은 연후네 반 학생 16명의 음악 실기 성적과 지필 성적에 대한 산점도이다. 실기와 지필 중 적어도 한 개의 성적이 80점 이상인 학생은 전체의 몇 %인가?

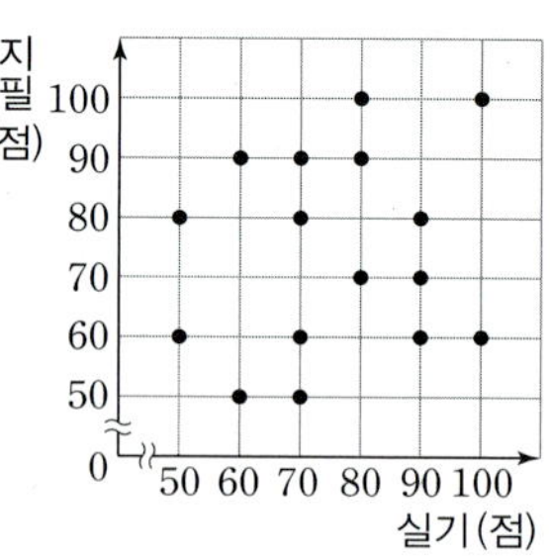

① 50 %
② 55 %
③ 60 %
④ 75 %
⑤ 80 %

644 상중하

오른쪽 그림은 어느 공항의 11개 기념품점을 방문한 손님 수와 기념품 판매량에 대한 산점도이다. 기념품을 70개 초과 100개 미만으로 판매한 기념품점의 손님의 수의 합을 구하시오.

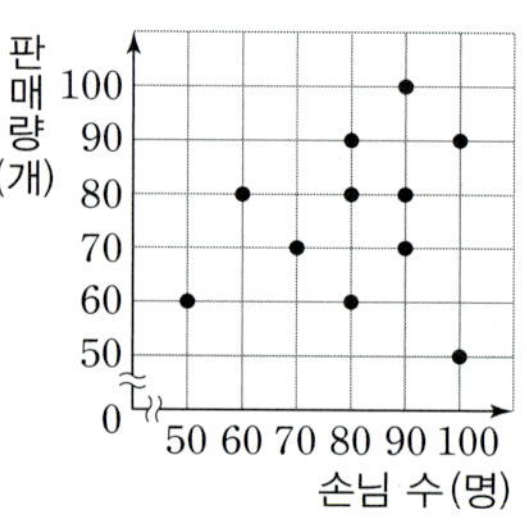

645 상중하

오른쪽 그림은 17회의 농구 경기에서 전체 득점과 한 경기당 3점 슛의 골인 수에 대한 산점도이다. 다음 물음에 답하시오.

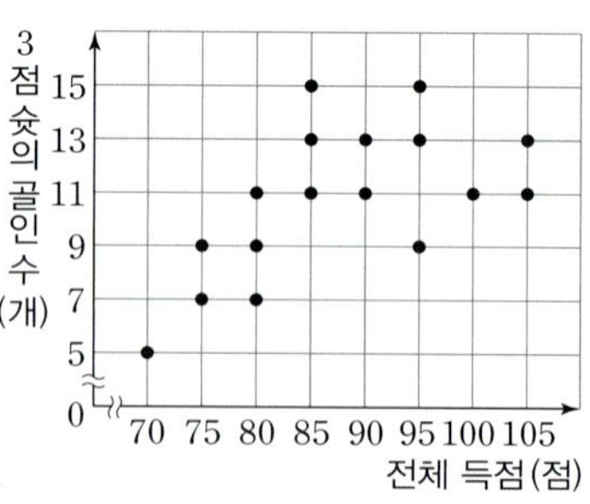

(1) 3점 슛으로 얻은 점수가 31점 이상인 경기는 모두 몇 회인지 구하시오.

(2) 전체 득점이 100점이었던 경기에서 2점 슛의 골인 수는 최대 몇 개까지 나올 수 있는지 구하시오.

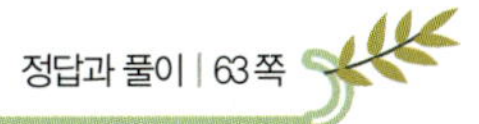

▶수학의 바이블 86쪽

유형 04 산점도 이해하기(3) − 두 변량의 합 또는 차가 주어질 때

646 상중하

오른쪽 그림은 신지네 반 학생 23명의 2학년과 3학년 1학기 기말고사 수학 성적에 대한 산점도이다. 2학년과 3학년 때의 점수의 차가 20점 이상인 학생 수를 구하시오.

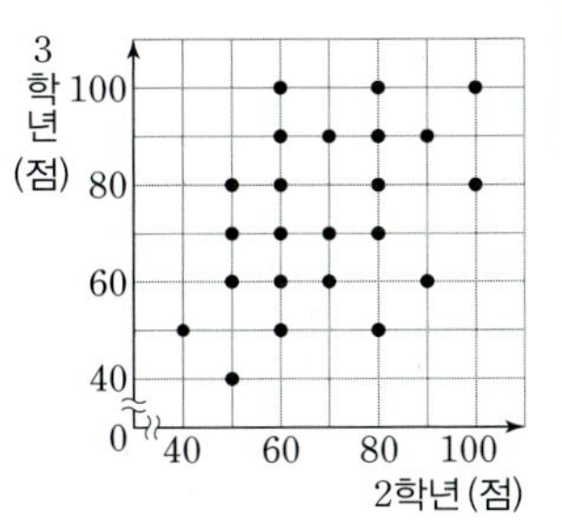

→ **유형 Point**　(1) 두 변량의 합이 $2a$ 이상 (이하)인 경우　(2) 두 변량의 차가 a 이상 인 경우

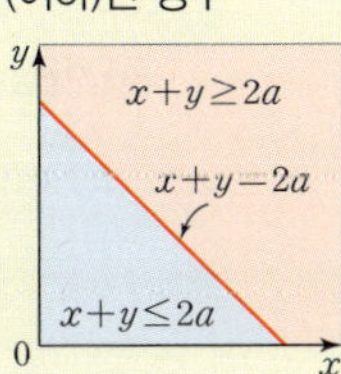

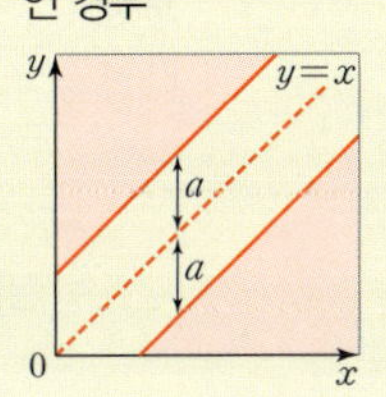

647 상중하

오른쪽 그림은 어느 반 학생 26명의 던지기 기록과 오래 매달리기 기록에 대한 산점도이다. 던지기 기록을 a m, 오래 매달리기 기록을 b초라고 할 때, $a+b$의 값이 35이하인 학생 수를 구하시오.

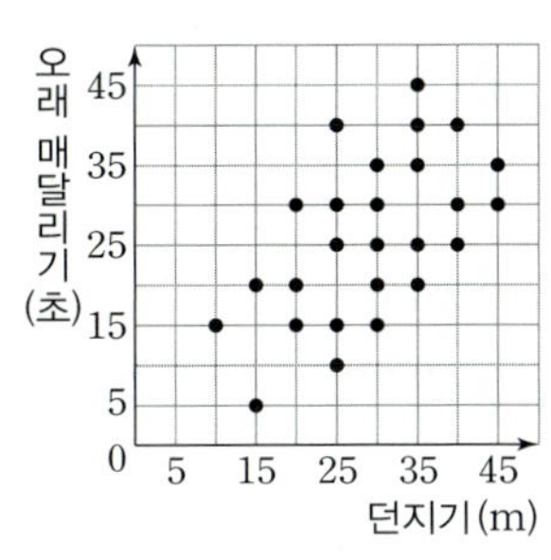

648 상중하

오른쪽 그림은 윤선이네 반 학생 20명의 국어 성적과 영어 성적에 대한 산점도이다. 다음 물음에 답하시오.

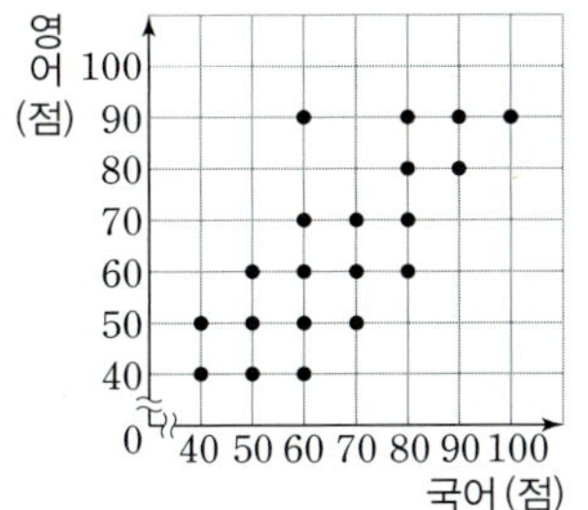

(1) 두 과목 성적의 합이 120점 이하인 학생은 전체의 몇 % 인지 구하시오.

(2) 국어 성적과 영어 성적의 차가 가장 큰 학생의 성적의 차는 몇 점인지 구하시오.

649 상중하

오른쪽 그림은 지유네 반 학생 20명의 윗몸일으키기 횟수와 팔굽혀펴기 횟수에 대한 산점도이다. 윗몸일으키기와 팔굽혀펴기 횟수의 합이 120회 이상인 학생의 수를 a명, 윗몸일으키기와 팔굽혀펴기 횟수의 차가 20회 미만인 학생의 수를 b명이라고 할 때, $a+b$의 값은?

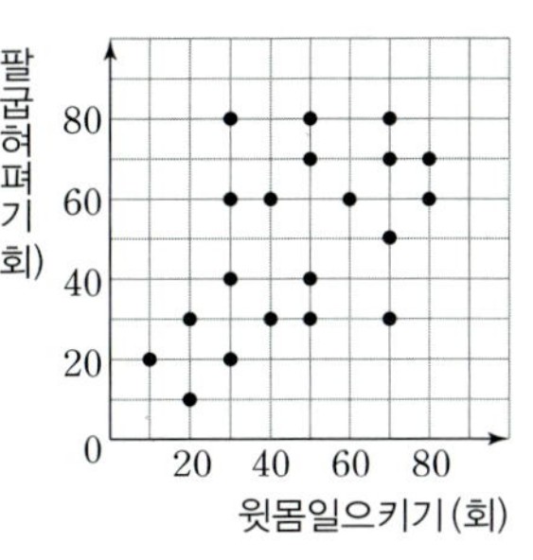

① 17　　② 18　　③ 19
④ 20　　⑤ 21

650 상중하 서술형

다음 그림은 학생 20명의 수학과 영어 수행평가 성적에 대한 산점도이다. 이 두 과목 성적의 차가 3점 이상인 학생은 전체의 a %이고, 두 과목 성적의 합이 16점 이상인 학생은 전체의 b %일 때, $a+b$의 값을 구하시오.

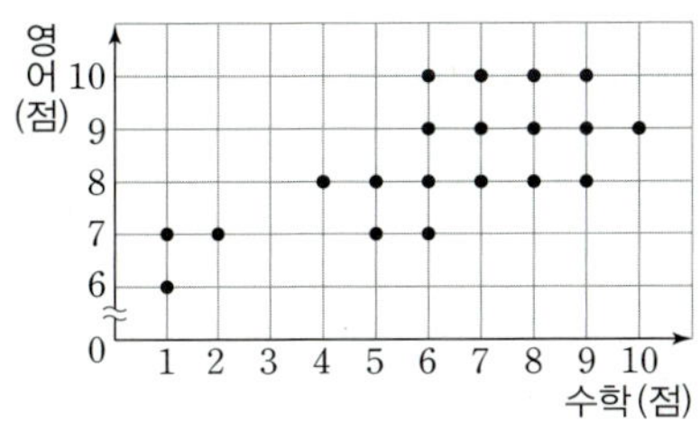

651 상중하

오른쪽 그림은 학생 30명의 2회에 걸쳐 치른 영어 말하기 대회 성적에 대한 산점도이다. 다음 조건을 모두 만족시키는 학생 수를 구하시오.

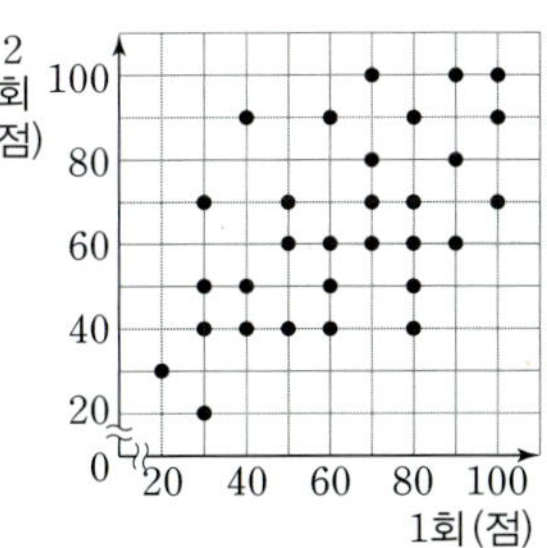

조건

(가) 1회보다 2회의 성적이 향상되었다.
(나) 1회와 2회의 성적의 차가 20점 이상이다.
(다) 1회와 2회의 성적의 합이 120점 이상이다.

유형 05 산점도에서 평균 구하기

652 상 중 하

오른쪽 그림은 홍기네 반 학생 23명의 하루 동안 게임을 하는 시간과 기말고사 성적에 대한 산점도이다. 하루 동안 게임을 하는 시간이 1시간 미만인 학생들의 기말고사 성적의 평균을 구하시오.

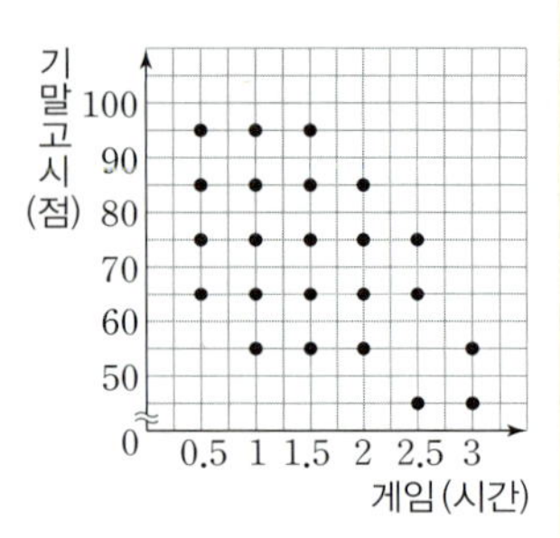

➔ **유형 Point** 산점도에서 평균은 다음과 같은 순서로 구한다.
❶ 주어진 조건을 만족시키는 점들을 찾는다.
❷ 찾은 점의 순서쌍 (x, y)에서 평균을 구하고자 하는 변량의 값이 x의 값인지 또는 y의 값인지 확인한 후 그 변량의 평균을 구한다.

653 상 중 하

오른쪽 그림은 소희네 반 학생 9명의 수학 성적과 영어 성적에 대한 산점도이다. 영어 성적이 90점 이상 100점 이하인 학생들의 수학 성적의 평균은?

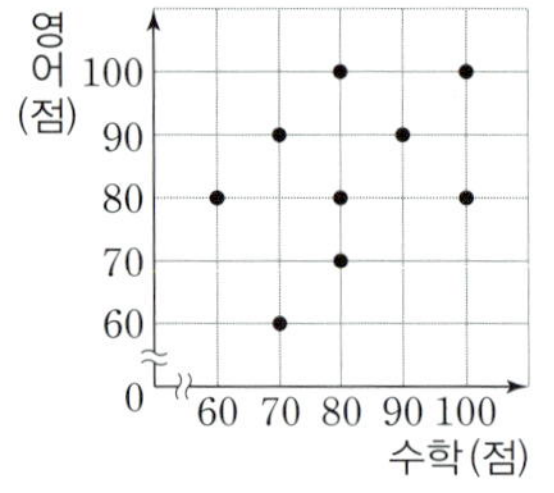

① 75점　　　② 80점
③ 85점　　　④ 90점
⑤ 95점

★★ 654 상 중 하

오른쪽 그림은 체육 대회에 참가한 선수 15명의 사격 점수와 양궁 점수에 대한 산점도이다. 두 종목 점수의 평균이 4점 초과인 선수의 양궁 점수의 평균은?

① 4점　　　② 5점
③ 5.5점　　　④ 6점
⑤ 6.5점

655 상 중 하

오른쪽 그림은 어느 날 우리나라 지역 22곳의 미세 먼지 농도와 그 지역에 있는 호흡기 질환 환자 수에 대한 산점도이다. 미세 먼지 상태가 '나쁨'인 지역에 있는 호흡기 질환 환자 수의 평균을 구하시오.

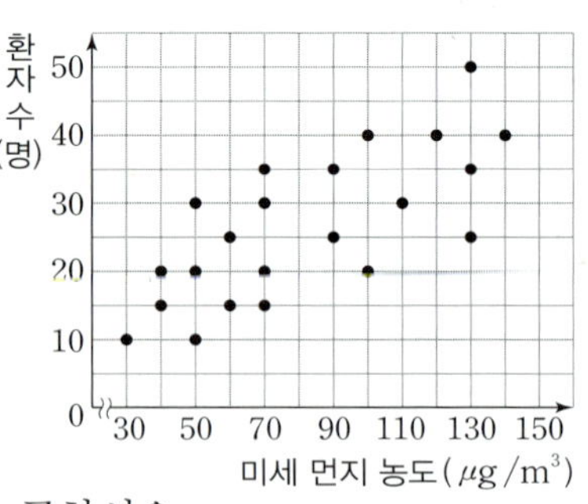

미세 먼지 상태	미세 먼지 농도($\mu g/m^3$)
좋음	0 이상 30 미만
보통	30 이상 80 미만
나쁨	80 이상 150 미만

656 상 중 하

오른쪽 그림은 어느 반 학생 21명의 키와 몸무게에 대한 산점도이다. 다음 물음에 답하시오.

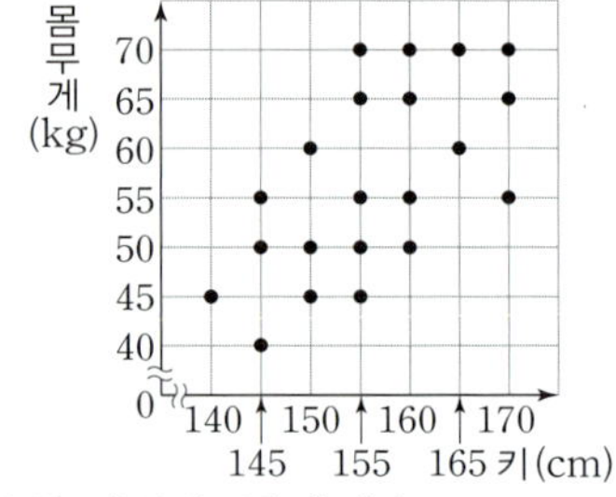

(1) 몸무게가 45 kg 초과 65 kg 미만이고, 키가 160 cm 초과인 학생들의 키의 평균을 구하시오.

(2) 몸무게가 40 kg 이상 60 kg 미만이고, 키가 150 cm 이상 170 cm 미만인 학생들의 몸무게의 평균을 구하시오.

657 상 중 하

오른쪽 그림은 인주네 반 학생 20명의 수학 성적과 과학 성적에 대한 산점도이다. 두 과목 점수의 합이 상위 15 % 이내에 드는 학생들에게 상을 주려고 할 때, 상을 받는 학생들의 두 과목 점수의 합의 평균을 구하시오.

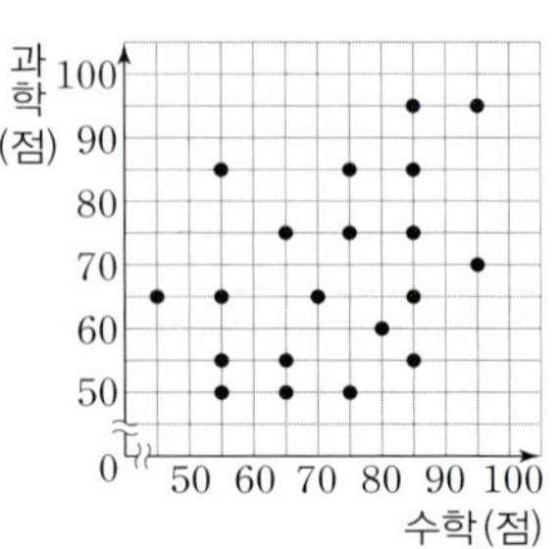

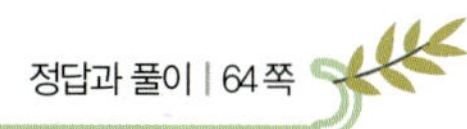

유형 **06** 산점도의 해석

658 상중**하**

오른쪽 그림은 민지네 반 학생 21명의 그리기 점수와 만들기 점수에 대한 산점도이다. 다음 중 옳은 것은?

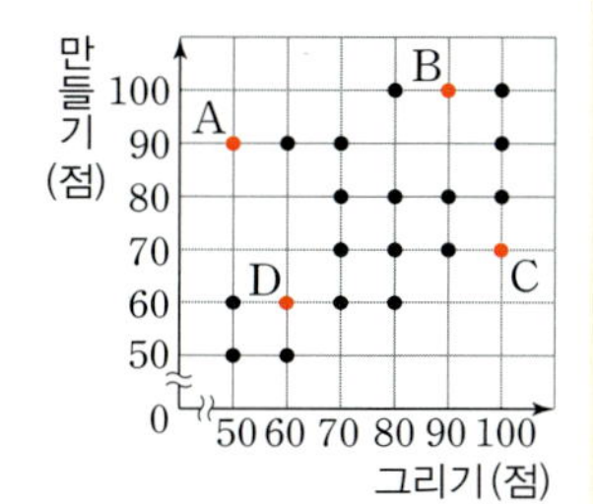

① A, B 두 학생은 만들기 점수보다 그리기 점수가 더 높다.

② C 학생은 그리기 점수보다 만들기 점수가 더 높다.

③ 두 과목이 모두 90점 이상인 학생 수는 5명이다.

④ D 학생은 만들기 점수보다 그리기 점수가 더 높다.

⑤ 민지네 반에서는 만들기 점수보다 그리기 점수가 높은 학생이 더 많다.

> **유형 Point**　산점도에 기준선을 그어서 생각한다.
>
> (1) 두 변량의 비교 : 대각선을 그어 위쪽과 아래쪽으로 나눈다.
>
> (2) 이상, 이하, 미만, 초과 : 가로축 또는 세로축에 평행한 선을 긋는다.
>
> (3) 합, 차 : 기울기가 1 또는 -1인 직선을 긋는다.

660 상중하

오른쪽 그림은 기하네 반 학생 20명의 학기 초 수학 성적과 학기말 수학 성적에 대한 산점도이다. 다음 중 옳지 <u>않은</u> 것을 모두 고르면? (정답 2개)

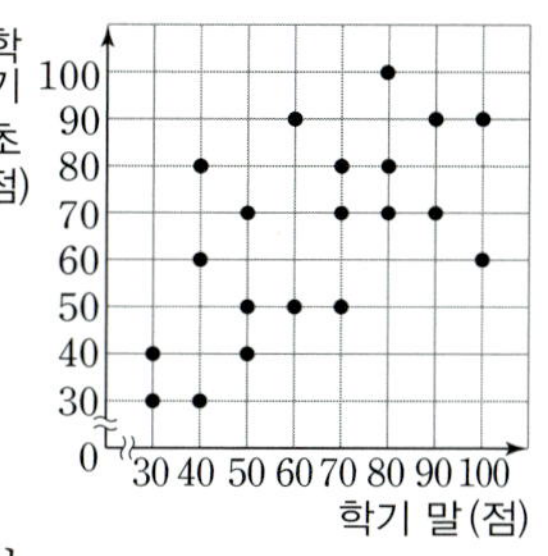

① 학기 초 성적과 학기 말 성적이 변화가 없는 학생 수는 4명이다.

② 학기 말 성적이 학기 초 성적보다 떨어진 학생 수는 7명이다.

③ 학기 말 성적이 학기 초 성적보다 10점 이상 향상된 학생은 전체의 35 %이다.

④ 학기 말 성적이 학기 초 성적에 비해 가장 많이 향상된 학생은 40점이 향상되었다.

⑤ 학기 초 성적과 학기 말 성적의 합이 160점 이상인 학생 수는 6명이다.

659 상중**하**

오른쪽 그림은 사격 선수들이 두 번에 걸쳐 총을 쏘아 얻은 점수에 대한 산점도이다. 다음 중 옳은 것을 모두 고르면? (정답 2개)

(단, 중복되는 점은 없다.)

① 1차와 2차에서 같은 점수를 얻은 선수의 수는 3명이다.

② 1차와 2차에서 모두 가장 낮은 점수를 얻은 선수의 1, 2차 점수의 합은 2점이다.

③ 1차와 2차 중 적어도 한 번의 점수가 3점 이상인 선수의 수는 7명이다.

④ 조사 대상자인 사격 선수들의 총 인원수는 알 수 없다.

⑤ 1차 점수가 좋은 선수는 대체로 2차 점수도 좋다.

661 상중**하**

오른쪽 그림은 연호네 반 학생 20명의 수면 시간과 웹툰 보는 시간에 대한 산점도이다. 다음 중 옳은 것을 모두 고르면? (정답 2개)

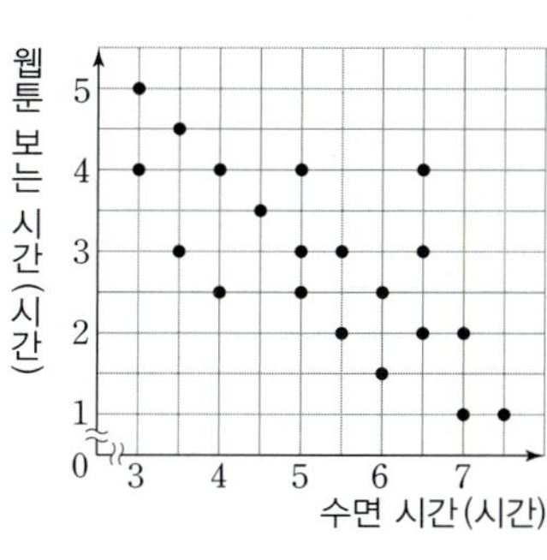

① 수면 시간이 4시간 미만인 학생 수는 4명이다.

② 웹툰 보는 시간이 3시간 이상인 학생은 전체의 50%이다.

③ 수면 시간이 7시간 이상인 학생의 웹툰 보는 시간의 평균은 1시간 30분이다.

④ 웹툰 보는 시간이 1시간 30분 미만인 학생의 수면 시간의 평균은 7시간 30분이다.

⑤ 대체로 수면 시간이 긴 학생은 웹툰 보는 시간이 짧다.

662 상중하

오른쪽 그림은 민기네 반 학생들의 역사 시험 점수와 우리말 시험 점수에 대한 산점도이다. 다음 중 옳지 <u>않은</u> 것을 모두 고르면? (단, 중복되는 점은 없다.)

(정답 2개)

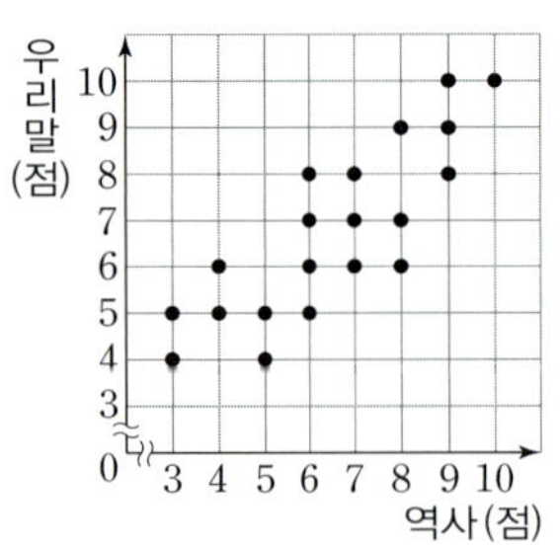

① 두 과목의 시험 점수가 같은 학생들의 역사 시험 점수의 평균은 7.4점이다.
② 역사 시험 점수가 5점 이상 8점 미만이고 우리말 시험 점수가 6점 초과 9점 이하인 학생 수는 4명이다.
③ 두 과목의 시험 점수의 합이 상위 15 % 이내에 드는 학생 수는 4명이다.
④ 두 과목의 시험 점수의 평균이 6점 이하인 학생 수는 8명이다.
⑤ 우리말 시험 점수보다 역사 시험 점수가 높은 학생이 더 많다.

663 상중하

오른쪽 그림은 학생 25명의 수학과 영어 성적에 대한 산점도이다. 다음 중 옳은 것을 모두 고르면? (정답 2개)

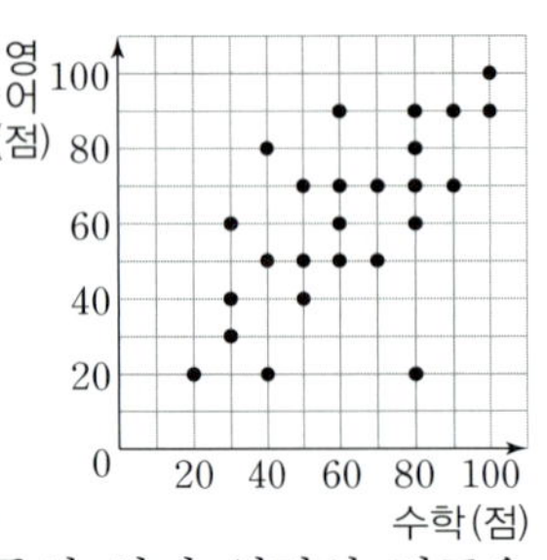

① 수학 성적과 영어 성적이 모두 80점 이상인 학생 수는 4명이다.
② 수학 성적이 90점 이상인 학생들의 영어 성적의 평균은 87.5점이다.
③ 영어 성적이 40점인 학생들의 수학 성적의 평균은 43점이다.
④ 두 과목 성적의 평균이 80점 이상인 학생 수는 6명이다.
⑤ 수학 성적이 80점 이상인 학생은 모두 두 과목 성적의 평균이 상위 24 % 이내에 든다.

유형 07 상관관계

664 상중하

여름철 기온을 x °C, 냉방기구 사용 시간을 y 시간이라고 할 때, 다음 중 x, y 사이의 상관관계를 나타낸 산점도로 알맞은 것은?

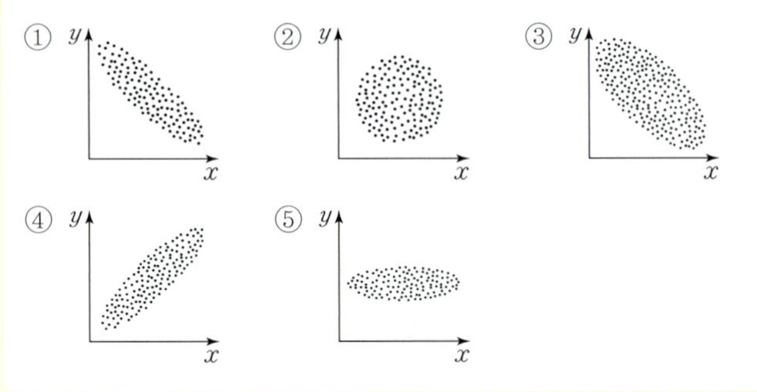

→ **유형 Point** 두 변량 x와 y 사이에 어떤 관계가 있을 때, 이 관계를 상관관계라 하고 두 변량 x와 y 사이에 상관관계가 있다고 한다.

(1) 양의 상관관계 : x의 값이 증가함에 따라 y의 값도 대체로 증가하는 경향이 있는 관계

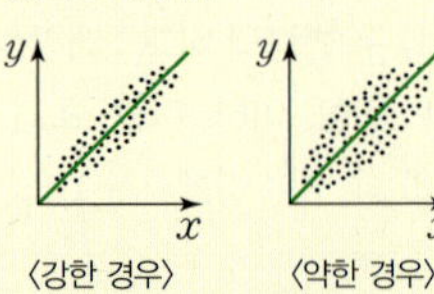

〈강한 경우〉　〈약한 경우〉

(2) 음의 상관관계 : x의 값이 증가함에 따라 y의 값이 대체로 감소하는 경향이 있는 관계

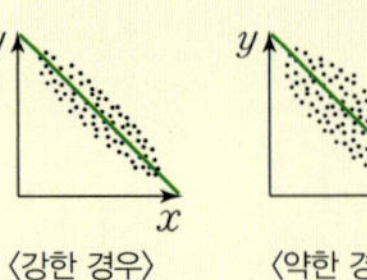

〈강한 경우〉　〈약한 경우〉

(3) 상관관계가 없다. : x의 값이 증가함에 따라 y의 값이 증가하는지 감소하는지 분명하지 않은 관계

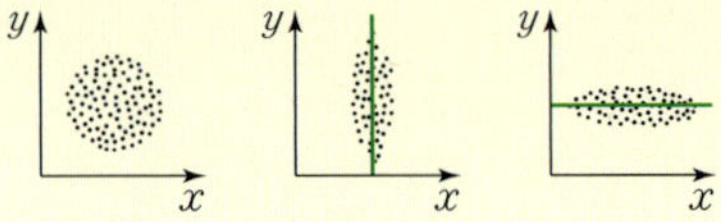

665 상중하

다음 산점도 중 음의 상관관계가 가장 강한 것은?

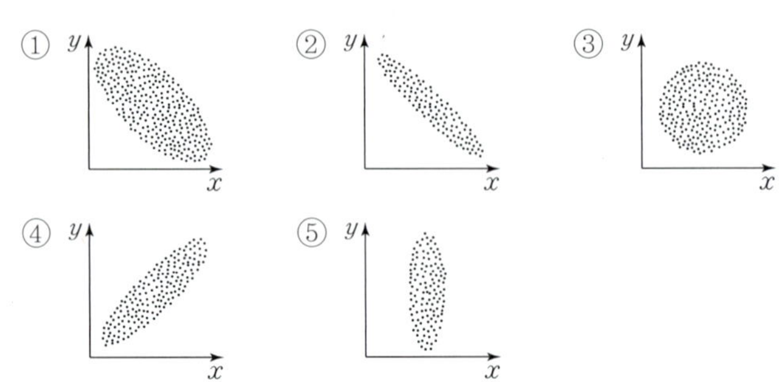

666 상 중 하

어느 해 쌀의 생산량을 x톤, 쌀의 가격을 y원이라고 할 때, 다음 중 두 변량 x, y 사이의 상관관계를 나타낸 산점도로 알맞은 것은?

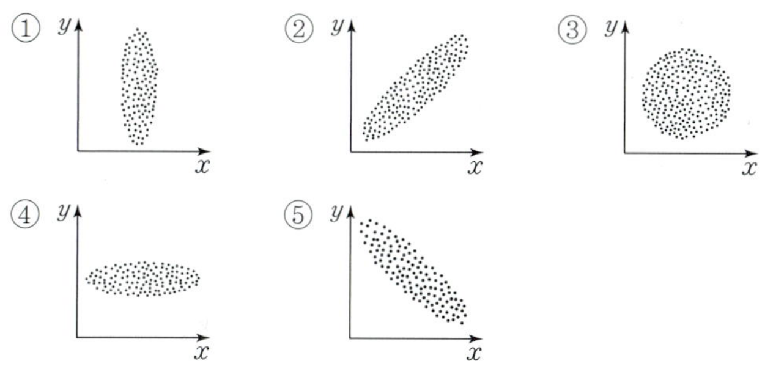

667 상 중 하

다음 중 두 변량 사이에 상관관계가 <u>없는</u> 것을 모두 고르면? (정답 2개)

① 아이스크림의 판매량과 기온
② 시력과 몸무게
③ 자동차 수와 공기 오염
④ 산의 높이와 산소의 농도
⑤ 키와 수학 성적

668 상 중 하

다음 중 두 변량에 대한 산점도를 그렸을 때, 오른쪽 그림과 같은 모양이 되는 것은?

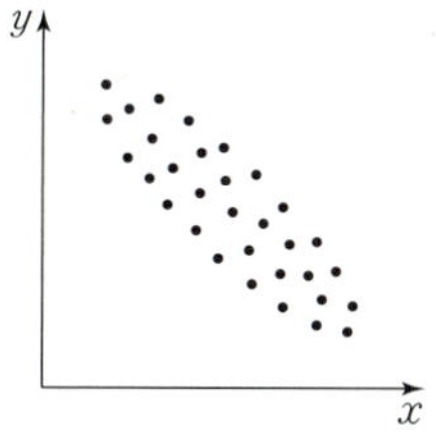

① 지능지수와 앉은키
② 겨울철 기온과 난방비
③ 식사량과 몸무게
④ 책의 두께와 무게
⑤ 여름철 낮 최고 기온과 에어컨 사용량

669 상 중 하

다음 두 변량 중 대체로 양의 상관관계가 있는 것끼리 짝 지어진 것을 모두 고르면? (정답 2개)

① 몸무게와 수학 성적
② 자동차의 속력과 제동 거리
③ 물건의 가격과 판매량
④ 운동량과 심장 박동수
⑤ 하루 중 낮의 길이와 밤의 길이

유형 08 상관관계의 해석(1)

670 상 중 하

오른쪽 그림은 어느 학교 학생들의 몸무게와 키를 조사하여 나타낸 산점도이다. A~E 중 몸무게에 비해 키가 큰 학생은?

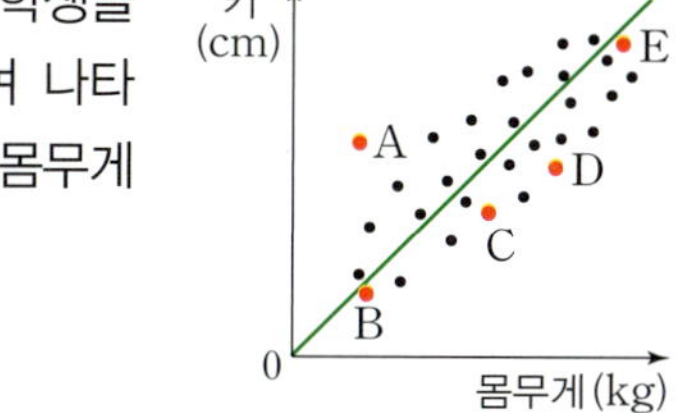

① A ② B
③ C ④ D
⑤ E

→ **유형 Point** 오른쪽 위로 향하는 대각선을 기준선이라고 하면

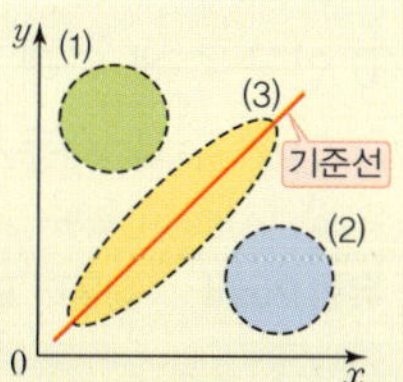

(1) 기준선 위쪽 : x축의 변량의 값에 비해 y축의 변량의 값이 더 크다.
(2) 기준선 아래쪽 : y축의 변량의 값에 비해 x축의 변량의 값이 더 크다.
(3) 기준선 또는 기준선 근처 : 두 변량 x, y의 값이 같거나 비슷하다.
(단, 두 변량 x, y의 값의 범위가 같은 경우)

671 상 중 하

오른쪽 그림은 어느 회사원들의 수입과 지출을 조사하여 나타낸 산점도이다. 다음 물음에 답하시오.

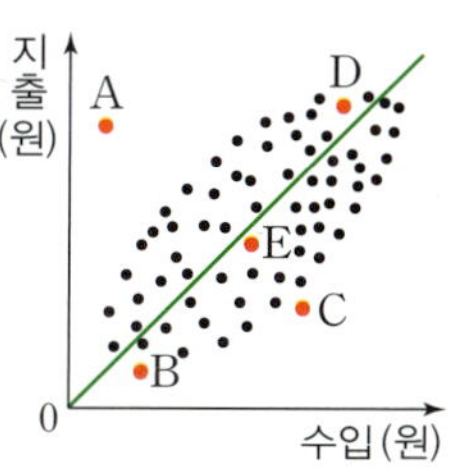

(1) 5명의 회사원 A, B, C, D, E 중 수입에 비해 지출이 가장 많은 사람을 고르시오.

(2) 5명의 회사원 A, B, C, D, E 중 수입과 지출이 가장 많은 사람을 고르시오.

672 상 중 하

오른쪽 그림은 어느 반 학생들의 시력을 조사하여 나타낸 산점도이다. 5명의 학생 A, B, C, D, E 중 오른쪽 눈에 비해 왼쪽 눈의 시력이 낮으면서 시력의 차가 가장 큰 학생은?

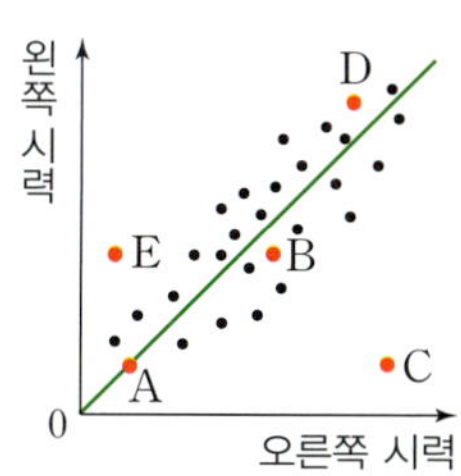

① A ② B
③ C ④ D
⑤ E

유형 09 상관관계의 해석(2)

수학의 바이블 88쪽

673 상 **중** 하

오른쪽 그림은 26개 도시의 인구수와 자동차 수에 대한 산점도이다. A~E에 대하여 다음 중 옳지 <u>않은</u> 것은?

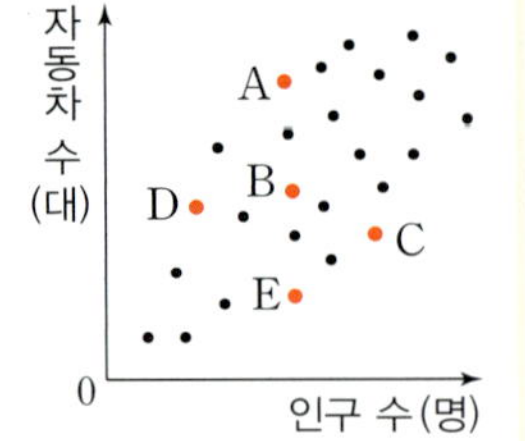

① 인구 수가 많은 도시는 자동차 수도 대체로 많다.

② A 도시는 인구 수에 비해 자동차 수가 많은 편이다.

③ D 도시는 인구 수에 비해 자동차 수가 적은 편이다.

④ 인구 수에 비해 자동차 수가 적은 도시는 C와 E이다.

⑤ 인구 수와 자동차 수 사이에는 양의 상관관계가 있다.

→ **유형 Point**　점들이 모인 대략적인 모양을 보고 상관관계를 판단한다.

674 상 **중** 하

오른쪽 그림은 지우네 반 여학생 25명에 대한 키와 신발 크기에 대한 산점도이다. 다음 중 옳지 <u>않은</u> 것은?

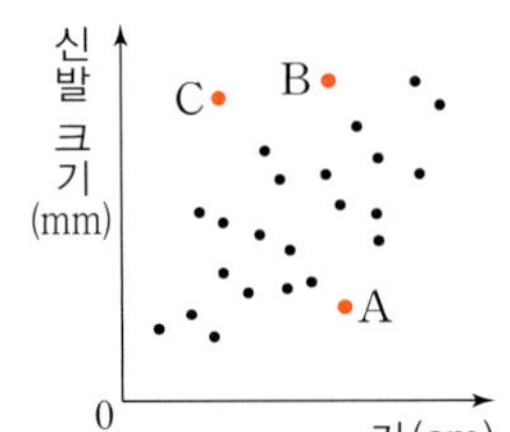

① 키가 큰 사람은 대체로 신발 크기도 크다.

② A는 키에 비해 신발은 작은 것을 신는 편이다.

③ C는 B에 비해 키가 작다.

④ 키와 신발 크기 사이에는 음의 상관관계가 있다.

⑤ B는 신발 크기에 비해 키가 작은 편이다.

675 상 **중** 하

오른쪽 그림은 어느 학교 학생들의 영어 듣기평가와 필기시험 성적에 대한 산점도이다. 다음 중 옳지 <u>않은</u> 것은?

① A는 듣기평가와 필기시험 성적이 모두 낮다.

② B는 듣기평가 성적은 높으나 필기시험 성적은 낮다.

③ C는 듣기평가와 필기시험 성적이 모두 높다.

④ 듣기평가 성적이 높은 학생은 반드시 필기시험 성적도 높다.

⑤ 두 시험 성적 사이에는 양의 상관관계가 있다.

676 상 **중** 하

오른쪽 그림은 어느 반 학생 29명의 하루 평균 수면 시간과 TV 시청 시간에 대한 산점도이다. 다음 설명 중 옳지 <u>않은</u> 것은?

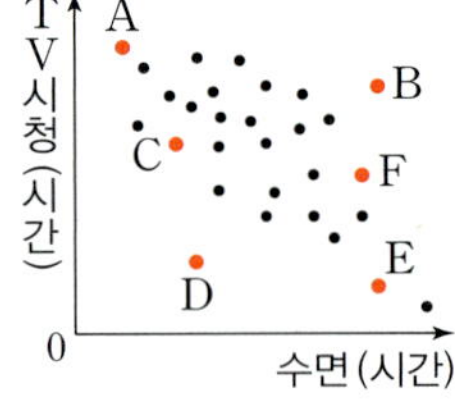

① 학생 A는 수면 시간이 짧은 것에 비해 TV 시청 시간이 길다.

② 학생 B는 수면 시간과 TV 시청 시간 모두 길다.

③ 수면 시간이 짧은 학생은 대체로 TV 시청 시간이 길다.

④ 학생 C는 학생 E에 비해 수면 시간이 길다.

⑤ 수면 시간과 TV 시청 시간 사이에는 음의 상관관계가 있다.

677 상 **중** 하

오른쪽 그림은 직장인 30명의 월 평균 소득과 저축액에 대한 산점도이다. A~F에 대하여 다음 중 옳지 <u>않</u>은 것은?

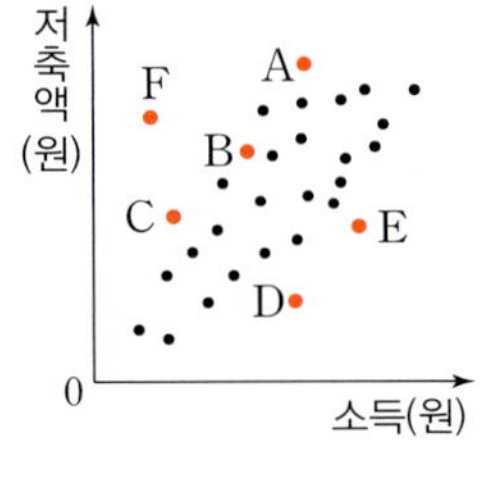

① B는 소득에 비해 저축액이 많은 편이다.

② 저축액이 가장 많은 사람은 A이다.

③ 소득과 저축액 사이에는 양의 상관관계가 있다고 할 수 있다.

④ E는 소득에 비해 저축액이 적은 편이다.

⑤ 소득에 비해 저축액이 많은 사람은 2명이다.

678 상 **중** 하

오른쪽 그림과 같이 영어 성적과 수학 성적에 대한 산점도를 4개의 집단으로 나눌 때, 다음 중 옳은 것은?

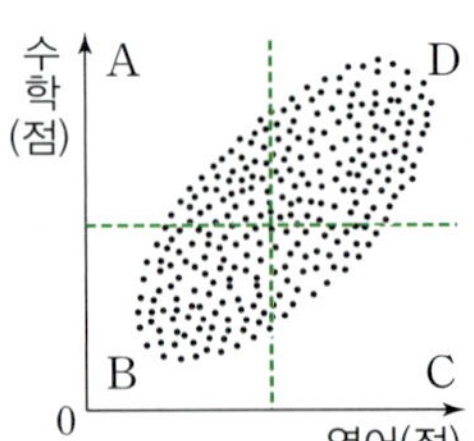

① A 집단은 영어보다 수학을 못하는 편이다.

② B 집단은 영어, 수학 두 과목 모두 못하는 편이다.

③ C 집단은 영어, 수학 두 과목 모두 잘하는 편이다.

④ D 집단은 영어보다 수학을 못하는 편이다.

⑤ 전체적으로 영어를 잘하는 학생은 수학을 못하는 편이다.

679

오른쪽 그림은 기정이네 반 학생 10명의 3월과 9월 영어 듣기 평가 성적에 대한 산점도이다. 다음 물음에 답하시오.

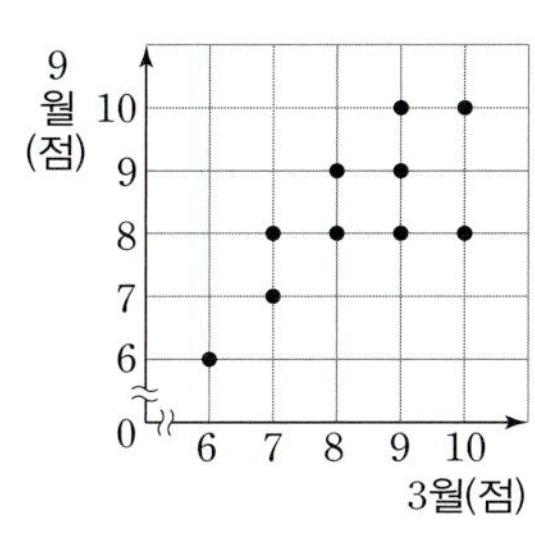

(1) 3월 성적보다 9월 성적이 우수한 학생 수를 구하시오.

(2) 3월 성적과 9월 성적이 같은 학생은 전체의 몇 %인지 구하시오.

(3) 9월 성적이 7점 이하인 학생은 전체의 몇 %인지 구하시오.

680

오른쪽 그림은 계현이네 반 학생 17명의 2회에 걸친 글쓰기 성적에 대한 산점도이다. 1회와 2회 성적의 평균이 8점 이상인 학생 수는?

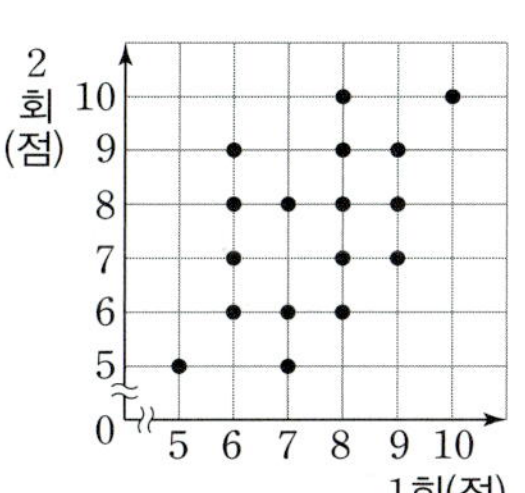

① 6명   ② 7명
③ 8명   ④ 9명
⑤ 10명

681

오른쪽 그림은 3학년 학생 25명의 5월과 8월 수학 단원 평가 성적에 대한 산점도이다. 다음 물음에 답하시오.

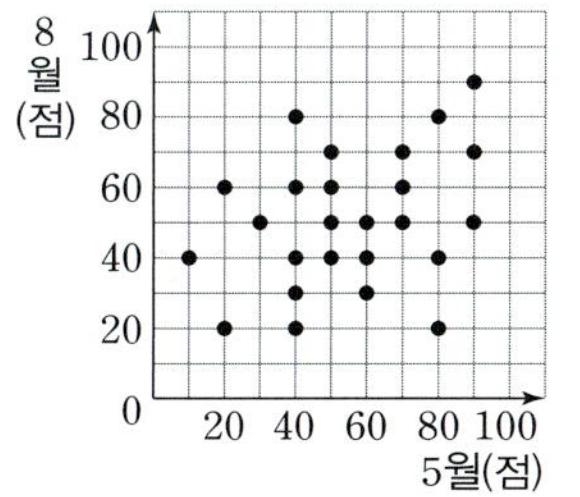

(1) 8월 수학 단원 평가 성적이 60점 이상인 학생들의 5월 수학 단원 평가 성적의 평균을 구하시오.

(2) 5월보다 8월 수학 단원 평가 성적이 20점 이상 오른 학생은 전체의 몇 %인지 구하시오.

682

오른쪽 그림은 전국 15개 농장의 7월 한 달 동안 일조량(맑은 날의 수)과 사과의 당도에 대한 산점도이다. 다음 설명 중 옳지 않은 것은?

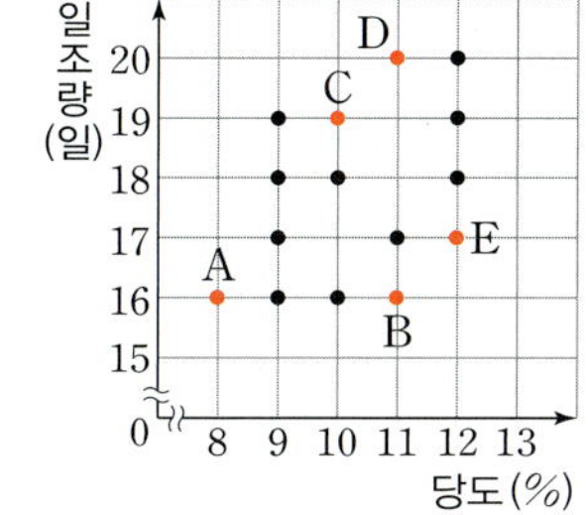

① A는 B와 비교하여 일조량은 같은데 당도는 낮다.
② E는 C보다 당도가 높다.
③ B와 D는 당도가 같다.
④ 일조량에 비해 당도가 높은 편인 농장은 4곳이다.
⑤ 일조량이 16일 초과 19일 이하이면서 당도가 9 % 이상 11 % 이하인 농장은 전체의 40 %이다.

683

오른쪽 그림은 운전면허 학원 등록생 21명의 실기시험 성적과 필기시험 성적에 대한 산점도이다. 다음 설명 중 옳지 않은 것은?

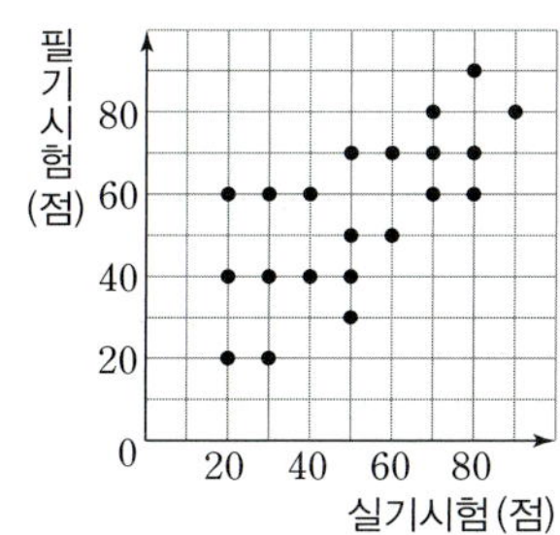

① 필기시험과 실기시험 성적이 같은 사람은 4명이다.
② 필기시험보다 실기시험 성적이 더 높은 사람은 8명이다.
③ 필기시험보다 실기시험 성적이 더 낮은 사람은 9명이다.
④ 두 과목 성적의 합이 160점 이상인 사람은 4명이다.
⑤ 필기시험 성적이 70점 이상 또는 실기 시험 성적이 60점 이상인 사람은 10명이다.

684

오른쪽 그림은 어느 반 학생 20명의 1학기와 2학기 기말고사 수학 성적에 대한 산점도이다. 다음 물음에 답하시오.

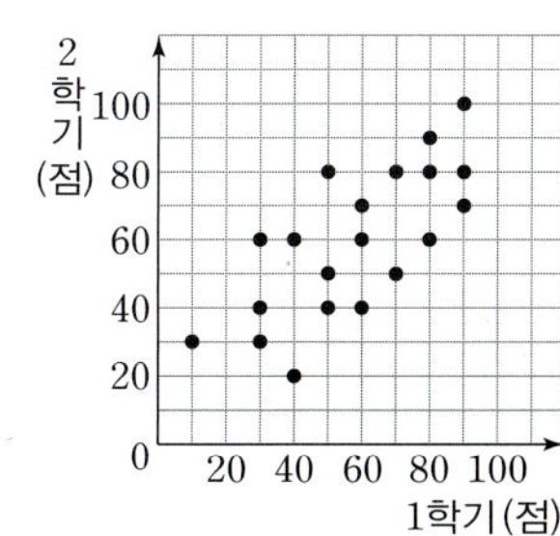

(1) 2학기 성적이 1학기 성적보다 떨어진 학생은 전체의 몇 %인지 구하시오.

(2) 1학기 성적이 상위 30 % 이내에 들었던 학생 중 1, 2학기 성적의 합이 상위 30 % 이내에 들지 못한 학생은 몇 명인지 구하시오.

685

다음 보기 중 상관관계에 대한 설명으로 옳지 <u>않은</u> 것을 고르시오.

> **보기**
>
> ㄱ. 변량 x가 증가할 때, 변량 y가 증가 또는 감소하는 경향이 분명히지 않으면 두 변량 x, y 사이에는 상관관계기 없다.
> ㄴ. 산점도에서 대체로 변량 x가 증가함에 따라 변량 y는 감소하는 경향이 있을 때, 두 변량 x, y 사이에는 양의 상관관계가 있다.
> ㄷ. 강한 상관관계일수록 변량의 점들이 기울기가 양수 또는 음수인 한 직선을 중심으로 가까이 모여 있다.
> ㄹ. 두 변량 사이의 상관관계는 산점도로 설명할 수 있다.

686

다음 중 두 변량 사이에 음의 상관관계가 있다고 할 수 있는 것은?

① 세제 사용량과 수질 오염
② 흡연량과 폐암 발생률
③ 단식 일수와 체중
④ 도시 인구수와 교통량
⑤ 몸무게와 턱걸이 횟수

687

다음 중 미세먼지 농도와 마스크 판매량에 대한 상관관계와 같은 상관관계를 가지는 것을 모두 고르면? (정답 2개)

① 넓이가 일정한 직사각형의 가로와 세로의 길이
② 강우량과 체내 수분량
③ 산의 높이와 기온
④ 관람객 수와 입장료 총액
⑤ 통학 거리와 통학 시간

688

오른쪽 그림은 지우네 반 학생들의 성적과 지능 지수를 조사하여 나타낸 산점도이다. 다음 중 지능 지수에 비해 성적이 가장 낮은 학생은?

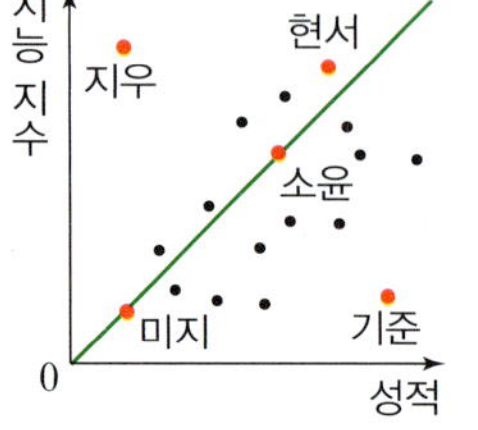

① 지우
② 현서
③ 기준
④ 미지
⑤ 소윤

689

다음은 다섯 개의 집단의 키 x cm와 몸무게 y kg에 대한 산점도이다. 키가 클수록 몸무게도 많이 나가는 경향이 가장 뚜렷한 집단의 산점도인 것은?

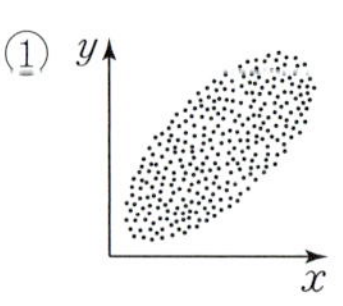
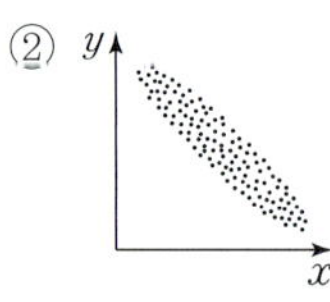
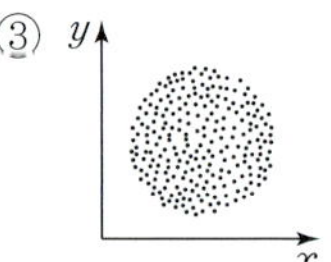
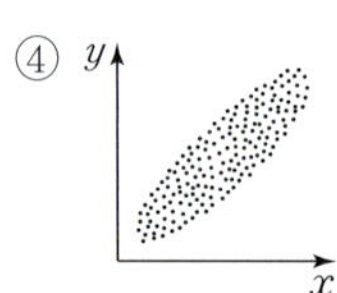
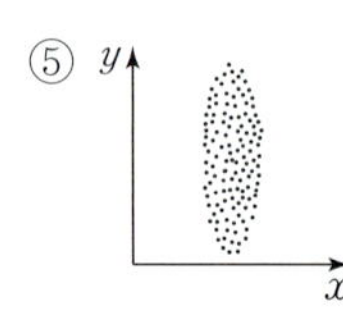

690

오른쪽 그림은 어느 반 학생 17명의 수학과 과학 성적에 대한 산점도이다. 다음 중 옳지 <u>않은</u> 것은?

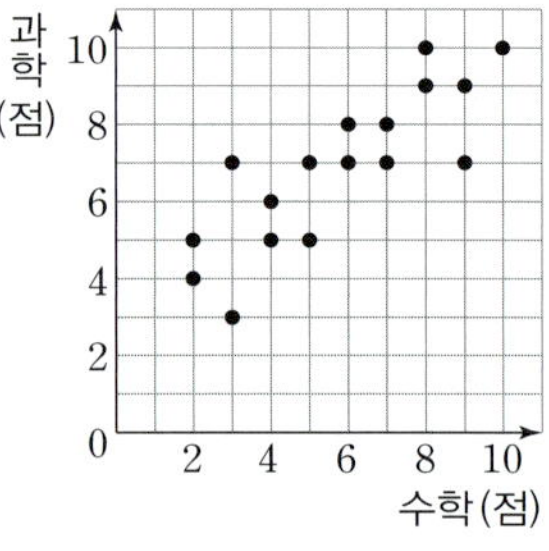

① 에어컨 사용시간과 전기 요금 사이의 상관관계와 같다.
② 두 과목 성적이 같은 학생은 5명이다.
③ 수학 성적이 8점 이상인 학생들의 과학 성적의 평균은 8점이다.
④ 과학보다 수학 성적이 좋은 학생은 1명이다.
⑤ 두 과목 성적의 평균이 7점 이상인 학생은 8명이다.

691

오른쪽 그림은 송주네 반 학생의 2차에 걸친 쪽지시험 점수에 대한 산점도이다. 다음 중 옳지 <u>않은</u> 것은?
(단, 중복되는 점은 없다.)

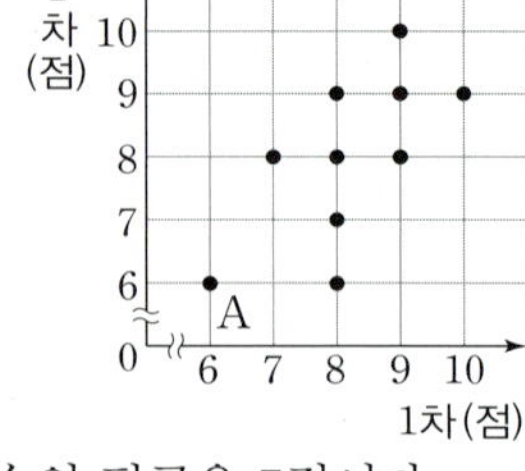

① 1, 2차 점수가 같지 않은 학생은 7명이다.
② 1차 점수가 8점인 학생들의 2차 점수의 평균은 7점이다.
③ 쪽지시험을 본 학생은 총 10명이다.
④ 1차 점수가 가장 낮은 학생의 2차 점수는 6점이다.
⑤ 1차 점수가 9점 미만이고 2차 점수가 7점 이상인 학생 수는 4명이다.

692

다음 중 아래의 신문 기사에서 성적과 양의 상관관계가 있지 <u>않은</u> 것은?

> 학생들의 성적을 향상하는 데는 선행 학습량은 중요하지 않고 올바른 학습 태도와 학습 환경이 중요하며, 예습과 복습을 많이 하는 등 학교 수업에 충실하고 책을 많이 읽는 학생이 성적도 우수한 것으로 나타났다. 성적을 올리려면 자기 주도 학습 능력을 기르는 것이 좋다.

① 자기 주도 학습 능력 ② 학습 환경
③ 독서량 ④ 선행 학습량
⑤ 복습

693

오른쪽 그림은 어느 학교 학생들의 1학기 중간고사와 기말고사에서 수학 성적을 조사하여 나타낸 산점도이다. 다음 중 옳지 <u>않는</u> 것은?

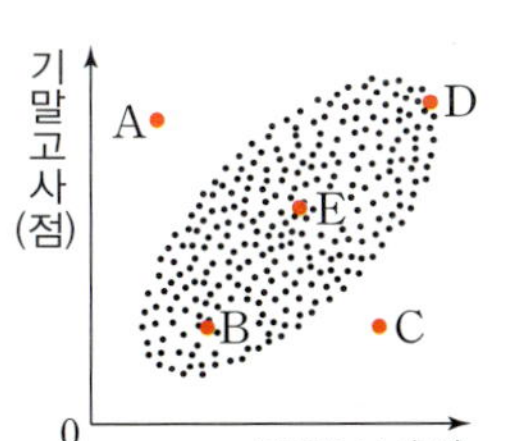

① C는 B보다 수학 성적의 변화가 크다.
② 중간고사와 기말고사의 수학 성적 사이에는 양의 상관관계가 있다.
③ D는 중간고사와 기말고사 수학 성적이 모두 높다.
④ E는 중간고사와 기말고사 성적의 차가 크다.
⑤ A는 중간고사보다 기말고사의 성적이 향상되었다.

694

아래 그림은 두 편의점 A, B의 겨울철 평균 기온과 호빵 판매량에 대한 산점도이다. 다음 중 옳은 것은?

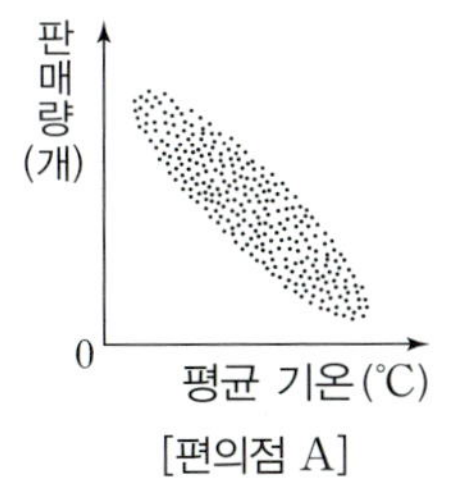

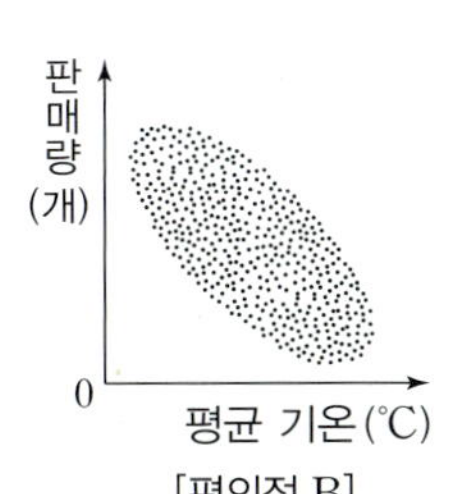

① 편의점 A의 호빵이 편의점 B의 호빵보다 더 잘 팔린다.
② 편의점 A에서는 양의 상관관계가 나타난다.
③ 편의점 A가 편의점 B보다 더 강한 상관관계를 보인다.
④ 겨울철 평균 기온이 높아질수록 호빵 판매량은 대체로 늘어난다.
⑤ 겨울철 평균 기온과 호빵 판매량 사이에 상관관계는 없다.

695

오른쪽 그림은 민기네 반 학생 15명의 음악과 미술 실기 점수를 조사하여 나타낸 산점도이다. 이 산점도에 대한 다음 설명에서 $a+b+c$의 값을 구하시오.

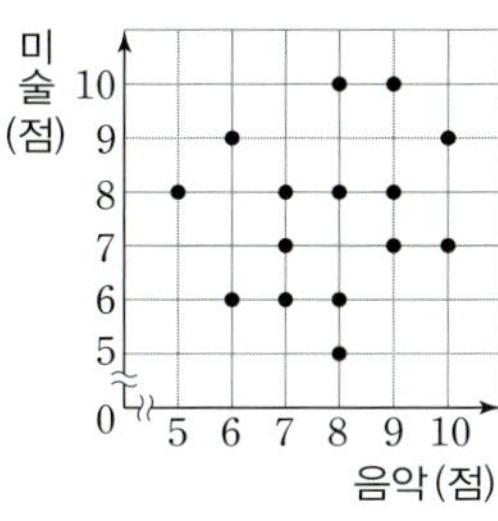

> ㈎ 두 과목의 점수가 같은 학생은 전체의 a %이다.
> ㈏ 미술 점수보다 음악 점수가 낮은 학생은 b명이다.
> ㈐ 두 과목 점수의 평균이 8점 이상인 학생는 c명이다.

696

생각이 쏙쏙

오른쪽 그림은 어느 야구팀 선수 20명의 작년과 올해 안타수를 조사하여 나타낸 산점도이다. 다음 세 조건을 모두 만족시키는 선수의 수를 구하시오.

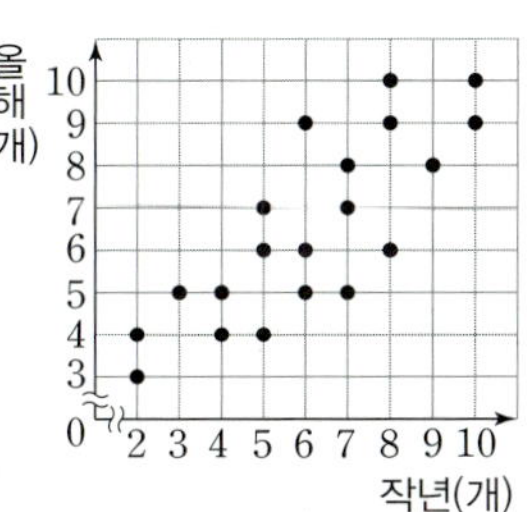

> ㈎ 작년보다 올해 안타수가 더 높아졌다.
> ㈏ 작년과 올해 안타수의 차가 2개 이상이다.
> ㈐ 작년과 올해 안타수의 평균이 5개 이상이다.

교과서 속 창의·융합 문제

697

오른쪽 그림은 미희네 반 학생 20명의 영어 성적과 수학 성적에 대한 산점도이다. 두 과목 성적의 합이 상위 25 % 이내에 드는 학생들에게 상을 주려고 한다. 상을 받는 학생들의 두 과목 성적의 합의 평균을 구하시오.

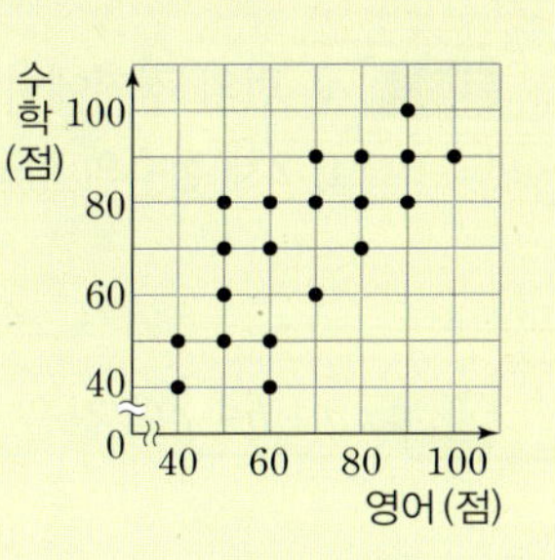

698

오른쪽 그림은 3학년 4반 23명의 수학과 국어 성적에 대한 산점도이다. 국어 성적이 50점 이상 70점 미만인 학생들의 수학 성적의 평균을 구하시오.

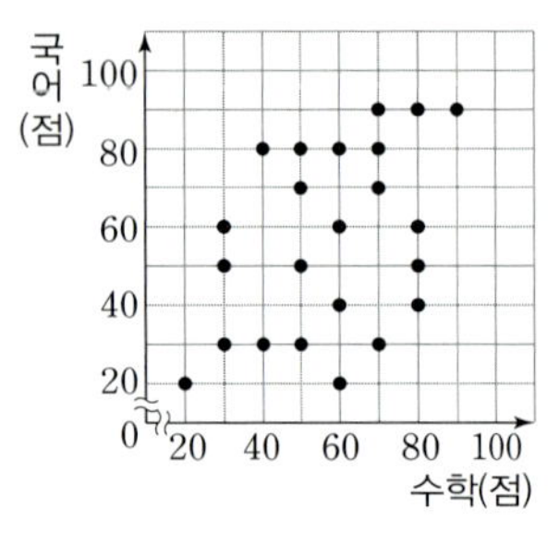

단계 1 국어 성적이 50점 이상 70점 미만인 학생들의 수학 성적을 모두 구하시오. [50%]

단계 2 국어 성적이 50점 이상 70점 미만인 학생들의 수학 성적의 평균을 구하시오. [50%]

699

오른쪽 그림은 지수네 반 학생 21명의 음악과 미술 성적에 대한 산점도이다. 음악 성적이 40점 이상 60점 이하인 학생들의 미술 성적의 평균을 구하시오.

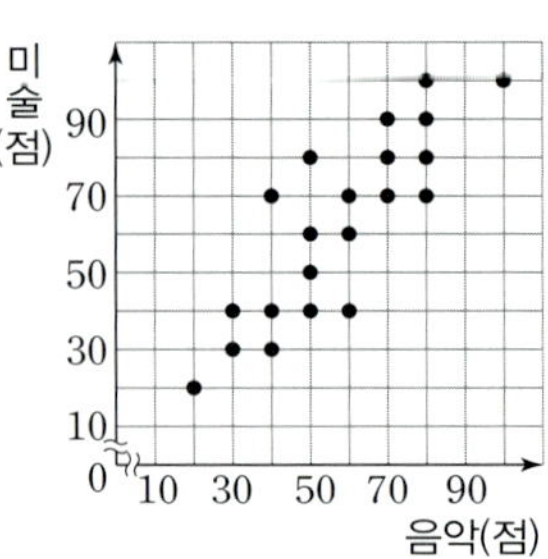

풀이

답 ___________________

700

오른쪽 그림은 사격 선수 16명의 2차에 걸친 경기에서 얻은 점수에 대한 산점도이다. 두 번의 경기에서 모두 8점 이상을 얻은 선수를 a명, 1차 경기에 비해 2차 경기에서 얻은 점수가 가장 많이 오른 선수의 1, 2차 점수의 차를 b점, 두 번의 경기에서 얻은 점수의 합이 가장 높은 선수의 1, 2차 점수의 평균을 c점이라고 할 때, $a+b+c$의 값을 구하시오.

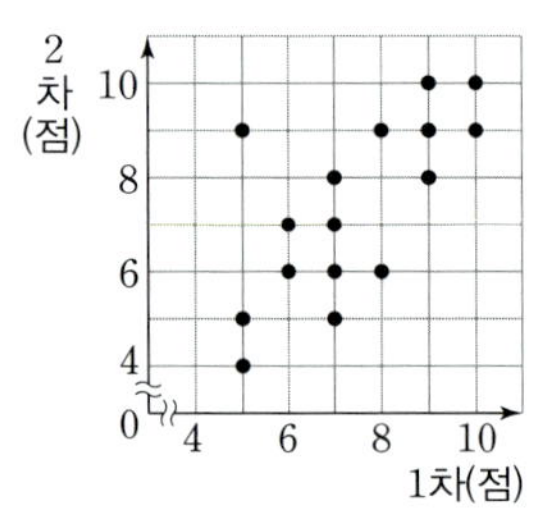

단계 1 두 번의 경기에서 모두 8점 이상을 얻은 선수의 수를 구하시오. [30%]

단계 2 1차 경기에 비해 2차 경기에서 얻은 점수가 가장 많이 오른 선수의 1, 2차 점수의 차를 구하시오. [30%]

단계 3 두 번의 경기에서 얻은 점수의 합이 가장 높은 선수의 1, 2차 점수의 평균을 구하시오. [30%]

단계 4 $a+b+c$의 값을 구하시오. [10%]

701

오른쪽 그림은 양궁 선수 21명이 2차에 걸친 경기에서 화살을 쏘아 얻은 점수에 대한 산점도이다. 두 번의 경기에서 모두 8점 이상을 얻은 선수를 a명, 1차 경기에 비해 2차 경기에서 얻은 점수가 가장 많이 떨어진 선수의 1, 2차 점수의 차를 b점, 두 번의 경기에서 얻은 점수의 합이 가장 낮은 선수의 1, 2차 점수의 평균을 c점이라고 할 때, $a+b-c$의 값을 구하시오.

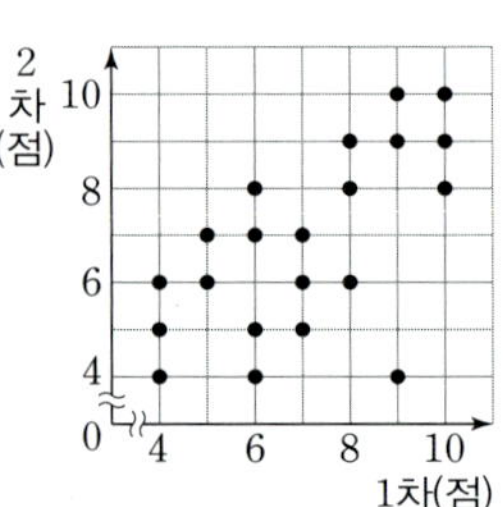

풀이

답 ___________________

단계를 밟아 서술하기

702

오른쪽 그림은 어느 반 학생 25명
의 2회에 걸친 역사에 관련된 쪽
지 시험 성적에 대한 산점도이다.
1회와 2회 점수의 평균으로 등수
를 매길 때, 하위 32 % 이내에 드
는 학생들은 역사에 관련된 책을
추가로 읽어야 한다. 책을 추가로 읽지 않으려면 1회와 2회
성적의 평균이 최소 몇 점을 초과해야 하는지 구하시오.

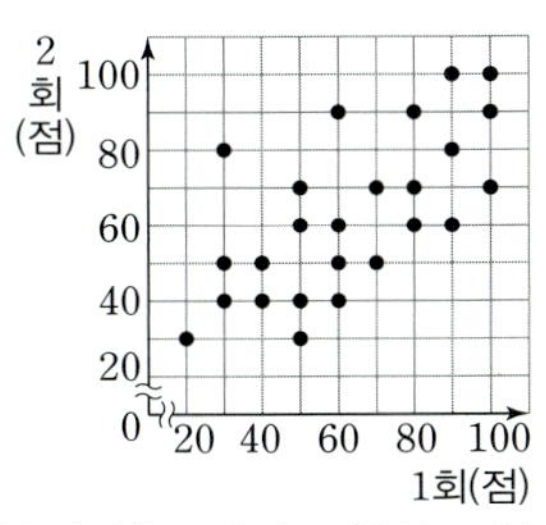

단계 1 하위 32 % 이내에 드는 학생 수는 몇 명인지 구하시
오. [30%]

단계 2 책을 읽지 않으려면 1회와 2회 성적의 평균이 최소
몇 점을 초과해야 하는지 구하시오. [70%]

스스로 서술하기

703

오른쪽 그림은 어느 반 학생 20명
의 수학 성적과 영어 성적에 대한
산점도이다. 수학 성적과 영어 성
적의 평균으로 등수를 매길 때,
하위 35 % 이내에 드는 학생들은
보충 수업을 받아야 한다. 보충 수
업을 받지 않으려면 수학 성적과 영어 성적의 평균이 최소 몇
점을 초과해야 하는지 구하시오.

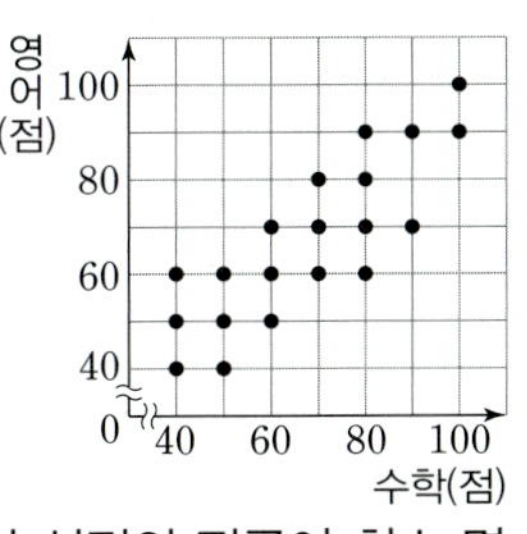

풀이

답 ________________

704

오른쪽 그림은 어느 반 학생 25명
의 사고력 성적과 창의력 성적에
대한 산점도이다. 사고력 성적과
창의력 성적의 합이 상위 20 % 이
내에 드는 학생을 뽑아 발명 대회
에 내보내려고 한디. 이때 발명대
회에 나갈 수 있는 학생들의 사고
력 성적과 창의력 성적의 합의 평균을 구하시오.

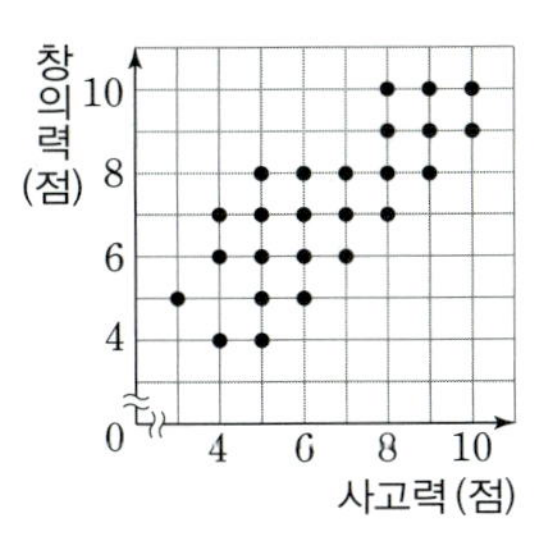

단계 1 상위 20 % 이내에 드는 학생 수를 구하시오. [20%]

단계 2 상위 20 % 이내에 드는 학생의 성적을 순서쌍
(사고력 성적, 창의력 성적)으로 나타내시오. [40%]

단계 3 발명대회에 나갈 수 있는 학생들의 사고력 성적과 창
의력 성적의 합의 평균을 구하시오. [40%]

705

오른쪽 그림은 어느 반 학생 15명
의 수학 성적과 영어 성적에 대한
산점도이다. 수학 성적과 영어 성
적의 평균으로 등수를 매길 때,
상위 40 % 이내에 드는 학생들을
교내 경시대회에 내보내려고 한
다. 이때 경시대회에 나갈 수 있는 학생들의 수학 성적과 영어
성적의 합의 평균을 구하시오.

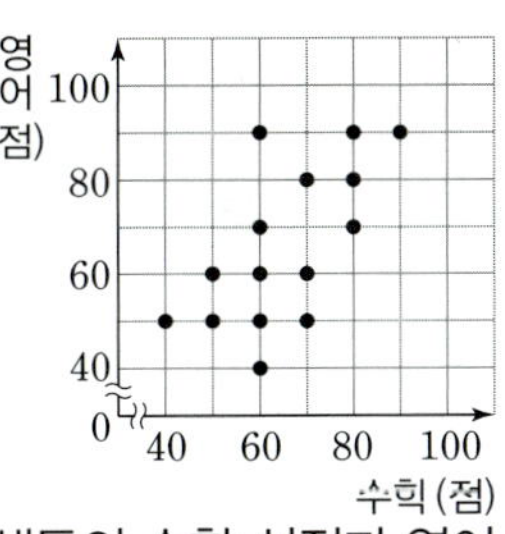

풀이

답 ________________

 아래의 마인드맵에서 빈칸을 채우면서 학습한 내용을 확인해 봅시다.

대푯값

$$평균 = \frac{(변량의\ 총합)}{(변량의\ 개수)}$$

[㉠]

(예) 3, 4, 7, 9, 10의 중앙값은 7
3, 4, 7, 9, 10, 12의 중앙값은 $\frac{7+9}{2}=8$

[㉡]

(예) 2, 2, 3, 3, 3, 4, 5의 최빈값은 3
1, 1, 3, 3, 5, 5, 7, 7의 최빈값은 없다.
1, 2, 2, 3, 3, 4의 최빈값은 2, 3이다.

산포도

변량이 대푯값 주위에 흩어져 있는 정도를 하나의 수로 나타낸 값으로

[㉢] , [㉣]

등이 있다.

[㉤] = (변량) − (평균)

예) 턱걸이 횟수

(단위: 회)

| 6 | 9 | 5 | 8 | 7 |

$$(평균) = \frac{6+9+5+8+7}{5} = 7(회)$$

횟수(회)	6	9	5	8	7	합계
편차(회)	−1	2	−2	1	0	0
(편차)^2	1	4	4	1	0	10

$$(분산) = \frac{10}{5} = 2, \quad (표준편차) = \sqrt{2}\,(회)$$

Ⅲ. 통계

1. 대푯값과 산포도
2. 상관관계

산점도

두 변량 사이의 관계를 좌표평면 위에 점으로 나타낸 그림

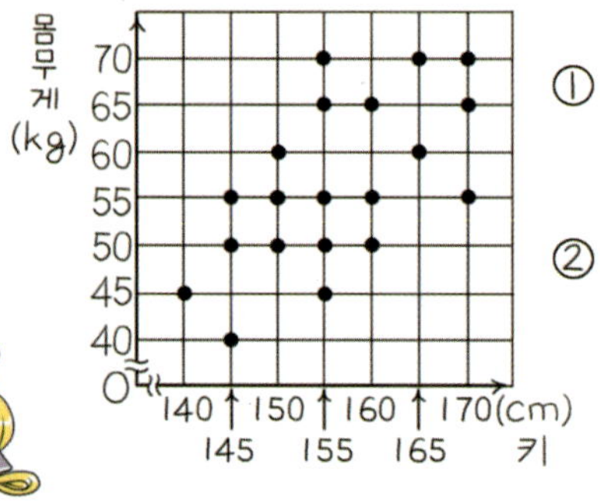

① 키가 크면 대체적으로 몸무게도 많이 나간다.

② 키와 몸무게는 양의 상관관계가 있다.

여러 가지 상관관계

(1) [㉥]

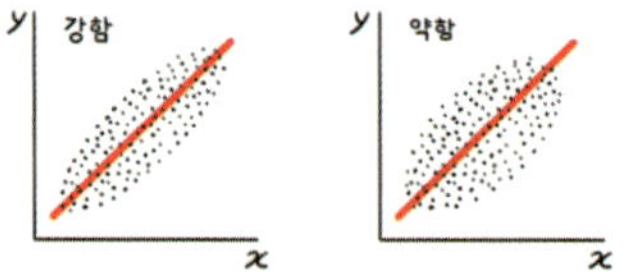

강함 / 약함

한 변량이 커질 때 다른 변량도 커지는 관계

(2) [㉦]

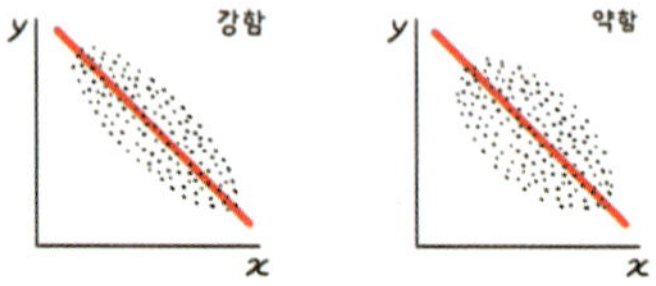

강함 / 약함

한 변량이 커질 때 다른 변량은 작아지는 관계

(3) 상관관계가 없다.

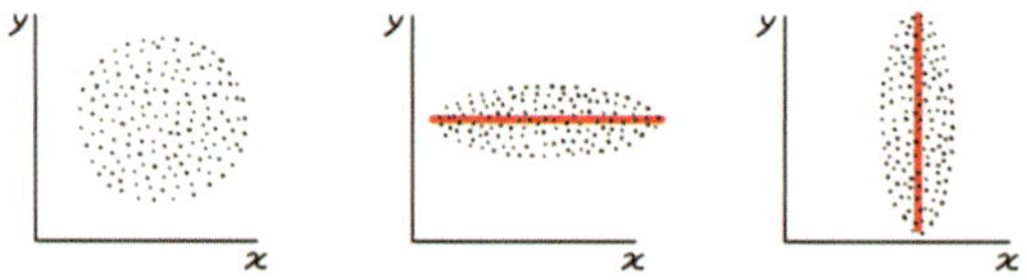

양의 상관관계도, 음의 상관관계도 아니다.

㉠ 자료를 작은 값에서부터 크기순으로 나열할 때 한가운데에 있는 값
㉡ 자료 중 가장 많이 나타나는 값
㉢ 각 편차의 제곱의 합을 구하여 전체 변량의 개수로 나눈 값
㉣ 분산의 음이 아닌 제곱근
㉤ 어떤 자료의 각 변량에서 그 자료의 평균을 뺀 값
㉥ 한 변량이 커질 때 다른 변량도 대체로 커지는 관계
㉦ 한 변량이 커질 때 다른 변량은 대체로 작아지는 관계

답 | ㉠ 중앙값 ㉡ 최빈값 ㉢ 분산 ㉣ 표준편차 ㉤ 편차 ㉥ 양의 상관관계 ㉦ 음의 상관관계

삼각비의 표

각도	사인(sin)	코사인(cos)	탄젠트(tan)	각도	사인(sin)	코사인(cos)	탄젠트(tan)
0°	0.0000	1.0000	0.0000	45°	0.7071	0.7071	1.0000
1°	0.0175	0.9998	0.0175	46°	0.7193	0.6947	1.0355
2°	0.0349	0.9994	0.0349	47°	0.7314	0.6820	1.0724
3°	0.0523	0.9986	0.0524	48°	0.7431	0.6691	1.1106
4°	0.0698	0.9976	0.0699	49°	0.7547	0.6561	1.1504
5°	0.0872	0.9962	0.0875	50°	0.7660	0.6428	1.1918
6°	0.1045	0.9945	0.1051	51°	0.7771	0.6293	1.2349
7°	0.1219	0.9925	0.1228	52°	0.7880	0.6157	1.2799
8°	0.1392	0.9903	0.1405	53°	0.7986	0.6018	1.3270
9°	0.1564	0.9877	0.1584	54°	0.8090	0.5878	1.3764
10°	0.1736	0.9848	0.1763	55°	0.8192	0.5736	1.4281
11°	0.1908	0.9816	0.1944	56°	0.8290	0.5592	1.4826
12°	0.2079	0.9781	0.2126	57°	0.8387	0.5446	1.5399
13°	0.2250	0.9744	0.2309	58°	0.8480	0.5299	1.6003
14°	0.2419	0.9703	0.2493	59°	0.8572	0.5150	1.6643
15°	0.2588	0.9659	0.2679	60°	0.8660	0.5000	1.7321
16°	0.2756	0.9613	0.2867	61°	0.8746	0.4848	1.8040
17°	0.2924	0.9563	0.3057	62°	0.8829	0.4695	1.8807
18°	0.3090	0.9511	0.3249	63°	0.8910	0.4540	1.9626
19°	0.3256	0.9455	0.3443	64°	0.8988	0.4384	2.0503
20°	0.3420	0.9397	0.3640	65°	0.9063	0.4226	2.1445
21°	0.3584	0.9336	0.3839	66°	0.9135	0.4067	2.2460
22°	0.3746	0.9272	0.4040	67°	0.9205	0.3907	2.3559
23°	0.3907	0.9205	0.4245	68°	0.9272	0.3746	2.4751
24°	0.4067	0.9135	0.4452	69°	0.9336	0.3584	2.6051
25°	0.4226	0.9063	0.4663	70°	0.9397	0.3420	2.7475
26°	0.4384	0.8988	0.4877	71°	0.9455	0.3256	2.9042
27°	0.4540	0.8910	0.5095	72°	0.9511	0.3090	3.0777
28°	0.4695	0.8829	0.5317	73°	0.9563	0.2924	3.2709
29°	0.4848	0.8746	0.5543	74°	0.9613	0.2756	3.4874
30°	0.5000	0.8660	0.5774	75°	0.9659	0.2588	3.7321
31°	0.5150	0.8572	0.6009	76°	0.9703	0.2419	4.0108
32°	0.5299	0.8480	0.6249	77°	0.9744	0.2250	4.3315
33°	0.5446	0.8387	0.6494	78°	0.9781	0.2079	4.7046
34°	0.5592	0.8290	0.6745	79°	0.9816	0.1908	5.1446
35°	0.5736	0.8192	0.7002	80°	0.9848	0.1736	5.6713
36°	0.5878	0.8090	0.7265	81°	0.9877	0.1564	6.3138
37°	0.6018	0.7986	0.7536	82°	0.9903	0.1392	7.1154
38°	0.6157	0.7880	0.7813	83°	0.9925	0.1219	8.1443
39°	0.6293	0.7771	0.8098	84°	0.9945	0.1045	9.5144
40°	0.6428	0.7660	0.8391	85°	0.9962	0.0872	11.4301
41°	0.6561	0.7547	0.8693	86°	0.9976	0.0698	14.3007
42°	0.6691	0.7431	0.9004	87°	0.9986	0.0523	19.0811
43°	0.6820	0.7314	0.9325	88°	0.9994	0.0349	28.6363
44°	0.6947	0.7193	0.9657	89°	0.9998	0.0175	57.2900
45°	0.7071	0.7071	1.0000	90°	1.0000	0.0000	

MeMo

MeMo

MeMo

MeMo

新 수학의 바이블

유형

BOB

중학 3-2

정답과 풀이

정답과 풀이

1 삼각비

개념 콕콕

001

답 (1) $\dfrac{15}{17}$ (2) $\dfrac{8}{17}$ (3) $\dfrac{15}{8}$ (4) $\dfrac{8}{17}$ (5) $\dfrac{15}{17}$ (6) $\dfrac{8}{15}$

002

(1) $\overline{AB}=\sqrt{4^2-3^2}=\sqrt{7}$

답 (1) $\sqrt{7}$ (2) $\sin C=\dfrac{\sqrt{7}}{4}$, $\cos C=\dfrac{3}{4}$, $\tan C=\dfrac{\sqrt{7}}{3}$

003

(1) $\sin A=\dfrac{6}{\overline{AB}}=\dfrac{3}{5}$ $\therefore \overline{AB}=10$

(2) $\overline{AC}=\sqrt{10^2-6^2}=8$

답 (1) 10 (2) 8

004

답 (1) $\overline{BC}$, $\overline{AC_1}$, $\overline{AC_2}$ (2) $\overline{AC}$, $\overline{AC_1}$, $\overline{AB_2}$ (3) $\overline{BC}$, $\overline{AB_1}$, $\overline{B_2C_2}$

005

(1) $\sin 30°+\tan 45°=\dfrac{1}{2}+1=\dfrac{3}{2}$

(2) $\sin 45°-\cos 45°=\dfrac{\sqrt{2}}{2}-\dfrac{\sqrt{2}}{2}=0$

(3) $\sin 60°\times\tan 60°=\dfrac{\sqrt{3}}{2}\times\sqrt{3}=\dfrac{3}{2}$

(4) $\cos 45°\div\sin 30°=\dfrac{\sqrt{2}}{2}\div\dfrac{1}{2}=\dfrac{\sqrt{2}}{2}\times2=\sqrt{2}$

답 (1) $\dfrac{3}{2}$ (2) 0 (3) $\dfrac{3}{2}$ (4) $\sqrt{2}$

006

답 (1) 60° (2) 45° (3) 60° (4) 30° (5) 60° (6) 45°

007

(1) $\sin 45°=\dfrac{x}{10}=\dfrac{\sqrt{2}}{2}$ $\therefore x=5\sqrt{2}$

(2) $\cos 30°=\dfrac{x}{4}=\dfrac{\sqrt{3}}{2}$ $\therefore x=2\sqrt{3}$

(3) $\tan 60°=\dfrac{4\sqrt{3}}{x}=\sqrt{3}$ $\therefore x=4$

(4) $\sin 30°=\dfrac{5}{x}=\dfrac{1}{2}$ $\therefore x=10$

(5) $\cos 60°=\dfrac{3}{x}=\dfrac{1}{2}$ $\therefore x=6$

(6) $\tan 45°=\dfrac{x}{\sqrt{7}}=1$ $\therefore x=\sqrt{7}$

답 (1) $5\sqrt{2}$ (2) $2\sqrt{3}$ (3) 4 (4) 10 (5) 6 (6) $\sqrt{7}$

008

(1) $\sin x=\dfrac{\overline{BC}}{\overline{AB}}=\dfrac{\overline{BC}}{1}=\overline{BC}$

(2) $\cos x=\dfrac{\overline{AC}}{\overline{AB}}=\dfrac{\overline{AC}}{1}=\overline{AC}$

(3) $\tan x=\dfrac{\overline{DE}}{\overline{AE}}=\dfrac{\overline{DE}}{1}=\overline{DE}$

(4) $\sin y=\dfrac{\overline{AC}}{\overline{AB}}=\dfrac{\overline{AC}}{1}=\overline{AC}$

(5) $\cos y=\dfrac{\overline{BC}}{\overline{AB}}=\dfrac{\overline{BC}}{1}=\overline{BC}$

(6) $z=y$ (동위각)이므로 $\cos z=\cos y=\overline{BC}$

답 (1) $\overline{BC}$ (2) $\overline{AC}$ (3) $\overline{DE}$ (4) $\overline{AC}$ (5) $\overline{BC}$ (6) $\overline{BC}$

009

(1) $\sin 40°=\dfrac{\overline{AB}}{\overline{OA}}=\overline{AB}=0.6428$

(2) $\cos 40°=\dfrac{\overline{OB}}{\overline{OA}}=\overline{OB}=0.7660$

(3) $\tan 40°=\dfrac{\overline{CD}}{\overline{OC}}=\overline{CD}=0.8391$

답 (1) 0.6428 (2) 0.7660 (3) 0.8391

010

(1) $\cos 0°+\tan 0°=1+0=1$

(2) $\sin 0°\times\cos 90°=0\times0=0$

(3) $2\cos 0°-4\sin 30°=2\times1-4\times\dfrac{1}{2}=0$

(4) $3\sin 90°\div\tan 45°=3\times1\div1=3$

답 (1) 1 (2) 0 (3) 0 (4) 3

011

(1) $\cos 0°=1$, $\cos 90°=0$이므로 $\cos 0°>\cos 90°$

(2) $\sin 0°=0$, $\tan 0°=0$이므로 $\sin 0°=\tan 0°$

(3) $\sin 0°=0$, $\sin 90°=1$이므로 $\sin 0°<\sin 90°$

(4) $\tan 45°=1$, $\cos 0°=1$이므로 $\tan 45°=\cos 0°$

답 (1) $>$ (2) $=$ (3) $<$ (4) $=$

012

(1) $0°<x<90°$인 범위에서 x의 크기가 커지면 $\sin x$의 값은 증가하므로 $\sin 35°<\sin 55°$

(2) $0°<x<90°$인 범위에서 x의 크기가 커지면 $\cos x$의 값은 감소하므로 $\cos 30°>\cos 40°$

(3) $0°<x<90°$인 범위에서 x의 크기가 커지면 $\tan x$의 값은 증가하므로 $\tan 50°<\tan 70°$

답 (1) $<$ (2) $>$ (3) $<$

013

(1) $\sin 25° < \sin 45° = \dfrac{\sqrt{2}}{2}$, $\cos 25° > \cos 45° = \dfrac{\sqrt{2}}{2}$

$\therefore \sin 25° < \cos 25°$

(2) $\sin 70° > \sin 45° = \dfrac{\sqrt{2}}{2}$, $\cos 70° < \cos 45° = \dfrac{\sqrt{2}}{2}$

$\therefore \sin 70° > \cos 70°$

(3) $\sin 51° < \sin 90° = 1$, $\tan 51° > \tan 45° = 1$

$\therefore \sin 51° < \tan 51°$

답 (1) $<$ (2) $>$ (3) $<$

014

답 (1) 0.2924 (2) 0.9659 (3) 0.2867

015

답 (1) 66° (2) 63° (3) 65°

유형 콕콕

본문 | 10~20쪽

016 ⑤	**017** ④	**018** $\dfrac{\sqrt{5}}{2}$	**019** $\dfrac{3\sqrt{7}}{16}$
020 ①	**021** $\dfrac{3\sqrt{13}}{13}$	**022** $\dfrac{8}{15}$	**023** $\dfrac{4\sqrt{23}}{23}$
024 9	**025** 20	**026** $32\sqrt{3}$	**027** $\dfrac{\sqrt{7}}{4}$
028 ④	**029** ②	**030** $\dfrac{6}{7}$	**031** $\dfrac{\sqrt{10}}{10}$
032 $\dfrac{3\sqrt{5}}{5}$	**033** 4	**034** $\dfrac{8}{15}$	**035** $\dfrac{12}{5}$
036 $\dfrac{1}{5}$	**037** $\dfrac{3}{2}$	**038** $\dfrac{7}{4}$	**039** $\dfrac{3\sqrt{5}}{5}$
040 $\dfrac{7}{5}$	**041** $\dfrac{8}{15}$	**042** ④	**043** $\dfrac{5}{13}$
044 $\dfrac{4}{5}$	**045** $\dfrac{1}{5}$	**046** $\dfrac{2\sqrt{5}}{9}$	**047** $\dfrac{\sqrt{6}}{3}$
048 $\dfrac{\sqrt{2}}{3}$	**049** $\dfrac{7}{9}$	**050** $\dfrac{3}{2}$	**051** 0
052 ②	**053** ②	**054** 4	**055** 7
056 $\dfrac{1}{2}$	**057** 2	**058** 30°	**059** 30°
060 ②	**061** 0	**062** $2\sqrt{3}$	**063** 3
064 $2\sqrt{3}$	**065** $6\sqrt{6}$	**066** $4\sqrt{7}$	**067** ③
068 $6\sqrt{3}$ cm²	**069** $\dfrac{9}{2}$	**070** ③	**071** $\sqrt{2}-1$
072 ①	**073** $y=\dfrac{\sqrt{3}}{3}x+\sqrt{3}$		**074** $y=x-7$
075 60°	**076** ①	**077** ③, ⑤	**078** ③
079 ④	**080** 1.75	**081** ④	**082** ③
083 2	**084** $\dfrac{3}{2}$	**085** ④	**086** ③

087 ③	**088** ㄴ, ㄷ, ㄱ, ㄹ, ㅁ		**089** ⑤
090 ①	**091** 0	**092** 60°	**093** ②
094 1.1356	**095** 2.9638	**096** ⑤	**097** ③
098 1.9578			

016

$\overline{AB}=\sqrt{13^2-5^2}=12$

① $\sin A=\dfrac{5}{13}$ ② $\tan A=\dfrac{5}{12}$ ③ $\sin C=\dfrac{12}{13}$ ④ $\cos C=\dfrac{5}{13}$

답 ⑤

017

$\sin B=\dfrac{b}{a}$

① $\cos B=\dfrac{c}{a}$ ② $\tan B=\dfrac{b}{c}$ ③ $\sin C=\dfrac{c}{a}$

④ $\cos C=\dfrac{b}{a}$ ⑤ $\tan C=\dfrac{c}{b}$

따라서 $\sin B$와 같은 것은 ④이다.

답 ④

018

$\overline{AD}=\overline{BC}=\sqrt{5}$

$\triangle ABD$에서 $\overline{AB}=\sqrt{3^2-(\sqrt{5})^2}=2$

$\therefore \tan x=\dfrac{\sqrt{5}}{2}$

답 $\dfrac{\sqrt{5}}{2}$

019

$\overline{BC}=\sqrt{16^2-(4\sqrt{7})^2}=12$이므로 ······ 30%

$\sin A=\dfrac{12}{16}=\dfrac{3}{4}$, $\cos A=\dfrac{4\sqrt{7}}{16}=\dfrac{\sqrt{7}}{4}$ ······ 50%

$\therefore \sin A \times \cos A=\dfrac{3}{4}\times\dfrac{\sqrt{7}}{4}=\dfrac{3\sqrt{7}}{16}$ ······ 20%

답 $\dfrac{3\sqrt{7}}{16}$

020

$\overline{AC}=\sqrt{5^2-3^2}=4$

$\therefore \sin C+\cos C-\tan C=\dfrac{3}{5}+\dfrac{4}{5}-\dfrac{3}{4}=\dfrac{13}{20}$

답 ①

021

$\overline{AC}=2k$, $\overline{BC}=3k \ (k>0)$라고 하면

$\overline{AB}=\sqrt{(2k)^2+(3k)^2}=\sqrt{13}k$

$\therefore \sin A=\dfrac{3k}{\sqrt{13}k}=\dfrac{3\sqrt{13}}{13}$

답 $\dfrac{3\sqrt{13}}{13}$

022

$\triangle ADC$에서 $\overline{AC}=\sqrt{10^2-6^2}=8$

$\triangle ABC$에서 $\overline{BC}=\sqrt{17^2-8^2}=15$

$\therefore \tan B=\dfrac{8}{15}$

답 $\dfrac{8}{15}$

023

$\triangle ABC$에서 $\overline{BC}=\sqrt{(2\sqrt{11})^2-4^2}=2\sqrt{7}$

$\overline{BD}=\dfrac{1}{2}\overline{BC}=\sqrt{7}$이므로

$\triangle ABD$에서 $\overline{AD}=\sqrt{(\sqrt{7})^2+4^2}=\sqrt{23}$

$\therefore \cos x=\dfrac{4}{\sqrt{23}}=\dfrac{4\sqrt{23}}{23}$

답 $\dfrac{4\sqrt{23}}{23}$

024

$\sin A=\dfrac{\overline{BC}}{15}=\dfrac{4}{5}$이므로 $\overline{BC}=12$

$\therefore \overline{AB}=\sqrt{15^2-12^2}=9$

답 9

025

$\tan B=\dfrac{12}{\overline{BC}}=\dfrac{3}{5}$이므로 $\overline{BC}=20$

답 20

026

$\cos C=\dfrac{4}{x}=\dfrac{1}{2}$이므로 $x=8$

$y=\sqrt{8^2-4^2}=4\sqrt{3}$

$\therefore xy=8\times4\sqrt{3}=32\sqrt{3}$

답 $32\sqrt{3}$

027

$\cos B=\dfrac{6}{\overline{AB}}=\dfrac{3}{4}$이므로 $\overline{AB}=8$ ······ 40%

$\overline{AC}=\sqrt{8^2-6^2}=2\sqrt{7}$ ······ 30%

$\therefore \cos A=\dfrac{2\sqrt{7}}{8}=\dfrac{\sqrt{7}}{4}$ ······ 30%

답 $\dfrac{\sqrt{7}}{4}$

028

$\cos A=\dfrac{\overline{AB}}{3\sqrt{5}}=\dfrac{\sqrt{5}}{3}$이므로 $\overline{AB}=5$ (cm)

$\overline{BC}=\sqrt{(3\sqrt{5})^2-5^2}=2\sqrt{5}$ (cm)

$\therefore \triangle ABC=\dfrac{1}{2}\times5\times2\sqrt{5}=5\sqrt{5}$ (cm²)

답 ④

029

$\sin B=\dfrac{9}{\overline{BC}}=\dfrac{\sqrt{3}}{2}$이므로 $\overline{BC}=6\sqrt{3}$

$\overline{AB}=\sqrt{(6\sqrt{3})^2-9^2}=3\sqrt{3}$

$\therefore \sin C\times\tan C=\dfrac{3\sqrt{3}}{6\sqrt{3}}\times\dfrac{3\sqrt{3}}{9}=\dfrac{\sqrt{3}}{6}$

답 ②

030

$\cos B=\dfrac{\overline{BH}}{16}=\dfrac{\sqrt{7}}{4}$이므로 $\overline{BH}=4\sqrt{7}$

따라서 $\overline{AH}=\sqrt{16^2-(4\sqrt{7})^2}=12$이므로

$\triangle AHC$에서 $\sin C=\dfrac{\overline{AH}}{\overline{AC}}=\dfrac{12}{14}=\dfrac{6}{7}$

답 $\dfrac{6}{7}$

031

$\tan A=\dfrac{18}{\overline{AB}}=\dfrac{3}{2}$이므로 $\overline{AB}=12$

$\therefore \overline{BD}=\dfrac{1}{2}\overline{AB}=\dfrac{1}{2}\times12=6$

$\triangle DBC$에서 $\overline{CD}=\sqrt{6^2+18^2}=6\sqrt{10}$

$\therefore \sin x=\dfrac{\overline{BD}}{\overline{CD}}=\dfrac{6}{6\sqrt{10}}=\dfrac{\sqrt{10}}{10}$

답 $\dfrac{\sqrt{10}}{10}$

032

오른쪽 그림과 같이 $\tan A=\dfrac{1}{2}$인 직각삼각형

ABC에서 $\overline{AC}=\sqrt{2^2+1^2}=\sqrt{5}$

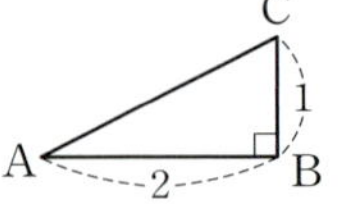

$\therefore \sin A+\cos A=\dfrac{1}{\sqrt{5}}+\dfrac{2}{\sqrt{5}}$

$=\dfrac{\sqrt{5}}{5}+\dfrac{2\sqrt{5}}{5}=\dfrac{3\sqrt{5}}{5}$

답 $\dfrac{3\sqrt{5}}{5}$

033

오른쪽 그림과 같이 $\sin A=\dfrac{2}{3}$인 직각삼각형

ABC에서 $\overline{AB}=\sqrt{3^2-2^2}=\sqrt{5}$

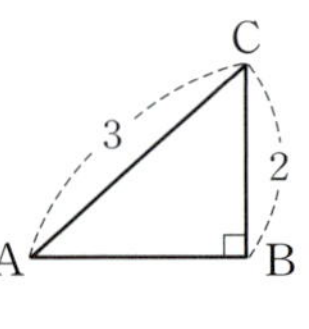

$\therefore 6\cos A\times\tan A=6\times\dfrac{\sqrt{5}}{3}\times\dfrac{2}{\sqrt{5}}=4$

답 4

034

$5\cos A-3=0$에서 $\cos A=\dfrac{3}{5}$ ······ 20%

오른쪽 그림과 같이 $\cos A=\dfrac{3}{5}$인

직각삼각형 ABC에서

$\overline{BC}=\sqrt{5^2-3^2}=4$이므로 ······ 40%

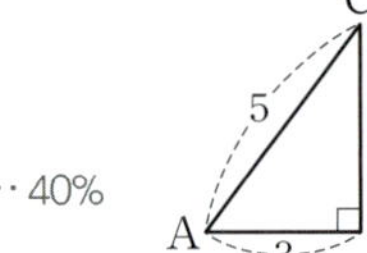

$\therefore \tan A-\sin A=\dfrac{4}{3}-\dfrac{4}{5}=\dfrac{8}{15}$ ······ 40%

답 $\dfrac{8}{15}$

035

오른쪽 그림과 같이 $\sin(90°-A)=\dfrac{5}{13}$인

직각삼각형 ABC에서

$\overline{BC}=\sqrt{13^2-5^2}=12$

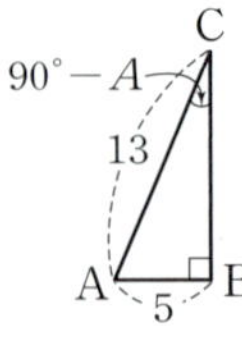

$\therefore \tan A=\dfrac{12}{5}$

답 $\dfrac{12}{5}$

036

직선 $3x-4y+12=0$의 그래프가 x축, y축과 만나는 점을 각각 A, B라고 하면

$A(-4, 0)$, $B(0, 3)$이므로

직각삼각형 AOB에서 $\overline{AO}=4$, $\overline{BO}=3$,

$\overline{AB}=\sqrt{4^2+3^2}=5$

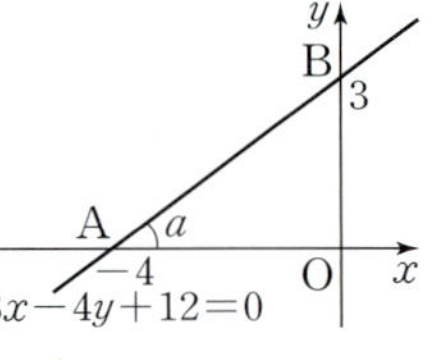

$$\therefore \cos a - \sin a = \frac{4}{5} - \frac{3}{5} = \frac{1}{5}$$

답 $\dfrac{1}{5}$

037

일차함수 $y = \dfrac{3}{2}x + 2$의 그래프가 x축, y축

과 만나는 점을 각각 A, B라고 하면

$A\left(-\dfrac{4}{3}, 0\right)$, $B(0, 2)$이므로

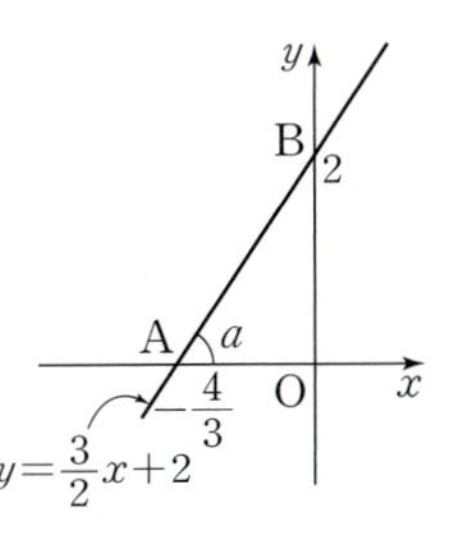

직각삼각형 AOB에서 $\overline{AO} = \dfrac{4}{3}$, $\overline{BO} = 2$

$$\therefore \tan a = \frac{\overline{BO}}{\overline{AO}} = 2 \div \frac{4}{3} = 2 \times \frac{3}{4} = \frac{3}{2}$$

답 $\dfrac{3}{2}$

038

직선 $4x - 7y + 28 = 0$이 x축, y축과 만나

는 점을 각각 A, B라고 하면

$A(-7, 0)$, $B(0, 4)$이므로

직각삼각형 AOB에서

$\overline{AO} = 7$, $\overline{BO} = 4$

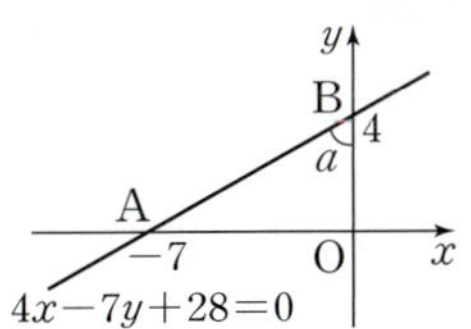

$$\therefore \tan a = \frac{\overline{AO}}{\overline{BO}} = \frac{7}{4}$$

답 $\dfrac{7}{4}$

039

$x - 2y + 4 = 0$의 그래프는 오른쪽 그림과

같으므로 $A(-4, 0)$, $B(0, 2)$

직각삼각형 AOB에서 $\overline{AO} = 4$, $\overline{BO} = 2$

$$\therefore \overline{AB} = \sqrt{4^2 + 2^2} = 2\sqrt{5}$$

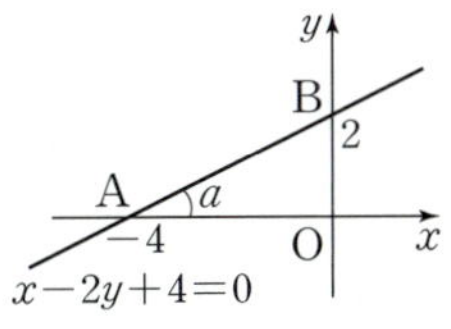

따라서 $\sin a = \dfrac{2}{2\sqrt{5}} = \dfrac{\sqrt{5}}{5}$,

$\cos a = \dfrac{4}{2\sqrt{5}} = \dfrac{2\sqrt{5}}{5}$

이므로 $\sin a + \cos a = \dfrac{\sqrt{5}}{5} + \dfrac{2\sqrt{5}}{5} = \dfrac{3\sqrt{5}}{5}$

답 $\dfrac{3\sqrt{5}}{5}$

040

$\angle ABD = \angle CAD$,

$\angle ADB = \angle CDA = 90°$이므로

$\triangle ABD \backsim \triangle CAD$ (AA 닮음)

$\therefore \angle ACD = \angle BAD = x$,

$\quad \angle ABD = \angle CAD = y$

$\triangle ABC$에서 $\overline{BC} = \sqrt{9^2 + 12^2} = 15$이므로

$\sin x = \dfrac{\overline{AB}}{\overline{BC}} = \dfrac{9}{15} = \dfrac{3}{5}$, $\sin y = \dfrac{\overline{AC}}{\overline{BC}} = \dfrac{12}{15} = \dfrac{4}{5}$

$$\therefore \sin x + \sin y = \frac{3}{5} + \frac{4}{5} = \frac{7}{5}$$

답 $\dfrac{7}{5}$

041

$\angle BAC = \angle AHC = 90°$, $\angle C$는 공통이

므로 $\triangle ABC \backsim \triangle HAC$ (AA 닮음)

$\therefore \angle ABC = \angle HAC = x$

$\triangle ABC$에서 $\overline{AC} = \sqrt{17^2 - 15^2} = 8$

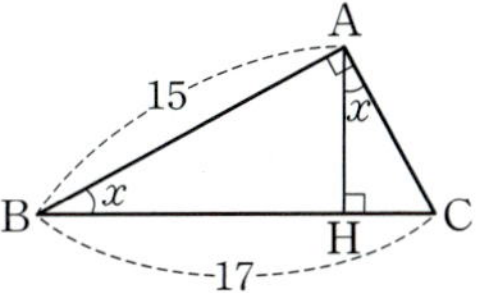

$$\therefore \tan x = \frac{\overline{AC}}{\overline{AB}} = \frac{8}{15}$$

답 $\dfrac{8}{15}$

042

$\triangle ABC \backsim \triangle DBA \backsim \triangle DAC$

$\qquad$ (AA 닮음)이므로

$\angle B = \angle CAD$, $\angle C = \angle DAB$

④ $\triangle ABD$에서

$\qquad \cos C = \cos(\angle DAB) = \dfrac{\overline{AD}}{\overline{AB}}$

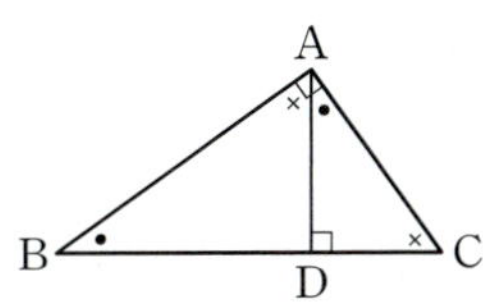

답 ④

043

$\angle BAC = \angle BED = 90°$, $\angle B$는 공통이

므로 $\triangle ABC \backsim \triangle EBD$ (AA 닮음)

$\therefore \angle BCA = \angle BDE = x$

$\triangle ABC$에서 $\overline{BC} = \sqrt{12^2 + 5^2} = 13$

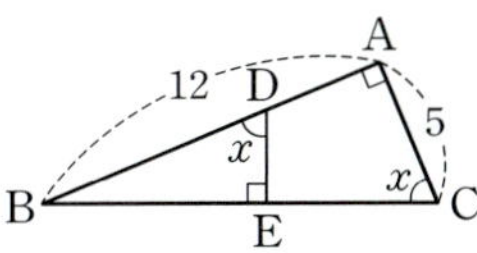

$$\therefore \cos x = \frac{\overline{AC}}{\overline{BC}} = \frac{5}{13}$$

답 $\dfrac{5}{13}$

044

$\angle ABC = \angle AED = 90°$, $\angle A$는 공통이므

로 $\triangle ABC \backsim \triangle AED$ (AA 닮음)

$\therefore \angle ADE = \angle ACB = x$

$\triangle ADE$에서 $\overline{AE} = \sqrt{5^2 - 3^2} = 4$

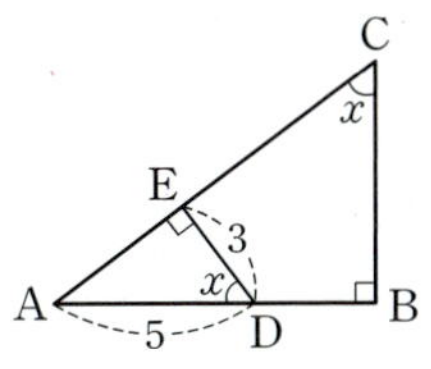

$$\therefore \sin x = \frac{\overline{AE}}{\overline{AD}} = \frac{4}{5}$$

답 $\dfrac{4}{5}$

045

$\angle BAD = \angle AHD = 90°$,

$\angle ABD = \angle HAD$이므로

$\triangle ABD \backsim \triangle HAD$ (AA 닮음)

$\therefore \angle ABD = \angle HAD = x$

$\triangle ABD$에서 $\overline{BD} = \sqrt{12^2 + 16^2} = 20$이므로

$\sin x = \dfrac{\overline{AD}}{\overline{BD}} = \dfrac{16}{20} = \dfrac{4}{5}$,

$\cos x = \dfrac{\overline{AB}}{\overline{BD}} = \dfrac{12}{20} = \dfrac{3}{5}$

$$\therefore \sin x - \cos x = \frac{4}{5} - \frac{3}{5} = \frac{1}{5}$$

답 $\dfrac{1}{5}$

046

$\angle ACB = \angle ADE$, $\angle A$는 공통이므로

$\triangle ABC \circ \triangle AED$ (AA 닮음)

$\therefore \angle ABC = \angle AED$ ……20%

△ADE에서

$\overline{AE} = \sqrt{12^2 - 8^2} = 4\sqrt{5}$이므로

$\sin B = \sin(\angle AED) = \dfrac{\overline{AD}}{\overline{DE}} = \dfrac{8}{12} = \dfrac{2}{3}$

$\sin C = \sin(\angle ADE) = \dfrac{\overline{AE}}{\overline{DE}} = \dfrac{4\sqrt{5}}{12} = \dfrac{\sqrt{5}}{3}$ ……60%

$\therefore \sin B \times \sin C = \dfrac{2}{3} \times \dfrac{\sqrt{5}}{3} = \dfrac{2\sqrt{5}}{9}$ ……20%

답 $\dfrac{2\sqrt{5}}{9}$

047

△BFH에서 $\angle BFH = 90°$이고

$\overline{FH} = \sqrt{5^2 + 5^2} = 5\sqrt{2}$, $\overline{BH} = \sqrt{(5\sqrt{2})^2 + 5^2} = 5\sqrt{3}$

$\therefore \cos x = \dfrac{5\sqrt{2}}{5\sqrt{3}} = \dfrac{\sqrt{6}}{3}$

답 $\dfrac{\sqrt{6}}{3}$

048

△AEG에서 $\angle AEG = 90°$이고

$\overline{EG} = \sqrt{3^2 + 3^2} = 3\sqrt{2}$, $\overline{AG} = \sqrt{(3\sqrt{2})^2 + 3^2} = 3\sqrt{3}$

$\therefore \sin x \times \cos x = \dfrac{3}{3\sqrt{3}} \times \dfrac{3\sqrt{2}}{3\sqrt{3}} = \dfrac{\sqrt{2}}{3}$

답 $\dfrac{\sqrt{2}}{3}$

049

$\overline{AC} = \sqrt{8^2 + 8^2} = 8\sqrt{2}$이므로 $\overline{OC} = \dfrac{1}{2}\overline{AC} = \dfrac{1}{2} \times 8\sqrt{2} = 4\sqrt{2}$

△VOC에서 $\overline{VO} = \sqrt{9^2 - (4\sqrt{2})^2} = 7$

$\therefore \sin x = \dfrac{\overline{VO}}{\overline{VC}} = \dfrac{7}{9}$

답 $\dfrac{7}{9}$

050

△CEG에서 $\angle CGE = 90°$이고

$\overline{EG} = \sqrt{4^2 + 3^2} = 5$, $\overline{CE} = \sqrt{5^2 + 5^2} = 5\sqrt{2}$ ……70%

$\therefore \sin x \times \cos x + \tan x = \dfrac{5}{5\sqrt{2}} \times \dfrac{5}{5\sqrt{2}} + \dfrac{5}{5} = \dfrac{3}{2}$ ……30%

답 $\dfrac{3}{2}$

051

$\sin 30° \times \tan 60° - \cos 30° \times \tan 45°$

$= \dfrac{1}{2} \times \sqrt{3} - \dfrac{\sqrt{3}}{2} \times 1 = \dfrac{\sqrt{3}}{2} - \dfrac{\sqrt{3}}{2} = 0$

답 0

052

① $\cos 45° + \sin 45° = \dfrac{\sqrt{2}}{2} + \dfrac{\sqrt{2}}{2} = \sqrt{2}$

② $\tan 45° - 3\cos 60° = 1 - 3 \times \dfrac{1}{2} = -\dfrac{1}{2}$

③ $\dfrac{\cos 60°}{\sin 30°} = \dfrac{1}{2} \div \dfrac{1}{2} = 1$, $\tan 45° = 1$ $\therefore \dfrac{\cos 60°}{\sin 30°} = \tan 45°$

④ $1 + \cos 60° = 1 + \dfrac{1}{2} = \dfrac{3}{2}$, $\sqrt{3}\cos 30° = \sqrt{3} \times \dfrac{\sqrt{3}}{2} = \dfrac{3}{2}$

  $\therefore 1 + \cos 60° = \sqrt{3}\cos 30°$

⑤ $\tan 60° \times \tan 45° = \sqrt{3} \times 1 = \sqrt{3}$, $2\sin 60° = 2 \times \dfrac{\sqrt{3}}{2} = \sqrt{3}$

  $\therefore \tan 60° \times \tan 45° = 2\sin 60°$

답 ②

053

(주어진 식) $= \left(\dfrac{1}{2} + \dfrac{\sqrt{3}}{2}\right) \times \left(\dfrac{1}{2} - \dfrac{\sqrt{3}}{2}\right)$

$= \left(\dfrac{1}{2}\right)^2 - \left(\dfrac{\sqrt{3}}{2}\right)^2 = \dfrac{1}{4} - \dfrac{3}{4} = -\dfrac{1}{2}$

답 ②

054

(주어진 식) $= 4 \times \dfrac{1}{2} + \left(2 \times \dfrac{1}{2} + 1\right) \div \left(\sqrt{3} \times \dfrac{\sqrt{3}}{3}\right)$

$= 2 + 2 = 4$

답 4

055

$\sin 30° = \dfrac{1}{2}$이므로 ……30%

$2x^2 - ax + 3 = 0$에 $x = \dfrac{1}{2}$을 대입하면

$\dfrac{1}{2} - \dfrac{1}{2}a + 3 = 0$, $-\dfrac{1}{2}a = -\dfrac{7}{2}$ $\therefore a = 7$ ……70%

답 7

056

$A = 180° \times \dfrac{1}{1+2+3} = 30°$이므로

$\cos A \times \tan A = \cos 30° \times \tan 30° = \dfrac{\sqrt{3}}{2} \times \dfrac{\sqrt{3}}{3} = \dfrac{1}{2}$

다른 풀이

세 내각의 크기를 각각 x, $2x$, $3x$ $(x > 0°)$라고 하면

$x + 2x + 3x = 180°$, $6x = 180°$ $\therefore x = 30°$

따라서 $A = 30°$이므로

$\cos A \times \tan A = \cos 30° \times \tan 30° = \dfrac{\sqrt{3}}{2} \times \dfrac{\sqrt{3}}{3} = \dfrac{1}{2}$

답 $\dfrac{1}{2}$

057

$\sin A - \cos A = \sin 60° - \cos 60° = \dfrac{\sqrt{3} - 1}{2}$

$\sin A + \cos A = \sin 60° + \cos 60° = \dfrac{\sqrt{3} + 1}{2}$

$\therefore$ (주어진 식) $= \dfrac{2}{\sqrt{3} - 1} - \dfrac{2}{\sqrt{3} + 1} = \sqrt{3} + 1 - (\sqrt{3} - 1) = 2$

답 2

058

$10°<x<50°$에서 $20°<2x<100°$ ∴ $5°<2x-15°<85°$

$\sin 45°=\dfrac{\sqrt{2}}{2}$이므로 $2x-15°=45°$

$2x=60°$ ∴ $x=30°$ 답 $30°$

059

$0°<∠B<90°$이고 $\cos B=\dfrac{9\sqrt{3}}{18}=\dfrac{\sqrt{3}}{2}$

이때 $\cos 30°=\dfrac{\sqrt{3}}{2}$이므로 $∠B=30°$ 답 $30°$

060

$4x^2-4x+1=0$에서 $(2x-1)^2=0$ ∴ $x=\dfrac{1}{2}$

따라서 $0°<a<90°$이고 $\sin a=\dfrac{1}{2}$이므로 $a=30°$ 답 ②

061

$15°<x+15°<90°$이고 $\tan 45°=1$이므로

$x+15°=45°$ ∴ $x=30°$

∴ $\sin 2x-\cos x=\sin 60°-\cos 30°=\dfrac{\sqrt{3}}{2}-\dfrac{\sqrt{3}}{2}=0$ 답 0

062

$△ABH$에서 $\sin 45°=\dfrac{\overline{AH}}{3\sqrt{2}}=\dfrac{\sqrt{2}}{2}$ ∴ $\overline{AH}=3$

$△AHC$에서 $\sin 60°=\dfrac{3}{\overline{AC}}=\dfrac{\sqrt{3}}{2}$ ∴ $\overline{AC}=2\sqrt{3}$ 답 $2\sqrt{3}$

063

$△ABC$에서 $\tan 60°=\dfrac{\overline{AC}}{2\sqrt{3}}=\sqrt{3}$ ∴ $\overline{AC}=6$

$△ACD$에서 $\sin 30°=\dfrac{\overline{AD}}{6}=\dfrac{1}{2}$ ∴ $\overline{AD}=3$ 답 3

064

$△ABC$에서 $\tan 60°=\dfrac{\overline{AB}}{\sqrt{2}}=\sqrt{3}$ ∴ $\overline{AB}=\sqrt{6}$

$△ABD$에서 $\sin 45°=\dfrac{\sqrt{6}}{\overline{AD}}=\dfrac{\sqrt{2}}{2}$ ∴ $\overline{AD}=2\sqrt{3}$ 답 $2\sqrt{3}$

065

$△DBC$에서 $\tan 30°=\dfrac{12}{\overline{BC}}=\dfrac{\sqrt{3}}{3}$ ∴ $\overline{BC}=12\sqrt{3}$

$△ABC$에서 $\cos 45°=\dfrac{\overline{AC}}{12\sqrt{3}}=\dfrac{\sqrt{2}}{2}$ ∴ $\overline{AC}=6\sqrt{6}$ 답 $6\sqrt{6}$

066

$△ABC$에서

$\sin 30°=\dfrac{\overline{AB}}{16}=\dfrac{1}{2}$ ∴ $\overline{AB}=8$ ┄┄ 30%

$\cos 30°=\dfrac{\overline{BC}}{16}=\dfrac{\sqrt{3}}{2}$ ∴ $\overline{BC}=8\sqrt{3}$ ┄┄ 30%

$\overline{BD}=\dfrac{1}{2}\overline{BC}=\dfrac{1}{2}\times 8\sqrt{3}=4\sqrt{3}$이므로

$△ABD$에서 $\overline{AD}=\sqrt{(4\sqrt{3})^2+8^2}=4\sqrt{7}$ ┄┄ 40%

답 $4\sqrt{7}$

067

$△ABC$에서 $\tan 30°=\dfrac{6}{\overline{BC}}=\dfrac{\sqrt{3}}{3}$ ∴ $\overline{BC}=6\sqrt{3}$

$△ADC$에서 $\tan 45°=\dfrac{6}{\overline{CD}}=1$ ∴ $\overline{CD}=6$

∴ $\overline{BD}=\overline{BC}-\overline{CD}=6\sqrt{3}-6=6(\sqrt{3}-1)$ 답 ③

068

$△ABD$에서 $∠ADC=∠ABD+∠BAD$이므로

$∠BAD=60°-30°=30°$ ∴ $\overline{AD}=\overline{BD}=4\,(\text{cm})$

$△ADC$에서

$\sin 60°=\dfrac{\overline{AC}}{4}=\dfrac{\sqrt{3}}{2}$ ∴ $\overline{AC}=2\sqrt{3}\,(\text{cm})$

$\cos 60°=\dfrac{\overline{DC}}{4}=\dfrac{1}{2}$ ∴ $\overline{DC}=2\,(\text{cm})$

따라서 $\overline{BC}=\overline{BD}+\overline{DC}=4+2=6\,(\text{cm})$이므로

$△ABC=\dfrac{1}{2}\times 6\times 2\sqrt{3}=6\sqrt{3}\,(\text{cm}^2)$ 답 $6\sqrt{3}\ \text{cm}^2$

069

$△ABC$에서 $\sin 30°=\dfrac{\overline{AC}}{12}=\dfrac{1}{2}$

∴ $\overline{AC}=6$

$△ADC$에서 $\sin 60°=\dfrac{\overline{CD}}{6}=\dfrac{\sqrt{3}}{2}$

∴ $\overline{CD}=3\sqrt{3}$

$△DEC$에서 $\cos 30°=\dfrac{\overline{DE}}{3\sqrt{3}}=\dfrac{\sqrt{3}}{2}$ ∴ $\overline{DE}=\dfrac{9}{2}$

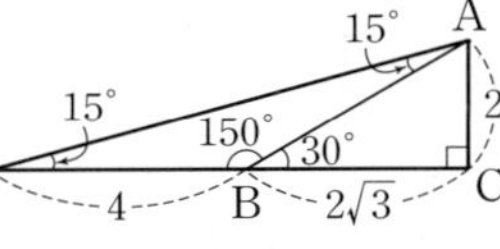

답 $\dfrac{9}{2}$

070

$△ABC$에서

$\sin 30°=\dfrac{2}{\overline{AB}}=\dfrac{1}{2}$ ∴ $\overline{AB}=4$

$\tan 30°=\dfrac{2}{\overline{BC}}=\dfrac{\sqrt{3}}{3}$ ∴ $\overline{BC}=2\sqrt{3}$

오른쪽 그림에서 $△BAD$는

$∠BAD=30°-15°=15°=∠BDA$

이므로 이등변삼각형이다.

∴ $\overline{BD}=\overline{AB}=4$

$△ADC$에서

$\tan 15°=\dfrac{\overline{AC}}{\overline{DC}}=\dfrac{2}{4+2\sqrt{3}}=2-\sqrt{3}$ 답 ③

071

△AOC에서

$\cos 45° = \dfrac{3}{\overline{OA}} = \dfrac{\sqrt{2}}{2}$ $\quad \therefore \overline{OA} = 3\sqrt{2}$ $\quad$ …… 30%

$\tan 45° = \dfrac{\overline{AC}}{3} = 1$ $\quad \therefore \overline{AC} = 3$ $\quad$ …… 30%

$\overline{OB} = \overline{OA} = 3\sqrt{2}$이므로 △ABC에서

$\tan x = \dfrac{\overline{AC}}{\overline{BC}} = \dfrac{3}{3+3\sqrt{2}} = \sqrt{2}-1$ $\quad$ …… 40%

답 $\sqrt{2}-1$

072

△ABD에서

$\cos 60° = \dfrac{4}{\overline{AD}} = \dfrac{1}{2}$ $\quad \therefore \overline{AD} = 8$

$\tan 60° = \dfrac{\overline{BD}}{4} = \sqrt{3}$ $\quad \therefore \overline{BD} = 4\sqrt{3}$

$\angle ADC = 60° + 90° = 150°$이고 $\overline{AD} = \overline{CD} = 8$이므로

△ADC에서 $\angle CAD = \dfrac{1}{2} \times (180° - 150°) = 15°$

△ABC에서 $\angle CAB = 15° + 60° = 75°$이므로

$\tan 75° = \dfrac{\overline{BC}}{\overline{AB}} = \dfrac{8+4\sqrt{3}}{4} = 2+\sqrt{3}$ 답 ①

073

직선의 기울기는 $\tan 30° = \dfrac{\sqrt{3}}{3}$

y절편을 k라고 하면 $\tan 30° = \dfrac{k}{3} = \dfrac{\sqrt{3}}{3}$ $\quad \therefore k = \sqrt{3}$

따라서 구하는 직선의 방정식은 $y = \dfrac{\sqrt{3}}{3}x + \sqrt{3}$ 답 $y = \dfrac{\sqrt{3}}{3}x + \sqrt{3}$

074

구하는 직선의 방정식을 $y = ax + b$라고 하면

$a = \tan 45° = 1$

직선 $y = x + b$가 점 $(2, -5)$를 지나므로

$-5 = 2 + b$ $\quad \therefore b = -7$

따라서 구하는 직선의 방정식은 $y = x - 7$ 답 $y = x - 7$

075

$\sqrt{3}x - y + 6 = 0$에서 $y = \sqrt{3}x + 6$

$y = \sqrt{3}x + 6$의 그래프가 x축의 양의 방향과 이루는 예각의 크기를 a라고 하면 기울기가 $\sqrt{3}$이므로

$\tan a = \sqrt{3}$ $\quad \therefore a = 60°$ 답 $60°$

076

기울기는 $\tan 45° = 1$이므로 $a = 1$

$y = x + b$에 $x = 4$, $y = 0$을 대입하면 $0 = 4 + b$ $\quad \therefore b = -4$

$\therefore ab = 1 \times (-4) = -4$ 답 ①

077

③ $\tan x = \dfrac{\overline{CD}}{\overline{OD}} = \dfrac{\overline{CD}}{1} = \overline{CD}$

⑤ $\sin z = \sin y = \dfrac{\overline{OB}}{\overline{OA}} = \dfrac{\overline{OB}}{1} = \overline{OB}$ 답 ③, ⑤

078

$\angle AOB = 180° - (90° + 35°) = 55°$

$\therefore \sin 55° = \dfrac{\overline{AB}}{\overline{OA}} = \dfrac{\overline{AB}}{1} = \overline{AB}$ 답 ③

079

$\cos 48° = \dfrac{\overline{OD}}{\overline{OA}} = \dfrac{\overline{OD}}{1} = \overline{OD}$

$\therefore \overline{BD} = \overline{OB} - \overline{OD} = 1 - \cos 48°$ 답 ④

080

△AOB에서

$\angle OAB = 180° - (90° + 47°) = 43°$이므로

$\sin 43° = \dfrac{\overline{OB}}{\overline{OA}} = \dfrac{\overline{OB}}{1} = \overline{OB} = 0.68$

$\tan 47° = \dfrac{\overline{CD}}{\overline{OD}} = \dfrac{\overline{CD}}{1} = \overline{CD} = 1.07$

$\therefore \sin 43° + \tan 47° = 0.68 + 1.07 = 1.75$ 답 1.75

081

① $\sin 90° + \tan 45° = 1 + 1 = 2$

② $\cos 90° - \sin 0° = 0 - 0 = 0$

③ $\sin 30° + \cos 60° \times \sin 90° = \dfrac{1}{2} + \dfrac{1}{2} \times 1 = 1$

④ $\tan 30° \times \sin 60° + \tan 0° = \dfrac{\sqrt{3}}{3} \times \dfrac{\sqrt{3}}{2} + 0 = \dfrac{1}{2}$

⑤ $(\sin 0° - \cos 45°) \times (\cos 90° + \sin 45°)$

$= \left(0 - \dfrac{\sqrt{2}}{2}\right) \times \left(0 + \dfrac{\sqrt{2}}{2}\right) = -\dfrac{1}{2}$ 답 ④

082

③ $\sin 90° = \cos 0° = \tan 45° = 1$ 답 ③

083

$(주어진 식) = 1 \times 1 - \dfrac{\sqrt{2}}{2} \times 0 + 1 = 2$ 답 2

084

$\sqrt{3}x - 3y + 6 = 0$에서 $y = \dfrac{\sqrt{3}}{3}x + 2$이므로 …… 20%

$\tan a = \dfrac{\sqrt{3}}{3}$ $\quad \therefore a = 30°$ …… 30%

$\therefore \cos 2a + \sin 3a + \cos 3a = \cos 60° + \sin 90° + \cos 90°$

$= \dfrac{1}{2} + 1 + 0 = \dfrac{3}{2}$ …… 50%

답 $\dfrac{3}{2}$

085

①, ②, ③ $0°\leq x<90°$인 범위에서 x의 크기가 커지면 $\sin x$, $\tan x$의 값은 각각 증가하고, $\cos x$의 값은 감소한다.

④ $\cos 60°=\dfrac{1}{2}$, $\tan 30°=\dfrac{\sqrt{3}}{3}$이므로 $\cos 60°<\tan 30°$

⑤ $\sin 45°=\dfrac{\sqrt{2}}{2}$, $\cos 45°=\dfrac{\sqrt{2}}{2}$이므로 $\sin 45°=\cos 45°$ **目 ④**

086

$45°<A<90°$일 때, $\cos A<\sin A<1$, $\tan A>1$이므로
$\cos A<\sin A<\tan A$ **目 ③**

087

$\sin 15°<\sin 55°<\sin 80°<\sin 90°=1$이고
$\cos 0°=1$, $\tan 50°>\tan 45°=1$이므로
$\sin 15°<\sin 55°<\sin 80°<\cos 0°<\tan 50°$ **目 ③**

088

$\sin 90°=1$, $\cos 90°=0$, $\sin 45°=\dfrac{\sqrt{2}}{2}$이고

$1=\tan 45°<\tan 55°<\tan 65°$이므로
$\cos 90°<\sin 45°<\sin 90°<\tan 55°<\tan 65°$
따라서 크기가 작은 것부터 차례대로 나열하면 ㄴ, ㄷ, ㄱ, ㄹ, ㅁ

目 ㄴ, ㄷ, ㄱ, ㄹ, ㅁ

089

$0°<x<90°$일 때, $0<\sin x<1$이므로
$\sin x-1<0$, $1+\sin x>0$
$\therefore \sqrt{(\sin x-1)^2}+\sqrt{(1+\sin x)^2}=-(\sin x-1)+(1+\sin x)$
$\qquad\qquad =-\sin x+1+1+\sin x=2$

目 ⑤

090

$0°<x<45°$일 때, $0<\tan x<1$이므로
$\tan x-1<0$, $\tan x+1>0$
$\therefore \sqrt{(\tan x-1)^2}-\sqrt{(\tan x+1)^2}$
$\quad =-(\tan x-1)-(\tan x+1)$
$\quad =-\tan x+1-\tan x-1$
$\quad =-2\tan x$

目 ①

091

$0°<x<45°$일 때, $\sin x<\cos x$이므로
$\sin x-\cos x<0$, $\cos x-\sin x>0$
$\therefore \sqrt{(\sin x-\cos x)^2}-\sqrt{(\cos x-\sin x)^2}$
$\quad =-(\sin x-\cos x)-(\cos x-\sin x)$
$\quad =-\sin x+\cos x-\cos x+\sin x$
$\quad =0$

目 0

092

$45°<x<90°$일 때, $0<\cos x<\sin x$이므로
$\cos x-\sin x<0$, $\cos x>0$ ……30%
$\therefore \sqrt{(\cos x-\sin x)^2}+\sqrt{\cos^2 x}$
$\quad =-(\cos x-\sin x)+\cos x$
$\quad =-\cos x+\sin x+\cos x$
$\quad =\sin x$ ……40%
따라서 $\sin x=\dfrac{\sqrt{3}}{2}$이므로 $x=60°$ ……30%

目 60°

093

$\sin 23°=0.3907$이므로 $x=23°$
$\tan 21°=0.3839$이므로 $y=21°$
$\therefore x+y=23°+21°=44°$ **目 ②**

094

$\sin 46°-\cos 49°+\tan 47°=0.7193-0.6561+1.0724$
$\qquad\qquad\qquad =1.1356$ **目 1.1356**

095

$\sin 64°=0.8988$이므로 $x=64°$, $\cos 66°=0.4067$이므로 $y=66°$
$\therefore \tan x+\sin y=\tan 64°+\sin 66°$
$\qquad\qquad =2.0503+0.9135=2.9638$ **目 2.9638**

096

⑤ $\tan 36°-\sin 38°=0.7265-0.6157=0.1108$ **目 ⑤**

097

$\angle B=180°-(90°+37°)=53°$
$\sin 53°=\dfrac{\overline{AC}}{\overline{AB}}$이므로 $0.7986=\dfrac{\overline{AC}}{10}$
$\therefore \overline{AC}=7.986$ **目 ③**

098

$\overline{OB}=\cos x=0.6428$
주어진 삼각비의 표에서 $\cos 50°=0.6428$이므로
$x=50°$ ……40%
$\therefore \overline{AB}+\overline{CD}=\sin 50°+\tan 50°$
$\qquad\qquad =0.7660+1.1918=1.9578$ ……60%

目 1.9578

099 ③	**100** 3	**101** $\dfrac{3}{5}$	**102** 1
103 $-\dfrac{5}{13}$	**104** 6	**105** $\dfrac{4\sqrt{2}}{9}$	**106** $\dfrac{2\sqrt{5}}{13}$
107 $\dfrac{1}{3}$	**108** ④	**109** 8	**110** $\dfrac{\sqrt{3}}{3}$
111 $2\sqrt{3}$	**112** $2\sqrt{3}$	**113** $12\sqrt{3}$ cm^2	
114 $y=\sqrt{3}x+5$		**115** ③	**116** $\dfrac{1}{4}$
117 ⑤	**118** ⑤	**119** ②	**120** ①
121 27.8	**122** $\dfrac{5\sqrt{26}}{26}$		

099

$\overline{AB}=\sqrt{6^2-4^2}=2\sqrt{5}$

① $\sin A=\dfrac{4}{6}=\dfrac{2}{3}$ ② $\cos A=\dfrac{2\sqrt{5}}{6}=\dfrac{\sqrt{5}}{3}$

③ $\tan A=\dfrac{4}{2\sqrt{5}}=\dfrac{2\sqrt{5}}{5}$ ④ $\cos C=\dfrac{4}{6}=\dfrac{2}{3}$

⑤ $\tan C=\dfrac{2\sqrt{5}}{4}=\dfrac{\sqrt{5}}{2}$ **답** ③

100

∠AEF=∠EFC (엇각),

∠CEF=∠AEF (접은 각)이므로

∠EFC=∠CEF   ∴ $\overline{CF}=\overline{CE}=\overline{AE}=5$

오른쪽 그림과 같이 점 E에서 $\overline{BC}$에 내린 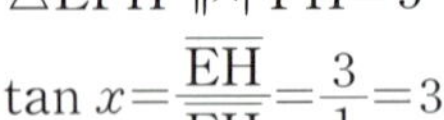

수선의 발을 H라고 하면 $\overline{EH}=\overline{AB}=3$이

므로 △EHC에서 $\overline{CH}=\sqrt{5^2-3^2}=4$

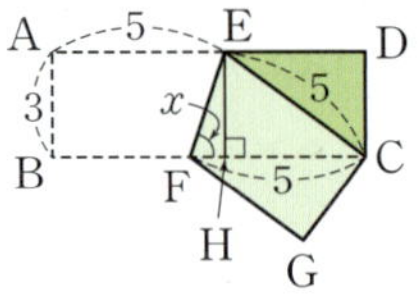

△EFH에서 $\overline{FH}=5-4=1$이므로

$\tan x=\dfrac{\overline{EH}}{\overline{FH}}=\dfrac{3}{1}=3$ **답** 3

101

오른쪽 그림과 같이 꼭짓점 A에서 $\overline{BC}$에

내린 수선의 발을 H라고 하면

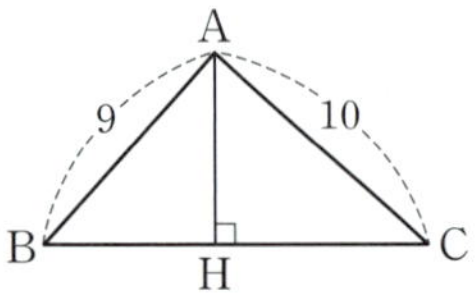

△ABH에서 $\cos B=\dfrac{\overline{BH}}{9}=\dfrac{\sqrt{5}}{3}$이므로

$\overline{BH}=3\sqrt{5}$

∴ $\overline{AH}=\sqrt{9^2-(3\sqrt{5})^2}=6$

따라서 △AHC에서 $\sin C=\dfrac{\overline{AH}}{\overline{AC}}=\dfrac{6}{10}=\dfrac{3}{5}$ **답** $\dfrac{3}{5}$

102

오른쪽 그림과 같이 $\tan A=\sqrt{2}$인 직각삼각형

ABC에서

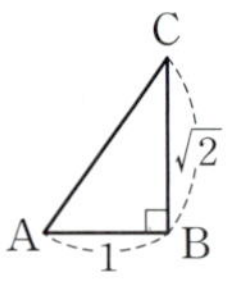

$\overline{AC}=\sqrt{1^2+(\sqrt{2})^2}=\sqrt{3}$이므로

$\sin A=\dfrac{\sqrt{2}}{\sqrt{3}}=\dfrac{\sqrt{6}}{3}$, $\cos A=\dfrac{1}{\sqrt{3}}=\dfrac{\sqrt{3}}{3}$

$\therefore \sin^2 A+\cos^2 A=\left(\dfrac{\sqrt{6}}{3}\right)^2+\left(\dfrac{\sqrt{3}}{3}\right)^2=1$ **답** 1

103

일차방정식 $2x-3y-6=0$의 그래프는 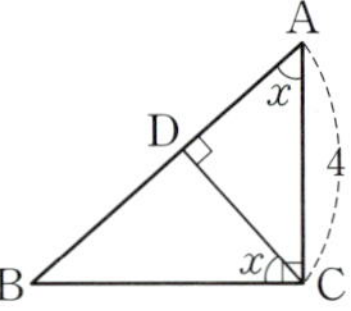

오른쪽 그림과 같으므로 $\overline{OA}=3$, $\overline{OB}=2$

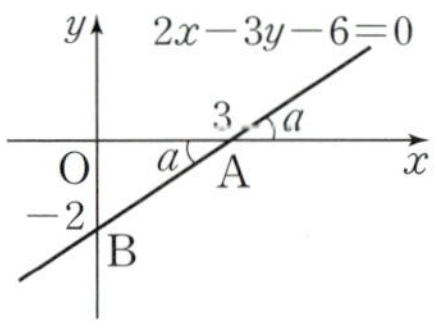

∴ $\overline{AB}=\sqrt{3^2+2^2}=\sqrt{13}$

∠OAB=a (맞꼭지각)이므로

직각삼각형 AOB에서

$\sin a=\dfrac{2}{\sqrt{13}}$, $\cos a=\dfrac{3}{\sqrt{13}}$

$\therefore \sin^2 a-\cos^2 a=\dfrac{4}{13}-\dfrac{9}{13}=-\dfrac{5}{13}$ **답** $-\dfrac{5}{13}$

104

∠ACB=∠CDB=90°, ∠B는 공통이므로

△ABC∽△CBD (AA 닮음)

∴ ∠BAC=∠BCD=x

△ABC에서 $\tan x=\dfrac{\overline{BC}}{4}=\dfrac{\sqrt{5}}{2}$

∴ $\overline{BC}=2\sqrt{5}$

∴ $\overline{AB}=\sqrt{(2\sqrt{5})^2+4^2}=6$ **답** 6

105

∠BAC=∠DEC=90°, ∠C는 공통이므

로 △ABC∽△EDC (AA 닮음)

∠B=∠CDE=x

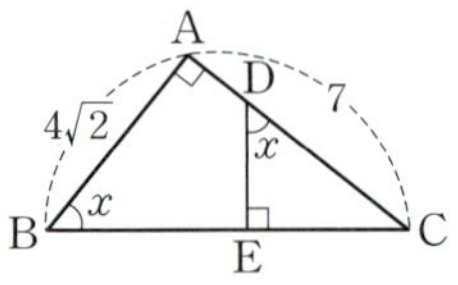

△ABC에서

$\overline{BC}=\sqrt{(4\sqrt{2})^2+7^2}=9$이므로

$\sin x=\dfrac{\overline{AC}}{\overline{BC}}=\dfrac{7}{9}$, $\tan x=\dfrac{\overline{AC}}{\overline{AB}}=\dfrac{7}{4\sqrt{2}}$

$\therefore \dfrac{\sin x}{\tan x}=\dfrac{7}{9}\times\dfrac{4\sqrt{2}}{7}=\dfrac{4\sqrt{2}}{9}$ **답** $\dfrac{4\sqrt{2}}{9}$

106

△ABE에서 $\sin x=\dfrac{6}{\overline{AE}}=\dfrac{2}{3}$이므로 $\overline{AE}=9$

∠ABE=∠CDE=90°, ∠AEB=∠CED (맞꼭지각)이므로

△ABE∽△CDE (AA 닮음)

이때 $\overline{AE}:\overline{CE}=\overline{BE}:\overline{DE}$, $9:6=6:\overline{DE}$ ∴ $\overline{DE}=4$

∴ $\overline{AD}=\overline{AE}+\overline{ED}=9+4=13$

△EDC에서 $\overline{CD}=\sqrt{6^2-4^2}=2\sqrt{5}$

△ADC에서 $\tan y=\dfrac{\overline{CD}}{\overline{AD}}=\dfrac{2\sqrt{5}}{13}$ **답** $\dfrac{2\sqrt{5}}{13}$

107

$\overline{BE}=\dfrac{1}{2}\overline{BC}=\dfrac{1}{2}\times6=3$이므로

△ABE에서 $\overline{AE}=\sqrt{6^2-3^2}=3\sqrt{3}$

$\overline{DE}=\overline{AE}=3\sqrt{3}$

오른쪽 그림과 같이 꼭짓점 A에서 밑면에
내린 수선의 발을 H라고 하면 점 H는
△BCD의 무게중심이므로

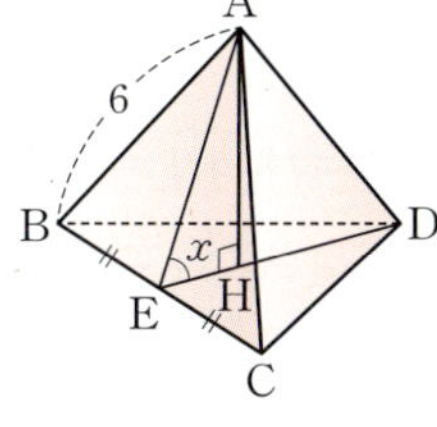

$$\overline{EH}=\frac{1}{3}\overline{DE}=\frac{1}{3}\times3\sqrt{3}=\sqrt{3}$$

△AEH에서

$$\cos x=\frac{\overline{EH}}{\overline{AE}}=\frac{\sqrt{3}}{3\sqrt{3}}=\frac{1}{3}$$

답 $\dfrac{1}{3}$

108

$$A=\sin 60°+\cos 30°=\frac{\sqrt{3}}{2}+\frac{\sqrt{3}}{2}=\sqrt{3}$$

$$B=\sin 45°+\tan 45°=\frac{\sqrt{2}}{2}+1=\frac{2+\sqrt{2}}{2}$$

$$\therefore A^2+B^2=(\sqrt{3})^2+\left(\frac{2+\sqrt{2}}{2}\right)^2$$

$$=3+\frac{6+4\sqrt{2}}{4}=\frac{9}{2}+\sqrt{2}$$

답 ④

109

$\sin A=\dfrac{\sqrt{3}}{2}$ 이므로 $A=60°$ $(\because 0°<A<90°)$

따라서 $\tan A=\tan 60°=\sqrt{3}$ 이므로

$$2\tan^2 A-\sqrt{3}\tan A+5=2\times(\sqrt{3})^2-\sqrt{3}\times\sqrt{3}+5$$
$$=6-3+5=8$$

답 8

110

$2x^2-3x+1=0$, $(2x-1)(x-1)=0$

$\therefore x=\dfrac{1}{2}$ 또는 $x=1$

이때 이차방정식의 두 근이 $\cos A$, $\sin B$이고 $\cos A<\sin B$이므로

$\cos A=\dfrac{1}{2}$, $\sin B=1$

따라서 $A=60°$, $B=90°$이므로

$$\tan(B-A)=\tan(90°-60°)=\tan 30°=\frac{\sqrt{3}}{3}$$

답 $\dfrac{\sqrt{3}}{3}$

111

△ABC에서

$$\sin 30°=\frac{\overline{AB}}{12}=\frac{1}{2}\qquad\therefore\overline{AB}=6$$

$$\cos 30°=\frac{\overline{BC}}{12}=\frac{\sqrt{3}}{2}\qquad\therefore\overline{BC}=6\sqrt{3}$$

$\angle BAC=60°$이므로 $\angle BAD=\dfrac{1}{2}\angle BAC=30°$

△ABD에서 $\tan 30°=\dfrac{x}{6}=\dfrac{\sqrt{3}}{3}$ $\therefore x=2\sqrt{3}$

$y=6\sqrt{3}-2\sqrt{3}=4\sqrt{3}$

$\therefore y-x=4\sqrt{3}-2\sqrt{3}=2\sqrt{3}$

답 $2\sqrt{3}$

112

△ADC에서 $\angle CAD=30°$이므로

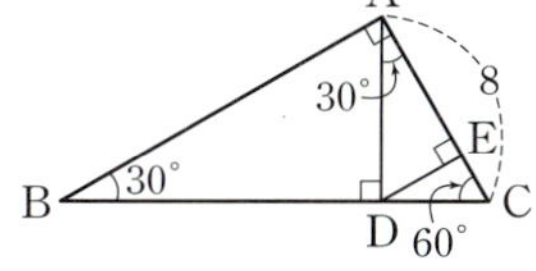

$$\cos 30°=\frac{\overline{AD}}{8}=\frac{\sqrt{3}}{2}$$

$$\therefore\overline{AD}=4\sqrt{3}$$

△ADE에서 $\sin 30°=\dfrac{\overline{DE}}{4\sqrt{3}}=\dfrac{1}{2}$

$$\therefore\overline{DE}=2\sqrt{3}$$

다른 풀이

$\angle C=60°$이므로

△ADC에서 $\cos 60°=\dfrac{\overline{CD}}{8}=\dfrac{1}{2}$ $\therefore\overline{CD}=4$

△CED에서 $\sin 60°=\dfrac{\overline{DE}}{4}=\dfrac{\sqrt{3}}{2}$ $\therefore\overline{DE}=2\sqrt{3}$

답 $2\sqrt{3}$

113

오른쪽 그림과 같이 두 꼭짓점 A, D에
서 $\overline{BC}$에 내린 수선의 발을 각각 E, F
라고 하면 △ABE에서

$$\sin 60°=\frac{\overline{AE}}{4}=\frac{\sqrt{3}}{2}$$

$$\therefore\overline{AE}=2\sqrt{3}\,(cm)$$

$$\cos 60°=\frac{\overline{BE}}{4}=\frac{1}{2}\qquad\therefore\overline{BE}=2\,(cm)$$

△ABE≡△DCF (RHA 합동)이므로 $\overline{CF}=\overline{BE}=2\,(cm)$

따라서 $\overline{AD}=\overline{EF}=8-(2+2)=4\,(cm)$이므로

$$\square ABCD=\frac{1}{2}\times(4+8)\times2\sqrt{3}=12\sqrt{3}\,(cm^2)$$

답 $12\sqrt{3}\,cm^2$

114

$\sin 60°=\dfrac{\sqrt{3}}{2}$ 이므로 $a=60°$

$\therefore$ (직선의 기울기)$=\tan a=\tan 60°=\sqrt{3}$

이때 y절편이 5이므로 구하는 직선의 방정식은 $y=\sqrt{3}x+5$

답 $y=\sqrt{3}x+5$

115

△AOB에서 $\sin a=\dfrac{\overline{AB}}{\overline{OA}}=\overline{AB}$, $\cos a=\dfrac{\overline{OB}}{\overline{OA}}=\overline{OB}$

$\angle OAB=\angle OCD=b$이므로

$$\sin b=\frac{\overline{OB}}{\overline{OA}}=\overline{OB},\quad \cos b=\frac{\overline{AB}}{\overline{OA}}=\overline{AB}$$

따라서 점 A의 좌표는 $(\cos a,\sin a)$, $(\cos a,\cos b)$,
$(\sin b,\sin a)$, $(\sin b,\cos b)$로 나타낼 수 있다.

답 ③

116

$$\tan 45°=\frac{\overline{CD}}{\overline{OD}}=\overline{CD}=1$$

$$\sin 45°=\frac{\overline{AB}}{\overline{OA}}=\overline{AB}=\frac{\sqrt{2}}{2}$$

$$\cos 45^\circ = \frac{\overline{OB}}{\overline{OA}} = \overline{OB} = \frac{\sqrt{2}}{2}$$

$\therefore$ (색칠한 부분의 넓이) $= \triangle COD - \triangle AOB$

$$= \frac{1}{2} \times 1 \times 1 - \frac{1}{2} \times \frac{\sqrt{2}}{2} \times \frac{\sqrt{2}}{2} = \frac{1}{4}$$

답 $\dfrac{1}{4}$

117

(주어진 식) $= 1 - \dfrac{\sqrt{3}}{3} \times 0 + \left(\dfrac{1}{2} + \dfrac{1}{2} \right) \div 1$

$\qquad\qquad = 1 - 0 + 1 = 2$

답 ⑤

118

⑤ $\tan A$의 값 중 가장 작은 값은 $\tan 0^\circ = 0$이지만 $\tan 90^\circ$의 값은 정할 수 없으므로 $\tan A$의 값 중 가장 큰 값은 알 수 없다.

답 ⑤

119

$0 = \sin 0^\circ < \sin 35^\circ < \sin 45^\circ = \dfrac{\sqrt{2}}{2}$

$\dfrac{\sqrt{2}}{2} = \cos 45^\circ < \cos 20^\circ < \cos 0^\circ = 1$

$\tan 45^\circ = 1$

$\therefore \tan 45^\circ > \cos 20^\circ > \cos 45^\circ > \sin 35^\circ > \sin 0^\circ$

답 ②

120

$45^\circ < x < 90^\circ$일 때, $\tan x > 1$, $\sin x < 1$이므로

$1 - \tan x < 0$, $\tan x > 0$, $1 - \sin x > 0$

$\therefore \sqrt{(1 - \tan x)^2} - \sqrt{\tan^2 x} + \sqrt{(1 - \sin x)^2}$

$\qquad = -(1 - \tan x) - \tan x + (1 - \sin x)$

$\qquad = -1 + \tan x - \tan x + 1 - \sin x = -\sin x$

답 ①

121

$\triangle ABD$에서 $\cos 55^\circ = \dfrac{\overline{BD}}{20}$

$\therefore \overline{BD} = 20 \cos 55^\circ = 20 \times 0.57 = 11.4$

$\sin 55^\circ = \dfrac{\overline{AD}}{20}$

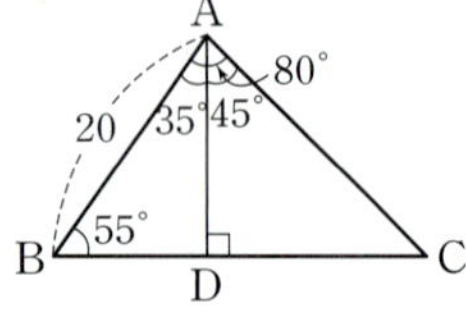

$\therefore \overline{AD} = 20 \sin 55^\circ = 20 \times 0.82 = 16.4$

$\angle BAD = 90^\circ - 55^\circ = 35^\circ$이므로 $\angle CAD = 80^\circ - 35^\circ = 45^\circ$

$\triangle ADC$에서 $\tan 45^\circ = \dfrac{\overline{CD}}{16.4} = 1$

$\therefore \overline{CD} = 16.4$

$\therefore \overline{BC} = \overline{BD} + \overline{CD} = 11.4 + 16.4 = 27.8$

답 27.8

122

도로의 경사도가 $20\,\%$이므로 $\tan A \times 100 = 20$

$\therefore \tan A = \dfrac{1}{5}$

따라서 오른쪽 그림과 같은 직각삼각형 ABC에서

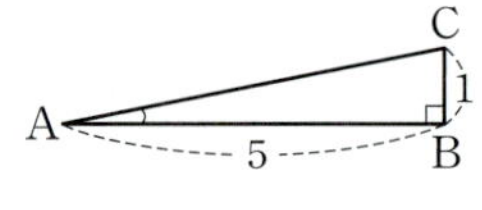

$\overline{AC} = \sqrt{5^2 + 1^2} = \sqrt{26}$이므로

$\cos A = \dfrac{5}{\sqrt{26}} = \dfrac{5\sqrt{26}}{26}$

답 $\dfrac{5\sqrt{26}}{26}$

본문 | 24~25쪽

123 $\dfrac{2\sqrt{5}}{5}$	**124** $\dfrac{\sqrt{2}}{4}$	**125** $\dfrac{7}{5}$	**126** $\dfrac{3\sqrt{3}}{2}$
127 $4\sqrt{3}$	**128** $4\sqrt{6}$	**129** $\dfrac{9}{10}$	**130** $2\sqrt{5}$
131 $\dfrac{\sqrt{2}}{2}$	**132** $\dfrac{\sqrt{3}}{2}$	**133** $\dfrac{\sqrt{3}}{3}$	**134** $\sqrt{3}$

123

단계 1 $\cos A = \dfrac{3}{\overline{AC}} = \dfrac{\sqrt{5}}{5}$이므로 $\overline{AC} = 3\sqrt{5}$

단계 2 $\overline{BC} = \sqrt{(3\sqrt{5})^2 - 3^2} = 6$

단계 3 $\cos C = \dfrac{\overline{BC}}{\overline{AC}} = \dfrac{6}{3\sqrt{5}} = \dfrac{2\sqrt{5}}{5}$

답 $\dfrac{2\sqrt{5}}{5}$

124

$\sin C = \dfrac{\overline{AB}}{9} = \dfrac{2\sqrt{2}}{3}$이므로 $\overline{AB} = 6\sqrt{2}$ $\quad\cdots\cdots$ 40%

$\overline{AC} = \sqrt{9^2 - (6\sqrt{2})^2} = 3$ $\quad\cdots\cdots$ 30%

$\therefore \tan B = \dfrac{\overline{AC}}{\overline{AB}} = \dfrac{3}{6\sqrt{2}} = \dfrac{\sqrt{2}}{4}$ $\quad\cdots\cdots$ 30%

답 $\dfrac{\sqrt{2}}{4}$

125

단계 1 $\triangle DEC$와 $\triangle BAC$에서

$\angle DEC = \angle BAC = 90^\circ$,

$\angle C$는 공통이므로

$\triangle DEC \backsim \triangle BAC$ (AA 닮음)

$\therefore \angle CBA = \angle CDE = x$

단계 2 $\triangle ABC$에서 $\overline{BC} = \sqrt{6^2 + 8^2} = 10$

단계 3 $\sin x = \dfrac{\overline{AC}}{\overline{BC}} = \dfrac{8}{10} = \dfrac{4}{5}$, $\cos x = \dfrac{\overline{AB}}{\overline{BC}} = \dfrac{6}{10} = \dfrac{3}{5}$

$\therefore \sin x + \cos x = \dfrac{4}{5} + \dfrac{3}{5} = \dfrac{7}{5}$

답 $\dfrac{7}{5}$

126

$\triangle ABC$와 $\triangle DEC$에서

$\angle ABC = \angle DEC = 90^\circ$,

$\angle C$는 공통이므로

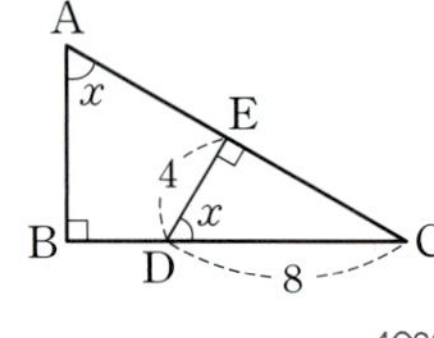

$\triangle ABC \backsim \triangle DEC$ (AA 닮음)

$\therefore \angle EDC = \angle BAC = x$ $\quad\cdots\cdots$ 40%

$\triangle$DCE에서 $\overline{CE}=\sqrt{8^2-4^2}=4\sqrt{3}$ 20%

$\sin x=\dfrac{\overline{CE}}{\overline{CD}}=\dfrac{4\sqrt{3}}{8}=\dfrac{\sqrt{3}}{2}$, $\tan x=\dfrac{\overline{CE}}{\overline{DE}}=\dfrac{4\sqrt{3}}{4}=\sqrt{3}$

$\therefore \sin x+\tan x=\dfrac{\sqrt{3}}{2}+\sqrt{3}=\dfrac{3\sqrt{3}}{2}$ 40%

답 $\dfrac{3\sqrt{3}}{2}$

127

단계 1 $\triangle$DBC에서 $\sin 45°=\dfrac{\overline{BC}}{6\sqrt{2}}=\dfrac{\sqrt{2}}{2}$ $\therefore \overline{BC}=6$

단계 2 $\triangle$ABC에서 $\sin 60°=\dfrac{6}{\overline{AC}}=\dfrac{\sqrt{3}}{2}$ $\therefore \overline{AC}=4\sqrt{3}$

답 $4\sqrt{3}$

128

$\triangle$ABC에서 $\tan 30°=\dfrac{4}{\overline{BC}}=\dfrac{\sqrt{3}}{3}$ $\therefore \overline{BC}=4\sqrt{3}$ 50%

$\triangle$DBC에서 $\sin 45°=\dfrac{4\sqrt{3}}{\overline{BD}}=\dfrac{\sqrt{2}}{2}$ $\therefore \overline{BD}=4\sqrt{6}$ 50%

답 $4\sqrt{6}$

129

단계 1 기울기가 3인 직선의 방정식을 $y=3x+k$라고 하면

이 직선이 점 $(-1, 3)$을 지나므로 $3=3\times(-1)+k$

$\therefore k=6$

따라서 직선의 방정식은 $y=3x+6$

단계 2 $y=3x+6$에 $y=0$을 대입하면 $0=3x+6$, $x=-2$이므로

A$(-2, 0)$

$y=3x+6$에 $x=0$을 대입하면 $y=6$이므로 B$(0, 6)$

따라서 $\overline{AO}=2$, $\overline{BO}=6$이므로

$\triangle$AOB에서 $\overline{AB}=\sqrt{2^2+6^2}=2\sqrt{10}$

단계 3 $\sin a=\dfrac{6}{2\sqrt{10}}=\dfrac{3\sqrt{10}}{10}$, $\cos a=\dfrac{2}{2\sqrt{10}}=\dfrac{\sqrt{10}}{10}$,

$\tan a=\dfrac{6}{2}=3$이므로

$\sin a\times\cos a\times\tan a=\dfrac{3\sqrt{10}}{10}\times\dfrac{\sqrt{10}}{10}\times 3=\dfrac{9}{10}$

답 $\dfrac{9}{10}$

130

기울기가 -2인 직선의 방정식을 $y=-2x+k$라고 하면

이 직선이 점 $(2, 2)$를 지나므로 $2=-2\times 2+k$

$\therefore k=6$ 30%

따라서 직선의 방정식은 $y=-2x+6$

$y=-2x+6$에 $y=0$을 대입하면 $0=-2x+6$, $x=3$이므로

A$(3, 0)$

$y=-2x+6$에 $x=0$을 대입하면 $y=6$이므로 B$(0, 6)$

따라서 $\overline{OA}=3$, $\overline{OB}=6$이므로 $\triangle$BOA에서

$\overline{AB}=\sqrt{3^2+6^2}=3\sqrt{5}$ 30%

따라서 $\sin a=\dfrac{6}{3\sqrt{5}}=\dfrac{2\sqrt{5}}{5}$, $\cos a=\dfrac{3}{3\sqrt{5}}=\dfrac{\sqrt{5}}{5}$, $\tan a=\dfrac{6}{3}=2$이

므로

$5(\sin a-\cos a)\times\tan a=5\times\left(\dfrac{2\sqrt{5}}{5}-\dfrac{\sqrt{5}}{5}\right)\times 2$

$=2\sqrt{5}$ 40%

답 $2\sqrt{5}$

131

단계 1 $2\sin(2x+10°)=\tan 60°$에서 $2\sin(2x+10°)=\sqrt{3}$

$\therefore \sin(2x+10°)=\dfrac{\sqrt{3}}{2}$

단계 2 $\sin 60°=\dfrac{\sqrt{3}}{2}$이므로 $2x+10°=60°$, $2x=50°$

$\therefore x=25°$

단계 3 $\cos(x+20°)=\cos 45°=\dfrac{\sqrt{2}}{2}$

답 $\dfrac{\sqrt{2}}{2}$

132

$\sqrt{2}\cos(3x-15°)=\tan 45°$에서 $\sqrt{2}\cos(3x-15°)=1$

$\therefore \cos(3x-15°)=\dfrac{1}{\sqrt{2}}=\dfrac{\sqrt{2}}{2}$ 35%

$\cos 45°=\dfrac{\sqrt{2}}{2}$이므로 $3x-15°=45°$

$3x=60°$ $\therefore x=20°$ 35%

$\therefore \sin(x+40°)=\sin 60°=\dfrac{\sqrt{3}}{2}$ 30%

답 $\dfrac{\sqrt{3}}{2}$

133

단계 1 $0°<x<45°$일 때, $0<\sin x<\cos x<1$이므로

$\cos x+1>0$, $\cos x-\sin x>0$

$\therefore \sqrt{(\cos x+1)^2}-\sqrt{(\cos x-\sin x)^2}$

$=\cos x+1-(\cos x-\sin x)$

$=\cos x+1-\cos x+\sin x$

$=\sin x+1$

단계 2 $\sin x+1=\dfrac{3}{2}$이므로 $\sin x=\dfrac{1}{2}$ $\therefore x=30°$

$\therefore \tan x=\tan 30°=\dfrac{\sqrt{3}}{3}$

답 $\dfrac{\sqrt{3}}{3}$

134

$45°<x<90°$일 때, $0<\cos x<\sin x<1$이므로

$\sin x+\cos x>0$, $\cos x-\sin x<0$

$\therefore \sqrt{(\sin x+\cos x)^2}+\sqrt{(\cos x-\sin x)^2}$

$=\sin x+\cos x+\{-(\cos x-\sin x)\}$

$=\sin x+\cos x-\cos x+\sin x=2\sin x$ 50%

$2\sin x=\sqrt{3}$이므로 $\sin x=\dfrac{\sqrt{3}}{2}$ $\therefore x=60°$

$\therefore \tan x=\tan 60°=\sqrt{3}$ 50%

답 $\sqrt{3}$

Ⅰ. 삼각비

2 삼각비의 활용

개념 콕콕   본문 | 27, 29쪽

135

답 (1) $a \sin B$ (2) $\dfrac{c}{a}$, $a \cos B$ (3) $\dfrac{b}{c}$, $c \tan B$

(4) $a \sin C$ (5) $\dfrac{b}{a}$, $\dfrac{b}{\cos C}$ (6) $\dfrac{c}{b}$, $\dfrac{c}{\tan C}$

136

답 (1) 12, $6\sqrt{3}$ (2) 8, $4\sqrt{2}$ (3) 2, $2\sqrt{3}$

137

(1) $x = 10 \sin 42° = 10 \times 0.67 = 6.7$

$\quad y = 10 \cos 42° = 10 \times 0.74 = 7.4$

(2) $\angle B = 180° - (90° + 33°) = 57°$이므로

$\quad x = 5 \cos 57° = 5 \times 0.54 = 2.7$

$\quad y = 5 \sin 57° = 5 \times 0.84 = 4.2$

답 (1) $x = 6.7$, $y = 7.4$ (2) $x = 2.7$, $y = 4.2$

138

(1) $\triangle ABH$에서 $\overline{AH} = 10 \sin 60° = 10 \times \dfrac{\sqrt{3}}{2} = 5\sqrt{3}$(cm)

(2) $\triangle ABH$에서 $\overline{BH} = 10 \cos 60° = 10 \times \dfrac{1}{2} = 5$(cm)

(3) $\overline{CH} = \overline{BC} - \overline{BH} = 20 - 5 = 15$(cm)

$\quad \triangle AHC$에서 $\overline{AC} = \sqrt{(5\sqrt{3})^2 + 15^2} = 10\sqrt{3}$(cm)

답 (1) $5\sqrt{3}$ cm   (2) 5 cm   (3) $10\sqrt{3}$ cm

139

(1) $\triangle ABC$에서 $\angle C = 180° - (105° + 30°) = 45°$

(2) $\triangle ABH$에서 $\overline{AH} = 6 \sin 30° = 6 \times \dfrac{1}{2} = 3$(cm)

(3) $\triangle AHC$에서 $\overline{AC} = \dfrac{3}{\sin 45°} = 3 \times \dfrac{2}{\sqrt{2}} = 3\sqrt{2}$(cm)

답 (1) 45°   (2) 3 cm   (3) $3\sqrt{2}$ cm

140

(1) $\angle BAH = 30°$이므로 $\overline{BH} = h \tan 30° = \dfrac{\sqrt{3}}{3} h$

(2) $\angle CAH = 45°$이므로 $\overline{CH} = h \tan 45° = h$

(3) $\overline{BC} = \overline{BH} + \overline{CH}$이므로 $8 = \dfrac{\sqrt{3}}{3} h + h$

$\quad \dfrac{3+\sqrt{3}}{3} h = 8 \qquad \therefore h = 4(3 - \sqrt{3})$

답 (1) $\dfrac{\sqrt{3}}{3} h$ (2) h (3) $4(3 - \sqrt{3})$

141

(1) $\angle BAH = 60°$이므로 $\overline{BH} = h \tan 60° = \sqrt{3} h$

(2) $\angle ACH = 180° - 135° = 45°$이므로 $\angle CAH = 45°$

$\quad \therefore \overline{CH} = h \tan 45° = h$

(3) $\overline{BC} = \overline{BH} - \overline{CH}$이므로 $10 = \sqrt{3} h - h$

$\quad (\sqrt{3} - 1) h = 10 \qquad \therefore h = 5(\sqrt{3} + 1)$

답 (1) $\sqrt{3} h$ (2) h (3) $5(\sqrt{3} + 1)$

142

(1) $\triangle ABC = \dfrac{1}{2} \times 5 \times 4 \times \sin 30°$

$\quad\quad\quad = \dfrac{1}{2} \times 5 \times 4 \times \dfrac{1}{2} = 5$

(2) $\triangle ABC = \dfrac{1}{2} \times 10 \times 6\sqrt{2} \times \sin 45°$

$\quad\quad\quad = \dfrac{1}{2} \times 10 \times 6\sqrt{2} \times \dfrac{\sqrt{2}}{2} = 30$

답 (1) 5   (2) 30

143

(1) $\triangle ABC = \dfrac{1}{2} \times 4 \times 10 \times \sin(180° - 135°)$

$\quad\quad\quad = \dfrac{1}{2} \times 4 \times 10 \times \dfrac{\sqrt{2}}{2} = 10\sqrt{2}$

(2) $\triangle ABC = \dfrac{1}{2} \times 2 \times 3\sqrt{3} \times \sin(180° - 120°)$

$\quad\quad\quad = \dfrac{1}{2} \times 2 \times 3\sqrt{3} \times \dfrac{\sqrt{3}}{2} = \dfrac{9}{2}$

답 (1) $10\sqrt{2}$ (2) $\dfrac{9}{2}$

144

(1) $\square ABCD = 4 \times 6 \times \sin 60° = 4 \times 6 \times \dfrac{\sqrt{3}}{2} = 12\sqrt{3}$

(2) $\square ABCD = 7 \times 8 \times \sin 45° = 7 \times 8 \times \dfrac{\sqrt{2}}{2} = 28\sqrt{2}$

답 (1) $12\sqrt{3}$ (2) $28\sqrt{2}$

145

(1) $\square ABCD = 5 \times 8 \times \sin(180° - 150°) = 5 \times 8 \times \dfrac{1}{2} = 20$

(2) $\square ABCD = 10 \times 14 \times \sin(180° - 135°)$

$\quad\quad\quad = 10 \times 14 \times \dfrac{\sqrt{2}}{2} = 70\sqrt{2}$

답 (1) 20   (2) $70\sqrt{2}$

146

(1) $\square ABCD = \dfrac{1}{2} \times 8 \times 10 \times \sin 45°$

$\quad\quad\quad = \dfrac{1}{2} \times 8 \times 10 \times \dfrac{\sqrt{2}}{2} = 20\sqrt{2}$

(2) $\square ABCD = \dfrac{1}{2} \times 12 \times 10 \times \sin(180° - 150°)$

$= \dfrac{1}{2} \times 12 \times 10 \times \dfrac{1}{2} = 30$

답 (1) $20\sqrt{2}$ (2) 30

147 5.64	**148** 12.3	**149** ②	**150** ②, ③
151 ⑤	**152** ②	**153** $\dfrac{8\sqrt{3}}{3}\pi$ cm²	
154 11.55 m	**155** 4.76 m	**156** ②	
157 $(10\sqrt{3}+30)$m		**158** 67.5 m	**159** 12 m
160 25초	**161** $\sqrt{21}$	**162** $2\sqrt{31}$ m	**163** 13
164 $\sqrt{37}$	**165** $9\sqrt{6}$	**166** $2\sqrt{6}$	**167** $20\sqrt{2}$
168 $(20\sqrt{2}+20\sqrt{6})$ m		**169** $5(3-\sqrt{3})$ cm	
170 $10(\sqrt{3}-1)$ m		**171** 3.2	
172 $36(3-\sqrt{3})$ cm²		**173** $3\sqrt{3}$	**174** ①
175 $(3+\sqrt{3})$ km		**176** 8 cm²	**177** ③
178 $15\sqrt{3}$ cm²	**179** 45°	**180** $18\sqrt{3}$ cm²	**181** 20 cm²
182 $7\sqrt{3}$ cm²	**183** $\dfrac{12\sqrt{2}}{5}$ cm		**184** $21\sqrt{3}$ cm²
185 ③	**186** 150°	**187** $16\pi-12\sqrt{3}$	
188 $\dfrac{23\sqrt{3}}{2}$	**189** 24	**190** $6\sqrt{3}$	**191** $65\sqrt{3}$
192 $70\sqrt{2}$ cm²	**193** 18 cm²	**194** 60°	**195** $3\sqrt{3}$ cm²
196 $12\sqrt{2}$ cm²	**197** ②	**198** 45°	**199** $4\sqrt{2}$ cm

147

$x = 4 \cos 40° = 4 \times 0.77 = 3.08$

$y = 4 \sin 40° = 4 \times 0.64 = 2.56$

$\therefore x + y = 3.08 + 2.56 = 5.64$

답 5.64

148

$\overline{AC} = 6 \tan 64° = 6 \times 2.05 = 12.3$

답 12.3

149

$\angle A = 28°$이므로 $\overline{AB} = \dfrac{5}{\sin 28°}$

답 ②

150

$\angle A = 32°$이므로

$x = 12 \cos 58° = 12 \sin 32°$

답 ②, ③

151

$\overline{FG} = 8 \cos 30° = 8 \times \dfrac{\sqrt{3}}{2} = 4\sqrt{3}$(cm)

$\overline{CG} = 8 \sin 30° = 8 \times \dfrac{1}{2} = 4$(cm)

따라서 직육면체의 부피는 $4\sqrt{3} \times 6 \times 4 = 96\sqrt{3}$(cm³)

답 ⑤

152

$\overline{AB} = 5\sqrt{2} \cos 45° = 5\sqrt{2} \times \dfrac{\sqrt{2}}{2} = 5$(cm)

$\overline{AC} = 5\sqrt{2} \sin 45° = 5\sqrt{2} \times \dfrac{\sqrt{2}}{2} = 5$(cm)

따라서 삼각기둥의 겉넓이는

$2 \times \left(\dfrac{1}{2} \times 5 \times 5\right) + 6 \times (5 + 5 + 5\sqrt{2}) = 85 + 30\sqrt{2}$(cm²)

답 ②

153

$\overline{AO} = 4 \sin 60° = 4 \times \dfrac{\sqrt{3}}{2} = 2\sqrt{3}$(cm) ⋯⋯ 40%

$\overline{BO} = 4 \cos 60° = 4 \times \dfrac{1}{2} = 2$(cm) ⋯⋯ 40%

따라서 원뿔의 부피는

$\dfrac{1}{3} \times \pi \times 2^2 \times 2\sqrt{3} = \dfrac{8\sqrt{3}}{3}\pi$(cm³) ⋯⋯ 20%

답 $\dfrac{8\sqrt{3}}{3}\pi$ cm³

154

$\overline{AC} = 15 \sin 42° = 15 \times 0.67 = 10.05$(m)

따라서 지면에서 열기구까지의 높이는

$\overline{AD} = \overline{AC} + \overline{CD} = 10.05 + 1.5 = 11.55$(m)

답 11.55 m

155

$\overline{BC} = 4 \tan 50° = 4 \times 1.19 = 4.76$(m)이므로

지면에서 지점 C까지의 높이는 4.76 m이다.

답 4.76 m

156

$\triangle ABC$에서 $\overline{AC} = 6 \tan 60° = 6\sqrt{3}$(m)

$\triangle DBC$에서 $\overline{DC} = 6 \tan 45° = 6$(m)

따라서 광고판의 세로의 길이는

$\overline{AD} = \overline{AC} - \overline{DC} = 6\sqrt{3} - 6 = 6(\sqrt{3}-1)$(m)

답 ②

157

$\overline{SR} = 30 \tan 30°$

$= 30 \times \dfrac{\sqrt{3}}{3} = 10\sqrt{3}$(m)

$\overline{RQ} = 30 \tan 45° = 30$(m)

따라서 B 건물의 높이는

$\overline{SQ} = \overline{SR} + \overline{RQ} = 10\sqrt{3} + 30$(m)

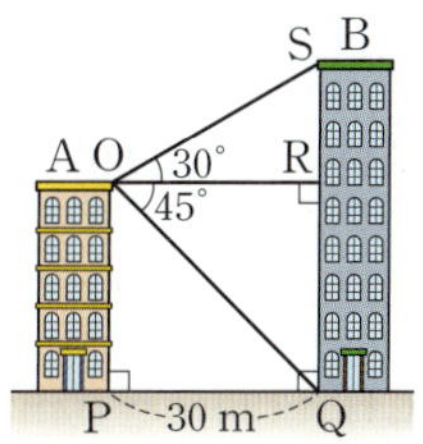

답 $(10\sqrt{3}+30)$m

158

오른쪽 그림과 같이 자동차의 위치를 C, C 지점
에서 지면에 내린 수선의 발을 B라고 하면

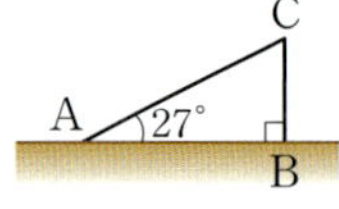

$$\overline{AC}=180\times\frac{50}{60}=150\,(\text{m})$$

$$\therefore \overline{BC}=150\sin 27^\circ=150\times0.45=67.5\,(\text{m})$$

따라서 구하는 높이는 67.5 m이다.

目 67.5 m

159

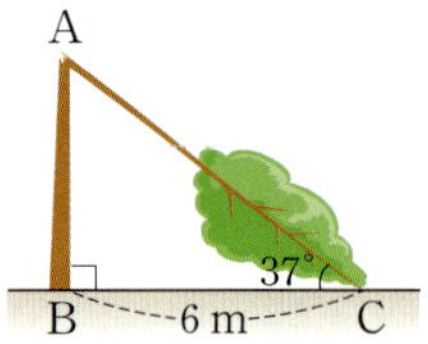

$$\overline{AB}=6\tan 37^\circ$$
$$=6\times0.75=4.5\,(\text{m}) \quad\cdots\cdots 40\%$$

$$\overline{AC}=\frac{6}{\cos 37^\circ}=\frac{6}{0.8}$$
$$=7.5\,(\text{m}) \quad\cdots\cdots 40\%$$

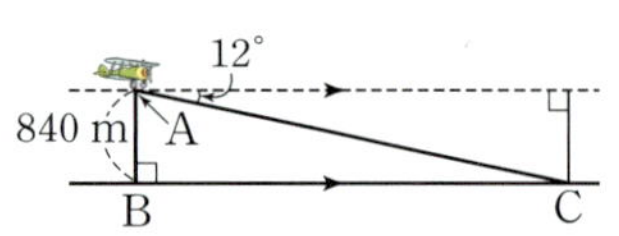

따라서 부러지기 전의 나무의 높이는

$$\overline{AB}+\overline{AC}=4.5+7.5=12\,(\text{m}) \quad\cdots\cdots 20\%$$

目 12 m

160

$$\overline{AC}=\frac{840}{\sin 12^\circ}=\frac{840}{0.21}$$
$$=4000\,(\text{m})$$

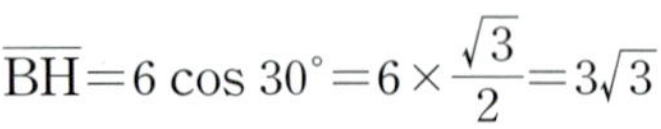

따라서 경비행기가 착륙하는 데 걸리는 시간은 $\dfrac{4000}{160}=25\,(\text{초})$이다.

目 25초

161

오른쪽 그림과 같이 꼭짓점 A에서 $\overline{BC}$에
내린 수선의 발을 H라고 하면

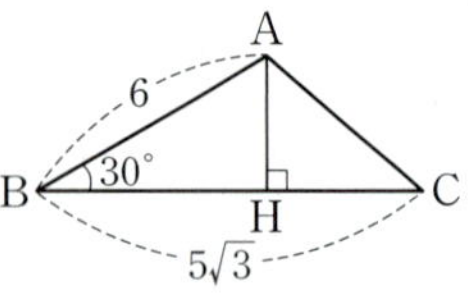

$$\overline{AH}=6\sin 30^\circ=6\times\frac{1}{2}=3$$

$$\overline{BH}=6\cos 30^\circ=6\times\frac{\sqrt{3}}{2}=3\sqrt{3}$$

$$\overline{CH}=5\sqrt{3}-3\sqrt{3}=2\sqrt{3}\text{이므로}$$
$$\overline{AC}=\sqrt{3^2+(2\sqrt{3})^2}=\sqrt{21}$$

目 $\sqrt{21}$

162

오른쪽 그림과 같이 꼭짓점 A에서 $\overline{BC}$에
내린 수선의 발을 H라고 하면

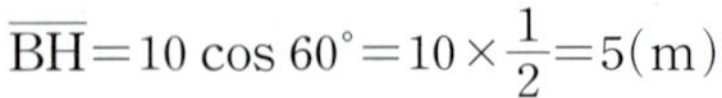

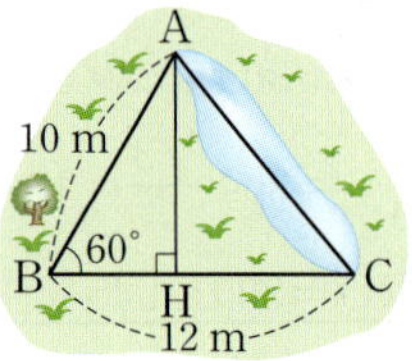

$$\overline{AH}=10\sin 60^\circ=10\times\frac{\sqrt{3}}{2}=5\sqrt{3}\,(\text{m})$$

$$\overline{BH}=10\cos 60^\circ=10\times\frac{1}{2}=5\,(\text{m})$$

$$\overline{CH}=12-5=7\,(\text{m})\text{이므로}$$
$$\overline{AC}=\sqrt{(5\sqrt{3})^2+7^2}=2\sqrt{31}\,(\text{m})$$

目 $2\sqrt{31}$ m

163

오른쪽 그림과 같이 꼭짓점 A에서 $\overline{BC}$에 내린
수선의 발을 H라고 하면

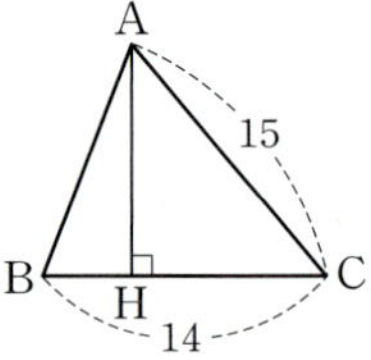

$$\overline{CH}=15\cos C=15\times\frac{3}{5}=9$$

$$\therefore \overline{AH}=\sqrt{15^2-9^2}=12$$

$$\overline{BH}=14-9=5\text{이므로}$$
$$\overline{AB}=\sqrt{5^2+12^2}=13$$

目 13

164

오른쪽 그림과 같이 꼭짓점 A에서 $\overline{BC}$의
연장선에 내린 수선의 발을 H라고 하면

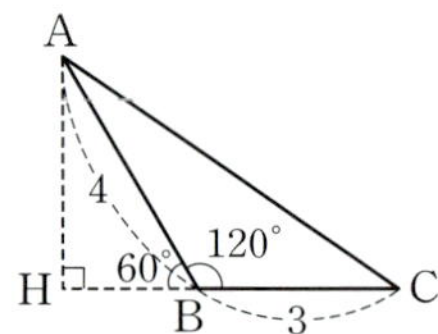

$$\angle ABH=180^\circ-120^\circ=60^\circ$$

$$\overline{AH}=4\sin 60^\circ=4\times\frac{\sqrt{3}}{2}=2\sqrt{3}$$

$$\overline{BH}=4\cos 60^\circ=4\times\frac{1}{2}=2 \quad\cdots\cdots 60\%$$

$$\overline{CH}=3+2=5\text{이므로}$$
$$\overline{AC}=\sqrt{(2\sqrt{3})^2+5^2}=\sqrt{37} \quad\cdots\cdots 40\%$$

目 $\sqrt{37}$

165

오른쪽 그림과 같이 꼭짓점 C에서 $\overline{AB}$에 내린
수선의 발을 H라고 하면

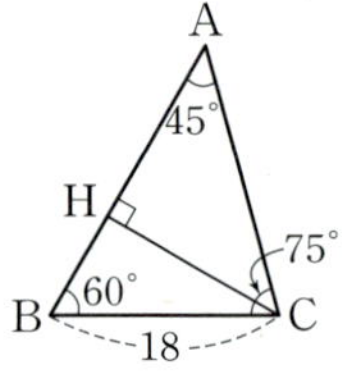

$$\angle B=180^\circ-(45^\circ+75^\circ)=60^\circ\text{이므로}$$

$$\overline{CH}=18\sin 60^\circ=18\times\frac{\sqrt{3}}{2}=9\sqrt{3}$$

$$\therefore \overline{AC}=\frac{9\sqrt{3}}{\sin 45^\circ}=9\sqrt{3}\times\frac{2}{\sqrt{2}}=9\sqrt{6}$$

目 $9\sqrt{6}$

166

오른쪽 그림과 같이 꼭짓점 B에서 $\overline{AC}$에 내
린 수선의 발을 H라고 하면

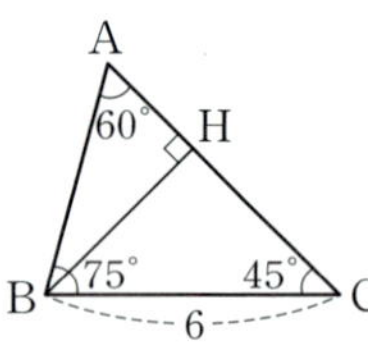

$$\angle A=180^\circ-(75^\circ+45^\circ)=60^\circ\text{이므로}$$

$$\overline{BH}=6\sin 45^\circ=6\times\frac{\sqrt{2}}{2}=3\sqrt{2}$$

$$\therefore \overline{AB}=\frac{3\sqrt{2}}{\sin 60^\circ}=3\sqrt{2}\times\frac{2}{\sqrt{3}}=2\sqrt{6}$$

目 $2\sqrt{6}$

167

오른쪽 그림과 같이 꼭짓점 B에서 $\overline{AC}$에 내
린 수선의 발을 H라고 하면

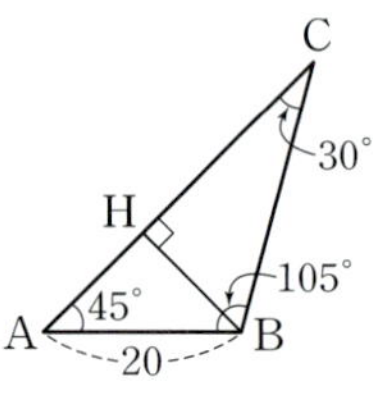

$$\angle A=180^\circ-(105^\circ+30^\circ)=45^\circ$$

$$\overline{BH}=20\sin 45^\circ=20\times\frac{\sqrt{2}}{2}=10\sqrt{2}$$

$$\therefore \overline{BC}=\frac{10\sqrt{2}}{\sin 30^\circ}=10\sqrt{2}\times2=20\sqrt{2}$$

目 $20\sqrt{2}$

168

오른쪽 그림과 같이 꼭짓점 C에서 $\overline{AB}$
에 내린 수선의 발을 H라고 하면
$$\overline{AH}=40\cos 45^\circ$$
$$=40\times\frac{\sqrt{2}}{2}=20\sqrt{2}\,(\text{m})$$

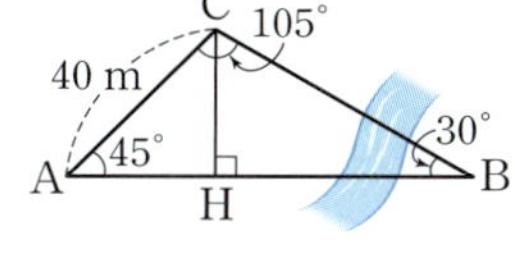

$$\overline{CH}=40\sin 45^\circ=40\times\frac{\sqrt{2}}{2}=20\sqrt{2}\,(\text{m})$$

이때 $\angle B=180^\circ-(45^\circ+105^\circ)=30^\circ$이므로
$$\overline{BH}=\frac{20\sqrt{2}}{\tan 30^\circ}=20\sqrt{2}\times\frac{3}{\sqrt{3}}=20\sqrt{6}\,(\text{m})$$
$$\therefore\ \overline{AB}=\overline{AH}+\overline{BH}=20\sqrt{2}+20\sqrt{6}\,(\text{m})$$
답 $(20\sqrt{2}+20\sqrt{6})$ m

169

$\overline{AH}=h$ cm라고 하면 $\angle BAH=45^\circ$, $\angle CAH=30^\circ$이므로
$$\overline{BH}=h\tan 45^\circ=h\,(\text{cm}),\quad \overline{CH}=h\tan 30^\circ=\frac{\sqrt{3}}{3}h\,(\text{cm})$$
$$\overline{BC}=\overline{BH}+\overline{CH}\text{이므로}\ 10=h+\frac{\sqrt{3}}{3}h,\ \frac{3+\sqrt{3}}{3}h=10$$
$$\therefore\ h=5(3-\sqrt{3})$$
답 $5(3-\sqrt{3})$ cm

170

전봇대의 높이 $\overline{CH}$의 길이를 h m라고 하면
$\angle ACH=60^\circ$, $\angle BCH=45^\circ$이므로
$$\overline{AH}=h\tan 60^\circ=\sqrt{3}h\,(\text{m}) \qquad\cdots\cdots 30\%$$
$$\overline{BH}=h\tan 45^\circ=h\,(\text{m}) \qquad\cdots\cdots 30\%$$
$$\overline{AB}=\overline{AH}+\overline{BH}\text{이므로}\ 20=\sqrt{3}h+h,\ (\sqrt{3}+1)h=20$$
$$\therefore\ h=10(\sqrt{3}-1)$$
따라서 전봇대의 높이는 $10(\sqrt{3}-1)$ m이다. $\qquad\cdots\cdots 40\%$
답 $10(\sqrt{3}-1)$ m

171

$\overline{AH}=h$라고 하면 $\angle BAH=65^\circ$, $\angle CAH=20^\circ$이므로
$$\overline{BH}=h\tan 65^\circ=2.14h,\quad \overline{CH}=h\tan 20^\circ=0.36h$$
$$\overline{BC}=\overline{BH}+\overline{CH}\text{이므로}\ 8=2.14h+0.36h,\ 2.5h=8$$
$$\therefore\ h=3.2$$
답 3.2

172

오른쪽 그림과 같이 꼭짓점 B에서 $\overline{AC}$에 내린
수선의 발을 H라 하고 $\overline{BH}=h$ cm라고 하면
$\angle ABH=45^\circ$, $\angle CBH=30^\circ$이므로
$$\overline{AH}=h\tan 45^\circ=h\,(\text{cm})$$
$$\overline{CH}=h\tan 30^\circ=\frac{\sqrt{3}}{3}h\,(\text{cm})$$

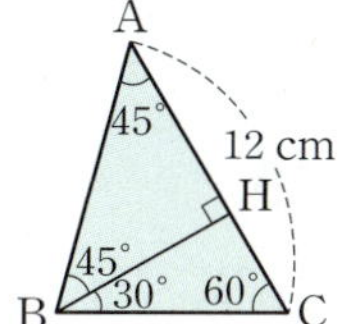

$$\overline{AC}=\overline{AH}+\overline{CH}\text{이므로}\ 12=h+\frac{\sqrt{3}}{3}h,\ \frac{3+\sqrt{3}}{3}h=12$$
$$\therefore\ h=6(3-\sqrt{3})$$
$$\therefore\ \triangle ABC=\frac{1}{2}\times 12\times 6(3-\sqrt{3})=36(3-\sqrt{3})\,(\text{cm}^2)$$
답 $36(3-\sqrt{3})$ cm²

173

$\overline{AH}=h$라고 하면 $\angle BAH=60^\circ$, $\angle CAH=30^\circ$이므로
$$\overline{BH}=h\tan 60^\circ=\sqrt{3}h,\quad \overline{CH}=h\tan 30^\circ=\frac{\sqrt{3}}{3}h$$
$$\overline{BC}=\overline{BH}-\overline{CH}\text{이므로}\ 6=\sqrt{3}h-\frac{\sqrt{3}}{3}h,\ \frac{2\sqrt{3}}{3}h=6$$
$$\therefore\ h=3\sqrt{3}$$
답 $3\sqrt{3}$

174

$\angle ACH=65^\circ$, $\angle BCH=48^\circ$이므로
$$\overline{AH}=h\tan 65^\circ\,(\text{m}),\quad \overline{BH}=h\tan 48^\circ\,(\text{m})$$
$$\overline{AB}=\overline{AH}-\overline{BH}\text{이므로}\ 90=h\tan 65^\circ-h\tan 48^\circ$$
$$h(\tan 65^\circ-\tan 48^\circ)=90$$
$$\therefore\ h=\frac{90}{\tan 65^\circ-\tan 48^\circ}$$
답 ①

175

$\overline{AH}=h$ km라고 하면
$\angle BAH=45^\circ$, $\angle CAH=30^\circ$이므로
$$\overline{BH}=h\tan 45^\circ=h\,(\text{km}),\quad \overline{CH}=h\tan 30^\circ=\frac{\sqrt{3}}{3}h\,(\text{km})$$
$$\overline{BC}=\overline{BH}-\overline{CH}\text{이므로}\ 2=h-\frac{\sqrt{3}}{3}h,\ \frac{3-\sqrt{3}}{3}h=2$$
$$\therefore\ h=3+\sqrt{3}$$
따라서 산의 높이는 $(3+\sqrt{3})$ km이다. 답 $(3+\sqrt{3})$ km

176

$$\angle A=180^\circ-2\times 75^\circ=30^\circ$$
$$\therefore\ \triangle ABC=\frac{1}{2}\times 4\sqrt{2}\times 4\sqrt{2}\times\sin 30^\circ$$
$$=\frac{1}{2}\times 4\sqrt{2}\times 4\sqrt{2}\times\frac{1}{2}$$
$$=8\,(\text{cm}^2)$$
답 8 cm²

177

$$\frac{1}{2}\times 6\times\overline{BC}\times\sin 60^\circ=12\sqrt{3}\text{이므로}$$
$$\frac{3\sqrt{3}}{2}\overline{BC}=12\sqrt{3}$$
$$\therefore\ \overline{BC}=8\,(\text{cm})$$
답 ③

178

$0^\circ<\angle A<90^\circ$이고 $\tan A=\sqrt{3}$이므로 $\angle A=60^\circ$
$$\therefore\ \triangle ABC=\frac{1}{2}\times 6\times 10\times\sin 60^\circ$$
$$=\frac{1}{2}\times 6\times 10\times\frac{\sqrt{3}}{2}$$
$$=15\sqrt{3}\,(\text{cm}^2)$$
답 $15\sqrt{3}$ cm²

179

$\frac{1}{2} \times 8 \times 12 \times \sin B = 24\sqrt{2}$이므로 $\sin B = \frac{\sqrt{2}}{2}$

이때 $0° < \angle B < 90°$이므로 $\angle B = 45°$　　　　**답** $45°$

180

$\triangle ABC = \frac{1}{2} \times 12 \times 18 \times \sin 60°$

$\qquad = \frac{1}{2} \times 12 \times 18 \times \frac{\sqrt{3}}{2} = 54\sqrt{3}(\text{cm}^2)$　　……50%

$\therefore \triangle GBC = \frac{1}{3}\triangle ABC = \frac{1}{3} \times 54\sqrt{3} = 18\sqrt{3}(\text{cm}^2)$　……50%

답 $18\sqrt{3}\,\text{cm}^2$

181

$\overline{AE} /\!/ \overline{DC}$이므로 $\triangle AED = \triangle AEC$

$\therefore \square ABED = \triangle ABE + \triangle AED$

$\qquad\qquad = \triangle ABE + \triangle AEC = \triangle ABC$

$\qquad\qquad = \frac{1}{2} \times 5 \times 8\sqrt{2} \times \sin 45°$

$\qquad\qquad = \frac{1}{2} \times 5 \times 8\sqrt{2} \times \frac{\sqrt{2}}{2}$

$\qquad\qquad = 20(\text{cm}^2)$　　　　**답** $20\,\text{cm}^2$

182

$\overline{AD} = \overline{BE} = \overline{CF}$, $\overline{AF} = \overline{BD} = \overline{CE}$, $\angle A = \angle B = \angle C = 60°$이므로

$\triangle ADF \equiv \triangle BED \equiv \triangle CFE$ (SAS 합동)

따라서 $\triangle ADF = \triangle BED = \triangle CFE$이므로

$\triangle DEF = \triangle ABC - 3\triangle ADF$

$\qquad = \frac{1}{2} \times 10 \times 10 \times \sin 60° - 3 \times \left(\frac{1}{2} \times 4 \times 6 \times \sin 60°\right)$

$\qquad = \frac{1}{2} \times 10 \times 10 \times \frac{\sqrt{3}}{2} - 3 \times \left(\frac{1}{2} \times 4 \times 6 \times \frac{\sqrt{3}}{2}\right)$

$\qquad = 25\sqrt{3} - 18\sqrt{3} = 7\sqrt{3}(\text{cm}^2)$　　**답** $7\sqrt{3}\,\text{cm}^2$

183

$\triangle ABC = \triangle ABD + \triangle ADC$이므로

$\frac{1}{2} \times 4 \times 6 = \frac{1}{2} \times 4 \times \overline{AD} \times \sin 45° + \frac{1}{2} \times \overline{AD} \times 6 \times \sin 45°$

$12 = \frac{5\sqrt{2}}{2}\overline{AD}$　　$\therefore \overline{AD} = \frac{12\sqrt{2}}{5}(\text{cm})$　　**답** $\frac{12\sqrt{2}}{5}\,\text{cm}$

184

$\angle A = 180° - (25° + 35°) = 120°$

$\therefore \triangle ABC = \frac{1}{2} \times 12 \times 7 \times \sin(180° - 120°)$

$\qquad\qquad = \frac{1}{2} \times 12 \times 7 \times \frac{\sqrt{3}}{2}$

$\qquad\qquad = 21\sqrt{3}(\text{cm}^2)$　　　　**답** $21\sqrt{3}\,\text{cm}^2$

185

$\frac{1}{2} \times 8 \times \overline{AC} \times \sin(180° - 135°) = 10\sqrt{6}$이므로

$2\sqrt{2}\,\overline{AC} = 10\sqrt{6}$

$\therefore \overline{AC} = 5\sqrt{3}(\text{cm})$　　　　**답** ③

186

$\frac{1}{2} \times 6\sqrt{3} \times 12 \times \sin(180° - B) = 18\sqrt{3}$이므로

$\sin(180° - B) = \frac{1}{2}$

따라서 $180° - \angle B = 30°$이므로 $\angle B = 150°$　　**답** $150°$

187

$\triangle AOC$는 이등변삼각형이므로 $\angle AOC = 180° - 2 \times 30° = 120°$

(부채꼴 AOC의 넓이) $= \pi \times (4\sqrt{3})^2 \times \frac{120}{360} = 16\pi$　……40%

$\triangle AOC = \frac{1}{2} \times 4\sqrt{3} \times 4\sqrt{3} \times \sin(180° - 120°)$

$\qquad\quad = \frac{1}{2} \times 4\sqrt{3} \times 4\sqrt{3} \times \frac{\sqrt{3}}{2} = 12\sqrt{3}$　……40%

따라서 색칠한 부분의 넓이는

(부채꼴 AOC의 넓이) $- \triangle AOC = 16\pi - 12\sqrt{3}$　……20%

답 $16\pi - 12\sqrt{3}$

188

오른쪽 그림과 같이 $\overline{AC}$를 그으면

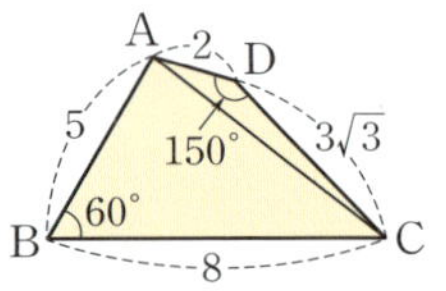

$\square ABCD = \triangle ABC + \triangle ACD$

$\qquad\quad = \frac{1}{2} \times 5 \times 8 \times \sin 60°$

$\qquad\qquad + \frac{1}{2} \times 2 \times 3\sqrt{3} \times \sin(180° - 150°)$

$\qquad\quad = \frac{1}{2} \times 5 \times 8 \times \frac{\sqrt{3}}{2} + \frac{1}{2} \times 2 \times 3\sqrt{3} \times \frac{1}{2}$

$\qquad\quad = \frac{23\sqrt{3}}{2}$　　　　**답** $\frac{23\sqrt{3}}{2}$

189

$\triangle ABC$에서 $\overline{AC} = \frac{4\sqrt{2}}{\cos 45°} = 4\sqrt{2} \times \frac{2}{\sqrt{2}} = 8$

$\therefore \square ABCD$

$= \triangle ABC + \triangle ACD$

$= \frac{1}{2} \times 4\sqrt{2} \times 8 \times \sin 45° + \frac{1}{2} \times 8 \times 4 \times \sin 30°$

$= \frac{1}{2} \times 4\sqrt{2} \times 8 \times \frac{\sqrt{2}}{2} + \frac{1}{2} \times 8 \times 4 \times \frac{1}{2}$

$= 24$　　　　**답** 24

190

오른쪽 그림과 같이 정육각형은 6개의 합동인
정삼각형으로 나누어진다.
따라서 정육각형의 넓이는

$6 \times \left(\dfrac{1}{2} \times 2 \times 2 \times \sin 60° \right)$

$= 6 \times \left(\dfrac{1}{2} \times 2 \times 2 \times \dfrac{\sqrt{3}}{2} \right) = 6\sqrt{3}$

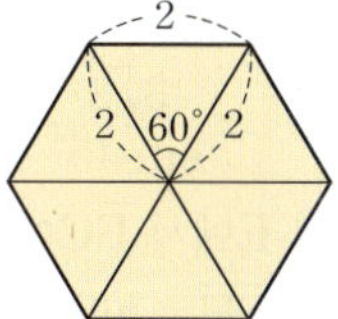

답 $6\sqrt{3}$

191

오른쪽 그림과 같이 대각선 $\overline{AC}$를 그으면

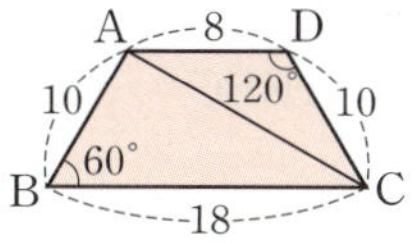

$\square ABCD = \triangle ABC + \triangle ACD$

$= \dfrac{1}{2} \times 10 \times 18 \times \sin 60°$

$\quad + \dfrac{1}{2} \times 8 \times 10 \times \sin (180° - 120°)$

$= \dfrac{1}{2} \times 10 \times 18 \times \dfrac{\sqrt{3}}{2} + \dfrac{1}{2} \times 8 \times 10 \times \dfrac{\sqrt{3}}{2}$

$= 65\sqrt{3}$

답 $65\sqrt{3}$

192

$\angle B = 180° - 135° = 45°$이므로

$\square ABCD = 10 \times 14 \times \sin 45°$

$= 10 \times 14 \times \dfrac{\sqrt{2}}{2} = 70\sqrt{2}\,(\mathrm{cm^2})$

답 $70\sqrt{2}\ \mathrm{cm^2}$

193

$\square ABCD$는 $\overline{BC} = \overline{AB} = 6\,(\mathrm{cm})$인 평행사변형이므로

$\square ABCD = 6 \times 6 \times \sin 30°$

$= 6 \times 6 \times \dfrac{1}{2} = 18\,(\mathrm{cm^2})$

답 $18\ \mathrm{cm^2}$

194

$5 \times 8 \times \sin B = 20\sqrt{3}$이므로 $\sin B = \dfrac{\sqrt{3}}{2}$

이때 $0° < \angle B < 90°$이므로 $\angle B = 60°$

답 $60°$

195

$\square ABCD = 4 \times 6 \times \sin 60° = 4 \times 6 \times \dfrac{\sqrt{3}}{2} = 12\sqrt{3}\,(\mathrm{cm^2})$

$\therefore \triangle APD = \dfrac{1}{4} \square ABCD$

$= \dfrac{1}{4} \times 12\sqrt{3} = 3\sqrt{3}\,(\mathrm{cm^2})$

답 $3\sqrt{3}\ \mathrm{cm^2}$

196

$\square ABCD = \dfrac{1}{2} \times 6 \times 8 \times \sin (180° - 135°)$

$= \dfrac{1}{2} \times 6 \times 8 \times \dfrac{\sqrt{2}}{2}$

$= 12\sqrt{2}\,(\mathrm{cm^2})$

답 $12\sqrt{2}\ \mathrm{cm^2}$

197

$\angle BOC = 180° - (55° + 65°) = 60°$

$\therefore \square ABCD = \dfrac{1}{2} \times 4 \times 5 \times \sin 60°$

$= \dfrac{1}{2} \times 4 \times 5 \times \dfrac{\sqrt{3}}{2} = 5\sqrt{3}\,(\mathrm{cm^2})$

답 ②

198

$\dfrac{1}{2} \times 12 \times 9 \times \sin x = 27\sqrt{2}$이므로

$\sin x = \dfrac{\sqrt{2}}{2}$

이때 $\angle x$는 예각이므로 $\angle x = 45°$

답 $45°$

199

$\square ABCD$는 등변사다리꼴이므로 $\overline{AC} = \overline{BD}$이고 $\cdots\cdots$ 30%

$\dfrac{1}{2} \times \overline{AC} \times \overline{BD} \times \sin (180° - 120°) = 8\sqrt{3}$이므로

$\dfrac{\sqrt{3}}{4} \overline{AC}^2 = 8\sqrt{3}$ $\cdots\cdots$ 50%

$\overline{AC}^2 = 32 \quad \therefore \overline{AC} = 4\sqrt{2}\,(\mathrm{cm})\ (\because \overline{AC} > 0)$ $\cdots\cdots$ 20%

답 $4\sqrt{2}\ \mathrm{cm}$

<table>
<tr><td colspan="7">실력 콕콕</td><td align="right">본문 | 37~39쪽</td></tr>
</table>

200 ⑤	201 ③	202 89.91 m	203 6 m
204 $2\sqrt{13}$ cm	205 ④	206 $(3-\sqrt{3})$ km	
207 $9(\sqrt{3}-1)$		208 $4(\sqrt{3}+1)$ cm²	
209 $\dfrac{\sqrt{2}}{2}$	210 48 cm²	211 $\dfrac{3}{2}$배	212 4 cm
213 6 cm²	214 $50\sqrt{2}$ cm²	215 $\dfrac{3}{5}$	216 $64\sqrt{3}$
217 $52\sqrt{3}$	218 $30\sqrt{3}$ cm²	219 16 cm	220 $30\sqrt{2}$ cm²
221 $91\sqrt{3}$	222 28 cm²	223 1 m	

200

$\angle C = 180° - (43° + 90°) = 47°$이므로

$\overline{BC} = \dfrac{2}{\tan 47°}$

답 ⑤

201

$\triangle ABO$에서 $\overline{OA} = 4\sqrt{3} \tan 30° = 4\sqrt{3} \times \dfrac{\sqrt{3}}{3} = 4\,(\mathrm{cm})$

$\triangle OBC$에서 $\overline{OC} = \dfrac{4\sqrt{3}}{\tan 45°} = 4\sqrt{3}\,(\mathrm{cm})$

따라서 삼각뿔의 부피는

$\dfrac{1}{3} \times \left(\dfrac{1}{2} \times 4\sqrt{3} \times 4\sqrt{3} \right) \times 4 = 32\,(\mathrm{cm^3})$

답 ③

202

$\triangle$ABH에서 $\overline{AH}=100\cos36°=100\times0.81=81(m)$

$\triangle$CAH에서 $\overline{CH}=81\tan48°=81\times1.11=89.91(m)$

답 89.91 m

203

$\triangle$DBH에서 $\overline{DH}=4\sqrt{3}\sin60°=4\sqrt{3}\times\dfrac{\sqrt{3}}{2}=6(m)$

$\overline{BH}=4\sqrt{3}\cos60°=4\sqrt{3}\times\dfrac{1}{2}=2\sqrt{3}(m)$

$\therefore \overline{AH}=10\sqrt{3}+2\sqrt{3}=12\sqrt{3}(m)$

$\triangle$CAH에서 $\overline{CH}=12\sqrt{3}\tan30°=12\sqrt{3}\times\dfrac{\sqrt{3}}{3}=12(m)$

$\therefore \overline{CD}=\overline{CH}-\overline{DH}=12-6=6(m)$

답 6 m

204

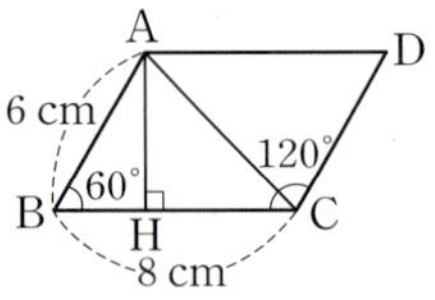

$\angle$B$=180°-120°=60°$이므로

오른쪽 그림과 같이 꼭짓점 A에서 $\overline{BC}$에 내린 수선의 발을 H라고 하면

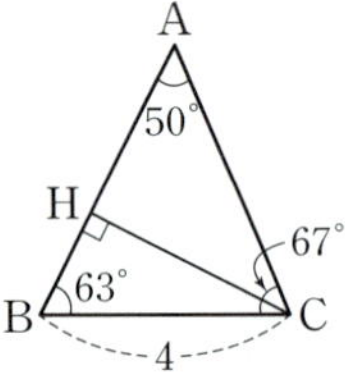

$\overline{AH}=6\sin60°=6\times\dfrac{\sqrt{3}}{2}=3\sqrt{3}(cm)$

$\overline{BH}=6\cos60°=6\times\dfrac{1}{2}=3(cm)$

$\overline{CH}=8-3=5(cm)$이므로

$\overline{AC}=\sqrt{(3\sqrt{3})^2+5^2}=2\sqrt{13}(cm)$

답 $2\sqrt{13}$ cm

205

오른쪽 그림과 같이 꼭짓점 C에서 $\overline{AB}$에 내린 수선의 발을 H라고 하면

$\overline{CH}=4\sin63°$

이때 $\angle$A$=180°-(63°+67°)=50°$이므로

$\overline{AC}=\dfrac{\overline{CH}}{\sin50°}=\dfrac{4\sin63°}{\sin50°}$

답 ④

206

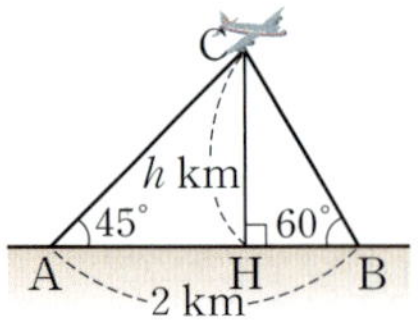

오른쪽 그림과 같이 꼭짓점 C에서 $\overline{AB}$에 내린 수선의 발을 H라 하고 $\overline{CH}=h$ km라고 하면

$\angle$ACH$=45°$, $\angle$BCH$=30°$이므로

$\overline{AH}=h\tan45°=h(km)$

$\overline{BH}=h\tan30°=\dfrac{\sqrt{3}}{3}h(km)$

$\overline{AB}=\overline{AH}+\overline{BH}$이므로

$2=h+\dfrac{\sqrt{3}}{3}h$, $\dfrac{3+\sqrt{3}}{3}h=2$

$\therefore h=3-\sqrt{3}$

따라서 지면에서 비행기까지의 높이는 $(3-\sqrt{3})$ km이다.

답 $(3-\sqrt{3})$ km

207

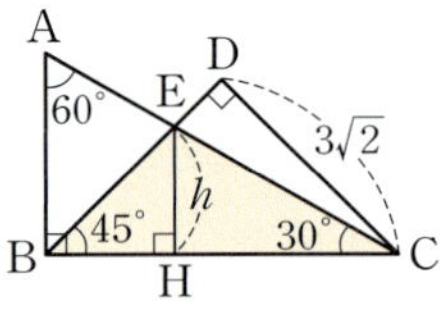

$\triangle$BCD에서

$\overline{BC}=\dfrac{3\sqrt{2}}{\sin45°}=3\sqrt{2}\times\dfrac{2}{\sqrt{2}}=6$

점 E에서 $\overline{BC}$에 내린 수선의 발을 H라 하고 $\overline{EH}=h$라고 하면

$\angle$BEH$=45°$, $\angle$CEH$=60°$이므로

$\overline{BH}=h\tan45°=h$, $\overline{CH}=h\tan60°=\sqrt{3}h$

$\overline{BC}=\overline{BH}+\overline{CH}$이므로 $6=h+\sqrt{3}h$, $(1+\sqrt{3})h=6$

$\therefore h=3(\sqrt{3}-1)$

$\therefore \triangle$EBC$=\dfrac{1}{2}\times6\times3(\sqrt{3}-1)=9(\sqrt{3}-1)$

답 $9(\sqrt{3}-1)$

208

$\overline{AH}=h$ cm라고 하면

$\angle$BAH$=60°$, $\angle$CAH$=45°$이므로

$\overline{BH}=h\tan60°=\sqrt{3}h(cm)$

$\overline{CH}=h\tan45°=h(cm)$

$\overline{BC}=\overline{BH}-\overline{CH}$이므로 $4=\sqrt{3}h-h$, $(\sqrt{3}-1)h=4$

$\therefore h=2(\sqrt{3}+1)$

$\therefore \triangle$ABC$=\dfrac{1}{2}\times4\times2(\sqrt{3}+1)$

$\qquad =4(\sqrt{3}+1)(cm^2)$

답 $4(\sqrt{3}+1)$ cm^2

209

$\dfrac{1}{2}\times6\times10\times\sin x=10\sqrt{3}$이므로 $\sin x=\dfrac{\sqrt{3}}{3}$

오른쪽 그림과 같은 $\triangle$PQR에서

$\overline{QR}=\sqrt{3^2-(\sqrt{3})^2}=\sqrt{6}$

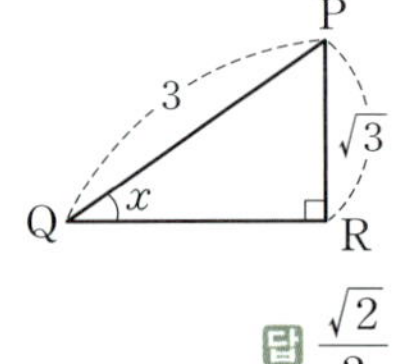

$\therefore \tan x=\dfrac{\sqrt{3}}{\sqrt{6}}=\dfrac{\sqrt{2}}{2}$

답 $\dfrac{\sqrt{2}}{2}$

210

$\angle$BCE$=\angle$ECF$=\angle$FCD$=\dfrac{1}{3}\times90°=30°$

$\triangle$CDF에서 $\overline{CF}=\dfrac{12}{\cos30°}=12\times\dfrac{2}{\sqrt{3}}=8\sqrt{3}(cm)$

$\overline{BC}=\overline{DC}$, $\angle$BCE$=\angle$DCF, $\angle$B$=\angle$D$=90°$이므로

$\triangle$BCE$\equiv\triangle$DCF (ASA 합동)

$\therefore \overline{CE}=\overline{CF}=8\sqrt{3}(cm)$

$\therefore \triangle$ECF$=\dfrac{1}{2}\times8\sqrt{3}\times8\sqrt{3}\times\sin30°$

$\qquad =\dfrac{1}{2}\times8\sqrt{3}\times8\sqrt{3}\times\dfrac{1}{2}=48(cm^2)$

답 48 cm^2

211

$\triangle ABC = \dfrac{1}{2} \times \overline{AB} \times \overline{AC} \times \sin A$ 이므로

$\triangle ADE = \dfrac{1}{2} \times \overline{AD} \times \overline{AE} \times \sin A$

$\qquad = \dfrac{1}{2} \times 3\overline{AB} \times \dfrac{1}{2}\overline{AC} \times \sin A$

$\qquad = \dfrac{3}{2} \times \left(\dfrac{1}{2} \times \overline{AB} \times \overline{AC} \times \sin A \right) = \dfrac{3}{2}\triangle ABC$

따라서 $\triangle ADE$의 넓이는 $\triangle ABC$의 넓이의 $\dfrac{3}{2}$배이다.   답 $\dfrac{3}{2}$배

212

$\angle C = 180° - (37° + 23°) = 120°$

$\dfrac{1}{2} \times \overline{BC} \times 6 \times \sin(180° - 120°) = 6\sqrt{3}$ 이므로

$\dfrac{3\sqrt{3}}{2}\overline{BC} = 6\sqrt{3}$ $\therefore \overline{BC} = 4\,(\text{cm})$ 답 4 cm

213

$\overline{DE} = 4 \sin 60° = 4 \times \dfrac{\sqrt{3}}{2} = 2\sqrt{3}\,(\text{cm})$

$\angle EDC = 30° + 90° = 120°$

$\therefore \triangle ECD = \dfrac{1}{2} \times 2\sqrt{3} \times 4 \times \sin(180° - 120°)$

$\qquad = \dfrac{1}{2} \times 2\sqrt{3} \times 4 \times \dfrac{\sqrt{3}}{2} = 6\,(\text{cm}^2)$ 답 6 cm²

214

오른쪽 그림과 같이 정팔각형은 8개의 합동
인 이등변삼각형으로 나누어진다.

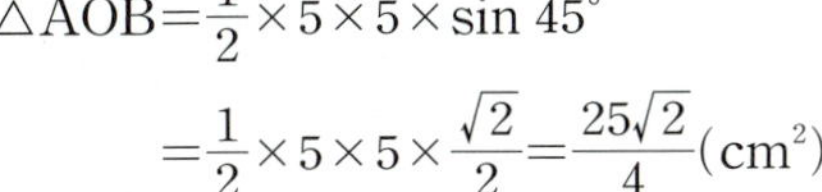

$\angle AOB = \dfrac{1}{8} \times 360° = 45°$ 이므로

$\triangle AOB = \dfrac{1}{2} \times 5 \times 5 \times \sin 45°$

$\qquad = \dfrac{1}{2} \times 5 \times 5 \times \dfrac{\sqrt{2}}{2} = \dfrac{25\sqrt{2}}{4}\,(\text{cm}^2)$

따라서 정팔각형의 넓이는

$8\triangle AOB = 8 \times \dfrac{25\sqrt{2}}{4} = 50\sqrt{2}\,(\text{cm}^2)$ 답 $50\sqrt{2}$ cm²

215

$\overline{AM} = \overline{AN} = \sqrt{2^2 + 1^2} = \sqrt{5}$

$\therefore \square ABCD$

$\quad = \triangle ABM + \triangle AMN + \triangle NMC + \triangle AND$

$\quad = \dfrac{1}{2} \times 2 \times 1 + \dfrac{1}{2} \times \sqrt{5} \times \sqrt{5} \times \sin x + \dfrac{1}{2} \times 1 \times 1 + \dfrac{1}{2} \times 2 \times 1$

$\quad = 1 + \dfrac{5}{2}\sin x + \dfrac{1}{2} + 1 = \dfrac{5}{2} + \dfrac{5}{2}\sin x$

따라서 $\dfrac{5}{2} + \dfrac{5}{2}\sin x = 4$ 이므로 $\dfrac{5}{2}\sin x = \dfrac{3}{2}$

$\therefore \sin x = \dfrac{3}{5}$ 답 $\dfrac{3}{5}$

216

오른쪽 그림과 같이 $\overline{AE}$를 그으면

$\overline{AD} = \overline{AB'}$, $\angle ADE = \angle ABE' = 90°$,

$\overline{AE}$는 공통이므로

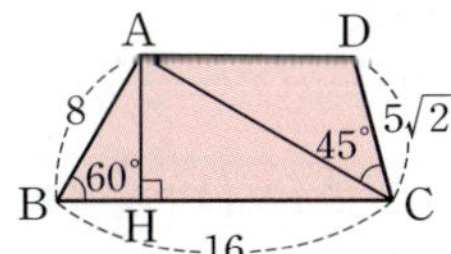

$\triangle ADE \equiv \triangle AB'E$ (RHS 합동)

$\angle DAE = \angle B'AE = \dfrac{1}{2} \times (90° - 30°) = 30°$

$\triangle AB'E$에서

$\overline{EB'} = 8\sqrt{3} \tan 30° = 8\sqrt{3} \times \dfrac{\sqrt{3}}{3} = 8$

$\therefore \square AB'ED = 2\triangle AB'E$

$\qquad = 2 \times \left(\dfrac{1}{2} \times 8\sqrt{3} \times 8 \right) = 64\sqrt{3}$ 답 $64\sqrt{3}$

217

오른쪽 그림과 같이 꼭짓점 A에서 $\overline{BC}$에
내린 수선의 발을 H라고 하면

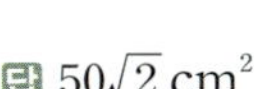

$\overline{AH} = 8 \sin 60° = 8 \times \dfrac{\sqrt{3}}{2} = 4\sqrt{3}$

$\overline{BH} = 8 \cos 60° = 8 \times \dfrac{1}{2} = 4$

$\overline{CH} = 16 - 4 = 12$ 이므로 $\overline{AC} = \sqrt{(4\sqrt{3})^2 + 12^2} = 8\sqrt{3}$

$\therefore \square ABCD = \triangle ABC + \triangle ACD$

$\qquad = \dfrac{1}{2} \times 8 \times 16 \times \sin 60° + \dfrac{1}{2} \times 8\sqrt{3} \times 5\sqrt{2} \times \sin 45°$

$\qquad = \dfrac{1}{2} \times 8 \times 16 \times \dfrac{\sqrt{3}}{2} + \dfrac{1}{2} \times 8\sqrt{3} \times 5\sqrt{2} \times \dfrac{\sqrt{2}}{2}$

$\qquad = 52\sqrt{3}$ 답 $52\sqrt{3}$

218

$\overline{DC} = \overline{AB} = 12$ cm이므로

$\square ABCD = 12 \times 20 \times \sin 60° = 12 \times 20 \times \dfrac{\sqrt{3}}{2} = 120\sqrt{3}\,(\text{cm}^2)$

$\therefore \triangle AMC = \dfrac{1}{2}\triangle ABC$

$\qquad = \dfrac{1}{2} \times \dfrac{1}{2}\square ABCD$

$\qquad = \dfrac{1}{4}\square ABCD$

$\qquad = \dfrac{1}{4} \times 120\sqrt{3}$

$\qquad = 30\sqrt{3}\,(\text{cm}^2)$ 답 $30\sqrt{3}$ cm²

219

$\square ABCD$의 한 변의 길이를 x cm라고 하면

$x \times x \times \sin 60° = 8\sqrt{3}$ 이므로

$\dfrac{\sqrt{3}}{2}x^2 = 8\sqrt{3}$, $x^2 = 16$ $\therefore x = 4 \ (\because x > 0)$

따라서 $\square ABCD$의 둘레의 길이는 $4 \times 4 = 16\,(\text{cm})$이다.

답 16 cm

220

오른쪽 그림과 같이 겹쳐진 부분을
□ABCD라고 하면 △DCP에서

$$\overline{CD}=\frac{6}{\sin 45^\circ}=6\times\frac{2}{\sqrt{2}}=6\sqrt{2}(cm)$$

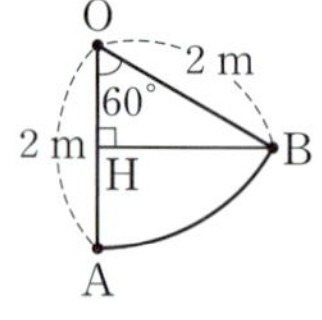

△BQC에서
∠BCQ=∠DCP=45° (맞꼭지각)이므로

$$\overline{BC}=\frac{5}{\sin 45^\circ}=5\times\frac{2}{\sqrt{2}}=5\sqrt{2}(cm)$$

□ABCD는 평행사변형이므로

$$\begin{aligned}
\square ABCD&=6\sqrt{2}\times5\sqrt{2}\times\sin(180^\circ-135^\circ)\\
&=6\sqrt{2}\times5\sqrt{2}\times\frac{\sqrt{2}}{2}\\
&=30\sqrt{2}(cm^2)
\end{aligned}$$

답 $30\sqrt{2}\ cm^2$

221

$$\overline{BD}=2\overline{OB}=2\times13=26,\ \overline{AC}=2\overline{OC}=2\times7=14$$

$$\begin{aligned}
\therefore\ \square ABCD&=\frac{1}{2}\times26\times14\times\sin(180^\circ-120^\circ)\\
&=\frac{1}{2}\times26\times14\times\frac{\sqrt{3}}{2}=91\sqrt{3}
\end{aligned}$$

답 $91\sqrt{3}$

222

두 대각선이 이루는 각의 크기를 $x\ (0^\circ<x\leq90^\circ)$라고 하면

$$\square ABCD=\frac{1}{2}\times7\times8\times\sin x=28\sin x(cm^2)$$

$\sin x=1$일 때, □ABCD의 넓이가 가장 크다.
따라서 □ABCD의 넓이 중 가장 큰 값은 28 cm²이다.

답 $28\ cm^2$

223

오른쪽 그림과 같이 점 B에서 $\overline{OA}$에 내린 수선의
발을 H라고 하자.
△BOH에서 $\overline{OB}=\overline{OA}=2(m)$이므로

$$\overline{OH}=\overline{OB}\cos 60^\circ=2\times\frac{1}{2}=1(m)$$

따라서 $\overline{AH}=\overline{OA}-\overline{OH}=2-1=1(m)$이므로
지연이는 지점 A를 기준으로 1 m 위에 위치한다.

답 1 m

224

단계 1 $\overline{BC}=10\tan 33^\circ=10\times0.65=6.5(m)$

단계 2 (나무의 높이)$=6.5+1.5=8(m)$

답 8 m

225

$\overline{BC}=20\sin 27^\circ=20\times0.45=9(m)$ ······70%

$\therefore$ (가로등의 높이)$=9+1.6=10.6(m)$ ······30%

답 10.6 m

226

단계 1
$$\begin{aligned}
\overline{AH}&=8\sin 60^\circ\\
&=8\times\frac{\sqrt{3}}{2}=4\sqrt{3}(cm)
\end{aligned}$$

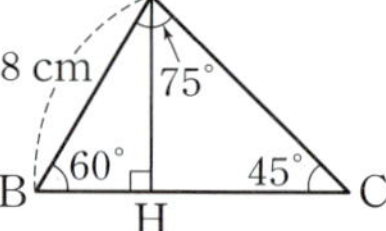

단계 2 $\angle C=180^\circ-(75^\circ+60^\circ)=45^\circ$
이므로

$$\overline{AC}=\frac{4\sqrt{3}}{\sin 45^\circ}=4\sqrt{3}\times\frac{2}{\sqrt{2}}=4\sqrt{6}(cm)$$

답 $4\sqrt{6}\ cm$

227

오른쪽 그림과 같이 꼭짓점 B에서 $\overline{AC}$
에 내린 수선의 발을 H라고 하면
$\angle A=180^\circ-(105^\circ+30^\circ)=45^\circ$
이므로

$$\overline{BH}=5\sqrt{2}\sin 45^\circ=5\sqrt{2}\times\frac{\sqrt{2}}{2}=5(cm)$$ ······50%

$$\therefore\ \overline{BC}=\frac{5}{\sin 30^\circ}=5\times2=10(cm)$$ ······50%

답 10 cm

228

단계 1
$$\begin{aligned}
\triangle ABC&=\frac{1}{2}\times10\times6\times\sin 60^\circ\\
&=\frac{1}{2}\times10\times6\times\frac{\sqrt{3}}{2}=15\sqrt{3}
\end{aligned}$$

단계 2 $\triangle ABC=\triangle ABD+\triangle ADC$이므로

$$15\sqrt{3}=\frac{1}{2}\times10\times\overline{AD}\times\sin 30^\circ+\frac{1}{2}\times\overline{AD}\times6\times\sin 30^\circ$$

$$15\sqrt{3}=\frac{1}{2}\times10\times\overline{AD}\times\frac{1}{2}+\frac{1}{2}\times\overline{AD}\times6\times\frac{1}{2}$$

$$15\sqrt{3}=\frac{5}{2}\overline{AD}+\frac{3}{2}\overline{AD},\ 4\overline{AD}=15\sqrt{3}$$

$$\therefore\ \overline{AD}=\frac{15\sqrt{3}}{4}$$

답 $\dfrac{15\sqrt{3}}{4}$

서술형 콕콕

본문 | 40~41쪽

224 8 m	**225** 10.6 m	**226** $4\sqrt{6}$ cm	**227** 10 cm
228 $\dfrac{15\sqrt{3}}{4}$	**229** $\dfrac{24}{5}$	**230** $\sqrt{19}$ cm	**231** $2\sqrt{13}$ cm
232 $44\sqrt{3}$	**233** $30\sqrt{3}$	**234** $\dfrac{5\sqrt{2}}{2}$	**235** $3\sqrt{2}$

229

$$\triangle ABC=\frac{1}{2}\times 12\times 8\times \sin\left(180^\circ-120^\circ\right)$$
$$=\frac{1}{2}\times 12\times 8\times \frac{\sqrt{3}}{2}=24\sqrt{3} \qquad \cdots\cdots 30\%$$

$\triangle ABC=\triangle ABD+\triangle ADC$이므로

$$24\sqrt{3}=\frac{1}{2}\times 12\times \overline{AD}\times \sin 60^\circ+\frac{1}{2}\times \overline{AD}\times 8\times \sin 60^\circ$$
$$24\sqrt{3}=\frac{1}{2}\times 12\times \overline{AD}\times \frac{\sqrt{3}}{2}+\frac{1}{2}\times \overline{AD}\times 8\times \frac{\sqrt{3}}{2}$$
$$24\sqrt{3}=3\sqrt{3}\,\overline{AD}+2\sqrt{3}\,\overline{AD},\ 5\sqrt{3}\,\overline{AD}=24\sqrt{3}$$
$$\therefore \overline{AD}=\frac{24}{5} \qquad \cdots\cdots 70\%$$

답 $\dfrac{24}{5}$

230

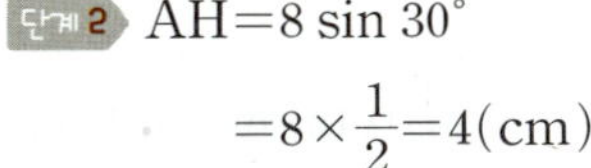 $\dfrac{1}{2}\times \overline{AB}\times 5\sqrt{3}\times \sin 30^\circ=10\sqrt{3}$이므로

$$\frac{5\sqrt{3}}{4}\overline{AB}=10\sqrt{3}$$
$$\therefore \overline{AB}=8\,(\text{cm})$$

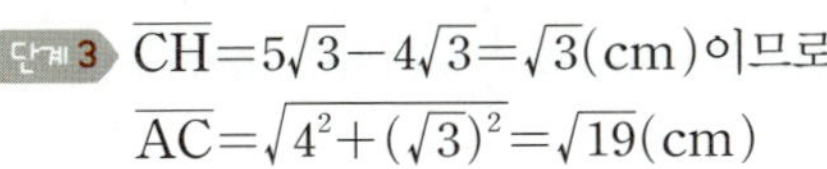 $\overline{AH}=8\sin 30^\circ$
$$=8\times \frac{1}{2}=4\,(\text{cm})$$
$\overline{BH}=8\cos 30^\circ$
$$=8\times \frac{\sqrt{3}}{2}=4\sqrt{3}\,(\text{cm})$$

단계 3 $\overline{CH}=5\sqrt{3}-4\sqrt{3}=\sqrt{3}\,(\text{cm})$이므로
$$\overline{AC}=\sqrt{4^2+(\sqrt{3})^2}=\sqrt{19}\,(\text{cm})$$

답 $\sqrt{19}\,$cm

231

$$\frac{1}{2}\times \overline{AB}\times 6\times \sin 60^\circ=12\sqrt{3}$$이므로

$$\frac{3\sqrt{3}}{2}\overline{AB}=12\sqrt{3}$$
$$\therefore \overline{AB}=8\,(\text{cm}) \qquad \cdots\cdots 30\%$$

오른쪽 그림과 같이 꼭짓점 A에서 $\overline{BC}$에 내린 수선의 발을 H라고 하면

$$\overline{AH}=8\sin 60^\circ=8\times \frac{\sqrt{3}}{2}=4\sqrt{3}\,(\text{cm})$$
$$\overline{BH}=8\cos 60^\circ=8\times \frac{1}{2}=4\,(\text{cm}) \qquad \cdots\cdots 40\%$$

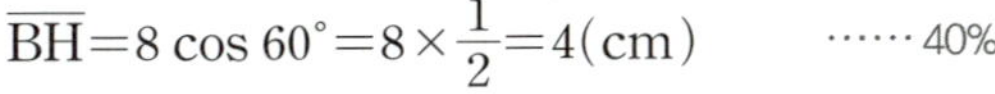

$\overline{CH}=6-4=2\,(\text{cm})$이므로
$$\overline{AC}=\sqrt{(4\sqrt{3})^2+2^2}=2\sqrt{13}\,(\text{cm}) \qquad \cdots\cdots 30\%$$

답 $2\sqrt{13}\,$cm

232

단계 1 $\overline{BD}=\dfrac{4\sqrt{3}}{\cos 60^\circ}=4\sqrt{3}\times 2=8\sqrt{3}$

단계 2 $\square ABCD$
$$=\triangle ABD+\triangle BCD$$
$$=\frac{1}{2}\times 4\sqrt{3}\times 8\sqrt{3}\times \sin 60^\circ+\frac{1}{2}\times 8\sqrt{3}\times 5\sqrt{2}\times \sin 45^\circ$$
$$=\frac{1}{2}\times 4\sqrt{3}\times 8\sqrt{3}\times \frac{\sqrt{3}}{2}+\frac{1}{2}\times 8\sqrt{3}\times 5\sqrt{2}\times \frac{\sqrt{2}}{2}$$
$$=44\sqrt{3}$$

답 $44\sqrt{3}$

233

$$\overline{AC}=12\sin 60^\circ=12\times \frac{\sqrt{3}}{2}=6\sqrt{3} \qquad \cdots\cdots 40\%$$

$$\therefore \square ABCD=\triangle ABC+\triangle ACD$$
$$=\frac{1}{2}\times 12\times 6\sqrt{3}\times \sin 30^\circ+\frac{1}{2}\times 6\sqrt{3}\times 8\times \sin 30^\circ$$
$$=\frac{1}{2}\times 12\times 6\sqrt{3}\times \frac{1}{2}+\frac{1}{2}\times 6\sqrt{3}\times 8\times \frac{1}{2}$$
$$=30\sqrt{3} \qquad \cdots\cdots 60\%$$

답 $30\sqrt{3}$

234

단계 1 $\angle BAD : \angle ADC=3:1$이므로
$$\angle ADC=180^\circ\times \frac{1}{4}=45^\circ$$

단계 2 $\square ABCD=5\times 4\times \sin 45^\circ=5\times 4\times \dfrac{\sqrt{2}}{2}=10\sqrt{2}$

단계 3 $\triangle OCD=\dfrac{1}{4}\square ABCD=\dfrac{1}{4}\times 10\sqrt{2}=\dfrac{5\sqrt{2}}{2}$

답 $\dfrac{5\sqrt{2}}{2}$

235

$\angle ABC : \angle BCD=5:1$이므로

$$\angle BCD=180^\circ\times \frac{1}{6}=30^\circ \qquad \cdots\cdots 30\%$$

$$\square ABCD=4\sqrt{2}\times 6\times \sin 30^\circ$$
$$=4\sqrt{2}\times 6\times \frac{1}{2}=12\sqrt{2} \qquad \cdots\cdots 35\%$$

$$\therefore \triangle OBC=\frac{1}{4}\square ABCD=\frac{1}{4}\times 12\sqrt{2}=3\sqrt{2} \qquad \cdots\cdots 35\%$$

답 $3\sqrt{2}$

1 원과 직선

236

$\fbox{답}$ $\angle OMB$, $\overline{OB}$, $\overline{OM}$, $\overline{BM}$

237

(1) $\overline{BH}=\dfrac{1}{2}\overline{AB}=\dfrac{1}{2}\times14=7(\text{cm})$ $\qquad\therefore x=7$

(2) $\overline{AB}=2\overline{AH}=2\times4=8(\text{cm})$ $\qquad\therefore x=8$

$\fbox{답}$ (1) 7　(2) 8

238

(1) $\overline{AH}=\sqrt{3^2-2^2}=\sqrt{5}(\text{cm})$

　$\overline{AB}=2\overline{AH}=2\sqrt{5}(\text{cm})$ $\qquad\therefore x=2\sqrt{5}$

(2) $\overline{AH}=\sqrt{6^2-3^2}=3\sqrt{3}(\text{cm})$

　$\overline{BH}=\overline{AH}=3\sqrt{3}(\text{cm})$ $\qquad\therefore x=3\sqrt{3}$

(3) $\overline{BH}=\dfrac{1}{2}\overline{AB}=\dfrac{1}{2}\times16=8(\text{cm})$

　$\overline{OB}=\sqrt{6^2+8^2}=10(\text{cm})$ $\qquad\therefore x=10$

(4) $\overline{AH}=\dfrac{1}{2}\overline{AB}=\dfrac{1}{2}\times24=12(\text{cm})$

　$\overline{OH}=\sqrt{13^2-12^2}=5(\text{cm})$ $\qquad\therefore x=5$

$\fbox{답}$ (1) $2\sqrt{5}$　(2) $3\sqrt{3}$　(3) 10　(4) 5

239

(1) $\overline{CD}$가 현 $\overline{AB}$를 수직이등분하므로 $\overline{CD}$는 원의 중심을 지난다.

　따라서 $\overline{CD}$가 원의 지름이므로 반지름의 길이는

　$\dfrac{1}{2}\times8=4(\text{cm})$

(2) $\overline{AB}$가 현 $\overline{CD}$를 수직이등분하므로 $\overline{AB}$는 원의 중심을 지난다.

　따라서 $\overline{AB}$가 원의 지름이므로 반지름의 길이는

　$\dfrac{1}{2}\times20=10(\text{cm})$

$\fbox{답}$ (1) 4 cm　(2) 10 cm

240

(1) $\overline{CD}=\overline{AB}=7(\text{cm})$ $\qquad\therefore x=7$

(2) $\overline{ON}=\overline{OM}=2(\text{cm})$ $\qquad\therefore x=2$

$\fbox{답}$ (1) 7　(2) 2

241

(1) $\overline{AD}=\overline{BC}=2\times5=10(\text{cm})$ $\qquad\therefore x=10$

(2) $\overline{AB}=\overline{CD}=18(\text{cm})$이므로 $2x=18$ $\qquad\therefore x=9$

(3) $\overline{AB}=\overline{CD}=2\times3=6(\text{cm})$이므로 $x=5$

(4) $\overline{CD}=2\times4=8(\text{cm})$이므로 $\overline{AB}=\overline{CD}$ $\quad\therefore x=3$

$\fbox{답}$ (1) 10　(2) 9　(3) 5　(4) 3

242

(1) $\square APBO$에서 $\angle PAO=\angle PBO=90°$이므로

　$\angle x=360°-(90°+115°+90°)=65°$

(2) $\square AOBP$에서 $\angle OAP=\angle OBP=90°$이므로

　$\angle x=360°-(90°+75°+90°)=105°$

$\fbox{답}$ (1) $65°$　(2) $105°$

243

(1) $\triangle APO$는 $\angle PAO=90°$인 직각삼각형이므로

　$\overline{PA}=\sqrt{5^2-3^2}=4(\text{cm})$ $\qquad\therefore x=4$

(2) $\triangle APO$는 $\angle OAP=90°$인 직각삼각형이므로

　$\overline{PO}=\sqrt{5^2+10^2}=5\sqrt{5}(\text{cm})$ $\qquad\therefore x=5\sqrt{5}$

$\fbox{답}$ (1) 4　(2) $5\sqrt{5}$

244

(1) $\overline{PA}=\overline{PB}=12(\text{cm})$

(2) $\triangle APO$는 $\angle PAO=90°$인 직각삼각형이므로

　$\overline{PO}=\sqrt{12^2+9^2}=15(\text{cm})$

$\fbox{답}$ (1) 12 cm　(2) 15 cm

245

(1) $\triangle PAB$에서 $\overline{PA}=\overline{PB}$이므로 $\angle x=180°-2\times48°=84°$

(2) $\triangle PBA$에서 $\overline{PA}=\overline{PB}$이므로 $\angle x=\dfrac{1}{2}\times(180°-62°)=59°$

$\fbox{답}$ (1) $84°$　(2) $59°$

246

(1) $\overline{AF}=\overline{AD}=2(\text{cm})$

(2) $\overline{BE}=\overline{BD}=7(\text{cm})$

(3) $\overline{CE}=\overline{CF}=\overline{AC}-\overline{AF}=6-2=4(\text{cm})$

(4) $\overline{BC}=\overline{BE}+\overline{CE}=7+4=11(\text{cm})$

$\fbox{답}$ (1) 2 cm　(2) 7 cm　(3) 4 cm　(4) 11 cm

247

$\fbox{답}$ 10, $8-r$, 10, $8-r$, 2 / 그림에서 $8-r$, $8-r$

248

(1) $6+8=x+9$ $\qquad\therefore x=5$

(2) $14+x=7+16$ $\qquad\therefore x=9$

(3) $10+(x+6)=8+11$ $\qquad\therefore x=3$

(4) $12+20=14+(x+10)$ $\qquad\therefore x=8$

$\fbox{답}$ (1) 5　(2) 9　(3) 3　(4) 8

유형 콕콕

249 $4\sqrt{5}$ cm	**250** 26π cm	**251** ⑤	**252** 12 cm²
253 13 cm	**254** $10\sqrt{3}$ cm	**255** $\dfrac{25}{3}$	**256** ⑤
257 10	**258** 6 cm	**259** 6 cm	**260** $24\sqrt{6}$ cm²
261 ②	**262** 8 cm	**263** 120°	**264** 8 cm
265 18	**266** $\sqrt{15}$ cm	**267** $10\sqrt{6}$ cm²	**268** 64°
269 8	**270** 110°	**271** 38 cm	**272** 6 cm
273 $2\sqrt{6}$ cm	**274** 30 cm²	**275** ④	**276** 52°
277 $\dfrac{11}{3}\pi$ cm	**278** 20°	**279** 23π cm²	**280** $2\sqrt{21}$ cm
281 12π cm²	**282** 120 cm²	**283** $5\sqrt{3}$ cm	**284** 3 cm
285 ⑤	**286** 5 cm	**287** 24 cm	**288** $2\sqrt{10}$ cm
289 24 cm	**290** 4	**291** 78 cm²	**292** ⑤
293 ②	**294** ③	**295** 4 cm	**296** 14 cm
297 44 cm	**298** 6 cm	**299** ④	**300** ③
301 4π cm²	**302** 6 cm	**303** ③	**304** 18 cm
305 34 cm	**306** 2 cm	**307** ③	**308** ⑤
309 ②	**310** 6 cm	**311** ③	
312 $(18-4\sqrt{14})$ cm		**313** ③	
314 $12(\sqrt{2}-1)\pi$ cm			

249

오른쪽 그림과 같이 점 O에서 $\overline{AB}$에 내린 수선의 발을 H라고 하면

$\triangle OAH$에서 $\overline{AH}=\sqrt{6^2-4^2}=2\sqrt{5}$(cm)

$\therefore \overline{AB}=2\overline{AH}=4\sqrt{5}$(cm)

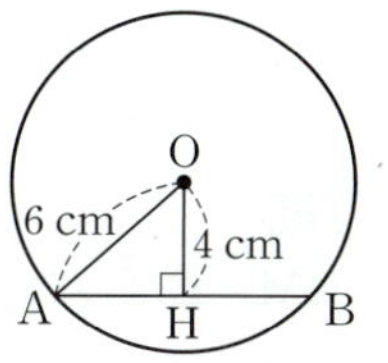

답 $4\sqrt{5}$ cm

250

$\overline{AH}=\dfrac{1}{2}\overline{AB}=\dfrac{1}{2}\times10=5$(cm)이므로

원 O의 반지름의 길이를 r cm라고 하면

$\triangle OAH$에서 $r=\sqrt{12^2+5^2}=13$

따라서 원 O의 둘레의 길이는 $2\pi\times13=26\pi$(cm)

답 26π cm

251

오른쪽 그림의 $\triangle OAM$에서

$\overline{AM}=\sqrt{8^2-4^2}=4\sqrt{3}$(cm)

$\therefore \overline{AB}=2\overline{AM}=2\times4\sqrt{3}=8\sqrt{3}$(cm)

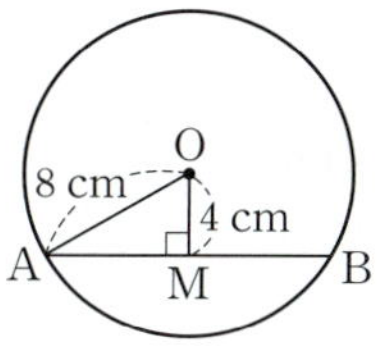

답 ⑤

252

오른쪽 그림과 같이 원의 중심 O에서 $\overline{CD}$에 내린 수선의 발을 E라고 하면

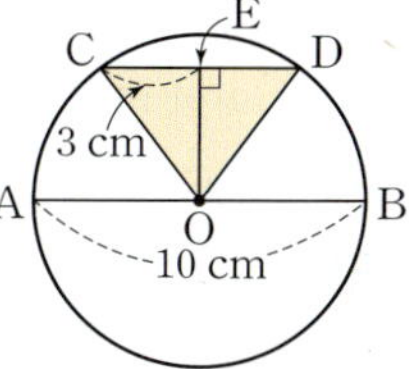

$\overline{CE}=\dfrac{1}{2}\overline{CD}=3$(cm)

$\overline{OC}=\overline{OA}=\dfrac{1}{2}\overline{AB}=5$(cm)

$\triangle COE$에서 $\overline{OE}=\sqrt{5^2-3^2}=4$(cm) ······ 70%

$\therefore \triangle COD=\dfrac{1}{2}\times6\times4=12$(cm²) ······ 30%

답 12 cm²

253

오른쪽 그림과 같이 $\overline{OA}$를 긋고 원 O의 반지름의 길이를 r cm라고 하면

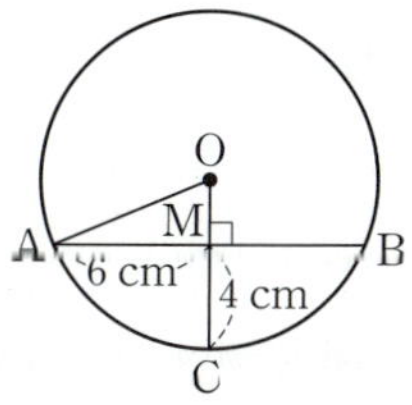

$\overline{OM}=r-4$(cm)

$\triangle OAM$에서

$r^2=6^2+(r-4)^2,\ 8r=52$

$\therefore r=\dfrac{13}{2}$

따라서 원 O의 지름의 길이는 $2\times\dfrac{13}{2}=13$(cm)

답 13 cm

254

$\overline{OM}=\dfrac{1}{2}\overline{OC}=\dfrac{1}{2}\times10=5$(cm)이므로

$\triangle OMB$에서 $\overline{BM}=\sqrt{10^2-5^2}=5\sqrt{3}$(cm)

$\therefore \overline{AB}=2\overline{BM}=10\sqrt{3}$(cm)

답 $10\sqrt{3}$ cm

255

$\triangle CBM$에서 $\overline{BM}=\sqrt{10^2-6^2}=8$(cm)

$\therefore \overline{AM}=\overline{BM}=8$(cm)

$\overline{OC}=\overline{OA}=x$(cm)이므로 $\overline{OM}=x-6$(cm)

따라서 $\triangle OAM$에서 $x^2=8^2+(x-6)^2$

$12x=100 \qquad \therefore x=\dfrac{25}{3}$

답 $\dfrac{25}{3}$

256

오른쪽 그림과 같이 $\overline{OA}$를 그으면 원 O의 반지름의 길이가 9 cm이므로

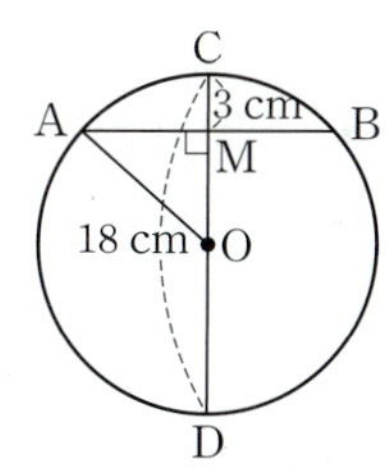

$\overline{OA}=9$ cm, $\overline{OM}=9-3=6$(cm)

$\triangle AOM$에서 $\overline{AM}=\sqrt{9^2-6^2}=3\sqrt{5}$(cm)

$\therefore \overline{AB}=2\overline{AM}=6\sqrt{5}$(cm)

답 ⑤

257

오른쪽 그림과 같이 원의 중심을 O라고 하면 $\overline{CD}$의 연장선은 점 O를 지난다.

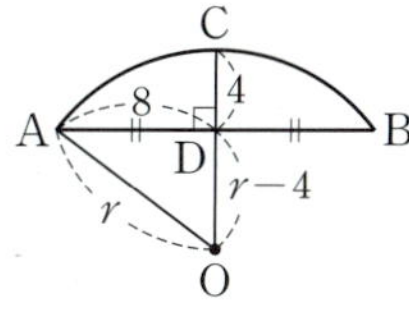

원의 반지름의 길이를 r라고 하면

$\triangle AOD$에서

$r^2=8^2+(r-4)^2$, $8r=80$

$\therefore r=10$

따라서 원의 반지름의 길이는 10이다.　　　　　답 10

258

오른쪽 그림과 같이 원의 중심을 O라고 하면
$\overline{CD}$의 연장선은 점 O를 지난다.

$\triangle AOD$에서 $\overline{AD}=\sqrt{5^2-4^2}=3(cm)$

$\therefore \overline{AB}=2\overline{AD}=6(cm)$

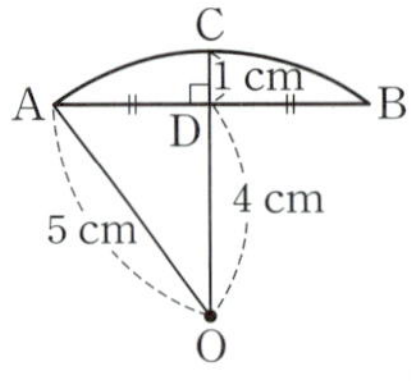

답 6 cm

259

$\overline{AM}=\dfrac{1}{2}\overline{AB}=\dfrac{1}{2}\times24=12(cm)$　　……30%

오른쪽 그림과 같이 원의 중심을 O라고 하면
$\overline{CM}$의 연장선은 점 O를 지난다.

$\triangle AOM$에서

$\overline{OM}=\sqrt{15^2-12^2}=9(cm)$　　……50%

$\therefore \overline{CM}=15-9=6(cm)$　　……20%

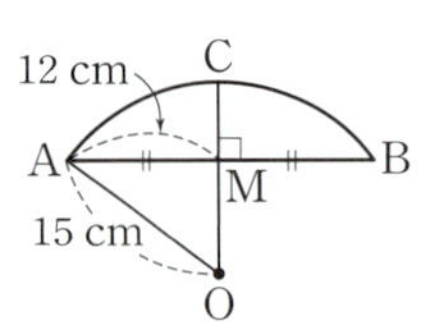

답 6 cm

260

오른쪽 그림과 같이 원의 중심을 O라고
하면 $\overline{CM}$의 연장선은 점 O를 지난다.

$\overline{OM}=11-6=5(cm)$이므로

$\triangle OAM$에서

$\overline{AM}=\sqrt{11^2-5^2}=4\sqrt{6}(cm)$

따라서 $\overline{AB}=2\overline{AM}=8\sqrt{6}(cm)$이므로

$\triangle ABC=\dfrac{1}{2}\times8\sqrt{6}\times6=24\sqrt{6}(cm^2)$

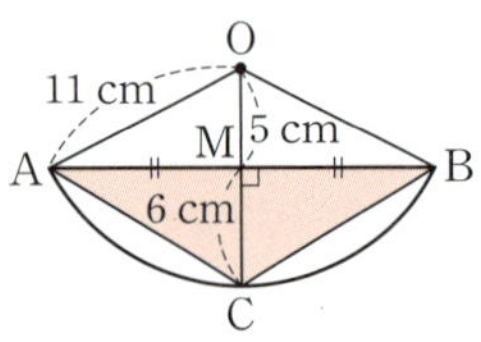

답 $24\sqrt{6}$ cm²

261

오른쪽 그림과 같이 원의 중심 O에서 $\overline{AB}$에
내린 수선의 발을 M이라고 하면

$\overline{OA}=6\ cm$, $\overline{OM}=\dfrac{1}{2}\overline{OA}=3(cm)$

$\triangle OAM$에서 $\overline{AM}=\sqrt{6^2-3^2}=3\sqrt{3}(cm)$

$\therefore \overline{AB}=2\overline{AM}=6\sqrt{3}(cm)$

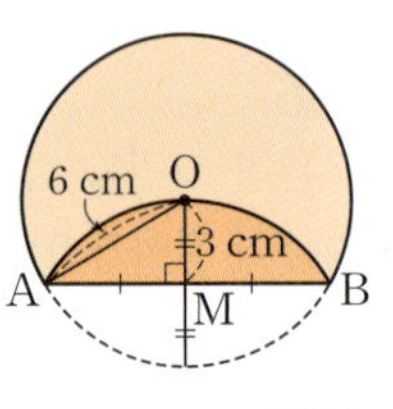

답 ②

262

오른쪽 그림과 같이 원의 중심 O에서 $\overline{AB}$
에 내린 수선의 발을 M이라고 하면

$\overline{AM}=\dfrac{1}{2}\overline{AB}=4\sqrt{3}(cm)$

원 O의 반지름의 길이를 r cm라고 하면

$\overline{OM}=\dfrac{1}{2}\overline{OA}=\dfrac{r}{2}(cm)$이므로

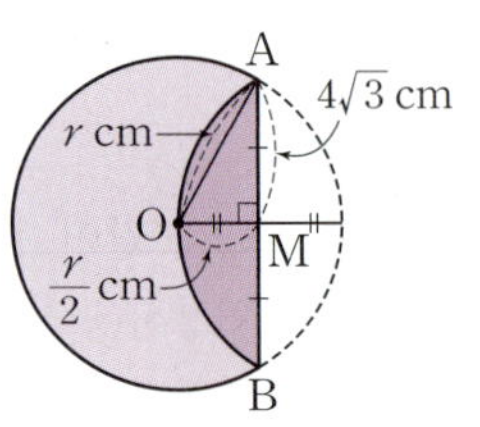

$\triangle AOM$에서 $r^2=(4\sqrt{3})^2+\left(\dfrac{r}{2}\right)^2$, $r^2=64$

$\therefore r=8\ (\because r>0)$

따라서 원 O의 반지름의 길이는 8 cm이다.　　　　답 8 cm

263

오른쪽 그림과 같이 원의 중심 O에서 $\overline{AB}$에
내린 수선의 발을 M이라고 하면

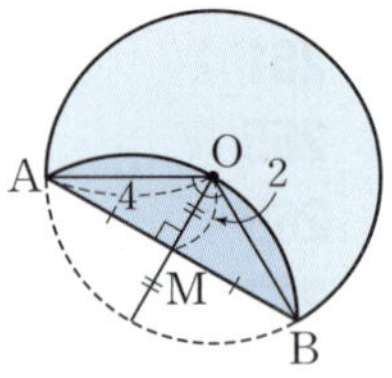

$\overline{OM}=\dfrac{1}{2}\overline{OA}=2$

$\triangle OAM$에서 $\cos(\angle AOM)=\dfrac{2}{4}=\dfrac{1}{2}$이고

$\angle AMO=90°$이므로 $\angle AOM=60°$

$\overline{OA}=\overline{OB}$, $\angle AMO=\angle BMO=90$, $\overline{OM}$은 공통이므로

$\triangle OAM\equiv\triangle OBM$ (RHS 합동)

$\therefore \angle AOB=2\angle AOM=2\times60°=120°$　　답 120°

264

$\triangle OCN$에서 $\overline{CN}=\sqrt{5^2-3^2}=4(cm)$

$\overline{ON}\perp\overline{CD}$이므로 $\overline{CD}=2\overline{CN}=8(cm)$

이때 $\overline{OM}=\overline{ON}$이므로 $\overline{AB}=\overline{CD}=8(cm)$　　답 8 cm

265

$\overline{BM}=\overline{AM}$이므로 $x=6$

$\overline{OM}=\overline{ON}$에서 $\overline{CD}=\overline{AB}$이므로 $y=12$

$\therefore x+y=6+12=18$　　　　답 18

266

$\overline{AM}=\overline{BM}=7(cm)$이므로

$\triangle OAM$에서 $\overline{OM}=\sqrt{8^2-7^2}=\sqrt{15}(cm)$

이때 $\overline{AB}=\overline{CD}=14(cm)$이므로

$\overline{ON}=\overline{OM}=\sqrt{15}(cm)$　　　　답 $\sqrt{15}$ cm

267

오른쪽 그림과 같이 원의 중심 O에서 $\overline{AB}$에
내린 수선의 발을 N이라고 하면

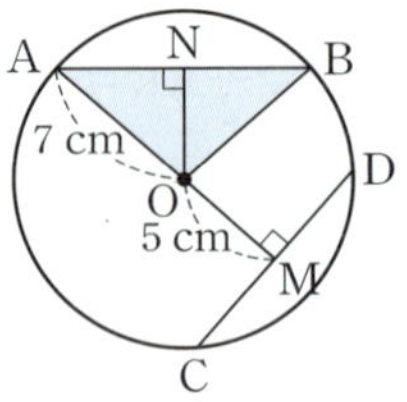

$\overline{AB}=\overline{CD}$이므로

$\overline{ON}=\overline{OM}=5(cm)$　　……20%

$\triangle AON$에서 $\overline{AN}=\sqrt{7^2-5^2}=2\sqrt{6}(cm)$

$\overline{AB}=2\overline{AN}=4\sqrt{6}(cm)$　　……50%

$\therefore \triangle AOB=\dfrac{1}{2}\times4\sqrt{6}\times5=10\sqrt{6}(cm^2)$　　……30%

답 $10\sqrt{6}$ cm²

268

$\overline{OM}=\overline{ON}$이므로 $\overline{AB}=\overline{AC}$

따라서 $\triangle ABC$는 이등변삼각형이므로

$\angle ABC=\dfrac{1}{2}\times(180°-52°)=64°$　　답 64°

269

□AMON에서

$\angle MAN = 360° - (90° + 120° + 90°) = 60°$

$\overline{OM} = \overline{ON}$이므로 $\overline{AB} = \overline{AC}$

즉 △ABC는 이등변삼각형이므로

$\angle ABC = \angle ACB = \dfrac{1}{2} \times (180° - 60°) = 60°$

따라서 △ABC는 정삼각형이므로

$\overline{BC} = \overline{AB} = 2\overline{AM} = 2 \times 4 = 8$

   답 8

270

$\overline{OM} = \overline{ON}$이므로 $\overline{AB} = \overline{BC}$

즉 △ABC는 이등변삼각형이므로

$\angle ABC = 180° - 2 \times 55° = 70°$

따라서 □OMBN에서

$\angle MON = 360° - (90° + 70° + 90°) = 110°$

   답 110°

271

△ABC에서 $\overline{AM} = \overline{BM}$, $\overline{AN} = \overline{CN}$이므로

삼각형의 두 변의 중점을 연결한 선분의 성질에 의하여

$\overline{BC} = 2\overline{MN} = 14 (\text{cm})$

$\overline{OM} = \overline{ON}$이므로 $\overline{AB} = \overline{AC} = 2\overline{AM} = 12 (\text{cm})$

따라서 △ABC의 둘레의 길이는

$\overline{AB} + \overline{BC} + \overline{AC} = 12 + 14 + 12 = 38 (\text{cm})$

   답 38 cm

272

오른쪽 그림과 같이 $\overline{OT}$를 긋고 원 O의 반

지름의 길이를 r cm라고 하면

$\angle PTO = 90°$이므로

△POT에서 $(4+r)^2 = 8^2 + r^2$

$8r = 48 \quad \therefore r = 6$

따라서 원 O의 반지름의 길이는 6 cm이다.

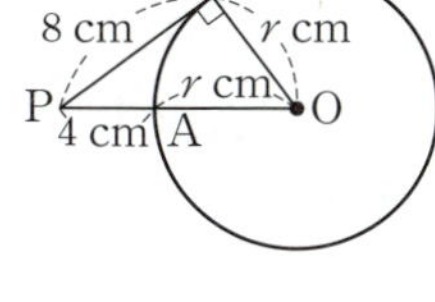

   답 6 cm

273

$\overline{OT} = \overline{OA} = 5 (\text{cm})$, $\angle OTP = 90°$이므로

△OPT에서 $\overline{PT} = \sqrt{7^2 - 5^2} = 2\sqrt{6} (\text{cm})$

   답 $2\sqrt{6}$ cm

274

$\overline{OA} = r$ cm라고 하면

$\overline{OT} = \overline{OA} = r (\text{cm})$, $\overline{PO} = 8 + r (\text{cm})$ …… 20%

$\angle PTO = 90°$이므로 △POT에서

$(8+r)^2 = r^2 + 12^2$, $16r = 80 \quad \therefore r = 5$ …… 50%

$\therefore \triangle POT = \dfrac{1}{2} \times 12 \times 5 = 30 (\text{cm}^2)$ …… 30%

   답 30 cm²

275

오른쪽 그림과 같이 $\overline{OT}$를 긋고 원 O의

반지름의 길이를 r cm라고 하면

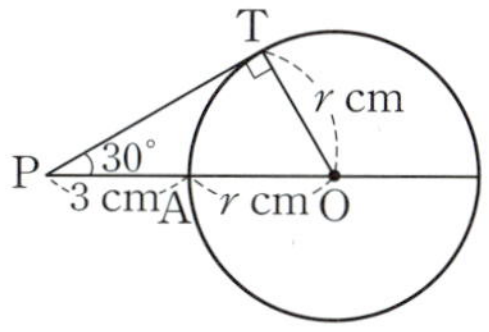

$\angle PTO = 90°$이고

$\angle TPO = 30°$이므로

△TPO에서

$\sin 30° = \dfrac{\overline{TO}}{\overline{PO}} = \dfrac{r}{3+r} = \dfrac{1}{2}$

$2r = 3 + r \quad \therefore r = 3$

$\therefore \overline{PT} = \dfrac{3}{\tan 30°} = 3 \times \dfrac{3}{\sqrt{3}} = 3\sqrt{3} (\text{cm})$

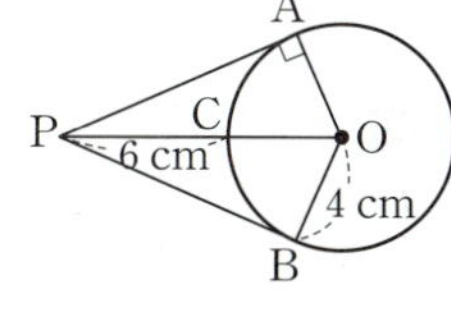

   답 ④

276

$\angle PAO = 90°$이므로 $\angle PAB = 90° - 26° = 64°$

이때 $\overline{PA} = \overline{PB}$에서 △PBA는 이등변삼각형이므로

$\angle APB = 180° - 2 \times 64° = 52°$

   답 52°

277

$\angle PAO = \angle PBO = 90°$이므로

□AOBP에서 $\angle AOB = 180° - 48° = 132°$

$\therefore \overparen{AB} = 2\pi \times 5 \times \dfrac{132}{360} = \dfrac{11}{3}\pi (\text{cm})$

   답 $\dfrac{11}{3}\pi$ cm

278

$\overline{PA} = \overline{PB}$에서 △APB는 이등변삼각형이므로

$\angle PBA = \dfrac{1}{2} \times (180° - 40°) = 70°$

$\angle PBO = 90°$이므로 $\angle ABO = 90° - 70° = 20°$

   답 20°

279

$\angle AOB = 180° - 50° = 130°$

색칠한 부채꼴의 중심각의 크기는 $360° - 130° = 230°$이므로

구하는 넓이는 $\pi \times 6^2 \times \dfrac{230}{360} = 23\pi (\text{cm}^2)$

   답 23π cm²

280

오른쪽 그림과 같이 $\overline{OA}$를 그으면

$\overline{OA} = \overline{OB} = 4 (\text{cm})$이므로

$\overline{PO} = 6 + 4 = 10 (\text{cm})$

$\angle PAO = 90°$이므로 △APO에서

$\overline{PA} = \sqrt{10^2 - 4^2} = 2\sqrt{21} (\text{cm})$

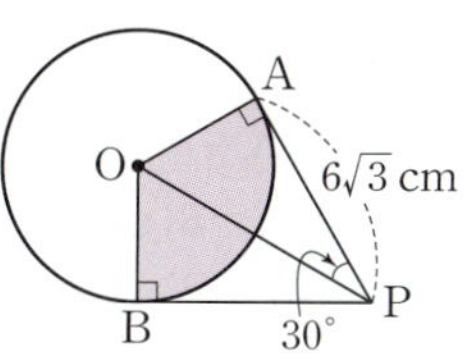

   답 $2\sqrt{21}$ cm

281

$\angle AOB = 180° - 60° = 120°$

오른쪽 그림과 같이 $\overline{OP}$를 그으면

△AOP ≡ △BOP (RHS 합동)이므로

$\angle APO = \angle BPO = \dfrac{1}{2}\angle APB$

$= \dfrac{1}{2} \times 60° = 30°$

$$\therefore \overline{OA}=6\sqrt{3}\tan 30°=6\sqrt{3}\times\frac{\sqrt{3}}{3}=6\,(\text{cm})$$

$$\therefore (\text{색칠한 부분의 넓이})=\pi\times 6^2\times\frac{120}{360}=12\pi\,(\text{cm}^2)$$ 답 12π cm²

282

$\overline{OC}=\overline{OA}=8\,(\text{cm})$이므로

$\overline{PO}=9+8=17\,(\text{cm})$ ······ 20%

$\angle PAO=90°$이므로 $\triangle APO$에서

$\overline{PA}=\sqrt{17^2-8^2}=15\,(\text{cm})$ ······ 30%

$\triangle PAO\equiv\triangle PBO$ (RHS 합동)이므로 ······ 30%

$$\square APBO=2\triangle PAO=2\times\left(\frac{1}{2}\times 15\times 8\right)$$
$$=120\,(\text{cm}^2)$$ ······ 20%

답 120 cm²

283

오른쪽 그림과 같이 $\overline{PO}$를 그으면

$\triangle PAO\equiv\triangle PBO$ (RHS 합동)이므로

$$\angle AOP=\angle BOP=\frac{1}{2}\angle AOB$$
$$=\frac{1}{2}\times 120°=60°$$

$\therefore \overline{PA}=5\tan 60°=5\sqrt{3}\,(\text{cm})$

$\angle APB=180°-120°=60°$이고 $\overline{PA}=\overline{PB}$이므로

$\triangle APB$는 정삼각형이다.

$\therefore \overline{AB}=\overline{PA}=5\sqrt{3}\,(\text{cm})$

답 $5\sqrt{3}$ cm

284

$(\triangle ACB$의 둘레의 길이$)=2\overline{AD}$이므로

$10+7+9=2\overline{AD}$ $\therefore \overline{AD}=13\,(\text{cm})$

$\therefore \overline{BD}=\overline{AD}-\overline{AB}=13-10=3\,(\text{cm})$ 답 3 cm

285

①, ② 원 밖의 한 점에서 원에 그은 두 접선의 길이는 같으므로

$\quad\overline{AE}=\overline{AF}, \overline{BD}=\overline{BF}$

③ $\overline{OD}=\overline{OF}$ (반지름의 길이)

④ $\triangle OCD\equiv\triangle OCE$ (RHS 합동)이므로

$\quad\angle OCD=\angle OCE$ 답 ⑤

286

$\overline{AC}=\overline{AX}=8-5=3\,(\text{cm})$

$\overline{PY}=\overline{PX}=8\,(\text{cm})$이므로

$\overline{BC}=\overline{BY}=8-6=2\,(\text{cm})$

$\therefore \overline{AB}=\overline{AC}+\overline{BC}=3+2=5\,(\text{cm})$

$(\text{삼각형 ABP의 둘레의 길이})=2\overline{PX}=2\times 8=16\,(\text{cm})$

이므로 $5+\overline{AB}+6=16$

$\therefore \overline{AB}=5\,(\text{cm})$

답 5 cm

287

$\angle ADO=90°$이므로 $\triangle AOD$에서

$\overline{AD}=\sqrt{13^2-5^2}=12\,(\text{cm})$

$$\therefore (\triangle ABC\text{의 둘레의 길이})=2\overline{AD}$$
$$=2\times 12=24\,(\text{cm})$$ 답 24 cm

288

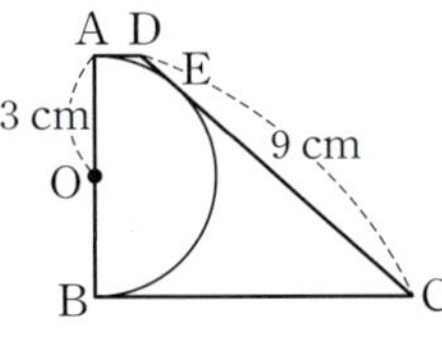

오른쪽 그림과 같이 반원 O와 $\overline{CD}$의 접점을 E라고 하면

$\overline{DE}=\overline{DA}=2\,(\text{cm})$,

$\overline{CE}=\overline{CB}=5\,(\text{cm})$이므로

$\overline{CD}=2+5=7\,(\text{cm})$

꼭짓점 D에서 $\overline{BC}$에 내린 수선의 발을 H라고 하면

$\overline{BH}=\overline{AD}=2\,(\text{cm})$이므로

$\overline{CH}=5-2=3\,(\text{cm})$

$\triangle CDH$에서 $\overline{DH}=\sqrt{7^2-3^2}=2\sqrt{10}\,(\text{cm})$

$\therefore \overline{AB}=\overline{DH}=2\sqrt{10}\,(\text{cm})$ 답 $2\sqrt{10}$ cm

289

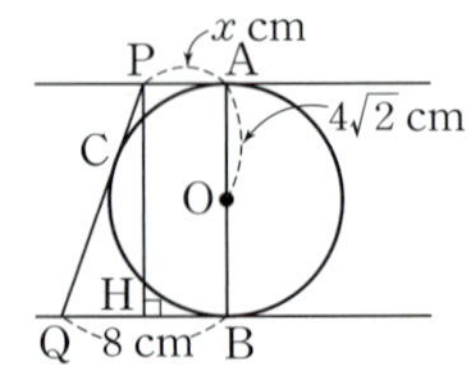

반원 O와 $\overline{CD}$의 접점을 E라고 하면

$\overline{AD}=\overline{DE}, \overline{BC}=\overline{CE}$이므로

$\overline{AD}+\overline{BC}=\overline{DE}+\overline{CE}=\overline{CD}=9\,(\text{cm})$

따라서 $\square ABCD$의 둘레의 길이는

$$\overline{AB}+\overline{BC}+\overline{CD}+\overline{DA}=6+9+9$$
$$=24\,(\text{cm})$$ 답 24 cm

290

$\overline{PC}=\overline{PA}=x\,(\text{cm}), \overline{QC}=\overline{QB}=8\,(\text{cm})$

$\therefore \overline{PQ}=x+8\,(\text{cm})$

오른쪽 그림과 같이 점 P에서 $\overline{QB}$에 내린 수선의 발을 H라고 하면 $\triangle PQH$에서

$(8+x)^2=(8\sqrt{2})^2+(8-x)^2$

$32x=128$ $\therefore x=4$

답 4

291

$\overline{DP}=\overline{DA}=9\,(\text{cm}), \overline{CP}=\overline{CB}=4\,(\text{cm})$이므로

$\overline{CD}=9+4=13\,(\text{cm})$ ······ 30%

오른쪽 그림과 같이 꼭짓점 C에서
$\overline{AD}$에 내린 수선의 발을 H라고 하면
$\overline{DH}=9-4=5(cm)$이므로
△DHC에서
$\overline{HC}=\sqrt{13^2-5^2}=12(cm)$ ······ 50%

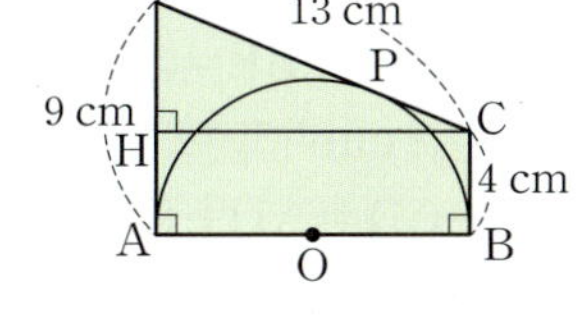

$\therefore \square ABCD=\dfrac{1}{2}\times(9+4)\times12=78(cm^2)$ ······ 20%

탑 78 cm²

292

오른쪽 그림과 같이 원의 중심 O에서
$\overline{AB}$에 내린 수선의 발을 H라고 하면
$\angle OHA=90°$이므로 △OAH에서
$\overline{AH}=\sqrt{3^2-2^2}=\sqrt{5}(cm)$
$\therefore \overline{AB}=2\overline{AH}=2\sqrt{5}(cm)$

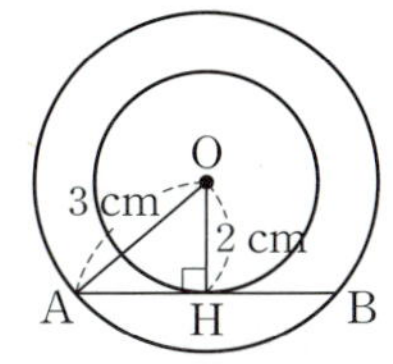

탑 ⑤

293

오른쪽 그림과 같이 $\overline{OA}$를 그으면
$\angle ADO=90°$이고 $\overline{OA}=4+6=10(cm)$이
므로 △AOD에서
$\overline{AD}=\sqrt{10^2-6^2}=8(cm)$
$\therefore \overline{AB}=2\overline{AD}=16(cm)$

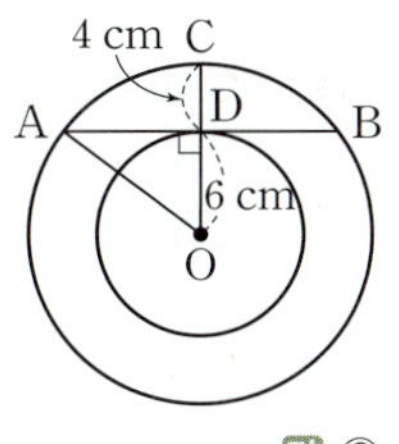

탑 ②

294

오른쪽 그림과 같이 원의 중심 O에서 $\overline{AB}$에
내린 수선의 발을 H라고 하면
$\overline{AH}=\dfrac{1}{2}\overline{AB}=3(cm)$

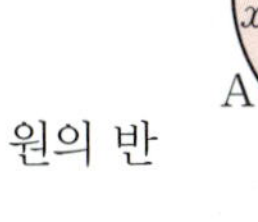

큰 원의 반지름의 길이를 x cm, 작은 원의 반
지름의 길이를 y cm라고 하면
$\angle OHA=90°$이므로 △OAH에서 $x^2-y^2=3^2=9$
$\therefore$ (색칠한 부분의 넓이)$=\pi x^2-\pi y^2$
$\qquad\qquad\qquad\qquad =\pi(x^2-y^2)=9\pi(cm^2)$

탑 ③

295

$\overline{CE}=x$ cm라고 하면 $\overline{CF}=\overline{CE}=x(cm)$
$\overline{AD}=\overline{AF}=6-x(cm)$, $\overline{BD}=\overline{BE}=12-x(cm)$
$\overline{AB}=\overline{AD}+\overline{BD}$이므로
$10=(6-x)+(12-x)$, $2x=8$ $\qquad \therefore x=4$
따라서 $\overline{CE}$의 길이는 4 cm이다.

탑 4 cm

296

$\overline{AF}=\overline{AD}=3(cm)$이므로
$\overline{BE}=\overline{BD}=11-3=8(cm)$, $\overline{CE}=\overline{CF}=9-3=6(cm)$
$\therefore \overline{BC}=\overline{BE}+\overline{CE}=8+6=14(cm)$

탑 14 cm

297

$\overline{AF}=\overline{AD}=6(cm)$
$\overline{BD}=\overline{BE}$, $\overline{CF}=\overline{CE}$이므로
$\overline{BD}+\overline{CF}=\overline{BE}+\overline{CE}=\overline{BC}=16(cm)$
$\therefore$ (△ABC의 둘레의 길이)$=\overline{AB}+\overline{BC}+\overline{CA}$
$\qquad\qquad\qquad\qquad\quad =2(\overline{AD}+\overline{BE}+\overline{CF})$
$\qquad\qquad\qquad\qquad\quad =2\times(6+16)=44(cm)$

탑 44 cm

298

$\overline{AF}=\overline{AD}=2(cm)$, $\overline{CF}=\overline{CE}=3(cm)$ ······ 30%
$\overline{BD}=x$ cm라고 하면 $\overline{BE}=\overline{BD}=x(cm)$
$2(2+x+3)=18$, $2x+10=18$, $2x=8$
$\therefore x=4$ ······ 50%
$\therefore \overline{AB}=\overline{AD}+\overline{BD}=2+4=6(cm)$ ······ 20%

탑 6 cm

299

$\overline{BC}=\sqrt{5^2-4^2}=3(cm)$
오른쪽 그림과 같이 원 O의 반지름의 길이를
r cm라고 하면 $\square OECF$는 정사각형이므로
$\overline{CE}=\overline{CF}=r(cm)$,
$\overline{AD}=\overline{AF}=4-r(cm)$,
$\overline{BD}=\overline{BE}=3-r(cm)$
따라서 $\overline{AB}=\overline{AD}+\overline{BD}$이므로
$5=(4-r)+(3-r)$, $2r=2$ $\quad \therefore r=1$
따라서 원 O의 반지름의 길이는 1 cm이다.

탑 ④

300

$\overline{BD}=x$ cm라고 하면 $\overline{BE}=\overline{BD}=x(cm)$
$\overline{AD}=\overline{AF}=10(cm)$, $\overline{CE}=\overline{CF}=2(cm)$
△ABC에서 $(10+x)^2=(x+2)^2+12^2$
$16x=48$ $\qquad \therefore x=3$
$\therefore \overline{AB}=\overline{AD}+\overline{BD}=10+3=13(cm)$

탑 ③

301

$\overline{BQ}=\overline{BP}=6(cm)$
$\overline{AR}=\overline{AP}=4(cm)$
원 O의 반지름의 길이를 r cm라고 하
면 $\square OQCR$는 정사각형이므로
$\overline{CQ}=\overline{CR}=r(cm)$
$\overline{BC}=6+r(cm)$, $\overline{AC}=4+r(cm)$이므로
△ABC에서 $10^2=(6+r)^2+(4+r)^2$
$r^2+10r-24=0$, $(r+12)(r-2)=0$ $\qquad \therefore r=2 \ (\because r>0)$
따라서 원 O의 넓이는 $\pi\times2^2=4\pi(cm^2)$

탑 4π cm²

302

$\overline{AB}+\overline{CD}=\overline{AD}+\overline{BC}$이므로

$12+14=(4+\overline{DS})+16$ $\quad\therefore \overline{DS}=6(cm)$

$\therefore \overline{DR}=\overline{DS}=6(cm)$ 답 6 cm

303

$\overline{AB}+\overline{CD}=\overline{AD}+\overline{BC}$이므로 $(x+3)+(2x-4)=x+(x+6)$

$3x-1=2x+6$ $\quad\therefore x=7$ 답 ③

304

$\overline{AB}+\overline{CD}=\overline{AD}+\overline{BC}$이므로

$\overline{AD}+\overline{BC}=17+13=30(cm)$ ……60%

$\therefore \overline{BC}=30\times\dfrac{3}{5}=18(cm)$ ……40%

답 18 cm

305

$\overline{DG}=\overline{DH}=3(cm)$이므로 $\overline{DC}=3+4=7(cm)$

$\overline{AB}+\overline{CD}=\overline{AD}+\overline{BC}$이므로 □ABCD의 둘레의 길이는

$\overline{AB}+\overline{BC}+\overline{CD}+\overline{DA}=2(\overline{AB}+\overline{CD})$

$=2\times(10+7)=34(cm)$ 답 34 cm

306

오른쪽 그림과 같이 □OFCG는 한 변의 길이가 5 cm인 정사각형이므로

$\overline{BH}=\overline{BF}=11-5=6(cm)$

$\therefore \overline{AE}=\overline{AH}=8-6=2(cm)$

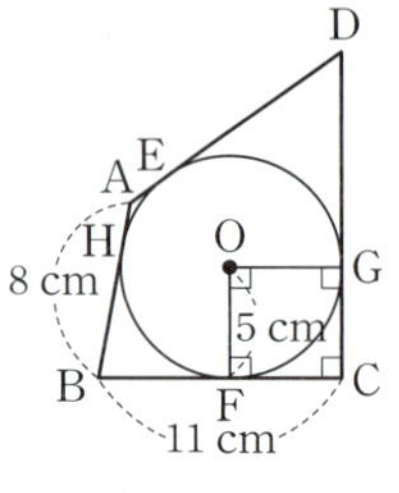

답 2 cm

307

원의 지름의 길이가 8 cm이므로 $\overline{CD}=8(cm)$

$\overline{AB}+\overline{CD}=\overline{AD}+\overline{BC}$이므로

$\overline{AD}+\overline{BC}=11+8=19(cm)$

$\therefore \square ABCD=\dfrac{1}{2}\times19\times8=76(cm^2)$ 답 ③

308

오른쪽 그림과 같이 원의 중심 O에서 $\overline{AB}$에 내린 수선의 발을 F라고 하면 □OFBE는 정사각형이다.

$\overline{OE}=r$ cm라고 하면 $\overline{BE}=r$ cm이므로

$7+10=6+(r+7)$ $\quad\therefore r=4$

따라서 원 O의 반지름의 길이는 4 cm이다.

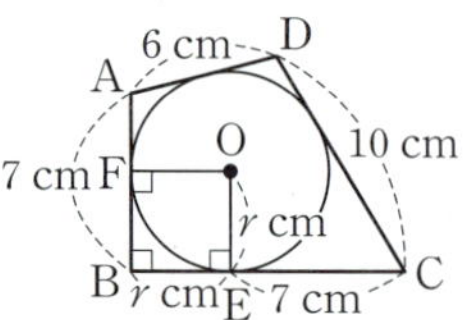

답 ⑤

309

$\triangle ABE$에서 $\overline{BE}=\sqrt{13^2-12^2}=5(cm)$

$\overline{AD}=x$ cm라고 하면 $\overline{CE}=x-5(cm)$

$\overline{AE}+\overline{CD}=\overline{AD}+\overline{EC}$이므로

$13+12=x+(x-5),\ 2x=30$ $\quad\therefore x=15$

따라서 $\overline{AD}$의 길이는 15 cm이다. 답 ②

310

$\overline{AB}=\overline{CD}=8(cm)$이므로

$\triangle ABE$에서 $\overline{AE}=\sqrt{6^2+8^2}=10(cm)$ ……30%

$\overline{CE}=x$ cm라고 하면 $\overline{AD}=6+x(cm)$ ……20%

$\overline{AE}+\overline{CD}=\overline{AD}+\overline{EC}$이므로

$10+8=(6+x)+x,\ 2x=12$ $\quad\therefore x=6$

따라서 $\overline{CE}$의 길이는 6 cm이다. ……50%

답 6 cm

311

$\overline{BE}=x$ cm라고 하면 $\overline{BE}+\overline{CD}=\overline{DE}+\overline{BC}$이므로

$x+4=\overline{DE}+6$ $\quad\therefore \overline{DE}=x-2(cm)$

$\overline{AE}=\overline{AD}-\overline{DE}=6-(x-2)=8-x(cm)$이므로

$\triangle ABE$에서 $x^2=(8-x)^2+4^2,\ 16x=80$ $\quad\therefore x=5$

따라서 $\overline{BE}$의 길이는 5 cm이다. 답 ③

312

오른쪽 그림과 같이 원 O′의 반지름의 길이를 r cm라 하고 $\overline{BC}$와 두 원 O, O′의 접점을 각각 E, F라고 하자. 점 O′에서 $\overline{OE}$에 내린 수선의 발을 H라고 하면 원 O의 반지름의 길이는 4 cm이므로

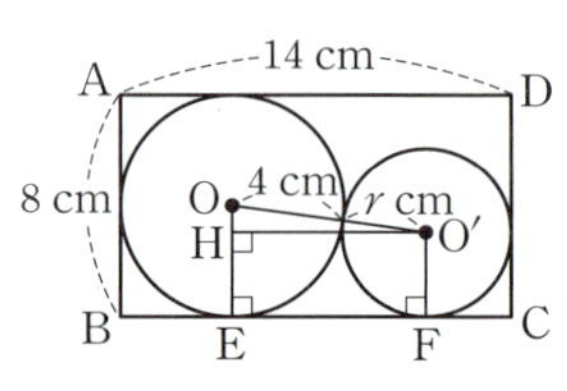

$\overline{OH}=4-r(cm),\ \overline{OO'}=4+r(cm),$

$\overline{HO'}=14-(4+r)=10-r(cm)$

$\triangle OHO'$에서 $(4+r)^2=(4-r)^2+(10-r)^2$

$r^2-36r+100=0$ $\quad\therefore r=18-4\sqrt{14}\ (\because 0<r<4)$

따라서 원 O′의 반지름의 길이는 $(18-4\sqrt{14})$ cm이다.

답 $(18-4\sqrt{14})$ cm

313

반원 Q의 반지름의 길이를 r cm라고 하면

$\overline{PQ}=6+r(cm),\ \overline{OQ}=12-r(cm)$

따라서 $\triangle POQ$에서

$(6+r)^2=(12-r)^2+6^2$

$36r=144$ $\quad\therefore r=4$

따라서 반원 Q의 반지름의 길이는 4 cm이다.

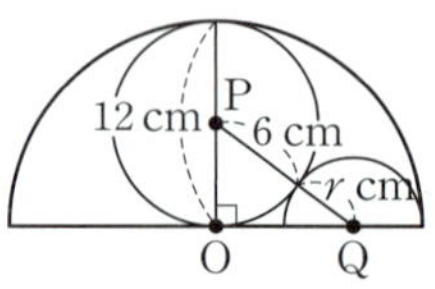

답 ③

314

오른쪽 그림과 같이 부채꼴 AOB와 원 O′의
접점을 C, D, E라 하고 원 O′의 반지름의
길이를 r cm라고 하면

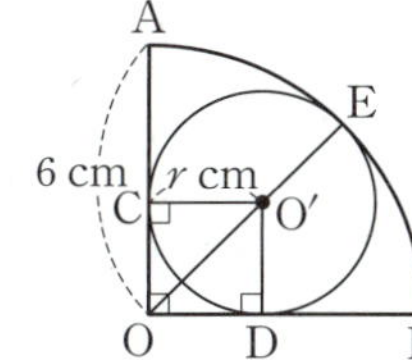

□CODO′은 정사각형이므로

$\overline{OO'}=\sqrt{2}r$ cm

$\overline{OE}=6$ cm이므로 $\sqrt{2}r+r=6$, $(\sqrt{2}+1)r=6$

$\therefore r=\dfrac{6}{\sqrt{2}+1}=6(\sqrt{2}-1)$

따라서 원 O′의 둘레의 길이는

$2\pi\times6(\sqrt{2}-1)=12(\sqrt{2}-1)\pi$ (cm)

답 $12(\sqrt{2}-1)\pi$ cm

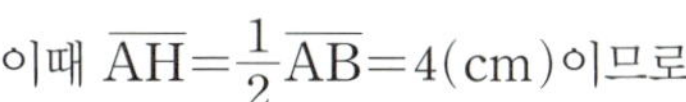

315 16π cm	**316** ③	**317** $6\sqrt{2}$	**318** 32 cm²
319 $2\sqrt{30}$ cm	**320** $25\sqrt{3}$ cm²	**321** ④	**322** 24 cm
323 $36\sqrt{3}$ cm²	**324** 36π cm²	**325** 51°	**326** $\dfrac{6\sqrt{10}}{5}$ cm
327 $20\sqrt{3}$ cm	**328** $21\sqrt{5}$ cm²	**329** 60°	**330** 2 cm
331 12 cm	**332** ⑤	**333** 63 cm²	**334** $3\sqrt{2}$ cm
335 10 cm	**336** 2	**337** 18	**338** 50 cm

본문 | 57~59쪽

315

$\overline{AM}=\overline{BM}=\dfrac{1}{2}\overline{AB}=4$ (cm)

$\angle AOM=180°-150°=30°$이므로

△OAM에서

$\overline{OA}=\dfrac{4}{\sin 30°}=4\times2=8$ (cm)

따라서 원 O의 둘레의 길이는

$2\pi\times8=16\pi$ (cm)

답 16π cm

316

오른쪽 그림과 같이 원의 중심 O에서 $\overline{AB}$에 내
린 수선의 발을 M이라고 하면

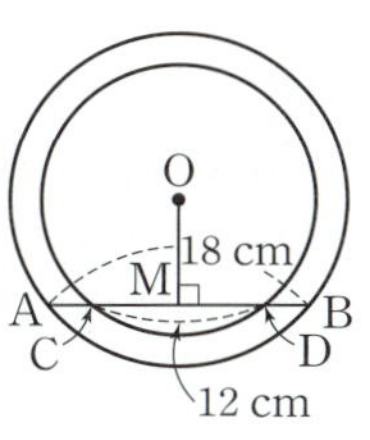

$\overline{AM}=\dfrac{1}{2}\overline{AB}=9$ (cm)

$\overline{CM}=\dfrac{1}{2}\overline{CD}=6$ (cm)

$\therefore \overline{AC}=\overline{AM}-\overline{CM}=9-6=3$ (cm)

답 ③

317

오른쪽 그림과 같이 $\overline{OA}$, $\overline{OD}$를 그으면

$\overline{DN}=\dfrac{1}{2}\overline{CD}=5$이므로

△DON에서 $\overline{OD}=\sqrt{3^2+5^2}=\sqrt{34}$

$\overline{OA}=\overline{OD}=\sqrt{34}$이므로

△AMO에서 $\overline{AM}=\sqrt{(\sqrt{34})^2-4^2}=3\sqrt{2}$

$\therefore \overline{AB}=2\overline{AM}=6\sqrt{2}$

답 $6\sqrt{2}$

318

점 P에서 $\overline{AB}$에 내린 수선의 발을 H라고 하면
오른쪽 그림과 같이 $\overline{PH}$가 원의 중심을 지날 때
△ABP의 넓이가 최대가 된다.

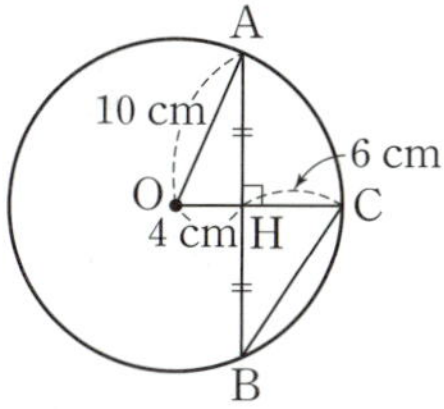

이때 $\overline{AH}=\dfrac{1}{2}\overline{AB}=4$ (cm)이므로

△OAH에서 $\overline{OH}=\sqrt{5^2-4^2}=3$ (cm)

$\therefore \overline{PH}=5+3=8$ (cm)

따라서 △ABP의 넓이가 최대일 때,

△ABP의 넓이는 $\dfrac{1}{2}\times8\times8=32$ (cm²)

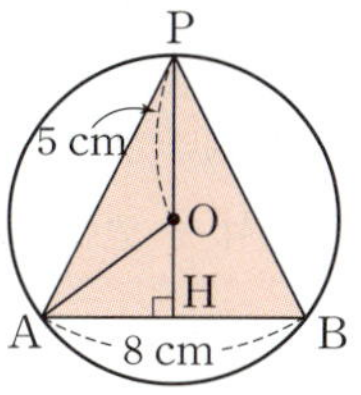

답 32 cm²

319

오른쪽 그림과 같이 $\overline{OA}$를 그으면

△AOH에서

$\overline{AH}=\sqrt{10^2-4^2}=2\sqrt{21}$ (cm)

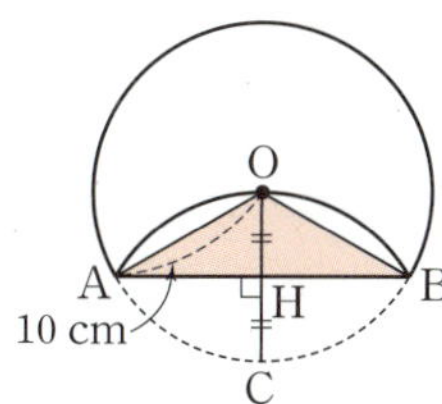

$\therefore \overline{BH}=\overline{AH}=2\sqrt{21}$ (cm)

$\overline{OC}=10$ cm이므로

$\overline{HC}=10-4=6$ (cm)

따라서 △BCH에서

$\overline{BC}=\sqrt{(2\sqrt{21})^2+6^2}=2\sqrt{30}$ (cm)

답 $2\sqrt{30}$ cm

320

오른쪽 그림과 같이 원의 중심 O에서 $\overline{AB}$
에 내린 수선의 발을 H라 하고 $\overline{OH}$의 연
장선과 원 O의 교점을 C라고 하면

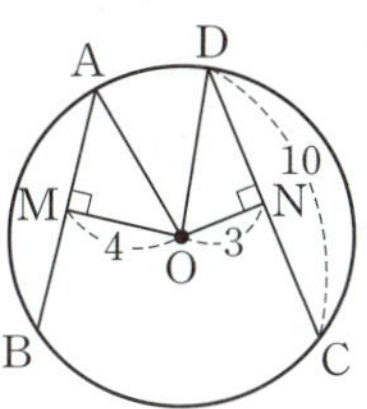

$\overline{OH}=\dfrac{1}{2}\overline{OC}=5$ (cm)

△OAH에서

$\overline{AH}=\sqrt{10^2-5^2}=5\sqrt{3}$ (cm)

$\overline{AB}=2\overline{AH}=10\sqrt{3}$ (cm)

$\therefore △OAB=\dfrac{1}{2}\times10\sqrt{3}\times5=25\sqrt{3}$ (cm²)

답 $25\sqrt{3}$ cm²

321

$\overline{OM}=\overline{ON}$이므로 $\overline{AB}=\overline{CD}=12$ (cm)

$\overline{OM}\perp\overline{AB}$이므로 $\overline{AM}=\dfrac{1}{2}\overline{AB}=6$ (cm)

△AMO에서 $\overline{OA}=\dfrac{6}{\cos 30°}=6\times\dfrac{2}{\sqrt{3}}=4\sqrt{3}$ (cm)

따라서 원 O의 반지름의 길이는 $4\sqrt{3}$ cm이다.

답 ④

322

오른쪽 그림과 같이 원의 중심 O에서 $\overline{AB}$, $\overline{CD}$
에 내린 수선의 발을 각각 M, N이라고 하면

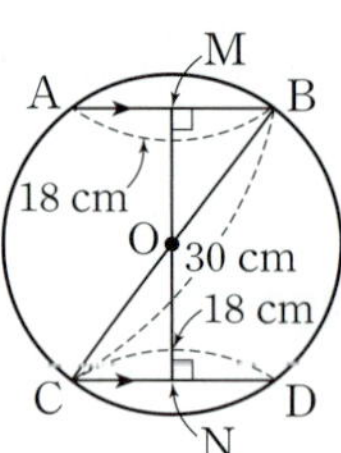

$\overline{AB}\perp\overline{OM}$이므로 $\overline{BM}=\dfrac{1}{2}\overline{AB}=9(cm)$

$\triangle OBM$에서 $\overline{OM}=\sqrt{15^2-9^2}=12(cm)$

$\overline{AB}=\overline{CD}$이므로 $\overline{ON}=\overline{OM}=12(cm)$

$\therefore \overline{MN}=2\overline{OM}=24(cm)$

따라서 두 현 AB와 CD 사이의 거리는 24 cm이다.　　답 24 cm

323

$\overline{OL}=\overline{OM}=\overline{ON}$이므로 $\overline{AB}=\overline{BC}=\overline{CA}$

즉 $\triangle ABC$는 정삼각형이다.

따라서 $\overline{BC}=2\overline{BM}=12(cm)$이므로

한 변의 길이가 12 cm인 정삼각형 ABC의 넓이는

$\dfrac{1}{2}\times12\times12\times\sin60°=36\sqrt{3}(cm^2)$　　답 $36\sqrt{3}$ cm²

324

$\triangle OPT$는 $\angle OTP=90°$인 직각삼각형이므로

$\dfrac{1}{2}\times\overline{PT}\times\overline{OT}=6\sqrt{7}$

즉 $\dfrac{1}{2}\times2\sqrt{7}\times\overline{OT}=6\sqrt{7}$이므로 $\overline{OT}=6(cm)$

따라서 원 O의 넓이는 $\pi\times6^2=36\pi(cm^2)$　　답 36π cm²

325

오른쪽 그림과 같이 $\overline{AB}$를 그으면

$\overline{AC}=\overline{BC}$에서 $\triangle ACB$는 이등변삼각형이
므로

$\angle CAB=\dfrac{1}{2}\times(180°-115°)=32.5°$

$\angle PAB=32°+32.5°=64.5°$이고

$\overline{PA}=\overline{PB}$에서 $\triangle APB$는 이등변삼각형이므로

$\angle APB=180°-2\times64.5°=51°$　　답 51°

326

오른쪽 그림과 같이 $\overline{PO}$를 긋고 $\overline{AB}$와
$\overline{PO}$의 교점을 M이라고 하면

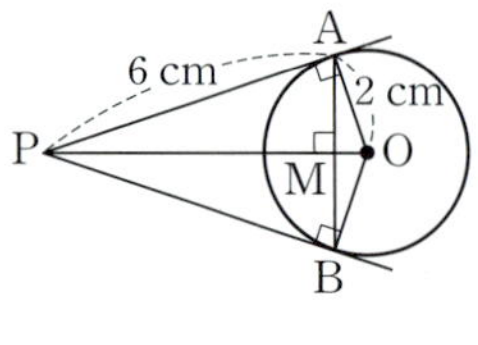

$\angle PAO=90°$이므로 $\triangle APO$에서

$\overline{PO}=\sqrt{6^2+2^2}=2\sqrt{10}(cm)$

$\overline{AM}\perp\overline{PO}$이므로

$\overline{PA}\times\overline{AO}=\overline{PO}\times\overline{AM}$, $6\times2=2\sqrt{10}\times\overline{AM}$

$\therefore \overline{AM}=\dfrac{3\sqrt{10}}{5}(cm)$

$\therefore \overline{AB}=2\overline{AM}=2\times\dfrac{3\sqrt{10}}{5}=\dfrac{6\sqrt{10}}{5}(cm)$　　답 $\dfrac{6\sqrt{10}}{5}$ cm

327

$\triangle PAO\equiv\triangle PBO$ (RHS 합동)이므로

$\angle AOP=\angle BOP=\dfrac{1}{2}\angle AOB=\dfrac{1}{2}\times120°=60°$

$\triangle APO$에서 $\angle PAO=90°$이므로

$\overline{PA}=10\tan60°=10\sqrt{3}(cm)$

$\therefore$ ($\triangle CPD$의 둘레의 길이)$=2\overline{PA}=2\times10\sqrt{3}=20\sqrt{3}(cm)$

답 $20\sqrt{3}$ cm

328

$\overline{CP}=\overline{CA}=9(cm)$,

$\overline{DP}=\overline{DB}=5(cm)$이므로

$\overline{CD}=9+5=14(cm)$

오른쪽 그림과 같이 꼭짓점 D에서 $\overline{AC}$
에 내린 수선의 발을 H라고 하면

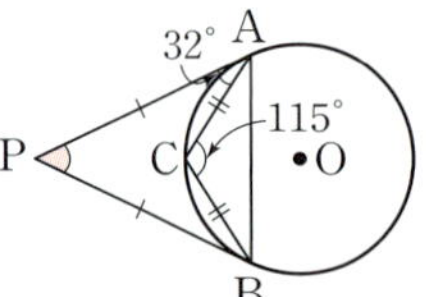

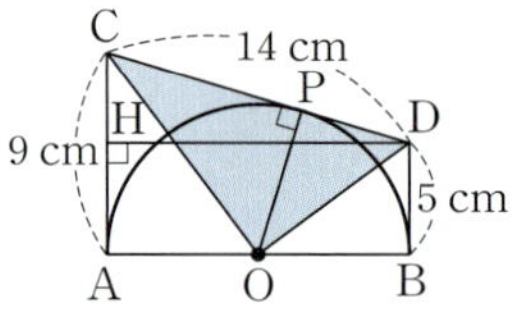

$\overline{AH}=\overline{BD}=5(cm)$이므로

$\overline{CH}=9-5=4(cm)$

$\triangle CHD$에서 $\overline{DH}=\sqrt{14^2-4^2}=6\sqrt{5}(cm)$

$\therefore \overline{AB}=\overline{DH}=6\sqrt{5}(cm)$

따라서 $\overline{OP}=\overline{OA}=\dfrac{1}{2}\overline{AB}=3\sqrt{5}(cm)$이므로

$\triangle COD=\dfrac{1}{2}\times14\times3\sqrt{5}=21\sqrt{5}(cm^2)$　　답 $21\sqrt{5}$ cm²

329

$\angle C=180°-(54°+66°)=60°$

이때 $\overline{CE}=\overline{CF}$이므로 $\triangle CEF$는 정삼각형이다.

$\therefore \angle x=60°$　　답 60°

330

$\overline{BD}=\overline{BE}=6(cm)$이므로

$\overline{AD}=10-6=4(cm)$

오른쪽 그림과 같이 $\overline{OD}$를 그으면

$\overline{OD}=3$ cm

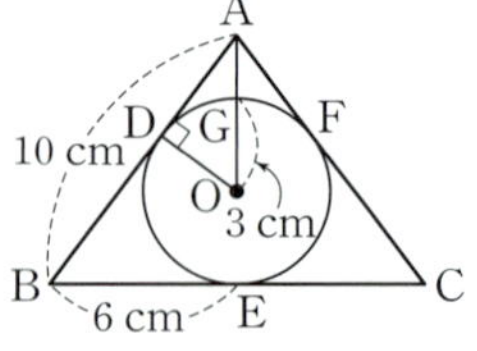

$\triangle ADO$에서 $\angle ADO=90°$이므로

$\overline{AO}=\sqrt{4^2+3^2}=5(cm)$

$\therefore \overline{AG}=\overline{AO}-\overline{GO}=5-3=2(cm)$　　답 2 cm

331

$\overline{BF}=x$ cm라고 하면 $\overline{BG}=\overline{BF}=x(cm)$

$\overline{AH}=\overline{AF}=16-x(cm)$, $\overline{CH}=\overline{CG}=14-x(cm)$

$\overline{AC}=\overline{AH}+\overline{CH}$이므로

$18=(16-x)+(14-x)$, $2x=12$　　$\therefore x=6$

$\therefore$ ($\triangle DBE$의 둘레의 길이)$=2\overline{BF}$

$=2\times6=12(cm)$　　답 12 cm

332

오른쪽 그림과 같이 □OECF는 정사각형이므로 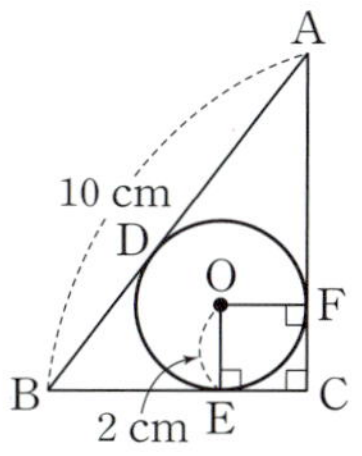
$\overline{CE}=\overline{CF}=\overline{OE}=2(cm)$
$\overline{BD}=x$ cm라고 하면 $\overline{BE}=\overline{BD}=x(cm)$,
$\overline{AF}=\overline{AD}=10-x(cm)$
$\overline{AC}=(10-x)+2=12-x(cm)$이므로
$\triangle ABC$에서
$10^2=(x+2)^2+(12-x)^2$, $x^2-10x+24=0$
$(x-4)(x-6)=0$ $\quad \therefore x=4\ (\because \overline{AC}>\overline{BC})$
$\therefore \overline{AC}=12-4=8(cm)$

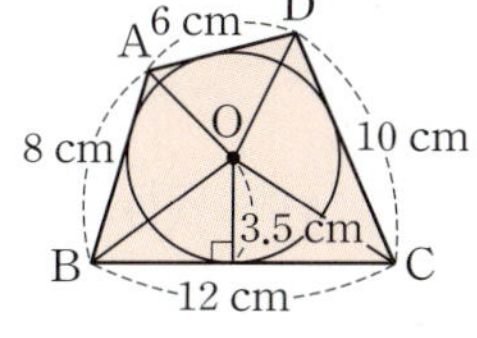

답 ⑤

333

$\overline{AB}+\overline{CD}=\overline{AD}+\overline{BC}$이므로
$8+10=\overline{AD}+12$ $\quad \therefore \overline{AD}=6(cm)$
오른쪽 그림에서
$\square ABCD=\triangle OAB+\triangle OBC$
$\qquad\qquad +\triangle OCD+\triangle ODA$
$\quad =\dfrac{1}{2}\times 8\times 3.5+\dfrac{1}{2}\times 12\times 3.5$
$\qquad +\dfrac{1}{2}\times 10\times 3.5+\dfrac{1}{2}\times 6\times 3.5$
$\quad =63(cm^2)$

답 $63\,cm^2$

334

$\overline{AB}+\overline{CD}=\overline{AD}+\overline{BC}$이고 $\overline{AB}=\overline{CD}$이므로
$2\overline{AB}=6+12=18$
$\therefore \overline{AB}=9(cm)$
오른쪽 그림과 같이 두 점 A, D에서
$\overline{BC}$에 내린 수선의 발을 각각 H, H′이라
고 하면 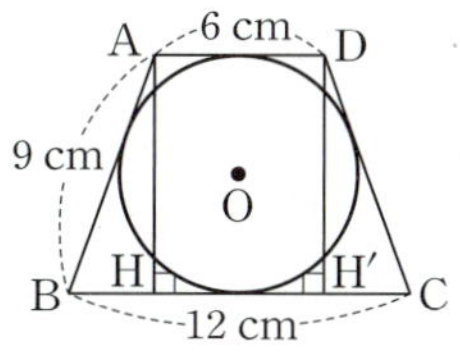
$\overline{HH'}=\overline{AD}=6(cm)$이고
$\overline{AB}=\overline{DC}$, $\angle B=\angle C$,
$\angle AHB=\angle DHC=90°$이므로
$\triangle ABH\equiv\triangle DCH'$ (RHA 합동)
$\therefore \overline{BH}=\overline{CH'}=\dfrac{1}{2}\times(12-6)=3(cm)$
$\triangle ABH$에서 $\overline{AH}=\sqrt{9^2-3^2}=6\sqrt{2}(cm)$
따라서 원 O의 반지름의 길이는
$\dfrac{1}{2}\times 6\sqrt{2}=3\sqrt{2}(cm)$

답 $3\sqrt{2}\,cm$

335

$\overline{AF}=\overline{AB}=8(cm)$이므로 $\overline{EF}=\overline{EC}=x(cm)$라고 하면
$\overline{AE}=8+x(cm)$
오른쪽 그림과 같이 점 E에서 $\overline{AB}$에
내린 수선의 발을 H라고 하면
$\overline{AH}=\overline{AB}-\overline{HB}=8-x(cm)$,
$\overline{HE}=\overline{BC}=8(cm)$이므로
$\triangle AHE$에서
$8^2+(8-x)^2=(8+x)^2$, $32x=64$
$\therefore x=2$
$\therefore \overline{AE}=8+2=10(cm)$

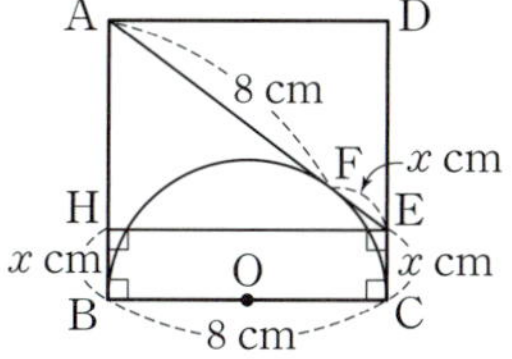

답 10 cm

336

$\overline{DF}=\overline{EF}=x$라고 하면 $\overline{AF}=5-x$
$\triangle BCE$에서 $\overline{BE}=\sqrt{5^2-4^2}=3$
$\overline{BF}=\overline{BE}+\overline{EF}=3+x$
$\triangle ABF$에서 $(3+x)^2=4^2+(5-x)^2$
$16x=32$ $\quad \therefore x=2$
따라서 $\overline{DF}$의 길이는 2이다.

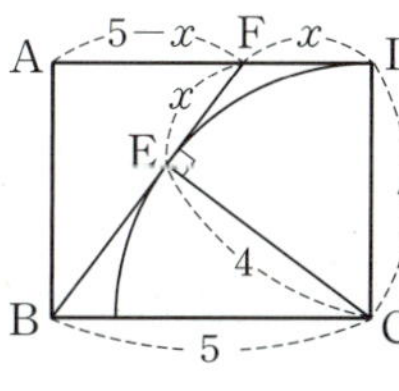

답 2

337

$\overline{DI}=x$라고 하면 $\overline{DH}=\overline{DI}=x$
$\overline{CF}=\overline{CG}=\overline{CH}=12-x$
$\overline{AE}=\overline{AG}=\overline{AI}=16-x$
$\overline{BE}=\overline{BF}=14-(12-x)=x+2$
$\therefore \overline{AB}=\overline{AE}+\overline{BE}=(16-x)+(x+2)=18$

답 18

338

오른쪽 그림과 같이 수레바퀴의 중심을
O라고 하면 $\overline{CM}$의 연장선은 점 O를
지난다.
수레바퀴의 반지름의 길이를 r cm라고
하면

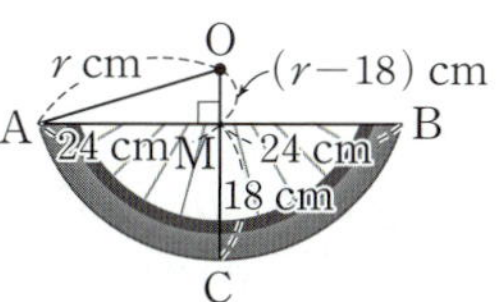

$\triangle OAM$에서 $r^2=24^2+(r-18)^2$
$36r=900$ $\quad \therefore r=25$
따라서 수레바퀴의 지름의 길이는 $2\times 25=50(cm)$

답 50 cm

서술형 콕콕

본문 | 60~61쪽

339 15π cm	**340** 100π cm²	**341** 25π cm²	**342** 7π cm²
343 3 cm	**344** 4 cm	**345** 40 cm	**346** 30 cm
347 15 cm	**348** 19 cm	**349** $\dfrac{8}{3}$	**350** 10

339

단계 1 $\overline{AM}=\overline{BM}$이므로

$\overline{AM}=\dfrac{1}{2}\overline{AB}=\dfrac{1}{2}\times12=6(cm)$

단계 2 오른쪽 그림과 같이 $\overline{OA}$를 긋고 원 O의
반지름의 길이를 r cm라고 하면
$\overline{OA}=r$ cm, $\overline{OM}=r-3(cm)$
$\triangle OAM$에서
$r^2=6^2+(r-3)^2$, $6r=45$
$\therefore r=\dfrac{15}{2}$

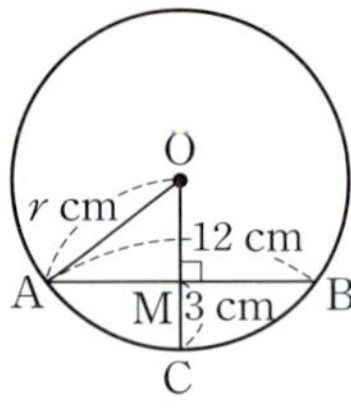

단계 3 (원 O의 둘레의 길이)$=2\pi\times\dfrac{15}{2}=15\pi(cm)$

답 15π cm

340

$\overline{AM}=\overline{BM}$이므로

$\overline{AM}=\dfrac{1}{2}\overline{AB}=\dfrac{1}{2}\times16=8(cm)$ ······ 20%

오른쪽 그림과 같이 $\overline{OA}$를 긋고 원 O의 반지
름의 길이를 r cm라고 하면
$\overline{OA}=r$ cm, $\overline{OM}=r-4(cm)$
$\triangle AOM$에서 $r^2=8^2+(r-4)^2$, $8r=80$
$\therefore r=10$ ······ 50%
$\therefore$ (원 O의 넓이)$=\pi\times10^2=100\pi(cm^2)$

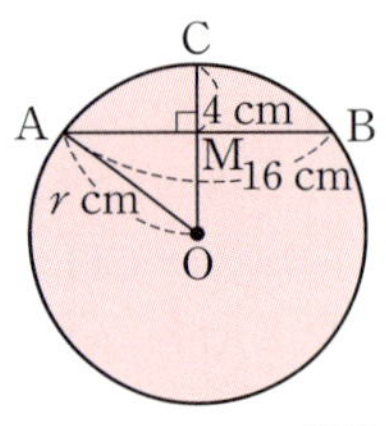

······ 30%

답 100π cm^2

341

단계 1 $\triangle APO\equiv\triangle BPO$ (RHS 합동)이므로 $\angle APO=\angle BPO$
$\therefore \angle APB=2\angle APO=2\times35°=70°$

단계 2 $\angle AOB=180°-70°=110°$

단계 3 색칠한 부채꼴의 중심각의 크기는 $360°-110°=250°$이므로
구하는 넓이는 $\pi\times6^2\times\dfrac{250}{360}=25\pi(cm^2)$

답 25π cm^2

342

$\triangle AOP\equiv\triangle BOP$ (RHS 합동)이므로 $\angle APO=\angle BPO$
$\therefore \angle APB=2\angle APO=2\times50°=100°$ ······ 40%
$\angle AOB=180°-100°=80°$이므로
색칠한 부채꼴의 중심각의 크기는 $360°-80°=280°$ ······ 30%
따라서 구하는 넓이는 $\pi\times3^2\times\dfrac{280}{360}=7\pi(cm^2)$ ······ 30%

답 7π cm^2

343

단계 1 $\overline{AF}=\overline{AD}=5(cm)$

단계 2 $\overline{CE}=\overline{CF}=12-5=7(cm)$

단계 3 $\overline{BD}=x$ cm라고 하면 $\overline{BE}=\overline{BD}=x(cm)$
$\triangle ABC$의 둘레의 길이가 30 cm이므로
$(5+x)+(x+7)+12=30$, $2x=6$ $\therefore x=3$
따라서 $\overline{BD}$의 길이는 3 cm이다.

답 3 cm

344

$\overline{AD}=\overline{AF}=4(cm)$ ······ 20%
$\overline{BE}=\overline{BD}=10-4=6(cm)$ ······ 20%
$\overline{CF}=x$ cm라고 하면 $\overline{CE}=\overline{CF}=x(cm)$
$\triangle ABC$의 둘레의 길이가 28 cm이므로
$10+(6+x)+(4+x)=28$, $2x=8$ $\therefore x=4$
따라서 $\overline{CF}$의 길이는 4 cm이다. ······ 60%

답 4 cm

345

단계 1 $\overline{AF}=\overline{AD}=3(cm)$, $\overline{BE}=\overline{BD}=5(cm)$
$\overline{CF}=\overline{CE}=x(cm)$이므로
$\overline{AC}=x+3(cm)$, $\overline{BC}=x+5(cm)$

단계 2 $(x+5)^2=(x+3)^2+8^2$, $4x=48$ $\therefore x=12$

단계 3 $\triangle ABC$의 둘레의 길이는
$\overline{AB}+\overline{BC}+\overline{CA}=8+17+15=40(cm)$

답 40 cm

346

$\overline{BD}=\overline{BE}=2(cm)$, $\overline{CF}=\overline{CE}=3(cm)$
$\overline{AD}=x$ cm라고 하면 $\overline{AF}=\overline{AD}=x(cm)$
$\overline{AB}=x+2(cm)$, $\overline{AC}=x+3(cm)$ ······ 30%
$\triangle ABC$에서 $(x+3)^2=(x+2)^2+5^2$
$2x=20$ $\therefore x=10$ ······ 40%
따라서 $\triangle ABC$의 둘레의 길이는
$\overline{AB}+\overline{BC}+\overline{CA}=12+5+13=30(cm)$ ······ 30%

답 30 cm

347

단계 1 $\overline{AB}+\overline{CD}=\overline{AD}+\overline{BC}$이고
$\square ABCD$의 둘레의 길이가 56 cm이므로
$\overline{AD}+\overline{BC}=\dfrac{1}{2}\times56=28(cm)$

단계 2 $\overline{BP}+\overline{CR}=\overline{BQ}+\overline{CQ}=\overline{BC}=28-13=15(cm)$

답 15 cm

348

$\overline{AB}+\overline{CD}=\overline{AD}+\overline{BC}$이므로

$\overline{AB}+\overline{CD}=\dfrac{1}{2}\times72=36\,(\text{cm})$ 50%

$\therefore \overline{CQ}+\overline{DS}=\overline{CR}+\overline{DR}=\overline{CD}=36-17=19\,(\text{cm})$ 50%

답 19 cm

349

단계1 $\overline{CE}=\overline{BC}-\overline{BE}=8-x$

단계2 □ABED가 원 O에 외접하므로 $\overline{AB}+\overline{DE}=\overline{AD}+\overline{BE}$

$4+\overline{DE}=8+x$ $\therefore \overline{DE}=4+x$

단계3 △DEC에서 $(4+x)^2=(8-x)^2+4^2$, $24x=64$

$\therefore x=\dfrac{8}{3}$

답 $\dfrac{8}{3}$

350

$\overline{AE}=\overline{AD}-\overline{ED}=15-x$ 10%

□BCDE가 원 O에 외접하므로

$\overline{EB}+\overline{DC}=\overline{ED}+\overline{BC}$

$\overline{EB}+12=x+15$

$\therefore \overline{EB}=3+x$ 40%

△ABE에서 $(3+x)^2=(15-x)^2+12^2$, $36x=360$

$\therefore x=10$ 50%

답 10

2 원주각

개념 콕콕

본문 | 63쪽

351

(1) $\angle x=\dfrac{1}{2}\angle AOB=\dfrac{1}{2}\times124°=62°$

(2) $\angle x=2\angle APB=2\times58°=116°$

(3) $\angle x=2\angle APB=2\times40°=80°$

(4) $\angle x=\dfrac{1}{2}\angle AOB=\dfrac{1}{2}\times94°=47°$

답 (1) 62° (2) 116° (3) 80° (4) 47°

352

(1) $\angle x=\angle ADB=32°$

(2) $\angle x=\angle ABD=22°$

답 (1) 32° (2) 22°

353

(1) $\angle APB=90°$이므로 $\angle x=90°-62°=28°$

(2) $\angle ACB=90°$이므로 $\angle x=90°-56°=34°$

답 (1) 28° (2) 34°

354

(1) $\overparen{AB}=\overparen{CD}$이므로 $\angle AQB=\angle CPD=25°$

$\therefore x=25$

(2) $\angle BAC=\angle DAE$이므로 $\overparen{BC}=\overparen{DE}=3\,(\text{cm})$

$\therefore x=3$

답 (1) 25 (2) 3

355

(1) ($\overparen{BC}$에 대한 원주각의 크기)$=\dfrac{1}{2}\times80°=40°$이므로 $x=40$

(2) ($\overparen{BC}$에 대한 원주각의 크기)$=\dfrac{1}{2}\times70°=35°$이므로 $x=8$

답 (1) 40 (2) 8

356

(1) $20:x=3:6$ $\therefore x=40$

(2) $60:24=x:8$ $\therefore x=20$

(3) $x:36=8:12$ $\therefore x=24$

(4) $\overline{AB}$가 원 O의 지름이므로 $\angle ACB=90°$

$90:30=x:5$ $\therefore x=15$

답 (1) 40 (2) 20 (3) 24 (4) 15

본문 | 64~69쪽

357 $36°$	**358** $39°$	**359** ③	**360** $44°$
361 3π cm^2	**362** ①	**363** 7 cm	**364** $24°$
365 ③	**366** ②	**367** $246°$	**368** $128°$
369 $68°$	**370** $56°$	**371** $119°$	**372** $110°$
373 $78°$	**374** $60°$	**375** ⑤	**376** ③
377 $25°$	**378** ③	**379** $25°$	**380** $20°$
381 ⑤	**382** $28°$	**383** $57°$	**384** $48°$
385 $105°$	**386** ④	**387** $80°$	**388** $70°$
389 $\dfrac{2\sqrt{5}}{5}$	**390** $\dfrac{7}{5}$	**391** $4\sqrt{5}$	**392** 8π
393 ②	**394** $30°$	**395** $100°$	**396** $65°$
397 3 cm	**398** $104°$	**399** $40°$	**400** 39
401 $56°$	**402** $60°$	**403** $15°$	**404** 18π cm

357

오른쪽 그림과 같이 $\overline{\text{OE}}$를 그으면

$\angle \text{AOE} = 2\angle \text{ACE} = 2 \times 24° = 48°$

$\angle \text{EOB} = 120° - 48° = 72°$

$\therefore \angle x = \dfrac{1}{2}\angle \text{EOB} = \dfrac{1}{2} \times 72° = 36°$

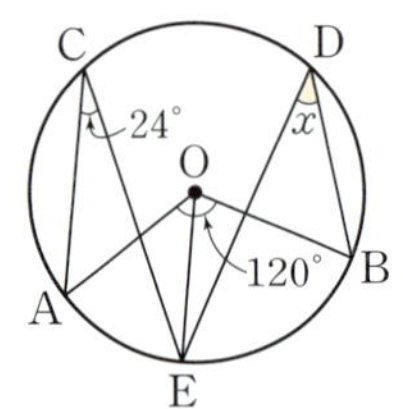

답 $36°$

358

$\angle \text{APB} = \dfrac{1}{2}\angle \text{AOB} = \dfrac{1}{2} \times 78° = 39°$

$\triangle \text{OBP}$는 $\overline{\text{OP}} = \overline{\text{OB}}$인 이등변삼각형이므로

$\angle x = \angle \text{OPB} = 39°$

답 $39°$

359

$\triangle \text{ABO}$에서 $\angle \text{BOC} = 22° + 42° = 64°$

$\therefore \angle \text{BDC} = \dfrac{1}{2}\angle \text{BOC} = \dfrac{1}{2} \times 64° = 32°$

답 ③

360

$\angle \text{AOB} = 2\angle \text{APB} = 2 \times 46° = 92°$

$\triangle \text{OAB}$는 $\overline{\text{OA}} = \overline{\text{OB}}$인 이등변삼각형이므로

$\angle \text{OBA} = \dfrac{1}{2} \times (180° - 92°) = 44°$

답 $44°$

361

$\angle \text{BOC} = 2\angle \text{BAC} = 2 \times 60° = 120°$

따라서 색칠한 부분의 넓이는

$\pi \times 3^2 \times \dfrac{120}{360} = 3\pi \, (\text{cm}^2)$

답 3π cm^2

362

$\angle \text{BOC} = x°$라고 하면

$\overset{\frown}{\text{BC}} = 2\pi \times 9 \times \dfrac{x}{360} = 4\pi$　　　$\therefore x = 80$

$\therefore \angle \text{BAC} = \dfrac{1}{2}\angle \text{BOC} = \dfrac{1}{2} \times 80° = 40°$

답 ①

363

오른쪽 그림과 같이 원의 중심을 O라 하고

$\overline{\text{OA}}, \overline{\text{OB}}$를 그으면

$\angle \text{AOB} = 2\angle \text{ACB} = 2 \times 30° = 60°$

따라서 $\triangle \text{OAB}$가 정삼각형이므로

$\overline{\text{AB}} = \overline{\text{OA}} = 7 \, (\text{cm})$

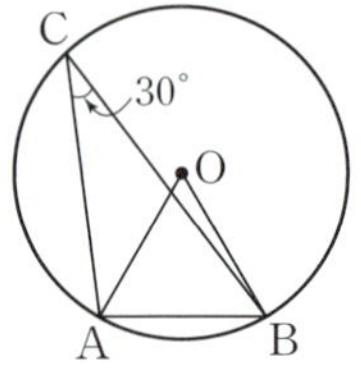

답 7 cm

364

오른쪽 그림과 같이 $\overline{\text{AD}}$를 그으면

$\angle \text{ADC} = \dfrac{1}{2}\angle \text{AOC}$

　　　　$= \dfrac{1}{2} \times 76° = 38°$ ⋯⋯⋯ 35%

$\angle \text{BAD} = \dfrac{1}{2}\angle \text{BOD} = \dfrac{1}{2} \times 28° = 14°$ ⋯⋯⋯ 35%

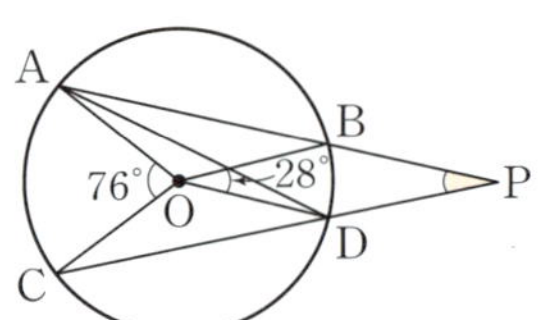

$\triangle \text{ADP}$에서 $\angle \text{ADC} = \angle \text{BPD} + \angle \text{BAD}$이므로

$\angle \text{BPD} = \angle \text{ADC} - \angle \text{BAD} = 38° - 14° = 24°$ ⋯⋯⋯ 30%

답 $24°$

365

$\angle \text{APB} = \dfrac{1}{2} \times 250° = 125°$

$\angle \text{AOB} = 360° - 250° = 110°$

$\square \text{AOBP}$에서 $\angle x = 360° - (125° + 66° + 110°) = 59°$　**답** ③

366

$\angle \text{BAC} = \dfrac{1}{2} \times (360° - 130°) = 115°$

$\square \text{ABOC}$에서 $\angle x = 360° - (115° + 45° + 130°) = 70°$　**답** ②

367

$\angle x = 2\angle \text{ABC} = 2 \times 66° = 132°$

$\angle y = \dfrac{1}{2} \times (360° - \angle x) = \dfrac{1}{2} \times (360° - 132°) = 114°$

$\therefore \angle x + \angle y = 132° + 114° = 246°$　**답** $246°$

368

$\triangle \text{ABC}$는 이등변삼각형이므로

$\angle \text{BAC} = 180° - 2 \times 32° = 116°$

오른쪽 그림에서 $\overarc{BDC}$에 대한 중심각의
크기는
$2\angle BAC=2\times116°=232°$
$\therefore \angle x=360°-232°=128°$

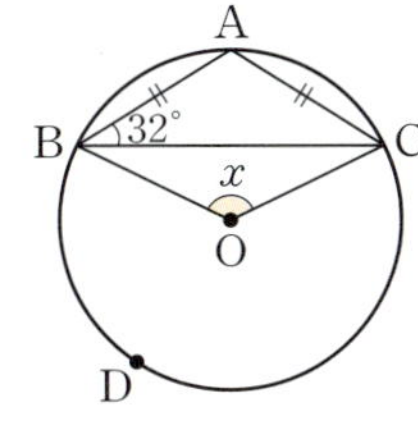

답 128°

369

오른쪽 그림과 같이 $\overline{OA}$, $\overline{OB}$를 그으면
$\angle PAO=\angle PBO=90°$이므로
$\angle AOB=180°-44°=136°$
$\therefore \angle ACB=\dfrac{1}{2}\angle AOB$
$\qquad\qquad =\dfrac{1}{2}\times136°=68°$

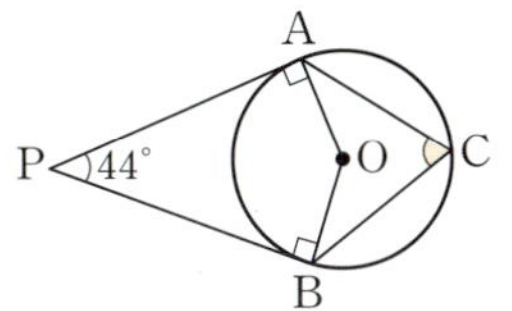

답 68°

370

오른쪽 그림과 같이 $\overline{OA}$, $\overline{OB}$를 그으면
$\angle AOB=2\angle ACB=2\times62°=124°$
$\angle PAO=\angle PBO=90°$이므로
$\angle APB=180°-124°=56°$

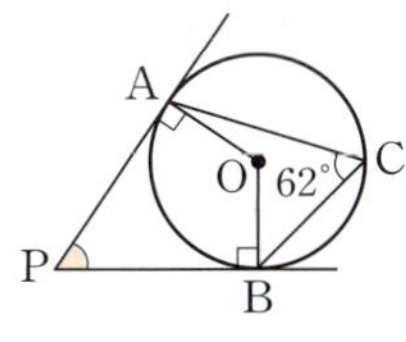

답 56°

371

오른쪽 그림과 같이 $\overline{OA}$, $\overline{OB}$를 그으면
$\angle PAO=\angle PBO=90°$이므로
$\angle AOB=180°-58°=122°$
$\therefore \angle x=\dfrac{1}{2}\times(360°-122°)=119°$

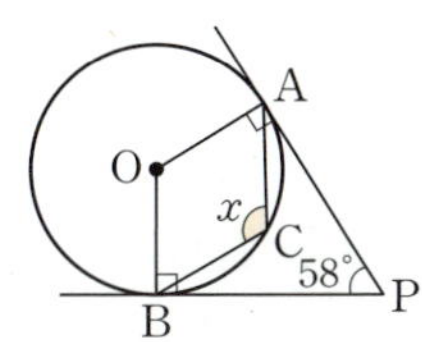

답 119°

372

$\triangle ABO$에서 $\overline{OA}=\overline{OB}$이므로
$\angle AOB=180°-2\times20°=140°$ $\qquad$ ······ 20%
$\angle ACB=\dfrac{1}{2}\angle AOB=\dfrac{1}{2}\times140°=70°$ $\qquad$ ······ 30%
$\angle APB=180°-140°=40°$ $\qquad$ ······ 30%
$\therefore \angle ACB+\angle APB=70°+40°=110°$ $\qquad$ ······ 20%

답 110°

373

오른쪽 그림과 같이 $\overline{AE}$를 그으면
$\angle BAE=\angle BDE=42°$,
$\angle EAC=\angle EFC=36°$
$\therefore \angle BAC=\angle BAE+\angle EAC$
$\qquad\qquad =42°+36°$
$\qquad\qquad =78°$

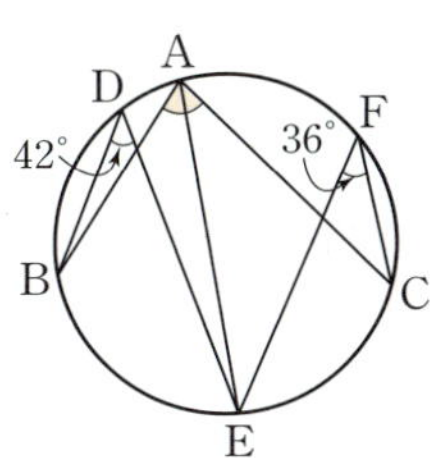

답 78°

374

$\angle ABD=\angle ACD=24°$
$\triangle ABP$에서 $\angle x=36°+24°=60°$

답 60°

375

$\angle x=\angle BDC=38°$
$\angle y=2\angle BDC=2\times38°=76°$
$\therefore \angle x+\angle y=38°+76°=114°$

답 ⑤

376

$\angle ABD=180°-(36°+42°)=102°$
$\therefore \angle x=\angle ABD=102°$

답 ③

377

$\triangle PAC$에서 $\angle PAC=52°-27°=25°$
$\therefore \angle DBC=\angle DAC=25°$

답 25°

378

$\angle BDC=\angle BAC=64°$
$\angle ACB=\angle ADB=40°$
따라서 $\triangle DBC$에서
$\angle x=180°-(64°+29°+40°)=47°$

답 ③

379

오른쪽 그림과 같이 $\overline{QA}$를 그으면
$\angle AQB=\dfrac{1}{2}\angle AOB=\dfrac{1}{2}\times70°=35°$이므로
$\angle CQA=60°-35°=25°$
$\therefore \angle x=\angle CQA=25°$

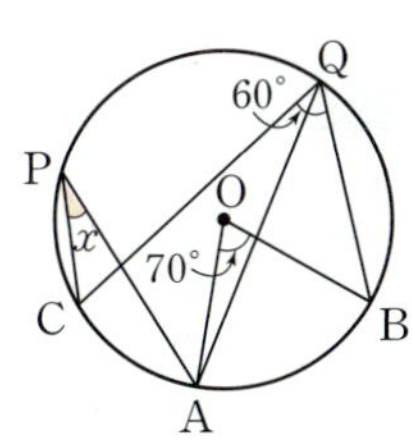

답 25°

380

$\angle BAC=\angle BDC=\angle x$ $\qquad$ ······ 20%
$\triangle APC$에서 $\angle ACD=30°+\angle x$ $\qquad$ ······ 30%
$\triangle QCD$에서 $(30°+\angle x)+\angle x=70°$, $2\angle x=40°$
$\therefore \angle x=20°$ $\qquad$ ······ 50%

답 20°

381

$\overline{BD}$는 원 O의 지름이므로 $\angle BCD=90°$
$\angle BDC=\angle BAC=54°$이므로
$\triangle BCD$에서 $\angle x=90°-54°=36°$

답 ⑤

382

오른쪽 그림과 같이 $\overline{BD}$를 그으면

$\overline{AB}$가 원 O의 지름이므로 $\angle ADB=90°$

$\angle ABD=\angle ACD=62°$

따라서 $\triangle ADB$에서

$\angle BAD=90°-62°=28°$

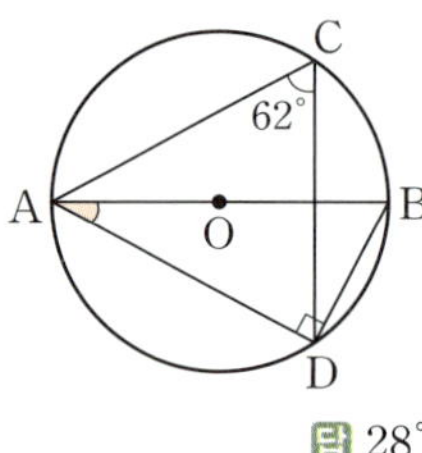

답 $28°$

383

$\overline{AC}$가 원 O의 지름이므로 $\angle ABC=90°$

$\angle BAC=\angle BEC=33°$이므로

$\triangle ABC$에서 $\angle ACB=90°-33°=57°$

$\therefore \angle ADB=\angle ACB=57°$

답 $57°$

384

$\overline{AE}\,/\!/\,\overline{BD}$이므로

$\angle AEC=\angle DPE=42°$ (엇각)

$\overline{AE}$는 원 O의 지름이므로 $\angle ACE=90°$

따라서 $\triangle CAE$에서 $\angle CAE=90°-42°=48°$

답 $48°$

385

$\overline{AB}$는 원 O의 지름이므로 $\angle ADB=90°$

$\angle ADC=90°-40°=50°$

$\therefore \angle ABC=\angle ADC=50°$

따라서 $\triangle PCB$에서 $\angle CPB=180°-(25°+50°)=105°$

답 $105°$

386

오른쪽 그림과 같이 $\overline{AQ}$를 그으면

$\angle AQB=90°$

$\angle AQR=90°-58°=32°$

$\therefore \angle APR=\angle AQR=32°$

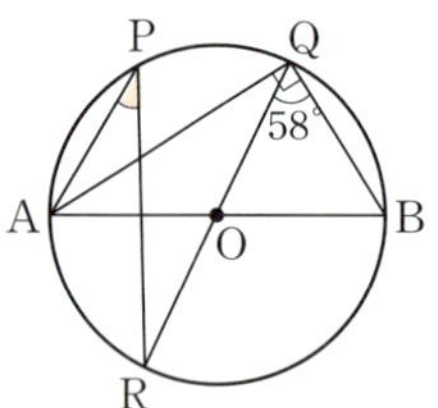

답 ④

387

오른쪽 그림과 같이 $\overline{CD}$를 그으면

$\overline{AD}$는 원 O의 지름이므로

$\angle ACD=90°$

$\triangle ACD$에서

$\angle BDC=90°-(22°+28°)=40°$

$\therefore \angle BOC=2\angle BDC=2\times40°=80°$

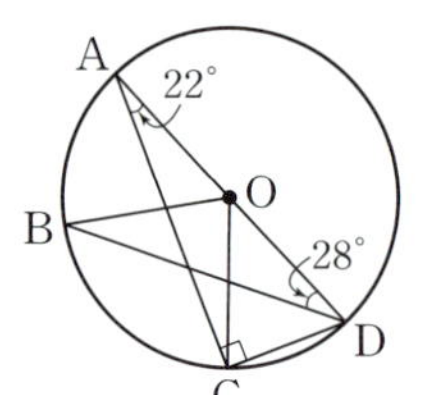

다른 풀이

$\angle COD=2\angle CAD=2\times22°=44°$

$\angle AOB=2\angle ADB=2\times28°=56°$

$\therefore \angle BOC=180°-(44°+56°)=80°$

답 $80°$

388

오른쪽 그림과 같이 $\overline{AD}$를 그으면

$\overline{AD}$는 반원 O의 지름이므로

$\angle ADB=90°$ ······ 30%

$\angle CAD=\dfrac{1}{2}\angle COD$

$\qquad=\dfrac{1}{2}\times40°=20°$ ······ 40%

$\triangle PAD$에서 $\angle x=90°-20°=70°$ ······ 30%

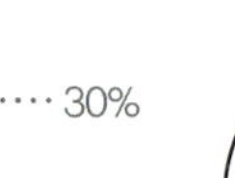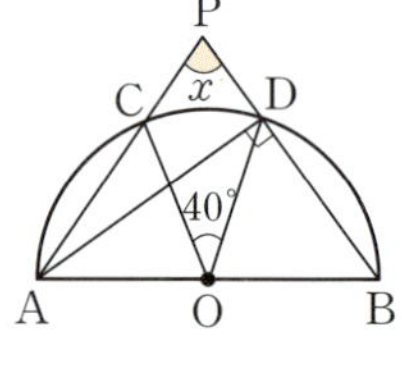

답 $70°$

389

오른쪽 그림과 같이 $\overline{BO}$의 연장선이 원 O와

만나는 점을 A′이라 하고 $\overline{A'C}$를 그으면

$\angle BA'C=\angle BAC$

$\overline{A'B}$는 원 O의 지름이므로 $\angle BCA'=90°$

$\triangle A'BC$에서 $\overline{A'B}=12$이므로

$\overline{A'C}=\sqrt{12^2-8^2}=4\sqrt{5}$

$\therefore \tan A=\tan A'=\dfrac{8}{4\sqrt{5}}=\dfrac{2\sqrt{5}}{5}$

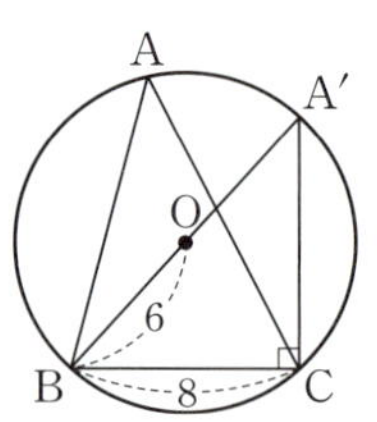

답 $\dfrac{2\sqrt{5}}{5}$

390

오른쪽 그림과 같이 $\overline{BO}$의 연장선이

원 O와 만나는 점을 A′이라 하고 $\overline{A'C}$를

그으면 $\angle CA'B=\angle CAB$

$\overline{A'B}$는 원 O의 지름이므로 $\angle A'CB=90°$

$\triangle A'BC$에서 $\overline{A'B}=10$이므로

$\overline{A'C}=\sqrt{10^2-6^2}=8$

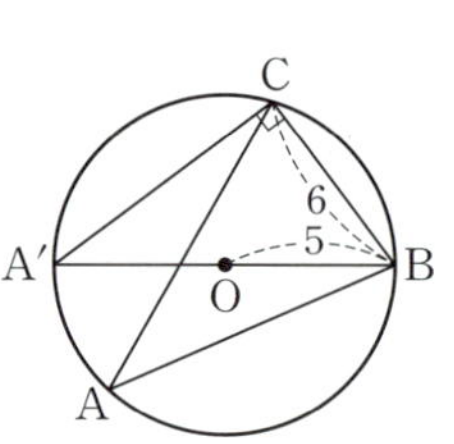

$\sin A=\sin A'=\dfrac{6}{10}=\dfrac{3}{5}$, $\cos A=\cos A'=\dfrac{8}{10}=\dfrac{4}{5}$

$\therefore \sin A+\cos A=\dfrac{3}{5}+\dfrac{4}{5}=\dfrac{7}{5}$

답 $\dfrac{7}{5}$

391

오른쪽 그림과 같이 점 B를 지나는 지름이

원 O와 만나는 점을 A′이라 하고 $\overline{A'C}$를

그으면

$\angle BA'C=\angle BAC$

$\overline{A'B}$는 원 O의 지름이므로

$\angle BCA'=90°$

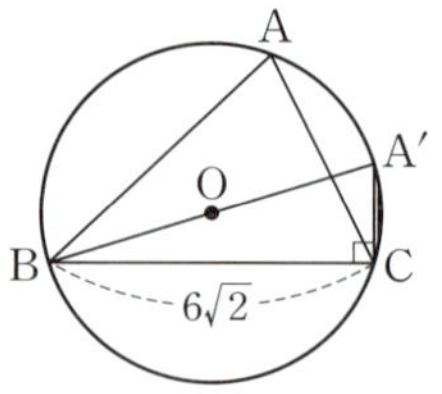

$\tan A=\tan A'=\dfrac{6\sqrt{2}}{\overline{A'C}}=3$이므로

$\overline{A'C}=2\sqrt{2}$

$\triangle A'BC$에서 $\overline{A'B}=\sqrt{(6\sqrt{2})^2+(2\sqrt{2})^2}=4\sqrt{5}$

따라서 원 O의 지름의 길이는 $4\sqrt{5}$이다.

답 $4\sqrt{5}$

392

오른쪽 그림과 같이 점 C를 지나는 지름이 원
O와 만나는 점을 A'이라 하고 $\overline{A'B}$를 그으면
$\angle BA'C = \angle BAC = 60°$
$\overline{A'C}$는 원 O의 지름이므로
$\angle A'BC = 90°$ 40%
$\triangle A'BC$에서
$\overline{A'C} = \dfrac{4\sqrt{3}}{\sin 60°} = 4\sqrt{3} \times \dfrac{2}{\sqrt{3}} = 8$ 40%
$\therefore$ (원 O의 둘레의 길이)$= 2\pi \times 4 = 8\pi$ 20%

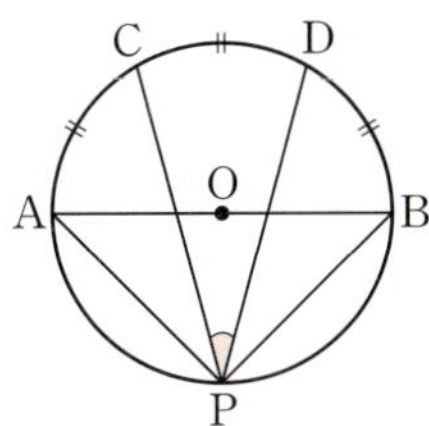

目 8π

393

$\overset{\frown}{AC} = \overset{\frown}{BD}$이므로 $\angle BCD = \angle ABC = 32°$
$\triangle PCB$에서 $\angle x = 32° + 32° = 64°$

目 ②

394

오른쪽 그림과 같이 $\overline{AP}$, $\overline{BP}$를 그으면
$\overline{AB}$는 원 O의 지름이므로
$\angle APB = 90°$
$\overset{\frown}{AC} = \overset{\frown}{CD} = \overset{\frown}{DB}$이므로
$\angle APC = \angle CPD = \angle DPB$
$\therefore \angle CPD = \dfrac{1}{3} \angle APB$
$\qquad = \dfrac{1}{3} \times 90° = 30°$

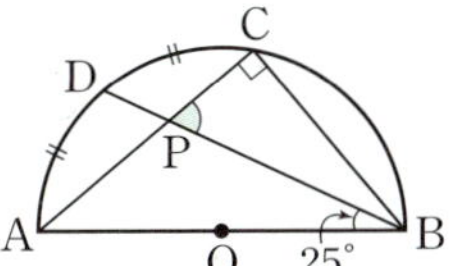

目 $30°$

395

오른쪽 그림과 같이 $\overline{OC}$를 그으면
$\overset{\frown}{BC} = \overset{\frown}{CD}$이므로
$\angle x = \angle BAC = 20°$
$\angle BOC = 2\angle BAC = 2 \times 20° = 40°$
$\angle COD = 2\angle CED = 2 \times 20° = 40°$
이므로
$\angle y = \angle BOC + \angle COD$
$\qquad = 40° + 40° = 80°$
$\therefore \angle x + \angle y = 20° + 80° = 100°$

目 $100°$

396

오른쪽 그림과 같이 $\overline{BC}$를 그으면
$\overline{AB}$는 반원 O의 지름이므로
$\angle ACB = 90°$
$\overset{\frown}{AD} = \overset{\frown}{CD}$이므로
$\angle DBC = \angle DBA = 25°$
$\triangle CPB$에서 $\angle CPB = 90° - 25° = 65°$

目 $65°$

397

$\triangle PCD$에서 $\angle PCD = 75° - 30° = 45°$
$\angle ACD : \angle BDC = \overset{\frown}{AD} : \overset{\frown}{BC}$이므로
$45 : 30 = \overset{\frown}{AD} : 2$ $\therefore \overset{\frown}{AD} = 3 \,(cm)$

目 3 cm

398

$\angle APB : \angle DQC = \overset{\frown}{AB} : \overset{\frown}{CD} = 10 : 5 = 2 : 1$이므로
$\angle APB = 2\angle DQC = 2 \times 26° = 52°$
$\therefore \angle AOB = 2\angle APB = 2 \times 52° = 104°$

目 $104°$

399

$\angle ADB : \angle DBC = \overset{\frown}{AB} : \overset{\frown}{CD}$이므로
$\angle ADB : \angle DBC = 4 : 1$
$\therefore \angle DBC = \dfrac{1}{4}\angle ADB = \dfrac{1}{4}\angle x$
$\triangle DBP$에서 $\dfrac{1}{4}\angle x + 30° = \angle x$, $\dfrac{3}{4}\angle x = 30°$
$\therefore \angle x = 40°$

目 $40°$

400

오른쪽 그림과 같이 $\overline{BC}$를 그으면
$\overline{AB}$는 원 O의 지름이므로
$\angle ACB = 90°$
$\triangle ABC$에서 $\angle ABC = 90° - 25° = 65°$
$\angle BAC : \angle ABC = \overset{\frown}{BC} : \overset{\frown}{AC}$이므로
$25 : 65 = 15 : \overset{\frown}{AC}$
$\therefore \overset{\frown}{AC} = 39$

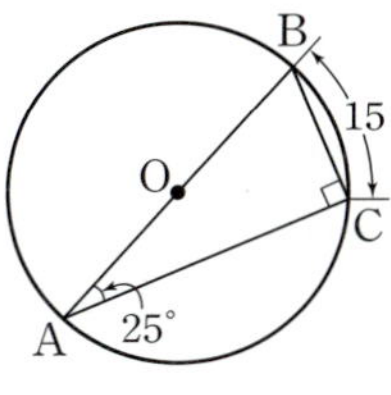

目 39

401

오른쪽 그림과 같이 $\overline{BC}$를 그으면
$\angle ABC = \dfrac{1}{5} \times 180° = 36°$
$\angle BCD = \dfrac{1}{9} \times 180° = 20°$
$\triangle PCB$에서 $\angle x = 36° + 20° = 56°$

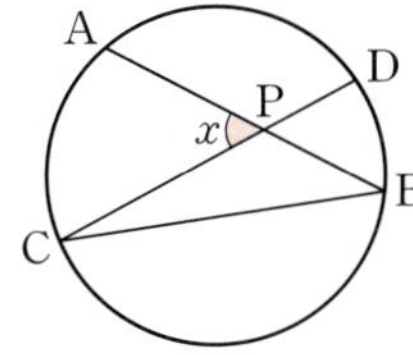

目 $56°$

402

$\angle ABC = \dfrac{4}{5+3+4} \times 180° = 60°$

目 $60°$

403

오른쪽 그림과 같이 $\overline{BC}$를 그으면
$\angle ABC = \dfrac{1}{4} \times 180° = 45°$
$\angle BCD = \dfrac{1}{6} \times 180° = 30°$
$\triangle BCP$에서 $\angle BPD = 45° - 30° = 15°$

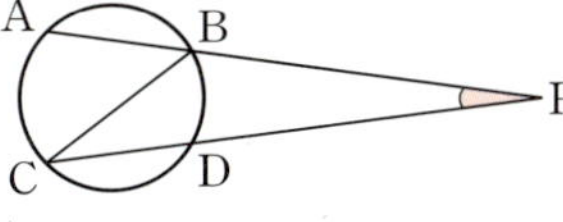

目 $15°$

404

∠ACP에서 ∠CAP$=85°-25°=60°$ …… 30%

원 O의 둘레의 길이를 l cm라고 하면

$\overset{\frown}{BC} : l=60:180$ …… 40%

$\therefore l=18\pi$

따라서 원 O의 둘레의 길이는 18π cm이다. …… 30%

답 18π cm

실력 쑥쑥

본문 | 70~71쪽

405 $25\ cm^2$	**406** ③	**407** $61°$	**408** $30\pi\ cm^2$
409 ③	**410** $85°$	**411** $17°$	**412** $10°$
413 $\dfrac{2\sqrt{5}}{9}$	**414** $4\sqrt{3}$ cm	**415** $36°$	**416** $23°$
417 $\dfrac{16}{3}\pi$ cm	**418** $96°$	**419** $\dfrac{4}{9}$ 배	
420 $(100+150\pi)\ m^2$			

405

$\angle BOC=2\angle BAC=2\times75°=150°$

$\therefore \triangle OBC=\dfrac{1}{2}\times10\times10\times\sin(180°-150°)$

$=\dfrac{1}{2}\times10\times10\times\dfrac{1}{2}=25(cm^2)$

답 $25\ cm^2$

406

$\angle BOC=2\angle BAC=2\angle x$

$\triangle ODC$에서 $\angle ADO=2\angle x+20°$

$\triangle ABD$에서 $\angle x+45°=2\angle x+20°$

$\therefore \angle x=25°$

답 ③

407

오른쪽 그림과 같이 $\overline{AD}$를 그으면

$\angle ADC=\dfrac{1}{2}\angle AOC=\dfrac{1}{2}\times68°=34°$

$\angle BAD=\dfrac{1}{2}\angle BOD=\dfrac{1}{2}\times54°=27°$

$\triangle AED$에서 $\angle x=34°+27°=61°$

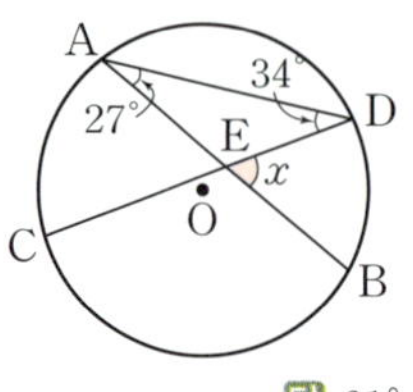

답 $61°$

408

색칠한 부분에 해당하는 부채꼴의 중심각의 크기는

$2\angle ABC=2\times150°=300°$

따라서 색칠한 부분의 넓이는

$\pi\times6^2\times\dfrac{300}{360}=30\pi(cm^2)$

답 $30\pi\ cm^2$

409

$\angle PAO=\angle PBO=90°$ (①)이므로

$\angle AOB=180°-62°=118°$ (②)

$\therefore \angle ACB=\dfrac{1}{2}\angle AOB=\dfrac{1}{2}\times118°=59°$ (③)

$\triangle AOB$는 이등변삼각형이므로

$\angle ABO=\dfrac{1}{2}\times(180°-118°)=\dfrac{1}{2}\times62°=31°$ (④)

$\angle PAB=\angle PBA=90°-\angle ABO$이므로

$\angle PAB=90°-31°=59°$ (⑤)

따라서 옳지 않은 것은 ③이다.

답 ③

410

오른쪽 그림과 같이 $\overline{AB}$를 그으면

$\angle BAC=\angle BEC=\angle x$,

$\angle ABE=\angle ACE=\angle y$

$\triangle ABD$에서

$(35°+\angle x)+(\angle y+33°)+27°=180°$

$\therefore \angle x+\angle y=85°$

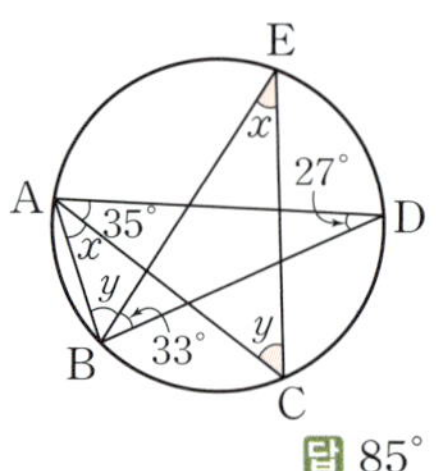

답 $85°$

411

$\angle ACD=\dfrac{1}{2}\angle AOD=\dfrac{1}{2}\times56°=28°$

$\angle ECB=\angle ACE=28°+\angle x$

$\angle ACB=90°$이므로

$28°+\angle x+(28°+\angle x)=90°,\ 2\angle x=34°$

$\therefore \angle x=17°$

답 $17°$

412

$\angle ADC=90°$이므로

$\angle x=90°-20°=70°$

$\angle ACB=\angle ADB=70°$이므로

$\triangle PBC$에서 $\angle y=180°-(30°+70°)=80°$

$\therefore \angle y-\angle x=80°-70°=10°$

답 $10°$

413

$\angle ACB=\angle ADC=90°$, $\angle A$는 공통이므로

$\triangle ABC \backsim \triangle ACD$ (AA 닮음)

$\therefore \angle ABC=\angle ACD=x$

$\triangle ABC$에서 $\overline{AC}=\sqrt{12^2-8^2}=4\sqrt{5}$이므로

$\sin x\times\cos x=\dfrac{4\sqrt{5}}{12}\times\dfrac{8}{12}=\dfrac{2\sqrt{5}}{9}$

답 $\dfrac{2\sqrt{5}}{9}$

414

$\angle ACB=90°$이므로

$\triangle ABC$에서 $\overline{AC}=16\cos 60°=16\times\dfrac{1}{2}=8(cm)$

$\triangle CAD$에서 $\overline{CD}=8\sin 60°=8\times\dfrac{\sqrt{3}}{2}=4\sqrt{3}(cm)$

답 $4\sqrt{3}$ cm

415

$$\angle BAE = \frac{180° \times (5-2)}{5} = 108°$$

$\overline{BC} = \overline{CD} = \overline{DE}$이므로 $\widehat{BC} = \widehat{CD} = \widehat{DE}$

$\therefore \angle BAC = \angle CAD = \angle DAE$

$\therefore \angle CAD = \frac{1}{3}\angle BAE = \frac{1}{3} \times 108° = 36°$

답 36°

416

$$\angle APB = \frac{1}{2} \times 222° = 111°$$

$\triangle PAB$에서

$\angle PAB + \angle PBA = 180° - 111° = 69°$ ····· ㉠

$\widehat{PB} = \frac{1}{2}\widehat{PA}$이므로 $\angle PBA = 2\angle PAB$ ····· ㉡

㉡을 ㉠에 대입하면 $3\angle PAB = 69°$

$\angle PAB = 23°$

답 23°

417

$\angle APD = 31° + 46° + 23° = 100°$이므로

$$\widehat{ABD} = 2\pi \times 6 \times \frac{100}{180} = \frac{20}{3}\pi\,(\text{cm})$$

$\therefore \widehat{PA} + \widehat{PD} = 2\pi \times 6 - \frac{20}{3}\pi = \frac{16}{3}\pi\,(\text{cm})$

답 $\frac{16}{3}\pi$ cm

418

$\angle ACB = 90°$이고 $\widehat{AE} = \frac{2}{3}\widehat{AB}$이므로

$$\angle ACE = \frac{2}{3}\angle ACB = \frac{2}{3} \times 90° = 60°$$

$\widehat{AC} : \widehat{CB} = 3 : 2$이므로 $\widehat{CB}$에 대한 중심각의 크기는

$$\frac{2}{3+2} \times 180° = 72°$$

$\therefore \angle BAC = \frac{1}{2} \times 72° = 36°$

따라서 $\triangle CAQ$에서 $\angle x = 60° + 36° = 96°$

답 96°

419

오른쪽 그림과 같이 $\overline{AD}$를 긋고

$\angle DAB = \angle x$, $\angle ADC = \angle y$라고 하면

$\triangle APD$에서 $\angle x + \angle y = 80°$

즉, $\widehat{AC}$와 $\widehat{BD}$에 대한 원주각의 크기의 합

이 $80°$이므로

$\widehat{AC} + \widehat{BD}$의 길이는 원의 둘레의 길이의

$\frac{80}{180} = \frac{4}{9}$(배)이다.

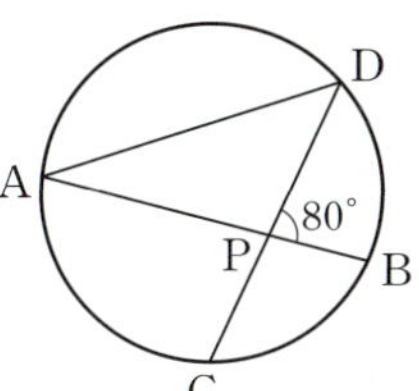

답 $\frac{4}{9}$ 배

420

오른쪽 그림과 같이 원의 중심을 O라 하고

$\overline{OA}$, $\overline{OB}$를 그으면

$\angle AOB = 2\angle APB = 2 \times 45° = 90°$

$\triangle AOB$가 직각이등변삼각형이므로

$$\overline{OA} = 20\sin 45° = 20 \times \frac{\sqrt{2}}{2} = 10\sqrt{2}\,(\text{m})$$

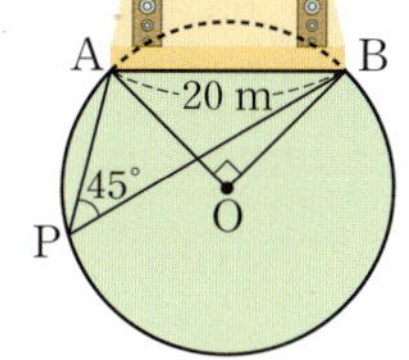

이때 $\triangle AOB = \frac{1}{2} \times 10\sqrt{2} \times 10\sqrt{2} = 100\,(\text{m}^2)$이고 $\widehat{APB}$에 대한

중심각의 크기가 $360° - 90° = 270°$이므로 무대를 제외한 공연장의

넓이는 $100 + \pi \times (10\sqrt{2})^2 \times \frac{270}{360} = 100 + 150\pi\,(\text{m}^2)$

답 $(100 + 150\pi)$ m²

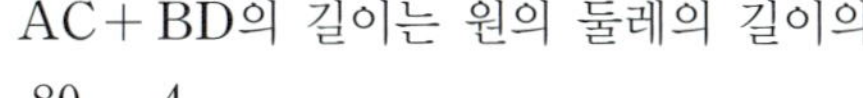

421 52°	**422** 88°	**423** 45°	**424** 50°
425 $18+6\sqrt{3}$	**426** $12+4\sqrt{3}$	**427** 40°	**428** 26°
429 12π	**430** 20π	**431** 120°	**432** 100°

421

단계 1 오른쪽 그림과 같이 $\overline{AD}$를 그으면

$\overline{AB}$가 반원 O의 지름이므로

$\angle ADB = 90°$

$\therefore \angle ADP = 90°$

$\triangle PAD$에서

$\angle PAD = 90° - 64° = 26°$

단계 2 $\angle x = 2\angle CAD = 2 \times 26° = 52°$

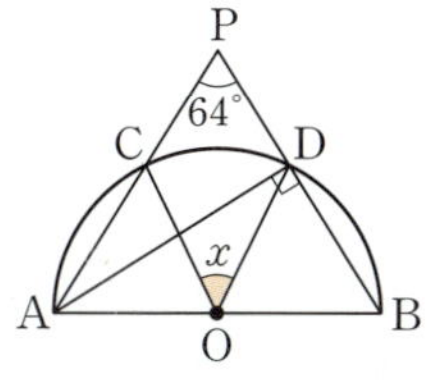

답 52°

422

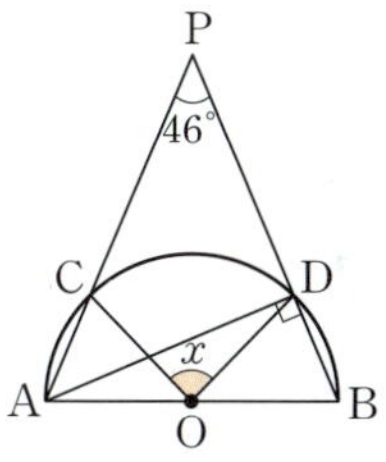

오른쪽 그림과 같이 $\overline{AD}$를 그으면

$\overline{AB}$가 반원 O의 지름이므로

$\angle ADB = 90°$

$\therefore \angle ADP = 90°$

$\triangle PAD$에서

$\angle PAD = 90° - 46° = 44°$ ····· 60%

$\therefore \angle x = 2\angle CAD = 2 \times 44° = 88°$ ····· 40%

답 88°

423

단계 1 $\angle BAC = \angle BDC = \angle x$

$\triangle PBD$에서 $\angle BDC = \angle DPB + \angle PBD$이므로

$\angle x = 25° + \angle PBD$

$\therefore \angle PBD = \angle x - 25°$

단계 2 $\triangle ABQ$에서 $\angle BQC = \angle BAQ + \angle ABQ$이므로
$65° = \angle x + (\angle x - 25°)$, $2\angle x = 90°$
$\therefore \angle x = 45°$

…… 45°

424

$\angle DCA = \angle DBA = \angle x$
$\triangle BPD$에서 $\angle DBA = \angle BPD + \angle BDP$이므로
$\angle x = 30° + \angle BDP$ $\therefore \angle BDP = \angle x - 30°$ …… 50%
$\triangle QCD$에서 $\angle AQD = \angle DCQ + \angle CDQ$이므로
$70° = \angle x + (\angle x - 30°)$, $2\angle x = 100°$
$\therefore \angle x = 50°$ …… 50%

답 50°

425

단계 1 $\overline{AB}$가 반원 O의 지름이므로 $\angle ACB = 90°$

단계 2 $\overline{AC} = \overline{AB} \sin 30° = 12 \times \dfrac{1}{2} = 6$

$\overline{BC} = \overline{AB} \cos 30° = 12 \times \dfrac{\sqrt{3}}{2} = 6\sqrt{3}$

단계 3 $(\triangle ABC$의 둘레의 길이$) = \overline{AB} + \overline{BC} + \overline{CA}$
$= 12 + 6\sqrt{3} + 6$
$= 18 + 6\sqrt{3}$

답 $18 + 6\sqrt{3}$

426

$\overline{AB}$가 반원 O의 지름이므로 $\angle ACB = 90°$ …… 20%
$\overline{AC} = \overline{AB} \sin 60° = 8 \times \dfrac{\sqrt{3}}{2} = 4\sqrt{3}$

$\overline{BC} = \overline{AB} \cos 60° = 8 \times \dfrac{1}{2} = 4$ …… 60%

$\therefore (\triangle ABC$의 둘레의 길이$) = \overline{AB} + \overline{BC} + \overline{CA}$
$= 8 + 4 + 4\sqrt{3} = 12 + 4\sqrt{3}$ …… 20%

답 $12 + 4\sqrt{3}$

427

단계 1 오른쪽 그림과 같이 $\overline{AC}$를 그으면
$\widehat{BD} = \widehat{CD}$이므로
$\angle CAD = \angle BAD = 25°$

단계 2 $\angle OAC = 25° + 25° = 50°$이고
$\triangle OCA$는 $\overline{OA} = \overline{OC}$인 이등변삼각형
이므로
$\angle AOC = 180° - 2 \times 50° = 80°$

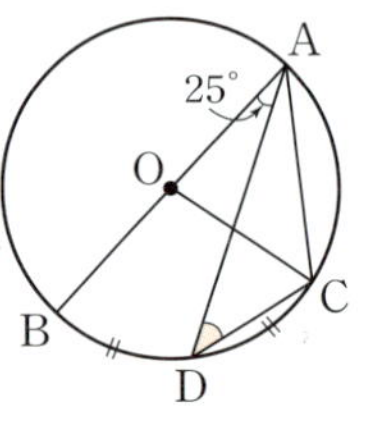

단계 3 $\angle ADC = \dfrac{1}{2} \angle AOC = \dfrac{1}{2} \times 80° = 40°$

답 40°

428

오른쪽 그림과 같이 $\overline{AB}$를 그으면
$\widehat{BC} = \widehat{CD}$이므로
$\angle BAC = \angle CAD = 32°$ …… 35%
$\angle OAB = 32° + 32° = 64°$이고
$\triangle OAB$는 $\overline{OA} = \overline{OB}$인 이등변삼각형이므로
$\angle AOB = 180° - 2 \times 64° = 52°$ …… 30%
$\therefore \angle ACB = \dfrac{1}{2} \angle AOB = \dfrac{1}{2} \times 52° = 26°$ …… 35%

답 26°

429

단계 1 $\overline{OM} = \overline{ON}$이므로 $\overline{AB} = \overline{AC}$
즉 $\triangle ABC$는 이등변삼각형이므로
$\angle BAC = 180° - 2 \times 70° = 40°$

단계 2 $\angle BAC : \angle ABC = \widehat{BC} : \widehat{AC}$이므로
$40 : 70 = \widehat{BC} : 21\pi$ $\therefore \widehat{BC} = 12\pi$

답 12π

430

$\overline{OM} = \overline{ON}$이므로 $\overline{AB} = \overline{AC}$
즉 $\triangle ABC$는 이등변삼각형이므로
$\angle BAC = 180° - 2 \times 65° = 50°$ …… 50%
$\angle BAC : \angle ACB = \widehat{BC} : \widehat{AB}$이므로
$50 : 65 = \widehat{BC} : 26\pi$ $\therefore \widehat{BC} = 20\pi$ …… 50%

답 20π

431

단계 1 12개의 점 사이의 호에 대한 원주각의 크기는 모두 같으므로
$\angle ADB = \dfrac{3}{12} \times 180° = 45°$

단계 2 $\angle CAD = \dfrac{5}{12} \times 180° = 75°$

단계 3 $\triangle AED$에서 $\angle x = \angle ADE + \angle EAD = 45° + 75° = 120°$

답 120°

432

9개의 점 사이의 호에 대한 원주각의 크기는 모두 같으므로
$\angle ADB = \dfrac{2}{9} \times 180° = 40°$ …… 40%

$\angle CAD = \dfrac{3}{9} \times 180° = 60°$ …… 40%

$\triangle AED$에서
$\angle x = \angle ADE + \angle EAD = 40° + 60° = 100°$ …… 20%

답 100°

3 원주각의 활용

개념 콕콕　　　　　　　본문 | 75, 77쪽

433

ㄱ. ∠BAC≠∠BDC이므로 네 점 A, B, C, D는 한 원 위에 있지 않다.

ㄴ. ∠ACB=∠ADB이므로 네 점 A, B, C, D는 한 원 위에 있다.

ㄷ. ∠BAC≠∠BDC이므로 네 점 A, B, C, D는 한 원 위에 있지 않다.

ㄹ. ∠A=180°−(30°+90°)=60°이므로 ∠BAC=∠BDC 즉 네 점 A, B, C, D는 한 원 위에 있다.

답 ㄴ, ㄹ

434

(1) $\angle x = \angle \text{BAC} = 52°$

(2) ∠ACB=∠ADB=60°이어야 하므로 △PBC에서
$\angle x = 60° + 60° = 120°$

답 (1) 52° (2) 120°

435

(1) ∠B+∠D=180°이므로 $\angle x = 180° − 65° = 115°$

(2) ∠A+∠C=180°이므로 $\angle x = 180° − 70° = 110°$

(3) △ACD에서 ∠ADC=180°−(58°+50°)=72°
∠B+∠D=180°이므로 $\angle x = 180° − 72° = 108°$

(4) $\angle \text{ADC} = \frac{1}{2}\angle \text{AOC} = \frac{1}{2} \times 150° = 75°$
∠B+∠D=180°이므로 $\angle x = 180° − 75° = 105°$

답 (1) 115° (2) 110° (3) 108° (4) 105°

436

(1) $\angle x = \angle \text{ADC} = 120°$

(2) $\angle \text{BAD} = \frac{1}{2} \times 200° = 100°$　　∴ $\angle x = \angle \text{BAD} = 100°$

답 (1) 120° (2) 100°

437

ㄱ. ∠A+∠C=180°이므로 □ABCD는 원에 내접한다.

ㄴ. ∠BAC=∠BDC이므로 □ABCD는 원에 내접한다.

ㄷ. ∠C=180°−(45°+40°)=95°이므로 ∠C≠∠EAD
따라서 □ABCD는 원에 내접하지 않는다.

ㄹ. ∠A=∠DCE이므로 □ABCD는 원에 내접한다.

답 ㄷ

438

(1) ∠B=180°−(30°+90°)=60°　　∴ $\angle x = 180° − 60° = 120°$

(2) ∠D=180°−(24°+43°)=113°　　∴ $\angle x = 180° − 113° = 67°$

답 (1) 120° (2) 67°

439

(1) $\angle x = 180° − 87° = 93°$, $\angle y = 180° − 100° = 80°$

(2) $\angle x = 180° − 120° = 60°$, $\angle y = \angle \text{A} = 115°$

답 (1) ∠x=93°, ∠y=80° (2) ∠x=60°, ∠y=115°

440

(1) $\angle x = \angle \text{BAT} = 85°$

(2) $\overline{\text{BC}}$는 원 O의 지름이므로 ∠BAC=90°
∠BCA=∠BAT=60°이므로
△ABC에서 $\angle x = 180° − (90° + 60°) = 30°$

(3) ∠CBA=∠CAT=50°이므로
△ABC에서 $\angle x = 180° − (55° + 50°) = 75°$

(4) ∠BCA=∠BAT=65°이므로
$\angle x = 2\angle \text{BCA} = 2 \times 65° = 130°$

(5) ∠BAT=180°−(64°+54°)=62°이므로
$\angle x = \angle \text{BAT} = 62°$

(6) △CAB에서 ∠CBA=180°−(40°+72°)=68°이므로
$\angle x = \angle \text{CBA} = 68°$

답 (1) 85° (2) 30° (3) 75° (4) 130° (5) 62° (6) 68°

441

(1) $\angle x = \angle \text{BPT} = 80°$
△APB에서 $\angle y = 180° − (40° + 80°) = 60°$

(2) $\angle x = \angle \text{APT} = 45°$
△APB에서 $\angle y = 180° − (45° + 55°) = 80°$

(3) $\angle x = \angle \text{APT} = 49°$, $\angle y = 2\angle x = 2 \times 49° = 98°$

(4) $\angle x = \frac{1}{2}\angle \text{AOP} = \frac{1}{2} \times 108° = 54°$, $\angle y = \angle x = 54°$

답 (1) ∠x=80°, ∠y=60° (2) ∠x=45°, ∠y=80°
(3) ∠x=49°, ∠y=98° (4) ∠x=54°, ∠y=54°

442

(1) $\angle x = \angle \text{BAT} = 47°$, $\angle y = \angle \text{CDT} = 73°$

(2) $\angle x = \angle \text{ATP} = \angle \text{QTC} = \angle \text{CDT} = 75°$
$\angle y = \angle \text{PTD} = \angle \text{BTQ} = \angle \text{BAT} = 60°$

(3) $\angle y = \angle \text{DCT} = 70°$, $\angle x = \angle \text{ATP} = 70°$

(4) $\angle x = \angle \text{CTQ} = 63°$, $\angle y = \angle \text{BTQ} = 63°$

답 (1) ∠x=47°, ∠y=73° (2) ∠x=75°, ∠y=60°
(3) ∠x=70°, ∠y=70° (4) ∠x=63°, ∠y=63°

443

(1) $\angle DCT = \angle PTD = \angle BTQ = \angle BAT = 70°$

△DTC에서

$\angle x = 180° - (70° + 50°) = 60°$

(2) $\angle DCT = 180° - 126° = 54°$

∴ $\angle ABT = \angle ATP = \angle DCT = 54°$

△ABT에서 $\angle x = 180° - (68° + 54°) = 58°$

답 (1) $60°$ (2) $58°$

유형 콕콕　　　　　　　　　본문 | 78~85쪽

444 ④	**445** ②	**446** 10°	**447** ①
448 70°	**449** ⑤	**450** 135°	**451** ③
452 117°	**453** 28°	**454** ②	**455** 170°
456 ②	**457** 140°	**458** 35°	**459** ③
460 79°	**461** ②	**462** 140°	**463** 58°
464 ④	**465** 130°	**466** 85°	**467** 70°
468 100°	**469** 110°	**470** 306°	**471** 15°
472 140°	**473** 106°	**474** ③	**475** 35°
476 ㄷ, ㅁ, ㅂ	**477** 90°	**478** 35°	**479** 60°
480 30°	**481** 38°	**482** $4\sqrt{3}\ \mathrm{cm}^2$	**483** 31°
484 108°	**485** 20°	**486** 110°	**487** 42°
488 96°	**489** 26°	**490** 25°	**491** 60°
492 5	**493** 56°	**494** 71°	**495** 55°
496 60°	**497** 49°	**498** ②	**499** 100°
500 48°	**501** ⑤	**502** 40°	

444

① △ABC에서

$\angle BAC = 180° - (40° + 60° + 35°) = 45°$이므로

$\angle BAC \neq \angle BDC$

따라서 네 점 A, B, C, D는 한 원 위에 있지 않다.

② $\angle BAC = 90° - 30° = 60°$이므로 $\angle BAC \neq \angle BDC$

따라서 네 점 A, B, C, D는 한 원 위에 있지 않다.

③ △ABC에서

$\angle ACB = 180° - (70° + 75°) = 35°$이므로

$\angle ACB \neq \angle ADB$

따라서 네 점 A, B, C, D는 한 원 위에 있지 않다.

④ $\angle BDC = 110° - 80° = 30°$이므로 $\angle BAC = \angle BDC$

따라서 네 점 A, B, C, D는 한 원 위에 있다.

⑤ $\angle BAC \neq \angle BDC$이므로 네 점 A, B, C, D는 한 원 위에 있지 않다.

답 ④

445

$\angle y = \angle ADB = 28°$

△APC에서 $\angle x = 76° - 28° = 48°$

∴ $\angle x - \angle y = 48° - 28° = 20°$

답 ②

446

$\angle x = \angle DBC = 40°$ ⋯⋯ 30%

$\angle BDC = \angle BAC = 60°$ ⋯⋯ 30%

△ACD에서 $\angle y = 180° - (40° + 30° + 60°) = 50°$ ⋯⋯ 30%

∴ $\angle y - \angle x = 50° - 40° = 10°$ ⋯⋯ 10%

답 $10°$

447

$\angle B + \angle D = 180°$이므로 $\angle ABC = 180° - 70° = 110°$

$\angle AOC = 2\angle ADC = 2 \times 70° = 140°$

□ABCO에서 $\angle x + \angle y = 360° - (140° + 110°) = 110°$

답 ①

448

$\angle A + \angle C = 180°$이므로 $\angle BAD = 180° - 100° = 80°$

△ABD에서 $\angle x = 180° - (80° + 30°) = 70°$

답 $70°$

449

$\angle ECB = 90° - 32° = 58°$

$\angle EAB + \angle ECB = 180°$이므로

$\angle x = 180° - 58° = 122°$

답 ⑤

450

$\angle B + \angle D = 180°$이므로

$\angle B = \dfrac{3}{3+1} \times 180° = 135°$

답 $135°$

451

$\angle BAC = 90°$이므로 △ABC에서

$\angle ABC = 180° - (90° + 25°) = 65°$

$\angle ABC + \angle ADC = 180°$이므로

$\angle x = 180° - 65° = 115°$

답 ③

452

$\overline{AB} = \overline{AC}$이므로 △ABC는 이등변삼각형이다.

$\angle ABC = \dfrac{1}{2} \times (180° - 54°) = 63°$

$\angle ABC + \angle ADC = 180°$이므로

$\angle x = 180° - 63° = 117°$

답 $117°$

453

$\angle BDC = 90°$이므로

△DBC에서 $\angle DCB = 180° - (90° + 34°) = 56°$ ······ 40%

$\angle BAD + \angle BCD = 180°$이므로

$\angle BAD = 180° - 56° = 124°$ ······ 20%

$\overparen{AB} = \overparen{AD}$이므로 $\angle ABD = \angle ADB$

△ABD에서 $\angle ABD = \dfrac{1}{2} \times (180° - 124°) = 28°$ ······ 40%

답 28°

454

$\angle ABC + \angle ADC = 180°$이므로 $\angle ABC = 180° - 80° = 100°$

$\angle ABE = \angle x$라고 하면 $\angle PBC = 100° - \angle x$

$\overparen{AB} = \overparen{AE}$이므로 $\angle ACB = \angle ABE = \angle x$

△BCP에서 $\angle APB = (100° - \angle x) + \angle x = 100°$ 답 ②

455

$\angle BAD = \angle DCE$이므로 $\angle x + 40° = 105°$ ∴ $\angle x = 65°$

$\angle CBD = \angle CAD = 40°$이므로 $\angle ABC = 35° + 40° = 75°$

$\angle ABC + \angle ADC = 180°$이므로 $\angle y = 180° - 75° = 105°$

∴ $\angle x + \angle y = 65° + 105° = 170°$ 답 170°

456

$\angle BAD = \dfrac{1}{2} \times 210° = 105°$

∴ $\angle DCE = \angle BAD = 105°$ 답 ②

457

$\angle BAD = \angle DCE = 70°$

∴ $\angle x = 2\angle BAD = 2 \times 70° = 140°$ 답 140°

458

$\angle ABC = \angle EDC = 80°$

△ABC에서 $\angle CAB = 180° - (65° + 80°) = 35°$ 답 35°

459

$\angle ABP = \angle ADC = 68°$

△APB에서 $\angle DAB = 35° + 68° = 103°$ 답 ③

460

$\angle BDC = \angle BAC = 53°$, $\angle ADC = \angle ABE = 100°$이므로

$\angle x = 100° - 53° = 47°$ ······ 40%

$\angle ABD = 180° - (100° + 48°) = 32°$이므로

$\angle y = \angle ABD = 32°$ ······ 40%

∴ $\angle x + \angle y = 47° + 32° = 79°$ ······ 20%

답 79°

461

$\angle C = \dfrac{2}{3+2} \times 180° = 72°$

$\angle D = \angle C + 20° = 72° + 20° = 92°$이므로

$\angle ABE = \angle D = 92°$ 답 ②

462

$\angle ACB = \angle ADB = 60°$이므로

△ABC에서 $\angle y + \angle z = 180° - (50° + 60°) = 70°$

$\angle x = \angle ABC = \angle y + \angle z = 70°$

∴ $\angle x + \angle y + \angle z = 70° + 70° = 140°$ 답 140°

463

$\angle QAB = \angle BCD = \angle x$,

△PBC에서 $\angle ABQ = \angle x + 24°$

△AQB에서 $\angle x + 40° + (\angle x + 24°) = 180°$

∴ $\angle x = 58°$ 답 58°

464

$\angle CDF = \angle ABC = 50°$

△EBC에서 $\angle DCF = \angle x + 50°$

△DCF에서 $50° + (\angle x + 50°) + 38° = 180°$

∴ $\angle x = 42°$ 답 ④

465

$\angle DAB = \angle x$라고 하면 $\angle BCE = \angle DAB = \angle x$

△FAB에서 $\angle CBE = \angle x + 25°$

△CBE에서 $\angle x + (\angle x + 25°) + 55° = 180°$

∴ $\angle x = 50°$

∴ $\angle DCB = 180° - 50° = 130°$ 답 130°

466

오른쪽 그림과 같이 $\overline{BD}$를 그으면

$\angle CBD = \dfrac{1}{2}\angle COD = \dfrac{1}{2} \times 60° = 30°$

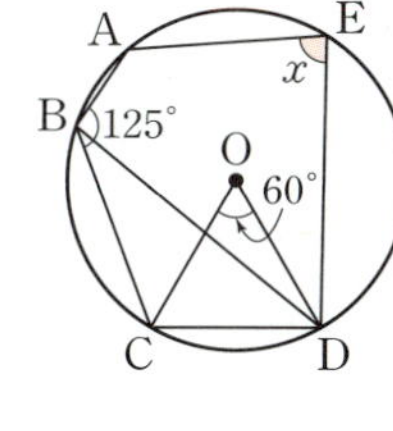

$\angle ABD = 125° - 30° = 95°$이고

$\angle ABD + \angle AED = 180°$이므로

$\angle x = 180° - 95° = 85°$

답 85°

467

오른쪽 그림과 같이 $\overline{BD}$를 그으면

$\angle EAB + \angle BDE = 180°$이므로

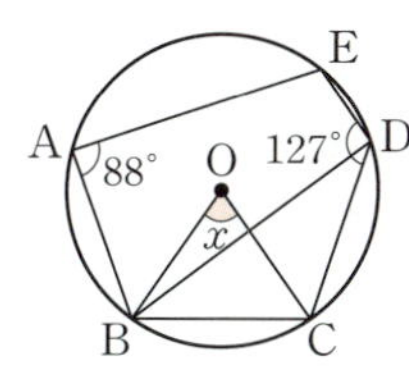

$\angle BDE = 180° - 88° = 92°$

$\angle BDC = 127° - 92° = 35°$

∴ $\angle x = 2\angle BDC = 2 \times 35° = 70°$

답 70°

468

$\angle EAD = \angle ECD = 25°$이므로

$\triangle EAF$에서 $\angle AEF = 105° - 25° = 80°$

$\angle AEC + \angle ABC = 180°$이므로

$\angle x = 180° - 80° = 100°$

답 $100°$

469

오른쪽 그림과 같이 $\overline{CF}$를 그으면

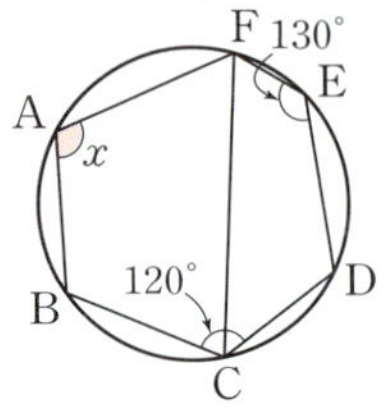

$\square FCDE$는 원에 내접하므로

$\angle FED + \angle FCD = 180°$

$\therefore \angle FCD = 180° - 130° = 50°$ 40%

$\angle BCF = 120° - 50° = 70°$ 20%

$\square ABCF$는 원에 내접하므로

$\angle FAB + \angle BCF = 180°$

$\therefore \angle x = 180° - 70° = 110°$ 40%

답 $110°$

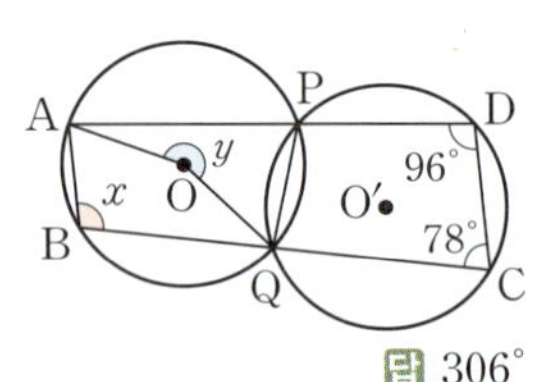

470

오른쪽 그림과 같이 $\overline{PQ}$를 그으면

$\angle APQ = \angle QCD = 78°$이므로

$\angle x = 180° - 78° = 102°$

$\angle y = 2\angle x = 2 \times 102° = 204°$

$\therefore \angle x + \angle y = 102° + 204° = 306°$

답 $306°$

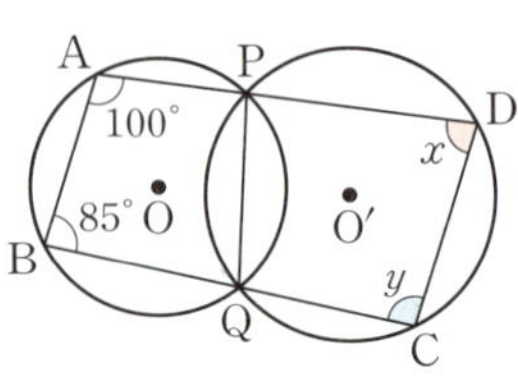

471

오른쪽 그림과 같이 $\overline{PQ}$를 그으면

$\angle PQC = \angle PAB = 100°$이므로

$\angle x = 180° - 100° = 80°$

$\angle QPD = \angle ABQ = 85°$이므로

$\angle y = 180° - 85° = 95°$

$\therefore \angle y - \angle x = 95° - 80° = 15°$

답 $15°$

472

오른쪽 그림과 같이 $\overline{PQ}$를 그으면

$\angle PQB = \angle PDC = 110°$이므로

$\angle BAP = 180° - 110° = 70°$

$\therefore \angle x = 2\angle BAP = 2 \times 70° = 140°$

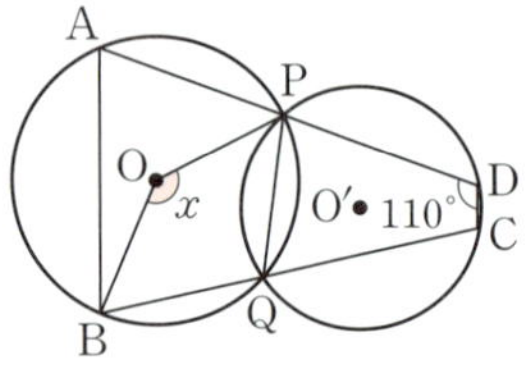

답 $140°$

473

오른쪽 그림과 같이 $\overline{EF}$, $\overline{GH}$를 각각 그으면

$\angle x = \angle EFH = \angle DGH$

이때 $\angle DGH + 74° = 180°$이

므로 $\angle DGH = 106°$

$\therefore \angle x = \angle DGH = 106°$

답 $106°$

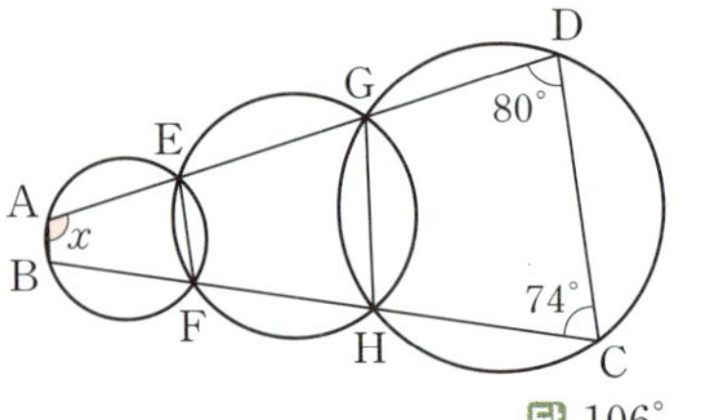

474

① $\angle BAC = \angle BDC$이므로 $\square ABCD$는 원에 내접한다.

② $\angle A = \angle DCE$이므로 $\square ABCD$는 원에 내접한다.

③ $\angle BDC = 75° - 30° = 45°$이므로 $\angle BAC \neq \angle BDC$

따라서 $\square ABCD$는 원에 내접하지 않는다.

④ $\triangle ABC$에서 $\angle B = 180° - (60° + 45°) = 75°$이므로

$\angle B + \angle D = 180°$

따라서 $\square ABCD$는 원에 내접한다.

⑤ $\angle ABC = 180° - 85° = 95°$이므로 $\angle ABC = \angle ADF$

따라서 $\square ABCD$는 원에 내접한다.

답 ③

475

$\angle ABC = \angle ADE = 85°$이므로 $\square ABCD$는 원에 내접한다.

$\therefore \angle x = \angle ACB = 35°$

답 $35°$

476

정사각형, 직사각형, 등변사다리꼴은 대각의 크기의 합이 $180°$이므

로 항상 원에 내접한다.

답 ㄷ, ㅁ, ㅂ

477

$\angle x = \angle ABT = 70°$

$\triangle OAB$에서 $\angle AOB = 2\angle x = 2 \times 70° = 140°$이고

$\overline{OA} = \overline{OB}$이므로

$\angle y = \dfrac{1}{2} \times (180° - 140°) = 20°$

$\therefore \angle x + \angle y = 70° + 20° = 90°$

답 $90°$

478

$\angle CAP = \angle CBA = \angle x$이므로

$\triangle CPA$에서 $25° + \angle x = 60°$ $\therefore \angle x = 35°$

답 $35°$

479

$\angle x = \angle BAC = \dfrac{5}{7+5+3} \times 180° = 60°$

답 $60°$

480

$\angle BAC = \angle BCT = \angle x$ 30%

$\widehat{AB} = \widehat{BC}$이므로 $\angle BCA = \angle BAC = \angle x$ 30%

$\triangle ABC$에서 $\angle x = \dfrac{1}{2} \times (180° - 120°) = 30°$ 40%

답 $30°$

481

$\angle ACB = \angle TAB = 70°$

$\angle BAC = \angle CBT' = 72°$

$\triangle ABC$에서 $\angle ABC = 180° - (70° + 72°) = 38°$

답 $38°$

482

$\angle BCA = \angle BAT = 60°$이고

$\overset{\frown}{AB} = \overset{\frown}{BC}$이므로

$\angle BAC = \angle BCA = 60°$

즉 $\triangle ABC$는 정삼각형이다.

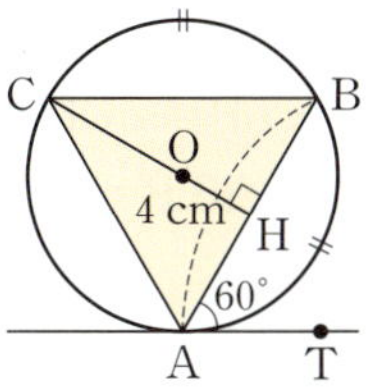

오른쪽 그림과 같이 $\triangle ABC$의 꼭짓점 C에서

$\overline{AB}$에 내린 수선의 발을 H라고 하면

$\overline{CH} = \sqrt{4^2 - 2^2} = 2\sqrt{3}\,(\text{cm})$

$\therefore \triangle ABC = \dfrac{1}{2} \times 4 \times 2\sqrt{3} = 4\sqrt{3}\,(\text{cm}^2)$

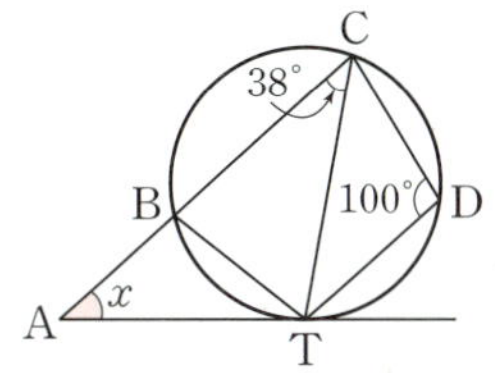

답 $4\sqrt{3}\,\text{cm}^2$

483

$\overset{\frown}{AB} = \overset{\frown}{BC}$이므로 $\angle BCA = \angle BAC = 33°$

$\therefore \angle BAE = \angle BCA = 33°$

$\triangle CPA$에서 $\angle ACP = (33° + 33°) - 35° = 31°$

답 $31°$

484

$\angle APO = 90°$이므로

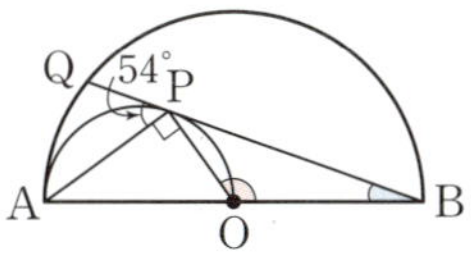

$\angle OPB = 180° - (54° + 90°) = 36°$

$\angle POA = \angle APQ = 54°$이므로

$\angle POB = 180° - 54° = 126°$

$\triangle POB$에서 $\angle PBO = 54° - 36° = 18°$이므로

$\angle POB - \angle PBO = 126° - 18° = 108°$

답 $108°$

485

$\triangle DAC$에서 $\angle ADC = 180° - (45° + 30°) = 105°$

$\therefore \angle y = 180° - 105° = 75°$

$\angle ACB = \angle ABT = 50°$이므로

$\triangle ABC$에서 $\angle x = 180° - (75° + 50°) = 55°$

$\therefore \angle y - \angle x = 75° - 55° = 20°$

답 $20°$

486

$\angle BDC = \angle BCT = 40°$이므로

$\triangle BCD$에서 $\angle BCD = 180° - (70° + 40°) = 70°$

$\therefore \angle BAD = 180° - 70° = 110°$

답 $110°$

487

오른쪽 그림과 같이 $\overline{BT}$를 그으면

$\angle BTA = \angle BCT = 38°$

$\angle ABT = \angle CDT = 100°$

$\triangle BAT$에서

$\angle x = 180° - (100° + 38°) = 42°$

다른 풀이

위의 그림과 같이 $\overline{BT}$를 그으면

$\angle BTA = \angle BCT = 38°$, $\angle CBT = 180° - 100° = 80°$

$\triangle BAT$에서 $\angle x = 80° - 38° = 42°$

답 $42°$

488

오른쪽 그림과 같이 $\overline{BD}$를 그으면

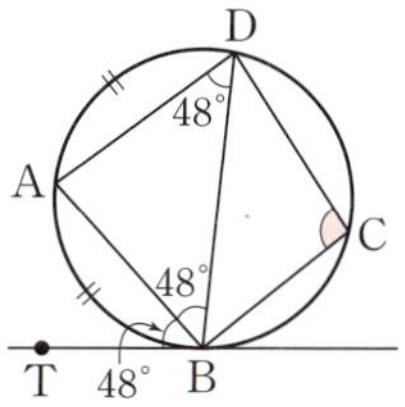

$\angle ADB = \angle ABT = 48°$ $\cdots\cdots$ 30%

$\overset{\frown}{AB} = \overset{\frown}{AD}$이므로

$\angle ABD = \angle ADB = 48°$ $\cdots\cdots$ 20%

$\triangle ABD$에서

$\angle DAB = 180° - 2 \times 48° = 84°$ $\cdots\cdots$ 20%

$\angle A + \angle C = 180°$이므로 $\angle DCB = 180° - 84° = 96°$ $\cdots\cdots$ 30%

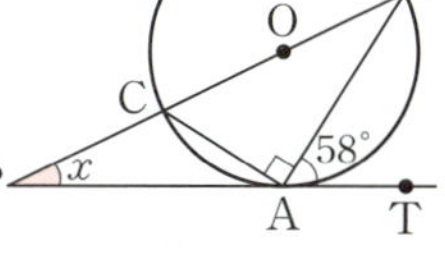

답 $96°$

489

오른쪽 그림과 같이 $\overline{AC}$를 그으면

$\angle BAC = 90°$이고

$\angle BCA = \angle BAT = 58°$이므로

$\triangle BCA$에서

$\angle ABC = 180° - (90° + 58°) = 32°$

$\triangle BPA$에서 $\angle x + 32° = 58°$

$\therefore \angle x = 26°$

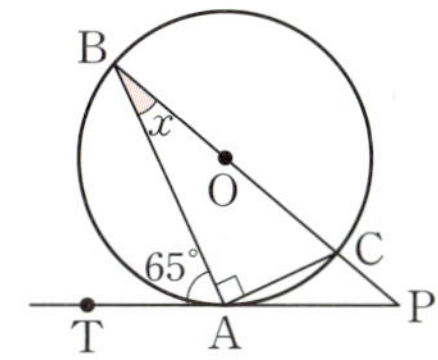

답 $26°$

490

오른쪽 그림과 같이 $\overline{AC}$를 그으면

$\angle BAC = 90°$이고

$\angle BCA = \angle BAT = 65°$이므로

$\triangle BAC$에서

$\angle x = 180° - (90° + 65°) = 25°$

답 $25°$

491

오른쪽 그림과 같이 $\overline{AC}$를 그으면

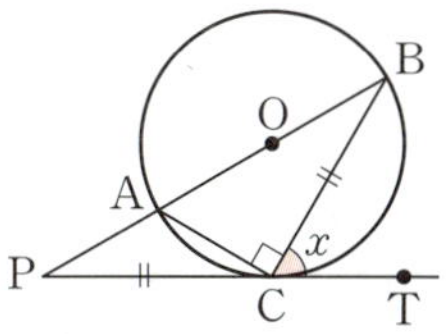

$\angle ACB = 90°$이고

$\angle BAC = \angle BCT = \angle x$ $\cdots\cdots$ 30%

$\triangle ACB$에서

$\angle ABC = 180° - (90° + \angle x)$

$\qquad\quad = 90° - \angle x$ $\cdots\cdots$ 20%

$\overline{PC} = \overline{BC}$이므로 $\angle CPB = \angle CBP = 90° - \angle x$ $\cdots\cdots$ 20%

$\triangle PCB$에서 $(90° - \angle x) + (90° - \angle x) = \angle x$

$3\angle x = 180°$ $\qquad \therefore \angle x = 60°$ $\cdots\cdots$ 30%

답 $60°$

492

오른쪽 그림과 같이 $\overline{AC}$를 그으면

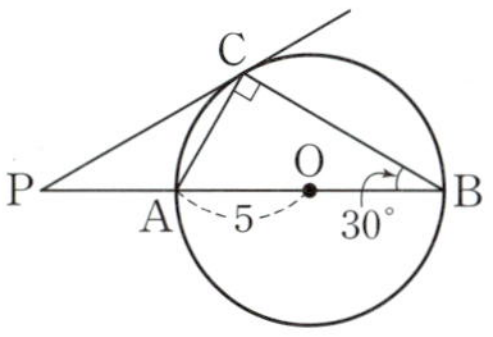

$\triangle ABC$에서 $\angle ACB = 90°$이므로

$\angle CAB = 180° - (90° + 30°) = 60°$이고

$\overline{AC} = \overline{AB} \sin 30° = 10 \times \dfrac{1}{2} = 5$

$\angle PCA = \angle ABC = 30°$이므로

$\triangle CPA$에서 $\angle CPA + 30° = 60°$ $\qquad \therefore \angle CPA = 30°$

$\angle CPA = \angle PCA$이므로 $\overline{PA} = \overline{CA} = 5$

답 5

493

△BDF에서 $\overline{BD}=\overline{BF}$이므로

$\angle BDF=\dfrac{1}{2}\times(180°-52°)=64°$

$\angle EDC=\angle EFD=60°$이므로

$\angle x=180°-(64°+60°)=56°$ 답 56°

494

△APB에서 $\overline{PA}=\overline{PB}$이므로

$\angle PAB=\dfrac{1}{2}\times(180°-38°)=71°$

$\therefore \angle x=\angle PAB=71°$ 답 71°

495

$\overgroup{AQ}=\overgroup{BQ}$이므로 $\angle BAQ=\angle ABQ=\angle x$

△APB에서 $\overline{PA}=\overline{PB}$이므로

$\angle ABP=\dfrac{1}{2}\times(180°-40°)=70°$

$\angle AQB=\angle ABP=70°$이므로

△ABQ에서 $\angle x=\dfrac{1}{2}\times(180°-70°)=55°$ 답 55°

496

$\angle ABQ:\angle BAQ=\overgroup{AQ}:\overgroup{BQ}$이므로

$48°:\angle BAQ=2:3$ $\therefore \angle BAQ=72°$

△AQB에서 $\angle AQB=180°-(48°+72°)=60°$

$\therefore \angle PAB=\angle AQB=60°$

△PAB에서 $\overline{PA}=\overline{PB}$이므로

$\angle x=180°-2\times60°=60°$ 답 60°

497

$\angle BTQ=\angle BAT=73°$, $\angle CTQ=\angle CDT=58°$

$\therefore \angle x=180°-(73°+58°)=49°$ 답 49°

498

$\angle BAT=\angle BTQ=\angle DTP=\angle DCT(①)$이므로

$\overline{AB}\,/\!/\,\overline{CD}(③)$

△ABT와 △CDT에서

$\angle ABT=\angle CDT$ (엇각), $\angle BAT=\angle DCT$ (엇각)이므로

$\triangle ABT \backsim \triangle CDT$ (AA 닮음)(④)

$\therefore \overline{TA}:\overline{TC}=\overline{TB}:\overline{TD}(⑤)$

② $\angle ABT=\angle ATP=\angle CTQ=\angle CDT$ 답 ②

499

$\angle ACT=\angle ATP=\angle BTQ=\angle BDT=50°$

$\therefore \angle AOT=2\angle ACT=2\times50°=100°$ 답 100°

500

$\overleftrightarrow{PQ}$가 두 원의 공통인 접선이므로

$\angle CTP=\angle CDT=52°$, $\angle BTQ=\angle TAB=80°$

$\therefore \angle ATB=180°-(80°+52°)=48°$ 답 48°

501

$\angle BAT=\angle BTQ=\angle DCT(②)$

$\angle ABT=\angle ATP=\angle CDT$이므로 $\overline{AB}\,/\!/\,\overline{CD}(④)$

△ATB와 △CTD에서

$\angle BAT=\angle DCT$ (동위각), $\angle ABT=\angle CDT$ (동위각)이므로

$\triangle ATB \backsim \triangle CTD$ (AA 닮음)(③)

$\therefore \overline{TA}:\overline{TC}=\overline{AB}:\overline{CD}(⑤)$ 답 ⑤

502

$\angle DCT=180°-105°=75°$

$\angle ABT=\angle ATP=\angle DCT=75°$

△ABT에서 $\angle x=180°-(65°+75°)=40°$ 답 40°

503

$\angle BAC=\angle BDC$이므로 네 점 A, B, C, D는 한 원 위에 있다.

△EBC에서 $\angle ECB=89°-44°=45°$

$\therefore \angle ADB=\angle ACB=45°$ 답 ④

504

$\angle x=\dfrac{1}{2}\angle BOD=\dfrac{1}{2}\times146°=73°$

$\angle A+\angle C=180°$이므로 $\angle y=180°-73°=107°$

$\therefore \angle y-\angle x=107°-73°=34°$ 답 ③

505

△OBC에서 $\overline{OB}=\overline{OC}$이므로

$\angle x=180°-2\times30°=120°$

$\angle BAC=\dfrac{1}{2}\angle BOC=\dfrac{1}{2}\times120°=60°$이므로

$\angle BAD=60°+50°=110°$

$\angle y=\angle BAD=110°$

$\therefore \angle x-\angle y=120°-110°=10°$ 답 10°

506

오른쪽 그림과 같이 $\overline{BD}$를 그으면

$\angle A+\angle EDB=180°$이므로

$\angle EDB=180°-85°=95°$

$\angle BDC=135°-95°=40°$

$\therefore \angle x=2\angle BDC=2\times40°=80°$

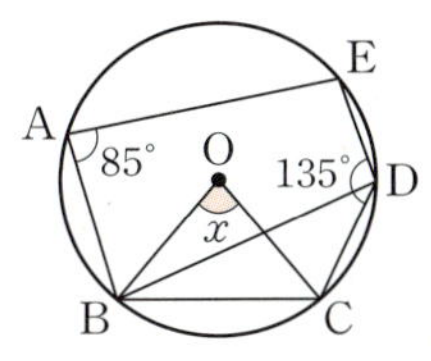

답 ④

507

$\angle x=\angle CDE=70°$

$\angle y=\angle x=70°$

$\therefore \angle x+\angle y=70°+70°=140°$

답 $140°$

508

① $\angle ADH+\angle AFH=180°$이므로 $\square ADHF$는 원에 내접한다.

② $\angle BDH+\angle BEH=180°$이므로 $\square DBEH$는 원에 내접한다.

④ $\angle ADC=\angle AEC$이므로 $\square ADEC$는 원에 내접한다.

⑤ $\angle BDC=\angle BFC$이므로 $\square DBCF$는 원에 내접한다.

답 ③

509

$\angle BAC=\angle BCT=36°$

$\triangle ABC$에서 $\overline{AB}=\overline{AC}$이므로

$\angle x=\dfrac{1}{2}\times(180°-36°)=72°$

답 ⑤

510

$\angle x=\angle BAT=58°$

$\triangle BDA$에서 $\angle DAB=180°-(58°+40°)=82°$

$\angle C+\angle DAB=180°$이므로 $\angle y=180°-82°=98°$

$\therefore \angle x+\angle y=58°+98°=156°$

답 ⑤

511

$\triangle APB$에서

$\angle ABP=90°$이고 $\angle BAP=\angle BPT=60°$이므로

$\overline{AB}=\overline{AP}\cos60°=16\times\dfrac{1}{2}=8(cm)$

$\overline{BP}=\overline{AP}\sin60°=16\times\dfrac{\sqrt{3}}{2}=8\sqrt{3}(cm)$

$\therefore \triangle APB=\dfrac{1}{2}\times8\sqrt{3}\times8=32\sqrt{3}(cm^2)$

답 $32\sqrt{3}\ cm^2$

512

$\triangle BED$에서 $\overline{BD}=\overline{BE}$이므로

$\angle BED=\dfrac{1}{2}\times(180°-50°)=65°$

$\angle DFE=\angle BED=65°$이므로 $\triangle DEF$에서

$\angle FDE=180°-(60°+65°)=55°$

답 ②

513

오른쪽 그림과 같이 $\overline{AB}$를 그으면

$\angle ABP=\angle x$

$\square ABCD$가 원 O'에 내접하므로

$\angle ABP=\angle ADC=71°$

$\therefore \angle x=\angle ABP=71°$

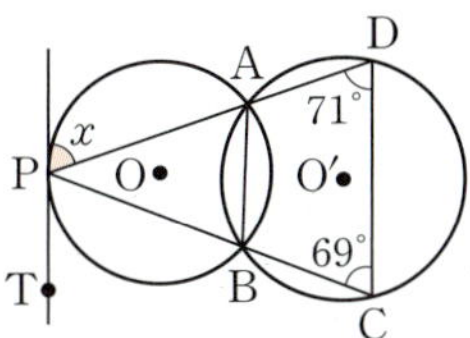

답 $71°$

514

$\angle x=\angle DTP=48°$

$\angle y=\angle BTQ=180°-(48°+62°)=70°$

$\therefore \angle y-\angle x=70°-48°=22°$

답 $22°$

515

오른쪽 그림과 같이 $\overline{AB}$를 그으면

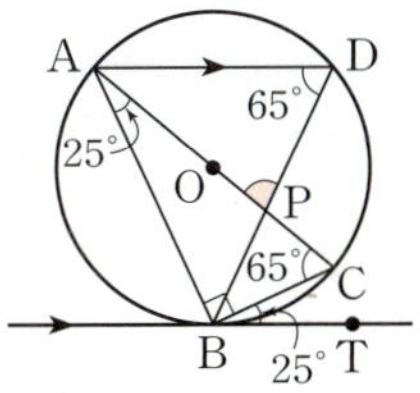

$\angle BAC=\angle CBT=25°$

$\overline{AC}$가 원 O의 지름이므로

$\angle ABC=90°$

따라서 $\triangle ABC$에서

$\angle ACB=180°-(25°+90°)=65°$

$\angle ADB=\angle ACB=65°\ (\widehat{AB}$에 대한 원주각$)$

$\overline{AD}\,/\!/\,\overleftrightarrow{BT}$이므로

$\angle DBT=\angle ADB=65°\ (엇각)$

$\therefore \angle DBC=\angle DBT-\angle CBT$

$\qquad=65°-25°=40°$

이때 $\angle DAC=\angle DBC=40°\ (\widehat{CD}$에 대한 원주각$)$이므로

$\triangle ADP$에서

$\angle APD=180°-(40°+65°)=75°$

답 $75°$

516

오른쪽 그림과 같이 $\overline{AD}$를 그으면

$\angle DAB=90°$이므로

$\angle CAD=180°-(90°+68°)=22°$

$\angle ADB=\angle BAT=68°$이므로

$\triangle ACD$에서 $\angle x+22°=68°$

$\therefore \angle x=46°$

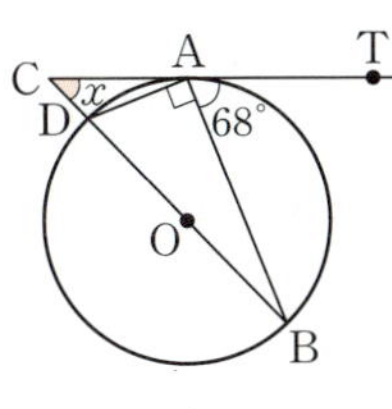

답 $46°$

517

$\angle ABC=\angle a$, $\angle ADE=\angle b$라고 하면 $\overrightarrow{AD}$가 원 O의 접선이므로

$\angle CAD=\angle ABC=\angle a$, $\angle EDB=\angle ADE=\angle b$

$\triangle ABD$에서 $(50°+\angle a)+\angle a+2\angle b=180°$

$\therefore \angle a+\angle b=65°$

$\triangle EBD$에서 $\angle AED=\angle a+\angle b=65°$

답 $65°$

518

오른쪽 그림과 같이 $\overline{CT}$를 그으면

$\angle ATC = \angle CDT = 68°$

$\overline{AC} = \overline{AT}$이므로

$\angle ACT = \angle ATC = 68°$

따라서 △ACT에서

$\angle CAT = 180° - (68° + 68°) = 44°$

이므로 $\angle BAC = 44°$

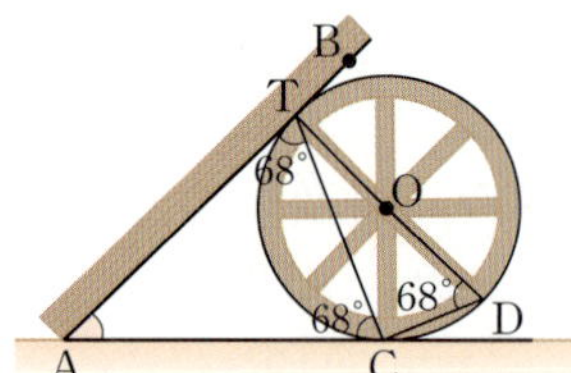

답 44°

서술형 콕콕

본문 | 88~89쪽

519 118°	**520** 110°	**521** 125°	**522** 112°
523 262°	**524** 249°	**525** 53°	**526** 62°
527 115°	**528** 110°	**529** 16°	**530** 22°

519

단계 1 △ABC에서 $\overline{AB} = \overline{AC}$이므로

$\angle ABC = \angle ACB = \dfrac{1}{2} \times (180° - 56°) = 62°$

단계 2 □APBC에서 $\angle APB + \angle C = 180°$이므로

$\angle APB = 180° - 62° = 118°$

답 118°

520

△ABC에서 $\overline{AB} = \overline{AC}$이므로

$\angle ABC = \angle ACB$

$= \dfrac{1}{2} \times (180° - 40°) = 70°$ ……50%

□ABCP에서 $\angle B + \angle APC = 180°$이므로

$\angle APC = 180° - 70° = 110°$ ……50%

답 110°

521

단계 1 오른쪽 그림과 같이 $\overline{CF}$를 그으면

□ABCF에서

$110° + \angle BCF = 180°$이므로

$\angle BCF = 70°$

단계 2 $\angle DCF = 125° - 70° = 55°$

단계 3 □CDEF에서 $\angle E + 55° = 180°$이므로

$\angle E = 125°$

답 125°

522

오른쪽 그림과 같이 $\overline{CF}$를 그으면

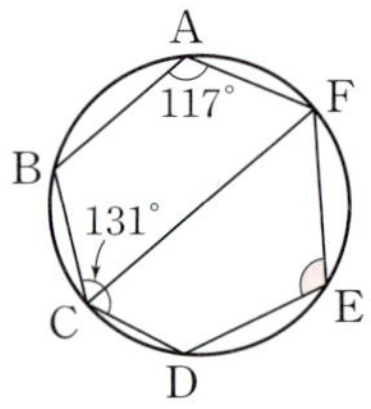

□ABCF에서

$117° + \angle BCF = 180°$이므로

$\angle BCF = 63°$ ……40%

$\angle DCF = 131° - 63° = 68°$ ……20%

□CDEF에서 $\angle E + 68° = 180°$이므로

$\angle E = 112°$ ……40%

답 112°

523

단계 1 $\angle y = \angle PBD = 98°$

단계 2 □ACQP에서 $\angle A + \angle y = 180°$이므로

$\angle A = 180° - 98° = 82°$

단계 3 $\angle x = 2\angle A = 2 \times 82° = 164°$

단계 4 $\angle x + \angle y = 164° + 98° = 262°$

답 262°

524

$\angle y = \angle PBD = 111°$ ……25%

□ACQP에서 $\angle A + \angle y = 180°$이므로

$\angle A = 180° - 111° = 69°$ ……30%

$\angle x = 2\angle A = 2 \times 69° = 138°$ ……25%

$\therefore \angle x + \angle y = 138° + 111° = 249°$ ……20%

답 249°

525

단계 1 오른쪽 그림과 같이 $\overline{BC}$를 그으면

$\angle ACB = \angle ABE = 37°$

단계 2 $\overline{AC}$는 원 O의 지름이므로

$\angle ABC = 90°$

△ABC에서

$\angle BAC = 180° - (90° + 37°) = 53°$

단계 3 $\angle BDC = \angle BAC = 53°$ ($\overparen{BC}$에 대한 원주각)

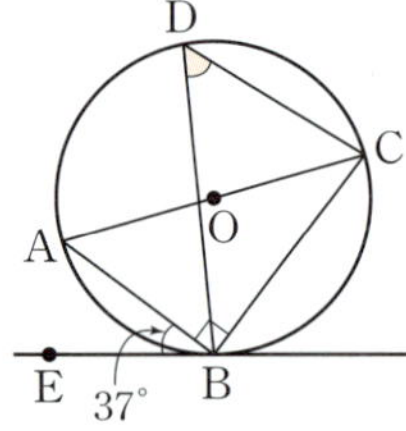

답 53°

526

오른쪽 그림과 같이 $\overline{BC}$를 그으면

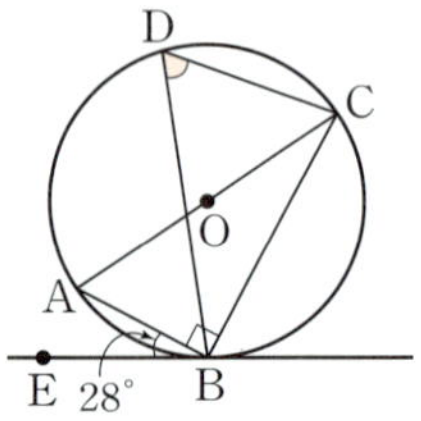

$\angle ACB = \angle ABE = 28°$ ……30%

$\overline{AC}$는 원 O의 지름이므로 $\angle ABC = 90°$

△ABC에서

$\angle BAC = 180° - (90° + 28°)$

$= 62°$ ……50%

$\therefore \angle BDC = \angle BAC = 62°$ ($\overparen{BC}$에 대한 원주각) ……20%

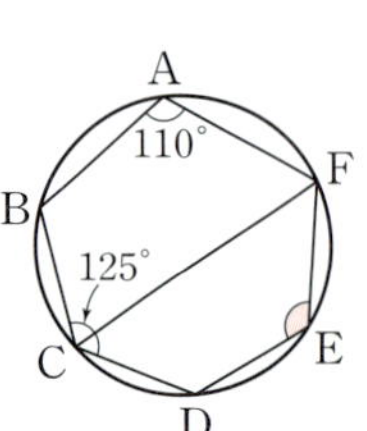

답 62°

527

단계 1 □PQBE는 원에 내접하므로
$\angle EBQ=180°-110°=70°$

단계 2 △CAB에서 $\angle CAB=180°-(65°+70°)=45°$

단계 3 □DAQP는 원에 내접하므로
$\angle DPQ=180°-45°=135°$

단계 4 $\angle DPE=360°-(135°+110°)=115°$

답 115°

528

□PQBE는 원에 내접하므로
$\angle EBQ=180°-102°=78°$ 25%
△CAB에서 $\angle CAB=180°-(70°+78°)=32°$ 25%
□DAQP는 원에 내접하므로
$\angle DPQ=180°-32°=148°$ 25%
∴ $\angle DPE=360°-(148°+102°)=110°$ 25%

답 110°

529

단계 1 $\angle OCP=\angle ODP=12°$이므로 네 점 C, O, P, D는 한 원 위에 있다.
△COP에서 $12°+\angle CPO=40°$이므로 $\angle CPO=28°$

단계 2 오른쪽 그림과 같이 $\overline{CD}$를 그으면
$\angle CDO=\angle CPO=28°$
($\overparen{CO}$에 대한 원주각)
이때 △COD는 $\overline{OC}=\overline{OD}$인
이등변삼각형이므로
$\angle COD=180°-2×28°=124°$

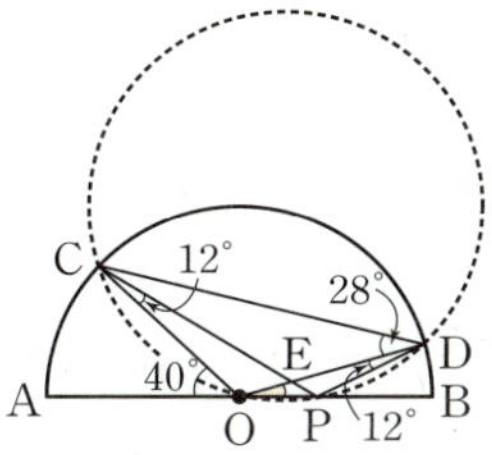

단계 3 $\angle DOP=180°-(40°+124°)=16°$

답 16°

530

$\angle OCP=\angle ODP=14°$이므로
네 점 C, O, P, D는 한 원 위에 있다.
△COP에서 $14°+\angle CPO=50°$이므로 $\angle CPO=36°$ 40%
오른쪽 그림과 같이 $\overline{CD}$를 그으면
$\angle CDO=\angle CPO=36°$
($\overparen{CO}$에 대한 원주각)
이때 △COD는 $\overline{OC}=\overline{OD}$인 이등변삼각
형이므로
$\angle COD=180°-2×36°=108°$ 40%
∴ $\angle DOP=180°-(50°+108°)=22°$ 20%

답 22°

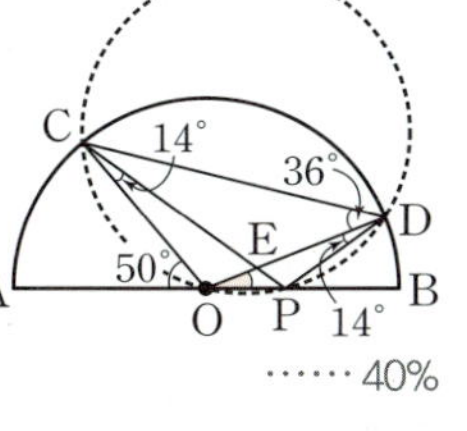

---

1 대푯값과 산포도

개념 콕콕　　　　　　　　본문 | 93쪽

531

(1) (평균)$=\dfrac{9+13+18+12}{4}=\dfrac{52}{4}=13$

(2) (평균)$=\dfrac{33+50+52+40+55}{5}=\dfrac{230}{5}=46$

(3) (평균)$=\dfrac{21+27+29+25+28+26}{6}=\dfrac{156}{6}=26$

답 (1) 13　(2) 46　(3) 26

532

(1) 변량을 작은 값에서부터 크기순으로 나열하면
5, 8, 8, 9, 10, 14, 16이므로 중앙값은 9이다.

(2) 변량을 작은 값에서부터 크기순으로 나열하면
55, 60, 70, 80이므로 중앙값은 $\dfrac{60+70}{2}=65$이다.

(3) 변량을 작은 값에서부터 크기순으로 나열하면
4, 5, 5, 7, 9, 10이므로 중앙값은 $\dfrac{5+7}{2}=6$이다.

답 (1) 9　(2) 65　(3) 6

533

(1) 가장 많이 나타나는 값은 5이므로 최빈값은 5이다.

(2) 가장 많이 나타나는 값은 11과 13이므로 최빈값은 11, 13이다.

(3) 자료의 값이 모두 다르므로 최빈값은 존재하지 않는다.

답 (1) 5　(2) 11, 13　(3) 존재하지 않는다.

534

변량은 모두 17개이므로 중앙값은 변량을 작은 값에서부터 크기순
으로 나열할 때 9번째에 오는 값인 21초이다.
또, 가장 많이 나타나는 값은 25이므로 최빈값은 25초이다.

답 중앙값 : 21초, 최빈값 : 25초

535

(1) (민호의 점수의 평균)$=\dfrac{6+7+5+6+5+7}{6}=\dfrac{36}{6}=6$(점)

(경아의 점수의 평균)$=\dfrac{8+8+5+3+4+8}{6}=\dfrac{36}{6}=6$(점)

답 (1) 6, 6　(2) 경아, 민호, 작다

536

(1) $(평균)=\dfrac{6+5+2+6+1}{5}=\dfrac{20}{5}=4$

(2) $(평균)=\dfrac{12+13+16+18+20+17}{6}=\dfrac{96}{6}=16$

답 (1) 2, 1, -2, 2, -3 (2) -4, -3, 0, 2, 4, 1

537

(1) $(평균)=\dfrac{19+15+23+17+26}{5}=\dfrac{100}{5}=20$

(3) $(분산)=\dfrac{80}{5}=16$

(4) $(표준편차)=\sqrt{(분산)}=\sqrt{16}=4$

답 (1) 20 (2) -1, -5, 3, -3, 6, 0 / 1, 25, 9, 9, 36, 80

(3) 16 (4) 4

유형 콕콕

본문 | 94~100쪽

538 ③	**539** ③	**540** 10	**541** 17점
542 6	**543** 8	**544** 7	**545** 31 kg
546 동호회 A		**547** ③	
548 (1) 평균 : 23개, 중앙값 : 18.5개 (2) 중앙값			
549 ④	**550** 평균 : 9점, 중앙값 : 9점, 최빈값 : 10점		
551 53.5	**552** 중앙값 : 8.5시간, 최빈값 : 8시간		
553 9	**554** 8	**555** 28.5	**556** 6
557 ②	**558** 37	**559** 5개	**560** 85초
561 -3	**562** 54 kg	**563** ⑤	**564** 2점
565 6	**566** ④	**567** $\sqrt{5}$점	**568** ④
569 $\sqrt{3}$점	**570** ②	**571** $5\sqrt{2}$	**572** ③
573 17	**574** 7	**575** 2	
576 평균 : 11, 표준편차 : 4	**577** 평균 : 20, 분산 : 8		
578 8	**579** ⑤	**580** $2\sqrt{3}$점	**581** $\sqrt{7}$점
582 3회	**583** 3반	**584** ⑤	**585** ②, ④
586 (1) B반 (2) A반		**587** ②, ⑤	
588 준기 : 2, 희아 : 1.2, 희아가 더 고르다.			

538

수학 점수를 x점이라고 하면 $\dfrac{89+x+92+78+95}{5}=89$

$354+x=445$ $\therefore x=91$

따라서 수학 점수는 91점이다.

답 ③

539

$(평균)=\dfrac{14+19+18+13+16}{5}=\dfrac{80}{5}=16(점)$

답 ③

540

$(평균)=\dfrac{(a-3)+(a+6)+(a+1)+3a}{4}=16$

$6a+4=64$ $\therefore a=10$

답 10

541

$(전체\ 평균)=\dfrac{12\times15+8\times20}{12+8}=\dfrac{340}{20}=17(점)$

답 17점

542

a, b, c, d의 평균이 4이므로

$\dfrac{a+b+c+d}{4}=4$ $\therefore a+b+c+d=16$

따라서 변량 a, b, c, d, 14의 평균은

$\dfrac{a+b+c+d+14}{5}=\dfrac{16+14}{5}=6$

답 6

543

a, b, c의 평균은 10이므로 $\dfrac{a+b+c}{3}=10$ $\therefore a+b+c=30$

d, e의 평균은 5이므로 $\dfrac{d+e}{2}=5$ $\therefore d+e=10$

따라서 a, b, c, d, e의 평균은 $\dfrac{a+b+c+d+e}{5}=\dfrac{30+10}{5}=8$

답 8

544

a, b, c, d, e의 평균이 5이므로

$\dfrac{a+b+c+d+e}{5}=5$ $\therefore a+b+c+d+e=25$ ……40%

따라서 $a+8$, $b-2$, $c-4$, $d+7$, $e+1$의 평균은

$\dfrac{(a+8)+(b-2)+(c-4)+(d+7)+(e+1)}{5}$

$=\dfrac{a+b+c+d+e+10}{5}=\dfrac{25+10}{5}=7$ ……60%

답 7

545

민지를 제외한 나머지 5명의 몸무게의 합을 A kg, 잘못 기록한 민지의 몸무게를 x kg이라고 하면

$\dfrac{A+x}{6}=\dfrac{A+43}{6}-2$, $A+x=A+43-12$ $\therefore x=31$

따라서 민지의 몸무게를 31 kg으로 잘못 기록했다.

답 31 kg

546

동호회 A의 변량을 작은 값에서부터 크기순으로 나열하면

22, 23, 28, 28, 29이므로 중앙값은 28세이다.

동호회 B의 변량을 작은 값에서부터 크기순으로 나열하면

22, 24, 25, 29, 33, 40이므로 $(중앙값)=\dfrac{25+29}{2}=27(세)$이다.

따라서 회원들의 나이의 중앙값이 더 큰 동호회는 A이다.

답 동호회 A

547

변량을 작은 값에서부터 크기순으로 나열하면

7, 14, 15, 18, 20, 25, 26, 31이므로

$$(중앙값)=\frac{18+20}{2}=19(회)$$

답 ③

548

(1) $(평균)=\dfrac{14+23+9+30+11+24+12+68+10+29}{10}$

$$=\frac{230}{10}=23(개)$$

변량을 작은 값에서부터 크기순으로 나열하면

9, 10, 11, 12, 14, 23, 24, 29, 30, 68이므로

$$(중앙값)=\frac{14+23}{2}=18.5(개)$$

(2) 자료의 값 중 68과 같이 극단적인 값이 있으므로 대푯값으로 평균보다 중앙값이 더 적절하다.

답 (1) 평균 : 23개, 중앙값 : 18.5개　(2) 중앙값

549

좋아하는 학생 수가 가장 많은 과일은 귤이므로 최빈값은 귤이다.

답 ④

550

$$(평균)=\frac{10+8+9+10+10+10+7+8+9}{9}=\frac{81}{9}=9(점)$$

변량을 작은 값에서부터 크기순으로 나열하면

7, 8, 8, 9, 9, 10, 10, 10, 10이므로 중앙값은 9점이다.

가장 많이 나타나는 값은 10이므로 최빈값은 10점이다.

답 평균 : 9점, 중앙값 : 9점, 최빈값 : 10점

551

작은 값에서부터 크기순으로 나열할 때

10번째에 오는 값은 25, 11번째에 오는 값은 26이므로

$$(중앙값)=\frac{25+26}{2}=25.5(회)$$ …… 40%

가장 많이 나타나는 값은 28이므로 최빈값은 28회이다. …… 40%

따라서 $a=25.5$, $b=28$이므로

$a+b=25.5+28=53.5$ …… 20%

답 53.5

552

$(평균)=\dfrac{11+10+8+8+7+9+x+11}{8}=9$이므로

$64+x=72$　　$\therefore x=8$

변량을 작은 값에서부터 크기순으로 나열하면

7, 8, 8, 8, 9, 10, 11, 11이므로

$$(중앙값)=\frac{8+9}{2}=8.5(시간)$$

가장 많이 나타나는 값은 8이므로 최빈값은 8시간이다.

답 중앙값 : 8.5시간, 최빈값 : 8시간

553

$a\leq b\leq c$이고 a, b, c의 중앙값이 6이므로 $b=6$

또 a, b, c의 평균이 5이므로

$$\frac{a+b+c}{3}=\frac{a+6+c}{3}=5,\ a+6+c=15$$

$\therefore a+c=9$

답 9

554

중앙값이 7이므로 $\dfrac{x+8}{2}=7$, $x+8=14$　　$\therefore x=6$

$\therefore (평균)=\dfrac{4+5+6+8+11+14}{6}=\dfrac{48}{6}=8$

답 8

555

최빈값이 15이므로 $x=15$

변량을 작은 값에서부터 크기순으로 나열하면

11, 12, 14, 15, 15, 17이므로

$$(중앙값)=\frac{14+15}{2}=14.5　　\therefore a=14.5$$

$$(평균)=\frac{11+15+14+17+15+12}{6}=\frac{84}{6}=14　　\therefore b=14$$

$\therefore a+b=14.5+14=28.5$

답 28.5

556

x의 값에 관계없이 가장 많이 나타나는 값은 5이므로 최빈값은 5시간이다.

$$(평균)=\frac{7+5+5+4+x+3+5}{7}=5$$이므로

$29+x=35$　　$\therefore x=6$

답 6

557

$$(평균)=\frac{90+84+76+86+x}{5}=\frac{336+x}{5}(점)$$

x를 제외한 나머지 변량들이 모두 다르므로 주어진 자료의 최빈값은 x점이다.

이때 평균과 최빈값이 같으므로 $\dfrac{336+x}{5}=x$

$336+x=5x,\ -4x=-336$　　$\therefore x=84$

따라서 주어진 자료의 변량을 작은 값에서부터 크기순으로 나열하면

76, 84, 84, 86, 90이므로 중앙값은 84점이다.

답 ②

558

중앙값이 32이므로 $27 < a < 45$ $\quad$ ······ 40%

변량을 작은 값에서부터 크기순으로 나열하면

18, 19, 27, a, 45, 47 $\quad$ ······ 20%

따라서 $\dfrac{27+a}{2}=32$ 이므로 $27+a=64$

$\therefore a=37$ $\quad$ ······ 40%

답 37

559

4, 7, 9, x의 중앙값이 8이므로 $x \geq 9$

7, 13, 15, 16, x의 중앙값이 13이므로 $x \leq 13$

$\therefore 9 \leq x \leq 13$

따라서 구하는 자연수 x의 값은 9, 10, 11, 12, 13의 5개이다.

답 5개

560

4회의 편차를 x초라고 하면 편차의 총합은 0이므로

$-6+2+3+x+(-4)=0 \quad \therefore x=5$

따라서 4회의 기록은 $80+5=85$(초) $\qquad$ 답 85초

561

편차의 총합은 0이므로 $-2+5+x+(-3)+2+1=0$

$\therefore x=-3$ $\qquad$ 답 -3

562

$52+2=54$(kg) $\qquad$ 답 54 kg

563

편차의 총합은 0이므로 $3+(-2)+x+(-1)=0$

$\therefore x=0$

⑤ 성적이 낮은 순으로 학생을 나열하면 B, D, C, A이다. $\qquad$ 답 ⑤

564

편차의 총합은 0이므로 $0+(-3)+x+3+(-1)=0 \quad \therefore x=1$

$(\text{분산})=\dfrac{0^2+(-3)^2+1^2+3^2+(-1)^2}{5}=\dfrac{20}{5}=4$

$\therefore (\text{표준편차})=\sqrt{4}=2$(점) $\qquad$ 답 2점

565

$(\text{분산})=\dfrac{(-2)^2+4^2+0^2+3^2+(-3)^2+1^2+(-3)^2+0^2}{8}$

$\qquad =\dfrac{48}{8}=6$ $\qquad$ 답 6

566

① $(\text{평균})=\dfrac{90+85+75+85+95}{5}=\dfrac{430}{5}=86$(점)

② $(\text{편차})^2$의 총합은

$(90-86)^2+(85-86)^2+(75-86)^2+(85-86)^2+(95-86)^2$

$=220$

③ $(\text{분산})=\dfrac{220}{5}=44$

④ $(\text{표준편차})=\sqrt{44}=2\sqrt{11}$(점) $\qquad$ 답 ④

567

$(\text{평균})=\dfrac{8+5+6+9+2+6}{6}=\dfrac{36}{6}=6$(점) $\quad$ ······ 40%

(분산)

$=\dfrac{(8-6)^2+(5-6)^2+(6-6)^2+(9-6)^2+(2-6)^2+(6-6)^2}{6}$

$=\dfrac{30}{6}=5$ $\quad$ ······ 40%

$(\text{표준편차})=\sqrt{5}$(점) $\quad$ ······ 20%

답 $\sqrt{5}$점

568

$(\text{평균})=\dfrac{(a-3)+(a+4)+a+(a-1)}{4}=\dfrac{4a}{4}=a$

$\therefore (\text{분산})=\dfrac{(a-3-a)^2+(a+4-a)^2+(a-a)^2+(a-1-a)^2}{4}$

$\qquad =\dfrac{26}{4}=6.5$ $\qquad$ 답 ④

569

$(\text{평균})=\dfrac{12+7+9+10+12+x}{6}=10$이므로

$50+x=60 \quad \therefore x=10$ $\quad$ ······ 40%

(분산)

$=\dfrac{(12-10)^2+(7-10)^2+(9-10)^2+(10-10)^2+(12-10)^2+(10-10)^2}{6}$

$=\dfrac{18}{6}=3$ $\quad$ ······ 40%

$\therefore (\text{표준편차})=\sqrt{3}$(점) $\quad$ ······ 20%

답 $\sqrt{3}$점

570

$(\text{평균})=\dfrac{(5-a)+5+(5+a)}{3}=\dfrac{15}{3}=5$

편차는 각각 $-a$, 0, a이므로 $(\text{분산})=\dfrac{(-a)^2+0^2+a^2}{3}=\dfrac{2}{3}a^2$

분산은 6이므로 $\dfrac{2}{3}a^2=6$, $a^2=9$

$\therefore a=3 \ (\because a>0)$ $\qquad$ 답 ②

571

$(\text{평균})=\dfrac{-7+(-9)+10+a+b}{5}=0$이므로

$-6+a+b=0$ $\therefore a+b=6$

이때 중앙값이 2이고 $a<b$이므로 $a=2$, $b=4$

$(\text{분산})=\dfrac{(-7)^2+(-9)^2+10^2+2^2+4^2}{5}=\dfrac{250}{5}=50$

$\therefore (\text{표준편차})=\sqrt{50}=5\sqrt{2}$ 　　　　답 $5\sqrt{2}$

572

$(\text{평균})=\dfrac{6+x+7+y+9}{5}=6$이므로

$22+x+y=30$ $\therefore x+y=8$ $\cdots\cdots$ ㉠

$(\text{분산})=\dfrac{(6-6)^2+(x-6)^2+(7-6)^2+(y-6)^2+(9-6)^2}{5}=4$

이므로 $x^2+y^2-12(x+y)+82=20$

위의 식에 ㉠을 대입하면 $x^2+y^2-12\times8+82=20$

$\therefore x^2+y^2=34$ 　　　　답 ③

573

$(\text{분산})=\dfrac{(-2)^2+x^2+2^2+y^2+0^2}{5}=(\sqrt{5})^2=5$이므로

$x^2+y^2+8=25$ $\therefore x^2+y^2=17$ 　　　　답 17

574

$(\text{평균})=\dfrac{a+b+c}{3}=2$이므로 $a+b+c=6$ $\cdots\cdots$ ㉠ $\cdots\cdots$ 25%

$(\text{분산})=\dfrac{(a-2)^2+(b-2)^2+(c-2)^2}{3}=(\sqrt{3})^2=3$이므로

$a^2+b^2+c^2-4(a+b+c)+12=9$ $\cdots\cdots$ 25%

위의 식에 ㉠을 대입하면

$a^2+b^2+c^2-4\times6+12=9$ $\therefore a^2+b^2+c^2=21$ $\cdots\cdots$ 25%

따라서 a^2, b^2, c^2의 평균은 $\dfrac{a^2+b^2+c^2}{3}=\dfrac{21}{3}=7$ $\cdots\cdots$ 25%

답 7

575

$(\text{평균})=\dfrac{a+b+2+4+6}{5}=3$이므로 $a+b+12=15$

$\therefore a+b=3$ $\cdots\cdots$ ㉠

$(\text{분산})=\dfrac{(a-3)^2+(b-3)^2+(2-3)^2+(4-3)^2+(6-3)^2}{5}$

$\qquad=3.2$

이므로 $a^2+b^2-6(a+b)+29=16$

위의 식에 ㉠을 대입하면 $a^2+b^2-6\times3+29=16$

$\therefore a^2+b^2=5$ $\cdots\cdots$ ㉡

따라서 $(a+b)^2=a^2+b^2+2ab$에 ㉠, ㉡을 대입하면

$3^2=5+2ab$, $2ab=4$ $\therefore ab=2$ 　　　　답 2

576

$(\text{평균})=\dfrac{a+b+c+d}{4}=8$이므로 $a+b+c+d=32$

$(\text{분산})=\dfrac{(a-8)^2+(b-8)^2+(c-8)^2+(d-8)^2}{4}=4^2=16$

따라서 변량 $a+3$, $b+3$, $c+3$, $d+3$에서

$(\text{평균})=\dfrac{(a+3)+(b+3)+(c+3)+(d+3)}{4}$

$\qquad=\dfrac{(a+b+c+d)+12}{4}=\dfrac{32+12}{4}=11$

(분산)

$=\dfrac{(a+3-11)^2+(b+3-11)^2+(c+3-11)^2+(d+3-11)^2}{4}$

$=\dfrac{(a-8)^2+(b-8)^2+(c-8)^2+(d-8)^2}{4}=16$

$\therefore (\text{표준편차})=\sqrt{16}=4$ 　　　　답 평균 : 11, 표준편차 : 4

577

$(\text{평균})=\dfrac{a+b+c}{3}=10$이므로 $a+b+c=30$

$(\text{분산})=\dfrac{(a-10)^2+(b-10)^2+(c-10)^2}{3}=2$

따라서 변량 $2a$, $2b$, $2c$에서

$(\text{평균})=\dfrac{2a+2b+2c}{3}=\dfrac{2(a+b+c)}{3}=\dfrac{2\times30}{3}=20$

$(\text{분산})=\dfrac{(2a-20)^2+(2b-20)^2+(2c-20)^2}{3}$

$\qquad=\dfrac{4\{(a-10)^2+(b-10)^2+(c-10)^2\}}{3}$

$\qquad=4\times2=8$ 　　　　답 평균 : 20, 분산 : 8

578

$(\text{평균})=\dfrac{a+b+c+d+e}{5}=6$이므로 $a+b+c+d+e=30$

$(\text{분산})=\dfrac{(a-6)^2+(b-6)^2+(c-6)^2+(d-6)^2+(e-6)^2}{5}$

$\qquad=3^2=9$

따라서 변량 $3a-1$, $3b-1$, $3c-1$, $3d-1$, $3e-1$에서

$(\text{평균})=\dfrac{3(a+b+c+d+e)-5}{5}=\dfrac{3\times30-5}{5}=17$

(분산)

$=\dfrac{(3a-1-17)^2+(3b-1-17)^2+(3c-1-17)^2+(3d-1-17)^2+(3e-1-17)^2}{5}$

$=\dfrac{9\{(a-6)^2+(b-6)^2+(c-6)^2+(d-6)^2+(e-6)^2\}}{5}$

$=9\times9=81$

$\therefore (\text{표준편차})=\sqrt{81}=9$

따라서 $m=17$, $n=9$이므로 $m-n=17-9=8$ 　　　　답 8

579

$(\text{평균})=\dfrac{7\times5+5+7+9}{8}=\dfrac{56}{8}=7$

$(\text{분산})=\dfrac{(2\sqrt{2})^2\times5+(5-7)^2+(7-7)^2+(9-7)^2}{8}=\dfrac{48}{8}=6$

$\therefore (\text{표준편차})=\sqrt{6}$ **답** ⑤

580

1반의 평균과 2반의 평균이 같으므로

{1반의 (편차)^{2}의 총합}$=4^2\times30=480$

{2반의 (편차)^{2}의 총합}$=3^2\times40=360$

따라서 1반과 2반 전체 학생의 수학 성적의 분산은

$\dfrac{480+360}{30+40}=12$이므로 표준편차는 $\sqrt{12}=2\sqrt{3}$(점)이다.   **답** $2\sqrt{3}$점

581

남학생의 평균과 여학생의 평균이 같으므로

{남학생의 (편차)^{2}의 총합}$=4\times4=16$

{여학생의 (편차)^{2}의 총합}$=9\times6=54$

따라서 전체 학생 10명의 영어 성적의 분산은 $\dfrac{16+54}{10}=7$이므로

표준편차는 $\sqrt{7}$점이다.   **답** $\sqrt{7}$점

582

남학생의 평균과 여학생의 평균이 같으므로

{남학생의 (편차)^{2}의 총합}$=(\sqrt{10})^2\times20=200$

{여학생의 (편차)^{2}의 총합}$=(\sqrt{7})^2\times10=70$

따라서 전체 학생 30명의 턱걸이 횟수의 분산은 $\dfrac{200+70}{30}=9$이므

로 표준편차는 $\sqrt{9}=3$(회)이다.   **답** 3회

583

표준편차가 작을수록 자료의 분포가 고르므로 국어 성적이 가장 고른 반은 표준편차가 가장 작은 3반이다.   **답** 3반

584

각 자료의 평균은 모두 4이므로 표준편차가 가장 작은 것은 평균을 중심으로 흩어진 정도가 가장 작은 ⑤이다.   **답** ⑤

다른 풀이

각 자료의 표준편차를 구하면

① 3   ② $\dfrac{2\sqrt{6}}{3}$ ③ $\dfrac{\sqrt{6}}{3}$ ④ 1   ⑤ 0

따라서 표준편차가 가장 작은 것은 ⑤이다.

585

① 두 반의 평균이 같으므로 A반의 성적이 B반의 성적보다 우수하다고 할 수 없다.

③ A반의 표준편차가 B반의 표준편차보다 작으므로 A반의 분산이 B반의 분산보다 작다.   **답** ②, ④

586

(1) B반의 그래프가 A반의 그래프보다 오른쪽으로 치우쳐 있으므로 B반의 성적이 더 좋다.

(2) A반의 그래프가 B반의 그래프보다 폭이 더 좁으므로 성적이 더 고르다.   **답** (1) B반   (2) A반

587

①, ③, ④ 주어진 자료만으로 알 수 없다.

② 1반 학생들의 표준편차가 가장 작으므로 1반 학생들의 성적이 가장 고르게 분포되어 있다.

⑤ 4반 학생들의 평균 점수가 5반 학생들의 평균 점수보다 높으므로 4반 학생들의 성적이 5반 학생들의 성적보다 대체로 우수하다고 할 수 있다.   **답** ②, ⑤

588

준기의 그래프에서

$(\text{평균})=\dfrac{5\times2+6\times2+7\times2+8\times2+9\times2}{10}=\dfrac{70}{10}=7$(점)

$(\text{분산})=\dfrac{(-2)^2\times2+(-1)^2\times2+0^2\times2+1^2\times2+2^2\times2}{10}=\dfrac{20}{10}=2$

희아의 그래프에서

(평균)

$=\dfrac{5\times1+6\times2+7\times4+8\times2+9\times1}{10}=\dfrac{70}{10}=7$(점)

(분산)

$=\dfrac{(-2)^2\times1+(-1)^2\times2+0^2\times4+1^2\times2+2^2\times1}{10}$

$=\dfrac{12}{10}=1.2$

따라서 희아의 분산이 준기의 분산보다 작으므로 희아의 점수가 준기의 점수보다 더 고르다.   **답** 준기 : 2, 희아 : 1.2, 희아가 더 고르다.

실력 콕콕   본문 | 101~103쪽

589 ②	**590** 3	**591** ⑤	**592** 5.5점
593 ⑤	**594** 19	**595** 171 cm	**596** 5
597 ⑤	**598** ②	**599** 49	**600** ⑤
601 ④	**602** $\sqrt{14}$개	**603** 6	**604** $\sqrt{6}$분
605 -2	**606** 23	**607** ②	**608** 36
609 지현	**610** ④	**611** B, A, C	

589

② 중앙값은 자료에 있는 값이 아닐 수도 있다.   **답** ②

590

$3a+1,\ 3b+1,\ 3c+1,\ 3d+1,\ 3e+1$의 평균이 10이므로

$$\frac{(3a+1)+(3b+1)+(3c+1)+(3d+1)+(3e+1)}{5}=10$$

$$\frac{3(a+b+c+d+e)+5}{5}=10 \qquad \therefore a+b+c+d+e=15$$

따라서 a, b, c, d, e의 평균은 $\dfrac{a+b+c+d+e}{5}=\dfrac{15}{5}=3$　답 3

591

$$(평균)=\frac{16+17+16+18+19+17+16+15}{8}$$

$$=\frac{134}{8}=16.75(\text{cm})$$

변량을 작은 값에서부터 크기순으로 나열하면
15, 16, 16, 16, 17, 17, 18, 19이므로

$$(중앙값)=\frac{16+17}{2}=16.5(\text{cm})$$

가장 많이 나타나는 값은 16이므로 최빈값은 16 cm이다.
따라서 $A=16.75$, $B=16.5$, $C=16$이므로 $C<B<A$　답 ⑤

592

변량은 모두 16개이고 작은 값에서부터 크기순으로 나열했을 때
8번째에 오는 값은 48, 9번째에 오는 값은 49이므로

$$(중앙값)=\frac{48+49}{2}=48.5(점)$$

가장 많이 나타나는 값은 54이므로 최빈값은 54점이다.
따라서 구하는 차는 $54-48.5=5.5(점)$　답 5.5점

593

$$(평균)=\frac{2\times3+4\times7+6\times x+8\times2+10\times3}{3+7+x+2+3}=5.5(회)이므로$$

$80+6x=5.5(15+x)$, $5x=25$ $\qquad \therefore x=5$　답 ⑤

594

$$(중앙값)=\frac{16+18}{2}=17$$

$$(평균)=\frac{14+16+16+18+19+x}{6}=17이므로$$

$83+x=102$ $\qquad \therefore x=19$　답 19

595

동아리를 옮긴 학생의 키를 x cm라고 하면 5명의 키의 평균은

$$\frac{166\times6-x}{5}=165,\ 996-x=825$$

$\therefore x=171$　답 171 cm

596

$$(평균)=\frac{6+(-4)+(-1)+a+5+b+3}{7}=3이므로$$

$9+a+b=21$ $\qquad \therefore a+b=12$
$a+b=12$, $a-b=2$를 연립하여 풀면 $a=7$, $b=5$

따라서 변량을 작은 값에서부터 크기순으로 나열하면
-4, -1, 3, 5, 5, 6, 7이므로 중앙값은 5이다.　답 5

597

a를 제외한 변량을 작은 값에서부터 크기순으로 나열하면
24, 27, 28, 35, 40, 40
이때 중앙값이 35이므로 $a\geq35$이고, 최빈값이 40이므로 $a\neq35$이다.
$\therefore a>35$　답 ⑤

598

편차의 총합은 0이므로 $5+4+(-3)+x+(-3)=0$
$\therefore x=-3$
따라서 희정이의 수학 성적은 $70+(-3)=67(점)$　답 ②

599

몸무게가 52 kg인 학생의 편차가 0 kg이므로
몸무게의 평균은 52 kg이다.
따라서 $A=52+(-4)=48$, $B=53-52=1$이므로
$A+B=48+1=49$　답 49

600

편차의 총합은 0이므로
$3+(-2)+4+x+(-3)=0$ $\qquad \therefore x=-2$
$(변량)=(평균)+(편차)$이므로 각 학생의 점수는
$(학생 A의 점수)=75+3=78(점)$
$(학생 B의 점수)=75+(-2)=73(점)$
$(학생 C의 점수)=75+4=79(점)$
$(학생 D의 점수)=75+(-2)=73(점)$
$(학생 E의 점수)=75+(-3)=72(점)$
5명의 학생의 점수를 작은 값에서부터 크기순으로 나열하면
72, 73, 73, 78, 79이므로
$(중앙값)=73(점)$, $(최빈값)=73(점)$
따라서 옳은 것은 ⑤이다.　답 ⑤

601

$$(평균)=\frac{21+17+24+18+20}{5}=\frac{100}{5}=20(회)$$

$\therefore$ (분산)

$$=\frac{(21-20)^2+(17-20)^2+(24-20)^2+(18-20)^2+(20-20)^2}{5}$$

$$=\frac{30}{5}=6$$　답 ④

602

수요일의 편차를 x개라고 하면 편차의 총합은 0이므로
$-2+1+x+(-6)+5=0$ $\qquad \therefore x=2$

$$(\text{분산})=\frac{(-2)^2+1^2+2^2+(-6)^2+5^2}{5}=\frac{70}{5}=14$$
$$\therefore (\text{표준편차})=\sqrt{14}(\text{개}) \qquad \boxed{답}\ \sqrt{14}\text{개}$$

603

$$(\text{평균})=\frac{(12-a)+12+(12+a)}{3}=\frac{36}{3}=12$$
$$(\text{분산})=\frac{(12-a-12)^2+(12-12)^2+(12+a-12)^2}{3}$$
$$=(2\sqrt{6})^2=24$$
이므로 $2a^2=72,\ a^2=36$
$$\therefore a=6\ (\because a>0) \qquad \boxed{답}\ 6$$

604

소윤이네 모둠의 평균과 정호네 모둠의 평균이 같으므로
{소윤이네 모둠의 $(\text{편차})^2$의 총합}$=3^2\times4=36$
{정호네 모둠의 $(\text{편차})^2$의 총합}$=2^2\times6=24$

따라서 전체 학생 10명의 등교 시간의 분산은 $\dfrac{36+24}{4+6}=6$이므로

표준편차는 $\sqrt{6}$ 분이다. $\qquad \boxed{답}\ \sqrt{6}\text{분}$

605

편차의 총합은 0이므로 $-4+a+2+b=0$
$$\therefore a+b=2 \qquad\qquad \cdots\cdots ㉠$$
$$(\text{분산})=\frac{(-4)^2+a^2+2^2+b^2}{4}=(\sqrt{7})^2=7\text{이므로}$$
$$a^2+b^2+20=28 \quad \therefore a^2+b^2=8 \quad \cdots\cdots ㉡$$
따라서 $(a+b)^2=a^2+b^2+2ab$에 ㉠, ㉡을 대입하면
$$2^2=8+2ab,\ 2ab=-4 \quad \therefore ab=-2 \qquad \boxed{답}\ -2$$

606

$$(\text{평균})=\frac{a+b+c+d}{4}=12\text{이므로}\ a+b+c+d=48$$
$$(\text{분산})=\frac{(a-12)^2+(b-12)^2+(c-12)^2+(d-12)^2}{4}=2^2=4$$
따라서 변량 $2a+3,\ 2b+3,\ 2c+3,\ 2d+3$에서
$$(\text{평균})=\frac{(2a+3)+(2b+3)+(2c+3)+(2d+3)}{4}$$
$$=\frac{2(a+b+c+d)+12}{4}=\frac{2\times48+12}{4}=27$$
(분산)
$$=\frac{(2a+3-27)^2+(2b+3-27)^2+(2c+3-27)^2+(2d+3-27)^2}{4}$$
$$=\frac{4\{(a-12)^2+(b-12)^2+(c-12)^2+(d-12)^2\}}{4}$$
$$=4\times4=16$$
$$\therefore (\text{표준편차})=\sqrt{16}=4$$
따라서 $m=27,\ n=4$이므로 $m-n=27-4=23 \qquad \boxed{답}\ 23$

607

인호네 반 전체 학생 수를 x명이라고 하면 1학기 기말고사 성적의 평균은
$$\frac{70x+2x}{x}=\frac{72x}{x}=72(\text{점})$$
이때 편차에는 변화가 없으므로 표준편차는 중간고사와 같은 6점이다. $\qquad \boxed{답}\ ②$

608

네 수 $a,\ b,\ c,\ d$의 평균이 10이고 표준편차가 3, 즉 분산이 9이므로
$$\frac{(a-10)^2+(b-10)^2+(c-10)^2+(d-10)^2}{4}=3^2=9$$
$$\therefore (a-10)^2+(b-10)^2+(c-10)^2+(d-10)^2=36 \qquad \boxed{답}\ 36$$

609

표준편차가 클수록 자료의 분포가 고르지 않으므로 운동 시간이 가장 불규칙한 학생은 표준편차가 가장 큰 지현이다. $\qquad \boxed{답}\ 지현$

610

①, ③ 주어진 자료만으로는 알 수 없다.
② 편차의 총합은 항상 0이므로 5개 반 모두 같다.
⑤ 성적이 평균적으로 가장 우수한 반은 평균이 가장 높은 D반이다. $\qquad \boxed{답}\ ④$

611

A가 얻은 점수는 7점, 7점, 8점, 9점, 9점이므로
$$(\text{평균})=\frac{7+7+8+9+9}{5}=8(\text{점})$$
$$(\text{분산})=\frac{(-1)^2+(-1)^2+0^2+1^2+1^2}{5}=\frac{4}{5}$$
B가 얻은 점수는 7점, 8점, 8점, 8점, 9점이므로
$$(\text{평균})=\frac{7+8+8+8+9}{5}=8(\text{점})$$
$$(\text{분산})=\frac{(-1)^2+0^2+0^2+0^2+1^2}{5}=\frac{2}{5}$$
C가 얻은 점수는 7점, 7점, 8점, 8점, 10점이므로
$$(\text{평균})=\frac{7+7+8+8+10}{5}=8(\text{점})$$
$$(\text{분산})=\frac{(-1)^2+(-1)^2+0^2+0^2+2^2}{5}=\frac{6}{5}$$
분산이 작을수록 점수가 고르므로 점수가 가장 고른 사람부터 차례대로 나열하면 B, A, C이다. $\qquad \boxed{답}\ \text{B, A, C}$

서술형 콕콕

612 4	**613** 13	**614** 88점	**615** 81점
616 12	**617** 8	**618** $2\sqrt{2}$개	**619** $\sqrt{15}$점
620 61	**621** 157	**622** 44	**623** 53

612

단계 1 $(평균)=\dfrac{15+18+21+21+17+16+12+24}{8}$

$\qquad\quad =\dfrac{144}{8}=18 \qquad \therefore a=18$

단계 2 변량을 작은 값에서부터 크기순으로 나열하면

12, 15, 16, 17, 18, 21, 21, 24이므로

$(중앙값)=\dfrac{17+18}{2}=17.5$

$\therefore b=17.5$

단계 3 가장 많이 나타나는 값은 21이므로 최빈값은 21이다.

$\therefore c=21$

단계 4 $a-2b+c=18-2\times17.5+21=4$

답 4

613

$(평균)=\dfrac{9+8+6+2+7+8+2+8+3+7}{10}=\dfrac{60}{10}=6$

$\therefore a=6$ 30%

변량을 작은 값에서부터 크기순으로 나열하면

2, 2, 3, 6, 7, 7, 8, 8, 8, 9이므로

$(중앙값)=\dfrac{7+7}{2}=7 \qquad \therefore b=7$ 30%

가장 많이 나타나는 값은 8이므로 최빈값은 8이다.

$\therefore c=8$ 30%

$\therefore 2a-b+c=2\times6-7+8=13$ 10%

답 13

614

단계 1 $(평균)=\dfrac{82+88+92+90+x}{5}=\dfrac{352+x}{5}$(점)

x를 제외한 나머지 변량들이 모두 다르므로 주어진 자료의 최빈값은 x점이다.

이때 평균과 최빈값이 같으므로 $\dfrac{352+x}{5}=x$

$352+x=5x, \ -4x=-352 \qquad \therefore x=88$

단계 2 주어진 자료의 변량을 작은 값에서부터 크기순으로 나열하면 82, 88, 88, 90, 92이므로 중앙값은 88점이다.

답 88점

615

$(평균)=\dfrac{72+x+98+81+73}{5}=\dfrac{324+x}{5}$(점)

x를 제외한 나머지 변량들이 모두 다르므로 주어진 자료의 최빈값은 x점이다. 이때 평균과 최빈값이 같으므로 $\dfrac{324+x}{5}=x$

$324+x=5x, \ -4x=-324 \qquad \therefore x=81$ 60%

따라서 주어진 자료의 변량을 작은 값에서부터 크기순으로 나열하면 72, 73, 81, 81, 98이므로 중앙값은 81점이다. 40%

답 81점

616

단계 1 a, b를 제외한 7개의 변량을 작은 값에서부터 크기순으로 나열하면 2, 4, 5, 7, 7, 7, 9이다.

이때 a, b는 $a<b<6$인 자연수이므로 중앙값은 5이다.

단계 2 7이 가장 많이 나타나므로 최빈값은 7이다.

단계 3 중앙값은 5이고 최빈값은 7이므로 그 합은 $5+7=12$이다.

답 12

617

a, b를 제외한 7개의 변량을 작은 값에서부터 크기순으로 나열하면 3, 4, 4, 4, 6, 7, 8이다.

이때 a, b는 $a<b<5$인 자연수이므로 중앙값은 4이다. 40%

또 4가 가장 많이 나타나므로 최빈값은 4이다. 40%

따라서 중앙값과 최빈값의 합은 $4+4=8$이다. 20%

답 8

618

단계 1 $(평균)=\dfrac{4+9+2+7+x+8+1}{7}=5$이므로

$31+x=35 \qquad \therefore x=4$

단계 2 $(분산)$

$=\dfrac{(4-5)^2+(9-5)^2+(2-5)^2+(7-5)^2+(4-5)^2+(8-5)^2+(1-5)^2}{7}$

$=\dfrac{56}{7}=8$

단계 3 $(표준편차)=\sqrt{8}=2\sqrt{2}$(개)

답 $2\sqrt{2}$개

619

$(평균)=\dfrac{10+18+x+12+16+9}{6}=14$이므로

$65+x=84 \qquad \therefore x=19$ 40%

$(분산)$

$=\dfrac{(10-14)^2+(18-14)^2+(19-14)^2+(12-14)^2+(16-14)^2+(9-14)^2}{6}$

$=\dfrac{90}{6}=15$ 40%

$\therefore (표준편차)=\sqrt{15}$(점) 20%

답 $\sqrt{15}$점

620

단계1 $(평균)=\dfrac{4+10+x+y+5}{5}=6$이므로

$19+x+y=30$ $\therefore x+y=11$

단계2 $(분산)$

$=\dfrac{(4-6)^2+(10-6)^2+(x-6)^2+(y-6)^2+(5-6)^2}{5}$

$=4.4$

$x^2+y^2-12(x+y)+93=22$이므로

이 식에 $x+y=11$을 대입하면

$x^2+y^2-12\times11+93=22$ $\therefore x^2+y^2=61$

답 61

621

$(평균)=\dfrac{9+x+7+y+12}{5}=9$이므로

$28+x+y=45$ $\therefore x+y=17$ ······ 30%

$(분산)$

$=\dfrac{(9-9)^2+(x-9)^2+(7-9)^2+(y-9)^2+(12-9)^2}{5}=5.2$

$x^2+y^2-18(x+y)+175=26$이므로

이 식에 $x+y=17$을 대입하면

$x^2+y^2-18\times17+175=26$ $\therefore x^2+y^2=157$ ······ 70%

답 157

622

단계1 $\dfrac{a+b+c+d+e}{5}=10$

$\dfrac{(a-10)^2+(b-10)^2+(c-10)^2+(d-10)^2+(e-10)^2}{5}$

$=5$

변량 $2a+4$, $2b+4$, $2c+4$, $2d+4$, $2e+4$에서

$(평균)$

$=\dfrac{(2a+4)+(2b+4)+(2c+4)+(2d+4)+(2e+4)}{5}$

$=\dfrac{2(a+b+c+d+e)}{5}+4=2\times10+4=24$

단계2 $(분산)$

$=\dfrac{1}{5}\{(2a+4-24)^2+(2b+4-24)^2+(2c+4-24)^2$

$\qquad+(2d+4-24)^2+(2e+4-24)^2\}$

$=\dfrac{(2a-20)^2+(2b-20)^2+(2c-20)^2+(2d-20)^2+(2e-20)^2}{5}$

$=\dfrac{4\{(a-10)^2+(b-10)^2+(c-10)^2+(d-10)^2+(e-10)^2\}}{5}$

$=4\times5=20$

단계3 평균이 24, 분산이 20이므로 그 합은 $24+20=44$이다.

답 44

623

$\dfrac{a+b+c+d+e}{5}=5$

$\dfrac{(a-5)^2+(b-5)^2+(c-5)^2+(d-5)^2+(e-5)^2}{5}=4$

변량 $3a+2$, $3b+2$, $3c+2$, $3d+2$, $3e+2$에서

$(평균)=\dfrac{(3a+2)+(3b+2)+(3c+2)+(3d+2)+(3e+2)}{5}$

$=\dfrac{3(a+b+c+d+e)}{5}+2=3\times5+2=17$ ······ 40%

$(분산)$

$=\dfrac{1}{5}\{(3a+2-17)^2+(3b+2-17)^2+(3c+2-17)^2$

$\qquad+(3d+2-17)^2+(3e+2-17)^2\}$

$=\dfrac{(3a-15)^2+(3b-15)^2+(3c-15)^2+(3d-15)^2+(3e-15)^2}{5}$

$=\dfrac{9\{(a-5)^2+(b-5)^2+(c-5)^2+(d-5)^2+(e-5)^2\}}{5}$

$=9\times4=36$ ······ 40%

따라서 평균이 17, 분산이 36이므로 그 합은 $17+36=53$이다.

······ 20%

답 53

2 상관관계

개념 콕콕   본문 | 107쪽

624

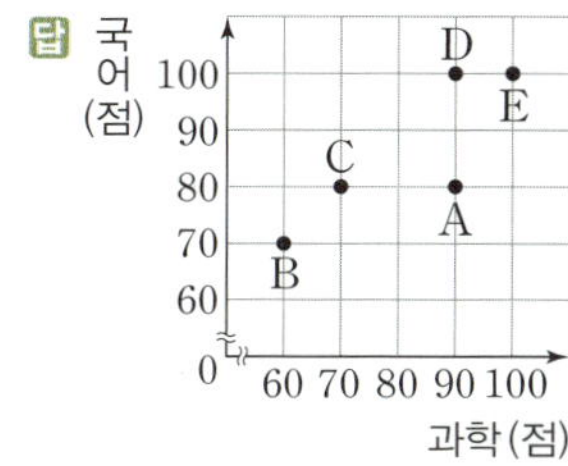

답 (그림 참조)

625

(1)
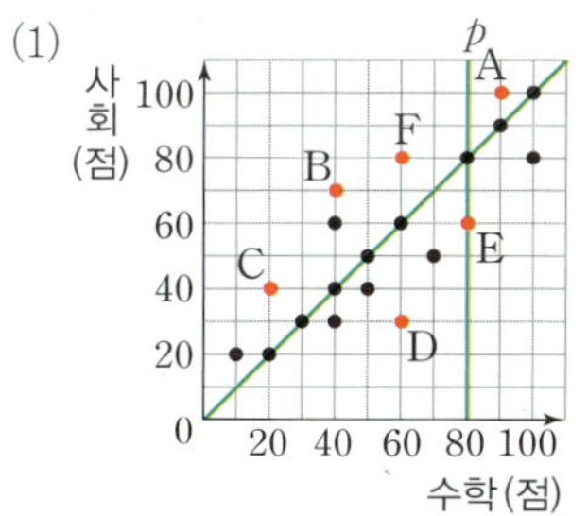

학생	수학(점)	사회(점)
A	90	100
B	40	70
C	20	40
D	60	30
E	80	60

수학 성적과 사회 성적이 같은 학생 수는 위의 산점도에서 대각
선 위에 있는 점의 개수와 같으므로 8명이다.

(2) 수학 성적이 80점인 학생 수는 직선 p 위에 있는 점의 개수와 같
으므로 2명이고, 이 학생들의 사회 성적은 각각 60점, 80점이다.

(3) 학생 F의 수학 성적은 60점, 사회 성적은 80점이므로 두 과목의

평균은 $\dfrac{60+80}{2}=70$(점)이다.

답 (1) 풀이 참조, 8명 (2) 60점, 80점 (3) 70점

626

(1) 학생 C의 공부 시간은 5시간, 컴퓨터 사용 시간은 2시간이므로
그 차는 $5-2=3$(시간)이다.

(2) 컴퓨터 사용 시간이 두 번째로 많은 학
생은 A이므로 A의 공부 시간은 2시
간이다.

(3) 공부 시간이 4시간 이상인 학생 수는
오른쪽 산점도에서 색칠한 부분에 속
하는 점의 개수와 같으므로 4명이다.

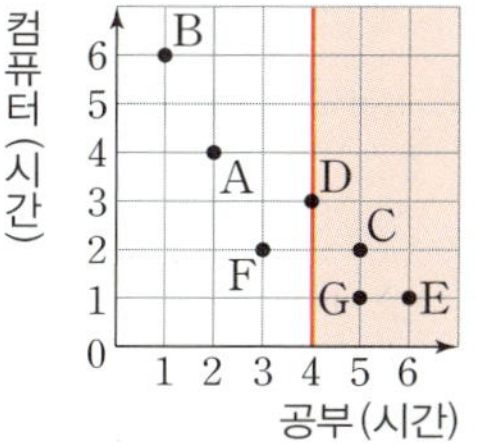

답 (1) 3시간 (2) 2시간 (3) 4명

627

(5) 음의 상관관계 중 가장 강한 것은 ㄱ이다.

답 (1) ㄷ, ㄹ (2) ㄱ, ㄴ (3) ㅁ, ㅂ (4) ㄷ (5) ㄱ

628

답 (1) 양 (2) 음 (3) 없다.

629

(1) 앉은키가 클수록 대체적으로 키도 크므로 두 변량 사이에는 양의
상관관계가 있다.

(2) 앉은키에 비해 키가 가장 큰 학생은 대각선에서 위쪽으로 가장
멀리 떨어진 학생 B이다.

답 (1) 양의 상관관계 (2) 학생 B

유형 콕콕   본문 | 108 ~ 116쪽

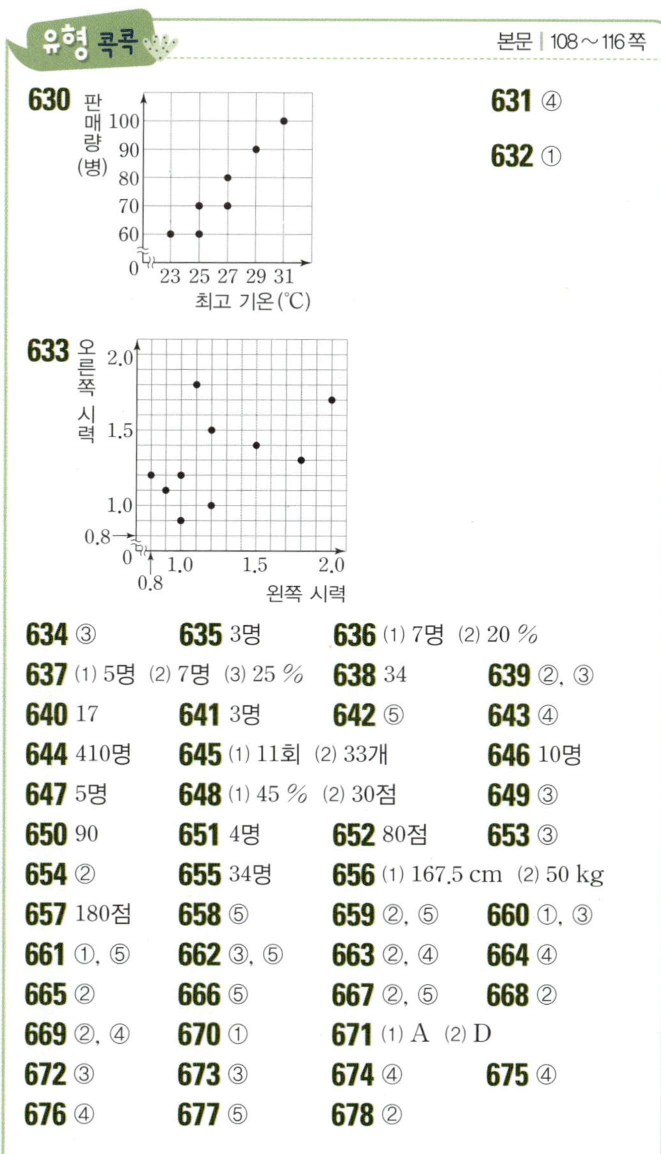

630

631 ④

632 ①

633

634 ③	**635** 3명	**636** (1) 7명 (2) 20 %
637 (1) 5명 (2) 7명 (3) 25 %	**638** 34	**639** ②, ③
640 17	**641** 3명	**642** ⑤	**643** ④
644 410명	**645** (1) 11회 (2) 33개	**646** 10명
647 5명	**648** (1) 45 % (2) 30점	**649** ③
650 90	**651** 4명	**652** 80점	**653** ③
654 ②	**655** 34명	**656** (1) 167.5 cm (2) 50 kg
657 180점	**658** ⑤	**659** ②, ⑤	**660** ①, ③
661 ①, ⑤	**662** ③, ⑤	**663** ②, ④	**664** ④
665 ②	**666** ⑤	**667** ②, ⑤	**668** ②
669 ②, ④	**670** ①	**671** (1) A (2) D	
672 ③	**673** ③	**674** ④	**675** ④
676 ④	**677** ⑤	**678** ②	

630

답
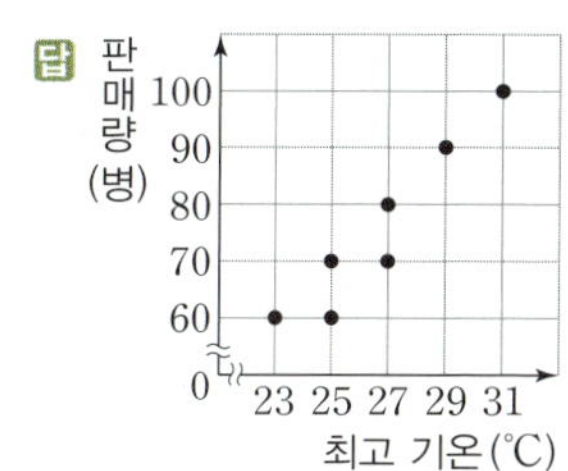

631

주어진 표로 산점도를 그리면 다음과 같다.

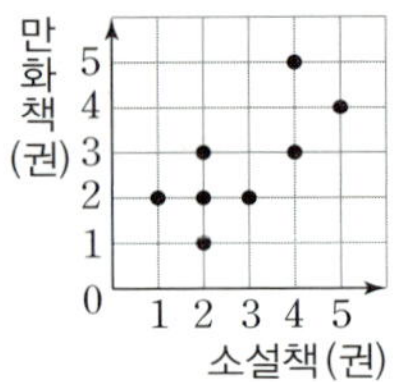

답 ④

632

주어진 표로 산점도를 그리면 다음과 같다.

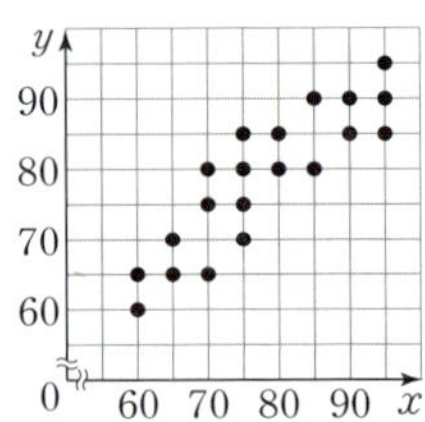

답 ①

633

답 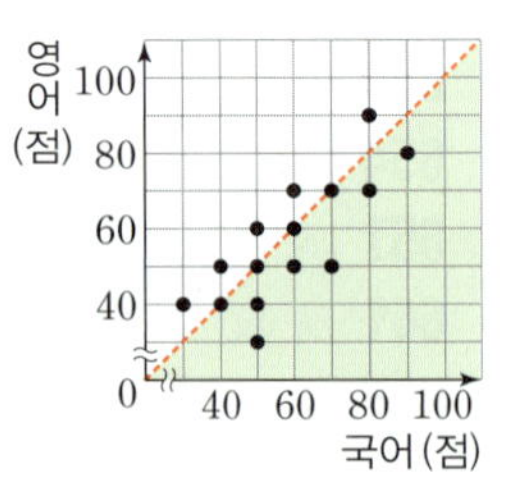

634

영어 성적이 국어 성적보다 낮은 학생 수는 오른쪽 산점도에서 대각선보다 아래쪽에 있는 점의 개수와 같으므로 6명이다.

$$\therefore \frac{6}{15}\times100=40\,(\%)$$

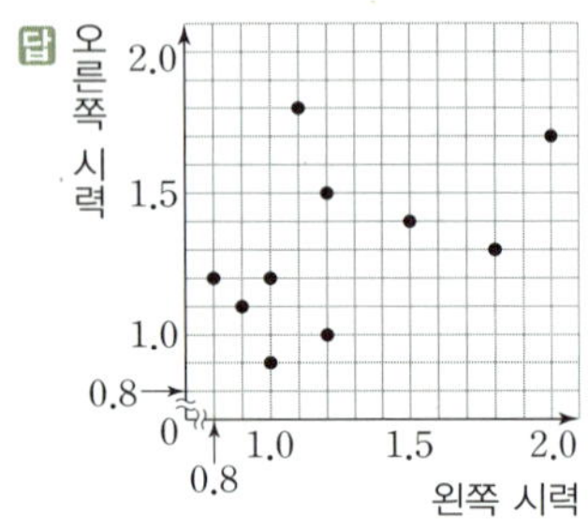

답 ③

635

1차 성적과 2차 성적이 같은 학생 수는 오른쪽 산점도에서 대각선 위에 있는 점의 개수와 같으므로 3명이다.

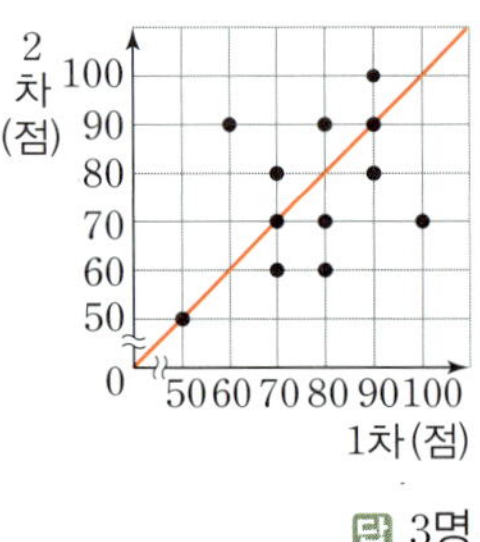

답 3명

636

(1) 체육 점수가 음악 점수보다 높은 학생 수는 오른쪽 산점도에서 대각선보다 위쪽에 있는 점의 개수와 같으므로 7명이다.

(2) 음악 점수와 체육 점수가 같은 학생 수는 오른쪽 산점도에서 대각선 위에 있는 점의 개수와 같으므로 4명이다.

$$\therefore \frac{4}{20}\times100=20\,(\%)$$

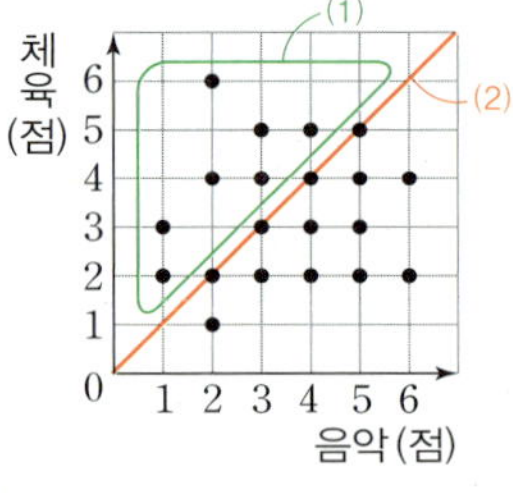

답 (1) 7명 (2) 20 %

637

(1) 달리기 점수가 던지기 점수보다 높은 학생 수는 오른쪽 산점도에서 대각선보다 위쪽에 있는 점의 개수와 같으므로 5명이다.

(2) 던지기 점수가 달리기 점수보다 높은 학생 수는 오른쪽 산점도에서 대각선보다 아래쪽에 있는 점의 개수와 같으므로 7명이다.

(3) 던지기 점수와 달리기 점수가 같은 학생 수는 위의 산점도에서 대각선 위에 있는 점의 개수와 같으므로 4명이다.

$$\therefore \frac{4}{16}\times100=25\,(\%)$$

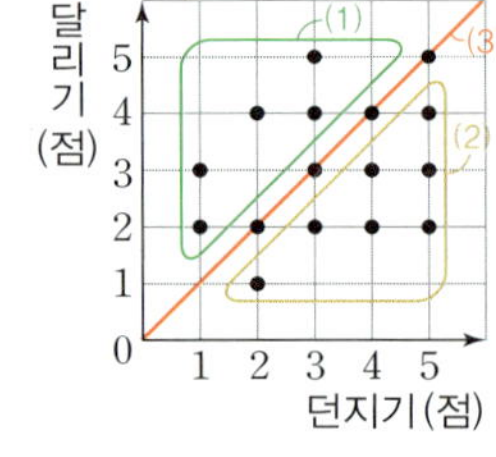

답 (1) 5명 (2) 7명 (3) 25 %

638

국어 성적보다 수학 성적이 낮은 학생 수는 오른쪽 산점도에서 대각선보다 아래쪽에 있는 점의 개수와 같으므로 4명이다.

$$\therefore a=4 \qquad \cdots\cdots 40\%$$

수학 성적과 국어 성적이 같은 학생 수는 대각선 위에 있는 점의 개수와 같으므로 3명이다.

즉 전체의 $\dfrac{3}{10}\times100=30\,(\%)$이므로 $b=30$이다. $\cdots\cdots 40\%$

$$\therefore a+b=4+30=34 \qquad \cdots\cdots 20\%$$

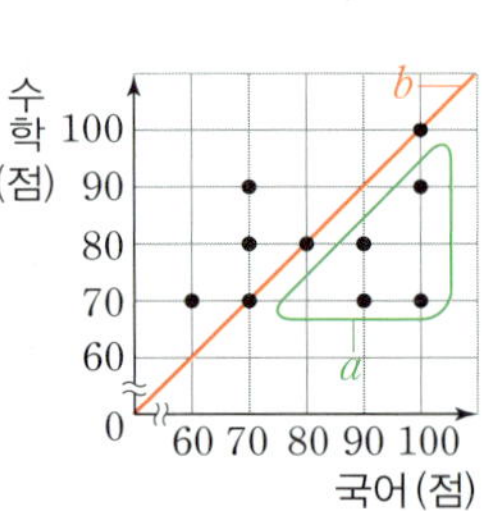

답 34

639

① 공부 시간과 핸드폰 사용 시간이 같은 학생 수는 오른쪽 산점도에서 대각선 위에 있는 점의 개수와 같으므로 3명이다.

② 학생 B는 핸드폰 사용 시간은 5시간으로 가장 길지만 공부 시간은 1시간으로 가장 짧다.

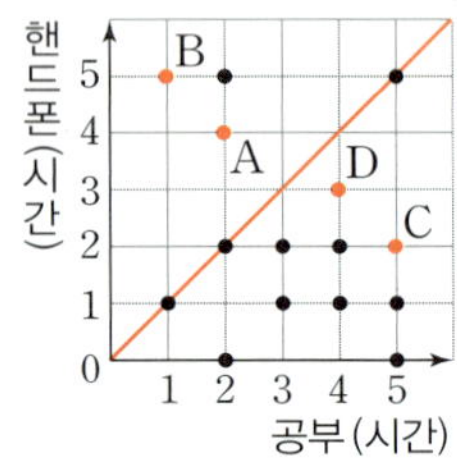

③ 공부 시간보다 핸드폰 사용 시간이 짧은
학생 수는 오른쪽 산점도에서 대각선보
다 아래쪽에 있는 점의 개수와 같으므
로 9명이다.

④ 핸드폰을 사용하지 않은 학생 수는 x축 위
에 있는 점의 개수와 같으므로 2명이다.

⑤ 핸드폰 사용 시간이 공부 시간보다 긴
학생 수는 오른쪽 산점도에서 대각선보
다 위쪽에 있는 점의 개수와 같으므로 3
명이다.

$$\therefore \frac{3}{15} \times 100 = 20(\%)$$

따라서 옳지 않은 것은 ②, ③이다.

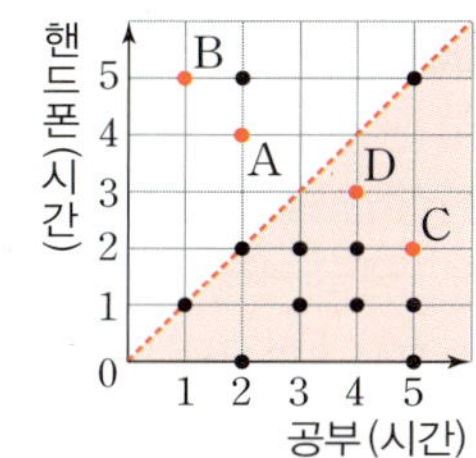

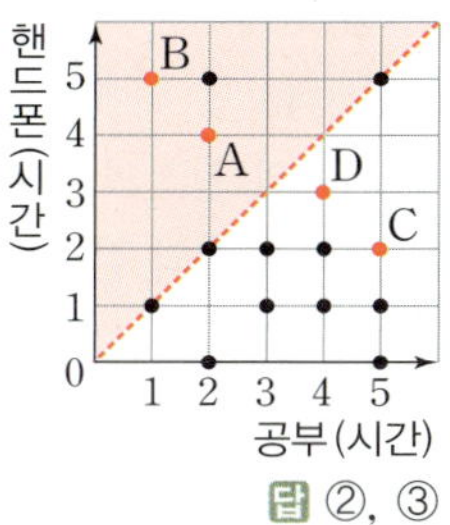

답 ②, ③

640

말하기 성적이 80점 이하인 학생 수
는 오른쪽 산점도에서 색칠한 부분
에 속하는 점의 개수와 같으므로
8명이다.

$$\therefore a = 8$$

듣기 성적이 80점 이상인 학생 수는
오른쪽 산점도에서 빗금친 부분에
속하는 점의 개수와 같으므로 9명이다.
$$\therefore b = 9$$
$$\therefore a + b = 8 + 9 = 17$$

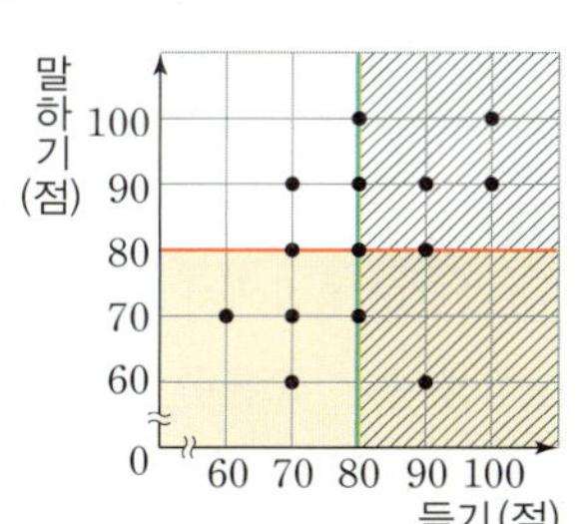

답 17

641

빵을 70개 미만으로 먹고 우유를 80개
이상으로 마신 학생 수는 오른쪽 산
점도에서 색칠한 부분(점선 위의 점
제외)에 속하는 점의 개수와 같으므로
3명이다.

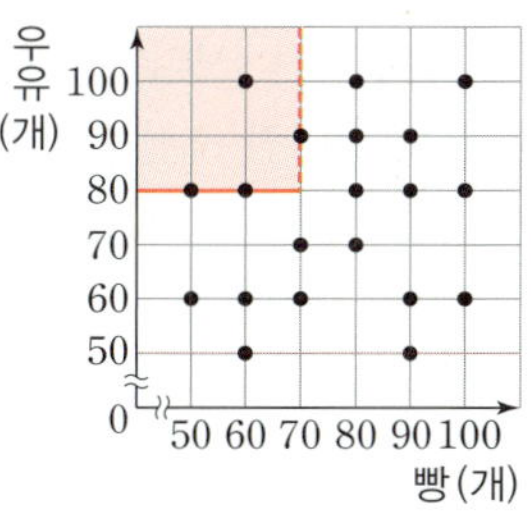

답 3명

642

키가 165 cm 이상이고 앉은키가
90 cm 이상인 학생 수는 오른쪽
산점도에서 색칠한 부분에 속하는
점의 개수와 같으므로 7명이다.

$$\therefore \frac{7}{25} \times 100 = 28(\%)$$

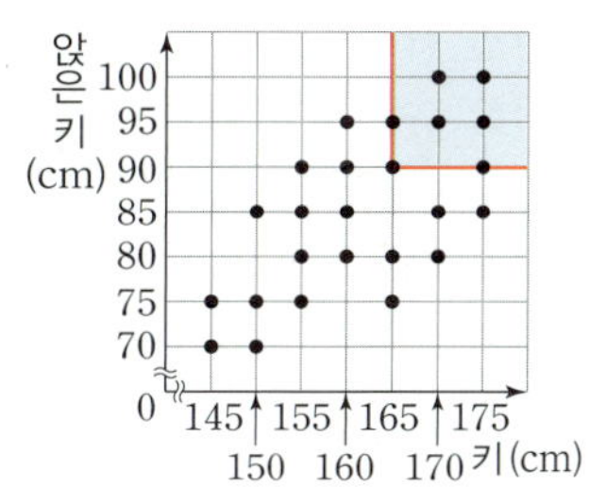

답 ⑤

643

실기와 지필 중 적어도 한 개의 성적이
80점 이상인 학생 수는 오른쪽 산점도
에서 색칠한 부분에 속하는 점의 개수
와 같으므로 12명이다.

$$\therefore \frac{12}{16} \times 100 = 75(\%)$$

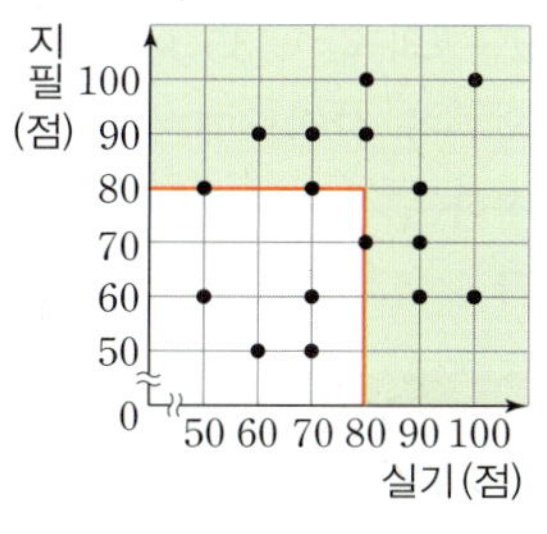

답 ④

644

기념품을 70개 초과로 100개 미만으로 판
매한 기념품점은 오른쪽 산점도에서 색
칠한 부분(점선 위의 점 제외)에 속하는
점들이므로 이 기념품점을 방문한 손님
의 수는 각각 60명, 80명, 80명, 90명,
100명이고, 그 합은

$$60 + 80 + 80 + 90 + 100 = 410(명)이다.$$

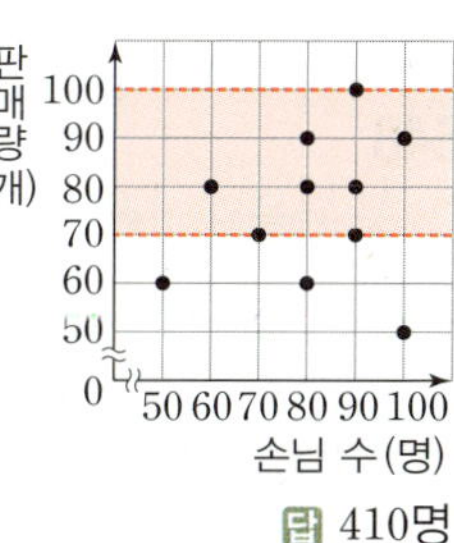

답 410명

645

(1) 3점 슛으로 얻은 점수가 31
점 이상이려면 3점 슛의 골인
수는 $31 \div 3 = 10.3\cdots$이므로
11개 이상이어야 한다.
따라서 3점 슛을 11개 이상
골인한 경기 수는 오른쪽 산
점도에서 색칠한 부분에 속하
는 점의 개수와 같으므로 11회이다.

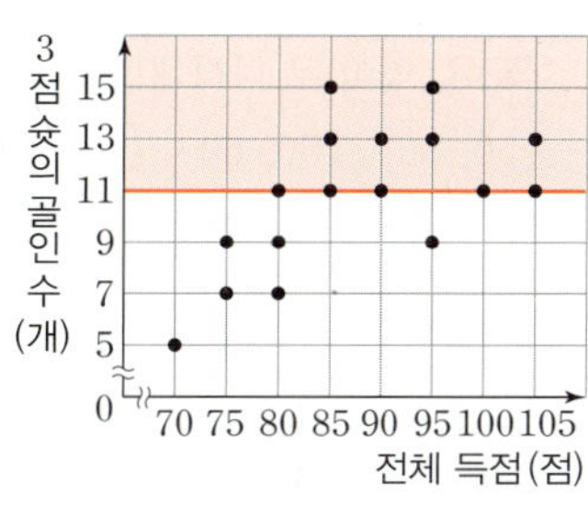

(2) 전체 득점이 100점이었던 경기의 3점 슛의 골인 수는 11개이므로
2점 슛의 골인 수는 최대 $(100 - 11 \times 3) \div 2 = 33.5 \Rightarrow 33$개
이다.

답 (1) 11회 (2) 33개

646

2학년과 3학년 때의 점수의 차가 20점
이상인 학생 수는 오른쪽 산점도에서
색칠한 부분에 속하는 점의 개수와 같
으므로 10명이다.

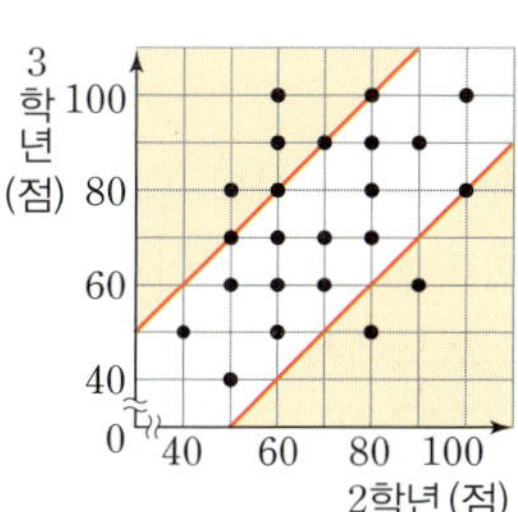

다른 풀이

2학년 때 점수를 x점, 3학년 때 점수를
y점이라고 할 때, x와 y의 차가 20점
이상인 x, y의 값을 순서쌍 (x, y)로 나타내면
$(50, 70)$, $(50, 80)$, $(60, 80)$, $(60, 90)$, $(60, 100)$, $(70, 90)$,
$(80, 50)$, $(80, 100)$, $(90, 60)$, $(100, 80)$
따라서 조건을 만족시키는 학생 수는 10명이다.

답 10명

647

$a+b$의 값이 35 이하인 학생 수는
오른쪽 산점도에서 색칠한 부분에
속하는 점의 개수와 같으므로 5명이
다.

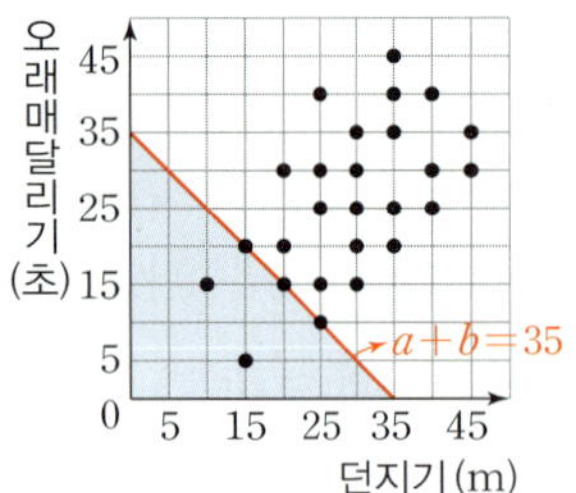

다른 풀이

$a+b$의 값이 35 이하인 a, b의 값을
순서쌍 (a, b)로 나타내면
$(10, 15)$, $(15, 5)$, $(15, 20)$, $(20, 15)$, $(25, 10)$
따라서 조건을 만족시키는 학생 수는 5명이다.

답 5명

648

(1) 두 과목의 성적의 합이 120점 이하
인 학생 수는 오른쪽 산점도에서
색칠한 부분에 속하는 점의 개수와
같으므로 9명이다.

$$\therefore \frac{9}{20} \times 100 = 45(\%)$$

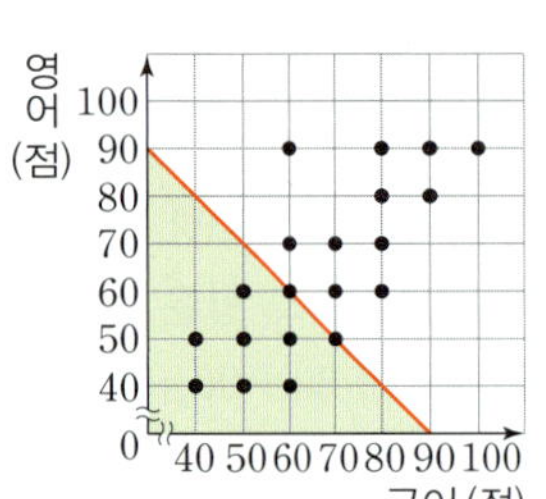

다른 풀이

두 과목의 성적의 합이 120점 이하인 학생의 성적을 순서쌍
(국어, 영어)로 나타내면 $(40, 40)$, $(40, 50)$, $(50, 40)$,
$(50, 50)$, $(50, 60)$, $(60, 40)$, $(60, 50)$, $(60, 60)$, $(70, 50)$
따라서 조건을 만족시키는 학생 수는 9명이다.

$$\therefore \frac{9}{20} \times 100 = 45(\%)$$

(2) 두 과목의 성적의 차가 가장 큰
학생은 오른쪽 산점도에서 대각
선 p에서 가장 멀리 떨어진 A이
므로 A의 성적의 차는
$90 - 60 = 30$(점)이다.

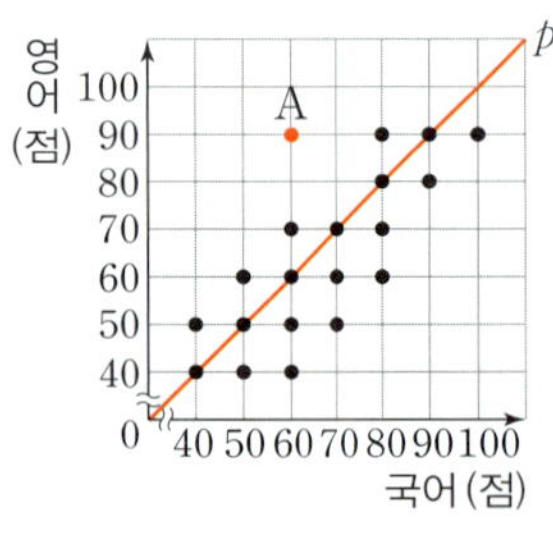

답 (1) 45 % (2) 30점

649

윗몸일으키기와 팔굽혀펴기 횟수의
합이 120회 이상인 학생 수는 오른쪽
산점도에서 색칠한 부분에 속하는 점
의 개수와 같으므로 8명이다.

$$\therefore a = 8$$

윗몸일으키기와 팔굽혀펴기 횟수의
차가 20회 미만인 학생 수는 오른쪽
산점도에서 두 점선 p, q 사이에 있는 점의 개수와 같으므로 11명이
다. $\therefore b = 11$

$$\therefore a + b = 8 + 11 = 19$$

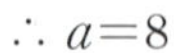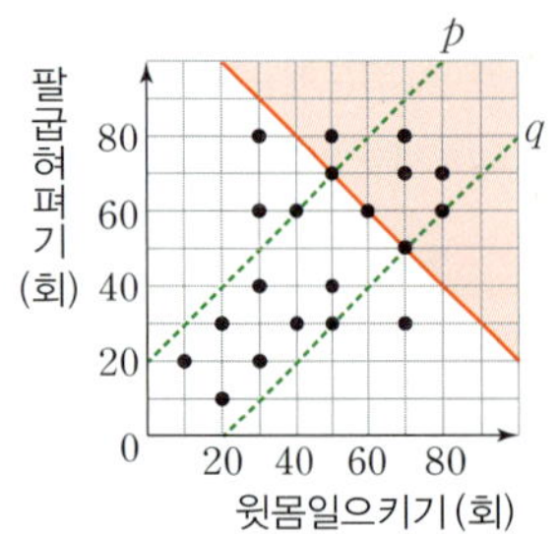

답 ③

650

두 과목의 성적의 차가 3점
이상인 학생 수는 색칠한 부
분 에 속하는 점의 개수와 같
으므로 8명이다.

$$\therefore \frac{8}{20} \times 100 = 40(\%)$$

$$\therefore a = 40$$

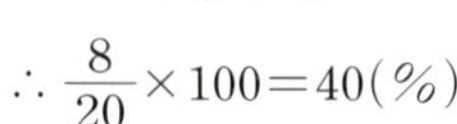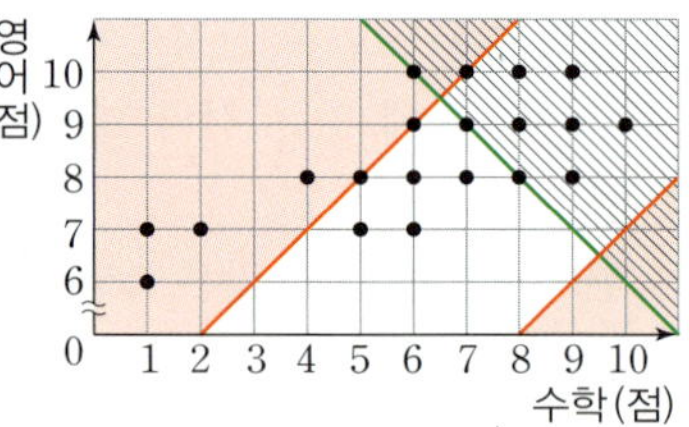

⋯⋯ 40%

두 과목의 성적의 합이 16점 이상인 학생 수는 빗금친 부분에 속하
는 점의 개수와 같으므로 10명이다.

$$\therefore \frac{10}{20} \times 100 = 50(\%) \qquad \therefore b = 50$$

⋯⋯ 40%

$$\therefore a + b = 40 + 50 = 90$$

⋯⋯ 20%

답 90

651

㈎ 1회보다 2회에서 성적이 향상된
학생 수는 오른쪽 산점도에서 대
각선 p보다 위쪽에 있는 점의 개
수와 같다.

㈏ 1회와 2회의 성적의 차가 20점
이상인 학생 수는 오른쪽 산점도
에서 직선 q보다 위쪽에 있는 점
의 개수와 직선 r보다 아래쪽에 있는 점의 개수의 합과 같다.

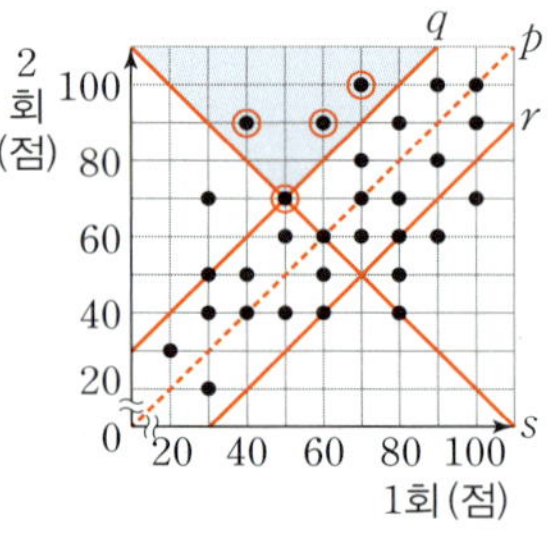

㈐ 1회와 2회의 성적의 합이 120점 이상인 학생 수는 위의 산점도
에서 직선 s보다 위쪽에 있는 점의 개수와 같다.

따라서 주어진 조건을 모두 만족시키는 학생 수는 위의 산점도에서
색칠한 부분에 속하는 점의 개수와 같으므로 4명이다.

답 4명

652

하루 동안 게임을 하는 시간이 1시간
미만인 학생들은 오른쪽 산점도에서
색칠한 부분(점선 위의 점 제외)에 속
하므로 이 학생들의 기말고사 성적은
각각 65점, 75점, 85점, 95점이다.

따라서 이 학생들의 기말고사 성적의
평균은

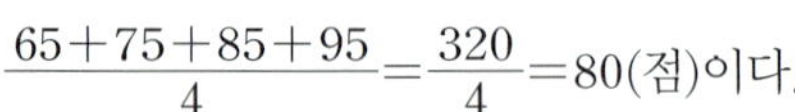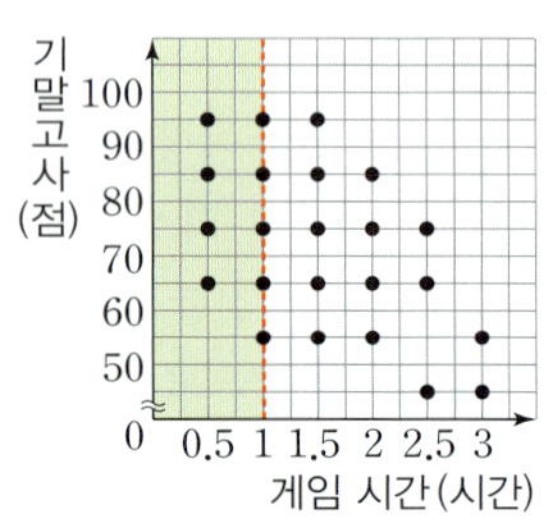

$$\frac{65 + 75 + 85 + 95}{4} = \frac{320}{4} = 80(\text{점})이다.$$

답 80점

653

영어 성적이 90점 이상 100점 이하인 학생들은 오른쪽 산점도에서 색칠한 부분에 속하므로 이 학생들의 수학 성적은 각각 70점, 80점, 90점, 100점이다.

따라서 이 학생들의 수학 성적의 평균은

$$\frac{70+80+90+100}{4}=\frac{340}{4}=85(점)$$

이다.

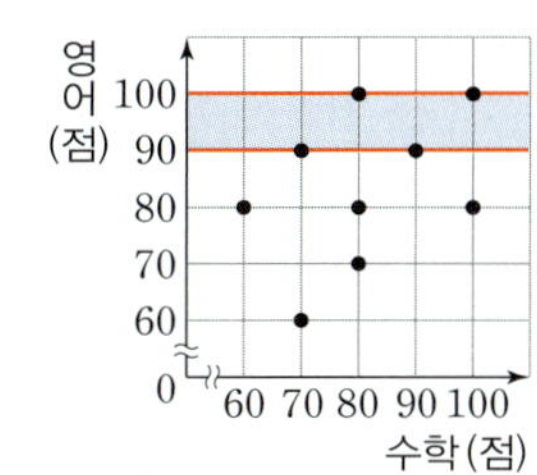

답 ③

654

두 종목 점수의 평균이 4점 초과이므로 두 종목 점수의 합은 8점 초과이어야 한다. 두 종목 점수의 합이 8점 초과인 선수의 수는 오른쪽 산점도에서 색칠한 부분(점선 위의 점 제외)에 속하는 점의 개수와 같으므로 3명이고 이 선수들의 양궁 점수는 각각 4점, 5점, 6점이다.

$$\therefore (평균)=\frac{4+5+6}{3}=5(점)$$

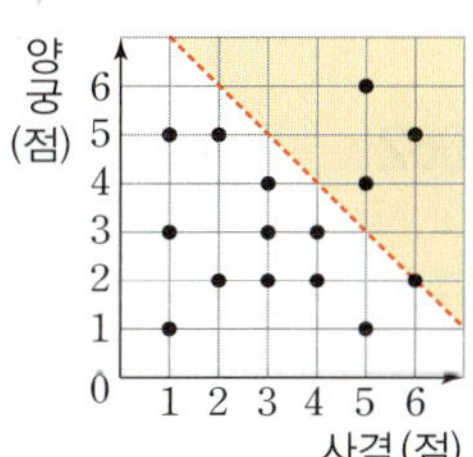

답 ②

655

미세 먼지 상태가 '나쁨'인 지역은 오른쪽 산점도에서 색칠한 부분(점선 위의 점 제외)에 속하므로 이 지역의 환자 수는 각각 20명, 25명, 25명, 30명, 35명, 35명, 40명, 40명, 40명, 50명이다.

따라서 환자 수의 평균은

$$\frac{20+25\times2+30+35\times2+40\times3+50}{10}=\frac{340}{10}=34(명)이다.$$

답 34명

656

(1) 몸무게가 45 kg 초과 65 kg 미만이고, 키가 160 cm 초과인 학생은 키가 165 cm, 170 cm인 학생 2명이므로

$$(평균)=\frac{165+170}{2}$$
$$=167.5(cm)이다.$$

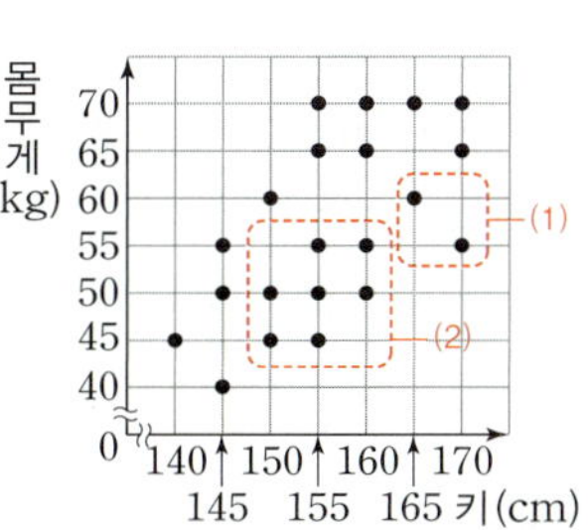

(2) 몸무게가 40 kg 이상 60 kg 미만이고, 키가 150 cm 이상 170 cm 미만인 학생들의 몸무게는 각각 45 kg, 45 kg, 50 kg, 50 kg, 50 kg, 55 kg, 55 kg이므로

$$(평균)=\frac{45\times2+50\times3+55\times2}{7}=\frac{350}{7}=50(kg)이다.$$

답 (1) 167.5 cm (2) 50 kg

657

성적이 상위 15 % 이내에 드는 학생 수는 $20\times\dfrac{15}{100}=3$(명)이므로 상을 받는 학생은 3명이다. 두 과목의 점수를 순서쌍 (수학, 과학)으로 나타내면 두 과목 점수의 합이 높은 순으로 3명의 점수는 (95, 95), (85, 95), (85, 85)이다.

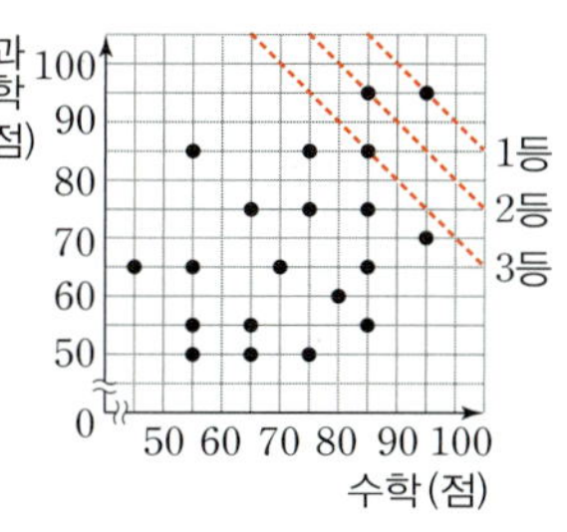

따라서 학생 3명의 두 과목 점수의 합은 각각 190점, 180점, 170점이므로 상을 받는 학생들의 두 과목 점수의 합의 평균은

$$\frac{190+180+170}{3}=\frac{540}{3}=180(점)이다.$$

답 180점

658

① A, B 두 학생은 그리기 점수보다 만들기 점수가 더 높다.

② C 학생은 만들기 점수보다 그리기 점수가 더 높다.

③ 두 과목이 모두 90점 이상인 학생 수는 오른쪽 산점도에서 색칠한 부분에 속하는 점의 개수와 같으므로 3명이다.

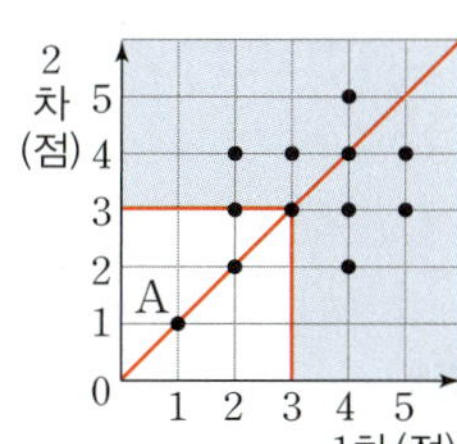

④ D 학생은 만들기 점수와 그리기 점수가 같다.

⑤ 민지네 반에서 만들기 점수보다 그리기 점수가 높은 학생 수는 위의 산점도에서 대각선보다 아래쪽에 있는 점의 개수와 같으므로 9명, 그리기 점수보다 만들기 점수가 높은 학생 수는 대각선보다 위쪽에 있는 점의 개수와 같으므로 7명이다.

따라서 만들기 점수보다 그리기 점수가 높은 학생이 더 많다.

따라서 옳은 것은 ⑤이다.

답 ⑤

659

① 1차와 2차에서 같은 점수를 얻은 선수의 수는 오른쪽 산점도에서 대각선 위에 있는 점의 개수와 같으므로 4명이다.

② 1차와 2차에서 모두 가장 낮은 점수를 얻은 선수는 A이므로 이 선수의 1, 2차 점수의 합은 1+1=2(점)이다.

③ 1차와 2차 중 적어도 한 번의 점수가 3점 이상인 선수의 수는 위의 산점도에서 색칠한 부분에 속하는 점의 개수와 같으므로 10명이다.

④ 조사 대상자인 사격 선수들의 총 인원수는 전체 점의 개수와 같으므로 12명이다.

⑤ 1차 점수가 좋은 선수는 대체로 2차 점수도 좋다.

따라서 옳은 것은 ②, ⑤이다.

답 ②, ⑤

660

① 학기 초 성적과 학기 말 성적이 변화가 없는 학생 수는 오른쪽 산점도에서 대각선 p 위에 있는 점의 개수와 같으므로 5명이다.

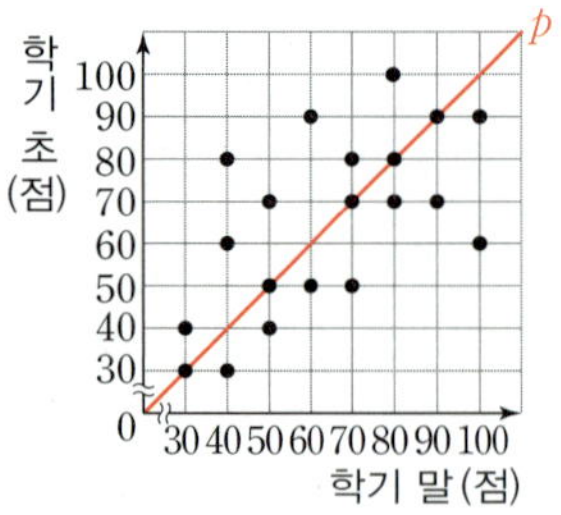

② 학기 말 성적이 학기 초 성적보다 떨어진 학생 수는 오른쪽 산점도에서 대각선 p보다 위쪽에 있는 점의 개수와 같으므로 7명이다.

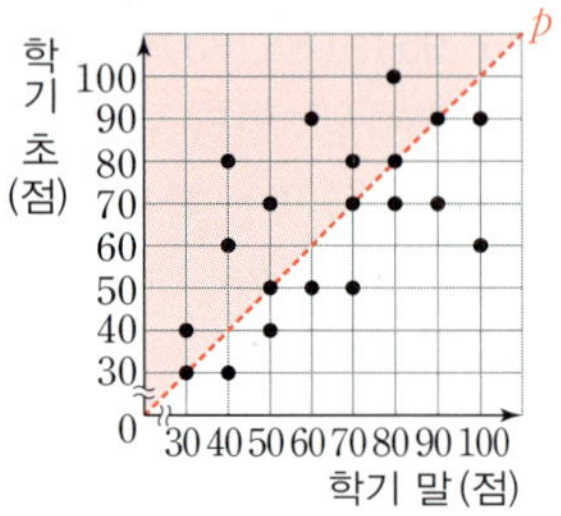

③ 학기 말 성적이 학기 초 성적보다 10점 이상 향상된 학생 수는 직선 q 위에 있는 점의 개수와 직선 q보다 아래쪽에 있는 점의 개수의 합과 같으므로 8명이고 전체의

$$\frac{8}{20}\times100=40(\%)$$

이다.

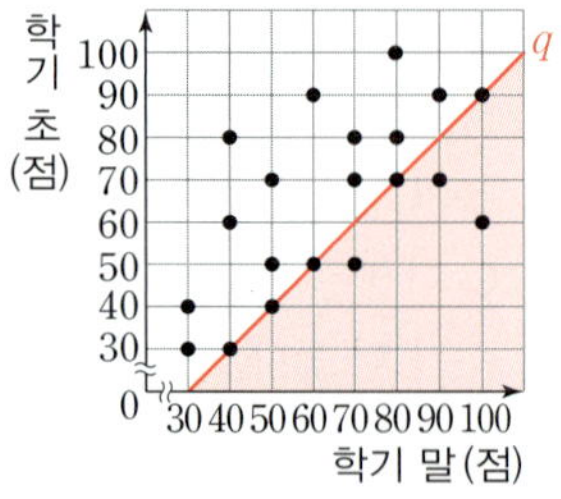

④ 학기 말 성적이 가장 많이 향상된 학생은 대각선 p에서 아래쪽으로 가장 멀리 떨어져 있는 점 A이다. 따라서 점 A가 나타내는 학생의 학기 초 성적은 60점이고 학기 말 성적은 100점이므로

$$100-60=40(점)$$

이 향상되었다.

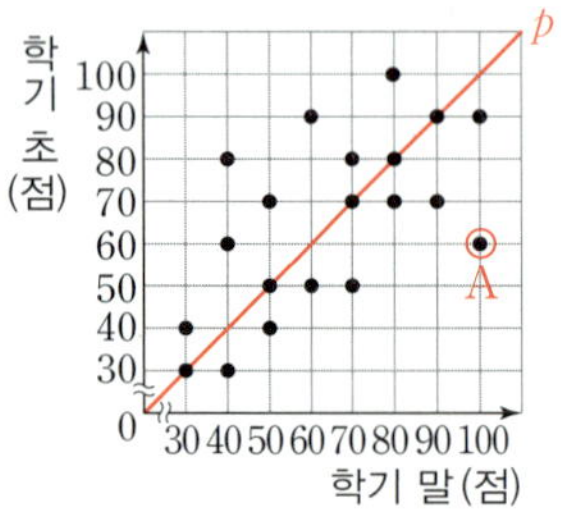

⑤ 학기 초 성적과 학기 말 성적의 합이 160점 이상인 학생 수는 오른쪽 산점도에서 색칠한 부분에 속하는 점의 개수와 같으므로 6명이다.

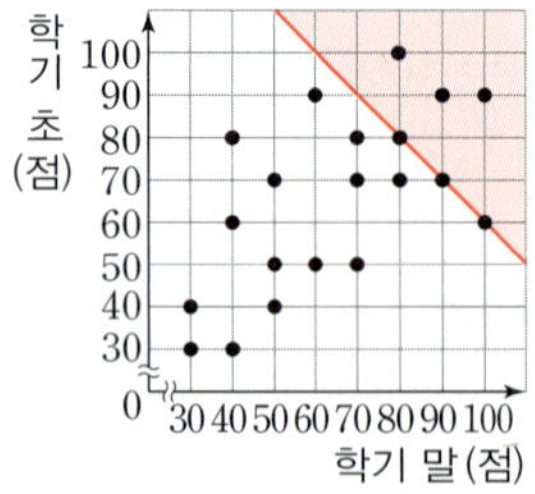

따라서 옳지 않은 것은 ①, ③이다.　　답 ①, ③

661

① 수면 시간이 4시간 미만인 학생 수는 오른쪽 산점도에서 직선 p보다 왼쪽에 있는 점의 개수와 같으므로 4명이다.

② 웹툰 보는 시간이 3시간 이상인 학생 수는 오른쪽 산점도에서 직선 q 위에 있는 점의 개수와 직선 q보다 위쪽에 있는 점의 개수의 합과 같으므로 11명이다.

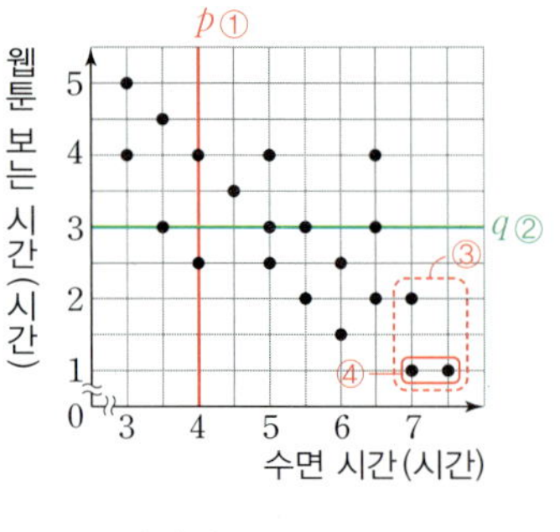

$$\therefore \frac{11}{20}\times100=55(\%)$$

③ 수면 시간이 7시간 이상인 학생의 웹툰 보는 시간은 각각 1시간, 2시간, 1시간이므로 이 학생들의 웹툰 보는 시간의 평균은

$$\frac{1+2+1}{3}=\frac{4}{3}(시간),$$ 즉 1시간 20분이다.

④ 웹툰 보는 시간이 1시간 30분 미만인 학생의 수면 시간은 각각 7시간, 7.5시간이므로 이 학생들의 수면 시간의 평균은

$$\frac{7+7.5}{2}=7.25(시간),$$ 즉 7시간 15분이다.

따라서 옳은 것은 ①, ⑤이다.　　답 ①, ⑤

662

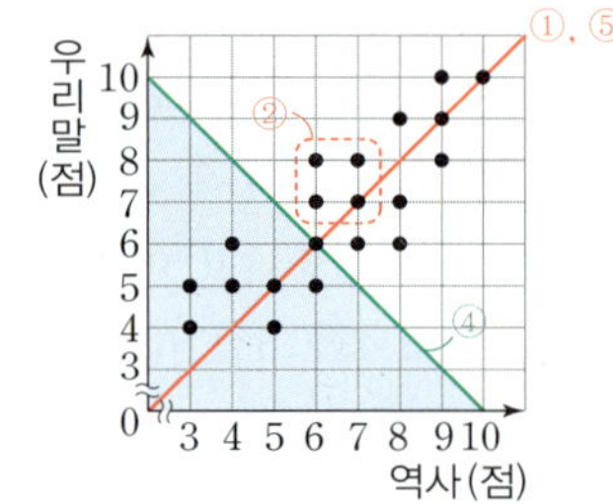

① 두 과목 점수가 같은 학생들을 나타내는 점은 오른쪽 산점도에서 대각선 위에 있는 점이므로 이 학생들의 역사 시험 점수는 5점, 6점, 7점, 9점, 10점이다.

$$\therefore (평균)=\frac{5+6+7+9+10}{5}$$
$$=\frac{37}{5}=7.4(점)$$

② 역사 시험 점수가 5점 이상 8점 미만이고 우리말 시험 점수가 6점 초과 9점 이하인 학생 수는 위의 산점도에서 점선으로 둘러싸인 부분에 속하는 점의 개수와 같으므로 4명이다.

③ 전체 학생 수는 산점도의 점의 개수와 같으므로 20명이다. 즉 두 과목 시험 점수의 합이 상위 15 % 이내에 드는 학생 수는

$$20\times\frac{15}{100}=3(명)$$

이다.

④ 두 과목 시험 점수의 평균이 6점 이하, 즉 두 과목 점수의 합이 12점 이하인 학생 수는 위의 산점도에서 색칠한 부분에 속하는 점의 개수와 같으므로 8명이다.

⑤ 역사 시험 점수가 우리말 시험 점수보다 높은 학생 수는 위의 산점도에서 대각선보다 아래쪽에 있는 점의 개수와 같으므로 6명, 우리말 시험 점수가 역사 시험 점수보다 높은 학생 수는 대각선보다 위쪽에 있는 점의 개수와 같으므로 9명이다.

따라서 역사 시험 점수보다 우리말 시험 점수가 높은 학생이 더 많다.

따라서 옳지 않은 것은 ③, ⑤이다.　　답 ③, ⑤

663

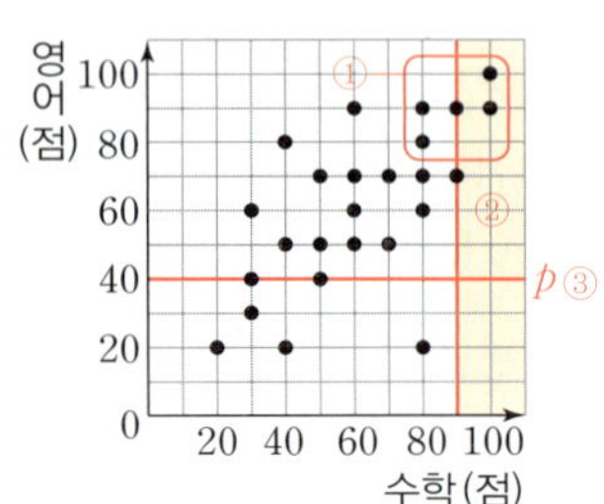

① 수학 성적과 영어 성적이 모두 80점 이상인 학생 수는 오른쪽 산점도에서 실선으로 둘러싸인 부분에 속하는 점의 개수와 같으므로 5명이다.

② 수학 성적이 90점 이상인 학생들은 위의 산점도에서 색칠한 부분
에 속하므로 이 학생들의 영어 성적은 각각 100점, 90점, 90점,
70점이다.

$$\therefore (\text{평균}) = \frac{100+90+90+70}{4} = \frac{350}{4} = 87.5(\text{점})$$

③ 영어 성적이 40점인 학생들은 위의 산점도에서 직선 p 위에 있는
점이므로 이 학생들의 수학 성적은 각각 30점, 50점이다.

$$\therefore (\text{평균}) = \frac{30+50}{2} = 40(\text{점})$$

④ 두 과목 성적의 평균이 80점 이상
인 학생은 두 과목의 점수의 총합이
160점 이상이다. 따라서 구하는 학
생 수는 오른쪽 산점도에서 ○표한
점의 개수와 같으므로 6명이다.

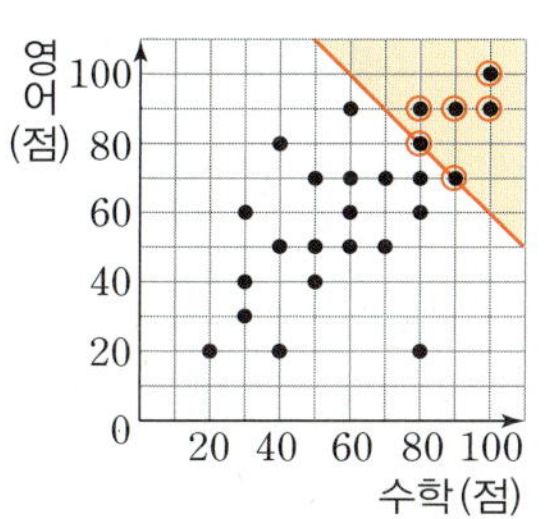

⑤ 두 과목 성적의 평균이
상위 24 % 이내에 드는
학생 수는

$$25 \times \frac{24}{100} = 6(\text{명})\text{이다.}$$

오른쪽 산점도에서 수학
성적이 80점 이상인 학
생은 색칠한 부분에 속

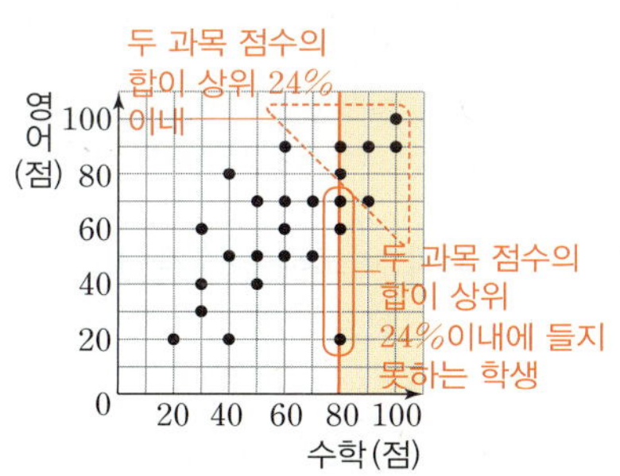

하는 점들이고, 두 과목의 성적의 합이 상위 24 % 이내에 드는
학생은 점선으로 둘러싸인 부분에 속하는 점들이므로 수학 성적
이 80점 이상인 학생 9명 중에는 두 과목 성적의 평균이 상위
24 % 이내에 들지 않는 학생도 있다.

따라서 옳은 것은 ②, ④이다.　　　　　　　　　　　답 ②, ④

664

여름철 기온이 높아질수록 냉방기구 사용 시간도 대체로 늘어나는
경향이 있으므로 x, y 사이에는 양의 상관관계가 있다.
따라서 구하는 산점도는 ④이다.　　　　　　　　　　답 ④

665

오른쪽 아래로 향하는 산점도가 음의 상관관계가 있으므로 ①, ②가
음의 상관관계가 있다. 한편, 점들이 직선을 중심으로 가까이 몰려
있을수록 상관관계가 강하므로 주어진 산점도 중 가장 강한 음의 상
관관계가 있는 것은 ②이다.　　　　　　　　　　답 ②

666

한 해 동안 생산된 쌀의 양이 많아질수록 그 해 쌀의 가격은 대체로
떨어지는 경향이 있으므로 x, y 사이에는 음의 상관관계가 있다.
따라서 구하는 산점도는 ⑤이다.　　　　　　　　답 ⑤

667

① 양의 상관관계　② 상관관계가 없다.　③ 양의 상관관계
④ 음의 상관관계　⑤ 상관관계가 없다.　　　　답 ②, ⑤

668

주어진 산점도는 음의 상관관계가 있다.
① 상관관계가 없다.　② 음의 상관관계　③ 양의 상관관계
④ 양의 상관관계　　　⑤ 양의 상관관계　　　　답 ②

669

① 상관관계가 없다.　② 양의 상관관계　③ 음의 상관관계
④ 양의 상관관계　　　⑤ 음의 상관관계　　　　답 ②, ④

670

주어진 산점도에서 몸무게에 비해 키가 큰 학생은 대각선의 위쪽에
위치한 점에 해당하므로 A이다.　　　　　　　　답 ①

671

(1) 주어진 산점도에서 A, B, C, D, E 중 수입에 비해 지출이 가장
많은 사람은 대각선의 위쪽에 위치한 점 중 대각선에서 멀리 떨어
져 있는 점에 해당하므로 A이다.
(2) 주어진 산점도에서 A, B, C, D, E 중 수입과 지출이 가장 많은
사람은 대각선의 근처에 위치한 점 중 원점으로부터 가장 멀리 떨
어져 있는 점에 해당하므로 D이다.　　　　답 (1) A (2) D

672

오른쪽 눈에 비해 왼쪽 눈의 시력이 낮은 학생은 B, C이고, 그중에
서 시력 차가 가장 큰 학생은 C이다.　　　　　　답 ③

673

③ D 도시는 인구 수에 비해 자동차 수가 많은 편이다.　　답 ③

674

④ 키가 크면 신발 크기가 대체로 크므로 양의 상관관계가 있다.
　　　　　　　　　　　　　　　　　　　　　　답 ④

675

④ B의 경우를 보면 듣기평가 성적이 높다고 해서 반드시 필기시험
성적도 높다고 할 수 없다.　　　　　　　　　　답 ④

676

④ 학생 C는 학생 E에 비해 수면 시간이 짧다.　　　답 ④

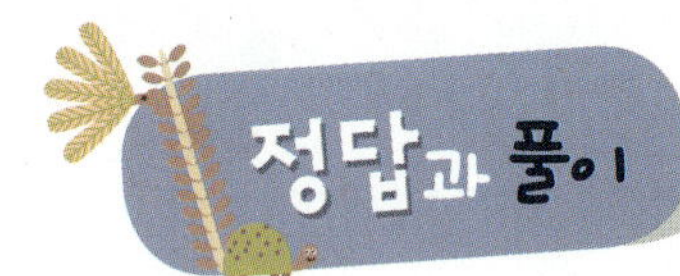

677

⑤ 소득에 비해 저축액이 많은 사람은 A, B, C, F의 4명이다.　답 ⑤

678

① A 집단은 영어 성적은 낮지만 수학 성적은 높으므로 영어보다 수학을 잘한다고 할 수 있다.

③ C 집단은 수학 성적은 낮지만 영어 성적은 높으므로 수학보다 영어를 잘한다고 할 수 있다.

④ D 집단은 두 과목의 성적이 모두 높으므로 영어, 수학 두 과목 모두 잘한다고 할 수 있다.

⑤ 주어진 산점도는 양의 상관관계를 나타내므로 전체적으로 영어를 잘하는 학생은 수학도 잘한다고 할 수 있다.

따라서 옳은 것은 ②이다.　답 ②

실력 콕콕　　　　　　본문 | 117~119쪽

679 (1) 3명　(2) 50 %　(3) 20 %　　**680** ②

681 (1) 60점　(2) 24 %　　**682** ④　　**683** ④

684 (1) 35 %　(2) 1명　　**685** ㄴ　　**686** ③

687 ④, ⑤　　**688** ①　　**689** ④　　**690** ③

691 ②　　**692** ④　　**693** ④　　**694** ③

695 32　　**696** 3명　　**697** 180점

679

(1) 3월 성적보다 9월 성적이 우수한 학생 수는 오른쪽 산점도에서 대각선보다 위쪽에 있는 점의 개수와 같으므로 3명이다.

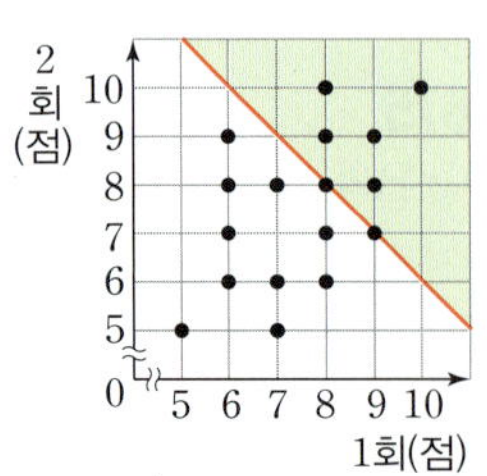

(2) 3월 성적과 9월 성적이 같은 학생 수는 오른쪽 산점도에서 대각선 위에 있는 점의 개수와 같으므로 5명이다.　∴ $\dfrac{5}{10}\times100=50(\%)$

(3) 9월 성적이 7점 이하인 학생 수는 위의 산점도에서 색칠한 부분에 속하는 점의 개수와 같으므로 2명이다.

∴ $\dfrac{2}{10}\times100=20(\%)$　答 (1) 3명　(2) 50 %　(3) 20 %

680

1회와 2회 성적의 평균이 8점 이상인 학생은 성적의 합이 16점 이상인 학생과 같다.

따라서 오른쪽 산점도에서 색칠한 부분에 속하는 점의 개수와 같으므로 7명이다.

答 ②

681

(1) 8월 수학 단원 평가 성적이 60점 이상인 학생들은 오른쪽 산점도에서 직선 p 위의 점과 직선 p보다 위쪽에 있는 점들이다. 이 학생들의 5월 성적은 각각 20점, 40점, 40점, 50점, 50점, 70점, 70점, 80점, 90점, 90점이다.

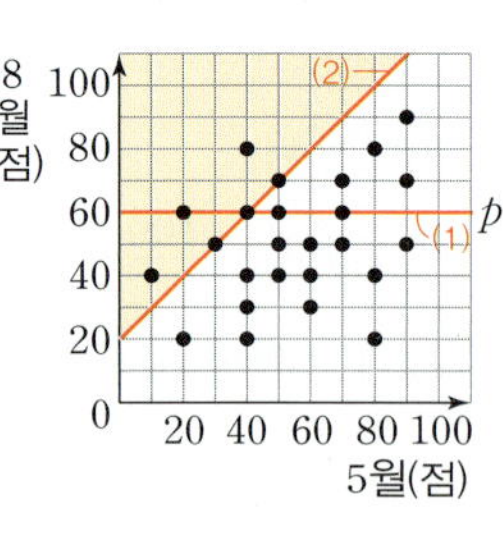

∴ (평균) $=\dfrac{20+40\times2+50\times2+70\times2+80+90\times2}{10}$

$=\dfrac{600}{10}=60$(점)

(2) 5월보다 8월 수학 단원 평가 성적이 20점 이상 오른 학생 수는 위의 산점도에서 색칠한 부분에 속하는 점의 개수와 같으므로 6명이다.

∴ $\dfrac{6}{25}\times100=24(\%)$　　答 (1) 60점　(2) 24 %

682

① A는 B와 비교하여 대각선보다 위쪽에 있으므로 일조량은 같은데 당도는 낮다.

② E의 당도는 12 %, C의 당도는 10 %이므로 E의 당도가 더 높다.

③ B와 D는 당도가 11 %로 같다.

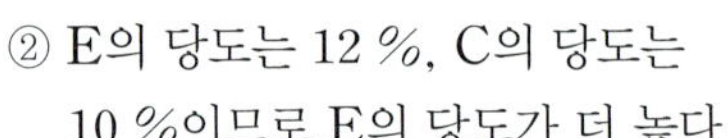
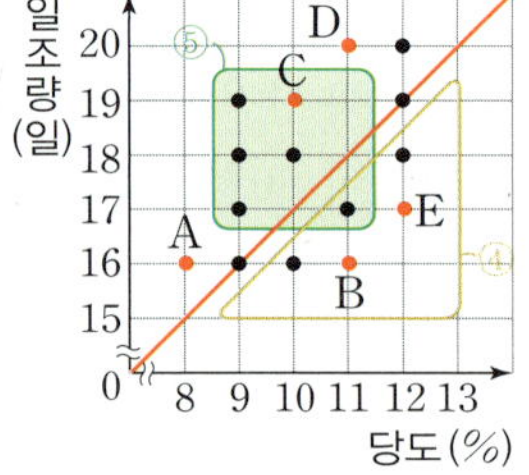

④ 일조량에 비해 당도가 높은 편인 농장은 위의 산점도에서 대각선보다 아래쪽에 있는 점의 개수와 같으므로 5곳이다.

⑤ 일조량이 16일 초과 19일 이하이면서 당도가 9 % 이상 11 % 이하인 농장의 수는 위의 산점도에서 색칠한 부분에 속하는 점의 개수와 같으므로 6곳이고 전체의 $\dfrac{6}{15}\times100=40(\%)$이다.

따라서 옳지 않은 것은 ④이다.　答 ④

683

① 필기시험과 실기시험 성적이 같은 사람은 오른쪽 산점도에서 대각선 위에 있는 점의 개수와 같으므로 4명이다.

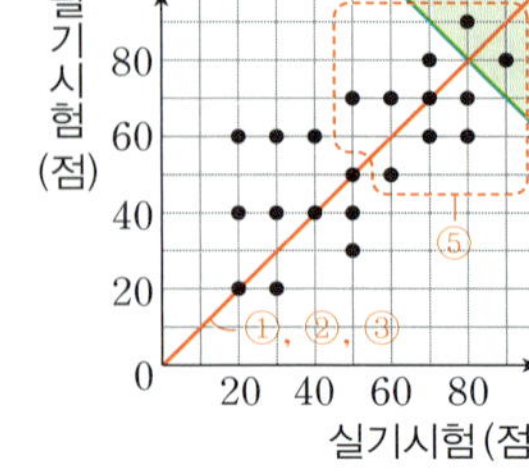

② 필기시험보다 실기시험 성적이 더 높은 사람은 오른쪽 산점도에서 대각선보다 아래쪽에 있는 점의 개수와 같으므로 8명이다.

③ 필기시험보다 실기시험 성적이 더 낮은 사람은 위의 산점도에서 대각선보다 위쪽에 있는 점의 개수와 같으므로 9명이다.

④ 두 과목의 성적의 합이 160점 이상인 사람은 위의 산점도에서 색칠한 부분에 속하는 점의 개수와 같으므로 2명이다.

⑤ 필기시험 성적이 70점 이상 또는 실기시험 성적이 60점 이상인
사람 수는 위의 산점도에서 점선으로 둘러싸인 부분에 속하는 점
의 개수와 같으므로 10명이다.

따라서 옳지 않은 것은 ④이다.   **답** ④

684

(1) 2학기 성적이 1학기 성적보다
떨어진 학생은 오른쪽 산점도에
서 대각선보다 아래쪽에 있는 점
의 개수와 같으므로 7명이다.

$$\therefore \frac{7}{20} \times 100 = 35(\%)$$

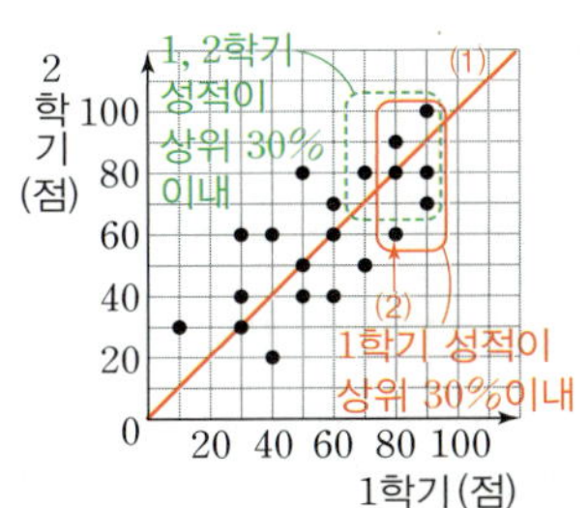

(2) 성적이 상위 30 % 이내에 드는

학생 수는 $20 \times \dfrac{30}{100} = 6$(명)이다. 1학기 성적이 상위 30 % 이내
에 들었던 학생은 위의 산점도에서 실선으로 둘러싸인 부분에 속
하는 점들이고 1, 2학기 성적의 합이 상위 30 % 이내에 들었던
학생들은 점선으로 둘러싸인 부분에 속하는 점들이다.

따라서 1학기 성적이 상위 30 % 이내에 들었던 학생 중 1, 2학
기 성적의 합이 상위 30 % 이내에 들지 못한 학생은 1명이다.

다른 풀이

성적이 상위 30 % 이내에 드는 학생 수는 $20 \times \dfrac{30}{100} = 6$(명)이다.

1학기 성적이 상위 30 % 이내에 들었던 학생의 점수를 순서쌍
(1학기 점수, 2학기 점수)로 나타내면 (90, 100), (90, 80),
(90, 70), (80, 90), (80, 80), (80, 60)이다.

1, 2학기 성적의 합이 상위 30 % 이내에 들었던 학생의 점수를
순서쌍 (1학기 점수, 2학기 점수)로 나타내면 (90, 100),
(90, 80), (90, 70), (80, 90), (90, 70), (80, 80), (70, 80)
이다.

따라서 1학기 성적이 상위 30 % 이내에 들었던 학생 중 1, 2학
기 성적의 합이 30 % 이내에 들지 못한 학생은 (80, 60)의 1명
이다.   **답** (1) 35 % (2) 1명

685

ㄴ. 산점도에서 대체로 변량 x가 증가함에 따라 변량 y는 감소하는
경향이 있을 때, 두 변량 x, y 사이에는 음의 상관관계가 있다.
    답 ㄴ

686

① 양의 상관관계   ② 양의 상관관계   ③ 음의 상관관계

④ 양의 상관관계   ⑤ 상관관계가 없다.   **답** ③

687

① 음의 상관관계   ② 상관관계가 없다.   ③ 음의 상관관계

④ 양의 상관관계   ⑤ 양의 상관관계

미세먼지 농도와 마스크 판매량은 양의 상관관계가 있으므로 양의
상관관계를 가지는 것은 ④, ⑤이다.   **답** ④, ⑤

688

대각선 위쪽 부분에서 대각선과 가장 멀리 떨어진 지우가 지능 지수
에 비해 성적이 가장 낮다고 할 수 있다.   **답** ①

689

가장 강한 양의 상관관계를 나타낸 산점도는 ④이다.   **답** ④

690

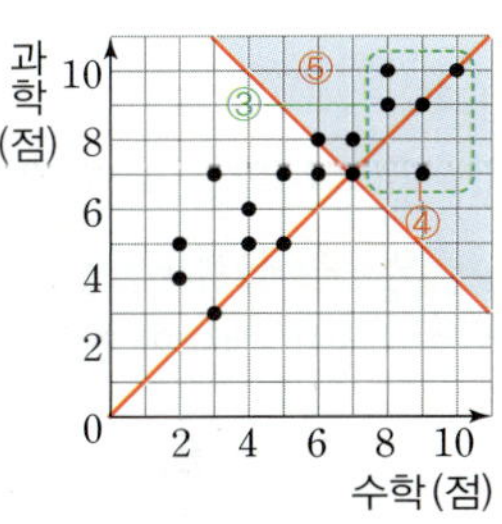

① 주어진 산점도의 두 변량 사이의 상
관관계는 양의 상관관계이므로 에어
컨 사용시간과 전기 요금의 상관관
계와 같다.

② 두 과목 성적이 같은 학생 수는 오른
쪽 산점도에서 대각선 위의 점에 있
는 개수와 같으므로 5명이다.

③ 수학 성적이 8점 이상인 학생들은 점선으로 둘러싸인 부분에 속
하므로 이 학생들의 과학 성적은 7점, 9점, 9점, 10점, 10점이다.

$$\therefore \text{(평균)} = \frac{7+9+9+10+10}{5} = \frac{45}{5} = 9(\text{점})$$

④ 과학 성적보다 수학 성적이 좋은 학생 수는 위의 산점도에서 대
각선보다 아래쪽에 있는 점의 개수와 같으므로 1명이다.

⑤ 두 과목 성적의 평균이 7점 이상인 학생은 두 과목의 점수의 합
이 14점 이상인 학생이므로 위의 산점도에서 색칠한 부분에 속
한다. 즉 구하는 학생 수는 8명이다.

따라서 옳지 않은 것은 ③이다.   **답** ③

691

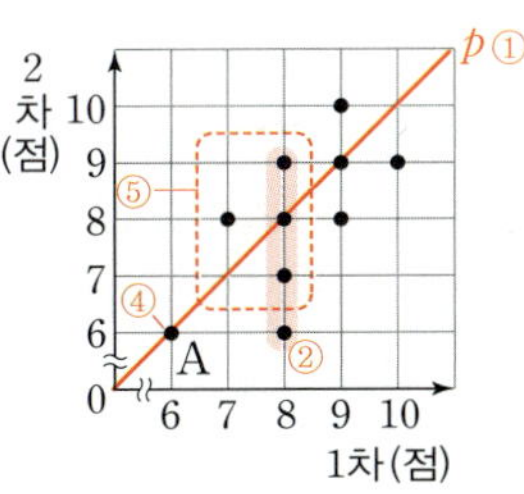

① 1, 2차 점수가 같지 않은 학생 수
는 대각선 p 위에 있지 않은 점의
개수와 같으므로 7명이다.

② 1차 점수가 8점인 학생들의 2차
점수는 각각 6점, 7점, 8점, 9점이
므로

$$\text{(2차 점수의 평균)} = \frac{6+7+8+9}{4} = \frac{30}{4} = 7.5(\text{점})$$이다.

③ 쪽지시험을 본 학생 수는 전체 점의 개수와 같으므로 10명이다.

④ 1차 점수가 가장 낮은 학생은 위의 산점도에서 A이고 이 학생의
2차 점수는 6점이다.

⑤ 1차 점수가 9점 미만이고 2차 점수가 7점 이상인 학생 수는 점선
으로 둘러싸인 부분에 속하는 점의 개수와 같으므로 4명이다.

따라서 옳지 않은 것은 ②이다.   **답** ②

692

성적과 양의 상관관계가 있는 것은 올바른 학습 태도, 학습 환경,
예습과 복습, 책을 많이 읽는 것, 자기 주도 학습 능력이다.
따라서 성적과 양의 상관관계가 있지 않은 것은 ④이다.   **답 ④**

693

④ E는 중간고사와 기말고사 성적의 차가 거의 없다.   **답 ④**

694

① 어느 편의점의 호빵이 더 잘 팔리는지 알 수 없다.
② 편의점 A에서는 음의 상관관계가 나타난다.
④ 겨울철 평균 기온이 높아질수록 호빵 판매량은 대체로 줄어든다.
⑤ 겨울철 평균 기온과 호빵 판매량 사이에는 음의 상관관계가 나타
난다.   **답 ③**

695

(개) 두 과목의 점수가 같은 학생 수는
오른쪽 산점도에서 대각선 위에 있
는 점의 개수와 같으므로 3명이다.

$$\therefore \frac{3}{15} \times 100 = 20(\%)$$

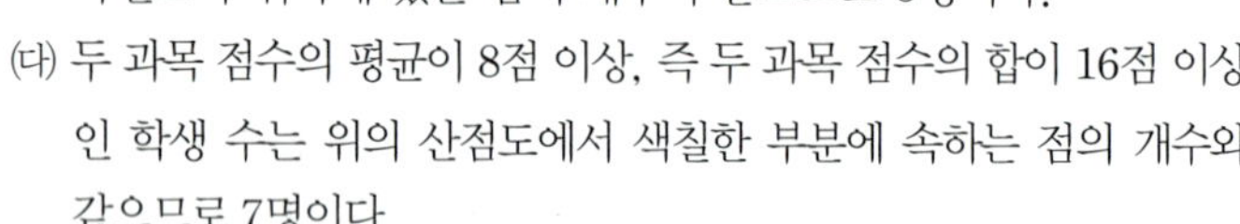

(내) 미술 점수보다 음악 점수가 낮은
학생 수는 오른쪽 산점도에서 대
각선보다 위쪽에 있는 점의 개수와 같으므로 5명이다.

(대) 두 과목 점수의 평균이 8점 이상, 즉 두 과목 점수의 합이 16점 이상
인 학생 수는 위의 산점도에서 색칠한 부분에 속하는 점의 개수와
같으므로 7명이다.

따라서 $a=20$, $b=5$, $c=7$이므로
$a+b+c=20+5+7=32$ **답 32**

696

(개) 작년보다 올해 안타 수가 높은 선
수는 대각선 p보다 위쪽에 있는
점들이다.

(내) 작년과 올해 안타수의 차가 2개
이상인 선수는 두 직선 q, q' 위에
있는 점, 직선 q보다 위쪽에 있는
점, 직선 q'보다 아래쪽에 있는 점들이다.

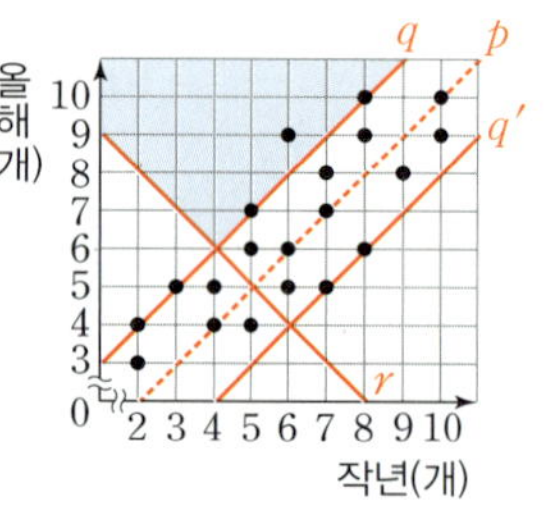

(대) 작년과 올해의 안타수의 평균이 5개, 즉 작년과 올해의 안타수의
합이 10개 이상인 선수는 직선 r보다 위쪽에 있는 점들이다.

따라서 세 조건을 모두 만족시키는 선수는 색칠한 부분에 속하므로
3명이다.

다른 풀이

조건 (개)에 맞는 선수들의 작년과 올해 안타수를 표로 나타내면 다음
과 같다.

작년 안타수(개)	2	2	3	4	5	5	6	7	8	8
올해 안타수(개)	3	4	5	5	6	7	9	8	9	10

조건 (내)에 따라 작년과 올해 안타수가 (2개, 3개), (4개, 5개),
(5개, 6개), (7개, 8개), (8개, 9개)인 선수는 제외된다. 조건 (다)에
따라 작년과 올해 안타수가 (2개, 4개), (3개, 5개)인 선수는 제외
된다.

따라서 세 조건을 모두 만족시키는 선수는 작년과 올해 안타수가
(5개, 7개), (6개, 9개), (8개, 10개)인 3명이다.   **답 3명**

697

상위 25 %는 $20 \times \dfrac{25}{100} = 5$(명)이므로
상위 25 % 이내에 드는 학생들의 두 과
목 성적의 합을 표로 나타내면 다음과
같다.

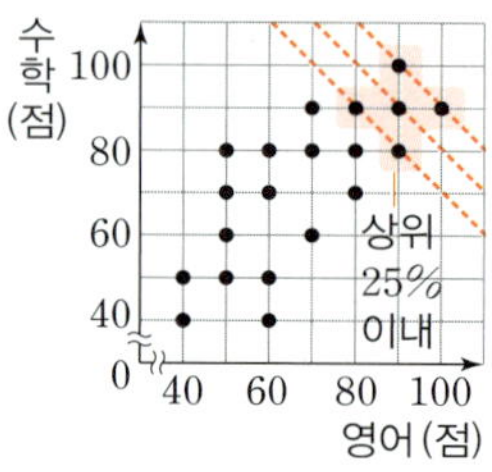

두 과목 성적의 합(점)	170	180	190	계
학생 수(명)	2	1	2	5

$$\therefore (평균) = \frac{170 \times 2 + 180 \times 1 + 190 \times 2}{5} = \frac{900}{5} = 180(점)$$ **답 180점**

서술형 콕콕   본문 | 120~121쪽

698 55점	**699** 54점	**700** 20	**701** 8
702 50점	**703** 55점	**704** 18.8점	**705** 160점

698

단계 1 국어 성적이 50점 이상 70점
미만인 학생들은 오른쪽 산점
도에서 색칠한 부분 (점선 위의
점 제외)에 속하는 점들이므로
이 학생들의 수학 점수는 각각
30점, 30점, 50점, 60점, 80
점, 80점이다.

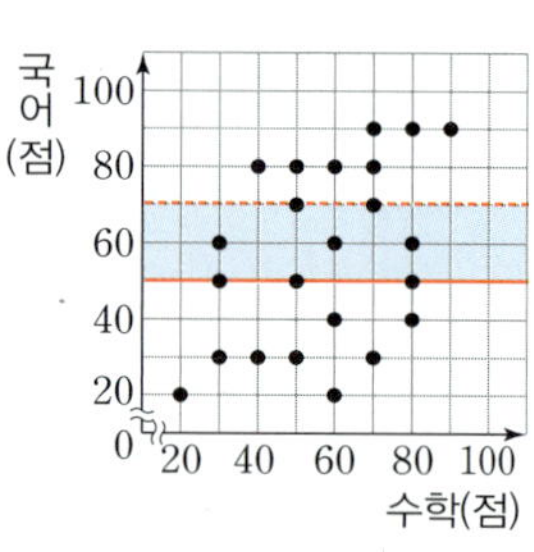

단계 2 국어 성적이 50점 이상 70점 미만인 학생들의 수학 성적의
평균은

$$\frac{30 \times 2 + 50 \times 1 + 60 \times 1 + 80 \times 2}{6} = \frac{330}{6} = 55(점)$$ **답 55점**

699

음악 성적이 40점 이상 60점 이하인 학
생들은 오른쪽 산점도에서 색칠한 부분
에 속하는 점들이므로 이 학생들의 미
술 성적은 30점, 40점, 40점, 40점, 50
점, 60점, 60점, 70점, 70점, 80점이
다.   ······50%

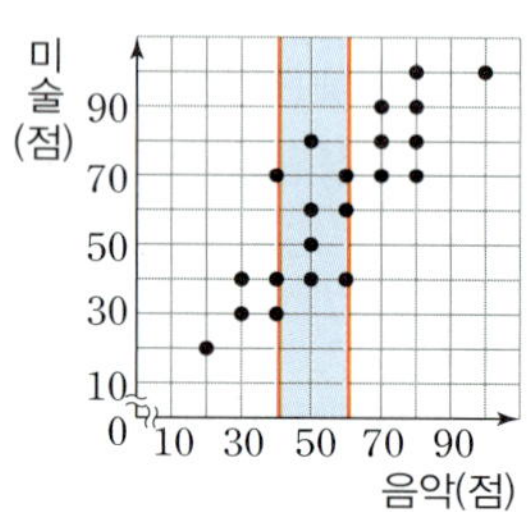

따라서 음악 성적이 40점 이상 60점 이하인 학생들의 미술 성적의 평균은

$$\frac{30+40\times3+50+60\times2+70\times2+80}{10}=\frac{540}{10}=54(점)이다.$$

······ 50%

🅐 54점

700

[단계 1] 두 번의 경기에서 모두 8점 이상을 얻은 선수의 수는 오른쪽 산점도에서 색칠한 부분에 속하는 점의 개수와 같으므로 6명이다.

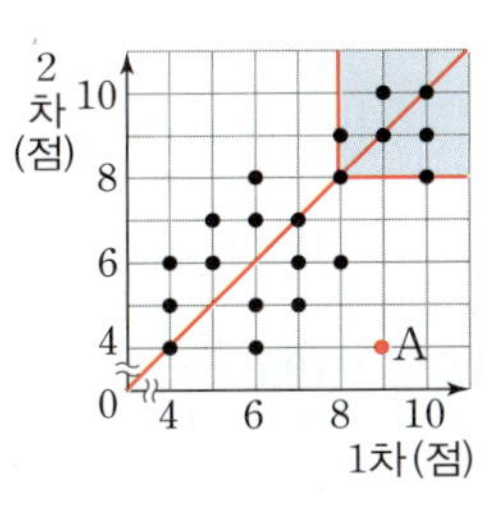

[단계 2] 2차 경기에서 점수가 가장 많이 오른 선수를 나타내는 점은 오른쪽 산점도에서 대각선에서 위쪽으로 가장 멀리 떨어진 점 A이므로 이 선수의 1, 2차 점수의 차는 $9-5=4(점)$이다.

[단계 3] 두 번의 경기에서 얻은 점수의 합이 가장 높은 선수의 1차 점수는 10점, 2차 점수도 10점이므로 $(평균)=\frac{10+10}{2}=10(점)$

[단계 4] $a=6$, $b=4$, $c=10$이므로 $a+b+c=6+4+10=20$

🅐 20

701

두 번의 경기에서 모두 8점 이상을 얻은 선수의 수는 색칠한 부분에 속하는 점의 개수와 같으므로 7명이다. ······ 30%

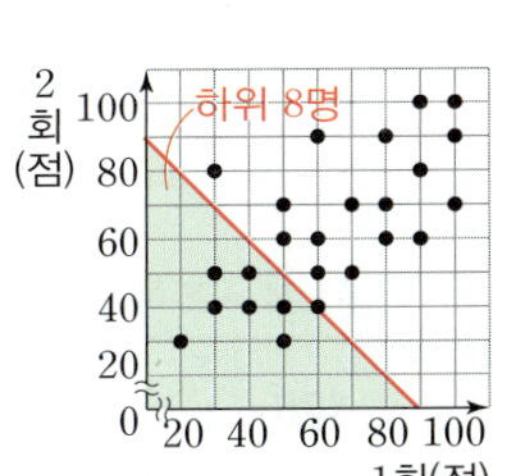

점수가 가장 많이 떨어진 선수를 나타내는 점은 오른쪽 산점도에서 대각선에서 아래쪽으로 가장 멀리 떨어진 점 A이므로 이 선수의 1, 2차 점수의 차는 $9-4=5(점)$이다. ······ 30%

두 번의 경기에서 얻은 점수의 합이 가장 낮은 선수의 1차 점수는 4점, 2차 점수도 4점이므로 $(평균)=\frac{4+4}{2}=4(점)$이다. ······ 30%

따라서 $a=7$, $b=5$, $c=4$이므로
$a+b-c=7+5-4=8$ ······ 10%

🅐 8

702

[단계 1] 전체 학생 수는 25명이므로 하위 32 % 이내에 드는 학생 수는

$$25\times\frac{32}{100}=8(명)이다.$$

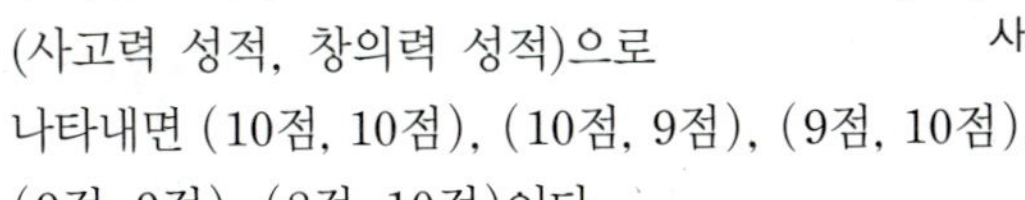

[단계 2] 1회와 2회의 성적의 합이 낮은 순으로 8명의 학생은 책을 추가로 읽어야 한다. 8번째로 낮은 학생의 1회와 2회 성적의 합이 100점이므로 1회와 2회 성적의 합이 최소 100점을 초과해야 책을 추가로 읽지 않는다.

따라서 책을 추가로 읽지 않으려면 두 과목 성적의 평균이 최소 50점을 초과해야 한다.

🅐 50점

703

전체 학생 수는 20명이므로 하위 35% 이내에 드는 학생 수는

$$20\times\frac{35}{100}=7(명)이다.$$ ······ 30%

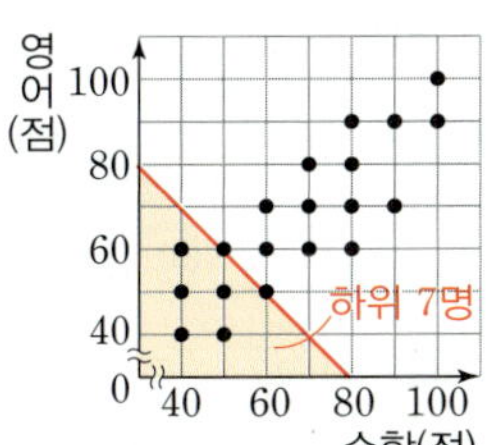

즉 두 과목 성적의 합이 낮은 순으로 7명의 학생은 보충 수업을 받아야 한다.

7번째로 낮은 학생의 두 과목 성적의 합이 110점이므로 두 과목 성적의 합이 최소 110점을 초과해야 보충 수업을 받지 않는다.

따라서 보충 수업을 받지 않으려면 두 과목 성적의 평균이 최소 55점을 초과해야 한다. ······ 70%

🅐 55점

704

[단계 1] 전체 학생 수는 25명이므로 상위 25 % 이내에 드는 학생 수는

$$25\times\frac{20}{100}=5(명)이다.$$

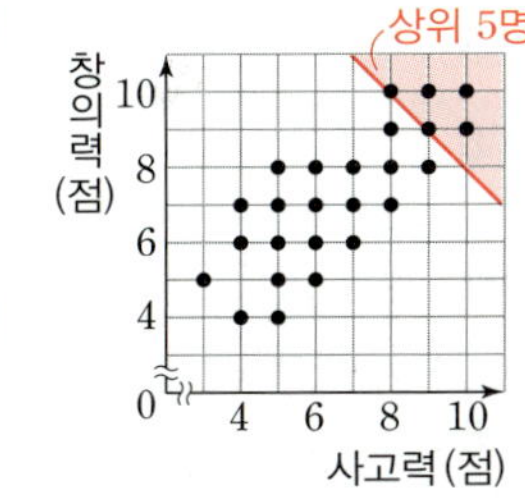

[단계 2] 상위 25 % 이내에 드는 학생의 성적을 순서쌍 (사고력 성적, 창의력 성적)으로 나타내면 (10점, 10점), (10점, 9점), (9점, 10점), (9점, 9점), (8점, 10점)이다.

[단계 3] 상위 20% 이내에 드는 학생들의 사고력 성적과 창의력 성적의 합의 평균은

$$\frac{20\times1+19\times2+18\times2}{5}=\frac{94}{5}=18.8(점)이다.$$

🅐 18.8점

705

전체 학생 수는 15명이므로 상위 40 % 이내에 드는 학생 수는

$$15\times\frac{40}{100}=6(명)이다.$$ ······ 20%

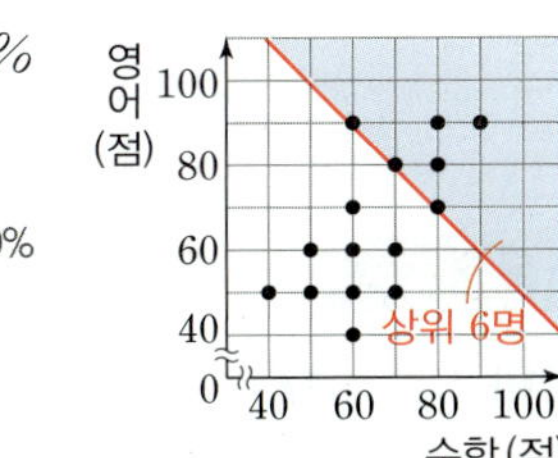

이때 상위 6명의 성적을 순서쌍 (수학 성적, 영어 성적)으로 나타내면 (90점, 90점), (80점, 90점), (80점, 80점), (80점, 70점), (70점, 80점), (60점, 90점)이다. ······ 40%

따라서 상위 40% 이내에 드는 학생들의 수학 성적과 영어 성적의 합의 평균은

$$\frac{180+170+160+150\times3}{6}=\frac{960}{6}=160(점)이다.$$ ······ 40%

🅐 160점

빠른 정답

1. 삼각비

001 (1) $\dfrac{15}{17}$ (2) $\dfrac{8}{17}$ (3) $\dfrac{15}{8}$ (4) $\dfrac{8}{17}$
(5) $\dfrac{15}{17}$ (6) $\dfrac{8}{15}$

002 (1) $\sqrt{7}$
(2) $\sin C=\dfrac{\sqrt{7}}{4}$, $\cos C=\dfrac{3}{4}$,
$\tan C=\dfrac{\sqrt{7}}{3}$

003 (1) 10 (2) 8

004 (1) $\overline{BC}$, $\overline{AC_1}$, $\overline{AC_2}$
(2) $\overline{AC}$, $\overline{AC_1}$, $\overline{AB_2}$
(3) $\overline{BC}$, $\overline{AB_1}$, $\overline{B_2C_2}$

005 (1) $\dfrac{3}{2}$ (2) 0 (3) $\dfrac{3}{2}$ (4) $\sqrt{2}$

006 (1) 60° (2) 45° (3) 60° (4) 30°
(5) 60° (6) 45°

007 (1) $5\sqrt{2}$ (2) $2\sqrt{3}$ (3) 4 (4) 10
(5) 6 (6) $\sqrt{7}$

008 (1) $\overline{BC}$ (2) $\overline{AC}$ (3) $\overline{DE}$ (4) $\overline{AC}$
(5) $\overline{BC}$ (6) $\overline{BC}$

009 (1) 0.6428 (2) 0.7660 (3) 0.8391

010 (1) 1 (2) 0 (3) 0 (4) 3

011 (1) > (2) = (3) < (4) =

012 (1) < (2) > (3) <

013 (1) < (2) > (3) <

014 (1) 0.2924 (2) 0.9659 (3) 0.2867

015 (1) 66° (2) 63° (3) 65°

016 ⑤　**017** ④　**018** $\dfrac{\sqrt{5}}{2}$　**019** $\dfrac{3\sqrt{7}}{16}$

020 ①　**021** $\dfrac{3\sqrt{13}}{13}$　**022** $\dfrac{8}{15}$　**023** $\dfrac{4\sqrt{23}}{23}$

024 9　**025** 20　**026** $32\sqrt{3}$　**027** $\dfrac{\sqrt{7}}{4}$

028 ④　**029** ②　**030** $\dfrac{6}{7}$　**031** $\dfrac{\sqrt{10}}{10}$

032 $\dfrac{3\sqrt{5}}{5}$　**033** 4　**034** $\dfrac{8}{15}$　**035** $\dfrac{12}{5}$

036 $\dfrac{1}{5}$　**037** $\dfrac{3}{2}$　**038** $\dfrac{7}{4}$　**039** $\dfrac{3\sqrt{5}}{5}$

040 $\dfrac{7}{5}$　**041** $\dfrac{8}{15}$　**042** ④　**043** $\dfrac{5}{13}$

044 $\dfrac{4}{5}$　**045** $\dfrac{1}{5}$　**046** $\dfrac{2\sqrt{5}}{9}$　**047** $\dfrac{\sqrt{6}}{3}$

048 $\dfrac{\sqrt{2}}{3}$　**049** $\dfrac{7}{9}$　**050** $\dfrac{3}{2}$　**051** 0

052 ②　**053** ②　**054** 4　**055** 7

056 $\dfrac{1}{2}$　**057** 2　**058** 30°　**059** 30°

060 ②　**061** 0　**062** $2\sqrt{3}$　**063** 3

064 $2\sqrt{3}$　**065** $6\sqrt{6}$　**066** $4\sqrt{7}$　**067** ③

068 $6\sqrt{3}\ \text{cm}^2$　**069** $\dfrac{9}{2}$　**070** ③

071 $\sqrt{2}-1$　**072** ①

073 $y=\dfrac{\sqrt{3}}{3}x+\sqrt{3}$　**074** $y=x-7$

075 60°　**076** ①　**077** ③, ⑤　**078** ③

079 ④　**080** 1.75　**081** ④　**082** ③

083 2　**084** $\dfrac{3}{2}$　**085** ④　**086** ③

087 ③　**088** ㄴ, ㄷ, ㄱ, ㄹ, ㅁ　**089** ⑤

090 ①　**091** 0　**092** 60°　**093** ②

094 1.1356　　**095** 2.9638

096 ⑤　**097** ③　**098** 1.9578

099 ③　**100** 3　**101** $\dfrac{3}{5}$　**102** 1

103 $-\dfrac{5}{13}$　**104** 6　**105** $\dfrac{4\sqrt{2}}{9}$

106 $\dfrac{2\sqrt{5}}{13}$　**107** $\dfrac{1}{3}$　**108** ④　**109** 8

110 $\dfrac{\sqrt{3}}{3}$　**111** $2\sqrt{3}$　**112** $2\sqrt{3}$

113 $12\sqrt{3}\ \text{cm}^2$　　**114** $y=\sqrt{3}x+5$

115 ③　**116** $\dfrac{1}{4}$　**117** ⑤　**118** ⑤

119 ②　**120** ①　**121** 27.8　**122** $\dfrac{5\sqrt{26}}{26}$

123 $\dfrac{2\sqrt{5}}{5}$　**124** $\dfrac{\sqrt{2}}{4}$　**125** $\dfrac{7}{5}$　**126** $\dfrac{3\sqrt{3}}{2}$

127 $4\sqrt{3}$　**128** $4\sqrt{6}$　**129** $\dfrac{9}{10}$　**130** $2\sqrt{5}$

131 $\dfrac{\sqrt{2}}{2}$　**132** $\dfrac{\sqrt{3}}{2}$　**133** $\dfrac{\sqrt{3}}{3}$　**134** $\sqrt{3}$

2. 삼각비의 활용

135 (1) $a\sin B$　(2) $\dfrac{c}{a}$, $a\cos B$
(3) $\dfrac{b}{c}$, $c\tan B$　(4) $a\sin C$
(5) $\dfrac{b}{a}$, $\dfrac{b}{\cos C}$　(6) $\dfrac{c}{b}$, $\dfrac{c}{\tan C}$

136 (1) 12, $6\sqrt{3}$ (2) 8, $4\sqrt{2}$ (3) 2, $2\sqrt{3}$

137 (1) $x=6.7$, $y=7.4$ (2) $x=2.7$, $y=4.2$

138 (1) $5\sqrt{3}\ \text{cm}$ (2) 5 cm (3) $10\sqrt{3}\ \text{cm}$

139 (1) 45° (2) 3 cm (3) $3\sqrt{2}\ \text{cm}$

140 (1) $\dfrac{\sqrt{3}}{3}h$ (2) h (3) $4(3-\sqrt{3})$

141 (1) $\sqrt{3}h$ (2) h (3) $5(\sqrt{3}+1)$

142 (1) 5 (2) 30

143 (1) $10\sqrt{2}$ (2) $\dfrac{9}{2}$

144 (1) $12\sqrt{3}$ (2) $28\sqrt{2}$

145 (1) 20 (2) $70\sqrt{2}$

146 (1) $20\sqrt{2}$ (2) 30

147 5.64　**148** 12.3　**149** ②　**150** ②, ③

151 ⑤　**152** ②　**153** $\dfrac{8\sqrt{3}}{3}\pi\ \text{cm}^3$

154 11.55 m　**155** 4.76 m

156 ②　　**157** $(10\sqrt{3}+30)\text{m}$

158 67.5 m　**159** 12 m　**160** 25초

161 $\sqrt{21}$　**162** $2\sqrt{31}\ \text{m}$　**163** 13

164 $\sqrt{37}$　**165** $9\sqrt{6}$　**166** $2\sqrt{6}$　**167** $20\sqrt{2}$

168 $(20\sqrt{2}+20\sqrt{6})\text{m}$　**169** $5(3-\sqrt{3})\ \text{cm}$

170 $10(\sqrt{3}-1)\ \text{m}$　**171** 3.2

172 $36(3-\sqrt{3})\ \text{cm}^2$　**173** $3\sqrt{3}$　**174** ①

175 $(3+\sqrt{3})\ \text{km}$　**176** 8 cm²　**177** ③

178 $15\sqrt{3}\ \text{cm}^2$　**179** 45°

180 $18\sqrt{3}\ \text{cm}^2$　**181** 20 cm²

182 $7\sqrt{3}\ \text{cm}^2$　**183** $\dfrac{12\sqrt{2}}{5}\ \text{cm}$

184 $21\sqrt{3}\ \text{cm}^2$　**185** ③　**186** 150°

187 $16\pi-12\sqrt{3}$　**188** $\dfrac{23\sqrt{3}}{2}$

189 24　**190** $6\sqrt{3}$　**191** $65\sqrt{3}$

192 $70\sqrt{2}$ cm²   **193** 18 cm²
194 60°   **195** $3\sqrt{3}$ cm²
196 $12\sqrt{2}$ cm²   **197** ②   **198** 45°
199 $4\sqrt{2}$ cm

실력 콕콕   본문 | 37~39쪽

200 ⑤   **201** ③   **202** 89.91 m
203 6 m   **204** $2\sqrt{13}$ cm   **205** ④
206 $(3-\sqrt{3})$ km   **207** $9(\sqrt{3}-1)$
208 $4(\sqrt{3}+1)$ cm²   **209** $\dfrac{\sqrt{2}}{2}$
210 48 cm²   **211** $\dfrac{3}{2}$배   **212** 4 cm
213 6 cm²   **214** $50\sqrt{2}$ cm²   **215** $\dfrac{3}{5}$
216 $64\sqrt{3}$ **217** $52\sqrt{3}$ **218** $30\sqrt{3}$ cm²
219 16 cm   **220** $30\sqrt{2}$ cm²
221 $91\sqrt{3}$ **222** 28 cm²
223 1 m

서술형 콕콕   본문 | 40~41쪽

224 8 m   **225** 10.6 m
226 $4\sqrt{6}$ cm   **227** 10 cm
228 $\dfrac{15\sqrt{3}}{4}$ **229** $\dfrac{24}{5}$
230 $\sqrt{19}$ cm   **231** $2\sqrt{13}$ cm
232 $44\sqrt{3}$ **233** $30\sqrt{3}$ **234** $\dfrac{5\sqrt{2}}{2}$ **235** $3\sqrt{2}$

1. 원과 직선

개념 콕콕   본문 | 45, 47쪽

236 ∠OMB, $\overline{OB}$, $\overline{OM}$, $\overline{BM}$
237 (1) 7   (2) 8
238 (1) $2\sqrt{5}$ (2) $3\sqrt{3}$ (3) 10   (4) 5
239 (1) 4 cm   (2) 10 cm
240 (1) 7   (2) 2
241 (1) 10   (2) 9   (3) 5   (4) 3
242 (1) 65°   (2) 105°
243 (1) 4   (2) $5\sqrt{5}$
244 (1) 12 cm   (2) 15 cm
245 (1) 84°   (2) 59°
246 (1) 2 cm   (2) 7 cm   (3) 4 cm   (4) 11 cm
247 10, $8-r$, 10, $8-r$, 2 / 그림에서 $8-r$, $8-r$
248 (1) 5   (2) 9   (3) 3   (4) 8

유형 콕콕   본문 | 48~56쪽

249 $4\sqrt{5}$ cm   **250** 26π cm
251 ⑤   **252** 12 cm²   **253** 13 cm
254 $10\sqrt{3}$ cm   **255** $\dfrac{25}{3}$ **256** ⑤
257 10   **258** 6 cm   **259** 6 cm
260 $24\sqrt{6}$ cm²   **261** ②   **262** 8 cm
263 120°   **264** 8 cm   **265** 18
266 $\sqrt{15}$ cm   **267** $10\sqrt{6}$ cm²
268 64°   **269** 8   **270** 110°   **271** 38 cm
272 6 cm   **273** $2\sqrt{6}$ cm
274 30 cm²   **275** ④   **276** 52°
277 $\dfrac{11}{3}\pi$ cm   **278** 20°
279 23π cm²   **280** $2\sqrt{21}$ cm
281 12π cm²   **282** 120 cm²
283 $5\sqrt{3}$ cm   **284** 3 cm   **285** ⑤
286 5 cm   **287** 24 cm   **288** $2\sqrt{10}$ cm
289 24 cm   **290** 4
291 78 cm²   **292** ⑤   **293** ②
294 ③   **295** 4 cm   **296** 14 cm
297 44 cm   **298** 6 cm   **299** ④   **300** ③

301 4π cm²   **302** 6 cm   **303** ③
304 18 cm
305 34 cm   **306** 2 cm   **307** ③   **308** ⑤
309 ②   **310** 6 cm   **311** ③
312 $(18-4\sqrt{14})$ cm   **313** ③
314 $12(\sqrt{2}-1)\pi$ cm

실력 콕콕   본문 | 57~59쪽

315 16π cm   **316** ③   **317** $6\sqrt{2}$
318 32 cm²   **319** $2\sqrt{30}$ cm
320 $25\sqrt{3}$ cm²   **321** ④   **322** 24 cm
323 $36\sqrt{3}$ cm²   **324** 36π cm²
325 51°   **326** $\dfrac{6\sqrt{10}}{5}$ cm
327 $20\sqrt{3}$ cm   **328** $21\sqrt{5}$ cm²
329 60°   **330** 2 cm   **331** 12 cm
332 ⑤   **333** 63 cm²
334 $3\sqrt{2}$ cm   **335** 10 cm
336 2   **337** 18   **338** 50 cm

서술형 콕콕   본문 | 60~61쪽

339 15π cm   **340** 100π cm²
341 25π cm²   **342** 7π cm²
343 3 cm   **344** 4 cm
345 40 cm   **346** 30 cm
347 15 cm   **348** 19 cm
349 $\dfrac{8}{3}$ **350** 10

2. 원주각

개념 콕콕　　　　　　본문 | 63쪽

351 (1) 62° (2) 116° (3) 80° (4) 47°
352 (1) 32° (2) 22°
353 (1) 28° (2) 34°
354 (1) 25 (2) 3
355 (1) 40 (2) 8
356 (1) 40 (2) 20 (3) 24 (4) 15

유형 콕콕　　　　　　본문 | 64~69쪽

357 36° **358** 39° **359** ③ **360** 44°
361 3π cm² **362** ① **363** 7 cm
364 24° **365** ③ **366** ② **367** 246°
368 128° **369** 68° **370** 56° **371** 119°
372 110° **373** 78° **374** 60° **375** ⑤
376 ③ **377** 25° **378** ③ **379** 25°
380 20° **381** ⑤ **382** 28° **383** 57°
384 48° **385** 105° **386** ④ **387** 80°
388 70° **389** $\dfrac{2\sqrt{5}}{5}$ **390** $\dfrac{7}{5}$ **391** $4\sqrt{5}$
392 8π **393** ② **394** 30° **395** 100°
396 65° **397** 3 cm **398** 104° **399** 40°
400 39 **401** 56° **402** 60° **403** 15°
404 18π cm

실력 콕콕　　　　　　본문 | 70~71쪽

405 25 cm² **406** ③ **407** 61°
408 30π cm² **409** ③ **410** 85°
411 17° **412** 10° **413** $\dfrac{2\sqrt{5}}{9}$
414 $4\sqrt{3}$ cm **415** 36° **416** 23°
417 $\dfrac{16}{3}\pi$ cm **418** 96° **419** $\dfrac{4}{9}$ 배
420 $(100+150\pi)$ m²

서술형 콕콕　　　　　　본문 | 72~73쪽

421 52° **422** 88° **423** 45° **424** 50°
425 $18+6\sqrt{3}$ **426** $12+4\sqrt{3}$
427 40° **428** 26° **429** 12π **430** 20π
431 120° **432** 100°

3. 원주각의 활용

개념 콕콕　　　　　　본문 | 75, 77쪽

433 ㄴ, ㄹ
434 (1) 52° (2) 120°
435 (1) 115° (2) 110° (3) 108° (4) 105°
436 (1) 120° (2) 100°
437 ㄷ
438 (1) 120° (2) 67°
439 (1) $\angle x=93°$, $\angle y=80°$
　　　(2) $\angle x=60°$, $\angle y=115°$
440 (1) 85° (2) 30° (3) 75° (4) 130°
　　　(5) 62° (6) 68°
441 (1) $\angle x=80°$, $\angle y=60°$
　　　(2) $\angle x=45°$, $\angle y=80°$
　　　(3) $\angle x=49°$, $\angle y=98°$
　　　(4) $\angle x=54°$, $\angle y=54°$
442 (1) $\angle x=47°$, $\angle y=73°$
　　　(2) $\angle x=75°$, $\angle y=60°$
　　　(3) $\angle x=70°$, $\angle y=70°$
　　　(4) $\angle x=63°$, $\angle y=63°$
443 (1) 60° (2) 58°

유형 콕콕　　　　　　본문 | 78~85쪽

444 ④ **445** ② **446** 10° **447** ①
448 70° **449** ⑤ **450** 135° **451** ③
452 117° **453** 28° **454** ② **455** 170°
456 ② **457** 140° **458** 35° **459** ③
460 79° **461** ② **462** 140° **463** 58°
464 ④ **465** 130° **466** 85° **467** 70°
468 100° **469** 110° **470** 306° **471** 15°
472 140° **473** 106° **474** ③ **475** 35°
476 ㄷ, ㅁ, ㅂ **477** 90° **478** 35°
479 60° **480** 30° **481** 38°
482 $4\sqrt{3}$ cm² **483** 31° **484** 108°
485 20° **486** 110° **487** 42° **488** 96°
489 26° **490** 25° **491** 60° **492** 5
493 56° **494** 71° **495** 55° **496** 60°
497 49° **498** ② **499** 100° **500** 48°
501 ⑤ **502** 40°

실력 콕콕　　　　　　본문 | 86~87쪽

503 ④ **504** ③ **505** 10° **506** ④
507 140° **508** ③ **509** ⑤ **510** ⑤
511 $32\sqrt{3}$ cm² **512** ② **513** 71°
514 22° **515** 75° **516** 46° **517** 65°
518 44°

서술형 콕콕　　　　　　본문 | 88~89쪽

519 118° **520** 110° **521** 125° **522** 112°
523 262° **524** 249° **525** 53° **526** 62°
527 115° **528** 110° **529** 16° **530** 22°

1. 대푯값과 산포도

개념 콕콕 본문 | 93쪽

531 (1) 13 (2) 46 (3) 26

532 (1) 9 (2) 65 (3) 6

533 (1) 5 (2) 11, 13 (3) 존재하지 않는다.

534 중앙값 : 21초, 최빈값 : 25초

535 (1) 6, 6 (2) 경아, 민호, 작다

536 (1) 2, 1, -2, 2, -3
(2) -4, -3, 0, 2, 4, 1

537 (1) 20 (2) -1, -5, 3, -3, 6, 0 / 1, 25,
9, 9, 36, 80 (3) 16 (4) 4

유형 콕콕 본문 | 94～100쪽

538 ③ **539** ③ **540** 10 **541** 17점

542 6 **543** 8 **544** 7 **545** 31 kg

546 동호회 A **547** ③

548 (1) 평균 : 23개, 중앙값 : 18.5개
(2) 중앙값

549 ④

550 평균 : 9점, 중앙값 : 9점, 최빈값 : 10점

551 53.5

552 중앙값 : 8.5시간, 최빈값 : 8시간

553 9 **554** 8 **555** 28.5 **556** 6

557 ② **558** 37 **559** 5개 **560** 85초

561 -3 **562** 54 kg **563** ⑤ **564** 2점

565 6 **566** ④ **567** $\sqrt{5}$점 **568** ④

569 $\sqrt{3}$점 **570** ② **571** $5\sqrt{2}$ **572** ③

573 17 **574** 7 **575** 2

576 평균 : 11, 표준편차 : 4

577 평균 : 20, 분산 : 8 **578** 8

579 ⑤ **580** $2\sqrt{3}$점 **581** $\sqrt{7}$점 **582** 3회

583 3반 **584** ⑤ **585** ②, ④

586 (1) B반 (2) A반 **587** ②, ⑤

588 준기 : 2, 희아 : 1.2, 희아

실력 콕콕 본문 | 101～103쪽

589 ② **590** 3 **591** ⑤ **592** 5.5점

593 ⑤ **594** 19 **595** 171 cm

596 5 **597** ⑤ **598** ② **599** 49

600 ⑤ **601** ④ **602** $\sqrt{14}$개

603 6 **604** $\sqrt{6}$분 **605** -2 **606** 23

607 ② **608** 36 **609** 지현 **610** ④

611 B, A, C

서술형 콕콕 본문 | 104～105쪽

612 4 **613** 13 **614** 88점 **615** 81점

616 12 **617** 8 **618** $2\sqrt{2}$개

619 $\sqrt{15}$점 **620** 61 **621** 157

622 44 **623** 53

2. 상관관계

개념 콕콕 본문 | 107쪽

624 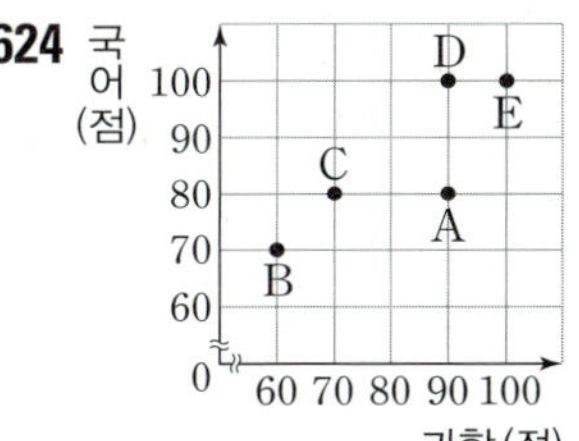

625 (1)

학생	수학(점)	사회(점)
A	90	100
B	40	70
C	20	40
D	60	30
E	80	60

8명 (2) 60점, 80점 (3) 70점

626 (1) 3시간 (2) 2시간 (3) 4명

627 (1) ㄷ, ㄹ (2) ㄱ, ㄴ (3) ㅁ, ㅂ (4) ㄷ (5) ㄱ

628 (1) 양 (2) 음 (3) 없다.

629 (1) 양의 상관관계 (2) 학생 B

유형 콕콕 본문 | 108～116쪽

630 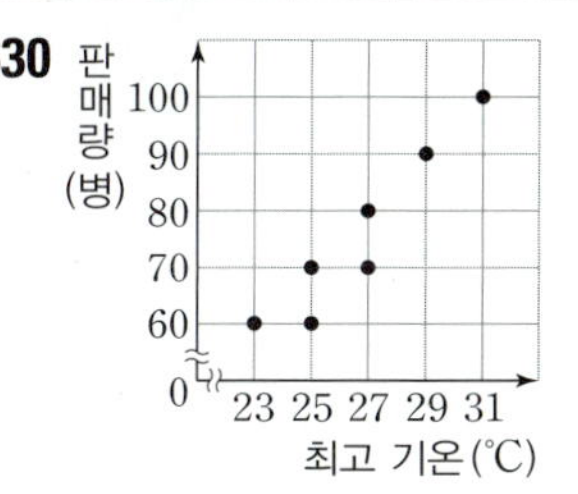 **631** ④

632 ①

633 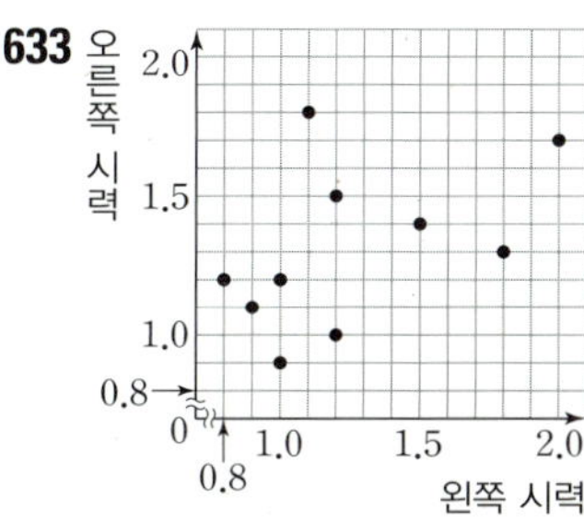

634 ③ **635** 3명 **636** (1) 7명 (2) 20 %

637 (1) 5명 (2) 7명 (3) 25 % **638** 34

639 ②, ③ **640** 17 **641** 3명

642 ⑤ **643** ④ **644** 410명

645 (1) 11회 (2) 33개 **646** 10명 **647** 5명

648 (1) 45 % (2) 30점 **649** **650** 90

651 4명 **652** 80점 **653** ③ **654** ②

655 34명 **656** (1) 167.5 cm (2) 50 kg

657 180점 **658** ② **659** ②, ⑤ **660** ①, ③

661 ①, ⑤ **662** ③, ⑤ **663** ②, ④ **664** ④

665 ② **666** ③ **667** ②, ⑤ **668** ②

669 ②, ④ **670** ① **671** (1) A (2) D

672 ④ **673** ③ **674** ④ **675** ④

676 ④ **677** ⑤ **678** ②

실력 콕콕 본문 | 117～119쪽

679 (1) 3명 (2) 50 % (3) 20 % **680** ②

681 (1) 60점 (2) 24 % **682** ④ **683** ④

684 (1) 35 % (2) 1명 **685** ㄴ **686** ③

687 ④, ⑤ **688** ① **689** ④ **690** ③

691 ② **692** ④ **693** ④ **694** ③

695 32 **696** 3명 **697** 180점

서술형 콕콕 본문 | 120～121쪽

698 55점 **699** 54점 **700** 20 **701** 8

702 50점 **703** 55점 **704** 18.8점 **705** 160점

MeMo

MeMo

MeMo

MeMo

MeMo